**Edition KWV**

Die „Edition KWV" beinhaltet hochwertige Werke aus dem Bereich der Wirtschaftswissenschaften. Alle Werke in der Reihe erschienen ursprünglich im Kölner Wissenschaftsverlag, dessen Programm Springer Gabler 2018 übernommen hat.

Weitere Bände in der Reihe http://www.springer.com/series/16033

Christian Werner

# Die Politik der Elektrifizierung in Bayern und ihre unternehmensstrategische Umsetzung am Beispiel der Bayerischen Elektricitäts-Lieferungs-Gesellschaft AG

im zentralen Untersuchungszeitraum von 1914 bis 1954

Christian Werner
Wiesbaden, Deutschland

Bis 2018 erschien der Titel im Kölner Wissenschaftsverlag, Köln
Dissertation, Universität Regensburg, 2011

Edition KWV
ISBN 978-3-658-24656-3     ISBN 978-3-658-24657-0  (eBook)
https://doi.org/10.1007/978-3-658-24657-0

Die Deutsche Nationalbibliothek verzeichnet diese Publikation in der Deutschen Nationalbibliografie; detaillierte bibliografische Daten sind im Internet über http://dnb.d-nb.de abrufbar.

Springer Gabler
© Springer Fachmedien Wiesbaden GmbH, ein Teil von Springer Nature 2011, Nachdruck 2019
Ursprünglich erschienen bei Kölner Wissenschaftsverlag, Köln, 2011
Das Werk einschließlich aller seiner Teile ist urheberrechtlich geschützt. Jede Verwertung, die nicht ausdrücklich vom Urheberrechtsgesetz zugelassen ist, bedarf der vorherigen Zustimmung des Verlags. Das gilt insbesondere für Vervielfältigungen, Bearbeitungen, Übersetzungen, Mikroverfilmungen und die Einspeicherung und Verarbeitung in elektronischen Systemen.
Die Wiedergabe von allgemein beschreibenden Bezeichnungen, Marken, Unternehmensnamen etc. in diesem Werk bedeutet nicht, dass diese frei durch jedermann benutzt werden dürfen. Die Berechtigung zur Benutzung unterliegt, auch ohne gesonderten Hinweis hierzu, den Regeln des Markenrechts. Die Rechte des jeweiligen Zeicheninhabers sind zu beachten.
Der Verlag, die Autoren und die Herausgeber gehen davon aus, dass die Angaben und Informationen in diesem Werk zum Zeitpunkt der Veröffentlichung vollständig und korrekt sind. Weder der Verlag, noch die Autoren oder die Herausgeber übernehmen, ausdrücklich oder implizit, Gewähr für den Inhalt des Werkes, etwaige Fehler oder Äußerungen. Der Verlag bleibt im Hinblick auf geografische Zuordnungen und Gebietsbezeichnungen in veröffentlichten Karten und Institutionsadressen neutral.

Springer Gabler ist ein Imprint der eingetragenen Gesellschaft Springer Fachmedien Wiesbaden GmbH und ist ein Teil von Springer Nature
Die Anschrift der Gesellschaft ist: Abraham-Lincoln-Str. 46, 65189 Wiesbaden, Germany

Viele Visionen der Energieversorgung sind noch lange nicht Realität, wie folgendes Zitat Jules Vernes aus dem Romanklassiker „Die geheimnisvolle Insel" aus dem Jahre 1870 belegt:

> *„Das Wasser ist die Kohle der Zukunft. Die Energie von morgen ist Wasser, das durch elektrischen Strom zerlegt worden ist. Die so zerlegten Elemente des Wassers, Wasserstoff und Sauerstoff, werden auf unabsehbare Zeit hinaus die Energieversorgung der Erde sichern."*

Jules Verne (Die geheimnisvolle Insel, 1870)

# Danksagung

An dieser Stelle sei Platz, all jenen meinen Dank auszudrücken, die mich in der Umsetzung dieser Dissertationsschrift unterstützt haben.

Besonderen Dank schulde ich meinem Doktorvater Prof. Dr. Dr. h.c. Rainer Gömmel, der mir – obschon er die Bearbeitung dieses Themas anregte – bei der Anfertigung der Arbeit jegliche wissenschaftliche Freiheit ließ und trotzdem jederzeit motivierend mit Rat und Tat zur Seite stand. Ein ebenso herzlicher Dank ist Prof. Dr. Wolfgang Buchholz auszusprechen, für seine hilfreichen Hinweise und Ratschläge sowie seine Tätigkeit als Zweitgutachter.

Das kontinuierliche und intensive wissenschaftliche Arbeiten wurde mir erst ermöglicht durch das großzügige und unbürokratische Promotionsstipendium der Hanns-Seidel-Stiftung e.V., bereitgestellt aus Mitteln des Bundesministeriums für Bildung und Forschung. Auch die stets bereichernde ideelle Förderung sowie der lebendige Austausch mit den Konstipendiaten waren ein willkommener Kontrast zu den manchmal einfarbigen Stunden der Forschung. Mein Dank sei hier stellvertretend für die gesamte Stiftung Prof. Hans-Peter Niedermeier und Dr. Rudolf Pfeifenrath ausgesprochen.

In ganz besonderer Weise bin ich den Mitarbeitern des Bayerischen Wirtschaftsarchivs der Industrie- und Handelskammer in München zu Dank verpflichtet, ohne deren Einsatz eine Bearbeitung des Untersuchungsgegenstandes nicht denkbar gewesen wäre. Namentlich sollen daher Dr. Eva Moser, Dr. Richard Winkler, Harald Müller M.A. sowie Gabriele Waldkirch Erwähnung finden. In diesem Zusammenhang ist auch die E.ON Bayern AG, anzuführen, die eine wissenschaftliche Untersuchung des Bestandes der Bayerischen Elektricitäts-Lieferungs-Gesellschaft AG durch die Übergabe an das Wirtschaftsarchiv im Jahre 2004 erst möglich machte.

Des Weiteren ist Dr. Roland Hofer von der E.ON Bayern AG in Regensburg und Doktorand Mario Winklmeier von der Universität der Bundeswehr in München für die kritische Durchsicht der Arbeit zu danken.

Abschließend möchte ich es nicht versäumen meiner Freundin, meinen Freunden und meiner Familie für manch hilfreiche Hinweise, Diskussionen und das gezeigte Verständnis für meine Arbeit zu danken. Ihr habt mir stets aufs Neue Schwung und Freude verliehen.

Regensburg, den 16. Februar 2011 Christian Werner

# Inhaltsverzeichnis

Inhaltsverzeichnis ..................................................................................... VII

Abbildungsverzeichnis ................................................................................ IX

Tabellenverzeichnis .................................................................................. XIII

Abkürzungsverzeichnis ............................................................................. XIV

1.    Einleitung ............................................................................................ 1

   1.1 Absichten der Untersuchung und Quellenlage ................................. 3

   1.2 Gang der Untersuchung .................................................................. 5

**Teil I: Die Pionierzeit der Elektrizitätsversorgung (1866 – 1914)** ........................ 9

2.    Der frühe Weg vom Luxus- zum Allgemeingut – Strom gewinnt in Bayern an gesellschaftlicher Akzeptanz .................................................. 9

   2.1 Die Elektrizitätsversorgung in ihren Anfängen (1866 – 1890) ........ 9

   2.2 Die Idee eines elektrischen Versorgungssystems (1890 – 1900) ... 15

   2.3 Der Beginn der dezentralen Elektrizitätsversorgung (1900 – 1914) .............. 22

   2.4 Die „Staatsverträge" – das Bemühen um eine Vereinheitlichung der Stromversorgung in Bayern ....................................................... 34

**Teil II: Die wirtschaftsgeschichtliche Entwicklung der BELG (1914 – 1954)** . 41

3.    Die BELG – ein oberfränkisches Überlandwerk .................................. 41

   3.1 Die Gründung der BELG als Tochtergesellschaft der ELG ............ 41

   3.2 Die vertraglichen Kontrollmöglichkeiten der Bayerischen Staatsregierung .. 43

4.    Strombeschaffung und Investitionspolitik .......................................... 47

   4.1 Die zwei Säulen der Energiegewinnung: Wärme- und Wasserkraft ............ 47

      4.1.1 Das Kohlekraftwerk Arzberg ................................................. 49

      4.1.2 Die regionalen Gebietswasserkräfte ....................................... 55

   4.2 Die Kooperation in der Verbundwirtschaft .................................. 57

      4.2.1 Das Bayernwerk als Basis einer einheitlichen Landesversorgung .......... 59

         4.2.1.1 Das Sozialisierungsgesetz von 1919 – Interessengegensätze blockieren das Reformvorhaben ............................... 64

         4.2.1.2 Die „Stammabnehmer-Verträge" ................................. 70

    4.2.1.3   Die Integration der BELG in das 100/110-kV-Landesnetz ............... 74
   4.2.2   Die saisonal alternierende Energiebereitstellung der BELG .................. 78
   4.2.3   Die Entwicklung der Strombeschaffung der BELG im Kontext
            gesellschaftspolitischer Rahmenbedingungen ........................................ 85

5. **Stromabsatzentwicklung und Expansionspolitik** ................................... **111**

   5.1   Vom Licht- zum Kraftstrom – Stand der Elektrifizierung verschiedener
         Anwendungsbereiche am Vorabend des Ersten Weltkrieges ..................... 111
      5.1.1   Das elektrische Licht als Wegbereiter ................................................ 114
      5.1.2   Die elektrische Arbeit als universelle Kraftquelle – eine echte Alter-
              native zur Dampfmaschine ................................................................. 125

   5.2   Kernabsatzgebiet und bedeutende Stromabnehmergruppen der BELG ....... 131

   5.3   Der Stromabsatz der BELG während des Ersten Weltkrieges und der
         Jahre der Inflation ..................................................................................... 142
      5.3.1   Die Struktur des Verbrauchs – Ausgleich der Lasttäler ...................... 165
      5.3.2   Die Variationen der Tarifformen unter besonderer Berücksichtigung
              ihrer Vor- und Nachteile ..................................................................... 173
      5.3.3   Die Ausgestaltung der Konzessionsverträge mit den Kommunen als
              Voraussetzung monopolistischer Interessenpolitik ............................. 191

   5.4   Die „Goldenen Zwanziger" – zwischen Konjunktur und Krise .................. 195
      5.4.1   Die Elektrifizierung der Landwirtschaft ............................................. 210
      5.4.2   Bewerbung und Verkauf elektrischer Geräte – das Dilemma der
              permanenten Bedarfsweckung ............................................................ 220

   5.5   Die Auswirkungen der Weltwirtschaftskrise .............................................. 235

   5.6   Der Stromabsatz der BELG zur Zeit des Nationalsozialismus ................... 240

   5.7   Das Energiewirtschaftsgesetz von 1935 – ein Kompromiss mit
         großwirtschaftlicher Einfärbung ................................................................. 249

   5.8   Von den Nachkriegsjahren bis zu den Anfängen des Wirtschaftswunders .. 262

6. **Kapitalpolitik und Rentabilitätsbetrachtung** ........................................... **277**

7. **Schlussbetrachtung und kurzer Abriss der weiteren Entwicklung
   bis zur Fusion der BELG zur EVO im Jahr 1983** ..................................... **285**

**Anhang** ........................................................................................................... **301**

**Quellen- und Literaturverzeichnis** ................................................................ **331**

# Abbildungsverzeichnis

Abb. 1.1: Thematischer Aufbau der Arbeit ......................................................................... 8

Abb. 2.1: Die erste Dynamomaschine der Welt aus dem Jahr 1856 ................................. 10

Abb. 2.2: Erinnerungstafel an die erste Weitstrecken-Stromübertragung Miesbach-München 1882 (links) sowie das offizielle Werbeplakat zur Ausstellung in Frankfurt a. M. 1891 (rechts) ..................................................................................... 13

Abb. 2.3: Oskar von Miller (links) abgebildet mit Henry Ford (Mitte) anlässlich einer Besichtigung des Deutschen Museums im Jahr 1930 .......................................... 14

Abb. 2.4: Der verwendete Drehstrommotor bei der Elektrizitätsausstellung in Frankfurt am 25. August 1891 ............................................................................................. 16

Abb. 2.5: Anteil der Elektrizitätswerke in Bayern an der Gesamtleistung, untergliedert nach Stromsystemen (1890 – 1913) ..................................................................... 21

Abb. 2.6: Durchschnittlich installierte Kraftwerksleistung in den Anlagen der öffentlichen Versorgung in Bayern und dem Deutschen Reich (1895 – 1913) ............ 25

Abb. 2.7: Elektrizitätswerke nach Eigentumsverhältnissen in Bayern und dem Deutschen Reich (1890 – 1913) ..................................................................................... 30

Abb. 2.8: Amtsblatt (19.01.1913) – „Die Elektrizitätsversorgung des Landes betr." ......... 32

Abb. 3.1: Photographie des Gebäudes der Hauptverwaltung der BELG im oberfränkischen Bayreuth (entstanden um das Jahr 1925) .................................................. 43

Abb. 4.1: Installierte Kraftwerksleistung in Bayern pro Einwohner des jeweiligen Regierungsbezirks (1913) ...................................................................................... 49

Abb. 4.2: Luftaufnahme des Kraftwerks Arzberg (1939) ................................................. 50

Abb. 4.3: Jahreshöchstlast des Stromnetzes der BELG (1914 – 1954) ............................. 52

Abb. 4.4: Kesselhaus des Kraftwerks Arzberg in den frühen Zwanziger Jahren ............. 53

Abb. 4.5: Strombezug der BELG von regionalen Gebietswasserkräften (1914 – 1954) ...... 56

Abb. 4.6: Werbung für die Bayernwerk-Anleihe (1921) und Photographie des Walchensee-Kraftwerks am Kochelsee mit Rohrbahn (entstanden um 1929) .................... 69

Abb. 4.7: Verbundgebiete nach 1923 (mit größeren Überland- und Stadtwerken) ........... 72

Abb. 4.8: Das bayerische 100/110-kV-Landesnetz (1926) ................................................ 75

Abb. 4.9: Die durchschnittliche monatliche Wasserdarbietungen bayerischer Flüsse in Prozent der Jahreswassermenge .......................................................................... 79

Abb. 4.10: Eigenerzeugung und Fremdstrombezug der BELG im Jahresverlauf (1946 – 1949) ........................................................................................................ 80

Abb. 4.11: Durchschnittskosten je bezogener kWh (1924 – 1954) ..................................... 81

Abb. 4.12: Elektrizitätserzeugung in Bayern aus industriellen und öffentlichen Anlagen (1925 – 1954) ........................................................................................................ 84

Abb. 4.13: Eigenerzeugung und Fremdstrombezug der BELG (1914 – 1954) .................. 86

Abb. 4.14: Größendegression der Kosten bei eigenerzeugenden Kraftwerken ................. 87

Abb. 4.15: Anteilige Strombeschaffung und -erzeugung der BELG in Prozent
(1914 – 1954) .................................................................................................. 89

Abb. 4.16: Engpassleistung öffentlicher Elektrizitätswerke in Bayern (1926 – 1954).......... 91

Abb. 4.17: Quellen der Elektrizitätserzeugung öffentlicher Elektrizitätswerke in Bayern
(1925 – 1954) .................................................................................................. 92

Abb. 4.18: Ausnutzungsgrad bei der BELG und den anderen öffentlichen Elektrizitätswerken in Bayern (1926 – 1954) ..................................................................... 94

Abb. 4.19: Die Stromleitungen in die sowjetische Zone sind unterbrochen. ...................... 104

Abb. 4.20: Die Quellen elektrischer Energie in Bayern und den anderen Bundesländern der BRD (1954) ....................................................................................... 108

Abb. 5.1: Flugblätter in Wunsiedel gegen das Lichtwerk im Jahr 1908 .............................. 116

Abb. 5.2: Steigerung des elektrischen Lichtbedürfnisses in Deutschland
(1891 – 1915) ................................................................................................... 122

Abb. 5.3: Das Verhältnis von Licht- zu Kraftstrom hinsichtlich des GesamtAnschlusswertes elektrotechnischer Geräte in Bayern (1895 – 1913) ............... 124

Abb. 5.4: Das Versorgungsgebiet der BELG im östlichen Oberfranken (1921) .............. 134

Abb. 5.5: Der 40-kV-Leitungsbau Münchberg-Oberkotzau (1925) ................................. 136

Abb. 5.6: Die Entwicklung des Stromleitungsnetzes der BELG im östlichen Oberfranken zwischen 1914 und 1929 ....................................................................... 137

Abb. 5.7: Die Entwicklung der Anzahl an Stromabnehmern, Hausanschlüssen (1923 – 1954) sowie angeschlossenen Städten und Ortschaften (1914 – 1954) .............. 139

Abb. 5.8: Die Stromabgabe der BELG an die bedeutendsten Industriezweige im
Versorgungsgebiet (1927 – 1954) ..................................................................... 141

Abb. 5.9: Die Entwicklung des Stromumsatzes und -absatzes der BELG unterteilt in
die verschiedenen Hauptabnehmergruppen (1914 – 1954) ................................ 148

Abb. 5.10: Werbung der BELG für elektrisches Licht in den Zwanziger Jahren ................ 155

Abb. 5.11: Stand der Elektrizitätsversorgung in Bayern am 1. Januar 1921 ...................... 157

Abb. 5.12: Leitungsverluste und Eigenbedarf der BELG (1914 – 1954) ............................ 162

Abb. 5.13: Typischer Verlauf einer Jahresdauerlinie im Untersuchungszeitraum .............. 168

Abb. 5.14: Typische Verläufe der Netzbelastung, tägliche Belastungslinie verzeichnet
am 13. Januar 1939 ........................................................................................... 169

Abb. 5.15: Außenansicht eines elektrodynamischen Wh-Zählers für Gleichstrom (1892)
und eines Hektowattstundenzählers um die Jahrhundertwende (r.) ................... 176

Abb. 5.16: Die kundenseitige Tarifwahl orientiert an der Abnahmemenge ....................... 182

Abb. 5.17: Die Entwicklung der Durchschnittsstrompreise verschiedener Abnehmergruppen (1924 – 1954) ....................................................................................... 183

Abb. 5.18: Kundenzeitschrift „Nachrichtenblatt" vom Oktober 1928 bzw. Juli 1931 ........ 185

Abb. 5.19: Die Entwicklung der Durchschnittsstrompreise verschiedener Abnehmergruppen (1924 – 1954) – normiert auf den Preis des Jahres 1924 ..................... 186

Abb. 5.20: Vergleich der über alle Abnehmergruppen der BELG gemittelten Stromeinnahme je kWh zum Bayernwerks-Bezugspreis (1924-1954) .................. 190

Abb. 5.21: Heimweber in Oberfranken in den Zwanziger Jahren ......................................... 199

Abb. 5.22: Kumulierte Anschlusswerte im Versorgungsgebiet der BELG
(1914-1941) ............................................................................................................ 200

Abb. 5.23: Stückzahl installierter Lampen, Motoren sowie Apparate und Herde im
Versorgungsgebiet der BELG (1914-1941) ....................................................... 204

Abb. 5.24: Collage einiger um 1925 in den Verkaufsstellen der BELG angebotenen
elektrischen Haushaltsgeräte ................................................................................ 205

Abb. 5.25: Stromverbrauch je Einwohner im Versorgungsgebiet der BELG (öffentliche
Versorgung; 1914-1954) ...................................................................................... 206

Abb. 5.26: Werbeanzeige der BELG für das elektrische Trocknen von Heu (1926) .......... 215

Abb. 5.27: Titelblätter der Kundenzeitschrift „Nachrichtenblatt" vom Januar 1927
bzw. Juli 1932 ....................................................................................................... 223

Abb. 5.28: Emotionalisierende Werbeplakate der BELG aus dem Jahr 1926 bzw. 1927. ...224

Abb. 5.29: Werbung der BELG für Haartrockner und Heizkissen (1925) ........................... 225

Abb. 5.30: Werbung für das „elektrische Lichtbad" und das „elektrische Schwitzbad"
(1926) ..................................................................................................................... 226

Abb. 5.31: Die „heilende" Wirkung von UV-Strahlung für jedermann (1928) .................... 227

Abb. 5.32: Die „Fön-Raupe" für die kalten Winternächte (1929) ......................................... 227

Abb. 5.33: Der „elektrische Strumpftrockner" als Vorbote des Wäschetrockners (1928) ...228

Abb. 5.34: Erste Geräte der Elektrokälte – der elektrische Kühlschrank (1927) ................. 229

Abb. 5.35: Der „Volksempfänger" erobert die Haushalte ...................................................... 232

Abb. 5.36: Kumulierte Verkaufszahlen der BELG hinsichtlich ausgewählter Elektro-
Geräte (1930-1954) ............................................................................................... 233

Abb. 5.37: Reingewinn bzw. Verlust des Installations- und Verkaufsgeschäfts der
BELG (1927 – 1954) ............................................................................................. 234

Abb. 5.38: Auswirkungen der Weltwirtschaftskrise 1928-1934 (Basisjahr 1928;
Index = 100) ........................................................................................................... 237

Abb. 5.39: Stromabsatz der BELG, unterteilt in die verschiedenen Hauptabnehmer-
gruppen in Prozent (1914 – 1954) ....................................................................... 242

Abb. 5.40: Stromabsatz der BELG, unterteilt in die verschiedenen Industriebranchen
(1933-1945) ............................................................................................................ 246

Abb. 5.41: Reichsgesetzblatt vom 16. Dezember 1935 betreffend das „Gesetz zur
Förderung der Energiewirtschaft" ........................................................................ 253

Abb. 5.42: Zeitungsannonce der BELG in der Fränkischen Presse bezüglich
durchzuführender Stromrationierungen (1946) .................................................. 267

Abb. 5.43: Stromeinschränkung im Versorgungsgebiet der BELG ...................................... 269

Abb. 5.44: Nutzbare Stromabgabe bayerischer Regionalwerke (1938-1954) ..................... 275

Abb. 6.1: Aktie der BELG aus dem Jahr 1927 ...................................................................... 280

Abb. 6.2: Einnahmen aus dem Stromverkauf und nutzbare Stromabgabe (1914-1954).... 280

Abb. 6.3: Die Bilanzsumme der BELG (1914-1954) ........................................................ 281

Abb. 6.4: Gesamtkapitalrendite der BELG (1915-1954) .................................................. 283

Abb. 6.5: Reingewinn (einschließlich Gewinnvortrag) und Dividendenzahlung der BELG (1914-1954) .................................................................................................. 284

Abb. 7.1: Eigenerzeugung und Fremdstrombezug der BELG (1914 – 1982) .................... 296

Abb. 7.2: Die Entwicklung des Stromumsatzes und -absatzes der BELG unterteilt in die verschiedenen Hauptabnehmergruppen (1914 – 1982) ................................ 297

Abb. 7.3: Nutzbare Stromabgabe bayerischer Regionalwerke (1938-1982) ..................... 298

Abb. 7.4: Stromverbrauch in Bayern – öffentliche Stromversorgung (1923-1982) .......... 299

# Tabellenverzeichnis

Tab. 4.1: Installierte Kraftwerksleistung und Stromerzeugung in Bayern (1914 – 1960)......47

Tab. 4.2: Ausbaustufen des Kraftwerks Arzberg (1914 – 1954)............................................51

Tab. 5.1: Gegenüberstellung der 1912 geschätzten und Ende des Geschäftsjahres 1923 tatsächlich verzeichneten Absatzzahlen und Anschlusswerte................................165

Tab. 5.2: Anzahl der Licht- und Kraftanschlüsse sowie Elektrifizierungsgrad in den Landesbauernschaften des Deutschen Reiches (1939).........................................218

Tab. 5.3: Mitglieder der WEV nach Bezirken und jährlicher Stromabgabe (1937)..............259

Tab. 5.4: Pro-Kopf-Jahresverbrauch (in kWh) der Tarifabnehmer in Oberfranken, Bayern sowie im gesamten Bundesgebiet (1949-1952)......................................272

Tab. 5.5: Kennzahlen für Oberfranken, Bayern und das gesamte Bundesgebiet (1951)......273

Tab. 6.1: Grundkapital, Dividende, Anteil ELG und des Kreises Oberfranken am Aktienstock der BELG (1914 – 1954)....................................................................278

Tab. 6.2: Gegenüberstellung des Brutto-Anlagevermögens mit den jährlichen Stromeinnahmen....................................................................................................282

# Abkürzungsverzeichnis

| | |
|---|---|
| AEG | Allgemeine Elektricitäts-Gesellschaft |
| ASG | AG Sächsische Werke |
| BayHStA | Bayerisches Hauptstaatsarchiv |
| BELG | Bayerische Elektricitäts-Lieferungs-Gesellschaft |
| BEWAG | Berliner Elektrizitätswerke AG |
| BGBl | Bundesgesetzblatt |
| BRD | Bundesrepublik Deutschland |
| BW | Bayernwerk AG |
| BWA | Bayerisches Wirtschaftsarchiv München |
| DAF | Deutsche Arbeitsfront |
| DKW | Dampfkraftwerk |
| Dto | Dito |
| DVG | Deutsche Verbundgesellschaft e. V. |
| Ebd | Ebenda |
| EBIT | Earning before interest and taxes |
| ELG | Elektricitäts-Lieferungs-Gesellschaft |
| EnBW | Energiewirtschaftsgesetz |
| EVU | Energieversorgungsunternehmung |
| Ewag | Elektrowerke AG |
| FÜW | Fränkische Überlandwerk AG |
| Gefelek | Geschäftsstelle für Elektrizitätsverwertung |
| GWB | Gesetz gegen Wettbewerbseinschränkungen |
| K. A. | Keine Angabe |
| KdA | Verhandlungen der Kammer der Abgeordneten des Bayerischen Landtags |
| kV | Kilo-Volt |
| kVA | Kilo-Volt-Ampere |
| kW | Kilo-Watt |
| kWh | Kilo-Watt-Stunde |
| NS | Nationalsozialismus |
| NSDAP | Nationalsozialistische Deutsche Arbeiterpartei |
| OBAG | Energieversorgung Ostbayern AG |
| OHL | Oberste Heeres Leitung |
| PS | Pferdestärke |
| REW | Reichsgruppe Energiewirtschaft |
| RGB | Reichs-Gesetzbuch |
| RGBl | Reichs-Gesetzblatt |
| RM | Reichsmark |
| RWE | Rheinisch-Westfälisches Elektrizitätswerk AG |

| | |
|---|---|
| St. Jb. | Statistisches Jahrbuch |
| Tiwag | Tiroler Wasserkraftwerke AG |
| To | Tonne |
| Tsd | Tausend |
| UCPTE | Internationale Union für die Koordinierung der Stromerzeugung und des Stromtransports |
| ÜWO | Überlandwerk Oberfranken |
| ÜWU | Überlandwerk Unterfranken |
| VBE | Verband Bayerischer Elektrizitätswerke |
| VdEW | Vereinigung Deutscher Elektrizitätswerke |
| VDN | Verband der Netzbetreiber |
| VEW | Vereinigte Elektrizitätswerke Westfalen AG |
| VIAG | Vereinigte Industrieunternehmungen AG |
| WEV | Wirtschaftsgruppe Elektrizitätsversorgung |
| WGV | Wirtschaftsgruppe Gas- und Wasserversorgung |
| WiGBl | Gesetzblatt der Verwaltung des Vereinigten Wirtschaftsgebietes |
| ZBSL | Zeitschrift des (Kgl.) Bayerischen Statistischen Landesamts |

# 1. Einleitung

„Sehen Sie, wenn Sie in ein leeres Zimmer hineinkommen und fassen neben der Tür an die Wand und drücken, und es bleibt dunkel, dann ist das normal. Wenn aber, sobald Sie gedrückt haben, helles Licht aufflammt, so ist das nicht viel weniger als ein Wunder! Ich sage Ihnen das deshalb, weil es sich heute leider eingebürgert hat, alles für selbstverständlich zu halten [...]."[1]

Das aus den Fünfziger Jahren stammende Zitat des Physikers Werner Heisenberg, beschreibt in zeitloser Weise das Spannungsfeld, in dem sich unsere „moderne" Wahrnehmung von Elektrizität bewegt. Obgleich als ein ubiquitäres und alltägliches Gebrauchsgut in einer beeindruckenden Selbstverständlichkeit nutzbar gemacht, bleibt sie doch dem Gros der Konsumenten in Entstehung, Übertragung und Wirkung ein offenes Geheimnis. Jedoch eines, das sich im Grunde unserem Bewusstsein, aller augenscheinlichen Abhängigkeit zum Trotz, zu entziehen scheint. Strom ist im Zwanzigsten Jahrhundert eine Handelsware wie jede andere auch geworden – pragmatisch betrachtet das ideale homogene Produkt überhaupt und nicht zuletzt der Inbegriff und Nährboden der heutigen Konsum- und Überflussgesellschaft. Die Stromversorger trugen daher sicherlich ihren wesentlichen Anteil zu dem vielzitierten Dilemma der künstlichen Bedarfsweckung bei, indem ihre Absatzstrategie auch vor dem Hintergrund ökologisch fragwürdiger Sinnhaftigkeit und einem rigoros geführten Verdrängungswettbewerb mit anderen Energieträgern stets auf einen wachsenden Verbrauch ausgelegt war.

Letztlich jedoch, so ist festzuhalten, ist die Geschichte zumeist die Geschichte der Sieger, was die Elektrizitätswirtschaft auf der Welle der Industrialisierung zu einem der „wichtigsten Führungssektoren der Volkswirtschaft mit enormen Vorwärts- und Rückwärtskopplungseffekten"[2] werden ließ. Die Versorgung von privaten Haushalten, Gewerbe und Industrie mit Licht und Kraft hat ferner einen kaum zu überschätzenden Beitrag zur Entfaltung der Gesamtwirtschaft wie zur Mehrung des individuellen Wohlstands geleistet.[3]

Die einhergehende Effizienz und Annehmlichkeit der Nutzung täuscht dabei nur allzu leicht über die besonderen Charakteristika der „Edelenergie" hinweg, die bis auf wenige Ausnahmen zur gleichen Zeit erzeugt, übertragen und verbraucht werden muss. Dementsprechend wird in der wirtschaftsgeschichtlichen Aufarbeitung deutlich, dass die Branche in den frühen Jahren des vergangenen Jahrhunderts zu den wenigen Wirtschaftsbereichen zählte, die erstmals nicht mehr mit

---

[1] Heisenberg, zit. n. Grasmück (1996), S. 47.
[2] Stier (1999), S. 13.
[3] Vgl. ebd.

bestimmten Erzeugnissen zu identifizieren waren, sondern sich als umfassendes System präsentierten, sozusagen als universal anwendbare Verfahren und Komponenten. Nach und nach rückte damit die Elektrizität in den „gesellschaftlichen Schnittpunkt menschlichen […] Zusammenlebens"[4], was der jungen Branche an dem zu untersuchenden Beispiel Bayerns schon früh die Aufmerksamkeit der wirtschaftspolitischen Entscheidungsträger zuteil werden ließ.

Zwar hatte die Bayerische Staatsregierung, so lässt sich in der Untersuchung zeigen, um die Jahrhundertwende weder eine genaue Vorstellung, wie eine zukunftsorientierte Elektrifizierung ausgestaltet werden könnte, noch die finanziellen Mittel, um in den Sektor in nachhaltiger Form gestaltend einzugreifen. Dennoch begann man früher als in anderen Regionen Deutschlands die Bedeutung der Elektrizitätswirtschaft und ihre anbahnende strukturelle Fehlentwicklung zum Anlass politischer Einflussnahme zu nehmen. Mit anderen Worten ist der Bayerischen Regierung in ihrem Wirken eine Vorreiterrolle zuzuschreiben, indem sie hinsichtlich der Reglementierung von Unternehmensstrukturen öffentlichen Interesses als Musterbeispiel für staatliche Intervention zu gelten hat.[5] Das hier zu nennende Regulierungsinstrument der Staatsverträge war Triebfeder und Stellschraube zugleich und musste unweigerlich zu einer monopolistischen Struktur des Sektors führen. Die hierauf begründeten bayerischen Regionalversorger sollten ab den Zwanziger Jahren in der aufkommenden Verbundwirtschaft als Bindeglied zwischen den staatlicherseits geführten Erzeugungs- und Verteilungswerken und den Endkunden dienen.

Wie die epochenübergreifende Perspektive der Untersuchung zeigt, stieg die Marktmacht der konsolidierten Versorger einhergehend mit der wachsenden „Popularisierung der Elektrizität"[6], was das Spektrum des politischen Handelns nach und nach einschränkte. Eine (Rand)erscheinung, die im Schatten des Siegeszuges elektrischer Energie zum Wirtschaftsfaktor ersten Ranges, wohl billigend in Kauf genommen wurde. Erst im Jahr 1998 wurde ernsthaft versucht, diese Spirale im Zuge der Liberalisierung des Energiemarktes zu durchbrechen.

Die Geschichte der Elektrizitätswirtschaft ist in ihrer ganzheitlichen Betrachtung sicherlich keine terra incognita mehr, dennoch bestehen zahlreiche neue Ansatzpunkte, die Entstehung und Entwicklung der Branche aus verschiedenen Blickwinkeln zu betrachten. Insbesondere die erste Hälfte des Zwanzigsten Jahrhunderts bietet aufgrund des engen zeitlichen Aufeinanderfolgens von vier unter-

---

[4] Zängl (1989), S. 6 f.
[5] Vgl. Gröner (1975), S. 198-210.
[6] Kalischer (1967), S. 182.

1. EINLEITUNG

schiedlichen ordnungspolitischen Systemen (Kaiserreich, Weimar, Nationalsozialismus, Bundesrepublik) in der jungen Formierungsphase der Elektrizitätswirtschaft interessante Themenkomplexe für eine empirisch deduktive Vorgehensweise.

Als Gegenstand der hiermit vorgelegten Dissertationsschrift soll die Bayerische Elektricitäts-Lieferungs-Gesellschaft Aktiengesellschaft (im Folgenden BELG) dienen, einst eines der größten und ältesten Überlandwerke in Bayern. Insbesondere die Geschichte der BELG ist, abgesehen von einzelnen Firmenpublikationen anlässlich von Jubiläen, weitgehend unerforscht, obgleich es sich um ein Unternehmen handelte, das ein wichtiger Impulsgeber für den industriellen Aufschwung in Oberfranken und den angrenzenden Regionen war. Dieser Forschungsstand überrascht auch aufgrund der exemplarischen Bedeutung des Unternehmens, denn die BELG spiegelt zugleich die Entwicklung der Energiequelle Strom vom Ende der Pionierzeit bis hin zum kriegsrelevanten wie privat und gewerblich unverzichtbaren Allgemein- und Wirtschaftsgut wider. Die Firmengeschichte bettet sich dabei nahtlos in die sich entsprechend dieser Wirkungsgeschichte herausbildende Energiepolitik ein.

## 1.1 Absichten der Untersuchung und Quellenlage

Die Basis der Untersuchung stellt der Archivbestand der BELG aus dem Bayerischen Wirtschaftsarchiv der Industrie- und Handelskammer in München dar. Das bis auf wenige Ausnahmen lückenlos vorliegende Schriftgut stammt im Schwerpunkt aus der Zeit von der Gründung 1914 bis in das Jahr der Fusion mit der Überlandwerk Oberfranken AG 1983 und belegt die Entwicklung des regionalen Energieversorgungsunternehmens.

Als Forschungsziel der Arbeit gilt es, einen fundierten Überblick über die Firmenfrühgeschichte, die Unternehmensentwicklung und ihre Einbettung in die politischen Verhältnisse herauszuarbeiten. Im Mittelpunkt der Untersuchung steht dabei weniger die betriebswirtschaftliche Analyse des Unternehmens, als vielmehr die gesellschaftliche Relevanz, die sich die BELG durch ihre Unternehmenspolitik verschaffen konnte. Darüber hinaus ist zu ermitteln, welche Tarifpolitik, Vertriebs- und Expansionsstrategien Umsetzung fanden, um trotz wirtschaftlich und politisch schwieriger Zeiten einen expansiven Markt zu erschließen und damit eine breite Akzeptanz für die Elektrizität zu schaffen. Dies wirft auch die Frage auf, inwieweit der Energieversorger in einer wechselseitigen Abhängigkeit zur hiesigen Industrie stand und welche Marktmacht die Großindustrie durch die Möglichkeit der Eigenstromerzeugung ausüben konnte.

Von zentraler Bedeutung ist es, zu klären, in welcher Weise exogene Krisen sozusagen als ökonomische Reinigungsmechanismen zu einer Konsolidierung des Stromsektors beitrugen. Es gilt daher die Einflüsse auf die Energiewirtschaft (Gesetzeseinflüsse, Versorgungsengpässe, Wirtschaftskrisen, Kriege, etc.) in dem zu betrachtenden Zeitraum von 1914 bis 1954 zu untersuchen und in einem zweiten Schritt ihre Implikationen auf die wirtschaftliche Rentabilität der BELG abzuleiten. Dieses Vorgehen soll es ermöglichen, konkrete Unterschiede in der unternehmensstrategischen Ausrichtung und deren unmittelbare Auswirkungen darzustellen und zu analysieren.

Des Weiteren soll aufgezeigt werden, welche Grundstrukturen und Rahmenbedingungen die bis in die Neuzeit charakteristische Erscheinungsform der Energiewirtschaft begründeten. In diesem Kontext wird auch dargelegt, welche Bedeutung eine Verbundwirtschaft für den zu untersuchenden Stromversorger hatte und wie die öffentliche Hand zu einem Stromlieferungsmonopol beitrug, bzw. dieses 1935 unter der NSDAP durch ein entsprechendes Energiewirtschaftsgesetz bewusst manifestierte. Dies macht es nötig, den wirtschafts- und ordnungspolitischen sowie branchenspezifischen Konzentrationsprozess als Leitmotiv der Untersuchung zu behandeln.

Das Gebiet des östlichen Oberfrankens steht zwar im Mittelpunkt der vorliegenden Arbeit, der Anspruch, der damit verbunden ist, zielt aber über das Versorgungsgebiet der BELG hinaus. Auch der gewählte Untersuchungszeitraum markiert aufgrund der Vielschichtigkeit der zu berücksichtigenden Einflüsse lediglich einen elastischen Rahmen. Wo es sich als sinnvoll und notwendig erweist, wird daher auf Zäsuren und zeitliche Sprünge zurückgegriffen.

An dieser Stelle sollen einige Anmerkungen hinsichtlich der einschlägigen Literatur des Themengebietes gegeben werden. Für eine ausführliche Auflistung ist freilich auf das angefügte Literaturverzeichnis zu verweisen, dennoch sind einige Werke bzw. Autoren aufgrund ihrer Bedeutung für diese Arbeit namentlich herauszustellen.

Die Publikationen zur Wirtschafts- und Unternehmensgeschichte in den ersten Dekaden des Zwanzigsten Jahrhunderts behandeln nur in den seltenen Fällen die Elektrizitätswirtschaft als separiert zu betrachtenden Sektor. Die zumeist volkswirtschaftlich interpretierten Arbeiten stehen zumeist in Zusammenhang mit der Kriegswirtschaft des Ersten Weltkrieges und den abzuleitenden energiewirtschaftlichen Reformen. Erkenntnisse zur Entwicklung der Elektrizitätswirtschaft sind daher in der Regel in allgemeine Werke[7] eingebunden oder reflektieren die zeitgenössisch eingefärbten Meinungen der Pioniere der Branche.[8] Als Ausnahmen sind stellvertretend die Arbeiten von Wolfgang Zängl, Thomas Herzig, Helmut Gröner und Bernhard Stier anzuführen, die allerdings im Schwerpunkt die gesamtdeutsche Entwicklung in den Fokus ihrer Untersuchung stellen.[9] Über die Elektrizitätswirtschaft im Nationalsozialismus, so ist anzumerken, findet sich vor dem Hintergrund der reichsweiten Entwicklung und dem 1935 verabschiedeten Energiewirtschaftsgesetz vermehrt Literatur.[10]

In der regionalgeschichtlichen Betrachtung fällt auf, dass nur wenige Arbeiten eine detaillierte und ganzheitliche Sicht auf die Elektrizitätswirtschaft in Bayern liefern. Hier ist die geschichtliche Aufarbeitung des Bayernwerks zum 75-jährigen Jubiläum von Manfred Pohl ein Glücksfall. Auch die Schrift von Fritz Blaich über die Energiepolitik in Bayern über den Zeitraum bis 1921 bietet interessante Aspekte hinsichtlich der Frühgeschichte des Sektors. Des Weiteren ist die Biographie Wilhelm Füssls über Oskar v. Miller wie auch die Untersuchung Stephan Deutingers über die Energiepolitik in Bayern nach dem Zweiten Weltkrieg hervorzuheben. Überdies stellten die Sammelschriften des Verbandes bayerischer Elektrizitätswerke und die Denkschriften der einzelnen bayerischen Regional- und Stadtwerke bedeutsame Quellen für diese Arbeit dar und ergänzten die verwendeten Archivalien der BELG.[11]

## 1.2 Gang der Untersuchung

Die vorgelegte Untersuchung folgt dem empirisch-deskriptiven-Verfahren. Das Vorgehen ist dabei deduktiver Natur, indem sich das Besondere aus dem Allgemeinen erschließen soll. Demnach ermöglicht die Deduktion als zentraler Pfeiler der Empirie die Herleitung spezieller Erkenntnisse aus allgemein beobachtbaren Tatsachen. Der Aufbau der Arbeit selbst erfolgt entlang der zwei für wirtschaftsgeschichtliche Untersuchungen relevanten Hauptachsen. Diese bestimmen zum einen die Untergliederung in die betriebswirtschaftlichen Hauptkategorien und

---

[7] Vgl. u. a. Blaich (1973); Hallgarten/Radkau (1974).
[8] Vgl. u. a. Siegel (1911 und 1917); Fischer (1916); Hartmann (1917); Jung (1918); Dehne (1925 und 1926) sowie Büggeln (1930).
[9] Vgl. u. a. Gröner (1975); Zängl (1989); Herzig (1992); Stier (1999).
[10] Vgl. u. a. Friedrich (1936); Lawaczeck (1936); Krecke (1937a); Derlitziki et al. (1937); Eiser (1943); Eckardt et al. (1985); Hellige (1986); Börner (1965 und 1987); Stier (2006).
[11] Vgl. u. a. Pohl (1996); Blaich (1981); Füssl (2005); Deutinger (2001); Denkschrift VBE (1969) sowie sämtliche unter der Kategorie Denkschriften im Literaturverzeichnis aufgeführten Schriften.

zum anderen deren Orientierung an der chronologischen Abfolge der Zeitgeschehnisse. Die gewählte Vorgehensweise und Struktur verspricht ein hohes Maß an literarischer Flexibilität, da sie eine lebendige Untersuchung der zentralen Fragestellungen ermöglicht, ohne dabei die vom Leser einzufordernde Stringenz einzubüßen.

Die eingangs formulierten Forschungsziele spiegeln sich unmittelbar im Aufbau der Arbeit wider, die sich im Wesentlichen in zwei übergeordnete Teile untergliedern lässt (vgl. Abbildung 1.1). Im Anschluss an diese **Einführung** widmet sich der erste Hauptabschnitt (**zweites Kapitel**) zunächst der Pionierzeit der elektrotechnischen Entwicklung in einem Zeitraum von 1866 bis 1914. Im Fokus liegt hierbei die Emanzipation des Energieträgers von der Vision zur gesellschaftlichen Relevanz. Einen Schwerpunkt nimmt in diesem Kontext das Anliegen der Bayerischen Staatsregierung ein, die sich abzeichnende strukturelle Fehlentwicklung des Sektors nachhaltig zu beeinflussen. Die hierauf zurückzuführenden „Staatsverträge" sind für das Grundverständnis der bayerischen Elektrizitätswirtschaft von ausnehmender Bedeutung und dienen zugleich als Ausgangspunkt und Einstieg in die Untersuchung der unternehmensstrategischen Umsetzung der bayerischen Elektrizitätspolitik.

Für den schwerpunktmäßigen Untersuchungszeitraum von 1914 bis 1954 soll im zweiten Hauptteil am Beispiel der Bayerischen Elektricitäts-Lieferungs-Gesellschaft AG die Geschichte der Elektrifizierung aus verschiedenen betriebswirtschaftlichen, gesellschaftlichen, ordnungs- und wirtschaftspolitischen Perspektiven betrachtet werden. Als Basis der Untersuchung stellt das **dritte Kapitel** hierzu die Firmengründung im Rahmen der reichsweit einmaligen Staatsverträge dar. Die Bayerische Regierung betrat in ihrem Vorgehen Neuland und versuchte sich durch zahlreiche gesetzlich fixierte Kontrollmöglichkeiten gegenüber den installierten Regionalversorgern abzusichern.

Als eine zentrale Säule der Arbeit schafft das **vierte Kapitel** ein Verständnis für die Stromgewinnung in Bayern im Allgemeinen und bei dem oberfränkischen Überlandwerk im Speziellen. Hierzu werden die zwei Säulen der Energiegewinnung – Wasserkraft und Wärmekraft – gegenübergestellt und das firmeneigene Kohlekraftwerk in Arzberg sowie die regionalen Gebietswasserkräfte thematisch eingegliedert. Ein besonderes Augenmerk wird dabei auf das 1921 staatlicherseits gegründete Bayernwerk gelegt, da es sozusagen als Organ der bayerischen Energiepolitik das Interesse der Staatsregierung an einer verbundwirtschaftlichen Vernetzung der Branche widerspiegelt. Die ab dem Jahr 1924 einsetzende Kooperation der BELG mit dem Bayernwerk und die fortan saisonal alternierenden Bezugsmengen charakterisieren die betriebswirtschaftlich abzuwägende Entscheidung der Fremd- und Eigenerzeugungsmenge des Überlandwerkes. Das Kapitel schließt mit einer Einbettung der Strombereitstellung in die chronologische Abfolge des Untersuchungszeitraumes und der Reaktion auf exogene und firmeninterne Geschehnisse.

Im **fünften** und zugleich seitenstärksten **Kapitel** wird die Stromabsatzentwicklung und Expansionspolitik des oberfränkischen Überlandwerkes nachgezeichnet. Einleitend mit der allgemeinen Stromnutzung im Versorgungsgebiet am Vorabend des Ersten Weltkriegs werden die unterschiedlichen Hauptanwendungsbereiche des „neuen" Energieträgers beleuchtet. Das Kernversorgungsgebiet und die im Schwerpunkt zu behandelnden Stromabnehmergruppen sollen einen ersten Überblick über die Absatzseite des Energieversorgers geben. Anschließend werden die Quantität und die besonderen Charakteristika des Stromverkaufs in Bezug zu den ordnungs- und gesellschaftspolitischen Rahmenbedingungen gestellt. Zur besseren Übersichtlichkeit wird der Untersuchungszeitraum dabei in historisch abzugrenzende Zeitabschnitte unterteilt. Innerhalb dieser Struktur bieten thematische Zäsuren die Möglichkeit, einzelne Aspekte der Geschäftspolitik herauszugreifen. Die Problematik der Verbrauchsspitzen, die Tarifpolitik, die Ausgestaltung der Konzessionsverträge mit den Kommunen, die Elektrifizierung der Landwirtschaft und die spezielle Bewerbung elektrischer Geräte titulieren nur einige Einschnitte, die hierbei in gesonderter Betrachtung reflektiert werden. Auch ist es ein Ziel, die staatlichen Einflüsse und vor allen Dingen das maßgebende Energiewirtschaftsgesetz von 1935 in den Kontext der Branchenentwicklung zu stellen.

Die bilanzielle Entwicklung des Unternehmens wird in **Kapitel sechs** nachvollzogen. Auch die Gewinn- und Rentabilitätsbetrachtung liefert interessante Einblicke in die relativ krisenfeste Finanzstruktur der BELG.

Die Untersuchung wird vervollständigt durch das **siebte Kapitel**, das die Ergebnisse mit Hilfe von zehn zentralen Thesen pointiert zusammenfasst. Desweiteren bettet es den zentralen Untersuchungszeitraum in einem kurzen Abriss in die weitere Entwicklung des Stromversorgers – bis zur Fusion mit der Überlandwerk Oberfranken AG im Jahre 1983 – ein.

Die nachfolgende Graphik 1.1 verbildlicht die vorgestellten zentralen Kapitel der Untersuchung sowie ihre thematische Einordnung.

**Abb. 1.1: Thematischer Aufbau der Arbeit**

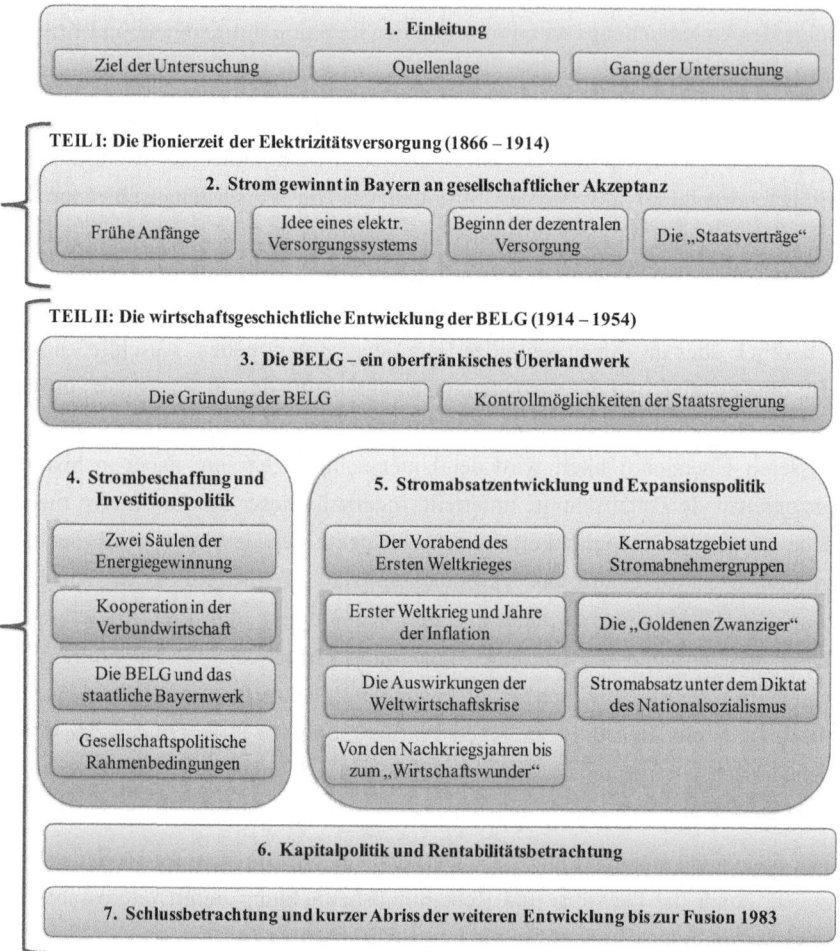

Quelle: Eigene Darstellung.

# Teil I: Die Pionierzeit der Elektrizitätsversorgung (1866 – 1914)

## 2. Der frühe Weg vom Luxus- zum Allgemeingut – Strom gewinnt in Bayern an gesellschaftlicher Akzeptanz

### 2.1 Die Elektrizitätsversorgung in ihren Anfängen (1866 – 1890)

Die anfängliche Entwicklung der Elektroindustrie ist zunächst im Bereich des Fernmeldewesens zu suchen. In der Telegraphie fanden der elektrische Strom sowie die notwendigen elektromechanischen Apparaturen das erste Mal eine bedeutende praktische Verwendung. In Bayern lässt sich die erste bayerische Telegraphenlinie entlang der Bahnlinie von München nach Salzburg bereits auf das Jahr 1849 datieren.[12]

Den Durchbruch erfuhr die elektrotechnische Industrie dann schließlich 1856 durch die Erfindung des Magnetinduktors, der zunächst für die Telegraphie der bayerischen Staatsbahn entworfen wurde. Im Jahr 1866/67 entwickelte Werner Siemens (nobilitiert 1888), sicherlich eine der bedeutsamsten Gründergestalten der deutschen Elektrotechnikindustrie, auf diesem theoretischen Fundament die sogenannte Dynamomaschine, mit Hilfe derer es möglich wurde, mechanische über eine Drehbewegung in elektrische Energie umzuwandeln. Mit seiner Schrift „Über die Umwandlung von Arbeitskraft in elektrischen Strom ohne Anwendung permanenter Magnete"[13] erarbeitete er weiterhin das elektrodynamische Prinzip und schuf hierdurch die Grundlage für die moderne Starkstromtechnik.[14] Diese Entdeckung stimmte ihn zuversichtlich, dass die Dynamomaschine, die eine Stromerzeugung in nahezu beliebig wählbarer Menge erlaube, fortan „den Grundstein einer großen technischen Umwälzung bilde, welche die Elektrizität auf eine höhere Rangstufe der Elementarkräfte erheben"[15] würde. In der Folge trat der nun im Generator erzeugte Strom an die Stelle des weitaus kostspieligeren, auf chemischem Wege erzeugten und in sogenannten Akkumulatoren gespeicherten Stroms – ein Meilenstein, der den Beginn des elektrischen Zeitalters markiert.

---

[12] Vgl. Götschmann (2010), S. 210.
[13] Siemens (1867), S. 332 ff.
[14] Die Folgen des Krieges zwischen Österreich und Preußen (1866) führten Werner Siemens (1816-1892) während der Verbesserung magnetelektrischer Zündvorrichtungen zur Entdeckung des sog. dynamoelektrischen Prinzips (das Prinzip der Selbsterregung). Vgl. u. a. Wilke (1898), S. 2; Wolker/Reuter (2005), S. 28-31.
[15] Zeitschrift Naturwissenschaften (1942), S. 13.

© Springer Fachmedien Wiesbaden GmbH, ein Teil von Springer Nature 2011
C. Werner, *Die Politik der Elektrifizierung in Bayern und ihre unternehmensstrategische Umsetzung am Beispiel der Bayerischen Elektricitäts-Lieferungs-Gesellschaft AG*,
Edition KWV, https://doi.org/10.1007/978-3-658-24657-0_2

Die Abbildung 2.1 illustriert die erste Dynamomaschine der Welt aus dem Jahre 1856, an der Werner Siemens zehn Jahre später das angesprochene elektrodynamische Prinzip demonstrieren sollte.

**Abb. 2.1: Die erste Dynamomaschine der Welt aus dem Jahr 1856**

Quelle: Internet Deutsches Museum München (Abruf 2009).

Bis zu dieser Entdeckung war die Terminologie der „Elektrotechnik" noch weitestgehend unbekannt.[16] Auch die auf diesem Prinzip basierenden Dynamomaschinen blieben trotz der neuartigen Möglichkeit, Elektrizität zu erzeugen, in den Anfangsjahren größtenteils unbeachtet.[17] Dennoch postulierte Werner Siemens in bereits erwähnter Schrift vorausblickend, dass „der Technik der Gegenwart [...] die Mittel gegeben [seien], elektrischen Strom von unbegrenzter Stärke auf billige und moderate Weise überall da zu erzeugen, wo Arbeitskraft disponibel ist."[18]

Erst im letzten Viertel des 19. Jahrhunderts begann die Elektrotechnik, dem angeführten Zitat gerecht zu werden und das elektrische Zeitalter zu eröffnen.[19] Als maßgeblich für eine breitere Akzeptanz und wachsende Neugierde der Öffentlichkeit ist exemplarisch die lichttechnische Entwicklung anzuführen.[20] So be-

---

[16] In einem Brief an den Generalpostmeister des Deutschen Reiches, Heinrich von Stephan, vom 5.02.1879 verwendet Siemens erstmals den Begriff der „Elektrotechnik". Vgl. Wolker/Reuter (2005), S. 30.

[17] Bis 1874 wurden lediglich vier der Maschinen ausgeliefert. Im Jahr 1879 stieg diese Zahl bereits auf über 1.000 an. Vgl. Lindner (1985), S. 125.

[18] Siemens (1867), S. 335.

[19] Vgl. Lindner (1985), S. 123 f.

[20] Vgl. u. a. Bohn (1992), S. 41-45; Müller (2001), S. 29 f.; Arnold (2003), S. 12 ff.

diente man sich bereits 1869 zur Beleuchtung einer im Bau befindlichen Isarbrücke in München erstmalig einer Bogenlampe.[21] Mit der Hefner-Alteneck'schen Differentialbogenlampe, die den Betrieb vieler Lichtbogen durch einen Generator ermöglichte (1878), fanden elektrische Beleuchtungsanlagen im öffentlichen Bereich (bspw. Bahnhofshallen, Kaufhäuser) eine immer schnellere Verbreitung.[22] So gab König Ludwig II. im Jahr 1878 für sein Schloss Linderhof die erste permanente elektrische Beleuchtung Bayerns in Auftrag. Weitere Verwendungen folgten im Münchner Telegraphenamt, im Münchner Hauptbahnhof (1879) und im Residenztheater (1880).[23] Auch die im Zuge der nun aufkommenden industriellen Produktionsweise notwendig gewordenen größeren Raumeinheiten machten leistungsstärkere Lichtquellen erforderlich. Zudem nahm in den Produktionsstätten die Dauer der künstlichen Beleuchtung zu und ließ „konsequenter als irgendwo sonst [...] in der Fabrik die Nacht zum Tage werden"[24].

Die Einführung der elektrischen Beleuchtung im öffentlichen Raum bewirkte durch die daraus hervorgehenden Veränderungen im Alltagsleben einen Wandel in Bezug auf die zeitgenössischen Lebensverhältnisse.[25] Allerdings sollte der große Aufschwung der Industrie des elektrischen Lichtes erst durch die Verbesserung der Kohlenfadenlampe durch Thomas Alva Edison im Jahr 1879 erfolgen. Im Gegensatz zur Bogenlampe, die aufgrund ihrer Intensität und Lichtstärke für die Beleuchtung von Straßen und großen Innenräumen prädestiniert schien, machte erst die Konstruktion von praktisch brauchbaren und fabrikationsreifen Glühlampen das Licht gemeinhin salonfähig.[26]

Unterstützt wurde diese Entwicklung durch immer häufiger durchgeführte Elektrizitätsausstellungen. Hier ist insbesondere die als „Internationale Elektricitäts-Ausstellung" titulierte, erste deutsche Ausstellung dieser Art von 1882 in München anzuführen. Rund zwei Dutzend der Aussteller kamen aus Bayern, die bei der Schau die neuesten elektrotechnischen Gerätschaften, Maschinen und Vorrichtungen vorführten.[27] Bei dieser Gelegenheit präsentierte Oskar von Miller, dessen Name untrennbar mit dem Ausbau der bayerischen Stromversorgung und des elektrischen Fernleitungssystems verbunden ist, die weltweit erste Gleichstrom[28] Kraft-Fernübertragung über 57 km vom Kohlenbergwerk Miesbach in

---

[21] Vgl. v. Keller (1969), S. 10.
[22] Vgl. Wilke (1898), S. 4.
[23] Vgl. Götschmann (2010), S. 211.
[24] Schivelbusch (1983), S. 16.
[25] Vgl. Herzig (1992), S. 124 f.
[26] Vgl. u. a. Pinner (1918), S. 85 ff. sowie VDEW (1967), S. 233.
[27] Vgl. Götschmann (2010), S. 210.
[28] Als Gleichstrom wird ein „zeitlich konstanter elektrischer Strom, wie er von galvani-

den Münchner Glaspalast.[29] Trotz des geringen Wirkungsgrades war hierdurch zumindest die theoretische Möglichkeit der öffentlichen Stromversorgung[30] mit Gleichstrom durch einen praktischen Nachweis öffentlichkeitswirksam vollzogen worden.[31]

Die Schau gab die Initialzündung für die etappenweise Einführung der elektrischen Beleuchtung in München und anderen bayerischen Großstädten.[32] Die Abbildung 2.2 zeigt in Form einer Erinnerungstafel den Streckenverlauf besagter Kraftübertragung (links) und das offizielle Werbeplakat der Internationalen Elektrotechnischen Ausstellung 1891 in Frankfurt am Main (rechts).[33] Letztere sollte sich als ein weiterer Meilenstein der Elektrotechnik in den Geschichtsbüchern verewigen – eine Tatsache, auf die im nächsten Kapitel eingehender Bezug genommen wird.

---

schen Elementen, Akkumulatoren und Gleichstrom-Generatoren geliefert" wird verstanden. Birkefeld/Jung (1994), S. 78; Vgl. ferner Eydam (1992), S. 43 ff.; Jendrian (2002), S. 16 f.

[29] Vgl. u. a. Kristl (1969), S. 46 ff.; Füssl (2005), S. 47-69; Lindner (1985), S. 197 f.

[30] An dieser Stelle sei ein kurzer Hinweis auf die in dieser Arbeit verwendete Terminologie der öffentlichen Stromversorgung gestattet. Die öffentliche Elektrizitätsversorgung oder auch die öffentliche Elektrizitätswirtschaft umfasst den Teil des elektrischen Energieumsatzes, der nicht für eigenen Bedarf erzeugt, sondern gewerbsmäßig an Dritte weiterverteilt wird. Die Bezeichnung „öffentlich" bezieht sich hier also nicht auf die Rechtsform des Unternehmens, sie soll vielmehr zum Ausdruck bringen, dass die öffentlichen Werke die allgemeine Elektrizitätsversorgung durchführen. Im Folgenden steht daher grundsätzlich die öffentliche Elektrizitätsversorgung im Mittelpunkt der Untersuchung. Vgl. zur zeitgenössischen Handhabung der Terminologie auch Salm (1939).

[31] Der Wirkungsgrad der Starkstromübertragung war äußerst gering, so blieben von 1,5 PS an der Dampfmaschine lediglich 0,4 PS in München für den Antrieb einer Pumpe des vielbestaunten zwei Meter hohen Wasserfalls übrig. Vgl. v. Keller (1969), S. 10 f.

[32] Vgl. Götschmann (2010), S. 211.

[33] Das Plakat (s. Abbildung 2.2) der Frankfurter Elektrizitätsausstellung des Jahres 1891 macht deutlich, dass die Elektrizität noch gegen Ende des 19. Jahrhunderts als etwas Göttliches, zumindest als eine göttliche, schwer zu beschreibende und verstehende Kraft angesehen wurde, die am schlüssigsten in der Mythologie Erklärung fand. Die verwendete Darstellung zeigt Prometheus als ein Symbol der Bändigung der Natur durch den Menschen. Ihm zur Seite steht „Elektra", eine weitere beliebte Figur der damaligen Werbung (siehe bspw. Schuckert & Co 1883) und AEG (ca. 1888). Die Licht bringende Figur der „Elektrizität" wird in den folgenden Jahren ikonografisch zum Symbol für die neue Technik verwendet. Vgl. Wolter/Reuter (2005), S. 179; Füssl (2005), S. 135 f. Für eine genauere Untersuchung hinsichtlich der Metaphorik und motivischen Darstellung der Elektrizitätswirtschaft und deren Wirkung auf die Zeitgenossen sei verwiesen auf Binder (1999).

**Abb. 2.2:** Erinnerungstafel an die erste Weitstrecken-Stromübertragung Miesbach-München 1882 (links) sowie das offizielle Werbeplakat zur Ausstellung in Frankfurt a. M. 1891 (rechts)

Quelle: Internet Deutsches Museum München (Abruf 2010a) bzw. Pohl (1988), S. 89.

Mit dem Bau von sogenannten Blockkraftwerken (erste Blockstation 1883 in Berlin) begann zunächst die flächendeckende Elektrifizierung der Ballungszentren, da nur hier eine wirtschaftlich sinnvolle Verbrauchsdichte zu erwarten war.[34] Die nun wie Pilze aus dem Boden sprießenden Kleinkraftwerke wurden von Privatleuten zumeist zur Eigenversorgung ihrer Gewerbe- oder Industriebetriebe errichtet und versorgten darüber hinaus mit dem überschüssig erzeugten Strom die unmittelbar angrenzenden Häuserblöcke.

Die folgende Photographie 2.3 zeigt Oskar von Miller, die seinerzeit wohl bedeutendste Persönlichkeit der bayerischen Elektroindustrie und gleichsam Gründer des Deutschen Museums in München sowie federführender Gestalter des 1921 gegründeten Bayern- und Walchenseekraftwerks.

---

[34] Blockstationen versorgten mehrere Abnehmer. Sie stellten demnach einen Fortschritt gegenüber den Einzelanlagen dar und waren die Vorstufe des öffentlichen Kraftwerks. Vgl. Bohn (1992), S. 43 ff. Zunächst war die Anschlussmöglichkeit, aufgrund der geringen Übertragungsweite von Gleichstrom auf wenige Kilometer um diese Zentralen beschränkt. Vgl. ebd, S. 11. Erst seit etwa 1980 kann Drehstrom hoher Spannung gleichgerichtet und dann wieder in Drehstrom zurückgewandelt werden. Seitdem wird auch Gleichstrom zum Transport über große Distanzen verwendet. Typischer Weise findet die Hochspannungs-Gleichstrom-Übertragung bei langen Seekabeln Verwendung. Vgl. Oeding/Oswald (2004), S. 835-852; Schwab (2009), S. 405-408.

**Abb. 2.3:** Oskar von Miller (links) abgebildet mit Henry Ford (Mitte) anlässlich einer Besichtigung des Deutschen Museums im Jahr 1930

Quelle: Internet Deutsches Museum München (Abruf 2010b).

Dennoch war die Münchner Staatsregierung trotz dieser weltweit beachteten Erfolge zunächst nicht von der Notwendigkeit und Wirtschaftlichkeit einer allgemeinen Stromversorgung zu überzeugen.[35] Von Millers Anliegen, dass „auch in Bayern dieses neue Gebiet der Technik in jeder Weise unterstützt werden [möge], damit das Volk die Vortheile genießen könne, welche die Anwendung des elektr. Stromes bietet, damit der Staat Nutzen ziehen könne aus dem Kapitale, das er in seinem [sic!] bisher unbenützten Wasserkräften besitzt"[36], stieß seitens der Regierung auf Zurückhaltung und Befangenheit. Das übergeordnete Motiv, die bayerischen Wasserkräfte zu erschließen, befand die Bayerische Regierung bezeichnenderweise als wenig vaterlandsdienlich.[37] Man ließ Oskar von Miller durch den zuständigen Regierungspräsidenten erklären, dass „weder ihn, noch die Regierung von Oberbayern, die Elektrizität etwas an[ginge]"[38]. Die starke Abneigung gegenüber einer energiepolitischen Grundsatzdebatte zeigt die mangelnde Kenntnis bezüglich des schwer erkennbaren Potentials seitens der Bayerischen Staatsregierung. Schließlich schien man Ende der Achtziger Jahre des 19. Jahrhunderts längst noch nicht gewillt zu sein, auf dem Gebiet des Elektrizitätswesens größere Investitionen zu tätigen.[39]

---

[35] Vgl. Pohl (1996), S. 31.
[36] v. Miller (1882), zit. n. Füssl (2005), S. 45.
[37] Vgl. Zängl (1989), S. 19.
[38] v. Miller (1932), S. 153.
[39] Füssl (2005), S. 47.

## 2.2 Die Idee eines elektrischen Versorgungssystems (1890 – 1900)

In Berlin – die Hauptstadt war bei der Einführung der neuen Technologie führend[40] – ging 1885 das erste Gleichstrom liefernde Kraftwerk der öffentlichen Stromversorgung ans Netz.[41] Als Erbauer zeichnete die von Emil Rathenau gegründete „Deutsche Edison-Gesellschaft für angewandte Elektricität" verantwortlich, aus der 1887 die „Allgemeine Elektricitäts-Gesellschaft" (AEG) hervorging. So wie hier wurde in allen frühen Elektrizitätswerken Gleichstrom produziert, da sich dieser aufgrund seiner Speicherfähigkeit anbot, um die am Tage auftretenden Lastkurven besser auszugleichen. Allerdings wog die Problematik der Stromübertragung diesen Vorteil bei weitem wieder auf. Der auftretende Spannungsverlust nahm mit dem Versorgungsradius eines Gleichstromkraftwerks erheblich zu und begrenzte die wirtschaftlich sinnvolle Reichweite zunächst auf eine maximale Distanz von 600 Metern.[42] Als Folge mussten die trefflich als Stadt- oder Ortszentralen bezeichneten Anlagen in der Regel in den Ballungszentren, nahe am Verbrauchsschwerpunkt, errichtet werden. Dieser Umstand wirkte sich insofern fortschrittshemmend aus, als der verteuerte Baugrund sowie die verkomplizierte Kohlenzufuhr unverhältnismäßig hohe Erzeugungskosten nach sich zogen, die unmittelbar auf die angeschlossenen Stromkonsumenten umgewälzt werden mussten. Lichtstrompreise von über 70 Pfennig je Kilowattstunden waren keine Seltenheit und standen einer zügigen Elektrifizierung privater Anwendungsbereiche im Weg.[43]

Die Erbauer der ersten Elektrizitätswerke in Bayern waren aufgrund der staatlichen Zurückhaltung vornehmlich Privatunternehmer, die den trotz hoher Preise ansteigenden Strombedarf schon früh als lukratives Betätigungsfeld wahrnahmen.[44] Dies sollte sich durch die Impulse der Internationalen Elektrizitätsausstel-

---

[40] Berlin war nicht zuletzt deshalb führend auf dem Gebiet der elektrotechnischen Industrie, da hier die bedeutendsten Unternehmen dieser Branche ihren Hauptsitz hatten (bspw. die „Deutsche Edison-Gesellschaft", aus der 1887 die Allgemeine Elektricitäts-Gesellschaft (AEG) hervorging). Herzig (1992), S. 125.

[41] Über den Zeitpunkt der Inbetriebnahme des ersten Elektrizitätswerks im Deutschen Reich herrscht in der einschlägigen Literatur Uneinigkeit. Während nach Zängl (1989), S. 20 das erste öffentliche Kraftwerk bereits 1882 in Stuttgart errichtet wurde, geben sowohl Fischer (1992), S. 46 als auch König und Weber (1993), S. 330 das Kraftwerk in der Marktgrafenstraße in Berlin im Jahr 1885 an.

[42] Vgl. u. a. Herzig (1992), S. 125; Böske (2007), S. 93.

[43] Beispielsweise konnten sich Grubenarbeiter „bei einem durchschnittlichen Stundenverdienst von 40 Pfennig um die Jahrhundertwende […] diese Luxusbeleuchtung nicht leisten". Herzig (1992), S. 125.

[44] Vgl. Pohl (1996), S. 30. Ein bedeutender Anteil an der Verbreitung der Elektrotechnik in Bayern ist Sigmund Schuckert und seiner gleichnamigen Firma (später „Elektrizitäts-Aktien Gesellschaft") zuzuschreiben. Der zu dieser Zeit weltweit führende Hersteller von Elektrizitätswerken hatte bis 1891 bereits über 50 Werke, komplette elektrische Straßenbahnen sowie ähnlich große Anlagen errichtet. Vgl. Götschmann (2010), S. 212.

lung in Frankfurt a. M. im Jahr 1891 ändern. Die Schau, die sich vornehmlich der „Popularisierung der Elektrotechnik"[45] verschrieb, wartete mit einer Sensation auf, die die Stromübertragung revolutionieren sollte. Oskar von Miller demonstrierte zusammen mit dem Franzosen Marcel Deprez sowie dem Russen Michael von Dolivo-Dobrowolsky die erste Drehstrom-Übertragung (15 später 25 kV) über eine längere Entfernung.[46] Von Lauffen am Neckar nach Frankfurt und mit Württemberg, Baden, Hessen und Preußen durch vier Länder floss die Energie über 178 km ohne allzu große Spannungsverluste auf das Ausstellungsgelände. Auf Knopfdruck begannen 1.000 elektrische Lampen aufzuleuchten und ein elektrisch betriebener Wasserfall publikumswirksam zu plätschern. Insgesamt waren Bogen- und Glühlampen mit der Leuchtkraft von einer Million Kerzen verbaut.[47] Die folgende Abbildung 2.4 zeigt den notwendigen Drehstrommotor zum Betrieb der Wasserfallpumpe. Im Hintergrund ist ein Bild der Übertragungsstrecke zu erkennen.

**Abb. 2.4: Der verwendete Drehstrommotor bei der Elektrizitätsausstellung in Frankfurt am 25. August 1891**

Quelle: Internet Universität München (Abruf 2009b).

---

[45] FITG-Journal (2007), S. 11.

[46] Bis zu besagtem Versuch waren 3 kV in den USA für den Betrieb eines elektrischen Stuhles die Rekordmarke. Ebd. Ein dreiphasiger Wechselstrom wird als Drehstrom bezeichnet. Ein Wechselstrom wiederum „bezeichnet einen Strom, der seine Richtung mit bestimmter Frequenz ändert". Jendrian (2002), S. 17; Vgl. ferner Lindner (2004), S. 547-578.

[47] Vgl. FITG-Journal (2007), S. 11.

## 2. Strom gewinnt an Bedeutung (1866–1914)

Nachdem im September 1891 schließlich in Lauffen das weltweit erste Drehstrom liefernde Elektrizitätswerk errichtet wurde[48], folgte beispielsweise in Fürstenfeldbruck 1891/92 auch das erste, auf Wechselstrom basierende, gemeindliche Elektrizitätswerk im Königreich Bayern.[49] Durch die gelungene Wechselstrom-Fernübertragung wurde die Elektrizitätsversorgung aufgrund der größeren räumlichen Verteilungsmöglichkeiten zunehmend rentabel und gewann damit die Gunst dringend benötigter Kapitalgeber.[50] Dennoch war die Entscheidung hinsichtlich des richtigen Systems – Gleich- oder Wechselstrom – noch nicht gefallen und gab unter den Elektrizitätspionieren Anlass für leidenschaftlich und kontrovers geführte Debatten. Viele Städte setzten nach wie vor auf den speicherbaren Gleichstrom, eine langfristige Entscheidung, die diese noch bis in die Mitte der Fünfziger Jahre des 20. Jahrhunderts kostspielig zu korrigieren hatten.[51]

Philosophisch formuliert war die Systemfrage gleichsam die Gretchenfrage der frühen Elektrizitätswirtschaft. Den als „Stromkrieg"[52] titulierten Scheideweg beschrieb Oskar von Miller salomonisch: „Wenn Sie mich [...] fragen, welches ist jetzt das Beste der genannten Systeme, so kann ich Ihnen diese Frage leider nicht allgemein beantworten, denn es giebt kein einzig richtiges System [...] Es ändert sich das System nach den lokalen Verhältnissen [...]."[53] Politisch motiviert, wollte er es sich wohl mit keinem Anhänger der unterschiedlichen Lager verscherzen. Für den Ingenieur Oskar von Miller musste die Waage spätestens seit der Schau in Frankfurt zugunsten des zukunftsträchtigeren, weil weitestgehend distanzneu-

---

[48] Am 12. September 1891 wurde mit dem Kraftwerk in Lauffen am Neckar das weltweit erste Drehstrom liefernde Elektrizitätswerk errichtet. Vgl. u. a. Jung (1918), S. 4; Dittmann et al. (1998), S. 5 f.; Calliess (1967), S. 15 f.

[49] Vgl. u. a. Pohl (1996), S. 30; v. Keller (1969), S. 11; Füssl (2005), S. 146-149. Eine zeitgenössische Studie über das Elektrizitätswerk Fürstenfeldbruck belegt den einsetzenden Sinneswandel in der Wahrnehmung neuer Abnehmergruppen: „Bis zu jener Zeit wurde bei derartigen Werken das Hauptgewicht auf die Beleuchtung einiger größerer Konsumenten gelegt, weil man voraussetzte, daß für kleinere Haushaltungen kein Bedürfnis nach einer besseren Beleuchtungsart vorliege, zumal die Kosten der elektrischen Beleuchtung für derartige kleine Konsumenten zu hoch erschienen, wenn das Werk noch einen angemessenen Nutzen haben wollte. Im Gegensatz zu dieser Anschauung wurde in Fürstenfeldbruck zum erstenmale ein Werk ausgeführt, bei welchem von Anfang an auch auf den Anschluß der kleinsten Installationen Rücksicht genommen wurde [...]." Zit. n. Rudolf v. Miller (1969), S. 154 f.

[50] Vgl. v. Peschke (1981), S. 97, sowie Reisser (1912), S. 37.

[51] Vgl. FITG-Journal (2007), S. 12.

[52] Myrell/Manthey (2006); Zweites Deutsches Fernsehen (ZDF) (2006).

[53] Miller (1891) im Rahmen der Elektrizitätsausstellung in Frankfurt a. M., zit. n. Füssl (2005), S. 134.

tralen Wechselstroms gekippt sein – er selbst ließ fortan beinahe ausschließlich Wechselstromanlagen errichten.[54]

Der geführte Beweis des hohen Wirkungsgrades war bahnbrechend für die ganze nun folgende Entwicklung der Elektrizitätswirtschaft. Die Standortwahl von Fabriken hing nun nicht mehr von dem originären Ort der Energiegewinnung ab. Dies bewirkte wiederum eine Abwanderung der Industrie aus abgelegenen Orten und eine Konzentration in Ballungszentren – mit weitreichenden gesellschaftlichen Konsequenzen, die bis in die Gegenwart reichen. Zahlreiche, allerdings überwiegend private Elektrizitätswerke wurden in den folgenden Jahren in Bayern errichtet. Als bedeutendste von ihnen die 1894 gegründete Isarwerke GmbH[55] in Höllriegelskreuth bei München, an der sich die Residenzstadt jedoch vehement zu beteiligen weigerte und eine Stromlieferung in das Stadtgebiet der Landeshauptstadt zunächst gar gänzlich untersagte[56] – ein typisches Beispiel für die abwartende und unaufgeklärte Haltung der Kommunen. Die flächendeckende Elektrifizierung der größeren Städte erfolgte verzögert (bspw. Nürnberg 1896, München 1899[57]), da vielerorts die „bestehenden Konzessionsverträge[58] für die Gasversorgung der Einführung der neuen Energieart entgegen standen"[59].

Das Gasglühlicht[60] war der Hauptkonkurrent der zunächst auf den Anwendungsbereich der Beleuchtung beschränkten Elektrizität.[61] Einer der wichtigsten Gründe lag vor allem darin, dass die Errichtung der ersten lokalen Zentralbeleuchtungsanstalt für jede fortgeschrittene Kommunalpolitik eine vorrangige Angelegenheit darstellte. Diese Möglichkeit der hellen Lichtquelle konnte zuerst durch das Gas realisiert werden. Vielerorts mussten die Kommunen, „da die Privatun-

---

[54] Vgl. Füssl (2005), S. 135.

[55] Als Hauptanliegen des von einem Konsortium (u. a. Wilhelm von Finck) gegründeten Unternehmens galt es, die Ansiedlung neuartiger Industriebetriebe – vor allem die Zementindustrie sowie chemische Industrien – im Umkreis von München zu fördern. Vgl. Götschmann (2010), S. 214.

[56] Vgl. Pohl (1996), S. 32; Füssl (2005), S. 165.

[57] Die Stadtverwaltung erwirkte immerhin einen Ablösungsvertrag mit der hiesigen Gasgesellschaft, so dass sie die Gaswerke im Jahr 1899 in Besitz nehmen und „wenigstens im beschränkten Umfang Elektrizitätswerke bauen durfte". Füssl (2005), S. 165. Im gleichen Jahr gründete der Magistrat die Städtischen Elektrizitätswerke München.

[58] Als Konzessionsvertrag wird ein privatrechtliches Vertragsverhältnis verstanden, das u. a. zwischen Gebietskörperschaften und Energieversorgungsunternehmen besteht. Vgl. Stein (2002), S. 392.

[59] v. Keller (1969), S. 11.

[60] Zu dem in dieser Zeit verbreiteten Gasglühlicht siehe die Ausführungen von Lindner (1985), S. 211 ff. sowie Schäfer (1896).

[61] Vgl. u. a. Pohl (1996), S. 33 f.; Pinner (1918), S. 345 f.; Zängl (1989) S. 23-26; Reisser (1912), S. 6 f.

ternehmung nicht mit einer an der Gasherstellung interessierten Spezialindustrie zusammenhing [...], die Gaszentralen und die verteilenden Röhrennetze [...] selbst errichten"[62]. Dieser Umstand erklärt, dass das Bedürfnis nach einem zusätzlichen Beleuchtungssystem überaus begrenzt war; zumal die Elektrizitätswerke und -leitungen eine „technisch wesentlich kompliziertere, in ihrem Betriebe besonders in der ersten Zeit schwerer zu übersehende Unternehmung"[63] darstellten.

Aller Unwegsamkeit zum Trotz konnte die elektrische Beleuchtung der neuen Energieart Ende der Neunziger Jahre des 19. Jahrhunderts vermehrt zum Einzug in den privaten Haushalt verhelfen.[64] Unterstützt wurde die anhaltende Verbreitung auch durch das Aufkommen elektrischer Kraft, die „den Handwerksbetrieb an die Industrialisierung an[schloss]"[65]. Die Vorzüge der elektrischen Beleuchtung gegenüber dem als „Licht des kleinen Mannes"[66] bezeichneten Petroleum[67] wie auch die einsetzende Entwicklung von Elektromotoren[68] erweckten in der Folgezeit auch in den nahe anliegenden landwirtschaftlichen Gütern ein erhöhtes Bedürfnis nach Stromversorgung.[69]

Dieser positive Werdegang bekräftigte Oskar von Millers Idee eines sich über die Stadtgrenzen erstreckenden, gekoppelten elektrischen Versorgungssystems in Bayern.[70] Der folgende Entwicklungsabschnitt in der Stromversorgung erklärt sich durch die Ausdehnung der städtischen Kraftwerke, die ihren ursprünglichen Charakter als vergrößerte Blockstationen nach und nach verloren.[71] Die gestiegene Reichweite der Elektrizitätsversorgung, die primär zunächst der Befriedigung

---

[62] Darüber hinaus sträubten sich die Städte damals noch, den Straßengrund der privaten Röhrenverlegung preiszugeben. Pinner (1918), S. 345.
[63] Pinner (1918), S. 345.
[64] Vgl. Arnold (2003), S. 19.
[65] Sheremeta (2001), S. 128.
[66] Vgl. Karlsch/Stokes (2003), S. 15-18. Reisser (1912), S. 7 stellt die hohe Feuergefährlichkeit der konventionellen Lichtquellen anhand der Anzahl der Brände und Brandopfer dar.
[67] Petroleum war zur Zeit der Einführung der Elektrizität mit einem Viertel der Kosten gerade für Geringverdiener deutlich attraktiver. Vgl. Prinzing (2000), S. 16.
[68] Vgl. u. a. Lüdtke (1991), S. 68 ff.; Wissell (1967), S. 12 f.
[69] Vgl. Calliess (1967), S. 15.
[70] Oskar von Miller resümierte bereits 1891 vor Vertretern von 150 Städten: „Diese Kraftübertragung (die Drehstrom-Fernleitung; Anm. d. Verf.) liefert den Beweis, daß es [...] möglich ist, nicht nur ganze Städte von einer Centrale aus mit elektrischem Strom zu versorgen, sondern über ganze Provinzen und Länder die Elektricität zu vertheilen und dadurch nicht nur großen Städten sondern auch den kleinsten Orten die Vortheile einer großen Centralanlage zukommen zu lassen[...]". Miller, zit. n. Herzig (1992), S. 53.
[71] Vgl. Wissell (1967), S. 13.

örtlicher Bedürfnisse diente, ließ sich vermehrt an einer um sich greifenden Unwirtschaftlichkeit der verschiedenen Elektrizitätserzeugungs- und Verteilungsanlagen erkennen. Erst die Konsolidierung der örtlichen Stromversorgungen zu größeren, vergleichsweise homogenen Versorgungsgebieten ermöglichte eine einheitliche Führung, was eine Grundbedingung für eine ökonomisch sinnvolle Erweiterung der Elektrifizierung darstellte.[72] Diesem Umstand entsprechend war in manchen Teilen Deutschlands aus „verschiedenen Einzelanlagen [...] zum Teil schon ein recht einheitliches Versorgungssystem entstanden"[73].

In Bayern hingegen vollzog sich, wie erwähnt, eine gezielte, regionale Verbreitung der Elektrizität aufgrund der staatlichen Hemmungen nur äußerst schleppend. Hierfür zeichneten nicht zuletzt technische Verständnisprobleme kommunaler Entscheidungsgremien verantwortlich. Vielerorts scheute man sich, nach dem Vorbild der Münchner Staatsregierung, die risikobehafteten aber notwendigen finanziellen Investitionen in den neuen Energieträger zu bewilligen. Die sich mit ihrer schwer zu überblickenden Systemvielfalt von Gleich-, Wechsel- und Drehstrom nach wie vor diffus darstellende Elektrotechnik war gerade für fachfremde und zumeist konservativ orientierte Politiker nur schwerlich objektiv zu beurteilen.[74] Die Skepsis bestand auch nach der Jahrhundertwende noch weiter, obwohl sich im Königreich der Wechsel hin zu rentabel arbeitenden Dreh- bzw. Wechselstromkraftwerken, die zum Teil bereits überzeugende Betriebserfahrung vorweisen konnten, nun mehr und mehr erkennen ließ. Das Diagramm 2.5 stellt in diesem Zusammenhang den Anteil der verschiedenen Stromsysteme an der Gesamtleistung der öffentlichen Stromversorgung in Bayern vor dem Ersten Weltkrieg dar.[75]

---

[72] Vgl. Konrad (1936), S. 1.
[73] Wissell (1967), S. 13.
[74] Vgl. Herzig (1992), S. 128.
[75] Die Leistung stellt eine lineare Größe dar und wird ausgedrückt in kW. Die elektrische Arbeit ergibt sich aus Leistung mal Zeit, für letztere als Einheit die Stunde (h), folglich kWh. Vgl. Salm (1939), Anmerkung 11; Zastrow (2010), S. 58; Hering (2009), S. 166 f.

## 2. Strom gewinnt an Bedeutung (1866 – 1914)

**Abb. 2.5:** Anteil der Elektrizitätswerke in Bayern an der Gesamtleistung, untergliedert nach Stromsystemen (1890 – 1913)

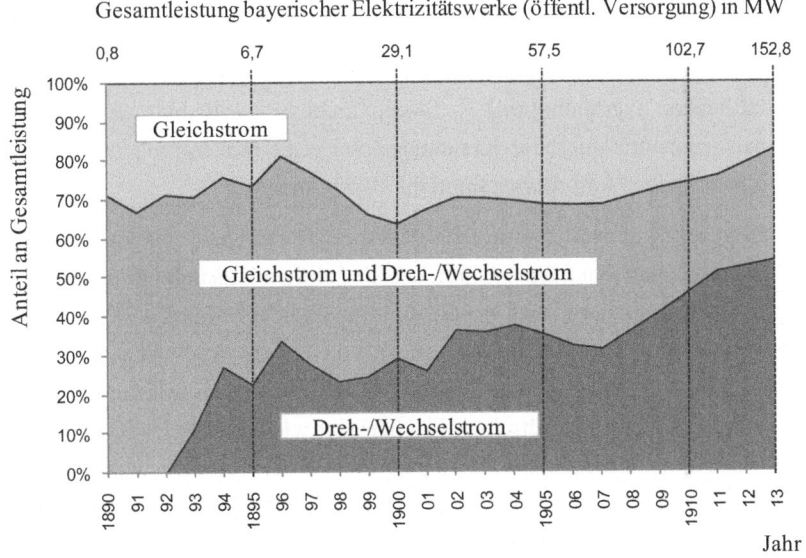

Quelle: Eigene Darstellung; Daten n. Ott (1986), S. 305.

Trotz dieses Missstandes stieß die von Oskar von Miller an den Staatsminister v. Feilitzsch vorgetragene Empfehlung, dass „das Vermögen von Gemeinden bei dem Abschluss von Verträgen für elektrotechnische Anlagen durch Ratschläge von staatlichen Behörden geschont und das Kleingewerbe durch staatliche Unterstützung und Förderung der elektrischen Kraftübertragung gehoben werden könnte"[76], nur auf wenig Gehör. Als Begründung dienten die technologischen und ökonomischen Besonderheiten des Sektors. Das finanzielle Risiko schien der öffentlichen Hand aufgrund der kostenintensiven Infrastruktur sowie der langsamen Umschlaggeschwindigkeit des investierten Kapitals nach wie vor zu hoch. Dies galt im Besonderen, da vielerorts mit den Gaswerken und der Installation einer städtischen Gasbeleuchtung bereits hohe Investitionen zu Buche standen.[77] Viele Gemeinden befürchteten überdies, dass die Konkurrenz der Elektrizität die für kommunale Haushalte nicht unbedeutende Einnahmequelle aus der Besteuerung bestehender Gaswerke erheblich schmälern würde.[78]

Ein weiterer Grund für die verzögerte Entwicklung fand sich in dem Bestehen zahlreicher Unternehmen, die für kleinste Gebiete eigenständig Strom erzeugten

---

[76] v. Miller, zit. n. Pohl (1996), S. 31.
[77] Vgl. u. a. Hackenholz/Schaal (2007), S. 175; Füssl (2005), S. 165 f.
[78] Vgl. Fischer (1992), S. 126 f.

und verteilten. Neben industriellen und privaten Eigenanlagen waren dies vornehmlich die kommunalen Versorgungseinrichtungen einzelner Städte sowie später die landwirtschaftlichen Elektrizitätsgenossenschaften, „die ihre eigenen Stromerzeugungswerke [und Verteilungseinrichtungen] nicht aufgeben m[o]chten und oft selbst den Anschluß an die allgemeine Versorgung ohne Rücksicht auf die Wirtschaftlichkeit verhinder[ten]"[79]. Wenn man so will ein „Elektrizitäts-Munizipalsozialismus" der die Kommunen vor dem Hintergrund sozialer wie auch wirtschaftlicher Anforderungen in die Pflicht nahm.

In der Folgezeit stagnierte die in vielen anderen Teilen Deutschlands bereits im ausgehenden 19. und den frühen Jahren des 20. Jahrhunderts aufkommende Überlandversorgung in Bayern noch größtenteils im Pionierstadium.[80] Zwar wurden zahlreiche größere Elektrizitätswerke, meist von Firmen wie AEG, Siemens & Halske, Schuckert & Co. oder der Helios AG, errichtet, doch war die punktuelle Versorgung mit Elektrizität für einen Flächenstaat wie Bayern viel zu begrenzt.[81] Der vertikale Aufbau der Elektrizitätswirtschaft von der Stromerzeugung über die Verteilung bis hin zum Verbrauch stellte ein äußerst zerrissenes, heterogenes und unwirtschaftliches Bild dar.[82] „Ein einheitlicher Plan zu einer allgemeinen Elektrifizierung des Landes war um 1900 nicht vorhanden"[83] und die lokale Stromversorgung mit einer Vielzahl kleiner Kraftwerke, die sich lediglich auf die Versorgung der unmittelbaren Umgebung konzentrierten, bestimmte in Bayern weiterhin das allgemeine Erscheinungsbild.

## 2.3 Der Beginn der dezentralen Elektrizitätsversorgung (1900 – 1914)

Nachdem sich Ende der neunziger Jahre nur vereinzelte Werke an die Versorgung von kleineren, sogenannten Überlandgebieten heran wagten, brachte das neue Jahrhundert vermehrt die Gründung von privaten und leistungsstarken Überlandwerken für großflächigere, auch ländlichere Gebiete mit sich.[84] In vielen Fällen gingen auch städtische Energieversorger, also Ortszentralen, dazu über, etappenweise auch die unmittelbar angrenzenden Landkreise als Absatzchance wahrzu-

---

[79] Konrad (1936), S. 2.
[80] Vgl. Pohl (1996), S. 32.
[81] Vgl. Füssl (2005), S. 165.
[82] Vgl. Konrad (1936), S. 2 f.
[83] Füssl (2005), S. 165. Erst die Energiekrise um die Jahrhundertwende ließ ernsthafte Überlegungen laut werden, eine Nutzung der Elektrizität und eine Erschließung der reichlich vorhandenen Wasserkräfte ernsthaft in Betracht zu ziehen. Deutinger (2001), S. 34.
[84] Vgl. v. Keller (1969), S. 11 ff.

## 2. Strom gewinnt an Bedeutung (1866–1914)

nehmen und hierdurch einen gewissen Ausgleich in den Belastungsverhältnissen ihrer Elektrizitätswerke zu bewirken.

Als bedeutendste der bis zum Jahre 1914 errichteten Überlandwerke sind aufzuführen:[85]

- 1894 Isarwerke GmbH, München,
- 1903 Lech-Elektrizitätswerke AG, Augsburg,
- 1908 Amperwerke AG, München,
- 1908 Bayerische Überland-Centrale AG (BÜC), Haidhof bei Regensburg,
- 1908 Oberpfalzwerke AG für Elektrizitätsversorgung, Regensburg,
- 1911 Oberbayerische Überland-Centrale AG, München,
- 1913 Fränkisches Überlandwerk AG (FÜW), Nürnberg,
- 1913 **Bayerische Elektricitäts-Lieferungs-Gesellschaft AG (BELG), Bayreuth.**

Die Elektrizitätsversorger, die eine baldige Sättigung ihrer bisherigen, größtenteils städtischen, Absatzgebiete prognostizierten, sahen in der Peripherie des „platten Landes" eine weitere Möglichkeit der Absatzsteigerung.[86] War jedoch schon der Betrieb in den kleineren Städten unrentabel, so galt dies in verstärktem Maße in der Versorgung der Landgemeinden und Landgüter[87]; was eine kommunale Energieversorgung oft unmöglich oder zumindest höchst unwirtschaftlich werden ließ.[88] Aufgrund dieser Erkenntnis häufte sich die Forderung nach einem Aufbau von regionalen und überregionalen Versorgungsnetzen, um auch die wirtschaftlich sinnvolle Versorgung der stadtfernen und dünner besiedelten Gebiete gewährleisten zu können.[89] Da sich die Elektrizitätsversorger jedoch aus nachvollziehbarem unternehmerischem Kalkül die absatzträchtigsten „Filetstücke" unter den ländlichen Gebieten sicherten, blieb Bayern vielfach in unwirtschaftliche Versorgungsgebiete kleiner Überlandversorger und noch kleinerer Einzelkraftwerke zersplittert.[90]

---

[85] Pohl (1996), S. 38; v. Keller (1969), S. 12.
[86] Vgl. Jung (1918), S. 6-9; Streeb (1911), S. 14.
[87] Für eine weitgehende Motorisierung und Wärmeanwendung konnte man die meisten Landwirte zur Jahrhundertwende sowohl aus wirtschaftlichen als auch aus traditionskulturellen Gründen nur schwerlich gewinnen. Vgl. Calliess (1967), S. 16.
[88] Zu dieser Zeit konnten selbst die größeren Energieversorger als reine Überlandzentralen „selten eine Gesamtverzinsung des in ihnen arbeitenden Kapitals von über 3 % erbringen". Jung (1918), S. 7.
[89] Vgl. Füssl (2005), S. 164 f.
[90] Zu der Zersplitterung Bayerns in separierte Versorgungsgebiete vgl. Die deutsche Elektrizitätswirtschaft (1930), S. 85; Pohl (1996), S. 35.; v. Keller (1969), S. 13 f.

Die auf sich selbst angewiesenen Gebiete griffen vielerorts insofern zur Selbsthilfe, als sich die betroffenen Kreise zu Genossenschaften zusammenschlossen, um die Elektrizitätsversorgung eigentätig leisten zu können.[91] „Die Elektrizitätskarte drohte sich mit der Zeit buntscheckiger zu färben als Deutschlands politische Karten nach dem Westfälischen Frieden"[92]. Schließlich zählte man in Bayern – zuzüglich der damals noch zu Bayern gehörenden Pfalz – bereits am Ende des ersten Jahrzehnts des neuen Jahrhunderts 2386 Kraftwerke der Industrie und öffentlichen Versorgung.[93]

Die Zuwachsrate des Anlagekapitals der öffentlichen Stromversorgung in Bayern zwischen 1900 und 1913 verzeichnete eine durchschnittliche jährliche Steigerungsrate von über 18,5 Prozent und übertraf damit diejenige der restlichen Industrie nahezu um das Dreifache. Durch den Fortschritt in der Erzeugungs- und Übertragungstechnik vermochte die bayerische Elektrizitätswirtschaft das Anlagekapital pro installiertem Kilowatt, trotz des kapitalintensiven Netzausbaus, in selbigem Zeitraum von rund 2.100 Mark auf 1.640 Mark zu senken. Der Vergleich mit den gesamtdeutschen Zahlen allerdings, die Ende des Jahres 1913 mit etwas über 1.000 Mark je Kilowatt deutlich günstiger lagen, zeigt auf, dass die Entwicklung im Königreich weit hinter ihren Möglichkeiten zurückblieb – ein augenscheinliches Indiz für die mangelnde Kostendegression in den vielen kleinen Kraftwerkseinheiten (s. Anlage 6).[94] Lediglich 19 Kraftwerke wiesen im Jahr 1913 eine installierte Leistung über 1.000 kW auf, hielten jedoch mit 64 Prozent rund zwei Drittel der Gesamtleistung der öffentlichen Elektrizitätsversorgung des Königreichs (s. Anlage 8).[95]

Die in Abbildung 2.6 dargestellten Kurvenverläufe stellen die Kraftwerksgrößen in Bayern bis zum Vorabend des Ersten Weltkriegs dar. Interessanterweise stagnierte diese Kennzahl auf durchschnittlich knapp 200 kW installierter Leistung, wohingegen im restlichen Deutschen Reich bereits ab 1905 eine sichtbare Konsolidierung zu größeren und damit wirtschaftlich wie technisch leistungsfähigeren Kraftwerkseinheiten zu verzeichnen war. Im Vorkriegsjahr überragte die durchschnittliche Anlagengröße im Deutschen Reich (ausschließlich Bayern) mit 900 kW die der bayerischen Werke sogar nahezu um das 4,5-fache.

---

[91] Vgl. Konrad (1936), S. 66.
[92] Kristl (1965), S. 152.
[93] v. Keller (1969), S. 13.
[94] Daten errechnet n. Ott (1986), S. 301. Ferner Herzig (1992), S. 129 f.
[95] Ott (1986), S. 303.

## 2. Strom gewinnt an Bedeutung (1866–1914)

**Abb. 2.6: Durchschnittlich installierte Kraftwerksleistung in den Anlagen der öffentlichen Versorgung in Bayern und dem Deutschen Reich (1895–1913)**

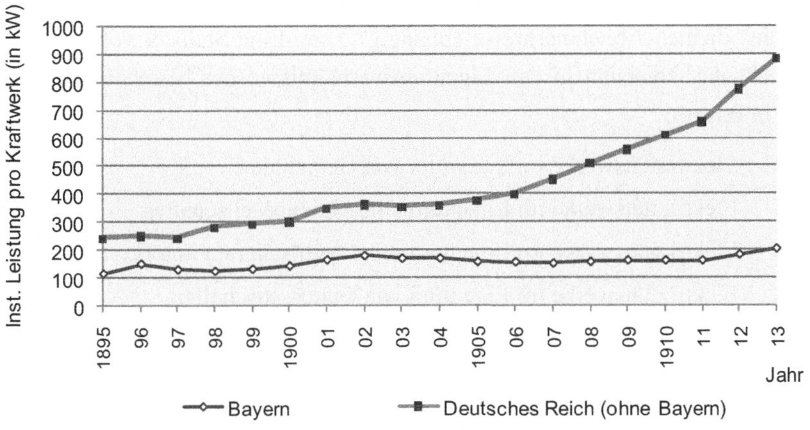

Quelle: Eigene Darstellung; Daten n. Ott (1986), S. 7 und 301.

Eine Diskrepanz, die vornehmlich auf die strukturelle Fehlentwicklung der marktwirtschaftlichen Dynamik und Koordinationsmechanismen sowie auf das Fehlen einer übergeordneten und weitgreifenden Planung zurückzuführen war. Eben dieser Missstand veranlasste den Visionär Oskar von Miller zu der Feststellung, dass die Wasserkraft der wasserreichen und über ein starkes Gefälle verfügenden Flüsse Oberbayerns und Schwabens als Basis einer zukunftsorientierten Elektrizitätswirtschaft Bayerns tunlichst mittels kostendegressiv arbeitender Großkraftwerke zu erschließen sei. Des Weiteren legte er nahe, die Versorgungssicherheit durch leistungsstarke Dampfkraftwerke zu erhöhen. Diese sollten allerdings in Ermangelung geeigneter Wasserläufe lediglich in Franken und der Oberpfalz eine sinnvolle Alternative und Ergänzung darstellen.[96] Eine „Conditio sine qua non" sei es, aus dieser Gewissheit die richtigen Lehren zu ziehen und die fortschrittshemmende Komponente der unverhältnismäßig hohen Anzahl an Kraftwerken zu korrigieren.

Diese Erkenntnis nahm die Bayerische Regierung schließlich 1908 zum Anlass, „die Gemeindeverwaltungen vor der Errichtung kleiner Elektrizitätswerke und vor dem Abschluß langfristiger Lieferungsverträge mit Elektrizitätsfirmen eindringlich zu warnen"[97]. Die anhaltende Entwicklung, so gab man zu bedenken, würde zu der Errichtung vieler kleiner „Elektrizitätswerke mit verhältnismäßig hohen Betriebskosten" führen und den „einzelnen Gemeinden die Teilnahme an

---

[96] Vgl. Götschmann (2012), S. 217.
[97] Streeb (1911), S. 12.

großen Ueberlandzentralen mit günstigen Bezugsbedingungen und billigem Strompreis unmöglich machen"[98]. Vielmehr noch würde gar „die Anlage solcher Ueberlandzentralen [...] sehr erschwert", da deren Wirtschaftlichkeit „von einem möglichst dichten Abnehmerkreise abhängig"[99] sei. Eine Statistik von 1909 unterstreicht die Diversität in den Eigentumsverhältnissen der bestehenden Kraftwerke in Bayern:[100]

   104    Elektrizitätswerke im Eigentum von Gemeinden,

   374    Elektrizitätswerke im Eigentum von Aktiengesellschaften

   210    Elektrizitätswerke im Eigentum von Gesellschaften m.b.H.,

    23    Elektrizitätswerke im Eigentum von Genossenschaften,

 1620    Elektrizitätswerke im Eigentum von Privaten.

Insbesondere in den ländlichen Gebieten wurde die Stromversorgung nur von kleinen, größtenteils privatwirtschaftlich organisierten Unternehmungen geleistet, die obendrein allzu häufig aufgrund ihres beschränkten Versorgungsradius mit Gleichstrom arbeiteten. Des Weiteren lässt sich aus selbiger Statistik entnehmen, dass lediglich 11 Prozent der bayerischen Gemeinden – freilich 50 Prozent der Bevölkerung umfassend – überhaupt in den Vorzug elektrischer Stromversorgung kamen. Annähernd 90 Prozent der Gemeinden, zumeist von Klein- und Kleinstortschaften unterdurchschnittlich bevölkerter Regionen Bayerns, wurden diesbezüglich weiterhin von den Möglichkeiten des technischen Fortschritts ausgeschlossen.[101]

Das Bayerische Staatsministerium des Innern begrüßte deshalb grundsätzlich, „dass bei der Ausnützung der Wasserkräfte und bei der Errichtung von Elektrizitätswerken die Privatinitiative auch in den Landgemeinden so kräftig eingesetzt hat[te]"[102], wies jedoch gleichwohl auf die Gefahr einer damit einhergehenden verringerten volkswirtschaftlichen Nachhaltigkeit vieler kleinerer Anlagen hin.[103] Innenminister von Brettreich bekräftigte diese Ansicht, indem er eine Sicherstel-

---

[98] Streeb (1911), S. 12. Stromlieferungsverträge mit einer Laufzeit von 25 Jahren waren keine Seltenheit und konnten „für den Haushalt der oft armen Gemeinde[n] von größter Tragweite sein". Chanteaux (1924), S. 116.

[99] Streeb (1911), S. 12.

[100] Ott (1984), S. 370.

[101] Ebd.

[102] Streeb (1911), S. 11.

[103] Zur Förderung der staatlicherseits gewünschten Konsolidierung der Erzeugungsanlagen entsann sich das Innenministerium „an der Hand ihrer Erfahrungen die öffentlichen Körperschaften zu beraten und vor unwirtschaftlichen Unternehmungen zu warnen". BayHStA, MWi 2905, zit. n. Ott (1984), S. 371. An selber Stelle wird eine Auswahl an Orten aufgeführten, denen von der Ausführung geplanter Anlagen aus wirtschaftlichen Erwägungen abgeraten wurde.

lung der Wirtschaftlichkeit der diversen Betriebe nur dann „in zufriedenstellender Weise" zu erreichen sah, „wenn eine Zersplitterung der großen Versorgungsgebiete durch die Errichtung kleiner Werke tunlichst hintangehalten"[104] werde.

In dem Versuch, dieser Entwicklung entgegenzuwirken, begann sich – zunächst in zaghafter Form – das Vakuum der staatlichen Elektrizitätspolitik aufzulösen. Die Staatsregierung verordnete nun an die Gemeinden den sogenannten „Bremserlaß", durch den die weitere Ausbreitung kleinerer privater Zentralen verhindert werden sollte. Infolge der Bestimmung musste jeder Stromlieferungsvertrag, den eine Gemeinde einzugehen gedachte, zuvor den zuständigen Beamten des Innenministeriums zur Bewilligung vorgelegt werden.[105] Die erhoffte Wirkung blieb jedoch gering, da nach wie vor eine echte Alternative zu dem Modell der zahlreichen unabhängig voneinander arbeitenden Kleinkraftwerke fehlte. Der genaue Wortlaut dieser Schrift gibt allerdings dahingehend Raum zur Interpretation, als er bereits die aufkeimende Sorge der Regierung hinsichtlich einer verminderten Möglichkeit der Einflussnahme auf die Branche widerspiegelte. Eine bezeichnende Textpassage lautet: „Es ist zur Kenntnis des Staatsministeriums des Innern gelangt, daß gegenwärtig die Elektrizitätsgesellschaften und die Fabriken für elektrische Anlagen durch Agenten die Landgemeinden zu veranlassen suchen, [...] sich an eine industrielle Anlage anzuschließen. [In diesem] Falle wurde verlangt, daß sich die Gemeinde auf 30 Jahre verpflichte, aus keiner anderen Quelle Elektrizität in die Gemeinde leiten zu lassen. Diese Werbetätigkeit soll durch die Behauptung wirksamer zu gestalten versucht werden, daß der Staat in der Frage der Errichtung von Ueberlandzentralen doch nichts tue und daß die Gemeinden sich deshalb selbst helfen müßten."[106] Ein Argument, das sicherlich gerechtfertigt schien, waren die Gemeinden doch in ihrer Energieversorgung bis hierhin oftmals auf sich allein gestellt.

Unter dem Einfluss einer hierauf begründeten und kontrovers geführten Diskussion über die sozialpolitischen Auswirkungen der Elektrifizierung[107] sowie der im Wesentlichen nach wirtschaftlichen Erwägungen der privaten und gemeindlichen Unternehmer verlaufenden Entwicklung der Elektrizitätsversorgung, die zu zahlreichen „weißen Flecken" auf der bayerischen Elektrizitätsversorgungs-Landkarte geführt hatte, begann die Regierung des Königreiches Bayern, die Politik des „Laissez-Faire" hinsichtlich der Energieversorgung des Landes nun mehr und mehr aufzugeben und selbige nicht mehr dem freien Spiel der partikularen Kräfte

---

[104] v. Brettreich, zit. n. Ott (1984), S. 371.
[105] Blaich (1981), S. 61.
[106] Zit. n. Streeb (1911), S. 11.
[107] U. a. die Frage, inwieweit Elektrizitätswerke von privatwirtschaftlicher, städtischer oder staatlicher Hand geführt werden sollten. Vgl. Füssl (2005), S. 164; Ott (1984), S. 368.

zu überlassen.[108] In einer bereits 1907 ergangenen Denkschrift der Obersten Baubehörde über „Die Wasserkräfte Bayerns" (s. Anlage 1) wurde der Landtag ausdrücklich angehalten, „die für die Zwecke des Staates jetzt oder in Zukunft benötigten Wasserkräfte sich zu sichern [sowie] eine möglichst wirtschaftliche Ausnützung aller übrigen, vom Staate nicht benötigten Wasserkräfte durch Private zu fördern"[109]. Im Zuge dieser Denkschrift und des erwachten Interesses der Regierung erhielt Bayern im Jahr 1908 als erster deutscher Bundesstaat eine eigene für die Elektrizitätswirtschaftspolitik zuständige Behörde, deren Hauptaufgabe vor allem darin bestand, die einzelnen Werke nach einem „möglichst wirtschaftlichen Hauptausnutzungsplan"[110] zu errichten und die bereits bestehenden Werke aus volkswirtschaftlichen Gesichtspunkten in Einklang zu bringen.[111]

Die Bayerische Regierung beschränkte sich damit nicht mehr darauf, die Entwicklung dieses Wirtschaftszweiges aufmerksam zu verfolgen, sondern schuf sich ein Organ, um in die Gestaltung der Elektrizitätsversorgung Bayerns nachhaltig eingreifen zu können.[112] Ziel war es, so der Staatsminister des Innern Soden-Fraunhofen, „wirklich leistungsfähige und wirtschaftlich arbeitende Überlandwerke ins Leben zu rufen" und gleichsam dafür Sorge zu tragen, dass bestehende sowie künftige „Monopolbestrebungen ausgeschaltet werden"[113]. Als Grund für die energiepolitische Neuausrichtung der Regierung mag sicherlich auch die seit Anfang des Jahrhunderts aufgetretene Energiekrise angeführt werden. Der kohleabhängige Industrialisierungsprozess konnte nur zu einem geringen Teil aus bayerischen Ressourcen gedeckt werden, so dass um die Jahrhundertwende lediglich 13 Prozent der benötigten Steinkohle und 39 Prozent der Braunkohle aus Bayern selbst stammte.[114] Die üppigen Wasserkräfte konnten hier Abhilfe schaffen und das Königreich aus der preissteigernden Umklammerung der Syndikate lösen. Auch die schwindenden Erträge der staatlichen Eisenbahnen,

---

[108] Vgl. Siegel (1930), S. 172.
[109] Aus der Denkschrift über „Die Wasserkräfte in Bayern" vom Jahre 1907 (s. Anlage 1). Zit. n. ebd., S. 180.
[110] Die Ausnützung der Wasserkräfte Bayerns (1910), S. 5.
[111] Am 01.04.1908 wurde die „Abteilung für Wasserkraftausnutzung" (seit 1911 „Abteilung für Wasserkraftausnutzung und Elektrizitätsversorgung") eingerichtet. Vgl. Die Ausnützung der Wasserkräfte Bayerns (1910), S. 5. Ferner Kirchhoff (1933), S. 75. Für eine Auflistung weiterer für die Entwicklung der Elektrizitätswirtschaft bedeutenden bayerischen Behörden siehe zudem Pohl (1996), S. 35.
[112] Vgl. Siegel (1930), S. 173; ferner Stadler et al. (1999), S. 142.
[113] Siegel (1930), S. 173.
[114] Vgl. Deutinger (2001), S. 34.

so war die Hoffnung, sollten durch einen elektrifizierten Betrieb, gespeist durch heimische Energiequellen, ökonomischer arbeiten.[115]

Aufgrund dieser Vorhaben sah sich die „Abteilung für Elektrizitätsversorgung" ab dem Jahr 1910 verstärkt mit der Frage konfrontiert, wie die drohende Zersplitterung der Regionalversorgung durch die Umsetzung eines einheitlichen Rahmenplans verhindert werden könnte.[116] Die hierzu getätigten Überlegungen[117] führten 1912 unter Federführung von Oskar Miller zu einer Vorlage eines „Elektrizitätsplans" (auch „Generalplan") für die „Versorgung des rechtsrheinischen Bayerns mit Elektrizität".[118] Die Realisierung der staatlichen Maßnahmen sah darin nicht notwendigerweise das Umgehen der privat- und marktwirtschaftlichen Mechanismen vor, sondern sollte lediglich der Gefahr einer strukturellen, nachträglich schwer zu behebenden Fehlentwicklung entgegenwirken.[119] Der Arbeitsbericht betonte den Grundsatz, dass privatwirtschaftliche Überlandversorger und -leitungen, „deren Anlage der Staat schon wegen des hierfür notwendigen riesigen finanziellen Aufwandes nicht selbst übernehmen könne"[120], unter Erteilung einer befristeten Konzession und gegebener Auflagen ausdrücklich erwünscht seien. Zudem dürften die Strompreise nur nach vorausgehender staatlicher Bewilligung ansteigen, wobei insbesondere darauf zu achten sei, dass „Rationalisierungsgewinne [...] sofort auf dem Wege ermäßigter Strompreise an die Abnehmer weiter[gegeben]"[121] werden.

Die Abbildung 2.7 stellt die Unterteilung der bayerischen Elektrizitätswerke (bzw. rot markiert im gesamten Deutschen Reich) nach ihren spezifischen Eigentumsverhältnissen vor dem Ersten Weltkrieg dar. Die Versorger ließen sich demnach drei disjunkten Eigentümergruppen zuordnen: Einzelpersonen, Kapitalgesellschaften einschließlich gemischtwirtschaftlicher Unternehmen und öffentlichen Eigentümern.

---

[115] Vgl. Deutinger (2001), S. 34.
[116] Siegel (1930), S. 173 f.
[117] Zu den maßgebenden Gesichtspunkten siehe den „Bericht über den Stand der Wasserkraftausnutzung und Elektrizitätsversorgung in Bayern in den Jahren 1910 und 1911" in ebd., S. 188-195.
[118] Seit dem Münchner Vertrag vom 14. April 1816 bestand Bayern aus zwei Gebieten, die durch Teile von Württemberg, Baden und Hessen getrennt waren. Vgl. Pledl (1986), S. 125. Für diese Arbeit sei im Folgenden unter dem bayerischen Versorgungsgebiet ausschließlich das rechtsrheinische Bayern verstanden.
[119] Vgl. Blaich (1981), S. 55.
[120] Ebd., S. 71.
[121] Ebd., S. 72.

**Abb. 2.7: Elektrizitätswerke nach Eigentumsverhältnissen in Bayern und dem Deutschen Reich (1890 – 1913)**

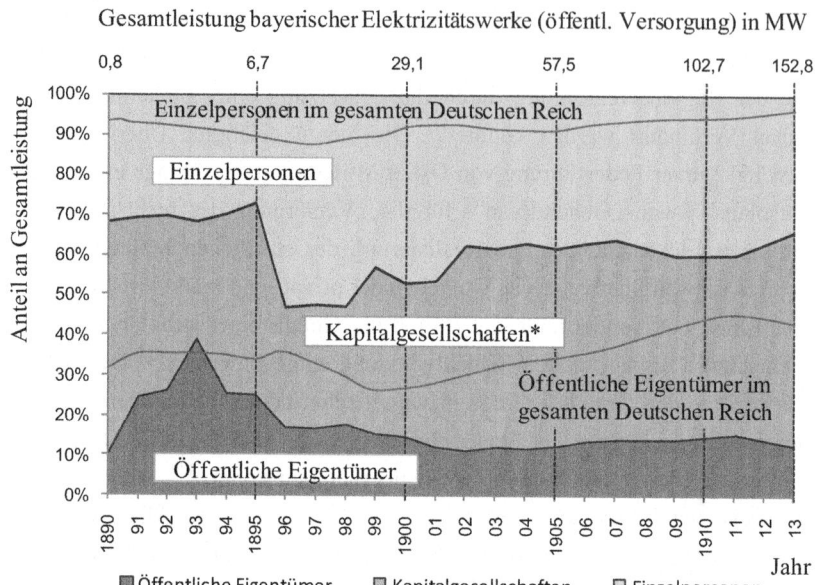

Quelle: Eigene Darstellung; Daten n. Ott (1986), S. 6 und 306. *Kapitalgesellschaften einschließlich gemischtwirtschaftlicher Unternehmen.

Anhand der Graphik lässt sich deutlich das Zögern des bayerischen Staates erkennen, sich über das gebotene Maß hinaus mit Kraftwerken der öffentlichen Trägerschaft in die allgemeine Elektrizitätsversorgung einzuschalten. Eine derartige Absicht, die Stromversorgung weitestgehend in die Hände des Staates zu legen, wurde lediglich von wenigen Gruppen – bspw. der Zentrumspartei – formuliert, fand jedoch keinen notwendigen Rückhalt im Landtag.[122] Fernerhin stand die Meinung, die Elektrizitätsversorgung solle wie auch bisher der Privatwirtschaft überlassen bleiben – als Wortführer tat sich in erster Linie der Bankier Wilhelm von Finck[123] hervor –, wohingegen Oskar von Miller einen differenzierteren Standpunkt vertrat. Zwar war er durchaus ein Anhänger der privatwirtschaftlichen Struktur, jedoch stets vor der Prämisse der Wahrung der staatlichen bzw. kommunalen Interessen. Der Verkehrsminister Heinrich von Frauendorfer wiederum befürwortete die staatliche oder zumindest gemischtwirtschaftliche

---

[122] Vgl. Passow (1916), S. 6.

[123] Wilhelm von Finck war als Chef des Bankhauses Merck Finck & Co bedeutender Teilhaber der Isarwerke GmbH und beteiligte sich in der Hochphase der Industrialisierung des Deutschen Kaiserreichs neben dem Ausbau des Eisenbahnnetzes auch wesentlich an der Finanzierung bayerischer Wasserkraftwerke. Siehe hierzu ausführlich Hoffman (1953).

Unternehmungsform – wobei die Meinung sicherlich zu einem großen Teil auf dem „seit 1903 ventilierte[n] Problem der Elektrifizierung der bayerischen Bahnen"[124] fußte. Ein wichtiges Signal stellte in diesem Zusammenhang sicherlich auch der Bau der ersten elektrisch betriebenen Eisenbahnlinie von Garmisch bis zur bayerisch-österreichischen Grenze in den Jahren 1912/13 dar.[125]

Als Folge der politischen Grundsatzdiskussion hinsichtlich der zu befürwortenden Unternehmensform stagnierte in Bayern der Anteil von Stromversorgern in öffentlichem Besitz an der gesamten installierten Leistung zwischen 10 und 15 Prozent.[126] Gerade der Anteil von Kraftwerkskapazitäten im Besitz von Einzelpersonen war in Bayern mit rund einem Drittel der Gesamtleistung konstant hoch, was mitunter darin begründet lag, dass es bis hierhin noch keine realistische Alternative zu der Vielzahl von kleineren privaten Erzeugungsanlagen gab, die zur Deckung des öffentlichen Strombedarfs herangezogen wurden.

Die Entwicklung bezogen auf das gesamte Deutsche Reich zeichnete ein gegensätzliches Bild. Vor allem in Preußen setzte nach der Jahrhundertwende eine „Kommunalisierungswelle" ein. Ein ausschlaggebendes Argument vieler preußischer Kommunen, sich aktiv in die Stromerzeugung einzubinden, waren häufig Bauvorhaben kommunal versorgter Straßenbahnen. Diese sollten einen gesicherten und konstanten Absatz für die seinerzeit nur äußerst unbefriedigend ausgelasteten Kraftwerke schaffen. Die Gemeinden griffen, um die Stromversorgung aus den Händen privater Betreiber zu nehmen, zunehmend auf die in den Konzessionsverträgen berücksichtigten Rückkaufklauseln zurück. Dieser Umstand in Verbindung mit dem „gewachsene[n] kommunale[n] Selbstbewusstsein, das [...] die Ablösung der alten Ordnungsverwaltung durch die moderne Leistungsverwaltung vorantrieb"[127], zeichneten maßgeblich dafür verantwortlich, dass um das Jahr 1913 im gesamten Deutschen Reich ein 40-prozentiger Anteil von Erzeugungskapazitäten in öffentlichem Eigentum gezählt werden konnte.

In Bayern allerdings setzte diese Tendenz nur äußerst bedingt ein, obgleich man sich seitens der Regierung durchaus darüber einig war, dass die Fülle an kleinen und kleinsten Erzeugungsanlagen nicht zu der gewünschten volkswirtschaftlichen Entwicklung führen konnte. Hinsichtlich welcher Überlegungen der bayerische Staat beeinflusst war, zeigt eine Erklärung des Staatsministers des Innern vor der Kammer der Reichsräte im August 1912. Darin findet insbesondere die Frage

---

[124] Ott (1984), S. 369. Siehe hierzu auch Blaich (1981), S. 38.
[125] Vgl Götschmann (2010), S. 217.
[126] Zu den Vor- und Nachteilen der verschiedenen Unternehmensformen nimmt Passow (1916), S. 6 ff. ausführlich Stellung.
[127] Herzig (1992), S. 127; fernerhin Wolff (1931), S. 75 ff.

nähere Behandlung, ob der Staat als Unternehmer der Überlandwerke im Hinblick auf die notwendige Unterlegung mit Eigenkapital in Betracht kommen könne. In diesem Kontext wurde eindringlich vor der Gefahr gewarnt, dass sich die Staatskasse mit den innerhalb weniger Jahre aufzubringenden Beträgen über die Gebühren belaste. „Das gleiche gelte", in noch verschärftem Ausmaß, „für die Kreisgemeinden [die heutigen Regierungsbezirke; Anm. d. Verf.], und ein noch größeres Wagnis würde es schließlich für die Gemeindeverbände [zum Zwecke der Überlandwerksgründung zusammengeschlossene Gemeinden; Anm. d. Verf.] bedeuten"[128]. Man war sich also durchaus bewusst, dass nur eine kontrollierte Berücksichtigung des Privatkapitals das Marktversagen umgehen und die Elektrifizierung Bayerns im Sinne des Gemeinwohls gewährleisten konnte.

Diese Direktiven dienten dem Innenministerium im Februar 1913 zur Formulierung einer viel zitierten programmatischen Erklärung (s. Abbildung 2.8), die als Wegbereiter der ab 1913 mit den Energieversorgern verhandelten Staatsverträge gilt.[129]

**Abb. 2.8: Amtsblatt (19.01.1913) – „Die Elektrizitätsversorgung des Landes betr."**

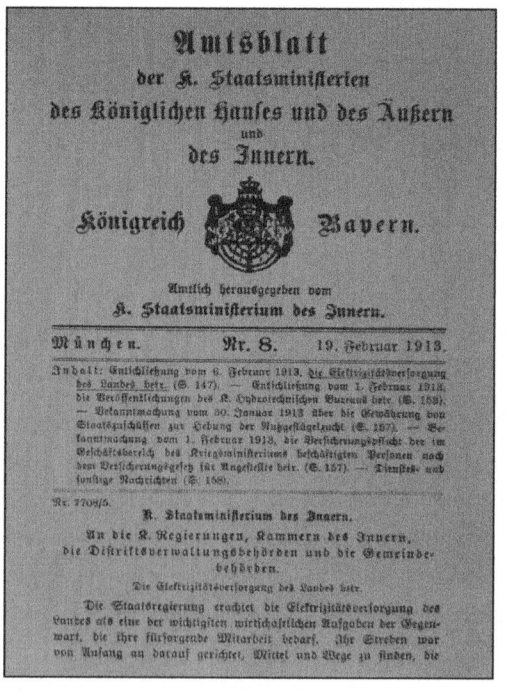

Quelle: Förg (1969), S. 175.

---

[128] Förg (1969), S. 174 f.
[129] Vgl. Blaich (1981), S. 88.

Demnach erachtete „die Staatsregierung [...] die Elektrizitätsversorgung des Landes als eine der wichtigsten wirtschaftlichen Aufgaben der Gegenwart, die ihre [sic!] fürsorgende Mitarbeit bedarf. Ihr Streben war von Anfang an darauf gerichtet, Mittel und Wege zu finden, die unter Wahrung der öffentlichen Interessen zu einer allgemeinen Versorgung des ganzen Landes mit Licht- und Kraftstrom nach möglichst einheitlichen Grundsätzen führen. Die rechtliche Grundlage für das Eingreifen der Staatsregierung bietet neben dem Aufsichtsrecht gegenüber den Gemeinden ihre Stellung als Verwalterin des öffentlichen Gutes; Überlandwerke bedürfen für ihre Leitungsanlagen Nutzungsrechte an öffentlichen Straßen, öffentlichen Gewässern, staatseigenen Bahnkörpern, an Staatswaldungen und dgl."[130]

Unter den insgesamt zwölf verfassten Grundsätzen des „Elektrizitätsplanes" (s. Anlage 2) sind für die Etablierung der dezentralen Energieversorgung in Bayern drei als vorrangig herauszugreifen. So ging die Regierung in ihrer Entschließung davon aus, dass eine „Versorgung des ganzen Landes [...] nur durch große Überlandwerke möglich" sei, „denen ein ausgedehntes Gebiet auf eine längere Zeitdauer [...] zugewiesen" werde. Ferner sei zur Durchführung im volkswirtschaftlichem Sinne „die Errichtung der Überlandwerke in den einzelnen Gebieten [...] eigenen Aktiengesellschaften zu übertragen, die [...] allein für jedes Versorgungsgebiet gegründet werden"[131]. Schließlich wurden die städtischen Gemeinden angehalten, ihre lokale Verteilung selbst zu übernehmen, während die Landgemeinden die Strombereitstellung gänzlich den Überlandwerken überlassen sollten.

Die Suche nach privaten Kapitalgebern erklärte sich durch die vom Finanzministerium mit 200 Mio. Mark bezifferten Aufwendungen, die für den Aufbau eines Netzes von Überlandzentralen im rechtsrheinischen Bayern veranschlagt wurden.[132] Mit derartig hohen Beträgen konnte und wollte sich die Regierung nicht belasten und erklärte daher in einem 1913 gesondert erschienenen Bericht, dass „die sofortige Beteiligung öffentlicher Körperschaften mit größerem Kapital bei der Gründung eines Überlandwerkes nur unter besonders günstigen Verhältnissen [...] vertretbar" sei. Vielmehr empfehle es sich, „den Bau und den Betrieb solcher Überlandwerke finanzkräftigen Elektrizitätsgesellschaften vorerst allein zu überlassen"[133]. Das Risiko sollte nach dem Wunsch der Staatsregierung zudem

---

[130] Amtsblatt des K. Staatsministeriums des Innern. Zit. n. Förg (1969), S. 174.
[131] „Entschließung des K. Staatsministeriums des Innern" vom 15.02.1913. Zit. n. Siegel (1930), S. 195 f.
[132] Bericht über den Stand der Elektrizitätsversorgung (1914), S. 5.
[133] Ebd.

auf die breiteren Schultern von Banken und Großunternehmen des elektrotechnischen Sektors verteilt werden.

Die Offen- und Geradlinigkeit, mit der die Regierung vor der Übernahme unverhältnismäßig hoher wirtschaftlicher Risiken warnt, ist bemerkenswert. Die Direktive veranschaulichte deutlich die anhaltende Skepsis weiter Regierungskreise hinsichtlich der Rentabilität der notwendigen Investitionen. Die Zurückhaltung ist aufgrund der fehlenden Vernetzung in einer großflächigen Verbundwirtschaft durchaus als gerechtfertigt anzusehen. Ein unbekannter kritischer Zeitzeuge schrieb hierzu treffend: „Einem großen industriellen Unternehmen, einem Hüttenwerk, einer Schiffswerft etc. steht der Weltmarkt offen, eine elektrische Zentrale aber kann ihr Produkt nur absetzen, soweit ihre Drähte reichen und nur soviel wie ihre Abnehmer eben verbrauchen."[134]

Um in der Folge den privaten Sektor zu einer Umsetzung der landesweiten Elektrifizierung zu veranlassen und diesem bezüglich des Gewinnstrebens einerseits und des öffentlichen Interesses einer preiswerten und gesicherten Stromversorgung andererseits gerecht zu werden, entwickelte die Regierung 1913 als geeignetes Regulierungsinstrument das Konstrukt der sogenannten „Staatsverträge".[135] Diese stellten, als eine Art staatlicher Konzessionsverträge, den weitblickenden Versuch dar, „eine elektrizitätswirtschaftliche Raumordnung im regionalen Rahmen herbeizuführen"[136].

## 2.4 Die „Staatsverträge" – das Bemühen um eine Vereinheitlichung der Stromversorgung in Bayern

Das erklärte Ziel des Königreichs Bayern bestand nun in einer möglichst schnellen unternehmerischen Flurbereinigung, um einerseits die Ausnutzung von Skaleneffekten voranzutreiben und andererseits eine flächendeckende Versorgung zu gewährleisten. Als höchste Priorität verband die Reforminitiative die Aufhebung von Disparitäten in der Elektrifizierung mit der Gewährleistung einer gleichmäßigen Entwicklung in den einzelnen, von ihren Voraussetzungen äußerst unterschiedlichen, Teilregionen Bayerns.[137] Der gordische Knoten von rechtlich abgesicherten Besitzständen, die eine volkswirtschaftlich rationale Weiterentwicklung der Branche blockierten, ließen den Staat als Träger der Maßnahmen unabdingbar

---

[134] Streeb (1911), S. 9.
[135] Vgl. u. a. Stadler/Kuisle (1999), S. 141-144; Blaich (1981), S. 88-92; Füssl (2005), S. 174-177; Pohl (1996), S. 39 f.
[136] v. Keller (1969), S. 29.
[137] Vgl. Lindemann (1989), S. 141.

## 2. Strom gewinnt an Bedeutung (1866–1914)

werden und sollten dessen Eingriff in den privatwirtschaftlich geführten Sektor legitimieren. Die bayerische Elektrizitätspolitik gilt daher hinsichtlich der Reglementierung von Unternehmensstrukturen öffentlichen Interesses als Musterbeispiel für staatliche Intervention.[138]

Da aber sowohl reichsweit als auch in den einzelnen Staaten entsprechende Gesetze, die ein unmittelbares Eingreifen auf rechtlicher Grundlage ermöglicht hätten, fehlten, mussten „andere indirekte Mittel ergriffen werden, die einen maßgebenden Einfluß des Staates auf die Elektrizitätsversorgung sicherstellten"[139]. Diese Möglichkeit bot sich für die Bayerische Staatsregierung in ihrer „Stellung als Verwalterin des öffentlichen Gutes"[140]. In dieser Funktion war sie Monopolanbieterin zum einen für die einzig bedeutende Primärenergiequelle im süddeutschen Raum, nämlich die Wasserkraft, zum anderen für die Rechtevergabe, ein überörtliches Fernleitungsnetz einzurichten. In der Interpretation des sog. Wegebenutzungsrechts, das „jede Benützung öffentlicher Straßen und Wege wie überhaupt von staatlichem Eigentum von der Erlaubnis des Staates abhängig macht[e] und in Bayern durchwegs nur vom Staate verliehen werden"[141] konnte, stellte die Regierung ihren Einfluss und den Wunsch nach staatlicher Reglementierung in diesem Wirtschaftszweig auf eine rechtliche Grundlage.

Zur Umsetzung des Vorhabens einer homogenen Elektrifizierung Bayerns wurde in der Folge ab 1913 erstmals das Instrument der Staatsverträge eingeführt. Diese sollten einem weiteren „Wildwuchs" der Energieversorger entgegenwirken, ohne dabei die Wirtschaftlichkeit der Unternehmen und deren Anreiz, in Bayern zu investieren, zu beeinträchtigen.[142]

In diesen Verträgen[143], die eine bayerische energiepolitische und -rechtliche Besonderheit darstellten[144], erteilte die Staatsregierung einem bereits bestehenden

---

[138] Vgl. Gröner (1975), S. 198-210.
[139] Konrad (1936), S. 12.
[140] Entschließung des K. Staatsministeriums des Innern, Nr. 7708/5 vom 6. Februar 1913. Amtsblatt der K. Staatsministerien des Königlichen Hauses und des Äußern und des Innern, Nr. 8 vom 19. Februar 1913, S. 147 ff. Abgedruckt in: Siegel (1930), S. 195-199.
[141] Konrad (1936), S. 12. Vgl. u. a. Blaich (1981), S. 89; Förg (1969), S. 175; Siegel (1930), S. 174. Da eine gesetzliche Grundlage zur Durchführung der Forderungen fehlte, stütze sich die Staatsregierung auf das weitestgehende Eigentumsrecht an Straßen, Flüssen, Forsten, Eisenbahnen, etc. Siehe hierzu Pohl (1996), S. 38.
[142] Vgl. Lindemann (1989), S. 142.
[143] Die Grundausführung dieser Verträge (in sprachlich wenig glücklicher Weise als „Staatsverträge" bezeichnet) über die Versorgung eines größeren Gebiets, die zwischen dem Bayerischen Staat und verschiedenen Privatgesellschaften geschlossen wurde, findet sich in Siegel (1930), S. 199-209. Ferner kann in der Denkschrift „Bericht über den Stand der Elektrizitätsversorgung in Bayern am Ende des Jahres 1913" (1914) in eine Reihe solcher Verträge Einsicht genommen werden.

bzw. noch zu gründenden Überlandwerk, gemäß den Regelungen des Wegebenutzungsrechts, innerhalb eines genau abgegrenzten Versorgungsgebietes die ausschließliche Genehmigung zur Leitungsführung über und unter Staatsgrund.[145] Ferner kontrollierte sie die Strompreise und war darauf bedacht, die erwirtschafteten Überschüsse der Energieversorger in mäßigen Grenzen zu halten.[146] Die Überlandwerke verpflichteten sich hingegen, innerhalb der dadurch geschützten Gebiete alle Gemeinden binnen einer bestimmten Zeitspanne und in festgelegter Reihenfolge mit Elektrizität zu versorgen. Da ein vollständiges Überantworten der Versorgungsgebiete an die Privatwirtschaft jedoch unvereinbar schien mit dem starken sozialen Empfinden [dieser] Zeit"[147] und um der Gefahr vorzubeugen, dass ein Unternehmer sein Gebietsmonopol missbrauchen konnte, wurden die Verträge an eine Reihe von Auflagen geknüpft.[148]

Danach wurde, um nur die wichtigsten Punkte zu nennen, ein sogenanntes „Ablösungsrecht" in Form einer Option aufgenommen, das dem Staat die Möglichkeit einräumte, nach Ablauf von „sieben Jahren bis zu 60 % der Aktien zu einem von vornherein festgelegten Kurswert zu übernehmen"[149]. Darüber hinaus wurde das „Ausschließlichkeitsrecht" für die alleinige Zuständigkeit eines Energieversorgers hinsichtlich eines vertraglich vereinbarten Versorgungsgebietes an eine sogenannte „Ablösungsklausel" geknüpft. Das darin enthaltene Recht sollte den öffentlichen Körperschaften die Gewähr bieten, nach Ablauf einer festgeschriebenen Zeitspanne einen Heimfall der installierten Betriebsanlagen und Leitungsnetze an den Staat vorzunehmen.[150] Die Ablösungsbedingungen waren dabei auf

---

[144] Förg (1969), S. 175.

[145] Mit den neu zu gründenden Überlandwerken wurden die Staatsverträge entsprechend den erlassenen Richtlinien gestaltet, wohingegen bereits bestehenden Überlandwerken die Erweiterung ihres Versorgungsgebietes nur gegen einen nachträglichen Vertragsabschluss mit dem bayerischen Staat gestattet wurde. Gröner (1975), S. 202 weist auf eine Lücke hin, die hinsichtlich bereits bestehender Regionalunternehmen, die keine Gebietszuwächse verfolgten, entstand, da diese „von der eingeleiteten Strukturpolitik nicht erfaßt wurden, obwohl sie unter Umständen den staatlichen Plänen hinderlich sein konnten".

[146] Vgl. Büggeln (1930), S. 64-67.

[147] Bericht über den Stand der Elektrizitätsversorgung (1914), S. 5.

[148] Vgl. u. a. Gröner (1975), S. 202; Fischer (1918), S. 139; Förg (1969), S. 175; Siegel (1930), S. 174; Grasmann (1926), S. 217-222. Siehe zu dieser Thematik auch ausführlich Kapitel 3.2 „Die vertraglichen Kontrollmöglichkeiten der Bayerischen Staatsregierung".

[149] Bericht über den Stand der Elektrizitätsversorgung in Bayern am Ende des Jahres 1913 (1914), S. 7.

[150] Die vereinbarten Zeiträume, in deren Anschluss die Staatsregierung erstmalig auf das Ablösungsrecht verweisen konnte, variierten in den einzelnen Verträgen zumeist zwischen 50 und 75 Jahren. Lawaczeck (1936, S. 78; Gröner (1975), S. 202. Über die Ausgestaltung der festgesetzten Ablösungsbedingungen entstand eine lebhafte Erörterung, die jedoch nicht Gegenstand dieser Untersuchung sein soll. Vgl. auch Passow (1916), S. 11.

## 2. STROM GEWINNT AN BEDEUTUNG (1866 – 1914)

einer Grundlage abzuschließen, die vor allem auch „in loyaler Weise gegenüber dem Privatunternehmer die Schwierigkeit der ersten Betriebsjahre und die Zubilligung eines angemessene Gewinns berücksichtigt"[151].

Die vorbereitenden Maßnahmen unterstreichen, dass man sich seitens der Regierung durchaus bewusst war, mit dem Konstrukt der Staatsverträge auch den Nährboden für eine mögliche Fehlentwicklung des Sektors zu schaffen. Neben den genannten Klauseln begegnete man diesem Szenario mit einer gezielten staatlichen Einflussnahme auf die Geschäftspolitik der konzessionierten Regionalunternehmen. Entsprechende Vorgaben wurden einerseits direkt in die Staatsverträge aufgenommen und andererseits durch das spätere Abhängigkeitsverhältnis zwischen den regionalen Energieversorgern und dem 1924 gegründeten, staatlich geführten Bayernwerk indirekt durchgesetzt. Zudem wird deutlich, dass man der Privatwirtschaft weder grundsätzlich noch zeitlich uneingeschränkt die Fäden in die Hand geben, sondern diese sinnbildlich als Brücke nutzen wollte, bis man das Wagnis einer Verstaatlichung der Elektrizitätsversorgung durch eine Umstrukturierung der Regionalwerke in Landesunternehmen volkswirtschaftlich vertreten konnte.

Dass aus dieser ursprünglich angedachten Übergangslösung jedoch ein Status Quo wurde, indem es nach Ablauf der Ablösungsfristen nicht in dem Ausmaß zu Verstaatlichungen kam, wie es bei der Konzeption der Verträge sicherlich beabsichtigt wurde, zeigen die Beteiligungsverhältnisse aus dem Jahr 1973.[152] Vielmehr bildeten sich „bei der bayerischen Regionalversorgung eng miteinander verfilzte Einflußphären verschiedener öffentlicher Verbände, großer EVU [Energieversorgungsunternehmen, Anm. d. Verf.] und privater Wirtschaftseinheiten" heraus.[153]

Bis zum Beginn des Ersten Weltkrieges[154] wurden vier der beschriebenen Staatsverträge mit bereits bestehenden bzw. neu gegründeten Überlandwerken abgeschlossen:[155]

    1913   für die Pfalz mit den Pfalzwerken AG, Ludwigshafen;

---

[151] Passow (1916), S. 10.
[152] Abgedruckt in Gröner (1975), S. 204 f.
[153] Ebd., S. 203.
[154] Während des ersten Weltkriegs stockten die Pläne einer einheitlichen landesweiten Stromversorgung. Erst zwischen 1920 und 1923 wurde das Instrument der Staatsverträge bzw. staatsvertragsähnlicher Vereinbarungen weitergeführt. Als bedeutendste sind aufzuführen: Kreis-Elektrizitätsversorgung Unterfranken AG (1920), Überlandwerke Oberfranken AG (1920), Ostbayerische Stromversorgung AG (1923). Vgl. Pohl (1996), S. 39 f.
[155] Siehe Förg (1969), S. 175; Pohl (1996), S. 39.

1913 für Mittelfranken mit der FÜW, Nürnberg;
1913 für Schwaben mit den Lech-Elektrizitätswerken AG, Augsburg;
1913 **für Oberfranken-Ost mit der Bayerischen Elektricitäts-Lieferungs-Gesellschaft AG, Bayreuth.**

Der staatliche Einfluss auf die Elektrifizierung Bayerns in der Zeit vor dem Ersten Weltkrieg lässt sich resümierend dahingehend am treffendsten umschreiben, als die Staatsaufsicht mit eigenen, die öffentliche Elektrizitätswirtschaft betreffenden Grundsätzen erst auftrat, nachdem die Gründerzeit der ersten städtischen und gemeindlichen Versorgungsunternehmen längst vorüber war. Solange die Stromerzeugung und -abgabe aufgrund mangelnder Alternativen zeitgemäß in lokalen Inselbetrieben stattfand, legte auch die Regierung dem kommunalen und privatwirtschaftlichen Unternehmertum keine Fesseln an. Erst als die technischen Möglichkeiten größere Erzeugungsanlagen und Abnehmergruppen bedingten, die einen überregionalen Stromabsatz betriebs- wie volkswirtschaftlich rentabel werden ließen, begann der Staat seine Anstrengungen hinsichtlich einer zukunftsorientierten Regionalentwicklung zielgerichtet zu koordinieren.

Durch die Staatsverträge mit dem Zweck, „daß in absehbarer Zeit für die überwiegende Mehrheit der Ortschaften Bayerns die Möglichkeit bestehen sollte, sich mit billiger Elektrizität zu versorgen"[156], schränkte der Staat die Entstehung neuer Versorgungsunternehmen von nur lokaler Bedeutung erheblich ein. Zusätzlich wurde durch dieses Vorgehen die Entwicklung einer zukunftsfähigen Regionalversorgung auch in Gebieten ermöglicht, in denen ein den Gesetzen der Privatwirtschaft gehorchendes Wachstum nicht oder nur äußerst verzögert zu einer vollständigen Elektrifizierung geführt hätte.[157] Es ist zu betonen, dass die Regierung ihre Aufgabe in Anbetracht des finanziellen Spielraums nicht dahingehend interpretierte, die Elektrizitätsversorgung zu „beherrschen, sondern sie zu fördern und zu regeln, wie es […] den Interessen des Landes entsprach"[158]. Vor diesem Hintergrund wurde von einer finanziellen Ausbeute durch Konzessionsabgaben abgesehen, indem sich der Staat mit einer symbolischen Anerkennungsgebühr zufrieden gab.[159]

Rückblickend konnte durch diese elektrizitätspolitischen Maßnahmen die in Bayern wirtschaftshemmende Distanz zu mitteldeutschen Kohlerevieren in mancher Hinsicht ausgeglichen werden. Als Folge wurden weite Teile des vornehmlich agrarisch geprägten Freistaats in die Lage versetzt, sich als bevorzugte Industrie-

---

[156] Bericht über den Stand der Elektrizitätsversorgung (1914), S. 5.
[157] Vgl. v. Keller (1969), S. 14; Pohl (1996), S. 39.
[158] Siegel (1930), S. 175.
[159] Vgl. Gröner (1975), S. 207.

standorte – gerade auch hinsichtlich stromintensiver Branchen wie z. B. der Aluminiumherstellung – zu etablieren.[160] Die staatlich regulierte und geförderte Regionalversorgung bildete damit den Ausgangspunkt für den „industriellen Aufschwung, den Bayern während der Zwanziger Jahre erlebte und der innerhalb des Reiches nur noch von Württemberg übertroffen wurde"[161]. Ferner konnte durch die vergleichsweise frühzeitige Fokussierung der bayerischen Energiepolitik auf das Gebiet der Elektrizitätswirtschaft auch die Marktmacht der Mineralöl- und Steinkohlesyndikate, mit entsprechenden Auswirkungen auf die Preisgestaltung, geschmälert werden.[162]

Die Pionierleistung Bayerns, das als erster deutscher Bundesstaat seine in Denkschriften konzipierten Maßnahmen in Verträgen auszugestalten vermochte, wurde auch für die übrigen deutschen Länder[163] und andere Staaten richtungsweisend.[164] Den überregionalen Stellenwert der bis 1914 ergangenen Denkschriften des königlichen Innenministeriums zeigt dabei die eindringliche Bitte der Regierungen Badens, Preußens, Tirols, Österreich-Ungarns, Norwegens und Schwedens, Einsicht in die Exemplare der Schriften sowie in die projektierten Bauvorhaben des Walchensee- und Bayernwerks nehmen zu dürfen.[165]

Von einem anderen Blickwinkel betrachtet, wurde jedoch durch das System der Staatsverträge eine zementierte Struktur von Versorgungs-Monopolisten oktroyiert, die mit dem Preis einer erheblich eingeschränkten unternehmerischen Entfaltung der Elektrizitätswirtschaft erkauft wurde. Denn zum einen verminderte man durch den vertraglichen Gebietsschutz den Wettbewerbsdruck, der daraufhin lediglich durch die Eigenversorgung – zumeist von Industriebetrieben – und die Substitutionskonkurrenz aufrecht erhalten wurde, auf ein Mindestmaß. Dieser Protektionismus wirkte tendenziell kostentreibend und steht im klaren Widerspruch zu dem Vorhaben der Bayerischen Regierung, mit staatlichen Preisregulationen und -kontrollen eine möglichst kostengünstige flächendeckende Elektrizitätsversorgung aufzubauen.[166] Zum anderen mutete man den Energieversorgern „ein enges Geflecht von behördlichen Instruktionen zu, die Leute mit unterneh-

---

[160] Grassmann (1926), S. 220.
[161] Schwarz (1926), S. 192.
[162] Vgl. Blaich (1981), S. 175.
[163] Für die Entwicklung der staatliche Elektrizitätsversorgung in den übrigen deutschen Ländern wird verwiesen auf u. a. Kirchhoff (1933), S. 91-102; Büggeln (1930), S. 61-75; Stier (1999), S. 73-354.
[164] Vgl. u. a. Hartmann (1917), S. 37 f.; Speckhardt (1920), S. 67 f.; Fischer (1916), S. 96 f.; Gröner (1975), S. 198 und die dort unter Anmerkung 467 aufgeführte Literatur.
[165] Blaich (1981), S. 175.
[166] Vgl. Lawaczeck (1936), S. 77-82; Gröner (1975), S. 206.

merischer Initiative abschrecken mussten"[167] und damit im Widerspruch zu der ursprünglichen Zielsetzung einer zügigen Elektrifizierung weiter Landesteile standen.

Die beschriebenen Verträge sind für das Grundverständnis des bayerischen Elektrizitätswesens von ausnehmender Bedeutung und sollen daher als Ausgangspunkt und Einstieg für die folgende Untersuchung der unternehmensstrategischen Umsetzung der bayerischen Elektrizitätspolitik am Beispiel der Bayerischen Elektrizitäts-Lieferungs-Gesellschaft AG, die im Rahmen der beschriebenen Staatsverträge gegründet wurde, dienen.

---

[167] Gröner (1975), S. 207. Diese Auflagen wurden mitunter in Person von rechtskundigen und technischen Staatskommissaren durchgeführt, die im Rahmen der Verträge ein weitgehendes Inspektionsrecht inne hatten und darüberhinaus Befugnis erhielten an den Aufsichtsratssitzungen sowie Hauptversammlungen teilzunehmen. Ebd, S. 206.

# Teil II: Die wirtschaftsgeschichtliche Entwicklung der BELG (1914 – 1954)

## 3. Die BELG – ein oberfränkisches Überlandwerk

### 3.1 Die Gründung der BELG als Tochtergesellschaft der ELG

Eine der zu Beginn des zwanzigsten Jahrhunderts unter wirtschaftlichen Gesichtspunkten nur unter hohem Risiko zu elektrifizierenden Regionen stellte der heutige Regierungsbezirk Oberfranken dar. Die in vielen Ortschaften bereits entstandene Gleichstromversorgung und die damit einhergehende „Zersplitterung" der Versorgungsgebiete nahmen die Behörden Oberfrankens 1908 zum Anlass, eingehende Erhebungen anzustellen, ob der Kreis durch ein Überlandwerk wirtschaftlich effizienter mit Elektrizität versorgt werden könne. Das Ergebnis ließ vermuten, dass der zukünftige größtmögliche jährliche Strombedarf von Haushalten, Landwirtschaft, Gewerbe und Industrie in der Summe 20 Millionen kWh nicht übersteigen würde.[168] Diese Fehleinschätzung – bereits 1922 übertraf allein der Stromabsatz in Ostoberfranken dieses vermutete Maximum[169] – entbehrte in dieser Zeit jedoch nicht realistischer Grundlagen. Das westliche Oberfranken war damals weitgehend agrarisch geprägt und der östliche Teil, wenn auch stark industrialisiert, besaß kein wirtschaftliches Zentrum. Diese zwischen den größeren Industriegebieten Sachsens und Böhmens gelegene Randzone bestimmten vor allem kleinere und verstreute mittelständische Betriebe, die ein ungünstiges Verhältnis von notwendigen Versorgungsinvestitionen und Stromabgabe vermuten ließen. Darüber hinaus hatten die größeren Städte der Region, wie Bamberg 1889, Hof 1900, Selb 1907 oder Bayreuth 1909 die Versorgung bereits durch eigene Elektrizitätswerke sichergestellt.[170]

Die Bayerische Regierung, die eine Beteiligung der öffentlichen Körperschaften bei der Gründung eines Überlandwerkes in dieser Region aufgrund o. g. Gründe als Wagnis betrachtete, bemühte sich die Risiken auf die privatwirtschaftlich organisierten Unternehmen der Branche abzuwälzen und im Zuge des beschriebenen Generalplanes zur „Versorgung des rechtsrheinischen Bayerns mit Elektrizität"[171] eine tat- und vor allem finanzkräftige Elektrizitätsgesellschaft anzusiedeln.

---

[168] Denkschrift 25 Jahre BELG (1939), S. 5 f.
[169] Siehe hierzu ausführlich Kapitel 5.3 „Der Stromabsatz der BELG während des Ersten Weltkrieges und den Jahren der Inflation".
[170] Denkschrift 75 Jahre Energieversorgung Oberfranken (1989), S. 4.
[171] Vgl. Blaich (1981), S. 71.

In der Folge erhielt die in Berlin ansässige und 1897 gegründete Elektricitäts-Lieferungs-Gesellschaft (ELG)[172], an deren Spitze Emil Rathenau und ab dem Jahr 1915 dessen Sohn und späterer Reichsminister Dr. Walther Rathenau standen, vom Bayerischen Ministerium des Innern im Jahr 1910 den Auftrag, eine Planung zur Stromversorgung des Kreises Oberfranken vorzulegen.[173] Im Rahmen des mit der ELG am 29. März/ 19. April 1913 abgeschlossenen Staatsvertrages räumte der Bayerische Staat der ELG ein Wegebenutzungsrecht im östlichen Teil Oberfrankens bis zum 31. Dezember 1963 ein. Des Weiteren sicherte der Staat dem Energieversorger durch das Ausschließlichkeitsrecht eine zeitlich befristete Monopolstellung zu, indem er „anderen Unternehmern ohne Zustimmung der ELG innerhalb des Vertragsgebietes eine Erlaubnis zur Benützung staatlichen Eigentums für Starkstromleitungen nur erteil[te], wenn die ELG dem bestehenden Bedürfnis an Elektrizität nicht vollständig entspr[ach] oder wenn durch die Zulassung eines anderen Unternehmers wesentliche Vorteile, die die ELG zu gewähren abgelehnt hat[te], zu erreichen"[174] waren. Im Gegenzug musste sich der Energieversorger verpflichten den „regelmäßigen Betrieb so einzurichten, daß mindestens drei Viertel des Elektrizitätsbedarfs für die gesamten Anlagen des Überlandwerks durch Kraftwerke in Bayern gedeckt werden"[175] konnte. Diese protektionistische Vorgabe ließ seitens der ELG den Bau eines Kohle-Kraftwerks nötig werden, dessen Standort auf das nahe am böhmischen Braunkohlerevier Falkenau gelegene Arzberg fiel.[176]

Eine weitere vertragliche Vereinbarung, für das neue Versorgungsgebiet und den Betrieb des Kraftwerks eine besondere Gesellschaft „mit dem Sitze in Oberfranken"[177] zu errichten, führte unter dem Firmenmantel der bereits 1900 entstandenen Solinger Kleinbahn AG am 3. Januar 1914 zur Gründung der Bayerischen Elektrizitäts-Lieferungs-Gesellschaft Aktiengesellschaft. Die Unternehmung sollte als Überlandwerk mit einem zentralen Hauptsitz in Bayreuth (s. Abbildung 3.1) die gleichmäßige Elektrifizierung der Randregion des östlichen Oberfrankens durchführen und dabei helfen, die seinerzeit als Armenhaus Deutschlands geltende bayerische Ostmark wirtschaftlich zu beleben.

---

[172] Für weitere Ausführungen hinsichtlich der ELG siehe Kirchhoff (1933), S. 109-116.
[173] Denkschrift 10 Jahre BELG (1923), S. 2.
[174] BWA, F 025-1030, Staatsvertrag 1913, S. 3. Der Vertrag des Bayerischen Staates mit der ELG ist auch nachzulesen in: Bericht über den Stand der Elektrizitätsversorgung in Bayern am Ende des Jahres 1913 (1914), S. 44-51.
[175] BWA, F 025-1030, Staatsvertrag 1913, S. 7.
[176] Siehe hierzu Kapitel 4.1.1 „Das Kohlekraftwerk Arzberg".
[177] BWA, F 025-1030, Staatsvertrag 1913, S. 4.

## 3. Die BELG – ein oberfränkisches Überlandwerk

**Abb. 3.1:** Photographie des Gebäudes der Hauptverwaltung der BELG im oberfränkischen Bayreuth (entstanden um das Jahr 1925)[178]

Quelle: Denkschrift 25 Jahre BELG (1939), S. 23.

Im Gegensatz zu der Elektrizitätspolitik anderer Bundesländer zeigen die im Vertrag mit der ELG verankerten Bestimmungen, dass die Bayerische Staatsregierung stets bemüht war, die Entwicklung der Stromversorgung nicht ohne entsprechende Kontrollmöglichkeiten der Privatwirtschaft zu überlassen. Im Folgenden sollen die getroffenen Vereinbarungen nähere Erläuterung finden.

### 3.2 Die vertraglichen Kontrollmöglichkeiten der Bayerischen Staatsregierung

In dem 1913 abgeschlossenen Staatsvertrag erteilte der Bayerische Staat der ELG bis zum 31.12.1963 die Erlaubnis zur Führung von Starkstromleitungen.[179] Jedoch billigte der Vertrag dem Staat das Recht zu, der Aktiengesellschaft jederzeit dieses Privileg „ohne Einhaltung einer Kündigungsfrist zu widerrufen [insofern] die ELG [...] die in diesem Vertrag übernommenen Verbindlichkeiten schuldhafter Weise nicht erfüllt[e]"[180].

---

[178] Das an die historischen Bauten der Bayreuther Markgrafenzeit angelehnte Verwaltungsgebäude der BELG wurde 1945 durch alliierte Luftangriffe völlig zerstört. Denkschrift 75 Jahre Energieversorgung Oberfranken (1989), S. 4.

[179] Nach den veranschlagten 50 Jahren sollten die mit jährlich 2 Prozent abzuschreibenden Anlagen in den Staatsbesitz übergehen. BWA, F 025-1030, Staatsvertrag 1913, S. 9 f.

[180] Ebd., S. 2.

Zudem lag der Staatsregierung viel daran, das zur Ansiedlung finanzkräftiger Investoren notwendige Ausschließlichkeitsrecht und die damit verbundene Monopolstellung so weit wie möglich zu relativieren. Demnach mussten die Ausführung von Verteilungsanlagen sowie die Hausinstallationen und alle übrigen Materialien für den Stromverbrauch dem freien Wettbewerb überlassen bleiben. Darüber hinaus unterlagen die zwischen den Gemeinden und der BELG vereinbarten Konditionen der Stromlieferungsverträge einer Genehmigung durch das Staatsministerium des Innern, das sich auch die Regulierung der Höchstpreise der Stromabgabe an Weiterverteiler und Letztverbraucher vorbehielt.[181] Ferner verpflichtete man das Überlandwerk, Kostensenkungen als Folge des technischen Fortschritts unverzüglich an die Verbraucher weiterzugeben und für den Bau und Betrieb der Anlagen wenn möglich auf die einheimischen Arbeitskräfte zurückzugreifen.[182]

Ein zentrales Augenmerk legte der Bayerische Staat auf die Garantie einer zügigen und gleichmäßigen Elektrifizierung des Landes. In der Konsequenz wurde der Energieversorger verpflichtet, eine Vielzahl der Gemeinden bis spätestens Ende 1916 unabhängig von wirtschaftlichen Rentabilitätsüberlegungen und nach einheitlichen Bedingungen mit Elektrizität zu versorgen.[183] Als notwendiges Druckmittel beinhaltete der Vertrag ein „Ablösungsrecht", welches dem Staat erlaubte, „alle mit der Stromversorgung zusammenhängenden Anlagen des Überlandwerks [bereits vor dem vertraglich festgeschriebenen Zeitpunkt; Anm. d. Verf.] abzulösen"[184]. Die Berechnungsmethodik des Übernahmepreises wurde im Vertragswerk bereits sehr genau festgeschrieben und gab im Untersuchungszeitraum wiederholten Anlass für kontroverse Diskussionen zwischen der Führung des Überlandwerks und der Staatsregierung.[185] Zusätzlich wurde dem Staat bei der Veräußerung von Aktien des Überlandwerks ein Vorkaufsrecht eingeräumt.[186]

Die Regierung suchte mit Hilfe der Staatsverträge „also Privatunternehmer auf Abruf, eine Konstruktion, die nicht ohne Einfluss auf das marktpolitische Verhalten der bayerischen Überlandwerke sein konnte"[187]. Dieser zeitlich befristete Marktzugang – im Falle der BELG 50 Jahre – eröffnete auf Seiten der privaten

---

[181] Der Staat behielt sich hierin „eine Nachprüfung der Bedingungen und Tarife für die Stromlieferung an die Gemeinden" vor. BWA, F 025-1030, Staatsvertrag 1913, S. 5; siehe auch Förg (1969), S. 175.
[182] BWA, F 025-1030, Staatsvertrag 1913, S. 4.
[183] Ebd., S. 6 f.
[184] Das Ablösungsrecht konnte „erstmalig am 31.12.1923, späterhin nach diesem Zeitpunkt am 31. Dezember eines jeden Jahres ausgeübt werden". Ebd., S. 8.
[185] Siehe die Ausführungen in BWA, F 025-320 bis 350, Vorstandsberichte 1924-1954.
[186] BWA, F 025-1030. Staatsvertrag 1913, S. 7.
[187] Gröner (1975), S. 202.

Energieversorger Raum für opportunistische Verhaltensweisen, indem die Monopolstellung im zugestandenen Zeitraum möglichst gewinnbringend ausgenutzt werden sollte. Dieser Umstand musste unweigerlich dazu führen, dass mit Erweiterungs- und Ersatzinvestitionen überaus vorsichtig operiert wurde. Ob damit dem politischen Ziel einer billigen Stromversorgung Bayerns am besten gedient war, muss als zweifelhaft gelten.[188] Im Jahr 1953, also zehn Jahre vor Ablauf der ursprünglichen Vertragsgültigkeit, wurden schließlich in einem neuen Staatsvertrag alle Heimfall- und Ablösungsbestimmungen sowie die zeitliche Befristung der Konzessionsdauer aufgehoben. Gegen Abtretung eines Aktienanteils konnte das Überlandwerk hierdurch die langersehnte Investitionssicherheit erlangen.[189]

Zur „Wahrung der Interessen der Allgemeinheit" und hinsichtlich der Anwartschaft des Staates als Besitznachfolger wurde zudem die Institution der rechtskundigen und technischen Staatskommissare eingeführt.[190] Diese wurden gemäß dem Vertragswerk mit dem Recht ausgestattet, jederzeit „Einsicht in die Geschäftsbücher, in die Belege und [...] in den einschlägigen Schriftwechsel zu nehmen"[191]. Es handelte sich hierbei um eine durch das Instrument der Staatsverträge gerechtfertigte Energieaufsicht eigener Art, die jedoch nicht in die im Zuge des Energiewirtschaftsgesetzes des Jahres 1935 geschaffene Energieaufsicht einmündete.[192]

Die Bayerische Staatsregierung hätte, in ihrer wirtschaftlichen Betätigung zeitgenössisch weit weniger eingeschränkt als heute, auch ohne besondere gesetzliche Regelungen auf dem Gebiet der Elektrizitätsversorgung aktiv werden können. Sie beschränkte sich allerdings aufgrund der offenkundigen Finanznot auf die in den Staatsverträgen festgeschriebene Regulierung des Sektors, die es ermöglichte, die Entwicklung über einen längeren Zeitraum mittelbar zu kontrollieren. Derartige in ihrer Grundkonzeption übereinstimmende Verträge wurden in der Folge mit allen[193] großen, privatrechtlich organisierten Überlandwerken in Bayern abgeschlossen.[194]

---

[188] Vgl. Gröner (1975), S. 202 f.; siehe auch Salm (1939), S. 80 ff.
[189] Siehe hierzu die BWA, F 025-346 bis 349. Vorstandsberichte der Jahre 1950 bis 1953 jeweils Gliederungspunkt 9 sowie die Ausführungen in Kapitel 4.2.3 „Die Entwicklung der Strombeschaffung der BELG im Kontext gesellschaftspolitischer Rahmenbedingungen".
[190] BWA, F 025-1030. Staatsvertrag 1913, S. 11.
[191] „Staatsvertrag zwischen dem Bayerischen Staate und der Aktiengesellschaft ELG in Berlin vom 29. März 1913", § 11 Abs. 3, Staatsaufsicht. Siehe hierzu Anlage 4.
[192] Vgl. Förg (1969), S. 177.
[193] Lediglich der Versorgungsbereich der Isar-Amperwerke AG, München, wurde nicht durch einen Staatsvertrag erfasst. „Ansätze hierzu, die noch auf die im Jahre 1932 in die seinerzeitige Amperwerke Elektrizitäts AG übergegangene Oberbayerische Überland-

In diesem Zusammenhang sei erwähnt, dass die Anwendung der beschriebenen Verträge und die einhergehenden Kontrollmöglichkeiten seitens des Staates in der Elektrizitätswirtschaft ursächlich waren für eine latente Angst der größeren Energieversorger vor Verstaatlichung und Enteignung. Die Sorge vor diesem Szenario manifestierte sich zudem ab dem Jahr 1919 in dem „Gesetz betreffend die Sozialisierung der Elektrizitätswirtschaft"[195]. Erst im Zuge des unter den Nationalsozialisten verabschiedeten Energiewirtschaftsgesetzes von 1935 wurden insbesondere die Interessen der großen, monopolistisch agierenden Energieversorgungsunternehmen abgesichert und ihre Gebietsabgrenzungen nachhaltig legalisiert. Das Gesetz wurde in der Folge von allen Bundesregierungen verteidigt und galt unverändert bis zur EU-weiten Liberalisierung des Energiemarktes im Jahr 1998.[196]

Durch den Staatsvertrag zwischen der Bayerischen Staatsregierung und der in Berlin ansässigen ELG wurde 1913 der Grundstein für die Elektrifizierung des östlichen Oberfranken durch einen hiesigen Energieversorger, die BELG, gelegt. Mit dem Ziel, der neu gegründeten Aktiengesellschaft einen unbelasteten Start zu ermöglichen und potentiellen Geldgebern die Handlungsfähigkeit des Überlandwerks zu garantieren, übertrug die ELG ihrer Tochtergesellschaft alle bereits in Oberfranken abgeschlossenen Konzessionsverträge sowie die aus dem Vertrag mit dem Königreich Bayern hervorgehenden Rechte.[197]

Die Form der Aktiengesellschaft bot sich diesbezüglich an, da der Energieversorger aufgrund des erforderlichen Leitungsnetzes und des neu zu errichtenden Kraftwerks – drei Viertel des Strombedarfs musste gemäß Vertrag aus bayerischen Kraftanlagen bereitgestellt werden – äußerst kapitalintensive Erweiterungen der Betriebsanlagen zu tätigen hatte. Die anschließende Auseinandersetzung mit der Investitionspolitik des Energieversorgers und der abgeleiteten Entwicklung von Strombezug und -erzeugung soll einen Überblick hinsichtlich der Produktionsseite des Unternehmens geben und gleichsam als Einstieg in den wirtschaftlichen Werdegang der BELG im Untersuchungszeitraum von 1914 bis 1954 dienen.

---

zentrale AG zurückgehen, führten nicht zum Vertragsschluss." Förg (1969), S. 175.

[194] Vgl. ebd., S. 175 f.

[195] Siehe hierzu ausführlich Kapitel 4.2.1.1 „Das Sozialisierungsgesetz von 1919 - Interessengegensätze blockieren das Reformvorhaben".

[196] Vgl. Prinzing (2000), S. 407 f.; Friedrich (1936). Für eine nähere Darstellung sei auf das Kapitel 5.7 „Das Energiewirtschaftsgesetz von 1935 – ein Kompromiss mit großwirtschaftlicher Einfärbung" verwiesen.

[197] Arzbergwerk (1989), S. 3.

## 4. Strombeschaffung und Investitionspolitik

### 4.1 Die zwei Säulen der Energiegewinnung: Wärme- und Wasserkraft

Die BELG stellte in ihrem Versorgungsgebiet des östlichen Oberfrankens das Pendant zur bayernweiten Elektrizitätsgewinnung der Stromversorger am Vorabend des Ersten Weltkrieges dar. Diese griffen zur Deckung des notwendigen Energiebedarfs einerseits auf Wärme- und andererseits auf gebietsnahe Wasserkraftwerke zurück (s. Tabelle 4.1).

Tab. 4.1: Installierte Kraftwerksleistung und Stromerzeugung in Bayern (1914 – 1960)

| | Installierte Kraftwerksleistung | | | Stromerzeugung | | |
|---|---|---|---|---|---|---|
| | Wasserkraft MW | Wärmekraft MW | ∑ Leistung MW | Wasserkraft GWh | Wärmekraft GWh | ∑ Stromerzeugung GWh |
| 1913 | 25 | 45 | 70 | k. A. | k. A. | k. A. |
| 1920 | 59 | 78 | 137 | 172 | 79 | 251 |
| 1930 | 375 | 307 | 682 | 1.692 | 217 | 1.909 |
| 1940 | 529 | 307 | 836 | 2.861 | 621 | 3.482 |
| 1950 | 755 | 359 | 1.111 | 3.939 | 960 | 4.899 |
| 1960 | 1.450 | 1.253 | 2.703 | 5.262 | 4.137 | 11.067 |

Quelle: Leininger (1969), S. 65; Die bayerische Elektrizitätsversorgung 1925 bis 1954 (1955), S. 12; Ott (1986), S. 304.[198]

Während und auch im unmittelbaren Anschluss an den Ersten Weltkrieg überwog die Stromerzeugung aus Wärmekraft in Bayern hinsichtlich ihrer installierten Leistung in MW deutlich diejenige aus Wasserkraft.[199] Im Hinblick auf die Stromerzeugung in kWh bestand allerdings eine Diskrepanz zu Ungunsten der Dampfkraftwerke. Die bayerische Wasserkraftausnutzung war und ist diesbezüglich im Rahmen der deutschen Elektrizitätswirtschaft aufgrund der durch hohes Gefälle und große Wassermassen gekennzeichneten südbayerischen Flussläufe in einer Ausnahmestellung. Dementsprechend waren die Maßnahmen der Staatsregierung neben der Einbindung der Privatwirtschaft mit Hilfe der beschriebenen Staatsverträge schon frühzeitig von der Regelung der Wasserkraftausnutzung im

---

[198] Die Zahlen für die Stromerzeugung der Jahre 1930 bis 1950 wurden aus der Erhebung des Bayerischen Statistischen Landesamtes „Die bayerische Elektrizitätsversorgung 1925 bis 1954" (1955), S. 12 entnommen. Die Zahlen für 1913 wurden aus der statistischen Erhebung von Ott (1986), S. 304 entnommen.
[199] Vgl. Leiniger (1969), S. 65.

© Springer Fachmedien Wiesbaden GmbH, ein Teil von Springer Nature 2011
C. Werner, *Die Politik der Elektrifizierung in Bayern und ihre unternehmensstrategische Umsetzung am Beispiel der Bayerischen Elektricitäts-Lieferungs-Gesellschaft AG*,
Edition KWV, https://doi.org/10.1007/978-3-658-24657-0_4

rechtsrheinischen Bayern geprägt.[200] So vertrat der eigens ins Leben gerufene Wasserwirtschaftsrat bereits im Jahr 1909 die Auffassung, dass es „wenigstens bis auf weiteres den Vorzug verdiene, wenn die Privatindustrie, dann Gemeinden und genossenschaftlichen Unternehmungen mit dem selbständigen Ausbau der Wasserkräfte vorgehen". Der Staat sollte „dies tunlichst durch angemessene Konzessionsbedingungen, die aber auch ausreichend das öffentliche Interesse wahren"[201], fördern.

Die hierdurch in der ersten Hälfte des 20. Jahrhunderts entstandene Abhängigkeit des kohlenarmen Landes von der als „weiße Kohle" titulierten Wasserkraft wurde durch die Installation von Kohlekraftwerken, die vielerorts lediglich Spitzen- und Reservecharakter inne hatten, lediglich in geringem Ausmaß verringert. Vor allem im flussarmen Nordbayern war die Energiebereitstellung mittels Wasserkraft aufgrund der geographischen Begebenheiten lediglich in begrenztem Ausmaß möglich. Dementsprechend wurde 1913, nachdem bereits im ersten Jahrzehnt des neuen Jahrhunderts eine Vielzahl kleinerer Dampfkraftwerke in Betrieb genommen wurden, mit dem Dampfkraftwerk Gebersdorf des Großkraftwerks Franken das seinerzeit größte Dampfkraftwerk des Königreichs, mit zwei 3,4 MW Dampfturbinen, installiert. Diese Leistung wurde 1915 durch das in Arzberg errichtete 12 MW Dampfkraftwerk (zwei 6 MW Turbinen) der BELG fast um das Doppelte übertroffen.[202]

Die großzügige Ausbaustufe dieser Erzeugungsanlage verdeutlicht der Vergleich mit der Summe aller bis zu diesem Zeitpunkt im Regierungsbezirk Oberfranken installierten Kraftwerkskapazitäten von 7,9 MW.[203] Bis zu der Inbetriebnahme des neu erbauten Kraftwerks rangierte Oberfranken, wie Abbildung 4.1 verdeutlicht, in der Gegenüberstellung mit den anderen bayerischen Regierungsbezirken am hinteren Ende und wurde nur noch vom benachbarten Unterfranken hinsichtlich der installierten Leistung in kW je Einwohner unterboten. Durch die Erzeugungsanlage der BELG konnte Oberfranken mit einer pro Kopf installierten Leistung von 0,072 kW kurzzeitig einen Spitzenwert in ganz Bayern verzeichnen.

---

[200] Siegel (1930), S. 172 ff.
[201] Die Ausnutzung der Wasserkräfte Bayerns (1910), S. 6. Ferner Passow (1916), S. 8; Blaich (1981), S. 59.
[202] Leiniger (1969), S. 65.
[203] Vgl. die tabellarische Auflistung verschiedener Größenklassen von Elektrizitätswerken im Regierungsbezirk Oberfranken in Ott (1986), S. 333.

## 4. Strombeschaffung und Investitionspolitik

**Abb. 4.1: Installierte Kraftwerksleistung in Bayern pro Einwohner des jeweiligen Regierungsbezirks (1913)**

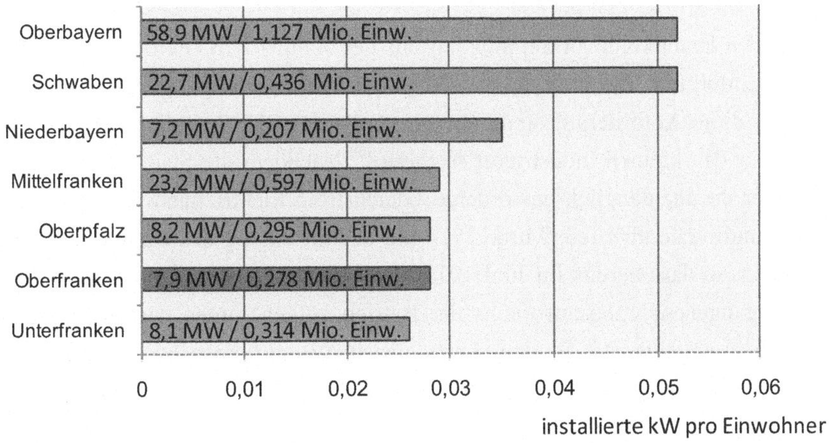

|  |  |
|---|---|
| Oberbayern | 58,9 MW / 1,127 Mio. Einw. |
| Schwaben | 22,7 MW / 0,436 Mio. Einw. |
| Niederbayern | 7,2 MW / 0,207 Mio. Einw. |
| Mittelfranken | 23,2 MW / 0,597 Mio. Einw. |
| Oberpfalz | 8,2 MW / 0,295 Mio. Einw. |
| Oberfranken | 7,9 MW / 0,278 Mio. Einw. |
| Unterfranken | 8,1 MW / 0,314 Mio. Einw. |

(installierte kW pro Einwohner; Skala 0 – 0,06)

Quelle: Eigene Darstellung; Daten n. Ott (1986), S. 307-349.

Das Kraftwerk Arzberg war gleichermaßen Ausgangspunkt der Unternehmensgeschichte sowie ein entscheidender wirtschaftlicher Faktor der BELG und kennzeichnet die Bedeutung des oberfränkischen Stromversorgers für die Entwicklung der gesamten Region. Denn in Folge der kostengünstigen, innerbetrieblichen Stromerzeugung konnten die Strompreise für die Abnehmer vergleichsweise niedrig gehalten und diesbezüglich die Standortnachteile der ostoberfränkischen Industrie weitestgehend ausgeglichen werden.

### 4.1.1 Das Kohlekraftwerk Arzberg

Bereits unmittelbar nach Abschluss des Staatsvertrages 1913, der die BELG dazu verpflichtete, mindestens drei Viertel des benötigten Strombedarfs durch bayerische Kraftwerke bereitzustellen[204], begann der Energieversorger einen geeigneten Standort für ein neu zu errichtendes Dampfkraftwerk zu eruieren.[205] Entscheidend für die Faktorenwahl der Suche war ein Umdenken in der Kostenabwägung. Demnach sollten Großkraftwerke in Bayern so nah wie möglich an die jeweilige Energiequelle verortet werden, um die anfallenden Transportkosten des primären Energieträgers niedrig zu halten und Schwankungen in der oft mit Schwierigkeiten belasteten Beschaffung besser ausgleichen zu können.[206] Zudem ermöglichten

---

[204] BWA, F 025-1030. Staatsvertrag 1913, S. 7.
[205] Vgl. Arzbergwerk (1989), S. 3.
[206] Vgl. Konrad (1936), S. 10; Zängl (1989), S.87. Ursächlich für das Umdenken in der

es die Fortschritte in der Hochspannungstechnik die Kraftzentrale aus dem Schwerpunkt des Absatzgebietes, mit zumeist teurem Grund und Boden in dünnbesiedelte Regionen der Peripherie zu verlagern.[207]

Die großen Braunkohlevorkommen jenseits der böhmischen Grenze, im lediglich 40 km entfernten Falkenau sowie die gute Bahnanbindung Eger-Marktredwitz erfüllten diese Anforderung und gaben im Falle der BELG schließlich den Ausschlag für den kleinen Industrieort Arzberg.[208] Nachdem die Stadt dem Energieversorger ihr unzulänglich gewordenes Gleichstrom-Elektrizitätswerk und geeignete Grundstücke überließ, wurde 1914 mit der Errichtung des Dampfkraftwerks begonnen, so dass bereits im Juni 1915 trotz erheblicher Probleme aufgrund des vorangegangenen Kriegsausbruchs der Betrieb aufgenommen und die Eigenerzeugung von Elektrizität für den oberfränkischen Raum umgesetzt werden konnte.[209] Die Photographie 4.2 zeigt das Dampfkraftwerk auf einer der wenigen Luftbildaufnahmen aus dem Jahr 1939.

**Abb. 4.2: Luftaufnahme des Kraftwerks Arzberg (1939)**

Quelle: Denkschrift 25 Jahre BELG (1939), S. 13.

Die Geschäftsleitung der BELG war von Beginn an von der Zukunftsfähigkeit ihres Großkraftwerks sowie von der fortschreitenden Entwicklung der Elektrifizierung Nordbayerns überzeugt. In diesem Bewusstsein wurde bereits bei der Konzeption des Kraftwerks, in Form zusätzlicher Raumeinheiten, die Notwen-

---

Standortwahl waren mitunter der Fortschritt in der Hochspannungstechnik der Fernleitungen und die damit verbundenen geringeren Leitungsverluste.

[207] Vgl. Dehne (1926), S. 5.
[208] Denkschrift 75 Jahre BELG (1989), S. 5.
[209] Vgl. Denkschrift 25 Jahre BELG (1939), S. 2 f. Von dem geheimen Baurat Prof. Dr. Georg Klingenberg entworfen wurde das Werk von der A.E.G. erbaut. Vgl. BWA, F 025-537. Kundenzeitschrift Oktober 1926.

digkeit späterer Erweiterungen einbezogen.[210] Der Umstand, dass sich der Elektrizitätsbedarf in Ostoberfranken innerhalb jedes Jahrzehntes nahezu verdoppelte[211], ließ im Untersuchungszeitraum, der weitsichtigen Unternehmenspolitik entsprechend, umfassende Ausbauten an der Gesamtleistung des Kraftwerkes nötig werden.[212] Dahingehend wurden, um den Anforderungen des Absatzmarktes gerecht zu werden und einen gewissen Grad an Unabhängigkeit von externen Stromlieferanten, wie dem Anfang der Zwanziger Jahre gegründeten Bayernwerk, zu gewährleisten, mehrmals Maschinen- und Kesselerweiterungen vorgenommen (s. Tabelle 4.2).[213]

**Tab. 4.2: Ausbaustufen des Kraftwerks Arzberg (1914 – 1954)**

|  | 1914 | 1940/41 | 1953/54 |
|---|---|---|---|
| Maschine 1 | 6.000 kW | 6.000 kW | 21.000 kW |
| Maschine 2 | 6.000 kW | 6.000 kW | 6.000 kW |
| Maschine 3 | - | 15.000 kW | 15.000 kW |
| Insgesamt | 12.000 kW | 27.000 kW | 42.000 kW |

Quelle: Denkschrift 50 Jahre BELG (1964), S. 2.

Vor dem Hintergrund, dass sich Strom im für die Stromversorgung notwendigen Umfang nicht speichern lässt[214], mussten die angeschlossenen Kraftwerke, der fehlenden Vernetzung innerhalb eines Verbundbetriebs geschuldet, stets die Energiemengen zur Verfügung stellen, die gerade von den Konsumenten benötigt wurden. Ein Austausch von elektrischer Energie unter den einzelnen Elektrizitätswerken fand mangels größeren Fernleitungsnetzes sowie aufgrund der Problematik hoher Übertragungsverluste bis 1923 nur in einem sehr überschaubaren Rahmen statt.[215] Hinzu kam der ungleichmäßige, tages- und jahreszeitabhängige Strombedarf seitens der Abnehmer, der zu einer schwankenden Belastungskurve[216] innerhalb des Stromnetzes führte. Diese besondere Problematik der Verbrauchsspitzen musste, um der in dem Staatsvertrag und den abgeleiteten Ge-

---

[210] Arzbergwerk (1989), S. 5.
[211] Vgl. das Kapitel 5 „Stromabsatzentwicklung und Expansionspolitik".
[212] Denkschrift 50 Jahre BELG (1964), S. 1.
[213] Alleine in den ersten 10 Jahren wurde, um der steigenden Stromnachfrage gerecht zu werden, die vorhandene Kesselheizfläche drei Erweiterungen unterzogen. Vgl. Denkschrift 10 Jahre BELG (1923), S. 17.
[214] Vgl. Busch (2008), S. 308-312.
[215] Vgl. Konrad (1936), S. 9.
[216] Die Problematik der Absatzschwankungen findet eine detaillierte Aufarbeitung in Kapitel 5.3.1 „Die Struktur des Verbrauchs – Ausgleich der Lasttäler".

meindeverträgen geregelten Versorgungspflicht nachzukommen, stets in das Kalkül der Leistungsfähigkeit der eigenen Kraftwerksanlagen einbezogen werden.

Nimmt man den Zeitverlauf der zumeist in den licht- und heizstromintensiven Herbst- und Wintermonaten auftretenden Jahreshöchstlast[217] des Stromnetzes der BELG als Maßstab, so wird deutlich, dass bereits die 1914 installierten, maximal einsetzbaren Maschinenleistungen von 12 MW zukunftsorientiert bemessen sowie auf einen stetig wachsenden Strombedarf der Bevölkerung ausgelegt waren und folglich eine mittelfristige Versorgungssicherheit garantierten. Das Diagramm 4.3 verdeutlicht, welch unterschiedlich starke Anstiege die Jahreshöchstlast des Stromnetzes der BELG im Untersuchungszeitraum verzeichnete.

**Abb. 4.3: Jahreshöchstlast des Stromnetzes der BELG (1914 – 1954)**

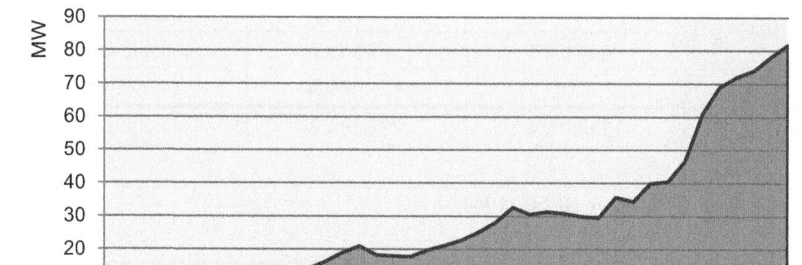

Quelle: Eigene Darstellung; für den Zeitraum 1914 bis 1923 Daten n. Denkschrift 10 Jahre BELG (1923), S. 17; für den Zeitraum 1924 bis 1954 Daten n. BWA, F 025-320 bis 350; Vorstandsberichte 1924-1954.

Die Höhe der bis auf wenige Ausnahmen alljährlich ansteigenden Jahreshöchstlast war maßgebend für die Notwendigkeit der eigenen Kraftwerksausbauten bzw. die Quantität der zu bestellenden Fremdstrombezugsleistung. Der dargestellte Kurvenverlauf drückt dabei nicht nur konjunkturelle Einflüsse aus, sondern zugleich die spezifische Witterung an den betreffenden Tagen[218], die unterschiedliche Darbietung der Wasserkrafteigenanlagen der Strombezieher sowie die jeweiligen Preisrelationen zwischen Strom und alternativen Energiequellen. Darüber

---

[217] Die Jahreshöchstlast bzw. die Jahresnetzspitze bezeichnet die Summe der in jedem Jahr durch die Stromabnehmer im Höchstbelastungszeitpunkt gleichzeitig in Anspruch genommenen Leistung. Vgl. Denkschrift 50 Jahre Isar-Amper-Werke (1958), S. 90 f.

[218] Z. B. hervorgerufen durch vermehrte Nutzung elektrischer Raumheizung in den Wintermonaten.

hinaus spiegelt er auch eingetretene oder antizipierte Kohlekrisen bei industriellen und privaten Stromabnehmern wider.

Mit Hilfe der 1914 geschaffenen Überkapazitäten konnte ein weiterer kapitalintensiver Ausbau des Kraftwerks in der kriegs- und nachkriegsbedingten, von Arbeitskräftemangel und Geldentwertung geprägten, Krisenzeit im Zeitraum bis 1923 vermieden werden. Darüber hinaus wurde der Strombedarf neben der Eigenerzeugung zusätzlich durch Fremdbezug aus kleineren, gebietsnahen Wasserkräften gedeckt.[219] Die folgende Photographie 4.4 aus den Zwanziger Jahren zeigt das großzügig bemessene und weitgehend ohne Inspruchnahme menschlicher Arbeitskräfte arbeitende Kesselhaus des Kraftwerks.

**Abb. 4.4: Kesselhaus des Kraftwerks Arzberg in den frühen Zwanziger Jahren**

Quelle: Denkschrift 25 Jahre BELG (1939), S. 12.

Erst als der Strombedarf des Versorgungsgebietes die vorhandenen Möglichkeiten in der Eigenerzeugung zu übersteigen drohte, wurde über das Verbundnetz des 1921 gegründeten Bayernwerks vermehrt auf Fremdstrombezug übergegangen.[220] Die Entscheidung, ab 1924 einen Stromlieferungsvertrag mit dem Bayernwerk abzuschließen, begründete sich zum einen aus den hohen betriebswirtschaftlichen Risiken, die mit kapitalintensiven Investitionen in eigene Anlagenerweiterungen verbunden waren. Zum anderen besann man sich bayernweit, angesichts der im Ersten Weltkrieg und in der Nachkriegszeit fühlbar gewordenen

---

[219] Arzbergwerk (1989), S. 6.
[220] Siehe hierzu ausführlich Kapitel 4.2.1 „Das Bayernwerk als Basis einer einheitlichen Landesversorgung".

Kohleverknappung und -verteuerung[221], auf die Energiegewinnung aus Wasserkraftvorkommen. Waren 1913 noch 2,2 Mio. Tonnen Kohle nach Bayern importiert worden, schrumpfte im Nachkriegsjahr 1919 die Einfuhr auf ein knappes Viertel.[222] Vor allem die in den Zwanziger Jahren aufgekommene, vernetzte Verbundwirtschaft sowie die Fertigstellung des Wasserspeicherkraftwerks Walchensee (96 MW) im Jahr 1924 ließen für die regionalen Energieversorger wie die BELG den Fremdbezug billigen „Wasserstroms" attraktiv werden.

Die dreigliedrige Bedarfsdeckung durch das Bayernwerk, die Gebietswasserkräfte und das Kraftwerk Arzberg ermöglichte es der BELG, bis in das Jahr 1940/41 auf einen weiteren Ausbau der Kraftwerksleistung zu verzichten. Erst die Anforderungen des Zweiten Weltkrieges und die damit verbundene geringere Bezugsmenge aus dem ausgelasteten bayerischen Verbundnetz machten die Aufstockung auf insgesamt 27 MW Maschinenleistung notwendig.[223]

Nachdem der im Übergang von der Kriegs- zur Friedenswirtschaft eklatante Energienotstand[224] überwunden worden war, hob die BELG 1953/54 mit Hilfe einer weiteren Turbine die Spitzenlast auf 42 MW und die Eigenerzeugung im Vergleich zum Vorjahr 1953 mit 165 Mio. kWh um mehr als das 2,5-fache.[225] Diese Entscheidung war bedingt durch die unwirtschaftlich gewordene Einheit aus dem Jahr 1914, die eine unverhältnismäßige Erhöhung der Erzeugungskosten verursachte. Darüber hinaus war einhergehend mit der positiven gesamtwirtschaftlichen Entwicklung der jungen Bundesrepublik Deutschland ein rasant wachsender Energiebedarf in Bayern zu verzeichnen.[226] Der Nachfrageanstieg und die erhöhte Auslastung des Verbundnetzes spiegelten sich zudem in den sprunghaft ansteigenden Bezugspreisen des Bayernwerkstroms wider.[227] Die Kapazitätsausweitung garantierte dem Energieversorger eine höhere Flexibilität hin-

---

[221] Die Gebietverluste und Besetzung (z. B. die Ruhrbesetzung 1920 durch französische Truppen) traditioneller Kohlereviere an der Saar sowie in Oberschlesien „führten zu einem empfindlichen Rückgang der Kohleförderung und einer entsprechenden Drosselung der Elektrizitätsproduktion". Herzig (1992), S. 133 f.; Vgl. Leiniger (1969), S. 66; Kleider (1987), S. 131-138; Blaich (1981), S. 166 f. Auch in den Falkenauer Braunkohlerevieren nahm die Arbeitsproduktivität, aufgrund des kriegsbedingten Einsatzes ungelernter Arbeiter, ziemlich gleichmäßig ab. Vgl. Brousek (1987), S. 164.

[222] Vgl. Hutzelmann (1922), S. 17; Leiniger (1969), S. 66.

[223] BWA, F 025-334 bis 337. Vorstandsberichte 1938-1941.

[224] Vgl. Henke (1996), S. 393-656.

[225] Für eine Aufarbeitung der Strombereitstellung des oberfränkischen Energieversorgers siehe Kapitel 4.2.3 „Die Entwicklung der Strombeschaffung der BELG im Kontext gesellschaftspolitischer Rahmenbedingungen".

[226] Für eine detaillierte Aufstellung der kumulierten Elektrizitätserzeugung in Bayern siehe Die bayerische Elektrizitätsversorgung 1925 bis 1954 (1955), S. 12 f. und S. 46.

[227] Für eine Auflistung der vergleichenden Bezugspreise siehe Abbildung 4.11 „Durchschnittskosten je bezogener kWh in Pfennig (1924-1954)".

## 4. Strombeschaffung und Investitionspolitik

sichtlich der Strombeschaffung und versetzte diesen in die Lage, 1954 annähernd die Hälfte der Engpassleistung[228] – 1953 waren es noch lediglich 24 Prozent – durch das eigene Kraftwerk zu tragen.

Im Untersuchungszeitraum stieg die Jahreshöchstlast des Netzes bis auf die Zeitabschnitte der Weltwirtschaftskrise und des Zweiten Weltkrieges stetig an und übertraf 1954, 40 Jahre nach dem Bau des Kraftwerks Arzberg, die anfängliche Höchstleistung um das 60-fache. Ferner ist festzuhalten, dass die BELG vor allem ab dem Jahr 1924, aufgrund der im Vergleich zu anderen bayerischen Energieversorgern lediglich zweimalig durchgeführten Ausbaustufen, nur einen Teil des ansteigenden Stromkonsums im Versorgungsgebiet aus eigener Kraft decken konnte. Die hohen Investitionen in eine zusätzliche Erweiterung der eigenen Betriebsanlagen wurden durch den Bezug von Fremdstrom umgangen. Diese Zwei-Säulen-Politik führte bereits 1914 zu einer Einspeisung von Strom gebietsnaher Wasserkraftwerke in das Leitungsnetz der BELG und wurde ab dem Jahr 1924 durch die Verbundverträge mit dem staatlich organisierten Bayernwerk weiter vorangetrieben.[229]

### 4.1.2 Die regionalen Gebietswasserkräfte

Die Kombination von Dampf- und Wasserkraft zur Deckung des Energiebedarfs war insbesondere im süddeutschen Raum erforderlich. Denn eine zu einseitige Verlagerung zu Gunsten der Wärmekraftwerke hätte eine unnötige Abhängigkeit von fossilen Brennstoffen nach sich gezogen. Die Beschaffung dieser Betriebsmittel, die aufgrund externer Einflüsse sehr leicht zu einem Politikum werden konnte, blieb im Untersuchungszeitraum stets ein unsicherer Faktor in der Produktionsplanung des Energieversorgers. Der Vorteil der „weißen Kohle" Wasserkraft lag auf der Hand, denn während die Kohlekraftwerke graduell die Substanz der vorhandenen Energiequellen mindern, wird die Wasserkraft in einem ewigen Kreislauf durch die Natur erneuert.

Diesem Umstand entsprechend war man seitens der BELG von Beginn an bemüht, eine produktionsseitige Diversifizierung zu vollziehen und adäquate, regionale Gebietswasserkräfte in das ostoberfränkische Stromnetz einzubinden sowie diesen Werken vertragliche Abnahmegarantien einzuräumen. Insbesondere in den ersten Gründungsjahren, aber auch ab dem wirtschaftlichen Aufschwung Mitte

---

[228] Der Begriff der Engpassleistung umschreibt die „mit den technischen Einrichtungen der Kraftwerke insgesamt ausfahrbare Höchstleistung". Denkschrift 50 Jahre Isar-Amper-Werke (1958), S. 27.

[229] Arzbergwerk (1989), S. 6. Denkschrift 10 Jahre BELG (1923), S. 17.

der Zwanziger Jahre, fungierten diese Kraftwerke, deren Auslastungsgrenzen bis auf wenige Ausnahmen beständig ausgeschöpft wurden, als zuverlässige Stromlieferanten und schufen dementsprechend Optionen für die Einsatzintensität des eigenen Wärmekraftwerks.[230] Aufgrund ihrer Bedeutung für die BELG sind mit den Kraftwerken Hirschsprung, Röhrenhof[231] und Burghaig drei Wasserkraftwerke besonders hervorzuheben.

Allerdings haftet den vom Wasserlauf getriebenen Kraftwerken der erhebliche Nachteil an, dass sich die Höhe des erzeugten Stromes direkt proportional zur geführten Wassermenge des jeweiligen Flusses verhält.[232] Diese schwankt jedoch naturgemäß mit der Niederschlagshäufigkeit und -intensität. Zudem lassen sich wasserärmere und -reichere Monate wie auch Jahre unterscheiden, die in einem unstetigen Verlauf der erzeugten Strommenge resultieren.[233] Das Diagramm 4.5 verdeutlicht die Entwicklung des akkumulierten Strombezugs der BELG aus den beschriebenen gebietsnahen Wasserkraftwerken.

**Abb. 4.5: Strombezug der BELG von regionalen Gebietswasserkräften (1914 – 1954)**

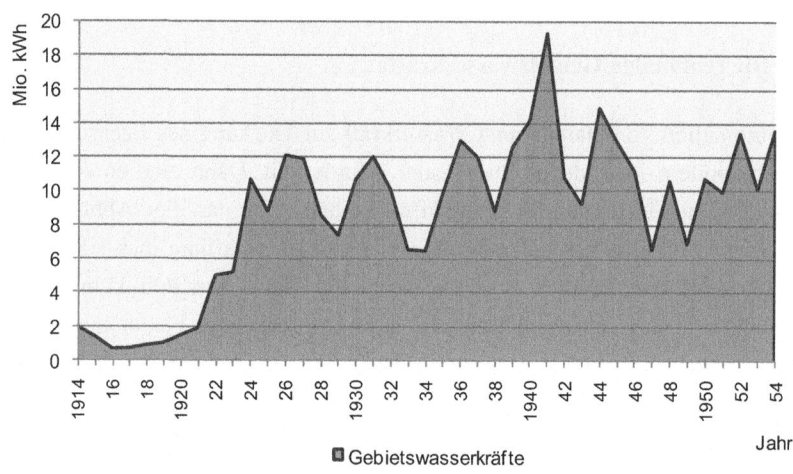

Quelle: Eigene Darstellung; für den Zeitraum 1914 bis 1923 Daten n. Denkschrift 10 Jahre BELG (1923), S. 17; für den Zeitraum 1924 bis 1954 Daten n. BWA, F 025-320 bis 350; Vorstandsberichte 1924-1954.

---

[230] Für eine detaillierte Gegenüberstellung der Strombezugsquellen siehe Abbildung 4.13 „Eigenerzeugung und Fremdstrombezug der BELG (1914-1954)".

[231] Die BELG beteiligte sich zu Zwecken der Diversifizierung mit über 90 % des Aktienkapitals an dem Weißmainkraftwerk Röhrenhof. Denkschrift 75 Jahre Energie für Oberfranken (1989), S. 6.

[232] Diese Problematik wurde beispielsweise im Kraftwerk Hirschsprung durch eine erweiterte Staufähigkeit in der Wasserzuführung teilweise abgefedert. Vgl. BWA, F 025-333. Vorstandsbericht 1937.

[233] Energieversorgung Ostbayern AG; Festschrift, S. 100 f.

Die relativen Maxima in der Energiedarbietung sind auf die alternierende Wasserdarbietung in den jeweiligen Jahren zurückzuführen.[234]

Neben dem Fremdbezug aus nahen Gebietswasserkräften war die Akquisitionspolitik fortwährend darauf ausgerichtet, sog. Versorgungsinseln zu vermeiden, indem kleinere Elektrizitätswerke, denen als Antriebskraft lediglich unzureichende Wasserkräfte oder Dieselmotoren zur Verfügung standen, übernommen und in das Netz der BELG eingegliedert wurden. Hierunter fielen auch mehrere, vor und insbesondere während der Inflationszeit gegründete, Elektrizitäts-Genossenschaften. Auch diese wurden nach der Währungsumstellung von 1924 größtenteils liquidiert und die von ihnen errichteten und betriebenen Erzeugungs- und Verteilungsanlagen in das Netz des Regionalversorgers integriert. Das Prozedere ging zumeist ohne nennenswerte Probleme von statten, da die genossenschaftlich organisierten Versorger in der Regel „mangels rechtzeitig und ausreichend gebildeter Rücklagen und Abschreibungen die in späteren Jahren erforderlichen Instandsetzungen und Erneuerungen der Netze finanziell nicht durchführen"[235] konnten und in den Augen der Bevölkerung ihre Existenzberechtigung verloren.

Neben den beschriebenen gebietsnahen Wasserkräften und dem eigens erbauten Dampfkraftwerk Arzberg entstand mit dem Bayernwerk eine weitere Quelle der Strombeschaffung für die BELG. Der Anfang der Zwanziger Jahre gegründete Stromversorger und dessen Geflecht einer staatlich gelenkten Unternehmensstruktur hatten dabei entscheidenden Einfluss auf eine umfassende bayerische Verbundwirtschaft und infolgedessen auf die regionalen Überlandwerke.[236] Insbesondere die BELG profitierte ab 1924 von der Vermaschung des Leitungsnetzes und der zusätzlichen Bezugsquelle. Dieser Umstand und die Tatsache, dass die bayerische Elektrizitätspolitik untrennbar mit dem Bayernwerk verbunden ist, erfordert mit dem folgenden Kapitel eine Klärung der Zusammenhänge.

### 4.2 Die Kooperation in der Verbundwirtschaft

Die 1913 mit der Unterzeichnung von vier Staatsverträgen konkretisierte Entwicklung hin zu einer leistungsfähigen und lückenlosen Regionalversorgung in Bayern kam mit Ausbruch des Ersten Weltkriegs weitgehend zum Erliegen.[237] Vor allem der zweite Punkt des elektrizitätswirtschaftspolitischen Gesamtkon-

---

[234] Vgl. BWA, F 025-330. Vorstandsbericht 1934.
[235] Fischer/Beil (1967), S. 161.
[236] Vgl. Gröner (1975), S. 209.
[237] Vgl. Boll (1969), S. 17 f.

zepts für Bayern als Flächenstaat mit dem Ziel, das Netz der geschaffenen Überlandwerke durch ein Verbundsystem miteinander zu verkoppeln und eine synergetische fruchtbare Zusammenarbeit zu ermöglichen, konnte nicht verwirklicht werden. Nicht nur die zunehmende Verknappung von ausgebildeten Arbeitskräften und notwendigen Materialien, sondern auch die Versorgungsqualität und damit verbunden die Wirtschaftlichkeit der Energieversorger – der Ausbau von kriegswichtigem Kupfer zu Gunsten des schlechter leitenden Eisens hatte eine unverhältnismäßige Erhöhung der Leitungsverluste des Netzes zur Folge – behinderten einen weiteren Ausbau des Versorgungsnetzes.[238] Zusätzlich waren der Bayerischen Regierung durch die einsetzende Zentralverwaltungswirtschaft der in Berlin angesiedelten Reichsstellen in ihrem landesentwickelnden Gestaltungsspielraum weitgehend die Hände gebunden.[239] Hierdurch begründet wurde in der zweiten Hälfte der Kriegsjahre sowohl bei der BELG, als auch bei den anderen bayerischen Energieversorgern darauf übergegangen, im Schwerpunkt lediglich den Anschluss kriegswichtiger Betriebe und die Übernahme örtlicher, unwirtschaftlich arbeitender Dieselanlagen zu gewährleisten.[240] Die andauernde Überbeanspruchung wie auch die aus Fachkräftemangel vernachlässigte Wartung der Elektrizitäts-Infrastruktur resultierte in der Problematik herabgewirtschafteter Netze und Maschinen, so dass die Elektrifizierung Bayerns bei Kriegsende gegenüber dem Jahr 1914 nur unmerklich fortgeschritten war.[241] Hinzu kam die ab den Wintermonaten 1915/16 aufgetretene und bis in die ersten Jahre Weimars anhaltende Kohleknappheit, die einen zügigen Ausbau des Elektrizitätswesens gefährdete.[242]

Von dieser Entwicklung weitestgehend unabhängig wurden in diesen Jahren mit Unterstützung der Landesregierung mehrere Vorhaben projektiert, deren Anfänge bereits in der elektrizitätspolitisch äußerst ereignisreichen Zeit der Vorkriegsjahre lagen und deren Realisierung die Energiebereitstellung der BELG sowie die Elektrizitätsversorgung in ganz Bayern maßgeblich beeinflussen sollte. Die weit vorangetriebenen Pläne halfen nach der Überwindung der revolutionären Verhältnisse in Bayern gegen Ende des Jahres 1919, den bereits vor Kriegsausbruch

---

[238] Hier sei auf das Kapitel 5.3 „Der Stromabsatz der BELG während des Ersten Weltkrieges und den Jahren der Inflation" hingewiesen.
[239] Pohl (1996), S. 56.
[240] Vgl. v. Keller (1969), S. 14.
[241] Vgl. ebd.
[242] Vgl. Leiniger (1969), S. 66.

## 4.2.1 Das Bayernwerk als Basis einer einheitlichen Landesversorgung

angedachten Generalplan zur Organisation der Elektrizitätswirtschaft fortzuführen.[243]

### 4.2.1 Das Bayernwerk als Basis einer einheitlichen Landesversorgung

Der Visionär Oskar v. Miller, der die Bayerische Staatsregierung bereits um 1903 auf die Vorteile eines einheitlichen bayerischen Elektrizitätsnetzes aufmerksam gemacht[244] und diesbezüglich zahlreiche Gutachten verfasst hatte, wurde 1911 von dieser beauftragt, ein Projekt betreffend der Versorgung des ganzen rechtsrheinischen Bayern auszuarbeiten.[245] In seiner Apologie der Verbundwirtschaft sah Miller, der die Konzentration der Wasserkräfte Bayerns zur Elektrifizierung des Landes als seine Lebensaufgabe verstand, das Prinzip einer ganzheitlichen Stromversorgung auf zwei unterschiedlichen, jedoch in gegenseitiger Abhängigkeit stehenden Säulen, vor.[246]

Auf der einen Seite sollte mit dem Walchenseewerk, einem Pumpspeicher-Wasserkraftwerk, für das bereits seit 1904 verschiedene Projektvorschläge vorlagen, ein großes Stromerzeugungswerk geschaffen werden.[247] Die billige und speicherungsfähige Walchenseekraft sollte als „Herz der Landesversorgung"[248] in „erster Linie diejenigen Dampfkräfte ersetz[en], welche [...] als Spitzenkräfte mit besonders hohen Kohlenkosten betrieben werden"[249] mussten. Zum anderen sollte eine als „Bayernwerk" bezeichnete Aktiengesellschaft, wenn man so will als Kreislauf der Landesversorgung, die angestrebte Verkoppelung der Überlandnetze durch ein überregionales Verbundsystem verwirklichen und die Funktion der landesweiten Stromverteilung übernehmen.[250] Aufgabe des Bayernwerkes sollte es werden, als Mittler den überschüssigen Strom der privaten, kommunalen und staatlichen Kraftwerke anzukaufen und diesen bedarfsgetrieben in die einzelnen, angeschlossenen Versorgungsgebiete zu transferieren.[251] Als nicht zu verachten-

---

[243] Vgl. Obpacher (1920), S. 1-10.
[244] Vgl. Füssl (2005), S. 167.
[245] Vgl. Pohl (1996), S. 41. Bei der Ausarbeitung des Programms sollte sich Oskar von Miller an der von ihm konzipierten Pfälzer Überlandcentrale orientieren.
[246] Vgl. Füssl (2005), S.166.
[247] Vgl. v. Keller (1969), S. 14. Das Projekt gehörte zu den „ältesten und am häufigsten vorgeschlagenen Wasserkraftprojekten in Bayern". v. Miller (1907) zit. n. Pohl (1996), S. 81. Bspw. machte der preußische Major von Donat bereits im Jahr 1904 auf eine derartige Nutzung von Walchen- und Kochelsee aufmerksam. Vgl. Deutinger (2001), S. 34.
[248] Deutinger (2001), S. 34.
[249] v. Miller zit. n. Passow (1916), S. 15.
[250] Vgl. u. a. Gehring (1969), S. 94 f.; Füssl (2005), S. 164-194, Passow (1916), S. 166 f.
[251] Vgl. Blaich (1981), S. 148. Die regionenübergreifende Möglichkeit der Strombedarfs-

den Folgeeffekt sollten die Elektrizitätswerke in die Lage versetzt werden, durch den Zusammenschluss die Zahl und Leistung ihrer Reservemaschinen zu verringern, da „alle Werke zusammen die gleichen Reserven verwenden"[252] würden. Dieser Umstand lässt sich mitunter anhand der Investitionspolitik der BELG, die infolge der Kooperation mit dem Bayernwerk erst im Jahr 1940/41 eine zusätzliche Erweiterung der Maschinenkapazitäten in ihrem Kraftwerk Arzberg vornahm, gut nachvollziehen.

Der 1911 durchaus als realistisch zu interpretierende Gründungszeitraum von zwei Jahren konnte jedoch aufgrund verschiedenster Hemmnisse politischer Natur nicht eingehalten werden. Ursächlich für den Dissens unterschiedlicher Parteien und Interessengruppen waren neben den Kompetenzproblemen zwischen dem Innen- und Verkehrsministerium vor allem die unterschiedlichen Meinungen und Vorbehalte gegenüber der Unternehmensform der neu zu gründenden Gesellschaften des Walchensee- und Bayernwerks.[253] Oskar von Miller sprach sich pragmatisch für ein gemischtwirtschaftliches Unternehmen aus, in dem sowohl der Staat, die bayerischen Kreise, die Städte als auch die großen privatwirtschaftlich organisierten Energieversorger in gegenseitigem Interesse kooperieren sollten. Diese Empfehlung spiegelte am besten die Realität wider, in der die bereits etablierten Elektrizitätsversorger, wie beispielsweise die BELG, bei einer bayernweiten Lösung der Elektrizitätsfrage, hinsichtlich ihrer bestehenden Kraftwerke und distributiven Infrastruktur, nicht übergangen werden konnten. Aufgrund der staatlichen Autorität in Bezug auf die Zuteilung weiterer Wasserkraftanlagen konnten jedoch nur diejenigen Unternehmungen, „die sich einer bayernweiten Versorgung anschlossen, [...] damit rechnen, bei künftigen Konzessionen berücksichtigt zu werden"[254]. Die beschriebene gegenseitige Abhängigkeit und das hierauf begründete und erhoffte Gleichgewicht zwischen Staat und Privatwirtschaft gaben Anlass zu kontroversen Diskussionen in Landtag und Reichsrat.

Als gemischtwirtschaftliches Unternehmen[255], so die Befürchtung konservativer Kreise, könne der Staat von den privaten Kraftwerksbesitzern in der Geschäfts-

---

deckung, sowie „der Ersatz teurer Dampfkräfte durch die billige Walchenseekraft, die vollkommene Ausnützung der übrigen Wasserkräfte [...] und die Ersparnis an Reservemaschinen würden es [gemäß v. Miller] ermöglichen, den Strom bei der Gesamtversorgung erheblich billiger zu erzeugen, als dies den einzelnen Kraftwerken möglich ist". v. Miller, zit. n. Passow (1916), S. 14 f.

[252] v. Miller zit. n. ebd., S. 15. Vgl. hierzu auch dessen Aufsatz „Die Verwertung der Walchensee-Wasserkraft für ein Bayernwerk".

[253] Für eine ausführliche Aufarbeitung der einzelnen politischen Positionen auf dem Weg zu einer landesweiten Stromversorgung speziell hinsichtlich des Bayernwerks, siehe Pohl (1996), S. 41-62.

[254] Füssl (2005), S. 173.

[255] Unter dem Begriff der „gemischtwirtschaftlichen Unternehmung" wird auf dem Gebiet

## 4. STROMBESCHAFFUNG UND INVESTITIONSPOLITIK

führung übervorteilt werden und seine maßgebende Einflussmöglichkeit hinsichtlich der Preis- und Investitionspolitik des Bayernwerks zu Lasten der Allgemeinheit einbüßen. Ein mit geringem staatlichem Kapitalanteil gegründetes Unternehmen, so war die Überzeugung, würde sich sukzessive „in ein privates Monopol verwandeln, das die Stromverteilung und die Ausführung der Installationen an sich reißen würde"[256]. Andere, wie der einflussreiche bayerische Politiker Soden-Fraunhofen, waren in wirtschaftspolitischer Hinsicht eher klassisch liberal orientiert und befürworteten gar die weitestgehende Zurückhaltung des Staates zu Gunsten „freier" wirtschaftlicher Kräfte.[257] Nicht zuletzt gaben die politischen Gegner[258] zu bedenken, dass die Rentabilität derartiger Vorhaben aufgrund des Mangels an eigenem staatlichem Bedarf[259] – die geplante Elektrifizierung der Reichsbahn würde ihrer Ansicht nach bei weitem nicht ausreichen, um die Kapazitäten der Werke auszuschöpfen – und der daraus resultierenden Abhängigkeit von privaten Überlandversorgern keineswegs sichergestellt sei.[260]

Die Problematik des Umfangs der staatlichen Beteiligung überlebte den Zusammenbruch des Reiches und der bayerischen Monarchie infolge des verlorenen Kriegs nicht. Bereits in der unmittelbaren Nachkriegszeit wurde deutlich, dass die mit Hilfe der Notenpresse bewirkte Inflation eine gemischtwirtschaftliche Betriebsform nicht realisierbar werden ließ, da sich die bestehenden privaten Energieversorger, wie bspw. die BELG, außer Lage sahen, die benötigten Mittel zu mobilisieren.[261] Zudem bestanden branchenweit Zweifel an der zukünftigen Rentabilität des Unternehmens.[262] Konsequenterweise sollte das Bayernwerk

---

der Elektrizitätsversorgung die Verbindung der Kommunal- mit der Privatunternehmung verstanden. Vgl. Jung (1918), S. 28. Für eine detaillierte Aufarbeitung der Vor- und Nachteile der unterschiedlichen Unternehmensformen von Energieversorgern siehe ausführlich ebd., S. 21-56.

[256] Blaich (1981), S. 150. Diese Bedenken führten 1918 zu einem Beschluss des Bayerischen Landtags, dass 51% des Grundkapitals der Gesellschaft vom Königreich Bayern gezeichnet werden sollten. Pohl (1996), S. 62 f.

[257] Vgl. Blaich (1981), S. 149.

[258] Pohl (1996), S. 47 verweist darauf, dass es den politischen, zumeist industriellen Widersachern (z. B. Moy, Maffei, Finck) v. Millers weniger um das Bewahren finanzieller Interessen des bayerischen Staates, sonder vielmehr um das Zurückdrängen des Staates aus der Elektrizitätsversorgung ging. Diese sollte als Aufgabe des Marktes den privatwirtschaftlichen Unternehmungen vorbehalten bleiben.

[259] Selbst im Jahr 1919 galt der Stromverbrauch der öffentlichen Versorgung mit 340 Mio. kWh hinsichtlich der geplanten Ausbaustufen des Walchenseewerks und Mittlerer Isar von jährlich 500 Mio. kWh als zu gering, um die Bauvorhaben zu rechtfertigen. Vgl. v. Keller (1969), S. 15.

[260] Vgl. Pohl. (1996), S. 46 f.

[261] Als gutes Beispiel können die Einheitspreise für Strom-Doppelleitungen dienen, die sich im Zeitraum von 1914 bis Mai 1919 bereits vervierfacht hatten. Ebd., S. 69.

[262] Vgl. ebd., S. 68.

nach Ansinnen des Landtags, um die landesweite Entwicklung der Elektrifizierung nicht zu gefährden, als reines Staatsunternehmen, „ohne Beteiligung weiterer Interessenten"[263] gegründet werden. Dies galt umso mehr, als die Interessen der etablierten Energieversorgungsunternehmen und der sozialistisch orientierten Staatsführung, „der ein staatlicher Ausbau der Wasserkräfte als geeigneter Ausgangspunkt für eine Sozialisierung der Elektrizitätsversorgung erscheinen mochte"[264], zumeist diametral gegenüberstanden.

Der Gedanke an eine rein staatliche Organisationsform des Bayernwerks spiegelte die in dieser Zeit zunehmende bayern- und reichsweite Bestrebung nach einer „Sozialisierung" bestimmter Industriezweige wider.[265] Die Stromversorgung stellte nach Ansinnen der öffentlichen Hand nahezu ein Paradebeispiel für den mittels einer staatlichen Monopolisierung realisierbaren volkswirtschaftlichen Wohlfahrtszuwachs dar. Überdies sahen Reich, Länder und Kommunen in der Elektrizität einen erheblichen Machtfaktor, um politische Ziele zu verwirklichen.[266] Auch in vielen anderen europäischen Nachbarländern, dies sei am Rande erwähnt, stieß diese Bewegung, orientiert an den Idealen einer von sozialistischen Einflüssen geprägten Wirtschafts- und Ordnungspolitik, namentlich in den frühen Nachkriegsjahren auf fruchtbaren Boden.

Stresemann hatte als Abgeordneter schon 1917 im Hinblick auf die straffe Kriegswirtschaft mit ihrer staatlich überwachten Produktion und Verteilung im Deutschen Reichstag die Frage gestellt, ob es sich bei den entstandenen Zwangssyndikaten lediglich um eine kriegsdienliche Maßnahme handelte oder „ob eine bewußte Sozialisierung der Wirtschaft herbeigeführt werden solle" und eine „weit über den Krieg hinausgehende [...] neuartige Form unserer künftigen Volkswirtschaft"[267] eingerichtet werden sollte. Demzufolge lässt sich ableiten, dass der Gedanke einer Sozialisierung volkswirtschaftlich bedeutender Wirtschaftszweige bereits vor der Novemberrevolution 1918 auch in Regierungskreisen klar formuliert wurde.

---

[263] Antrag der Staatsregierung über das Bayernwerk vom 30. Mai 1919. Siehe hierzu Pohl (1996), S. 68, sowie Siegel (1930), S. 177 und S. 234.

[264] v. Keller (1969), S. 15.

[265] „Nach dem politischen Zusammenbruch am Ende des Ersten Weltkrieges waren die Anfangsjahre der Weimarer Republik von Sozialisierungsbestrebungen durchzogen, da die sozialistischen Parteien, [...] bemüht waren, die Verstaatlichung der Produktionsmittel als einen, wenn nicht den wichtigsten Programmpunkt zu verwirklichen." Gröner (1975), S. 92. Siehe ferner Abelshauser (2004), S. 102 f.; Eyck (1959), S. 144-146; Facius (1959), S. 94-102.

[266] Kirchhoff (1933), S. 45.

[267] Stresemann (1917) in einer Sitzung des Deutschen Reichstags vom 3. Oktober 1917, zit. n. Löwer (1992), S. 183.

Walther Rathenau unterstrich die nach Kriegsende weit verbreitete Meinung: „Wirtschaft ist Sache aller, bedeutet den ersten merkbaren Schritt ins Reich des Künftigen."[268] Dieser Satz beinhaltete einerseits die Erkenntnis, dass die Elektrizitätswirtschaft neu geordnet werden müsse, wie gleichzeitig die Forderung, die gesellschaftlichen Verhältnisse dieser Neugestaltung anzupassen. Der politische Systemwechsel und die veränderte ideologische Grundhaltung legten es nahe, das Elektrizitätswesen „staatlicherseits hinsichtlich der Erzeugung, Fortleitung und dem Großverkauf zu monopolisieren"[269], um insbesondere eine notwendige Steigerung der landwirtschaftlichen und industriellen Produktivität zu erreichen. In den Köpfen der Zeitzeugen setzte sich das politische Schlagwort vom faktischen Monopol des Privatunternehmertums fest, das stellvertretend für die tiefe Angst vor einer „schutzlosen Auslieferung der Stromabnehmer an die vom rücksichtslosen Gewinnstreben diktierte private Willkür"[270] stand.

Dieses allgegenwärtige Empfinden manifestierte sich in dem Glauben an die heilende Wirkung staatlicher Intervention und veranlasste die Reichsregierung um das Kabinett Scheidemann nach dem staatsrechtlichen Umbruch in einem Aufruf an die Bevölkerung vom 1. März 1919 die „konstitutionelle Fabrik auf demokratischer Grundlage" schaffen zu wollen und hierzu eine „Sozialisierung der Wirtschaftszweige, die sich, wie vor allem [...] Erzeugung von Energie, zur Übernahme in öffentliche oder gemischtwirtschaftliche Bewirtschaftung eignen oder der öffentlichen Kontrolle unterstellt werden können"[271], herbeizuführen.

Es ist jedoch in Frage zu stellen, ob diese Ankündigungen einer angedachten weitreichenden Sozialisierung je über einen „Scheinaktivismus" hinausgingen, der das Volk beschwichtigen und der neuen Regierung die Handlungsfähigkeit bewahren sollte. In der einschlägigen Literatur[272] wird diesbezüglich darauf hingewiesen, dass eine Überführung des privatwirtschaftlich organisierten Teils der Elektrizitätswirtschaft in das Eigentum des Reiches nicht nur wegen des erwarteten Widerstands der privatwirtschaftlichen Interessenvertreter ein erhebliches Gefahrenpotential in sich barg. Denn es wurde in Regierungskreisen stets für möglich gehalten, dass die Eigentumsüberführung auf das Reich die entsprechenden Erzeugungs- und Verteilungsanlagen zu potentiellem Reparationsgut machen könnte. Diese Vermutung stützt eine Stellungnahme von Reichswirtschaftsminister Rudolf Wissel in der SPD-Fraktionssitzung vom 3. März 1919, die „Enten-

---

[268] Rathenau (1917), S. 279.
[269] Jung (1918), S. 2.
[270] Kirchhoff (1933), S. 45.
[271] Regierung Scheidemann in einem Aufruf an die Bevölkerung in Zusammenhang mit den rätedemokratischen Bestrebungen vom 1. März 1919, zit. n. Löwer (1992), S. 183.
[272] Vgl. Löwer (1992), S. 183.

te habe bisher klipp und klar erklärt: Jedes Staatseigentum dient uns als Pfand für unsere Forderungen, die wir an Deutschland haben"[273].

Eine untragbare Konsequenz. Dennoch fanden die normativen Grundlagen für eine sozialisierte Elektrizitätswirtschaft noch in demselben Jahr als Kulminationspunkt dieser Entwicklung Eingang in die deutsche Gesetzgebung – wenn auch nur als Rahmengesetz.[274] Dieses reichsweite Sozialisierungsgesetz stellte zugleich den ersten ernsthaften Versuch der Politik dar, nachhaltig nach dem Versorgungsmonopol der großen deutschen Energieversorger zu greifen. Dieses, von einer großen Mehrheit aus Sozialdemokraten, Zentrum und Linksliberalen in der Weimarer Nationalversammlung verabschiedete Gesetz war in der Folge maßgeblich für die Furcht der privaten Energieversorger, sei es bei der BELG oder den anderen im Rahmen der Staatsverträge gegründeten bayerischen Überlandwerken, Opfer eines Linksrucks in der Politik zu werden.

Die Gründung des Bayernwerks und die Konstellation der Stammverträge mit den privatwirtschaftlich organisierten Energieversorgungsunternehmen waren von dieser Entwicklung maßgeblich beeinflusst und lassen an dieser Stelle eine Erläuterung des Gesetzes notwendig werden.

### 4.2.1.1 Das Sozialisierungsgesetz von 1919 – Interessengegensätze blockieren das Reformvorhaben

Das – so der volle Wortlaut – „Gesetz betreffend die Sozialisierung der Elektrizitätswirtschaft" begründete sich vorwiegend auf dem Wunsch des Deutschen Reiches, die Stromversorgung als zukünftige Einnahmequelle zu nutzen und zugleich den Monopolisierungsbestrebungen der privaten Energieversorger Einhalt zu gebieten.[275] Zur Legitimierung der Verstaatlichung sah das Gesetz in seinem Kern eine Überführung von Leitungen über 50 kV Spannung und Elektrizitätswerke mit mehr als 5.000 kW Leistung „gegen angemessene Entschädigung" (in Inflationswährung!) in Reichseigentum vor.[276] Des Weiteren sollte das Reichsgebiet bis

---

[273] Wissel in der SPD-Fraktionssitzung vom 3. März 1919, zit. n. Potthoff/Weber (1986), S. 51 f.

[274] In gleicher Weise ist der im Jahr 1922 vom Reichsschatzministerium vorgelegte große Entwurf für eine „Reichselektrizitätsgesetz" zu interpretieren, auf das an dieser Stelle jedoch nicht näher eingegangen wird. Vgl. Stier (2006b), S. 292.

[275] Vgl. Zängl (1989), S. 100 f. Für eine Tiefer gehende Ausführung betreffend die Motivation des Deutschen Reiches hinsichtlich eines Reichselektrizitätsmonopols siehe Gröner (1975), S. 245 f.

[276] Siegel (1930), S. 79; vgl. überdies Zängl (1989), S. 100 ff.; Prinzing (2000), S. 400 f.

## 4. STROMBESCHAFFUNG UND INVESTITIONSPOLITIK

1921 zur Elektrizitätsbewirtschaftung in Bezirke eingeteilt werden, mit dem Ziel, diese nach wirtschaftspolitischen Gesichtspunkten zu gliedern.[277]

Bereits als das Gesetz im März 1919 als Entwurf vorlag, verwahrte sich die Elektrizitätswirtschaft durch ihre Interessenverbände, denen später über den Verband der bayerischen Elektrizitätswerke auch die BELG angehörte, jedoch entschieden gegen die volkswirtschaftlichen Folgen der angedachten Verreichlichung sowie gegen die interessenverzerrende Politisierung der Stromversorgung.[278] Die elektrotechnische Industrie, so die Argumentation, müsse in enger Verbindung zu den Anwendern stehen.[279] Demzufolge sei eine „Ausschaltung des privaten Unternehmertums bei der Elektrizitätsgroßwirtschaft, wie in dem Gesetz geplant [...], zu verwerfen"[280]. In einer polemischen Eingabe an die Reichsregierung protestierten die fachlichen Verbände vehement: „Der Regierungsentwurf wird der Lösung der Aufgabe in keiner Weise gerecht. Er ist keine Sozialisierung. Statt zusammenzufassen, bricht er aus dem sich bildenden Gefüge unter rein fiskalischen Gesichtspunkten einzelne Steine zugunsten des Reiches heraus [...].[281]

Wie sehr sich die Branche gegen ihre anbahnende Enteignung zur Wehr setzte, zeigte der als Vorreiter der Widerstandsbewegung agierende Siemens Konzern, dessen Vorstand die Regierung propagandistisch gar als Vaterlandsverräter denunzierte und das Sozialisierungsgesetz mit dem „Schandfrieden von Versailles"[282] assoziierte. Da die Siegermächte darüber hinaus befugt waren, auf das Vermögen des Deutschen Reichs zurückzugreifen, stimmte die gesamte Stromwirtschaft in seltener Einheit darin überein, „die Überführung irgendwelcher Unternehmen aus Privat- in Reichsbesitz [als] ein Verbrechen am deutschen Volk"[283] zu interpretieren. Diese drohende Gefahr war jedoch dahingehend für die weitere Entwicklung der deutschen Elektrizitätswirtschaft maßgebend, als auf der einen die privaten und gemischtwirtschaftlichen Unternehmungen und auf der anderen Seite die kommunalen Werke „mit Nachdruck auf die Notwendigkeit einer Planwirtschaft bei Zurückstellung der eigenen Interessen hingewiesen wur-

---

[277] Vgl. Gröner (1975), S. 244.
[278] Siehe hierzu die gemeinsame Stellungnahme von acht technisch-wissenschaftlichen und wirtschaftlichen Verbänden zur Sozialisierung der Elektrizitätswirtschaft vom 21.10.1919. Abgedruckt bei Siegel (1930), S. 104-106.
[279] Siegel (1930), S. 104.
[280] Zit. n. Friedrich (1936), S. 47 ff.
[281] Zit. n. Kirchhoff (1933), S. 51.
[282] Zit. n. Eckardt et al. (1985), S. 27.
[283] Zit. n. ebd.

den"[284] – eine Einsicht der Branche, die die spätere Gründung des Bayernwerks als übergeordnete Strom-Verteilungsinstanz durchaus fördern sollte.

Die Nachteile des Gesetzes für die private Unternehmerinitiative lagen hinsichtlich der Wirkung auf Erhaltungs- und Neuinvestitionen auf der Hand. Denn die absolut unzureichende Höhe der Entschädigungssumme im Falle einer Verstaatlichung floss stets in betriebswirtschaftliche Überlegungen der privaten Energieversorger mit ein. Die Regelung sah in diesen Fällen einen Ausgleich bezogen auf die Gestehungskosten abzüglich angemessener Abschreibung vor und kam damit infolge der raschen Geldentwertung einer entschädigungslosen Enteignung gleich.[285] Gerade in Bayern brachte dieser Umstand, konkretisiert an den Beispielen des projektierten Bayern- und Walchenseewerks, eine Verzögerung im Fortgang der Gründungsvorhaben mit sich. Dies bestätigen auch die Bemühungen Oskar von Millers, dem es erst nach erheblichen Anstrengungen gelang, durchzusetzen, dass „Unternehmungen wie das Walchenseekraftwerk nicht ohne Einverständnis der betroffenen Länder enteignet werden konnten"[286].

Infolge des Widerstands aus der Branche wurde das Sozialisierungsgesetz zwar von der Nationalversammlung am 31. Dezember 1919 angenommen und verkündet, jedoch nie zur Anwendung gebracht, da die Koalition allerdings ein halbes Jahr später ihre Mehrheit verlor. Verantwortlich hierfür zeichnete sich nicht zuletzt auch ein mit Vertretern aus der Politik und der Elektrizitätsbranche besetzter „Beirat für die Reichs-Elektrizitätswirtschaft"[287], der eine Durchführung der Verstaatlichung „teils aus sachlichen, teils aus innen- und außenpolitischen Gründen [stets] ablehnte"[288]. Diese mächtige Lobby vertrat in ihrer vielschichtigen Zusammensetzung die unterschiedlichsten Partikularinteressen und sorgte dafür, „dass das Sozialisierungsgesetz schlicht vergessen und Ausführungsverordnungen nie erlassen wurden"[289]. Darüber hinaus scheiterte das de jure bis zum Erlass des Energiewirtschaftsgesetzes von 1935 gültige Gesetz in seiner Ausführung nicht

---

[284] Kirchhoff (1933), S. 20.

[285] In besonderen Fällen konnte die Ausgleichssumme auch nach dem durchschnittlichen Ertragswert der letzten drei vor dem 1. August 1914 liegenden Geschäftsjahren berechnet werden. Gröner (1975), S. 246 f.

[286] v. Miller zit. n. Zängl (1989), S. 101.

[287] Dieser Beirat sich im parlamentarischen Diskurs „zum Stolperstein für den Zentralstaat und zum unüberwindlichen Hindernis für jede Regulierung entwickeln". In dem zunächst 35 Mitglieder umfassenden Beirat waren sämtliche für die Elektrizität relevanten Gruppierungen wiederzufinden. Reichstag, Reichsrat bzw. Vertreter der Landesregierungen, Interessenverbände der Kommunen, Gewerkschaften und Arbeitgeber, sowie Spitzenverbände von Landwirtschaft, Handel und Gewerbe. Darüber hinaus renommierte Elektrizitäts-Fachleute. Stier (1999), S. 405 ff.

[288] Siegel (1930), S. 82.

[289] Eckardt et al. (1985), S. 27.

zuletzt auch an den Zentrifugalkräften des Föderalismus, da manche Länder wie Baden (Badenwerk AG), Sachsen (AG Sächsische Werke) sowie Bayern (Bayernwerk AG) bereits erfolgreich staatlich geführte Landesunternehmen etabliert bzw. bei letzterem diese in Planung hatten.[290] Die Länder scheuten auch nicht davor, durch die im Gesetzentwurf eingefügte Mitbestimmungsklausel eigene Interessen zu vertreten. Auch wenn das Gesetz Papier blieb, so trug es im Freistaat sicherlich dazu bei, mit dem Bayernwerk die Gründung einer eigenen Landesgesellschaft zu forcieren. Ziel musste es sein, „vollendete Tatsachen zu schaffen, an denen eine wie immer geartete Reichsregierung nicht vorbei konnte"[291].

Letztlich fehlte angesichts der bestehenden Monopole ein Interventionsinstrument, „das stärker war als die rechtlichen Bestandsgarantien und diese notfalls auch brechen konnte"[292]. Vertreter der Länder, der Kommunen sowie der privaten Elektrizitätswerke kamen daher in einem Schulterschluss seltener Verbundenheit überein, dass der „natürliche Lauf der Entwicklung [...] rascher und mit geringeren Opfern zu einer gesunden Struktur führen [werde] als jede Reglementierung"[293]. Eine Sonderrolle nahm hierbei der Freistaat Preußen ein, der sich in der Erreichung eigener energiewirtschaftlicher Ziele beschnitten sah und sich daher vehement gegen die aufgezeigten Pläne des Reiches aussprach.[294] So erteilte der preußische Handelsminister Dr. Schreiber 1929 im Landtag endgültig möglichen Sozialisierungsbestrebungen eine Absage. Eine übergeordnete Verstaatlichung der Stromversorgung, so Schreiber, käme nicht mehr in Frage, da sie sich nachweislich als unnötig erwiesen habe. Die gesunde organische Entwicklung ohne unverhältnismäßigen gesetzlichen Zwang habe sich zweifellos durchgesetzt.[295] Eine Haltung, die sich im späteren Energiewirtschaftsgesetz von 1935 unzweifelhaft wiederfinden lässt.

An dieser Stelle ist es von Bedeutung zu erwähnen, dass die Energieversorger einigen Bestimmungen der Gesetzesvorlage, die ihren Machtanspruch weiter zementierten, durchaus zustimmten. So wurde insbesondere die Regelung, wonach das Reich in möglichst homogene Elektrizitätswirtschaftsgebiete unterteilt und eine Zentralstelle für die allgemeine Elektrizitätsversorgung eingerichtet werden

---

[290] Vgl. Herzig (1992), S. 134.
[291] Leuschner (2007), S. 299.
[292] Stier (1999), S. 424.
[293] Ebd., S. 425.
[294] Vgl. Schrift des Vorstandes des Deutschen Metallarbeiter-Verbandes (1927).
[295] Gemäß Kirchhoff (1933), S. 21. Diese Entwicklung soll nicht darüber hinwegtäuschen, dass die Unternehmen in der Trägerschaft „des Reichs und der Länder in der Nachkriegszeit zu mächtigen, einflußreichen Faktoren in der deutschen Elektrizitätswirtschaft herangewachsen sind." Ebd., S. 80.

sollte, von privatwirtschaftlicher Seite begrüßt.[296] Bemerkenswert ist, dass die Elektrizitätswirtschaft mit den Bestimmungen von 1919 ein Gesetz erhielt, das zwar in seiner Intention auf eine sozialisierte und staatliche Versorgung zugeschnitten war, jedoch bei näherer Betrachtung bereits eine Grundlage für das konträre Energiewirtschaftsgesetz von 1935 darstellte.[297]

Dieser Exkurs das Sozialisierungsgesetz betreffend, steht stellvertretend für die zu Kriegsende aufkeimenden sozialistischen Tendenzen sowie die Angst des Privatunternehmertums, sozusagen als Bauernopfer, dieser Entwicklung ohnmächtig zusehen zu müssen. Nachdem sich jedoch bereits Ende 1920 herausstellte, dass sich die Bayerische Regierung mit anwachsender Inflation nur schwerlich im Stande sah, die anfallenden Baukosten der Projekte – im Dezember 1918 wurde mit der Errichtung des Walchenseekraftwerks und ein Jahr später mit dem Ausbau des Großkraftwerks Mittlere Isar bzw. 1921 mit dem Bayernwerk begonnen – aus dem Staatshaushalt zu bestreiten, musste hinsichtlich der Sicherstellung der Finanzierung die Organisationsform überdacht werden. Die normative Kraft des Faktischen drängte schon bald auf pragmatische Lösungen, die nur wenig Spielraum für antikapitalistisches Gedankengut ließen. Im Januar 1921 schließlich befürwortete der Landtag in Ermangelung sinnvoller Alternativen „die Umwandlung von staatlichen Regiebetrieben in Aktiengesellschaften, [um] zur Deckung des Finanzbedarfs Schuldverschreibungen auch auf dem Kapitalmarkt"[298] ausgeben zu können. Schließlich wurden 1921 in Bayern drei Aktiengesellschaften von Staats wegen gegründet. Alle drei Werke sollten freilich auch in der Zukunft wirtschaftliche Eigenunternehmungen des Staates bleiben. An den Kraftwerken des Walchensees (s. Abbildung 4.6) und der Mittleren Isar sicherte sich der bayerische Staat mit 89,9 Prozent die Aktienmajorität[299], das Strom verteilende Bayernwerk wurde gar mit einer Beteiligung von 100 Prozent zu einem reinen Landesunternehmen.[300]

---

[296] Vgl. Zängl (1989), S. 100; Prinzing (2000), S. 315 f.

[297] Zängl (1989), S. 100 gibt zu bedenken, dass sich die von den privaten Energieversorgern befürworteten Bestimmungen, wie z. B. die Gebietsabgrenzungen, später auch in dem Energiegesetz von 1935 wiederfinden.

[298] Pledl (1986), S. 157.

[299] Sowohl bei dem Walchenseekraftwerk als auch bei der Kraftwerkskette der Mittleren Isar übernahm das Reich je 1/9 der Aktien, da wegen der Stromversorgung der elektrischen Bahnen ein erhebliches Interesse an einer Beteiligung bestand. Büggeln (1930), S. 64.

[300] Dehne (1926), S. 53. Erst 1939/40 wurde im Zuge der Einflussnahme des Reiches auf die Energieversorgung ein Anteil von 50 % an dem Aktienkapital der Bayernwerk AG von der reichseigenen „Vereinigte Industrieunternehmungen AG (VIAG)" übernommen. Boll (1969), S. 17; v. Keller (1969), S. 21. Eine allgemeine Aufarbeitung hinsichtlich der ersten 30 Jahre des Bestehens des Bayernwerks liefert Kurzmann (1951).

4. STROMBESCHAFFUNG UND INVESTITIONSPOLITIK 69

**Abb. 4.6:** Werbung für die Bayernwerk-Anleihe (1921) und Photographie des Walchensee-Kraftwerks am Kochelsee mit Rohrbahn (entstanden um 1929)

Quelle: Pohl (1996), S. 73 bzw. Schwarz/Eschler (1969), S. 43.

Das Ziel des Bayernwerks wurde mit der Gründung deutlich definiert, indem das Werk „das in handelsrechtliche Form gekleidete Instrument des bayerischen Staates [sei und] die Großstromversorgung und -verteilung für das ganze Land Bayern [...] durchzuführen habe"[301]. Damit trug der bayerische Staat aktiv zu der Installation eines Landesversorgungssystems bei und schuf somit die Voraussetzungen für eine zügige und ökonomische Elektrifizierung Bayerns.[302] Mit der Intention, die staatlichen Kraftwerke und das im Rahmen des Bayernwerks zu erbauende Leitungsnetz finanziell abzusichern sowie für die privaten Stromversorger nutzbar zu machen, kam es zwischen 1921 und 1923 zu langen Verhandlungen zwischen dem Bayernwerk und den im „Bayerischen Elektrizitäts-Versorgungs-Verband, Abnehmergruppe Bayernwerk"[303] vereinigten Werken, den sogenannten Stammabnehmern. Diesen gehörte für die Region Ost-Oberfranken auch die BELG an.

---

[301] Brief des Bayernwerks an das Bayerische Staatsministerium der Finanzen v. 3.2.1947. Zit. n. Pohl (1996), S. 356.
[302] Am 26.01.1924 lieferte zum ersten Mal das Walchenseekraftwerk und kurz darauf die Kraftwerkskette der Mittleren Isar Strom in das 110-kV-Netz des Bayernwerks. v. Keller (1969), S. 19.
[303] Die Abnehmergruppe umfasste neben der BELG neun weiter bayerische Energieversorgungsunternehmen. Für eine detaillierte Auflistung siehe Dehne (1925), S. 90.

### 4.2.1.2 Die „Stammabnehmer-Verträge"

Nachdem die von Oskar von Miller präferierte „große Lösung" einer zentralen bayerischen Landeselektrizitätsversorgung aufgrund der bestehenden und nicht zu beschneidenden Unabhängigkeit[304] der privaten Stromproduzenten nicht umgesetzt werden konnte[305], bestand im Idealzustand eine Aufgabenteilung zwischen dem Bayernwerk und den Überlandwerken hinsichtlich der Stromerzeugung und -disposition.

So sollte sich auf der einen Seite die Verantwortlichkeit des Bayernwerks auf einen ökonomischen Ausbau der bayerischen Wasserkräfte und deren Anschluss an das 110-kV-Landesnetz[306] beschränken, um der Abnehmergruppe eine Deckung ihres Strombedarfs in Ergänzung ihrer eigenen Kraftwerke zu ermöglichen. Die Bedingungen der Stromlieferung aus dem Landesunternehmen waren dabei für alle Abnehmer, unabhängig von deren Lage und unter sonst vergleichbaren Voraussetzungen, einheitlich. Für die bayerischen Großüberlandwerke sollte auf diese Weise eine Plattform geschaffen werden, um die wirtschaftlichen Nachteile der geo-graphischen Lage durch eine ebenso kosteneffiziente Energieversorgung wie sie in den mit Kohleschätzen gesegneten Regionen des Landes möglich war, aufzuwiegen.

Die Aufgabe der Überlandwerke war es andererseits, den hierdurch gewonnenen Freiraum zu nutzen und sich hinsichtlich ihrer Geldmittel ausschließlich auf die Erweiterung ihrer regionalen Verteilungsnetze und den Neuanschluss potentieller Kunden zu fokussieren.[307] Der Ministerialrat und Vorstand des Bayernwerks, Rudolf Decker, umschrieb die Bedeutung dieser Arbeitsteilung insofern, als „daß ein volkswirtschaftlich und sozial so wichtiges Instrument [die Stromversorgung; Anm. d. Verf.], das gleichzeitig ein Kulturgut des täglichen Bedarfs aller Volksschichten und ein unentbehrliches Produktionsmittel aller Wirtschaftszweige im ganzen Lande verteilt, nicht ohne Not der öffentlichen Führung entgleit[en]"

---

[304] Das Bayernwerk hatte für die Führung der Leitungen auf Staatsgrund kein unangreifbares Monopol inne, was die Position des staatlichen Unternehmens hinsichtlich der Vertragsverhandlungen mit den potentiellen Stromabnehmern schwächte. Vgl. Pohl (1996), S. 148.

[305] Gemäß Pohl (1996), S. 146 f. wäre eine geschlossene zentrale Landeselektrizitätsversorgung nur zustande gekommen, wenn der Staat bei allen großen bestehenden Versorgern Mehrheitsaktionär geworden wäre bzw. die Überlandwerke und die Kommunen an der Gründung des Bayernwerks beteiligt hätte. Knapp 80 Jahre später wurde diese Vision Oskar v. Millers mit der E.ON Bayern AG, die im Jahr 2001 alle großen bayerischen Energieversorger sozusagen unter einem Dach vereinte, tatsächlich Realität

[306] Für die Ausgestaltung des bayerischen Ringnetzes siehe Kapitel 4.2.1.3 „Die Integration der BELG in das 100/110-kV-Landesnetz".

[307] Vgl. Pohl (1996), S. 147, S. 359 f.

## 4. STROMBESCHAFFUNG UND INVESTITIONSPOLITIK

dürfte. Das Bayernwerk sollte demnach als Schnittstelle die Verbindung herstellen „zwischen den Energiequellen und Verbrauchsschwerpunkten [und] endlich den Ausgleich herbei[führen] zwischen dem Bedarf der Großstromverteiler und ihrer Eigenerzeugung"[308].

Diese notwendige Arbeitsteilung basierte auf sogenannten „Stammabnehmer-Verträgen", auf deren Basis die Strombeschaffung und -disposition geregelt werden sollte. Nach der Gründung des Bayernwerks konnten jedoch neben einer Vielzahl kleinerer Kraftwerke und stromerzeugenden Industrieunternehmen vor allem drei, in ihrer Struktur voneinander abzugrenzende Gruppen von bayerischen Stromversorgern unterschieden werden, was eine einheitliche Vertragsbildung und Landesversorgung zusätzlich verkomplizierte.[309]

Die erste Gruppe bemühte sich aufgrund ihrer eigenen Kapazitäten um eine größtmögliche Unabhängigkeit vom Bayernwerk. Hierzu ist vor allem die Großkraftwerk Franken AG zu zählen, die sich für die Stromversorgung des Fränkischen Überlandwerks und den ihm angeschlossenen Werken sowie der Städte Nürnberg und Fürth verantwortlich zeichnete. Die zweite Gruppe besaß eine eigene, leistungsfähige Wasserkrafterzeugung, musste allerdings in wasserarmen Zeitspannen einen Strombezug vom Bayernwerk vornehmen, um den bestehenden Bedarf zu decken. Diesbezüglich sind die Amperwerke Elektricitäts-AG, die Lech-Elektrizitätswerke AG, die Isarwerke GmbH und die Städtischen Elektrizitätswerke München zu nennen. Die letzte Gruppe an Energieversorgern war im Wesentlichen in Nordbayern angesiedelt und zeichnete sich durch eine lediglich untergeordnete, eigene Stromerzeugung aus. In diese Kategorie von Überlandwerken, die einen Großteil ihres Energiebedarfs aus dem Verbundnetz des Bayernwerks deckte, war neben der Kreiselektrizitätsversorgung Unterfranken, der Überlandwerk Oberfranken AG, der Ostbayerischen Stromversorgung AG und der Oberpfalzwerke AG, v. a. die als Untersuchungsgegenstand dienende BELG einzuordnen.[310] Denn auch wenn der oberfränkische Energieversorger mit dem Dampfkraftwerk in Arzberg und kleineren, unbedeutenden Wasserkraftwerken über eigene Erzeugungsanlagen verfügte, so wurde ab Mitte der Zwanziger Jahre aufgrund der Kapazitätsgrenze der installierten Maschinen und des schwankenden

---

[308] R. Decker über die nächsten Aufgaben der bayerischen Wasserkraftpolitik im Jahr 1925 zit. n. Pohl (1996), S. 127.
[309] Vgl. ebd., S. 147 f.
[310] Vgl. v. Keller (1969), S. 17 ff.; Pohl (1996), S. 147 f. Zu den erwähnten großen bayerischen Regional-und Stadtwerken vgl. 50 Jahre Energieversorgung in Ostbayern 1908-1958 (1958); 75 Jahre Strom für Ostbayern (1983); 60 Jahre Isarwerke 1894-1954 (1954); Isar Amperwerke 1908-1958 (1958); Überlandwerk Oberfranken, Aktiengesellschaft 1920-1960 (1960); 40 Jahre Fränkische Überlandwerke AG (1953); 50 Jahre Allgäuer Überlandwerk GmbH 1920-1969 (1969).

Kohlepreises sowie zur langfristigen Erhaltung der Versorgungssicherheit verstärkt darauf übergegangen, vergleichsweise billigen Wasserstrom aus dem Netz des Bayernwerks zu beziehen.[311]

Die unterschiedlichen Grundvoraussetzungen der einzelnen Interessengruppen führten zu der Etablierung dreier „Verbundgebiete", die untereinander auf Jahrzehnte hinaus lediglich in einem mehr oder weniger losen Stromaustausch standen (s. die unterschiedlich eingefärbten Regionen in Darstellung 4.7).[312] Die Demarkationslinien der eingefärbten Versorger wurden vertraglich derart fixiert, dass sich im Grunde auch zum Ende des Untersuchungszeitraums im Jahr 1954 das gleiche Bild darstellte.[313]

**Abb. 4.7: Verbundgebiete nach 1923 (mit größeren Überland- und Stadtwerken)[314]**

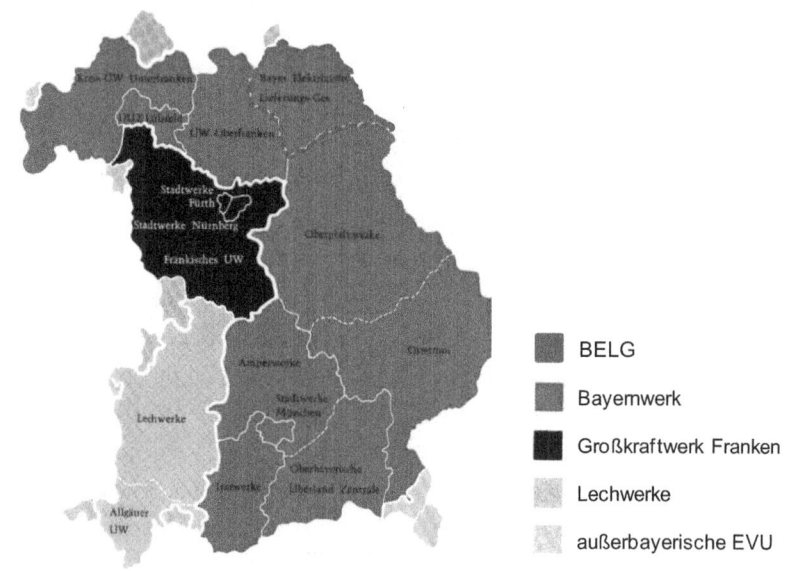

Quelle: v. Keller (1969), S. 18.

---

[311] Siehe hierzu die Abbildung 4.13 „Eigenerzeugung und Fremdstrombezug der BELG (1914-1954)".

[312] Neben den drei großen Verbundgebieten blieben vereinzelt Randgebiete bestehen, die bereits vor 1923 von außerbayerischen Unternehmen versorgt wurden. Dies war insbesondere an der württembergischen und österreichischen Grenze der Fall. Vgl. v. Keller (1969), S. 18.

[313] Siehe die bebilderte Schilderung der Demarkationslinien der bayerischen Regional- und Stadtwerke um das Jahr 1959 in Deutinger (2001), S. 39. Gesondert zu erwähnen ist die Fusion der Isarwerke AG und der Amperwerke E.-AG zur Isar-Amperwerke AG im Jahr 1954 sowie die Fusion der Ober

[314] Für eine detailliertere Auflistung der Unternehmungsform, Energiequelle und Leistung der bedeutendsten Stromversorgungsunternehmen in Bayern um 1928 siehe Windel (1928), S. 156 f.

## 4. STROMBESCHAFFUNG UND INVESTITIONSPOLITIK

Das Bayernwerk war demzufolge als übergeordneter Energieversorger dafür verantwortlich, die Gebietsunternehmen als „Stammabnehmer" zu einheitlichen Konditionen mit Strom zu beliefern. Diese Richtlinie wurde 1923 zwischen dem Bayernwerk und den angeschlossenen Überlandwerken im Rahmen der Verträge[315] verankert und bildete damit die Grundlage für deren zukünftige Geschäftspolitik.[316] Die gegenseitige Abhängigkeit fußte dabei insbesondere auf der Zusage des Bayernwerks, die bestehenden Versorgungsgebiete anzuerkennen und auf eine unmittelbare Belieferung von Endverbrauchern elektrischer Energie zu verzichten. Darüber hinaus musste sich das Bayernwerk verpflichten, im Falle überschüssiger Energiemengen diese zuerst den Stammabnehmern zu gleichbleibenden Bedingungen anzubieten, ehe nach einer zehntägigen Frist nach alternativen Abnehmern gesucht werden konnte. Im Gegenzug erklärten sich die Abnehmer dazu bereit, den benötigten Mehrbedarf vom Bayernwerk zu beziehen.[317] Die Werke blieben jedoch insofern frei in ihrer Strombeschaffung, als die bereits bestehenden Vereinbarungen über Stromlieferungen Berücksichtigung fanden.[318] Hier sind im Falle der BELG vor allem die beschriebenen Abnahmevereinbarungen mit den regionalen Gebietswasserkräften zu nennen, die bis auf wenige Jahre stets den billigsten Fremdstrombezug im Untersuchungszeitraum gewährleisteten.[319]

Ein Aspekt, der hier nur am Rande erwähnt werden soll, betrifft die unterschiedliche Interpretation des Vertragswerks, die in den Folgejahren zu starken Spannungen zwischen dem Bayernwerk und seinen Stromabnehmern führte. Ursächlich hierfür war die Frage, ob die Abnehmer auch in dem Fall billigerer Alternativen dauerhaft an das Bayernwerk und dessen Bezugspreise gebunden waren. Weiterhin gab die Bedarfsdeckung aus eigenen Kraftwerksanlagen, sofern diese der Nachfrage der Endverbraucher gerecht wurde, Anlass für Unstimmigkeiten.[320] Diese Problematik lässt sich auch in den saisonal alternierenden Bayernwerk-

---

[315] Im Falle der BELG wurde der Vertrag am 27./30.06.1923 abgeschlossen. Eine Kündigung war erstmalig 1951 möglich. BWA, F 025-345. Vorstandsbericht 1949.
[316] Vgl. Gröner (1975), S. 208 f.
[317] Vgl. Pohl (1996), S. 150 f.
[318] v. Keller (1969), S. 17 gibt zu bedenken, dass durch diese Vereinbarung eine Wettbewerbslage geschaffen wurde, die sich positiv auf die Entwicklung der Stromabnehmer in Bayern auswirkte, da „in den Gebieten aller Stammabnehmer jeweils die preisgünstigsten Möglichkeiten zur Strombeschaffung genutzt" würden.
[319] Zu den Bezugspreisen siehe Abbildung 4.11 „Durchschnittskosten je bezogener kWh in Pfennig (1924 – 1954)".
[320] Vgl. Pohl (1996), S. 151.

Strombezugsmengen der BELG wiederfinden, welche die Quote der eigenen Stromproduktion im Kraftwerk Arzberg in hohem Maße bedingten.[321]

Die Realisierung eines bayernweit möglichen Austausches überschüssiger Energiemengen und die Lieferung von Aushilfsenergie bei regionalen Versorgungsengpässen legten in Bayern den Grundstein für eine Verbundwirtschaft zwischen den Wärme- und Wasserkraftwerken der Stammabnehmer und den staatlicherseits betriebenen Wasserkraftwerken, lange bevor dieser Begriff ein Gemeingut der Energiewirtschaft wurde. Diese Entwicklung ging neben dem Bau neuer Kraftwerkseinheiten vor allem einher mit dem Ausbau eines durchgängigen bayerischen Hochspannungsnetzes.

### 4.2.1.3 Die Integration der BELG in das 100/110-kV-Landesnetz

Die aufkeimende Verbundwirtschaft ließ ein großmaschiges, ganz Bayern überdeckendes Leitungsnetz notwendig werden, um die Kapazitäten der Überlandwerke sowie des neu erbauten Walchenseewerks und der Kraftwerkstreppe der Mittleren Isar aneinander zu koppeln und hierdurch die Voraussetzungen für einen möglichst reibungsfreien Stromtransfer zu schaffen. Oskar von Miller, der die Hochspannungsleitungen treffend als „die neuen Heerstraßen der Elektrizität"[322] bezeichnete, sah in diesem Schritt eine unabdingbare Grundvoraussetzung für eine einheitliche und wirtschaftliche Entwicklung der bayerischen Stromversorgung.

Die besondere Weitsicht in der Konzeption des 100/110-kV-Landesnetzes[323], das in seinen Grundzügen auch noch im Jahr 1954 deutlich erkennbar war[324], macht der mit rund 420 km Länge in der geographischen Mitte Bayerns errichtete Hauptring deutlich, dessen Inbetriebnahme im Jahr 1924 ein technisches Novum darstellte und in den folgenden Jahren einen wesentlichen Beitrag zur Erhöhung der Versorgungssicherheit leistete (s. Abbildung 4.8).[325] In einer Festschrift zum 70. Geburtstag Oskar von Millers aus dem Jahr 1925 wird die Hoffnung konkretisiert, „daß wirtschaftliche Notwendigkeiten stark genug sind, um auch ohne den

---

[321] Siehe hierzu ausführlich Kapitel 4.2.2 „Die saisonal alternierende Energiebereitstellung der BELG".
[322] v. Miller zit. n. Zängl (1989), S. 89.
[323] Ende der 30er Jahre erfolgte eine stellenweise Überlagerung eines 220-kV-Netzes. Vgl. Gehring (1969), S. 97.
[324] Vgl. hierzu den Ausbaustand und die Planung der öffentlichen Elektrizitätsversorgung und des 110-kV- bzw. 220-kV-Leitungsnetzes in Bayern im Jahr 1954. Die bayerische Elektrizitätsversorgung 1925 bis 1954 (1955), S. 56.
[325] Vgl. Gehring (1969), S. 96.

Zwang der Gesetze die Energiewirtschaft im Sinne einer immer weiteren Zusammenfassung zu beeinflussen"[326]. Ob der zum Ausdruck kommende Wunsch nach Konsolidierung der Elektrizitätswirtschaft zu diesem Zeitpunkt eine reale Utopie oder eher eine naive Fiktion darstellte, ist schwer zu beurteilen, fest steht allerdings, dass die technischen Voraussetzungen mit dem Ausbau des Landesnetzes durchaus gegeben waren.

**Abb. 4.8: Das bayerische 100/110-kV-Landesnetz (1926)**

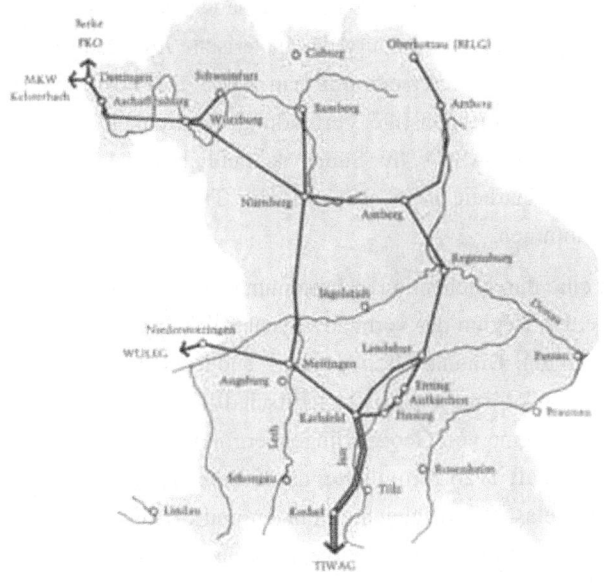

Quelle: v. Keller (1969), S. 19.

An die Ringleitung schlossen sich mehrere Ausläufer in die Randregionen Bayerns an, um die Gebiete aller großen Überlandwerke einzubeziehen.[327] In Oberfranken hatte sich das Bayernwerk durch den Bau einer Hochspannungsleitung über Arzberg nach Oberkotzau mit Hilfe eines eigens erbauten Umspannwerks (100/40 kV) an das Mittelspannungsnetz der BELG[328] angeschlossen, so dass von Seiten des regionalen Energieversorgers im Jahr 1924 erstmals damit begonnen

---

[326] Zit. n. Schönberg/Glunk (1926), S. 392.
[327] Für eine ausführliche Beschreibung des Trassenverlaufs des 110-kV-Leitungsnetzes siehe Windel (1928), S. 161 f.; Pohl (1996), S. 113-116.
[328] Das Leitungsnetz der BELG in Oberfranken sowie dessen Ausbau finden in Kapitel 5.2 „Kernabsatzgebiet und bedeutende Stromabnehmergruppen der BELG" nähere Erläuterung.

werden konnte, aus dem fertiggestellten Walchenseekraftwerk zur Ergänzung der eigenen Anlagen Strom zu beziehen.[329]

In diesem Zusammenhang sei erwähnt, dass das bayerische Ringnetz zudem in die deutschlandweite Infrastruktur der Elektrizitätsnetze eingebettet wurde, nicht zuletzt, da die an Isar und Donau geschaffenen Kapazitäten in Bayern nicht in ausreichendem Umfang ausgelastet werden konnten. Demzufolge wurde bereits 1924 in Niederstotzingen der Zusammenschluss des Bayernwerks mit dem Netz der Württembergischen Landes-Elektrizitätsversorgung (später Energieversorgung Schwaben AG) vollzogen.[330] Darüber hinaus verband der nordwestliche Ausläufer im Endpunkt Aschaffenburg das bayerische Landesnetz einerseits mit der Preußen-Elektra und andererseits mit dem RWE. Der nordöstliche Leitungszweig schuf über Hof eine günstige Verbindungsmöglichkeit mit dem Netz der AG Sächsische Werke (ASG). Im Süden schließlich wurde die verbundwirtschaftliche Zusammenarbeit 1926 auch mit der Tiroler Wasserkraftwerke AG (TIWAG) aufgenommen.

Damit entstand eine durchgehende Hochspannungsverbindung von den Alpen bis zur Nordsee, die den Beginn des verbundwirtschaftlichen Energieaustauschs zwischen norddeutschem Braunkohlestrom und süddeutschem Wasserkraftstrom markierte.[331] Das volks- und elektrizitätswirtschaftliche Hauptziel musste dabei lauten, wie es das Dogma von Georg Klingenberg, AEG-Direktor und Vordenker der Großkraftwirtschaft 1926 formulierte, die Kostendegression der Strombereitstellung und den Belastungsausgleich zu nutzen und hierdurch ein großflächiges Gebiet „ohne Einschränkung durch politische Grenzen und Sonderinteressen einzelner Werke und kommunaler Verbände, in möglichst wirtschaftlicher Weise mit Elektrizität zu versorgen"[332]. In der Tat konnte sukzessive ein deutschlandweites Stromnetz errichtet werden, das die bestehenden Großversorger miteinander verband. So bestanden „1934 drei bedeutende Zusammenschlüsse zwischen Großversorgungsunternehmen, die in einem dauerhaften Parallelbetrieb arbeite[ten]:

- Der ‚Block West', bestehend aus RWE, Badenwerk und den württembergischen Landesunternehmen.
- Der ‚Block Ost', aus den Anlagen der EWAG, der BEWAG, der MEW und mehreren Elektrizitätsversorgungsunternehmen in Schlesien.

---

[329] Denkschrift 25 Jahre BELG (1939), S. 11.
[330] Vgl. v. Keller (1969), S. 19.
[331] Vgl. Kirchhoff (1933), S. 97.
[332] Klingenberg (1926), S. 37.

## 4. STROMBESCHAFFUNG UND INVESTITIONSPOLITIK

- Der ‚Block Mitte', der in wechselnder Zusammensetzung das Bayernwerk, die Preußen-Elektra und später auch die ASW umfaßte."[333]

Mit dem kurzzeitigen Zusammenbruch der Elektrizitätsversorgung nach dem Zweiten Weltkrieg und der darauffolgenden Phase der bundesweiten Konsolidierung begann im Jahr 1948 mit der Gründung der Deutschen Verbundgesellschaft (DVG) der Aufbau eines 380-kV-Leitungsnetzes in den drei westlichen Besatzungszonen. Der Verbundbetrieb und sein Fernleitungssystem dienten nunmehr endgültig „als natürliches Energiereservoir und Ausgleichsbecken, sozusagen als Girokasse für elektrischen Strom"[334].

Festzuhalten bleibt, dass Bayern, als damals in hohem Maße agrarisch geprägter Staat, mit der Gründung des staatlicherseits getragenen Bayernwerks als erster deutscher Flächenstaat überhaupt eine landesweite Stromversorgung etablieren konnte, die in den folgenden Jahrzehnten zu einem zentralen Faktor für die wirtschaftliche Entwicklung und die unternehmensstrategischen Überlegungen der angeschlossenen Energieversorger wurde.[335] Die bayerische Elektrizitätspolitik setzte damit konsequenter als die preußische auf das Interventionsmittel des staatseigenen Unternehmens als Hauptstromlieferant der gemischtwirtschaftlichen bzw. privaten Unternehmungen angeschlossener Überlandwerke. Der durch die Staatsverträge und die Bayernwerk AG festgeschriebene „hierarchische Aufbau der bayerischen Elektrizitätswirtschaft sollte das 20. Jahrhundert weitgehend unverändert überdauern"[336].

Insbesondere die BELG, die mit ihrem Braunkohlekraftwerk Arzberg nur beschränkt in der Lage war, die, wie eingangs beschrieben, im Untersuchungszeitraum zwischen 1914 und 1954 stetig ansteigende Nachfrage nach Elektrizität zu decken, nutzte die Möglichkeit des Fremdstrombezugs aus dem staatlichen Verteilungsunternehmen nach 1924 beständig aus.

---

[333] Schnug/Fleischer (1999), S. 213.
[334] Schmelcher (1951), S. 32.
[335] Vgl. Füssl (2005), S. 193 f.; Gehring (1969), S. 96.
[336] Deutinger (2001), S. 34. Allerdings war das „Bayerische System" nicht lückenlos einheitlich, da mit der Großkraftwerk Franken AG (GFA) und der 1921 gegründeten Rhein-Main-Donau AG integrationsunwillige Energieversorger nebenher existierten. Ebd., S. 35.

## 4.2.2 Die saisonal alternierende Energiebereitstellung der BELG

Während die BELG ihren Energiebedarf in der ersten Dekade ihres Bestehens aus dem eigenen Kraftwerk Arzberg sowie den gebietsnahen Wasserkräften ihres Versorgungsgebietes decken konnte, ging sie mit der Fertigstellung des beschriebenen Verbundnetzes vermehrt dazu über, den größeren Teil ihres Bedarfs über den Anschluss des Bayernwerks zu beziehen. Diese alternative Option in der Energiebeschaffung ermöglichte es dem oberfränkischen Stromversorger, den weiteren Ausbau der eigenen Kraftwerkskapazitäten, ungeachtet der kontinuierlich ansteigenden Stromnachfrage, hinauszuzögern und hierdurch Kosten wie Risiken zu reduzieren. Ferner erhöhten die nach dem 1923 getätigten Stromlieferungsvertrag vereinbarten Abnahmegarantien[337] die Planungssicherheit des Überlandwerks. Ein weiterer Vorteil der Verbundwirtschaft, der sich bereits 1924 bemerkbar machte, war die Ausfallsicherheit in der Strombereitstellung, da die einzelnen Großkraftwerke bei Störungen für einen Ausgleich in der Leistungsbereitstellung sorgen konnten.[338]

Der Fremdbezug aus dem Leitungsnetz des Bayernwerks, das sich in erster Linie aus Wasserkräften speiste, war allerdings durch jahreszeitlich alternierende Bezugsmengen charakterisiert. Dieser Umstand, der den witterungsbedingten Wasserdarbietungen der nordalpinen Flüsse geschuldet war, führte zu einem saisonalen Wechselspiel hinsichtlich der zugekauften und eigens erzeugten Strommenge. Besonders die gebirgsnahen Flüsse Isar und Inn zeichnen sich im Jahresverlauf, aufgrund der im Frühjahr und Sommer eintretenden Schneeschmelze, durch stark schwankende Wasserpegel und dementsprechend stark differierende Möglichkeiten der Stromerzeugung aus (s. Abbildung 4.9).[339]

---

[337] Die in kVA vereinbarte Leistungsabnahme stieg im Untersuchungszeitraum stetig an. BWA, F 025-320 bis 350. Vorstandsberichte 1914-1954.

[338] Die Vorteile der Verbundwirtschaft machten sich für das Überlandwerk bereits erstmals am 06.05.1924 bezahlt, indem das Großkraftwerk Franken in Nürnberg und die Lechwerke in Augsburg zeitgleiche Generatorenausfälle im Walchensee- und Arzbergwerk auszugleichen vermochten. Denkschrift 25 Jahre BELG (1939), S. 11.

[339] Die beschriebene jahreszeitliche Schwankung in der Wasserdarbietung der gebirgsnahen Flüsse konnte durch die Wasserkraftanlagen des Bayernwerks nur geringfügig ausgeglichen werden. Ein Beispiel hierfür ist das u. a. von der Isar gespeiste Walchenseewerk, dessen höchstzulässige Stauschwankung von 4,90 m ein Fassungsvermögen von 78 Mio. m³ Wasser gewährleistete. Dies entsprach im Jahr 1925 einer Arbeitsmenge von ca. 32 Mio. kWh und kam bei einer Gesamtarbeit eines Durchschnittsjahres von 180 Mio. kWh einer Speicherfähigkeit von 17,8 % gleich. Pohl (1996), S. 98.

## 4. STROMBESCHAFFUNG UND INVESTITIONSPOLITIK

**Abb. 4.9: Die durchschnittliche monatliche Wasserdarbietungen bayerischer Flüsse in Prozent der Jahreswassermenge**

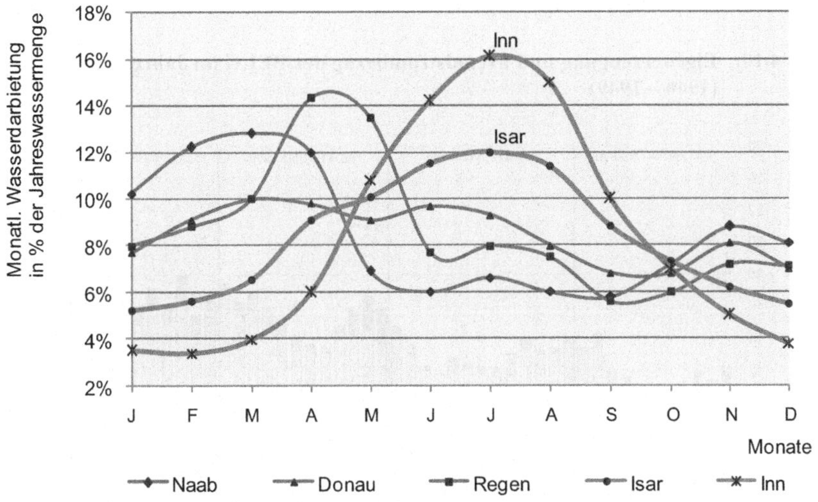

Quelle: Eigene Darstellung; Daten n. Energieversorgung Ostbayern AG, S. 100.

Während in den Wintermonaten, um dem erhöhten Bedarf der kalten Jahreszeit gerecht zu werden, das Kraftwerk Arzberg unter einer erhöhten Auslastung zur Energiebereitstellung herangezogen wurde, musste sich die BELG über die wasserreichen Monate April bis September häufig vertraglich dazu verpflichten, ihr eigenes Kraftwerk lediglich zur Blindstromerzeugung[340] oder bei vorausgegangener „ausdrücklicher Genehmigung" zu nutzen.[341] Als Anreiz für die Stillsetzung erfuhr der Energieversorger oftmals eine kurzzeitige Strompreisermäßigung[342] sowie diverse Nachtstromvergünstigungen[343]. In der Abbildung 4.10 stellt die Höhe der einzelnen Monatssäulen über den Zeitraum von 1946 bis 1949 den jeweiligen Gesamtmonatsbedarf der Stromabnehmer der BELG in kWh dar. Dabei zeigt die Unterteilung auf die verschiedenen Energiequellen (Arzbergwerk, Bay-

---

[340] Die „Blindleistung" ist ein Begriff der Elektrotechnik und bezeichnet in Wechsel- bzw. Drehstrom betriebenen Netzen die zusätzliche Energie, die zwischen dem erzeugenden Kraftwerk und den elektrischen Verbrauchern pendelt. Diese Energie trägt nichts zur tatsächlichen „Wirkleistung" bei und ist für die Nutzung des Stroms gewissermaßen „blind". Für eine detailliertere Ausführung siehe u. a. Moor (1993), S. 80 f.; Führer et al. (2006), S. 102 ff.; Weißgerber (2007), S. 144-148.

[341] BWA, F 025-324, S. 8 und -329, S. 5. Vorstandsberichte 1928 und 1933. Die Verpflichtung der Stillsetzung des Kraftwerks entfiel mit der allgemeinen Energienot ab dem Jahr 1938. BWA, F 025-334, S. 22. Vorstandsbericht 1938.

[342] Diese konnte zeitweilig bis zu 10 % der Tagesarbeitsgebühr betragen. BWA, F 025-326, S. 4 und -327, S. 4. Vorstandsberichte 1930 und 1931.

[343] BWA, F 025-325, S. 8. Vorstandsbericht 1929.

ernwerk und Gebietswasserkräfte) den typischen Verlauf des jahreszeitlich wechselnden Zusammenwirkens mit dem Ziel, die kosteneffizienteste Strombeschaffung zu gewährleisten.

**Abb. 4.10: Eigenerzeugung und Fremdstrombezug der BELG im Jahresverlauf (1946 – 1949)**

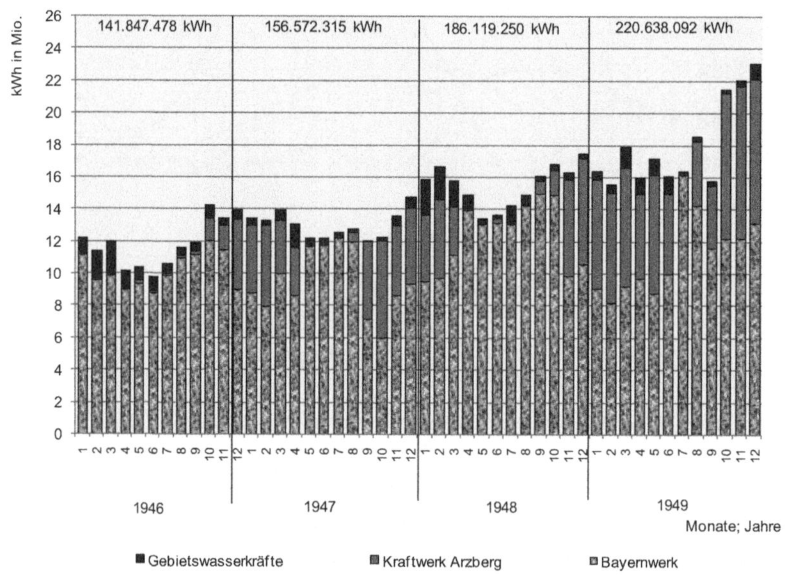

Quelle: Eigene Darstellung; Daten n. BWA, F 025-345. Vorstandsbericht 1949.

Die Energiebereitstellung beschrieb jedoch von 1914 bis 1954 nicht durchgängig den dargestellten typischen Verlauf. Dies lässt sich insofern begründen, als das Kalkül der Strombeschaffung zum einen, wie erwähnt, in direkter Abhängigkeit zu der Wasserdarbietung der Gebirgsflüsse und den entsprechend eingeräumten Sondervergünstigungen des Bayernwerks stand. Besonders hervorzuheben sind hierbei die im Untersuchungszeitraum gelegentlich wiederzufindenden Winterabkommen.[344] In diesen band sich das Überlandwerk auch über die kalte Jahreszeit hinweg, angesichts einer vertraglich vereinbarten Stillsetzung des Kraftwerks, an eine schwerpunktmäßige Bedarfsdeckung durch das Bayernwerk, das aufgrund hoher Wasserdarbietung und entsprechend niedrigerer Gestehungskosten in der Lage war, vergleichsweise günstige Winterpreise anzubieten.[345] Zum anderen war

---

[344] Vor allem in den konjunkturschwachen Anfängen der Dreißiger Jahre waren diese Winterabkommen die Regel und sicherte dem Bayernwerk eine Abnahmegarantie hinsichtlich der nur begrenzt speicherfähigen (siehe Walchenseekraftwerk) Stromerzeugung. Siehe hierzu BWA, F 025-326 bis 333. Vorstandsberichte 1930 bis 1937.

[345] Dies war v. a. in vergleichsweise warmen und wasserreichen Wintern der Fall, die dem Bayernwerk eine überdurchschnittliche Energieerzeugung ermöglichten. Vgl. BWA,

4. STROMBESCHAFFUNG UND INVESTITIONSPOLITIK

der eingeräumte Grundpreis des Bayernwerk-Stroms an die schwankenden Kohlepreise der mitteldeutschen Braunkohle gekoppelt.[346] Die Verknüpfung zwischen Kohle- und Strompreis zeigte sich besonders deutlich in der im Rahmen der Notverordnung im Jahr 1932 eingeräumten Ermäßigung des Bayernwerk-Verrechnungskohlepreises von zuvor RM 29,70 auf RM 28,00 je Tonne, die sich merklich in den verbilligten Bezugspreisen der Dreißiger Jahre niederschlug.

Die Darstellung 4.11 veranschaulicht die Preisentwicklung des Strombezugs aus dem Bayernwerk sowie den an das Netz der BELG angeschlossenen Gebietswasserkräften.[347]

**Abb. 4.11: Durchschnittskosten je bezogener kWh (1924 – 1954)[348]**

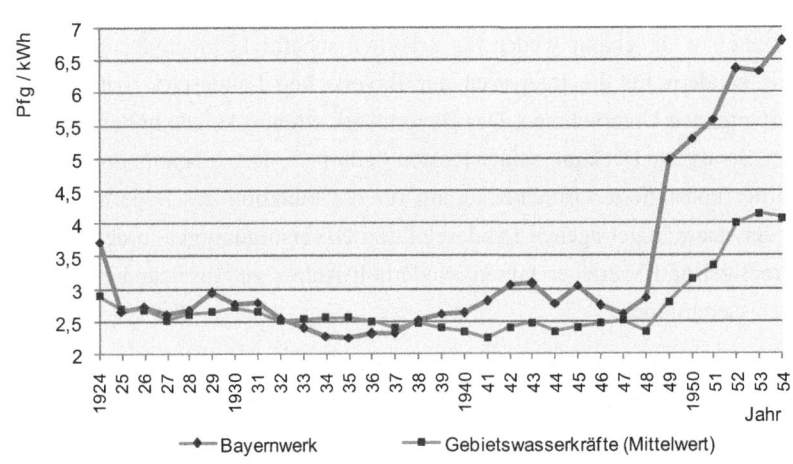

Quelle: Eigene Darstellung; Daten n. BWA, F 025-320 bis 350; Vorstandsberichte 1924-54.

---

F 025-326, S. 4. Vorstandsbericht 1930.

[346] BWA, F 025-323, S. 7. Vorstandsbericht 1927. Durch die Kopplung des Kohle- und Strompreises konnte sich das Bayernwerk von der Konkurrenz der Dampfenergie befreien. Dies war nötig, da eine Absenkung des Kohlepreises bei gleichbleibendem Strombezugspreis den Anreiz für die Stromabnehmer (wie bspw. die BELG) erhöht hätte, aus ihren eigenen Anlagen Strom zu erzeugen bzw. billigeren Ersatzstrom anderer Anbieter (wie bspw. die GFA) zu beziehen. Vgl. Pohl (1996), S. 178.

[347] Die Möglichkeit, die Strom-Gestehungskosten des Kraftwerks Arzberg den angegebenen Fremdbezugspreisen gegenüberzustellen, bestand aufgrund fehlender Bezugsgrößen (Fixkosten- bzw. variable Kostenanteile) nicht. Darüber hinaus stieg der Kohlenverbrauch zur Stromerzeugung aufgrund der erzeugten Blindleistung und der damit resultierenden schlechteren Auslastung überproportional an, was die Möglichkeit des Kostenvergleichs zusätzlich verkomplizierte. Vgl. BWA, F 025-320, S. 6. Vorstandsbericht 1924.

[348] Bei den Strompreisen der Gebietswasserkräfte handelt es sich aufgrund der Vielzahl der Werke um gemittelte Werte.

Einen Aspekt, der hier nur als Einschub erwähnt werden soll, stellen die im Zuge des günstigen Bayernwerk-Strompreises häufig laut gewordenen Subventionsvorwürfe konkurrierender Energieversorger dar. Demnach gaben die zum Konzern der RWE gehörenden Lech-Elektrizitätswerke sowie das Großkraftwerk Franken (GFA), dem von verschiedenen Interessenverbänden mitunter 70 Prozent höhere Preise als beim landeseigenen Versorgungsunternehmen angelastet wurden, zu bedenken, dass eine derartige Preisbildung nur durch preissenkende Unterstützung des Staates möglich sei. Dies, so die Führung der GFA, stelle eine wettbewerbsverzerrende Bedrohung für Gebiete außerhalb des Landesnetzes dar. Die Verantwortlichen des staatlichen Bayernwerks verwahrten sich jedoch wiederholt gegen derartige Anschuldigungen und versicherten, dass die GFA „bei Strombezug vom Bayernwerk [...] einem gemeinnützigen Unternehmen gegenüber [stehe], d. h. einem weder für privatwirtschaftliche noch für fiskalische Zwecke, sondern für die Interessen der Bayerischen Landeselektrizitätsversorgung arbeitenden Unternehmen. Das Bayernwerk streb[e] keinen höheren Strompreis an, als es zur Deckung seiner Kosten bedarf"[349]. Diese bereits durch Oskar von Miller konstatierte Grundbedingung für die Funktion des Bayernwerks als Organ der staatlich getragenen Landeselektrizitätsversorgung gab in den Zwanziger, Dreißiger und Vierziger Jahren wiederholt Anlass zu Auseinandersetzungen der Interessengruppen.[350]

Dem ist gegenüberzustellen, dass sich die ab 1948 durchgeführte stufenweise Anhebung des Kohlepreises in hohem Maße kostentreibend auf den Fremdbezug der BELG auswirkte, was sich korrespondierend hierzu in Abbildung 4.11 durch den drastischen Anstieg des Bezugspreises darstellt. Die Hauptursache für die Preiserhöhung[351] war dabei in dem stark ansteigenden Strombedarf der Nachkriegsjahre zu finden (s. Abbildung 4.17), welcher das Mischungsverhältnis zwischen Wasser- und Kohlestrom zunehmend zugunsten des fossilen Brennstoffs verschob.[352]

Generell ist festzuhalten, dass die Führungsspitze der BELG bemüht war, die Betriebsbereitschaft des Kraftwerks Arzberg auch in Zeiten niedriger Auslastung

---

[349] Zit. n. Pohl (1996), S. 179.

[350] Vgl. ebd., S. 356.

[351] Das Bayerwerk erhielt 1948 von der Verwaltung für Wirtschaft in Frankfurt a. M. die Genehmigung, um der Erhöhung der Preise für Stein- und Braunkohle gerecht zu werden, den seit 1932 auf 28 RM (bzw. DM) /to festgeschriebenen Verrechnungs-Kohlenpreis auf DM 36,20/to anzuheben. In den Folgejahren wurde dieser für den Strompreis maßgebliche Kohlepreis nahezu jährlich angehoben: 1949 (44,50 DM/to); 1950 (50 DM/to); 1952 (66 DM/to). BWA, F 025-344, S. 3; -345, S. 5; -346, S. 5; -348, S. 6. Vorstandsberichte 1948 bis 1952.

[352] BWA, F 025-344, S. 3. Vorstandsbericht 1948.

## 4. STROMBESCHAFFUNG UND INVESTITIONSPOLITIK

und entsprechend geringer Möglichkeiten der Fixkostendegression sowie hohen Instandsetzungskosten aufrechtzuerhalten. Die Vorstandsberichte für 1932 und 1933 führen hierzu als Begründung an, dass „von der jederzeit gegebenen Möglichkeit, [die] Eigenerzeugung auf Kosten des Fremdstrombezugs in den Netzbedarf einzuschieben, [der in den] Winterabkommen verankerte bedeutende Nachlass auf den Strompreis des Bayernwerkes"[353] abhänge. Darüber hinaus war man sich seitens der BELG bewusst, dass die größeren Abnehmer, wie beispielsweise die in Oberfranken zahlreich angesiedelten Textilbetriebe[354], „bezüglich [ihrer] Eigenanlagen auf billige Brennstoffe böhmischer, mitteldeutscher und oberschlesischer Herkunft eingestellt"[355] waren und daher in kürzester Zeit auf eine autarke Energieerzeugung umstellen konnten. Dass diese Befürchtung durchaus gerechtfertigt war, zeigen die Zahlen für den gesamten Freistaat. Demnach stieg bayernweit die Strombereitstellung industrieller Erzeugungsanalagen im Zeitraum zwischen 1925 und 1944 von 728 Mio. kWh (ca. 35 Prozent der Gesamterzeugung) auf 3160 Mio. kWh (ca. 40 Prozent) an.[356] Die zu Zeiten des Nationalsozialismus intensivierte Stromerzeugung industrieller Anlagen bewies eindringlich deren Möglichkeit und Bereitschaft, in Konkurrenz zu der verbundwirtschaftlich organisierten Versorgungsstruktur zu treten. Das Diagramm 4.12 hebt die Bedeutung der Industrie als Stromproduzent hervor. Reichsweit nahm die Erzeugung der industriellen Eigenanlagen sogar noch einen deutlich höheren Stellenwert ein.[357]

---

[353] BWA, F 025-329, S. 4. Vorstandsbericht 1933.
[354] Vgl. Brocke (1969), S. 168 ff. Für eine Erläuterung der Abnehmerstruktur der BELG ist Kapitel 5.2 „Kernabsatzgebiet und bedeutende Stromabnehmergruppen der BELG" anzuführen.
[355] BWA, F 025-329, S. 4. Vorstandsbericht 1933.
[356] Die bayerische Elektrizitätsversorgung 1925 bis 1954 (1955), S. 12.
[357] Siehe hierzu die Aufstellung zu der Leistungsfähigkeit der deutschen Kraftwerke von 1925 bis 1944. Meyer (1949), S. 36. Erst 1928 vermochte die öffentliche Stromerzeugung diejenige der industrieeigenen Anlagen zu übertreffen. Vgl. Herzig (1992), S. 139.

**Abb. 4.12: Elektrizitätserzeugung in Bayern aus industriellen und öffentlichen Anlagen (1925 – 1954)**

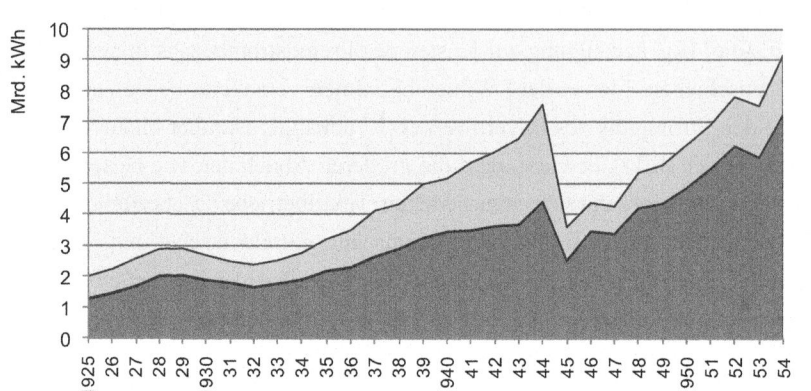

Quelle: Eigene Darstellung; Daten n. Die bayerische Elektrizitätsversorgung 1925 bis 1954 (1955), S. 12.

Die Notwendigkeit eines Energieversorgers, die Industrie durch entsprechende Sondertarife zur Stromabnahme zu bewegen und ihre eigenen Anlagen still zu setzen, galt und gilt daher als eine der entscheidenden – wenn auch ökologisch fragwürdigen[358] – Erfolgsfaktoren der öffentlichen Versorgung. In der Konsequenz hieß dies für den als Mittler zwischen Bayernwerk und Großbetrieben fungierenden Energieversorger, dass nur ein betriebsbereites Kraftwerk Arzberg „in der Lage [war], diese Brennstoffe ebenfalls für eine günstige Eigenerzeugung auszunützen, [...] um beim Bayernwerk diejenigen Nachlässe [zu] bekommen, die [...] den Konkurrenzkampf mit den Eigenanlagen derartiger Abnehmer erst ermöglich[ten]"[359]. Als alternatives Szenario zog man daher in Betracht, „die Dampfkraftanlagen in Arzberg derart zu modernisieren, dass [die BELG auch in Zukunft] mit den immer wirtschaftlicher werdenden Eigenerzeugungsanlagen [der] Großabnehmer in Wettbewerb treten"[360] könne. Eine Strategie, die ab den Fünfziger Jahren durch den Ausbau des eigenen Kraftwerks tatsächlich in die Realität umgesetzt wurde.

---

[358] Hier ist bspw. die ungenutzt verloren gehende Abwärme anzuführen.
[359] BWA, F 025-329, S. 4 f. Vorstandsbericht 1933. Vergleiche hierzu auch die Einführung des elektrischen Porzellanbrandes, für den in Absprache mit dem Bayernwerk spezielle Sonderpreise eingerichtet wurden, um der Industrie den Anreiz der eigenen Stromerzeugung zu nehmen. Vgl. BWA, F 025-336, S. 5. Vorstandsbericht 1940.
[360] BWA, F 025-328, S. 4 f. Vorstandsbericht 1932.

## 4. STROMBESCHAFFUNG UND INVESTITIONSPOLITIK

Des Weiteren war eine durchgehende Inbetriebhaltung des eigenen Kraftwerks auch insofern von Bedeutung, als hierdurch eine völlige Einstellung des Kohlebezugs aus dem Falkenauer Revier vermieden werden konnte. Dieser Umstand hätte bei kurzfristiger Erhöhung der Eigenerzeugung Lieferengpässe nach sich ziehen können, zumal die verfügbaren Winter-Kontingente der Braunkohle-Syndikate mit späterem Jahresfortgang bereits vergeben sowie die Lieferfirmen außerstande gewesen wären, den Bedarf des Kraftwerks zu stillen.[361] Zudem setzte die Möglichkeit einer flexiblen Erhöhung der eigenen Energiebereitstellung den Energieversorger in die Lage, im Falle eingeschränkter Leistungsvorhaltung des Bayernwerks, auf überproportional teureren Fremdstrombezug aus anderen Großkraftwerken[362] der Verbundwirtschaft weitestgehend zu verzichten.[363]

Die erfolgte Erläuterung des jahreszeitlich wechselnden Zusammenwirkens in der Energiebereitstellung zwischen dem Bayernwerk und dem oberfränkischen Energieversorger soll als Grundlage für die im Folgenden dargestellte produktionsseitige Aufarbeitung der vier Dekaden zwischen 1914 und 1954 dienen.[364]

### 4.2.3 Die Entwicklung der Strombeschaffung der BELG im Kontext gesellschaftspolitischer Rahmenbedingungen

Die Energiebereitstellung der BELG war im Untersuchungszeitraum von verschiedenen gesellschaftspolitischen wie auch betriebsinternen Einflüssen geprägt. Dieser Umstand ließ es für das Überlandwerk nötig werden, den Stellenwert der Eigenerzeugung und des Fremdstrombezugs aus dem Landesnetz des Bayernwerks nahezu von Jahr zu Jahr zu variieren, um auf diese Weise den wechselnden Rahmenbedingungen im Hinblick auf eine gewinnmaximierende sowie versorgungssichere Energiebereitstellung bestmöglich Rechnung zu tragen. Die Abbildung 4.13 veranschaulicht hierbei die durchgeführte Eigenerzeugung des Überlandwerks sowie den Fremdstrombezug aus dem Bayernwerk bzw. den regionalen Gebietswasserkräften. Die unstetigen Kurvenverläufe lassen es nötig werden, im Folgenden näher auf die einzelnen Einflüsse einzugehen.

---

[361] BWA, F 025-334, S. 22. Vorstandsbericht 1938.
[362] Hier sind vorrangig die Lechwerke Augsburg und das Großkraftwerk Franken zu nennen. Vgl. BWA, F 025-320, S. 8. Vorstandsbericht 1924.
[363] Vgl. BWA, F 025-325, S. 8. Vorstandsbericht 1929.
[364] Hinsichtlich einer detaillierteren Betrachtung der gesellschaftspolitischen Einflüsse sowie des themenrelevanten Zeitgeschehens wird an dieser Stelle auf die Vertriebspolitik der BELG in Kapitel 5 „Stromabsatzentwicklung und Expansionspolitik" verwiesen.

**Abb. 4.13: Eigenerzeugung und Fremdstrombezug der BELG (1914 – 1954)**

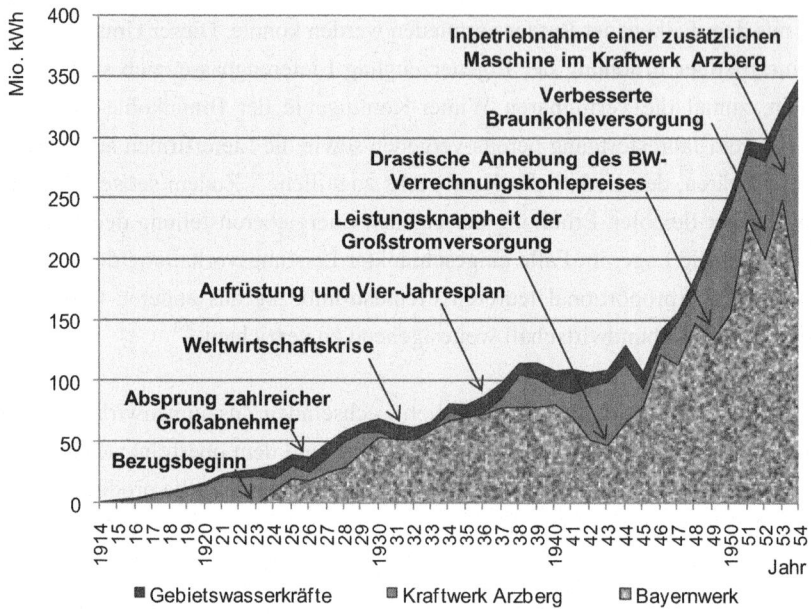

Quelle: Eigene Darstellung; Daten n. BWA, F 025-320 bis 350, Vorstandsberichte 1924-54.

Wie aus vorstehendem Diagramm ersichtlich, wurde der kontinuierlich zunehmende Energiebedarf während sowie in den Jahren nach dem Ersten Weltkrieg – abgesehen von dem Gründungsjahr des Energieversorgers[365] – überwiegend durch das Kraftwerk Arzberg gedeckt. Die Form der Energiegewinnung aus Wärmekraftwerken spiegelte dabei durchaus die bayernweit vorzufindende Ausgangslage vor der Entfaltung der Verbundwirtschaft wider, da die Stromerzeugung aus Wärme- diejenige aus Wasserkraft hinsichtlich ihrer installierten Leistung deutlich überwog.

Erst ab 1921 gewann die Alternative des Fremdbezugs, zunächst aus regionalen Wasserkraftwerken, auch im oberfränkischen Raum zunehmend an Bedeutung und trug dazu bei, die inflationsbedingten Probleme in der Energiebereitstellung sowie die aufkeimende Kohleknappheit zu nivellieren. Die wiederholte Sperrung der tschechoslowakischen Grenze ließ es für die BELG zudem erforderlich werden, kurzerhand aus anderen Gebieten des Reiches Kohle zu beschaffen, was mehrfach nicht ohne Betriebseinschränkungen erreicht werden konnte. Hinzu kam, dass „die fortschreitende Geldentwertung den Kohleeinkauf in Böhmen

---

[365] Dies lag darin begründet, dass die Inbetriebnahme des Kraftwerk Arzberg erst Mitte des Jahres 1914 statt fand. Vgl. BWA, F 025-2, S. 2. Geschäftsbericht 1915.

wirtschaftlich fast unmöglich machte, mußten doch die täglich eingehenden Kohlemengen sofort in einer wertbeständigen Währung bezahlt werden, während die verkauften Strommengen erst nach Ablauf eines Zeitraums von 30 Tagen stark entwertet in Rechnung gestellt werden konnten"[366].

Die aus dem Gründungsjahr stammende großzügig bemessene Kraftwerkskapazität von 12 MW legt die Vermutung nahe, dass die BELG durchaus in der Lage war kostengünstig zu produzieren und die Möglichkeiten der „Größendegression"[367] in stattlichem Maße auszuschöpfen. Dieser Umstand und die vergleichsweise geringe Nachfrage erklärt, warum man seitens des Überlandwerks bis 1921 keine Veranlassung sah, Strom hinzuzukaufen. In qualitativer Betrachtung war das Arzbergwerk während des Kriegs und auch in den frühen Jahren der Weimarer Republik im Vergleich zu anderen Kraftwerken in Bayern durchaus noch in die dritte Kategorie (III) der effizientesten, da größten eigenerzeugenden Werke einzuordnen (s. Darstellung 4.14).

**Abb. 4.14: Größendegression der Kosten bei eigenerzeugenden Kraftwerken**

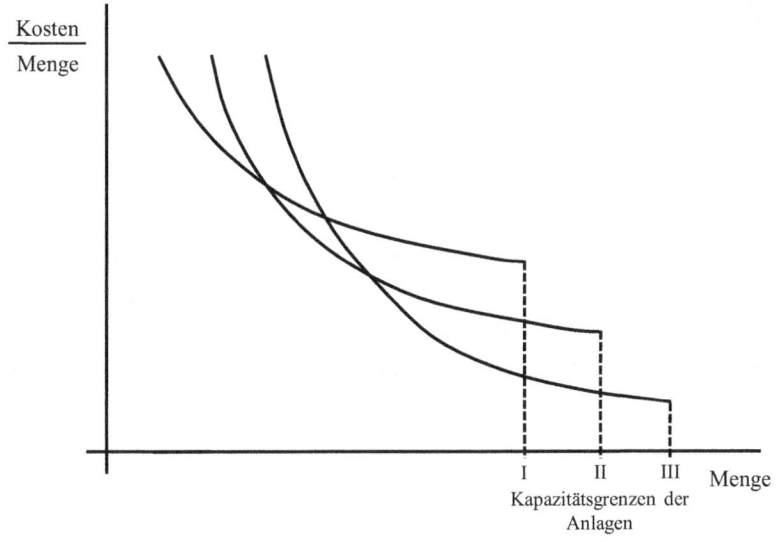

Quelle: Eigene Darstellung i. A. a. Hauschildt (1964), S. 113.

Die Ursachen dieser relativen Kostensenkung sind schlichtweg darin zu sehen, dass Groß- gegenüber Kleinanlagen kosteneffizienter arbeiteten, weiterhin aber

---

[366] Denkschrift 25 Jahre BELG (1939), S. 9.
[367] Nach Mellerwicz (1957), S. 319 definiert sich die Größendegression durch „eine Kostensenkung, die sich bei der Bewegung eines Betriebes zur optimalen Betriebsgröße [...] ergibt. Ihr Kriterium ist eine Kapazitätssteigerung".

auch in der Tatsache günstigerer Kohlenbezugsmengen bzw. Transportgegebenheiten.[368] Demzufolge wurde die Effizienz des eigenen Kraftwerks genutzt, um die Bezugspreise aus den gebietsnahen Wasserkraftwerken sowie später dem Bayernwerk auf ein gewisses Niveau zu drücken, was eine Eigenversorgung mehr und mehr unökonomisch werden ließ.

Die vorstehende Graphik liefert darüber hinaus auch eine Erklärung, warum die Betriebsleitung der BELG lange Zeit, bis in das Jahr 1941, davon Abstand nahm, die eigenen Erzeugungsanlagen auszuweiten. Das unternehmenseigene Kraftwerk war spätestens mit dem Aufkommen der Verbundwirtschaft nicht mehr zu den größten und damit effizientesten Werken in Bayern zu zählen. Bereits das 1924 in Betrieb genommene Walchenseewerk überstieg die Leistung des Arzbergwerks um das Achtfache (96 MW). Die verhandelten moderaten Bezugspreise spiegelten durchaus die Möglichkeiten des Bayernwerks wider, große Strommengen kostengünstig anzubieten. Im Umkehrschluss bedeutete das für die BELG, dass sie ihre Anlagen sehr kostenintensiven Erweiterungen hätte unterziehen müssen, um den Ausbau durch vergünstigende Kosteneffekte rechtfertigen zu können. Ein Szenario, das nicht zuletzt aufgrund der schwierigen Finanzierungslage und der aufkommenden Vernetzung mit den großen staatlichen Werken als wenig rentabel schien. Auf die Motive, die 1941 dann schließlich dennoch zu einem Ausbau führten, soll in diesem Kapitel an späterer Stelle eingegangen werden.

Stellten die gebietsnahen Wasserkräfte sowie das eigene Kraftwerk Arzberg noch in den ersten zehn Jahren ihres Bestehens die einzige Energiequelle der BELG dar, so wurde Mitte der Zwanziger Jahre mit dem fortgeschrittenen Ausbau der Verbundwirtschaft vermehrt auf einen Bezug aus dem bayerischen Landesnetz übergegangen. Das Diagramm 4.15 verdeutlicht den jeweiligen Anteil der verschiedenen Bezugsquellen an der Energiebereitstellung des Überlandwerks.

---

[368] Vgl. Mellerwicz (1957), S. 319.

Abb. 4.15: **Anteilige Strombeschaffung und -erzeugung der BELG in Prozent (1914 – 1954)**

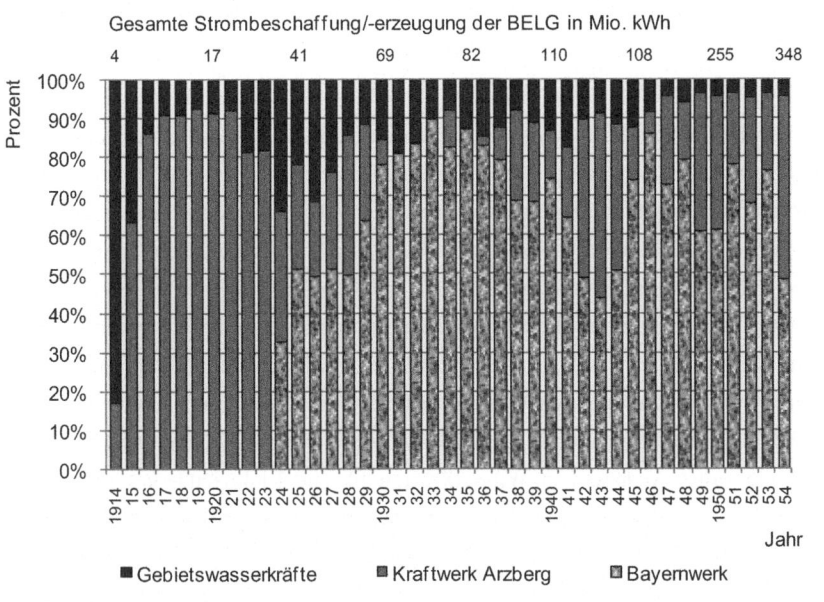

Quelle: Eigene Darstellung; Daten n. BWA, F 025-320 bis 350. Vorstandsberichte 1924-54.

Zwar wurden auch die eigenen Erzeugungsanlagen in überschaubarem Umfang auf Zuwächse ausgerichtet, jedoch ließ es der riesige Kapitalbedarf eines Energieversorgers wenig rentabel erscheinen, den nach der Währungsumstellung beständig anwachsenden Strombedarf unbedingt aus eigenen Kräften decken zu wollen. Viel umsichtiger erschien es, die Liaison mit dem staatlichen Verteilungsunternehmen Bayernwerk einzugehen, um auf diese Weise durch die Bündelung vieler Kräfte in der Verbund- und Großwirtschaft die immensen Investitionen auf mehrere Schultern zu verteilen. Angesichts der, verglichen mit der Umsatzrendite, relativ geringen Kapitalrendite des Energieversorgers stellte dies ein durchaus nachvollziehbares unternehmerisches Kalkül dar und schuf die ökonomische Basis für eine auf permanente Verbrauchssteigerung der Konsumenten ausgelegte Strategie. Bereits 1924, im ersten Jahr der Kooperation floss demzufolge mit 10,7 Mio. kWh rund ein Drittel des abgesetzten Stroms aus dem Walchenseekraftwerk in das Netz des oberfränkischen Energieversorgers. Fortan wurde im Untersuchungszeitraum stets mehr Strom hinzugekauft, als durch die eigenen Erzeugungsanlagen produziert.

In der sogenannten wirtschaftlichen Scheinblüte[369] in der zweiten Hälfte der Zwanziger Jahre pendelte sich der BW-Bezug schließlich bei 50 Prozent des Jahresbedarfs der BELG ein und half somit, angesichts rapide steigender Stromabsatzmengen, die unzureichenden Erzeugungskapazitäten des Kraftwerks Arzberg und anderer bayerischer Stromversorger zu kompensieren.[370]

Vor dem Hintergrund des wirtschaftlichen Aufschwungs sah die Vertriebspolitik des Bayernwerks, dem Hauptstromlieferanten der BELG, vor, die Stromproduktion beständig zu erhöhen. Hinzu kam, dass sich vermehrt energieintensive Firmen in Bayern ansiedelten, da bspw. die „im Kriege auf den deutschen Braunkohlelagern errichteten Aluminium- und Kalkstickstofffabriken mit viel zu teurem Strom arbeiteten und deshalb, um konkurrenzfähig zu bleiben, an die billigeren süddeutschen Wasserkräfte wanderten. So wurde in Süddeutschland der Ausbau der größten, noch brachliegenden Wasserkräfte zu einer zwingenden Lebensnotwendigkeit"[371]. Dementsprechend gab der Bayerische Wasserwirtschaftsrat seine Zustimmung, „den Ausbau von Wasserkräften für die Elektrizitätsversorgung des Landes [...] in einem dem Bedarf etwas vorauseilenden Maße stetig fortzusetzen"[372]. In der Folge wurden die Erzeugungswerke des Walchensees und der Kraftwerkstreppe der Mittleren Isar in dieser Zeit zahlreichen Erweiterungen unterzogen sowie die Staustufen der unteren Iller im Jahr 1930 fertig gestellt.[373] Des Weiteren ließ der durch die Ausbauten noch zusätzlich verstärkte Laufwassercharakter der Strombezugsquellen des Bayernwerks und die damit einhergehende Problematik der jahreszeitlich schwankenden Wasserführung einen Ausgleich durch thermische Kraftwerke nötig werden. Das Bayernwerk erbaute aus diesem Grunde, um den Anforderungen der Verbundwirtschaft gerecht zu werden, im Jahr 1929/30 ein Dampfkraftwerk (55 MW) im Süden Schwandorfs, dessen Fertigstellung allerdings mit dem Beginn der Weltwirtschaftskrise zusammenfiel.

---

[369] Das System der Reparationszahlung auf Kredit ermöglichte während der späten Zwanziger Jahre eine Scheinblüte Deutschlands, die als „geborgte Konjunktur" oder „hohe Prosperität" interpretiert werden kann. Ritschl (2002), S. 132, 188-192. Vgl. hierzu auch Büsch/Haus (1987), S. 194 f.; Steitz (1993), S. 27 ff.

[370] Zu den einzelnen Ausbaustufen des Kraftwerks siehe Kapitel 4.1.1 „Das Kohlekraftwerk Arzberg".

[371] Dehne 1925, S. 74.

[372] Zit. n. Büggeln (1930), S. 66.

[373] Darüber hinaus wurden seitens des Bayernwerks, zum Ausgleich der jahreszeitlichen Schwankungen sowie der Spitzenlast, zahlreiche Verträge mit anderen Stromlieferanten abgeschlossen. Hier ist bspw. die Tiroler Wasserkraftwerke AG (Tiwag) 1924 zu nennen. Boll (1969), S. 21. Für eine ausführliche Aufarbeitung der Stromlieferanten und -verträge, siehe Pohl (1996), S. 198-212.

4. STROMBESCHAFFUNG UND INVESTITIONSPOLITIK

Der kurzen Erholung der Wirtschaft zwischen 1925 und 1929 folgten Jahre stillstehender Fabriken und schnell ansteigender Arbeitslosigkeit. Die negativen Auswirkungen der Wirtschaftsdepression auf die Industrie und Privathaushalte machten die Hoffnungen auf einen kontinuierlichen Anstieg des Stromabsatzes sowohl bei der BELG und dem Bayernwerk als auch bei den angeschlossenen Verbundpartnern vorübergehend zunichte.[374] Das Diagramm 4.16 zeigt den nach 1930 bis in die unmittelbaren Nachkriegsjahre stagnierenden Ausbau der Engpassleistung öffentlicher Elektrizitätswerke in Bayern, der erst wieder nach 1948 in größerem Umfang weitergeführt wurde.

**Abb. 4.16: Engpassleistung öffentlicher Elektrizitätswerke in Bayern (1926 – 1954)[375]**

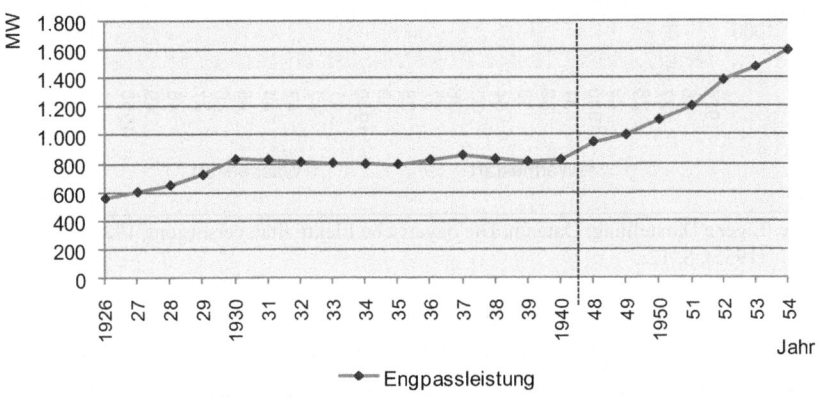

Quelle: Eigene Darstellung; Daten n. Die bayerische Elektrizitätsversorgung 1925 bis 1954 (1955), S. 11.

In der Konsequenz ließ diese Entwicklung die auf Seiten des Bayernwerks geschaffenen Überkapazitäten in der Energieerzeugung zu einer Last für das staatliche Unternehmen werden. Hatte beispielsweise das eigens erbaute Dampfkraftwerk Schwandorf 1930 noch 25,3 Mio. kWh erzeugt, so gab es bereits 1931 kaum Verwendung für den teuer erzeugten Kohlestrom, so dass die Produktion phasenweise sogar gänzlich eingestellt werden musste[376], eine Erscheinung, die auch bayernweit anhand der stark reduzierten Stromgewinnung aus Wärmekraftanlagen nachvollzogen werden kann. So erreichte die Elektrizitätserzeugung öffentli-

---

[374] Vgl. v. Keller (1969), S. 20.
[375] Die Werte im Zeitraum von 1941 bis 1947 konnten von dem Bayerischen Statistischen Landesamt nicht eruiert werden. Der Wert von 1938 wurde aus den Jahren 1937 und 1939 sowie aus der kumulierten Engpassleistung öffentlicher Elektrizitätswerke und industrieller Stromerzeugungsanlagen abgeleitet.
[376] Pohl (1996), S. 212.

cher Wärmekraftwerke in ganz Bayern im Krisenjahr 1932 mit lediglich 62 Mio. kWh ihren absoluten Tiefpunkt (s. Abbildung 4.17).

**Abb. 4.17: Quellen der Elektrizitätserzeugung öffentlicher Elektrizitätswerke in Bayern (1925 – 1954)**

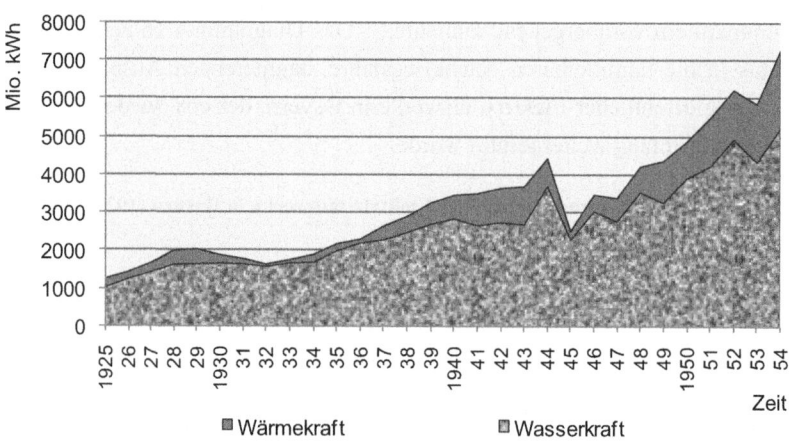

Quelle: Eigene Darstellung; Daten n. Die bayerische Elektrizitätsversorgung 1925 bis 1954 (1955), S. 12.

Diese landes- und reichsweite Entwicklung[377] fand sich auch unmittelbar in den Stromverträgen zwischen dem Bayernwerk und der BELG wieder, da das oberfränkische Überlandwerk in dem Zeitraum der frühen Dreißiger Jahre durch besonders günstige Bezugspreise (s. Darstellung 4.11) dazu bewegt wurde, das eigene Kraftwerk Arzberg hinsichtlich der geschaffenen Überkapazitäten des Bayernwerks still zu setzen. Bezeichnend ist hierzu eine Anmerkung im Vorstandsbericht der BELG im Jahr 1930, dass die eingeräumte, über die bereits äußerst günstig verhandelten Bezugspreise hinausgehende, zehn-prozentige Ermäßigung des BW-Preises ein Anheizen der eigenen Erzeugungsanlagen in Arzberg ökonomisch höchst unrentabel mache und deshalb auf eine Inbetriebnahme des Kraftwerks verzichtet werde.[378]

Ein weiterer Grund für den niedrigen Anteil in der Eigenproduktion der BELG ist neben den Preisnachlässen im Strombezug sicherlich in der fortgeschrittenen Verbundwirtschaft zu sehen. Denn die Mitgliedswerke hatten im Rahmen der

---

[377] Die bundesweite Entwicklung in der Energieerzeugung für den Zeitraum von 1925 – 1954 ist in Anlage 9 abgebildet.
[378] Die zehnprozentige Ermäßigung (von 2,62 auf 2,38 Pfennig) bezog sich dabei auf die Tagesarbeitsgebühr, da umfassende Nachtstromvergünstigungen bereits bestanden. BWA F 025-326, S. 4. Vorstandsbericht 1930. Siehe auch BWA F 025-327, S. 4 und -329, S. 2. Vorstandsberichte 1931 und 1933.

abgeschlossenen Verträge nicht nur Rechte hinsichtlich genau festgelegter Bezugsmengen, sondern auch konkrete Abnahmeverpflichtungen gegenüber dem Bayernwerk übernommen.[379] Dieser Umstand degradierte die eigene Anlage in Arzberg zu einem Kraftwerk mit Reservecharakter, da infolge der Krise der Stromabsatz zum ersten Mal seit der Gründung des Überlandwerks 1913 merklich sank und dementsprechend in ausreichendem Maße über bestehende Fremdstrom-Abnahmeverpflichtungen gedeckt war.

Das Bemühen des Bayernwerks, über seine angeschlossenen Stromabnehmer den Einbruch in der Stromnachfrage zu nivellieren, korrespondiert mit dem in Abbildung 4.13 zu beobachtenden prozentualen Anstieg der Bezugsmenge der BELG aus dem staatlichen Verteilungsunternehmen. Demnach wird ersichtlich, dass sich das Überlandwerk im Zeitraum von 1930 bis 1937 in seinem Kerngeschäft, dem Stromabsatz, vorübergehend zu einem reinen Verteilungsunternehmen wandelte, dessen Strategie auf die Maximierung der Gewinnspanne zwischen Ein- und Verkaufspreis ausgerichtet war. In der Folge wurde beispielsweise im Jahr 1933 rund 90 Prozent (61,4 Mio. kWh) der Energiebereitstellung durch das Verbundnetz des Bayernwerks abgedeckt, was gleichzeitig einen Höchstwert im Untersuchungszeitraum darstellt.

Als günstigen Nebeneffekt dieser Konstellation konnte das Überlandwerk in den Jahren der Rezession den Ausnutzungsgrad seiner Energiebereitstellung[380] durch die hohe Fremdbezugsquote nahezu konstant auf 40 Prozent halten, wohingegen der bayernweite Durchschnittswert dieser Kennzahl in der öffentlichen Elektrizitätserzeugung im Jahr 1932 unter 24 Prozent fiel (s. Abbildung 4.18).

---

[379] Vgl. hierzu u. a. BWA F 025-330, S. 19 f.; -332, S. 4 f.; -334, S. 5. Vorstandsberichte 1934, 1936 und 1938.

[380] Mit Volllaststunden wird der Quotient aus der Energiebereitstellung eines Jahres und der Engpassleistung (gedeckt aus eigenen Erzeugungsanlagen und Fremdstrombezug) bezeichnet. Er gibt an, wie viele Stunden die Anlage unter Berücksichtigung des Fremdstrombezugs gelaufen wäre, um die Jahresenergieproduktion zu erreichen, wenn sie nur unter Volllast betrieben worden wäre und sonst still gestanden hätte. Dividiert man diese Stundenzahl durch die 8760 Stunden eines Jahres, so resultiert der Ausnutzungsgrad oder auch Belastungsfaktor. Vgl. Die bayerische Elektrizitätsversorgung 1925 bis 1954 (1955), S. 8. Siehe auch Brock (1930), S. 5 f.; Salm (1939), S. 9 f.

**Abb. 4.18: Ausnutzungsgrad bei der BELG und den anderen öffentlichen Elektrizitätswerken in Bayern (1926 – 1954)**[381]

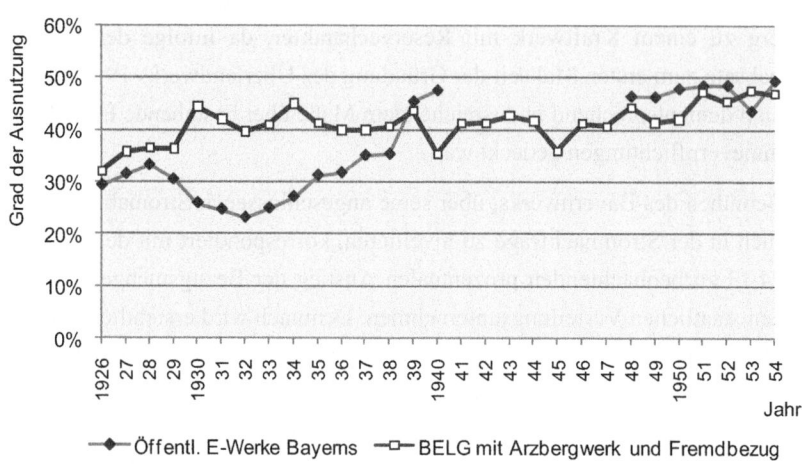

Quelle: Eigene Darstellung; Daten n. Die bayerische Elektrizitätsversorgung 1925 bis 1954 (1955), S. 11.

Nach diesem rechnerischen Wert hätte es demnach hypothetisch ausgereicht, die bayerischen Anlagen knapp ein Viertel eines Jahres unter Vollast in Betrieb zu nehmen, um den gesamten nachgefragten Jahresbedarf zu decken. Dieser äußerst geringe Wert reflektiert anschaulich die Problematik der Ende der Zwanziger Jahre geschaffenen Überkapazitäten in der bayerischen Verbundwirtschaft. Die BELG jedoch, die im Gegensatz zu anderen öffentlichen Energieversorgern frühzeitig auf die Vorteile der Verbundwirtschaft setzte und somit einen kapital- und fixkostenintensiven Ausbau des eigenen Kraftwerks umgehen konnte, war in der Lage, die Energiebereitstellung ökonomisch effizienter zu gestalten und so die Folgen der Wirtschaftskrise zum Teil auf ihren Hauptlieferanten, das staatliche Bayernwerk, abzuwälzen.

Mit der Machtübernahme des nationalsozialistischen Regimes im Jahr 1933 und dem verkündeten ersten Vierjahresplan[382] geriet die Frage nach der Auslastung

---

[381] Die Werte für die öffentlichen Elektrizitätswerke im Zeitraum von 1941 bis 1947 konnten seitens des Bayerischen Statistischen Landesamt nicht eruiert werden. Der Wert von 1938 wurde aus den Jahren 1937 und 1939 sowie aus der kumulierten Ausnutzungsdauer öffentlicher Elektrizitätswerke und industrieller Stromerzeugungsanlagen abgeleitet.

[382] 1933 wurde seitens des Reichswirtschaftsministeriums ein erster Vierjahresplan als „Grundpfeiler der Wirtschaft und Erfüllung der Voraussetzungen für das Aufblühen der selben" in das Leben gerufen, der jedoch in seiner Wirkung dem zweiten Vierjahresplan von 1936 bei Weitem nach stand. Vgl. hierzu Facius (1959), S. 130-136 und S. 153 f. Vgl. hierzu ausführlich Kapitel 5.6 „Der Stromabsatz der BELG zur Zeit des Nationalsozialismus".

## 4. STROMBESCHAFFUNG UND INVESTITIONSPOLITIK

der Ende der Zwanziger Jahre installierten Kraftwerkskapazitäten schnell in den Hintergrund. Die am Ende Weimars geschaffenen Spielräume in der Auslastung der öffentlichen Stromversorgung und industriellen Eigenanlagen wurden durch den allgemeinen wirtschaftlichen Aufschwung und die vom NS-Regime zunächst intensiv propagierte Verwendung von Strom in der Landwirtschaft sowie den privaten Haushalten rasch beseitigt.[383] In den Folgejahren hielt der Kapazitätsausbau der Kraftwerke nicht Schritt mit den konjunkturellen und kriegswirtschaftlichen Anforderungen, die sich insbesondere in der Elektrochemie unter den Überbegriffen „Synthese von Engpassgrundstoffen" und „Aluminium Elektrolyse" manifestierte. Allein im Jahr 1937 bezifferte sich der reichsweite Bedarfszuwachs an Strom auf 20 Prozent, der zusätzliche Kapazitätsausbau lediglich auf 3 Prozent. Eine Diskrepanz, die die Benutzungsdauer der Anlagen mit jährlichen 3.200 Stunden in ungekannte Höhen schnellen ließ. Zu Kriegsbeginn war die Kapazitätsgrenze bereits endgültig ausgeschöpft, so dass der „Reichslastverteiler" die Reservekapazitäten „praktisch gleich Null"[384] taxierte. Eine Entwicklung, die im Verlauf der Kampfhandlungen trotz großer Bemühungen nicht mehr umzukehren war.

An dieser Stelle ist es lohnend, den Einfluss des Reiches auf die Entwicklung der Energiewirtschaft und die Struktur der bayerischen Energieversorger in Form eines kurzen Einschubes ausführlicher darzustellen.

Das Regime nahm sich im Zuge der unitarischen „Gleichschaltung" der Länder[385] auch der zentralistisch orientierten Neuordnung der Energiewirtschaft an und beschnitt damit die Zuständigkeit des Bayerischen Innenministeriums hinsichtlich energiepolitischer Fragestellungen. Auch hier galt das „Führerprinzip". Da die Stromversorgung als zentraler und zugleich instabiler Lebensnerv der nationalsozialistischen Kriegswirtschaft galt, war es Hitlers primäres Anliegen, eine weitgehend störungsresistente Energiewirtschaft zu formen. Die Voraussetzung hierfür sollte nach einigen gegensätzlichen Abwägungen[386] eine kontrollierte Großraumverbundwirtschaft schaffen, dessen verknüpfte Produktionsanlagen in die

---

[383] Vgl. den in Anlage 9 abgebildeten drastischen Anstieg der deutschlandweiten Stromerzeugung seit der Machtergreifung der Nationalsozialisten. Bereits im Herbst 1939 waren die deutschlandweiten Kraftwerke der öffentlichen Versorgung und Industrie vollständig ausgelastet. Vgl. Stier (2006), S. 139 f.

[384] Undatierter Bericht des „Reichslastverteilers" (1945), zit. n. Eichholtz (1985), S. 391.

[385] Vgl. Hildebrand (2003), S. 1-28.

[386] Vgl. die diesbezüglichen Ausführungen in Kapitel 5.7 „ Das Energiewirtschaftsgesetz von 1935 – ein Kompromiss mit großwirtschaftlicher Einfärbung".

Lage zu versetzen waren, umgehend und zu jeder Zeit den kriegsbedingten Ausfall zu kompensieren.[387]

Mit dem Gesetz zur Vorbereitung des organischen Aufbaus der deutschen Wirtschaft vom 27. Februar 1934[388] wurden die Grundlagen für eine organisatorische Änderung geschaffen, infolge derer sich der öffentlich-rechtliche Leitungsverband der „Wirtschaftsgruppe Elektrizitätsversorgung" (WEV) als alleinige Vertretung des gesamten Wirtschaftszweiges konstituieren konnte. Ab 1934 wurde die WEV zusammen mit der „Wirtschaftsgruppe Gas- und Wasserversorgung" (WGV) in der „Reichsgruppe Energiewirtschaft" (REW) zusammengefasst.[389] Die Aufgabenstellung der Reichsgruppe, dem „gleichgeschalteten" Unternehmensverband der Branche, wurde per Gesetz dahingehend umschrieben, als im Rahmen der Beratung und Betreuung der eingegliederten Mitgliedsunternehmen der „Leiter [Carl Krecke, Direktor der Berliner Elektrizitätswerke (BEWAG), Anm. d. Verf.] die Gruppe im Sinne des nationalsozialistischen Staates zu führen und die Angelegenheiten der Gruppe und ihrer Mitglieder unter Rücksichtnahme auf die Gesamtinteressen der gewerblichen Wirtschaft und unter Wahrung des Staatsinteresses zu fördern [hat]. […] Weisungen des Leiters, die durch den Zweck der Gruppe oder durch den Zusammenschluss der gewerblichen Wirtschaft bedingt sind, haben die Mitglieder zu befolgen"[390].

Der Wirtschaftsgruppe mussten sich alle Unternehmen der Branche bis zum 30. November 1934 durch Beitritt zur WEV in Berlin anschließen. Zudem wurden alle bestehenden Verbände auf Gliedstaatenebene umgehend aufgelöst. Die von Vertretern der Großwirtschaft eingenommenen Führungsstellen ließen kommunalen Interessenvertretungen wenig Entfaltungsspielraum – deutliches Indiz hierfür war die Zwangsauflösung der Interessenvertretung der kleineren Unternehmen, des Reichsverbandes der „Deutschen Mittelständischen Elektrizitätsversorgung e.V.", und seine Eingliederung in die Wirtschafts- bzw. die Reichsgruppe.[391] Die hierdurch aufgebürdete Unterstellung der Elektrizitätswirtschaft, „ihrer Entwicklung und ihres Ausbaues unter die Führung des Reiches war so scharf, dass sie

---

[387] Vgl. Eckardt et al. (1985), S. 29.
[388] RGBl. I, S. 185. "Die von den nationalsozialistischen Ideologen vertretenen Ideen eines ständischen Aufbaus der deutschen Wirtschaft wurden in diesem Gesetz dazu benutzt, die aus dem freien Vereinigungsrecht der Unternehmer entstandenen Zusammenschlüsse der Verfügungsgewalt der Regierung zu unterstellen." Hürten (Hrsg.) (2003), S. 231.
[389] Vgl. Löwer (1992), S. 192 f.; Hürten (Hrsg.) (2003), S. 231 f.
[390] § 16 der Ersten DVO z. Gesetz zur Vorbereitung des organischen Aufbaus der deutschen Wirtschaft vom 27. November 1934 (RGBl. I, S. 1194), zit. n. Löwer (1992), S. 192.
[391] Vgl. Stier (1999), S. 449.

## 4. STROMBESCHAFFUNG UND INVESTITIONSPOLITIK

einer Diktatur gleichkam"[392]. Diese Entwicklung stand im Widerspruch zu dem im Februar 1933 von Herrmann Göring an Vertreter der Elektrizitätswirtschaft abgegebenen Versprechen, dass „Eingriffe in die Wirtschaft so weit wie möglich vermieden werden sollen, [...] der Unternehmer wieder Herr im Hause sein wird und die freie Unternehmerinitiative erhalten"[393] bliebe – oder wie es der Führer einen Monat später im Rahmen des Ermächtigungsgesetzes vor dem Reichstag auszudrücken wusste: Wirtschaftspolitik sollte „durch stärkere Förderung der privaten Initiative unter Anerkennung des Privateigentums"[394] von statten gehen.

Zur Umsetzung der nötigen Leitungsfunktion erging darüber hinaus am 30. Juli 1934 die „Verordnung über die Mitteilungspflicht in der Energiewirtschaft"[395], welche die Unternehmungen der Reichsgruppe dazu verpflichtete, die Stilllegung, den Neubau und die Erweiterung von Energieanlagen genehmigen zu lassen, sowie u. a. die Änderungen bei Tarifen und Lieferbedingungen mitzuteilen.[396] Ziel und Richtung der Staatsintervention blieben dabei weitestgehend undefiniert – nicht uncharakteristisch für eine totalitäre Doppelstaatlichkeit, die sich insoweit selbst Blanko-Schecks für Interventionen ausstellte. Jedoch sollte den eingegliederten Elektrizitätsunternehmen deutlich gemacht werden, dass sie sich dem Reich unterzuordnen hatten, um das in Bayern seit Einführung der Staatsverträge praktikable Modell der staatlichen Kontrolle und Reglementierung auf das ganze Reich auszudehnen und so den „größtmögliche[n] Nutzen für die Gesamtheit des Volkes und Staates aus der Elektrizität heraus[zuholen]"[397]. Die Meldepflicht-Verordnung mag demnach als ein erster bedeutender Schritt in Richtung „elektrischer Gleichschaltung" gesehen werden. Eine Konsolidierung, die von der Großwirtschaft des Stromsektors als Segen der Rationalisierung längst propagiert wurde.[398] Dieses Paradigma der kontrollierten maximalen Ressourcennutzung wurde fortan zur ordnungspolitischen Doktrin im Energiesektor. In diesem Zusammen-

---

[392] Facius (1959), S. 139.
[393] Zit. n. Eckardt et al. (1985), S. 28.
[394] Hitler in einer Erklärung vor dem Reichstag, zit. n. Stier (1999), S. 456.
[395] Vom 30. Juli 1934 (RGBl. I, S. 765 f.). Hierdurch legitimiert konnte sich der Reichswirtschaftsminister Bauunterlagen oder Bilanzen aus den Chefetagen der Stromwirtschaft kommen lassen. Das Ministerium behielt sich ein entsprechendes Untersagungsrecht vor, das jedoch aufgrund der Gleichschaltung der Unternehmen in der übergeordneten Reichsgruppe Energiewirtschaft nie angewendet wurde. Vgl. Eckardt (1985), S. 36.
[396] Krecke (1937), S. 82.
[397] Rede des Reichswirtschaftsminister Hjalmar Schacht auf der ersten Jahrestagung der Reichsgruppe Energiewirtschaft vom 26. bis 28. September 1935 in Saarbrücken. Schacht (1935), S. 10.
[398] Stier (1999), S. 445 f. verweist auf den Wunsch der „Verbundparteien" bezüglich der Flurbereinigung auf dem Stromsektor. Kleinerzeuger, Stromzwischenhändler und Stadtwerke waren freilich ein Dorn im Auge der großen Stromfürsten.

hang ist auch die Einflussnahme des Reiches auf die Energieversorgung in Bayern zu sehen, im Zuge derer ein Anteil von 50 Prozent an dem Aktienkapital der Bayernwerk AG von der reichseigenen Vereinigte Industrieunternehmungen AG (VIAG) übernommen wurde.[399]

Dahingehend interpretiert stellte diese Verordnung den „wichtigsten Vorläufer des Energiewirtschaftsgesetzes"[400] (EnWG) dar. Das – so der volle Wortlaut – „Gesetz zur Förderung der Energiewirtschaft", das von den Nationalsozialisten am 13. Dezember 1935 ratifiziert und legalisiert wurde, sollte dem Staat als „Lenker allen wirtschaftlichen Geschehens [...] die Möglichkeit biete[n], die Richtung zu geben, und, wo nötig, regelnd einzugreifen"[401]. Ferner waren gemäß dem federführenden Reichswirtschaftsminister Hjalmar Schacht[402] in einer Grundsatzrede auf einer Verbandstagung der Reichsgruppe Energiewirtschaft im Jahr 1935 zwei Aspekte von zentraler Bedeutung. „Der eine ist die möglichste Billigkeit, und der andere ist die möglichste Sicherheit der Versorgung mit elektrischer Energie. [...] Wir brauchen", so pflichtete er Hitler bei, „die Wehrhaftmachung der deutschen Energieversorgung. Das Versorgungsnetz Deutschlands muss so ausgestaltet sein, daß auch bei größeren Ausfällen einzelner Energiequellen die wirtschaftliche Produktion ohne größere Störungen [...] durchgeführt werden"[403] könne.

Die weiteren Schwerpunkte des Energiewirtschaftsgesetzes sollten vor allem den Stromabsatz sowie die Gebietsabgrenzungen der Unternehmen reglementieren und finden daher im Kapitel 5.7 „Das Energiewirtschaftsgesetz von 1935 – ein Kompromiss mit großwirtschaftlicher Einfärbung" eingehend Erörterung. Jedoch ist an dieser Stelle im Hinblick auf die produktionsseitig betrachtete Entwicklung der Elektrizitätsunternehmen vorwegzunehmen, dass die Branche im Zuge der nationalsozialistischen Kontrolle nur wenig an Handlungsspielraum einbüßte und von der seit dem Sozialisierungsgesetz von 1919 im Raum stehenden „Verreichlichung" gänzlich verschont blieb. Vielmehr war das Gesetz hinsichtlich der Struktur in seinen Schwerpunkten auf die großen Energieversorger ausgerichtet und in

---

[399] Vgl. Boll (1969), S. 17; v. Keller (1969), S. 21.
[400] Friedrich (1936), S. 14. Das Energiewirtschaftsgesetz von 1935 ist in Anlage 5 nachzuschlagen.
[401] Rede von Georg Seebauer, Leiter des Amtes für Technik in der Reichsleitung der NSDAP, Leiter des Reichskuratoriums für Wirtschaftlichkeit und Mitglied des Aufsichtsrates des Bayernwerks. Zit. n. Pohl (1996), S. 218 f.
[402] Horace Greeley Hjalmar Schacht (1877-1970) war ein deutscher Politiker, Großbankdirektor (u. a. Reichsbankpräsident von 1923 bis 1930 und 1933 bis 1939) und Reichswirtschaftsminister 1933 bis 1939. Er zählte zu den Wirtschafts- und Finanzexperten seiner Zeit.
[403] Zit. n. Friedrich (1936), S. 90. Ferner Wolter/Reuter (2005), S. 167.

deren Interesse durchaus zukunftsorientiert ausgestaltet worden. Schließlich ist es seinen Schöpfern aus Sicht der großen, monopolistisch agierenden Stromkonzerne so vortrefflich gelungen, dass es Krieg, Kapitulation, Wiederaufbau, Wirtschaftswunder und Waldsterben überlebte und von allen Bundesregierungen bis zur Novellierung des Gesetzes im Zuge der Liberalisierung des Energiemarktes durch die EU im Jahr 1998 fortwährend vereidigt wurde.[404]

Für die BELG brachte die politische Umwälzung neben der beschriebenen reichsweiten Neuordnung der Elektrizitätswirtschaft, die sich jedoch aufgrund der vergleichsweise geringen Größe des Energieversorgers nicht unmittelbar auf dessen geschäftliche Entwicklung auswirkte, auch „eine Neubesetzung im Vorstand und wesentliche Änderungen im Aufsichtsrat mit sich"[405].

Hinsichtlich der Zusammenstellung in der Energiebereitstellung des oberfränkischen Überlandversorgers kam es jedoch in den ersten fünf Jahren der Machtergreifung zu keinen signifikanten Änderungen. Denn obgleich die zahlreichen Arbeitsbeschaffungsmaßnahmen mit einer kontinuierlichen Steigerung der inländischen Produktivität und industriellen Belebung[406] – auch mit einiger Verzögerung in dem Notstandsgebiet der bayerischen Ostmark – einhergingen, wurde erst im Jahr 1938 eine unfreiwillige Abweichung der BELG von der Strategie einer minimalen Eigenerzeugung erkennbar. Als ursächlich für die vermehrte Berücksichtigung des Kraftwerks Arzberg bei der Stromproduktion ist vor allem der von Hitler propagierte zweite Vierjahresplan von 1936 zur Erlangung wirtschaftlicher Autarkie durch Rohstoffunabhängigkeit vom Ausland sowie die militärische Aufrüstung der deutschen Wirtschaft bis zur „Kriegsfähigkeit" zu nennen.[407] Die hohen Absatzzuwächse der BELG Ende der Dreißiger Jahre verweisen dabei auf die enorme Bedeutung, die der Strom als Energieträger in diesem planwirtschaftlichen Instrument einnahm. Fernerhin kam in vermehrtem Maße die marketingunterstützte Politik der BELG bezüglich der Verbrauchssteigerung im privaten und landwirtschaftlichen Bereich zum Tragen, die zusätzlich über den Absatz verschiedenster Elektronik-Artikel den Strombedarf in der Bevölkerung forcierte.[408]

---

[404] Vgl. Zängl (1989), S. 183.
[405] BWA, F 025-329, S. 2. Vorstandsbericht 1933.
[406] Vgl. Bräutigam (1997), S. 66-69.
[407] Hitler räumte in seiner Denkschrift zum Vierjahresplan „dem wirtschaftlichen Handlungsfeld erste Bedeutung ein". Mollin (1989), S. 364. Für eine detaillierte Erörterung des Vierjahresplanes und die hieraus entstandenen Auswirkungen auf die Energiepolitik des Reiches siehe u. a. Petzina (1965); Craig/Silber (1980), S. 537-542; Treue (1955), S. 184-203; Denkschrift Hitlers zum Vierjahresplan (1936), S. 204-210.
[408] Für eine Übersicht hinsichtlich ausgewählter Artikel und Verkaufsanstrengungen siehe ausführlich Kapitel 5.4.2 „Bewerbung und Verkauf elektrischer Geräte – das Dilemma der permanenten Bedarfsweckung".

Der Vorstandsbericht von 1938 stellte hierzu pointiert fest, dass die BELG aufgrund „der allgemeinen Energieknappheit gezwungen [war, die] Eigenerzeugung"[409] über das betriebswirtschaftlich vernünftige Niveau zu steigern. Hervorzuheben ist, dass der Energieversorger trotz der damit verbundenen größeren Unabhängigkeit vom Bayernwerk gerne auf einen Einsatz des eigenen Kraftwerks verzichtet hätte, da dies im Gegensatz zu den vergleichsweise billigen Bezugspreisen aus den regionalen Wasserkräften und dem Bayernwerk mit erheblichen Kostenzuwächsen verbunden war.

Die erhöhte Inanspruchnahme des Kraftwerks Arzberg im Rahmen des Vierjahresplans, das zuvor über Jahre hinweg nur noch kurzzeitig und mit Reservecharakter als Spitzenkraftwerk eingesetzt wurde, setzte sich ab 1939 in erhöhtem Ausmaße fort. Zum Vergleich sei an dieser Stelle nochmals auf den in Abbildung 4.13 dargestellten Kurvenverlauf im Zeitraum von 1941 bis 1944 verwiesen. Auch wenn der gesamte Stromabsatz im Versorgungsgebiet stagnierte, wurden in den Kriegsjahren die eigenen Erzeugungsanlagen häufig „mit Rücksicht auf die Leistungsknappheit in der Großstromversorgung [...] mit höchster Leistung in Betrieb"[410] genommen.[411] Diese Entwicklung ist umso bemerkenswerter, als das Versorgungsgebiet der BELG, überwiegend von Betrieben der Friedenswirtschaft geprägt, in besonderem Maße unter der Prioritätensetzung in der Kriegswirtschaft und den damit verbundenen Stromeinschränkungen für Betriebe „minderer Bedeutung" litt.[412] Trotz des hierdurch bedingten Arbeiter-, Rohstoff- und Transportmittelmangels, der vor allem in den ersten Kriegsjahren[413] sogar eine geringfügige Absenkung der Stromabgabe – im Jahr 1942 mit lediglich 90,9 Mio. kWh annähernd 9 Prozent unter dem Wert von 1938 – zur Folge hatte, musste jedoch das eigene Kraftwerk „bis an die Grenze der Leistungsfähigkeit"[414] für Personal und Anlagen herangezogen werden, um die Lücke des im Vergleich zu den letzten Friedensjahren drastisch reduzierten Fremdbezugs zu schließen.

---

[409] BWA, F 025-334, S. 4. Vorstandsbericht 1938.
[410] BWA, F 025-337, S. 20. Vorstandsbericht 1941.
[411] Die Gründe für den leicht rückläufigen Stromabsatz in den ersten Kriegsjahren sind vielschichtig und u. a. in der geringen Rüstungsaffinität der angesiedelten Betriebe, den behördlich verfügten industriellen und privaten Stromeinschränkungen, der reduzierten Anschlusstätigkeit des Überlandwerks sowie der Rohstoffknappheit der oberfränkischen Verarbeitungsindustrie zu finden. Vgl. hierzu auch Kapitel 5.6 „Der Stromabsatz der BELG zur Zeit des Nationalsozialismus".
[412] BWA, F 025-337, S. 1 und -338, S. 1. Vorstandsberichte 1941 und 1942.
[413] Ab 1944 war in Konsequenz der Umsiedlung von Rüstungsindustrien in das frontferne Oberfranken ein kurzfristig sprunghaft ansteigender Strombedarf im Versorgungsgebiet der BELG zu verzeichnen. BWA, F 025-340, S. 1, S. 6 f. Vorstandsbericht 1944.
[414] Denkschrift 25 Jahre BELG (1939), S. 16.

## 4. Strombeschaffung und Investitionspolitik

Der vergleichsweise geringe Anteil des Bayernwerks an der Energiebereitstellung der BELG in diesem Zeitraum ist dabei vor allem auf die kriegsbedingte Überlastung des Energieversorgers zurückzuführen, die sich auch in den ansteigenden Bezugspreisen widerspiegelte. Als Beispiel für den hohen landesweiten Strombedarf der Kriegsproduktion[415] ist hier der im damaligen Bayern wichtige Produktionszweig der Aluminiumindustrie anzuführen, der aufgrund des höchst stromintensiven Herstellungsprozesses – siehe beispielsweise die große, reichseigene Aluminiumhütte in Töging – erhebliche Strommengen aus dem Verbundnetz des Bayernwerks beanspruchte.[416] Die Möglichkeit der raschen Ausweitung der nötigen Kapazitäten war reichs- wie bayernweit angesichts der hohen Kapitalintensität der Branche, der langen Plan- und Bauzeiten sowie nicht zuletzt aufgrund des Material- und Personalbedarfs vor allem hinsichtlich der großen Wasserkraftwerke äußerst begrenzt. In der Konsequenz verblieb als Antwort auf die Stromknappheit nur die starke Inanspruchnahme vorhandener Kapazitäten sowie eine zentrale Koordinierung des Verbrauchs hinsichtlich kriegsrelevanter Kriterien.[417]

Der Einsatz des eigenen Kraftwerks Arzberg entsprach deshalb einerseits dem betriebswirtschaftlichen Kalkül des Unternehmens, zum anderen forderte das Reichsinnenministerium über die zuständige „Reichsgruppe Energieversorgung" ausdrücklich eine Anpassung der Produktion an die erforderlichen Kriegsmaßnahmen. Hierzu heißt es in einem von Albert Speer – nach 1942 Generalinspektor des Dritten Reichs für u. a. Wasser und Energie – veröffentlichten Ministerialblatt vom 1. Sept. 1943, dass „der Generalinspektor für Wasser und Energie [...] für die Dauer des Krieges über die Anlage, das Material und das Personal in den Elektrizitätsbetrieben verfügen [könne]."[418] Zudem dürften „finanzielle und kapitalistische Überlegungen [...] keine Rolle mehr spielen. Wer in dieser Zeit an der Elektrizitätsversorgung [...] über das sonst übliche Maß hinaus verdienen [wolle], [sei] Kriegsgewinnler."[419]

Am Rande sei erwähnt, dass Albert Speer durch diese Kontrollmöglichkeit neben der Steigerung der Produktivität eine neuordnende Gleichschaltung der reichsweiten Energieversorgungsunternehmen erzwingen wollte. Seine nie verwirklichte

---

[415] Die Kriegsproduktion und wirtschaftliche Isolation Deutschlands steigerte den Stromverbrauch ähnlich wie im Ersten Weltkrieg. So gab Salm (1939), S. 76 den in hohem Maße überproportionalen Elektrizitätsbedarf für jeweils eine Tonne Buna mit 40 Mio. kWh, Aluminium mit ca. 23, 5 Mio. kWh und Magnesium mit ca. 19 Mio. kWh. an.

[416] Vgl. v. Keller (1969), S. 21. Die außervertraglichen Stromlieferungen an Betriebe der Großchemie erforderten in den Kriegsjahren „erhebliche Anstrengungen seitens des Bayernwerks". Pohl (1996), S. 227.

[417] Vgl. Stier (2006), S. 140.

[418] Reichsministerium Speer (Hrsg.), Ministerialblatt vom 1. Sept.1943, S. 81.

[419] Ebd., S. 82.

Vorstellung einer Art „Reichsverbund-Dachgesellschaft", unterhalb derer Bezirksunternehmen, wie die BELG, auf Gauebene für die Verteilung von Elektrizität zuständig sein sollten, stieß jedoch bei den großen Energieversorgern wie RWE, VEW, Preußen-Elektra und Bayernwerk auf heftigen Widerspruch, da „sie den Verlust der Kontrolle über ihr eingespieltes Verbundsystem befürchteten"[420] – eine Parallele, die sich durchaus in aktuellen Diskussionen der Bundesregierung über die angedachte „Deutsche Netz AG" wiederfinden lässt.[421]

Die indirekt diktierte und infolge der verminderten Fremdbezugsmöglichkeit abzuleitende Notwendigkeit zur Steigerung der Eigenerzeugung im Kraftwerk Arzberg ist insofern von Bedeutung, als sie den Ausgangspunkt eines diametralen Strategiewandels in der Energiebereitstellung des oberfränkischen Überlandwerks darstellte. Denn wurde in den Vorstandsberichten vor 1942 jede Produktionssteigerung im Kraftwerk Arzberg noch als eine unliebsame Zwangsmaßnahme interpretiert[422], so änderte sich diese Tatsache schlagartig mit der Erweiterung des Kraftwerks von vormals 12 MW auf insgesamt 27 MW Maschinenleistung.[423]

Der hohe Stellenwert dieser Modernisierung für die BELG begründete sich dabei nicht nur durch die ausgebaute Leistungsfähigkeit des eigenen Kraftwerks und den damit einhergehenden erweiterten Handlungsalternativen in der Energiebereitstellung, sondern vielmehr in der verbesserten Wirtschaftlichkeit des Anlagenbetriebs. Dementsprechend verwiesen die Führungskräfte des Überlandwerks im Jahr 1943 sowie 1944 ausdrücklich auf das „Bestreben, den Fremdstrombezug durch die eigenerzeugte billigere Energie zurückzudrängen", zumal die anhaltende kriegsbedingte „Leistungsknappheit in der Großstromversorgung" diesem Strategiewechsel entgegen komme und einen „freie[n] Einsatz des Kraftwerkes von dieser Seite her nicht behinder[te]"[424]. Die Gegenüberstellung des spezifischen Kohleverbrauchs der älteren Maschinen mit durchschnittlich 2,050 kg/kWh

---

[420] Herzig (1992), S. 141.

[421] Die von der Bundesregierung bevorzugte Lösung der Vereinigung der deutschen Netze unter dem Dach einer „Deutschen Netz AG" ist allerdings zum aktuellen Stand in weite Ferne gerückt. Denn Vattenfall ist nach E.ON der zweite große Energiekonzern, der einen Verkauf des Übertragungsnetzes ins Ausland bevorzugt. Damit reagieren die Unternehmen auf den „Druck der EU-Kommission, die Netze aus den Konzernen herauszulösen und so für mehr Wettbewerb zu sorgen". taz (2010); siehe ferner LBD-Beratungsgesellschaft (2010).

[422] Vgl. u. a. BWA, F 025-334, S. 4 und -335, S. 22. Vorstandsberichte 1938 und 1939.

[423] Zu den einzelnen Ausbaustufen der firmeneigenen Erzeugungsstätten siehe Kapitel 4.1.1 „Das Kohlekraftwerk Arzberg".

[424] BWA, F 025-338, S. 22 und -339, S. 22. Vorstandsberichte 1942 und 1943. Aufgrund des Energiemangels im bayerischen Verbundnetz wurde die BELG trotz bestehender Abnahmeverträge seitens des Bayernwerks von diesem häufig aufgefordert die eigenen Erzeugungsanlagen in Betrieb zu nehmen und so das Netz zu entlasten. Vgl. BWA, F 025-339, S. 22. Vorstandsbericht 1943.

und der neu installierten Anlage mit 1,175 kg/kWh erklärt eingängig die höhere Wirtschaftlichkeit in der Stromerzeugung. Diese drückte sich bereits im ersten Jahr nach der Umstellung auf die leistungsfähigere Maschine darin aus, dass die Erzeugung des Kraftwerks das 2,23-fache des Vorjahres betrug, während der Kohleverbrauch lediglich auf das 1,38-fache anstieg.[425] Bereits 1943 deckte die neue Anlage aufgrund ihres hohen Wirkungsgrades mit 99,7 Prozent annähernd den gesamten Anteil der Eigenerzeugung ab. Dieser umfasste in diesem Jahr mit 52,4 Mio. kWh rund 50 Prozent des Gesamtbedarfs[426] – ein Wert, der nach der eingegangenen Vertragsbindung mit dem Bayernwerk aus dem Jahr 1924 bis dahin nie mehr erreicht wurde.

Der kurzfristigen Erhöhung der Stromabgabe im Jahr 1944, die vornehmlich der Verlagerung von rüstungsrelevanten Industrien in das frontferne Versorgungsgebiet der BELG geschuldet war[427], folgte mit Ende des nationalsozialistischen Reichs im Mai 1945 auch ein kurzzeitiger Einbruch im bayernweiten Energiesektor. Dies machte sich auch in der stark reduzierten Eigenerzeugung des Überlandwerks bemerkbar, die nur durch eine drastische Steigerung der Bayernwerk-Bezugsmenge kompensiert werden konnte. Als ursächlich für die Betriebseinschränkung des Kraftwerks Arzberg sind in erster Linie die ausbleibenden Kohlelieferungen aus dem Falkenauer Revier zu nennen. Da die installierten Kesselanlagen für andere Kohlesorten nicht ausgelegt waren, untergrub der Mangel an Brennmaterial unweigerlich das ehrgeizige Vorhaben, „das Werk unter allen Umständen vor dem Stillstand zu bewahren"[428].

Zweifellos hatte der verlorene Krieg für alle bayerischen Energieversorger, wie auch für die BELG, zerstörte Anlagen, einen drastisch verminderten Personalbestand und veränderte Verbundstrukturen[429] zur Folge, so dass bspw. der Umfang des betriebsfähigen Netzes des Bayernwerks auf lediglich fünf Prozent des Gesamtumfangs sank und die Stromlieferung an die BELG nur mit Mühe aufrecht

---

[425] BWA, F 025-338, S. 23. Vorstandsbericht 1942.

[426] BWA, F 025-339, S. 3 und S. 22. Vorstandsbericht 1943. Die Absicht, die Kapazitäten des eigenen Kraftwerks möglichst häufig einzusetzen erklärt sich auch in der Gegenüberstellung der spezifischen Kosten der Eigenerzeugung mit 0,99 Rpfg/kWh (reine Kohlekosten) und des Fremdstrombezugs mit 2,99 Rpfg/kWh. Ebd., S. 5.

[427] Vgl. BWA, F 025-340, S. 1, S. 6 f. Vorstandsbericht 1944.

[428] BWA, F 025-342, S. 4. Vorstandsbericht 1946.

[429] Beispielsweise wurden die mitteldeutschen Verbindungen des Bayernwerks mit Errichtung der sowjetischen Zone weitestgehend unterbunden. Vgl. Pohl (1996), S. 276, 281 und 304. Die BELG selbst verzeichnete gegen Ende des Krieges größere Schäden in dem Leitungsnetz ihres Versorgungsgebiets sowie die Zerstörung des Gebäudes der Hauptverwaltung in Bayreuth (s. Abbildung 3.1). BWA, F 025-341, S. 1. Vorstandsbericht 1945; Denkschrift 75 Jahre Energieversorgung Oberfranken (1989), S. 2.

erhalten werden konnte.[430] Dennoch waren die festzustellenden Schäden weit geringer als in anderen Industriezweigen.[431] Gleichsam zog der gesellschaftspolitische Umbruch für die Branche nur geringfügige Konsequenzen für deren strukturelle Integration nach sich. Die Photographie 4.19 zeigt die zonengerechte Abnabelung der bayerischen Versorgungsstruktur von den mitteldeutschen Stromnetzen.

**Abb. 4.19: Die Stromleitungen in die sowjetische Zone sind unterbrochen.**

Quelle: v. Keller (1969), S. 23.

Die USA, Großbritannien und die Sowjetunion kamen in dem Potsdamer Kommuniqué vom 2. August 1945 überein, dass die deutsche Wirtschaft „zu dem frühest möglichen Zeitpunkt [...] dezentralisiert werden [müsse], um die gegenwärtige übermäßige Konzentration der Wirtschaftsmacht, wie sie insbesondere durch Kartelle, Syndikate, Trusts und andere monopolistische Abreden belegt wird, zu vernichten"[432]. Infolgedessen lösten die Alliierten zwar im Jahr 1946 die unter den Nationalsozialisten gegründete „Reichsgruppe Energieversorgung" auf und unterwarfen die vier großen Energieversorger Westdeutschlands, zu denen neben dem RWE, VEW, Preußen-Elektra auch das Bayernwerk gehörte, den Dekartellierungsgesetzen der Militärregierungen; zu der im Rahmen der Kartellauflösun-

---

[430] Pohl (1996), S. 281 f.
[431] In Westdeutschland wurden die Kraftwerke durch unmittelbare Kriegseinflüsse lediglich zu 10 % zerstört, so dass bereits 1947 mit 5500 MW Leistung wieder die Produktions-Kapazität von 1942 vorhanden war. Vgl. Zängl (1989), S. 219.
[432] Hick (1960), S. 113. Festgehalten in dem Protokoll unter III B § 12.

gen angedachten Entflechtung der Elektrizitätswirtschaftskonzerne mit dem Ziel, die Konzerngesellschaften der öffentlichen Versorgung aus den Konzernen herauszulösen, kam es jedoch nicht. Vielmehr vereinbarten deutsche und alliierte Stellen alsbald in einem sogenannten Stillhalteabkommen, die Energieversorgung aufgrund ihrer volkswirtschaftlichen Bedeutung nicht in das strenge Kartellverbot aufzunehmen. Diese Übereinkunft legalisierte die wettbewerbseinschränkenden Konzessionsverträge und Demarkationsvereinbarungen in der öffentlichen Energieversorgung und kam in ihrer Wirkung einer formellen Ausnahme der Energiewirtschaft vom Kartellverbot gleich.[433] Schließlich wurde der Elektrizitätsversorgung im Gesetz gegen Wettbewerbsbeschränkungen (GWB) eine „Bereichsausnahme für ihre [...] Gebietsabsprachen zugestanden"[434], so dass die technische wie machtpolitische Entwicklung in dieser Branche beinahe nahtlos weitergehen konnte[435] und sich die Überzeugung verbreitete, dass die Elektrizitätswirtschaft sogar „stärker aus dem Krieg heraus[kam], als sie in die NS-Zeit hineingegangen war"[436].

Die amerikanische Militärregierung hatte in Bayern zudem großes Interesse, landesweit zügig eine ausreichende Stromversorgung bereitzustellen und verzichtete daher auf jedwede Demontage der Erzeugungs- und Verteilungsanlagen.[437] Die rasche Stabilisierung der Rahmenbedingungen schlug sich auch positiv auf die Energiedeckung der BELG nieder, die durch entsprechende Vertragsabschlüsse mit Lieferanten aus dem Falkenauer Kohlerevier bereits 1947 eine Normalisierung der Erzeugung einleiten konnte. Die Eigenerzeugung gewann in der Folge durch die kontinuierliche Anhebung des BW-Verrechnungspreises ab dem Jahr 1948 (s. Abbildung 4.11) weiter an Bedeutung, so dass bereits 1949 das eigene Kraftwerk Arzberg wieder bis an die Grenzen der maximalen Kapazitätsauslastung in Anspruch genommen wurde, um die ergänzende Bezugsmenge auf ein Minimum zu reduzieren.[438] Als Begründung für die ansteigende Preisschraube gab das Bayernwerk an, dass „sich durch den erhöhten [Strom]bedarf das Mischungsverhältnis zwischen Wasser- und Kohlenstrom zugunsten des Kohlen-

---

[433] Vgl. v. Fricken (1969), S. 64 ff.
[434] Gröner (1975), S. 396. Diese wurde jedoch durch eine gezielte Missbrauchsaufsicht kontrolliert. Missbrauchsbeanstandungen wurden jedoch in der Folgezeit weder von alliierter Seite noch – nach Kompetenzübergang am 4.05.1955 – vom Bundeswirtschaftsminister erhoben. Vgl. Koeppel (1959), S. 50-53 und S. 60 ff.
[435] Selbst die Tarifordnung und die Strompreise blieben auf dem Stand der NS-Zeit. Vgl. Der Europäische Wirtschaftsrat (1955), S. 21.
[436] Karweina (1984), S. 176.
[437] Vgl. Pohl (1996), S. 283 f.
[438] Vgl. BWA, F 025-37, S. 6. Geschäftsbericht 1949.

stroms verschoben"[439] habe, was naturgemäß mit einem nachfragegetriebenen Preisanstieg einhergehe.

Diese Erklärung fußte durchaus auf einer bayernweit beobachtbaren Entwicklung in der Elektrizitätswirtschaft der Nachkriegsjahre. Der Strombedarf, der durch den Zustrom von Flüchtlingen aus dem Osten und den Mangel an alternativen Brennstoffen in einem starken Anwachsen begriffen war und für den der Wegfall der Rüstungsindustrie nur einen geringfügigen Ausgleich bringen konnte, wurde durch den jahreszeitlich schwankenden Bezug der zahlreichen wasserkraftgetriebenen Erzeugungsanlagen nur unzureichend gedeckt. Die Folge war, dass die bayerischen Kapazitäten der Energieerzeugung kaum ausgelegt waren, um das landesweite Verbundnetz, ohne entsprechenden Zukauf bei außerbayerischen Energieversorgern[440], in ausreichendem Maße zu speisen. Dass sich die Elektrizitätswirtschaft des Freistaats bis zu diesem Zeitpunkt womöglich zu einseitig auf die „weiße Kohle" fokussiert hatte und damit eine deutliche Diskrepanz zwischen Stromerzeugung und -bedarf in Kauf nahm, zeigte sich besonders einprägsam in den trockenen Wintermonaten der Jahre 1946 bis 1948.[441] Diese ließen Restriktionen elektrischer Energie notwendig werden, „wie sie wohl noch nie in einem anderen Lande dem Konsumenten zugemutet wurden"[442], mit Einschränkungen, die phasenweise 53 Prozent der regulären Leistungserbringung betrugen.[443]

Den hieraus resultierenden Stromeinschränkungen zum Trotz setzte die Oberste Baubehörde, nachdem sie 1945 ihre in der NS-Zeit an das Reichsinnenministerium abgetretenen Kompetenzen zurückerhielt[444] und das Bauverbot der Besatzungsmacht 1949 gefallen war, zum Unverständnis der Führung des Bayernwerks jedoch weiterhin auf eine „Veredelung" der Wasserkräfte. Als anschauliches Beispiel sollte hier das Nachbarland Österreich dienen, das durch eine geschickte Nutzbarmachung der reichlich vorhandenen alpinen Flussläufe sogar zum Stromexporteur aufstieg.[445] Ein Grund für diese Haltung war sicherlich auch, dass man „in der Kohle nicht Brennstoff, sondern vielmehr hochwertigen Roh-

---

[439] BWA, F 025-344, S. 3. Vorstandsbericht 1948.
[440] Durch den Wegfall der mitteldeutschen Dampfkraftwerke infolge der Zonentrennung wurde seitens des Bayernwerks eine Nordwestverbindung zu der Rheinisch-Westfälischen Elektrizitätswerk AG (RWE) gesucht. Vgl. Pohl (1996), S. 306-315.
[441] Gemäß Pohl (1996), S. 305 wurde im Jahr 1949 der Strombedarf in Bayern von 4,3 Mrd. kWh wie folgt gedeckt: 64,5 % aus Wasser- und Speicherkraftwerken, 25,5 % aus Wärmekraftwerken und 10,0 % aus externer Stromeinfuhr.
[442] Bericht des Landeslastverteilers für 1946 bis 1949, zit. n. v. Keller (1969), S. 23.
[443] Ebd.
[444] Pohl (1996), S. 281.
[445] Vgl. Sandgruber (1995), S. 508.

stoff sah, dessen Verwendung zugunsten volkswirtschaftlich richtiger Verwertung (Gaserzeugung, Gewinnung von Nebenprodukten)"[446] eingeschränkt werden sollte. Im Kontrast dazu wollte man auf Seiten des Bayernwerks die weitere Energiewirtschaft eher am industriellen Leitbild Nordrhein-Westfalens orientiert sehen, wo sich das RWE durch kostengünstige Wärmekraftwerke und eine zügige Integration in den internationalen Verbund zukunftsorientiert aufzustellen vermochte.[447]

Die hohe Kapitalintensität des Wasserkraftausbaus, die zunehmende Nutzbarmachung der wirtschaftlich verwertbaren Wasserkräfte sowie der Mangel an großflächigen Speichermöglichkeiten ließ die Oberste Baubehörde jedoch alsbald erkennen, dass in Bayern, dem klassischen Land der „weißen Kohle", eine Verlagerung des Kraftwerksausbaus hin zu Wärmekraftwerken als unabdingbar galt. Demnach willigte man zumindest ein, dass „in den Bedarfsschwerpunkten elektrischer Energie beziehungsweise in günstiger Lage zum bestehenden Hochspannungsnetz [...] die Errichtung [und der Ausbau] von [...] Heizkraftwerken"[448] erwünscht sei. Dieser Bestimmung entsprechend wurden zwischen 1950 und 1960 rund 56 Prozent der zusätzlich in Betrieb genommenen Kraftwerks-Engpassleistungen in Wärmekraftwerken erstellt, um auch in vergleichsweise wasserarmen Zeitabschnitten möglichst autark von den anderen Bundesländern[449] Energie bereitstellen zu können.[450] Bereits 1954, dem Ende des Untersuchungszeitraums, wurde folglich jede dritte Kilowatt-Stunde in Bayern – 1948 war es noch jede fünfte – durch Wärmekraftwerke erzeugt (s. Darstellung 4.20). Die Vergleichszahl des Jahres 1982 mit einem Wasserkraftanteil in Bayern von lediglich fünf Prozent verdeutlicht den völligen Wandel zugunsten von kalorischen Kraftwerken.

---

[446] Pohl (1996), S. 305 f.
[447] Vgl. Deutinger (2001), S. 44 f.
[448] Pohl (1996), S. 306.
[449] Für eine detaillierte Auflistung der Energiebereitstellung (unterteilt in Wärme- und Wasserkraft) der Länder der BRD im Jahr 1954 siehe Anlage 7.
[450] v. Keller (1969), S. 24.

Abb. 4.20: Die Quellen elektrischer Energie in Bayern und den anderen Bundesländern der BRD (1954)[451]

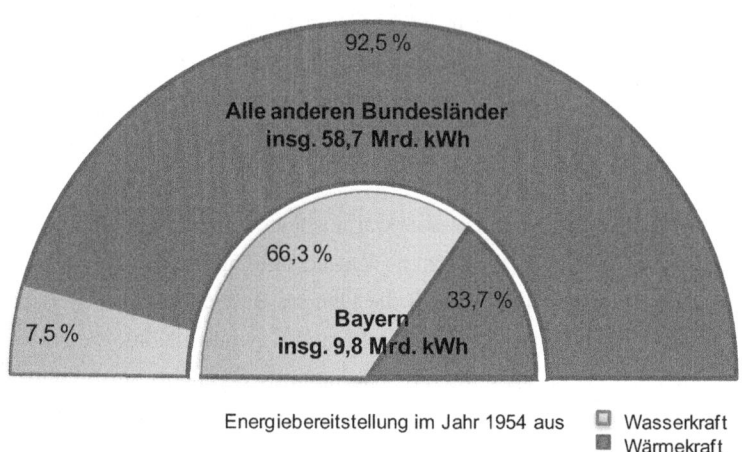

Quelle: Eigene Darstellung i. A. a. Die bayerische Elektrizitätsversorgung 1925 bis 1954 (1955), S. 45.

Vor diesem Hintergrund sind auch die sukzessiven Ausbauten im Kraftwerk Arzberg in den Fünfziger Jahren zu interpretieren, im Zuge derer die BELG ihre Maschinen-Kapazitäten binnen sechs Jahren um mehr als das Dreifache zu steigern vermochte.[452] Der Austausch der teilweise aus dem Jahre 1914 stammenden unwirtschaftlichen Maschinensätze gegen zeitgemäße Turbo-Aggregate ging zudem einher mit einer Erhöhung des Eigenanteils in der Bereitstellung elektrischer Energie und ermöglichte es der BELG, verstärkt von den zuverlässigeren und preisgünstigeren Lieferungen der böhmischen Braunkohle zu profitieren sowie der allgemeinen Nachfrageentwicklung gerecht zu werden.[453] In dem Geschäftsbericht des Jahres 1954 heißt es hierzu vielsagend: „Durch verbesserte Wirtschaftlichkeit der Eigenerzeugung im Zuge der Modernisierung und des Ausbaues des DKW Arzberg zusammen mit dem Bayernwerksvertrag hoffen wir, die Kostennachteile, denen die bayerische Elektrizitätswirtschaft im Vergleich zum Westen des Bundesgebietes unterliegt, in unserem Versorgungsgebiet zum Teil wettmachen zu können und so die Voraussetzungen für eine ausreichende und

---

[451] Zur besseren Vergleichbarkeit auf Bundesebene sind neben den öffentlichen Werken der Elektrizitätserzeugung auch die industriellen Stromerzeugungsanlagen und Bundesbahnkraftwerke berücksichtigt.

[452] Die Erweiterungen fanden in drei Etappen statt: 1953/54 auf 42 MW; 1956/57 auf 74 MW; 1959/60 auf 89 MW. Denkschrift 50 Jahre BELG (1969), S. 2.

[453] Ab dem Jahr 1951 war eine deutlich verbesserte Versorgung mit böhmischer Braunkohle zu verzeichnen, was sich überaus positiv auf die Produktivität des Kraftwerks Arzberg auswirkte. BWA, F 025-347, S. 4 und -351, S. 32. Vorstandsberichte 1951 und 1955.

sichere Versorgung der Abnehmer unseres benachteiligten Zonengrenzgebietes zu angemessenen Preisen geschaffen zu haben."[454]

Diese Entwicklung versetzte die BELG im Jahr 1952 in die Lage, „zum ersten Male seit Beendigung des zweiten Weltkrieges [...] alle Abnehmer während des ganzen Jahres uneingeschränkt zu beliefern"[455]. Die Erweiterungs- und Erneuerungsprogramme wurden dabei erst durch das Investitionshilfegesetz[456] realisierbar, das es möglich machte, „eine Eigenfinanzierung volkswirtschaftlich wichtiger Anlagen [...] durchzuführen"[457].

Ein weiterer Grund für die kostspieligen Ausbauten zur Erhaltung der „wirtschaftlichen und betrieblichen Vorteile"[458] des Kraftwerks mag sicherlich der Wunsch einer umfangreicheren produktionsseitigen Unabhängigkeit vom Bayernwerk gewesen sein, die dem Management erweiterte Handlungsalternativen in der Strombeschaffung in Form einer gestärkten Verhandlungsposition gegenüber dem Hauptlieferanten von Fremdstrom einräumte. Der Wunsch nach Flexibilität erklärte auch die Vereinbarung der BELG mit dem Bayernwerk, die im Stammabnehmervertrag von 1923 festgeschriebene Kündigungsfrist von zwei Jahren auf die Hälfte zu verkürzen.[459]

Jedoch das gewichtigste und vor den Aktionären ausschlaggebende Argument für die Erweiterungen am Kraftwerk stellte wohl die absehbare Einigung mit dem Staate Bayern hinsichtlich der im Staatsvertrag verankerten Heimfallrechte dar. Mit dem Jahr 1953 fanden die über lange Jahre andauernden schwierigen Verhandlungen zwischen der BELG und dem Innen-bzw. Finanzministerium ihren ersehnten Abschluss, so dass der neu geregelte Staatsvertrag „eine weitgehende Sicherung der Existenzgrundlage der BELG [schuf], die nur noch durch gesetzliche Eingriffe (Sozialisierung) beeinflußt werden"[460] konnte. In den wichtigsten Bestimmungen des Vertragswerkes verzichtet der bayerische Staat „auf seine vermögenswerten Rechte aus dem alten Staatsvertrag (kostenloser Heimfall der Ortsnetze und der Anlagen auf Staatsgrund, Ablösungsrechte, Vorkaufsrecht auf Aktien der BELG)"[461]. Darüber hinaus wurde der BELG „ein zeitlich unbe-

---

[454] BWA, F 025-42, S. 10. Geschäftsbericht 1954.
[455] BWA, F 025-40, S. 6. Geschäftsbericht 1952.
[456] Zusätzlich schuf die durch § 36 IHG gegebene Möglichkeit von Sonderabschreibungen eine günstige Grundlage für Neuanschaffungen. BWA, F 025-40, S. 6. Geschäftsbericht 1952.
[457] Ebd.
[458] BWA, F 025-40, S. 6. Geschäftsbericht 1952.
[459] BWA, F 025-345, S. 6. Vorstandsbericht 1949.
[460] BWA, F 025-348, S. 34. Vorstandsbericht 1952.
[461] BWA, F 025-929 und 916. Staatsvertrag zwischen der BELG und dem bayerischen Staat vom 15. Juni 1953, § 4 Abs. 2.

schränktes und ausschließliches Stromlieferungsrecht eingeräumt"[462]. Als Gegenleistung wurde dem bayerischen Staat als Abgeltung der vermögenswerten Rechte ein Sitz im Aufsichtsrat sowie Aktien im nominalen Gegenwert von einer Million DM zugebilligt.[463] Ein vor allem aus Sicht des Überlandwerkes höchst befriedigendes Ende einer beinahe vierzig Jahre andauernden Unsicherheit und gleichsam Fundament eines zukunftsorientierten Konzeptes der eigenen Energieerzeugung.

Auch in den folgenden Jahrzehnten wurde die Umschichtung der Energiebereitstellung zugunsten des eigenen Kraftwerks in dieser Weise fortgeführt, so dass es der BELG im Jahr 1974 möglich war, bis zu 98 Prozent des abgegebenen Stroms ohne Inanspruchnahme externer Bezugsquellen in Arzberg selbst zu erzeugen.[464]

Dieses Kapitel diente vornehmlich der Erläuterung alternativer Bezugs- und Erzeugungsquellen in der Energiebereitstellung der BELG mit der gleichzeitigen Intention, ein Grundverständnis für die produktionsseitige Basis des in die bayerische Verbundwirtschaft integrierten Überlandwerkes zu vermitteln. Hierbei wurde im Besonderen auf das staatlicherseits gegründete Bayernwerk eingegangen, das als Organ der bayerischen Elektrizitätspolitik interpretiert werden kann und als solches einen fundierten Einblick in die Konstellation zwischen dem privatwirtschaftlich organisierten Überlandwerk und dem bayerischen Staat bietet.

Im Folgenden soll die Absatzentwicklung der BELG im schwerpunktmäßigen Untersuchungszeitraum zwischen 1914 und 1954 eingehend Behandlung finden, um die Interaktion zwischen dem oberfränkischen Energieversorger und seinen vielschichtigen Abnehmergruppen sowie deren fortschreitende Elektrifizierung abzubilden.

---

[462] BWA, F 025-929 und 916. Staatsvertrag zwischen der BELG und dem bayerischen Staat vom 15. Juni 1953, § 4 Abs. 1.
[463] Siehe die Neufassung des Staatsvertrages vom 15. Juni 1953. Die monetäre Gegenleistung war aufgrund der Artikel 81 bzw. 160 der bayerischen Verfassung vom 8. Dezember 1946 nötig geworden und bis 1. Juli 1963, mit der jeweiligen Dividende verzinst zu entrichten. Abzurufen im Internet unter http://www.verfassungen.de/ de/by/bayern46.htm. Interessanterweise „sollte nicht die Höhe der Beteiligung entscheidend sein, sondern die Tatsache der Beteiligung" an sich. Vgl. BWA, F 025-347, S. 29. Vorstandsbericht 1951.
[464] Denkschrift 75 Jahre Energie für Oberfranken (1989), S. 5 f.

## 5. Stromabsatzentwicklung und Expansionspolitik

Der folgende Abschnitt stellt neben der vorangegangenen Aufarbeitung der Strombeschaffung und -eigenerzeugung des Unternehmens ein zentrales Untersuchungsfeld dieser Arbeit dar und soll dementsprechend unter einer weitgehenden Einhaltung der chronologischen Abfolge die Entwicklung der Energiequelle Strom vom selten vorzufindenden Luxus- zum unverzichtbaren Konsum- und Industriegut anhand unterschiedlicher Blickwinkel reflektieren. Hierzu bieten die Absatz- und Expansionspolitik der BELG und ihre Einbettung in die bayerische Verbundwirtschaft der Stromversorgung das Fundament, um, exemplarisch für die bayernweite Entwicklung, die Verbreitung der „Ware" Strom im oberfränkischen Raum zu betrachten. Ferner gilt es zu untersuchen, welche Marketing- und Expansionsmaßnahmen sowie Tarifgestaltungen zur Anwendung kamen, mit Hilfe derer sich der Energieversorger trotz der wirtschaftlich und politisch turbulenten Zeiten des Untersuchungszeitraums einen expansiven Markt und eine breite Akzeptanz für sein Produkt, die Elektrizität, unter den einzelnen Abnehmergruppen erschloss.

Zudem war die Quantität der Stromabgabe des oberfränkischen Überlandwerks in vielfacher Weise beeinflusst durch externe, gesellschaftspolitische Ereignisse und deren unmittelbare Auswirkungen auf die konjunkturelle Entwicklung des Versorgungsgebietes. Dieser Umstand ließ eine flexible und weitsichtige Geschäftspolitik der Unternehmensführung nötig werden, um den häufig alternierenden ordnungs- und energiepolitischen Rahmenbedingungen sowie den im Zeitverlauf wachsenden Anforderungen und Eigenheiten der einzelnen Abnehmergruppen gerecht zu werden.

Bevor der Stromabsatz des Überlandwerks sowie dessen Installationshandwerk, Marketingstrategie und Tarifpolitik im Untersuchungszeitraum eingehend Behandlung finden, soll ein kurzer Abriss über den Stand der Elektrifizierung um 1913, in der Gründungszeit des Überlandwerks, als Grundlage und Einstieg für die absatzseitige Aufarbeitung der wirtschaftsgeschichtlichen Entwicklung des Unternehmens dienen.

### 5.1 Vom Licht- zum Kraftstrom – Stand der Elektrifizierung verschiedener Anwendungsbereiche am Vorabend des Ersten Weltkrieges

In der Gründungsphase der BELG war das Faszinosum Elektrizität technisch wie wirtschaftlich in kontrollierte Rahmenbedingungen gefasst; dies galt auch, nur am Rande bemerkt, hinsichtlich der juristischen Komponente, indem das Gesetz „betreffend die Bestrafung der Entziehung elektrischer Arbeit"[465] (vom 9. April 1900) die Strafbarkeitslücke schloss und die Elektrizität trotz ihrer Nicht-Wägbarkeit rechtlich als ein Gut festschrieb, das entwendet werden konnte.[466] Auch die von Teilen der Bevölkerung bis in das frühe 20. Jahrhundert angezweifelte, volkswirtschaftlich sinnvolle Nutzbarkeit von Elektrizität musste als bewiesen gelten. Als Indiz hierfür lässt sich die deutschlandweite Entwicklung anführen. So stieg in der Zeit von 1895 bis 1913 die Anzahl der Elektrizitätswerke um den Faktor 27 auf 4.040, die Zahl der versorgten Ortschaften auf das 75-fache (12.650)[467], die der angeschlossenen Glühlampen um das 50-fache (auf ca. 24,5 Mio.) und der Gesamtanschlusswert elektrischer Anlagen gar auf das 100-fache (3.726 MW).[468] Auch in der Industrie wuchs in dem gleichen Zeitraum die Abgabe von elektrischer Arbeit pro Arbeiter um 2.100 Prozent (auf ca. 8,5 kWh) an.[469] Auch wenn Bayern als Agrarstaat bezüglich der ab Mitte des 19. Jahrhunderts einsetzenden Industrialisierung hinterherhinkte, so gaben die Zahlen der um sich greifenden Elektrifizierung ähnliche Wachstumsraten wieder.

Überdies lockten nach der Jahrhundertwende die Fortschritte in der Stromerzeugung und -verteilung sowie die zu einem großen Teil auf die versorgungssichere Wasserkraft gestützte Stromindustrie große Unternehmen in das Königreich. Als hervorzuhebendes Beispiel ist hier die Elektrochemie anzuführen, die sich in der Konsolidierungsphase nach der Jahrhundertwende vermehrt für Standorte in Bayern entschied. Mit den Farbwerken Höchst (1900), der Bayerischen Stickstoff-Werke AG (1908), den Elektrochemischen Werken München (1910) und der „Dr. Alexander Wacker Gesellschaft für elektrochemische Industrie (1914) seien nur vier prominente Beispiele dieser Entwicklung genannt.[470]

---

[465] RGBl., S. 228.
[466] Vgl. Kirchhoff (1933), S. 47; ferner Birkefeld/Jung (1994), S. 77.
[467] Um das Jahr 1910 wiesen fast alle deutschen Städte über 2.000 Einwohner entsprechende Elektrizitätswerke auf. Im gesamten Reichsgebiet waren jedoch erst etwa zehn Prozent aller Haushalte an die bestehenden Stromnetze angeschlossen.
[468] Bei den Verbrauchern ist die Stromentnahme jeweils nach oben durch den sogenannten Anschlusswert der Anlagen begrenzt. Der Gesamtanschlusswert drückt „den Gesamtverbrauch aller elektrischen Geräte aus, die bei einem Abnehmer gleichzeitig eingeschaltet werden können und stellt daher die höchstmögliche Spitze [...] dar". Im Extrem dargestellt: Falls alle angeschlossenen Abnehmer alle Verbrauchsgeräte zur gleichen „Zeit einschalten, so würde die Summe [...] vermehrt um die Leitungsverluste, die Jahresspitze des Elektrizitätswerks und damit die Größe der erforderlichen Erzeugungs- und Verteilungsanlagen ergeben". Salm (1939), S. 10 f.
[469] Nach der „Statistik der Elektrizitätswerke in Deutschland", herausgegeben von dem Verband Deutscher Elektrotechniker. Abgedruckt in Siegel (1913), S. 11.
[470] Vgl. Götschmann (2010), S. 217. Zur Entwicklung der elektrochemischen Industrie in Bayern siehe auch Bott (1985), S. 202-208.

Es lässt sich die Feststellung anschließen, dass Strom spätestens mit der in den dargestellten bayerischen Staatsverträgen vorgeschriebenen Versorgungspflicht und dem anwachsenden Hunger der Bevölkerung nach den Vorzügen der Elektrizität noch vor dem Ersten Weltkrieg in seiner wahrgenommenen Wesensart in vielfacher Weise zu einer Ware wie jede andere wurde.[471] Vielmehr noch konnte die Elektrizität als das abstrahierbare idealtypische, homogene Produkt überhaupt gelten. Ist sie doch „identisch erzeugbar, beliebig teilbar, gut meßbar [sowie] technisch völlig determiniert und transportfähig, die Transportwege sind festgelegt"[472]. Diese Merkmale, welche die „Natur" des Produktes Strom bestimmen, lassen durchaus eine Einordnung in die Warengattung der Markenartikel zu, da der elektrische Strom „einerseits den Börsenprodukten ähnelt, letzteren sogar durch seine eindeutige Qualität überlegen ist und andererseits im Wettbewerb mit den Börsen- und Markenartikeln Gas, Kohle und Öl steht"[473].

Dennoch war die Energiequelle Strom in den Köpfen der Zeitzeugen noch weit davon entfernt, die banale Selbstverständlichkeit zu sein, als welche sie heute wahrgenommen wird. Aus dieser Erkenntnis erwuchs die wohl wichtigste und gleichsam dringlichste Forderung an die Stromwirtschaft, die im „systematischen Ausbau des Elektrizitätsabsatzes zu planmäßigem Stromhandel im Sinne typischen Warenvertriebs"[474] lag. Die in den bayerischen Staatsverträgen als gesetzlicher Auftrag niedergeschriebene Verpflichtung der Versorger gegenüber der Bevölkerung kann demnach insofern am besten umschrieben werden, als Strom in einem solchen Zustand auf den Markt gebracht werden sollte, dass unter den Verbrauchern der Eindruck einer billigen und zugleich lebensnotwendigen Ware erweckt würde. Dieser als ökonomischer Selbstzweck der Branche zu interpretierende Anspruch ließ die „warenmäßige Propagierbarkeit" hinsichtlich der großen Vorteile und Annehmlichkeiten der Elektrizitätsverwendung zu einer hinreichenden Bedingung werden, um eine verkaufsstrategisch induzierte, kontinuierliche Konsumzunahme zu bewirken.

Vor dem Hintergrund der für die Elektroindustrie charakteristischen Kapitalintensität stellte die zunehmende Fokussierung auf eine Intensivierung der Kundeninteraktion – sei es mittels gezielter marketingspezifischer und tarifpolitischer Maßnahmen oder kundengerechter Produktentwicklungen – einen logischen

---

[471] Hier sei auf das Kapitel 2.4 „Die ‚Staatsverträge' – das Bemühen um eine Vereinheitlichung der Stromversorgung in Bayern" verwiesen.
[472] Vgl. Zängl (1989), S. 42.
[473] Mueller (1929), S. 268 ff., zit. n. Kirchhoff (1933), S. 38. Demnach ist ausschließlich der Bedarf und nicht die technische Eigenschaft eines Gutes für seine Einordnung in eine bestimmte Warengruppe maßgebend. Ebd., S. 37 f.
[474] Kirchhoff (1933), S. 38.

nächsten Schritt der Branche dar. Als Konsequenz dieser Entwicklung erhielt die Absatzseite der Stromhändler in vielen Fällen bereits vor dem Ersten Weltkrieg eine, nach umsatzmaximierenden Gesichtspunkten akzentuierte, Ausrichtung. Allerdings sei erwähnt, dass die nach wie vor relativ hohen Preise der Kilowattstunde diesen, für die zügige Elektrifizierung breiter Gesellschaftsschichten unabdingbaren betriebswirtschaftlichen Ansatzpunkt sicherlich merklich bremsten.[475]

Wie im gesamten Deutschen Reich gelang es der Branche dennoch auch in Bayern sukzessive – nicht zuletzt unterstützt durch die aktive Elektrizitätspolitik der Landesregierung – die Dominanz fossiler Energieträger wie Öl, Gas und Kohle in verschiedenen Anwendungsbereichen zu schwächen. Die zum Teil massiven Werbekampagnen wiesen das Produkt Strom als einen wirtschaftlichen und zukunftsorientierten Faktor aus, so dass trotz der damals weitgehend agrarisch geprägten Strukturen des Freistaats ähnlich hohe Wachstumsraten zu verzeichnen waren wie im restlichen Deutschland.[476] Als Bahnbrecher der engmaschigen Ausbreitung der Stromversorgung erwiesen sich in den Jahren vor dem Ersten Weltkrieg dabei vor allem zwei Vorzüge der Elektrizität. Hier ist zum einen auf die Einfachheit und geringe Feuergefährlichkeit des elektrischen Lichtes und zum anderen auf dem Gebiet der Kraftantriebe auf die Teilbarkeit der elektrischen Arbeit in kleine und kleinste Motorleistungen zu verweisen. Diese beiden zentralen Anwendungsbereiche, „Licht" und „Kraft", verdeutlichen exemplarisch den Ausgangspunkt der Elektrifizierung verschiedenster gesellschaftlicher Bereiche in der unmittelbaren Gründungszeit der BELG um das Jahr 1913.

### 5.1.1 Das elektrische Licht als Wegbereiter

Bertolt Brecht vermochte in seiner Dreigroschenoper geschickt auf die gesellschaftlichen Gegensätze aufmerksam zu machen: „Denn die einen sind im Dunkeln/Und die andern sind im Licht/Und man siehet die im Lichte/Die im Dunkeln sieht man nicht."[477]

Das elektrische Licht trug in übertragenem Sinne dazu bei, diese Unterschiede ein Stück weit zu nivellieren. Denn war die Elektrizität zur Jahrhundertwende – vielfach auch von den Stromerzeugern eingestanden – im Haushalt ein Luxus, den

---

[475] Es stellte die gängige Praxis der Stromversorger dar, die hohen Vorinvestitionen in Werks- und Netzausbau über die Preisschraube zu amortisieren. Vgl. Prinzing (2000), S. 170.
[476] Siehe die tabellarisch aufgelisteten Anschlusswerte von Bogen- und Glühlampen sowie Elektromotoren im Freistaat Bayern, in Ott (1986), S. 302.
[477] Brecht (1928) - Dreigroschenoper.

sich vor allem gutsituierte Schichten der Gesellschaft leisteten und der sich beim Gros des einfachen Volkes mit einer gewissen Skepsis konfrontiert sah, so konnte das elektrische Licht bis zum Ersten Weltkrieg vermehrt auch die Haushalte der „kleinen Leute" erobern.

Auch in der Beleuchtung öffentlicher Plätze und Straßen mussten im 19. Jahrhundert zahlreiche zum Teil abstrus anmutende Ansichten überwunden werden, bis sich die Elektrizität als Beleuchtungsquelle ersten Ranges herausbilden konnte. Ein gutes Beispiel für die in heutigen Tagen nur schwerlich nachzuvollziehenden Bedenken stellt ein Appell der Kölnischen Zeitung dar:

„Jede Straßenbeleuchtung ist verwerflich:

1. aus theologischen Gründen, als Eingriff in die Ordnung Gottes. Nach dieser ist die Nacht zur Finsternis eingesetzt, die nur zu gewissen Zeiten vom Mondlicht unterbrochen wird. Dagegen dürfen wir uns nicht auflehnen, den Weltplan nicht hofmeistern, die Nacht nicht in den Tag verkehren.

2. aus medizinischen Gründen. Das nächtliche Verweilen auf den Straßen wird den Leuten leichter und bequemer gemacht und legt zu Schnupfen, Husten und Heiserkeit den Grund.

3. aus philosophischen Gründen. [...] Die künstliche Helle verscheucht in den Gemütern das Grauen vor der Finsternis, das die Schwachen von mancher Sünde abhält. Diese Helle macht auch den Sünder sicher, so daß er in den Zechstuben bis in die Nacht hinein schwelgt.

4. aus volkstümlichen Gründen. Öffentliche Feste haben den Zweck, das Nationalgefühl zu heben. Illuminationen sind hierzu vorzüglich geschickt. Dieser Eindruck wird aber geschwächt, wenn derselbe durch allnächtliche Quasi-Illuminationen abgestumpft wird, daher gafft sich der Landmann toller an dem Lichtglanz als der lichtgesättigte Großstädter."[478]

Hinzu kam die Energiekonkurrenz in Form von Gas und Öl. Die Abbildung 5.1 zeigt am Beispiel zweier kämpferischer Flugblätter Wunsiedeler Bürger, dass noch im Jahr 1908 in der oberfränkischen Stadt vehement versucht wurde, die städtisch geplante Erzeugungsanlage zu verhindern.

---

[478] Kölnische Zeitung um das Jahr 1830 bzgl. der Einführung von Gaslaternen. Zit. n. BWA, F 025-537. Kundenzeitschrift März 1929.

**Abb. 5.1: Flugblätter in Wunsiedel gegen das Lichtwerk im Jahr 1908**

Quelle: Feldweg (1969), S. 137.

Trotz dieser Widerstände wurden die verschiedenen Formen der Beleuchtung und der Verkauf von „Lichtstrom" eine Domäne der frühen Elektrizitätswerke, was diesen alsbald treffliche Namen wie Central-Licht-Anstalt, Lichtwerk oder Erleuchtungsanstalt einbrachte.[479] Ganz im Sinne Brechts änderten sich mit dem Einzug des elektrischen Stroms in das Leben der Arbeiterklasse – zunächst im öffentlichen und industriellen Raum – nach und nach nicht nur die Beleuchtungsmethoden, sondern in ganz erheblichem Maße auch das kulturelle Empfinden der Zeitzeugen in Form eines bewussteren Selbstverständnisses und modernerer Lebensgewohnheiten. Die Elektrizität setzte sich gegenüber den alternativen Energieträgern sicher nicht zuletzt auch deshalb durch, weil sie vielfältiger einzusetzen war. Urbanitzky, ein von den Segnungen der „sauberen" Energiequelle Elektrizität überzeugter Chronist summierte bereits zur Jahrhundertwende: „Die praktischen Anwendungen des elektrischen Lichtes sind gegenwärtig bereits ebenso mannigfaltig als zahlreich." Allerdings, so gab er zu bedenken, sei es gewiss leichter, „alle jene Fälle aufzuzählen, in welchen das elektrische Licht noch keine Anwendung gefunden hat, als jene, wo es thatsächlich in Gebrauch steht"[480]. Letztere Aussage kam der elektrischen Wirklichkeit wohl am nächsten, die nach wie vor die Vorzüge des alternativen Energieträgers als eine zeitgenössische Seltenheit einzustufen hatte.

---

[479] Vgl. Rebske (1962), S. 166.
[480] Urbanitzky (1895), S. 827.

Gustav Siegel, AEG-Direktor und populärer Vordenker der Elektrizitätsbranche, machte in aufsteigender Bedeutung drei zentrale Bedürfnisse der Menschen hinsichtlich der Verwendung elektrischen Lichtes verantwortlich: Selbsterhaltung, Erwerbstätigkeit und Luxus.[481] Er sah die Gründe für den gewachsenen „Lichthunger" in der Vorkriegszeit – von 1890 bis 1915 stieg der Lichtkonsum in Deutschland nahezu auf das 12-fache (s. Abbildung 5.2) – neben der Verbilligung des allgemeinen Strompreises für elektrische Beleuchtung vor allem in der beruflichen wie gesellschaftlichen Emanzipation, die dazu verpflichtete, den herkömmlichen starren Tag-Nacht-Rhythmus zu durchbrechen. Kennzeichnend für diese Durchdringung des öffentlichen Raumes wurde eine wechselseitig abhängige Zunahme der Aktivitäten abseits des Tageslichts sowie des zur Verfügung stehenden Lichtangebots[482]; zumal die Industrie- und Straßenbeleuchtungen sowie u. a. die künstlich illuminierten Gastronomiebetriebe, Banken, Bahnhöfe und Hotels in Städten wie Gemeinden immer raschere Verbreitung fanden.[483] Im Besonderen sind an dieser Stelle Theater- und Bühnenbeleuchtungen hervorzuheben, da diese als wichtige Schritt- und Stimmungsmacher hinsichtlich der Verbreitung elektrischen Lichtes galten und in dieser Funktion einem ebenso zahlungskräftigen wie prestigehungrigen Publikum die Suggestion von Innovation und Wohlstand mit der ganzen Bandbreite der Möglichkeiten und Wirkungen vermittelten.[484]

Auch im Geschäftsleben erkannte man die stimmungsbildende Kraft des Lichtes. Schon früh avancierte die professionelle Beleuchtung von Verkaufsräumen sowie Schaufenstern und Reklameflächen mehr und mehr zu einem strategischen Erfolgsfaktor im Wettbewerb. Wer es vermochte seinen Laden in wirksamer Weise lichttechnisch in Szene zu setzen, erschien in den Augen der Kundschaft schnell als vertrauenswürdig und konnte die Konkurrenz nicht nur sprichwörtlich in den Schatten stellen.[485]

In der Arbeit, in den Büros und Fabrikgebäuden wurde begonnen, das elektrische Licht als einen produktiven Faktor verstehen zu lernen, der die Beleuchtungsintensität zu einer unentbehrlichen Komponente für höher qualifizierte Arbeitsgänge werden ließ und nachweislich in einer verbesserten Arbeitsmoral der Belegschaft resultierte.[486] Einen zusätzlichen zeitlichen wie finanziellen Vorteil beinhaltete das vergleichsweise unkomplizierte An- und Ausschalten der elektrischen Beleuchtung. Die Verwendung der modernen Lichtquelle ging daher, im Ver-

---

[481] Siegel (1917), S. 16.
[482] Siegel (1914), S. 171.
[483] Vgl. Prinzing (2000), S. 192; Fischer (1916), S. 24-61.
[484] Vgl. Birkefeld/Jung (1994), S. 65.
[485] Vgl. u. a. ebd., S. 69; Fürst (1926), S. 211.
[486] Vgl. Fürst (1926), S. 211.

gleich zu der herkömmlichen Beleuchtung mit Gas oder Petroleum, mit wesentlichen Einsparungen im Lichtkonsum einher.[487]

Im gemeinen Haushalt allerdings hielt das als kühl aber bequem und geruchsfrei empfundene elektrische Licht wenn überhaupt lediglich Einzug in den zentralen Wohnraum und fungierte oft, wie schon bei der herkömmlichen Beleuchtung, als einzelne Lichtquelle über dem Tisch.[488] Vor allem die Sauberkeit der neuen Beleuchtungsart bediente zeitgenössische Anliegen und stützte die im Wachsen begriffene Wertschätzung für die Kilowattstunde: „Wüßte nicht, was sie besseres erfinden könnten, als daß die Lichter ohne putzen brennten!"[489] Der Stoßseufzer des deutschen Dichters mit dem praktischen Verstand – Goethe – gibt Einblick in den jahrhundertealten Nährboden lichttechnischer Sehnsüchte. Vor Ausbruch des Ersten Weltkrieges beschränkte man sich jedoch noch überwiegend auf eine Kombination zwischen Petroleumlampen und elektrischem Licht, da die Kilowattstunde Strom etwa mit einem Durchschnittsstundenlohn und die Anschaffung einer Glühlampe gar mit einem durchschnittlichen Tagesverdienst, obwohl stark verbilligt, immer noch erheblich zu Buche schlugen.[490]

Dennoch war, indem es gelang die private Nachfrage zu wecken, ein großer Schritt hin zu einer vollelektrifizierten Gesellschaft vollbracht. Die Möglichkeit der Substitution konventioneller Energieträger durch den elektrischen Strom „veränderte die Struktur des Marktes für Lichtenergie grundlegend"[491]. Die wechselseitige Konkurrenz der Energieträger hatte den technischen Fortschritt induziert, wobei allerdings nicht die Elektrizität das Gas, sondern vielmehr die Glühlampe das Gaslicht ersetzte. Ihre vergleichsweise lange Lebensdauer von durchschnittlich 1.200 Stunden (2 bis 6 Jahre)[492], die bessere Teilbarkeit in kleine Einheiten sowie ihr durch fortwährende Weiterentwicklung kontinuierlich zurückgehender Stromverbrauch stellten gerade auch für das Segment der Geringverdiener

---

[487] Vgl. Fischer (1916), S. 30 ff.

[488] Die Gründe sind vor allem in der erhöhten Feuersicherheit zu suchen, da die Lichtquelle damit in maximalem Abstand zu brennbaren Materialien verortet wurde. Eine Methodik, die sich bis in die heutige Zeit gehalten hat.

[489] In Goethes „Sprüchen in Reimen", zit. n. Fürst (1926), S. 41.

[490] Gysin (1993), S. 15. Siehe auch Prinzing (2000), S. 192.

[491] Blaich (1981), S. 175.

[492] Siegel (1917), S. 44. Interessanterweise stellte bereits in den Zwanziger Jahre die Herstellung von Glühlampen mit einer Brenndauer von über 3.000 Brennstunden kein technisches Problem dar. Tatsächlich wurde diese allerdings von den Kartellen (namentlich das Phoebus-Kartell) begrenzt. Während dem Ersten Weltkrieg auf 1.200 Stunden, in den Nachkriegsjahren auf 1.000 Stunden und schließlich während der Weltwirtschaftskrise auf deren 750. Noch heutzutage weisen konventionelle Glühbirnen eine geringe Lebensdauer von durchschnittlich 1.000 Stunden auf. Karweina (1984), S. 117 sowie Fraunhofer Gesellschaft (2005).

überzeugende Argumente dar. Nicht zuletzt der erheblich höhere Prestigewert und die leichtere Bedienung des elektrischen Lichtes in Verbindung mit sicherheitstechnischen Aspekten (Vergiftungs-, Brand- und Explosionsgefahr von Gasbeleuchtung) verhalfen der Glühlampe zu einer zügigen flächendeckenden Verbreitung.[493] Entsprechend stieg in Bayern die durch Glühlampen angeschlossene Leistung in den Jahren von 1895 bis 1913 um das 77-fache auf insgesamt 98 MW an.[494]

Auf dem Gebiet der Großraumbeleuchtung hingegen konnte sich die in Bedrängnis geratene Gaswirtschaft durch die Erfindung des Auer-Gasglühlichts durchsetzen. Betroffen hiervon waren insbesondere elektrische Bogenlampen, die aufgrund ihrer großen Helligkeit und Hitzeentwicklung in geschlossenen Räumen nur äußerst bedingt einsatzfähig und zudem wegen „ihres hohen Stromverbrauches im Bereich der öffentlichen Beleuchtung dem billigeren Gaslicht unterlegen waren"[495]. Diese Eigenschaft ließ, abgesehen von vereinzelte Ausnahmen, die Straßenbeleuchtung bis in die jüngste Zeit nach dem Zweiten Weltkrieg zu einer Domäne der Gasindustrie werden.[496]

Die nachgezeichnete Entwicklung bedingte eine Verschiebung der Konsumentenstruktur der Elektrizitätswerke: Gaslampen für öffentliche, elektrisches Licht für private und gewerbliche Zwecke.[497] Der bessere Energiewandler setzte sich anwendungsspezifisch durch. Dieser Umstand war (und ist) richtungsweisend für den bis heute – unter verändertem Vorzeichen vor allem im Bereich der Wärmeenergie – andauernden Verdrängungswettbewerb zwischen der Elektrizität und ihrer Energiekonkurrenz, vor allen Dingen dem Gas. Entgegen mancher populärwissenschaftlicher Veröffentlichung nahm diese Rivalität vor Beginn des Ersten Weltkriegs jedoch bei weitem noch nicht die Formen an, wie es die teilweise heftigen Auseinandersetzungen in den ersten Nachkriegsjahren vermuten lassen.[498]

---

[493] Urbanitzky (1895), S. 808 gab zu bedenken, dass bereits ein Gehalt von 2 bis 3 Prozent Leuchtgas in der Luft bei längerer Einatmung lebensgefährliche Körperschäden verursachte. Darüber hinaus unterstrichen die häufig auf Gasbeleuchtung zurückzuführenden teilweise verheerenden Theater- und Wohnhausbrände die Feuergefährlichkeit dieser Beleuchtungsmethode. Dem ist allerdings gegenüberzustellen, dass auch aus den frühen Tagen der Elektrizität schreckliche Unglücksfälle berichtet wurden, „die in der Regel sowohl auf technische Unausgereiftheit als auch auf unsachgemäße Handhabung zurückzuführen waren". Vgl. Birkefeld/Jung (1994), S. 65; ferner Arnold (2003).

[494] Zahlen errechnet n. Ott (1986), S. 302.

[495] Ott (1986), im Vorwort S. IXX.

[496] Vgl. Herzig (1992), S. 131. Ferner Birkefeld/Jung (1994), S. 64 ff.

[497] Ott (1986), im Vorwort S. IXX.

[498] Vgl. Leiner (1987), S. 68.

Die Entscheidung zu Gunsten der neuen Energiequelle war vielmehr eine weltanschaulich geprägte Glaubensfrage, als Ausdruck fundierten Wissens und als solche begleitet von unzähligen widersprüchlichen Meinungen und Gutachten. Was auf der einen Seite Schilling's Journal für die Gasbefürworter darstellte, waren für die Elektrizitätsanhänger die einseitig ausgerichteten Ausführungen der Elektrotechnischen Zeitschrift.[499] Eine sachliche Aufklärung über Vor- und Nachteile der diversen Beleuchtungsarten war, nicht zuletzt aufgrund der im Geiste der öffentlichen Meinung vielfach vorherrschenden Vorurteile, ein schwieriges Unterfangen. Die elektrizitätswirtschaftlichen Unternehmen für ihren Teil wurden nicht müde, den potentiellen Kunden die mit Einführung der Metalldrahtlampe vergünstigten Konditionen vorzurechnen, die nach ihrem Bekunden eine herkömmliche Kerzenbeleuchtung 30-mal teurer und Petroleumlicht immerhin doppelt so teuer werden ließen und eine frühzeitige Amortisation der für die elektrische Beleuchtung nötigen Anschaffungen in Aussicht stellten.[500] Der zum Werbeschlagwort gewordene Ausspruch „Nicht am Licht sparen – durch Licht sparen!"[501] konkretisiert den Übergang zu einem selbstbewussteren Umgang der Branche mit ihrem Produkt.

Vor dem Hintergrund, dass keine Quelle die Behauptung erhärtet, für Beleuchtungszwecke sei Petroleum zu dieser Zeit teurer als Elektrizität gewesen, standen diese Beeinflussungsversuche der privaten Haushalte exemplarisch für die „teilweise regelrecht aggressive und mit falschen Rechenexempeln arbeitende Werbung für elektrisches Licht"[502] Nur zu gern wurde seitens der Stromversorger die für breite Kreise nach wie vor nur schwerlich aufzubringenden Installationskosten verschwiegen. Denn für die potentiellen Abnehmer schlugen nicht nur die variablen Kosten der jeweils verbrauchten Kilowattstunden zu Buche, sondern vor allem auch das Verlegen der Stromleitungen und die Erstausstattung mit Lampen und Glühbirnen. Nicht selten fielen darüber hinaus monatlich zu begleichende Mietgebühren für die im Wohnhaus montierten Elektrizitätsmesser und oftmals zusätzliche Wartungsgebühren an. Viele Stromversorger sicherten sich gegen Risiken ab, indem sie dauerhafte Verträge abschlossen, die ihre Kundschaft über einen längeren Zeitraum zur Abnahme verpflichteten. Ein Umstand, der regelmäßige und ausreichende Einkünfte der Konsumenten voraussetzte.

Auf den Punkt gebracht schuf die zentralisierte Versorgung neben aller Annehmlichkeit auch Verpflichtungen und Abhängigkeiten, wohingegen die individuelle

---

[499] Reichenbach (1913), S. 161.
[500] Zipp (1911), S. 15 f. Durch die neue Lampentechnik war es möglich, den Stromverbrauch um das Drei- bis Vierfache zu senken. Büggeln (1930), S. 85.
[501] Denkschrift 50 Jahre Isar-Amper-Werke (1958), S. 121.
[502] Birkefeld/Jung (1994), S. 77.

Versorgung – beispielsweise mit Petroleum- oder Kerzenbeleuchtung – in viel unmittelbarer Weise dazu anhielt, der eigene Herr im Hause zu bleiben.[503] Ein Aspekt, der mitunter in der Elektrifizierung der ländlichen Bevölkerung eine bedeutsame Rolle einnahm. In diesem Zusammenhang seien von den Elektrizitätsversorgern überlieferte Berichte erwähnt, wonach Verantwortliche der Unternehmen „für ihre stundenlangen Bemühungen, eine Ortschaft zum Anschluß an das [...] elektrische Leitungsnetz zu gewinnen, nur eisiges Schweigen der versammelten Bauern ernteten"[504]. Auf sie, die unzählige Generationen lang auf dem Verständnis der Naturkräfte existierten, mochte die technisch-wirtschaftliche Umwälzung besonders befremdlich wirken. Sicherlich trug die erwähnte Furcht vor besagten Abhängigkeiten, für die gerade die alles verbindende Stromleitung symbolischen Charakter zu haben schien, ihren Teil zu diesem Empfinden bei.[505] Die intensive Propaganda der Branche legte sich jedoch wie ein Deckmantel über die Skepsis kritischer Stimmen[506] und begleitete den Siegeszug des elektrischen Lichtes sowohl in der Stadt als auch verzögert in den ländlichen Gebieten; galt doch die elektrische Beleuchtung als das Zugpferd der Branche, um einen ebenso expansiven wie lukrativen Markt zu erschließen. Die Abbildung 5.2 zeigt den – vor allem nach dem Jahr 1910 – drastischen Anstieg des elektrischen Lichtbedürfnisses in Deutschland, vereinheitlicht in Kerzenstunden pro Kopf.

Gebrauchten die Zeitzeugen in ihrer umgangssprachlichen Gewohnheit „Licht" mehr und mehr buchstäblich als Synonym für „Strom", so zeigt diese Tatsache anschaulich, dass die Installation von elektrischen Lichtquellen einem Einzug der Elektrizität in breite Bereiche der Gesellschaft vorausging.[507] Von entscheidender Bedeutung für die Branche war dabei, wer – die Strom- oder Gaswirtschaft – den Kunden zuerst von den Vorzügen ihres Produkts überzeugen konnte. Denn, so musste man sich bewusst machen, wer „Kochgas nahm, ließ oft auch Licht auf Gasbasis installieren"[508]. Gleiches galt in umgekehrter Weise – wer sich einmal für die relativ aufwändige und kostenintensive Installation von Stromleitungen entschieden hatte, blieb in der Regel seiner getätigten Investition treu. Damit konnte jeder potentielle Benutzer zu einem in gewisser Weise abhängigen Kunden des angeschlossenen Energieversorgers umfunktioniert werden. Der Hausan-

---

[503] Vgl. Birkefeld/Jung (1994), S. 77.
[504] Denkschrift 50 Jahre Isar-Amper-Werke (1958), S. 107.
[505] Die Schwierigkeiten in der Elektrifizierung bäuerlicher Betriebe findet in Kapitel 5.4.1 „Die Elektrifizierung der Landwirtschaft" nähere Erläuterung.
[506] In der verwendeten Literatur finden sind nur wenige Gegenbewegungen zum allgemeinen Elektrifizierungsprozess im 20. Jahrhundert. Einige Fundstücke sind nachzulesen in Zängl (1989), S. 78.
[507] Vgl. Arnold (2003), S. 6 f.
[508] Prinzing (2000), S. 171.

schluss wurde als ein trojanisches Pferd der Elektrizitätswirtschaft ein Schlüssel zum Erfolg und folgerichtig ein zentraler Punkt in der strategischen Ausrichtung eines jeden Unternehmens der öffentlichen Stromversorgung.

**Abb. 5.2: Steigerung des elektrischen Lichtbedürfnisses in Deutschland (1891 – 1915)[509]**

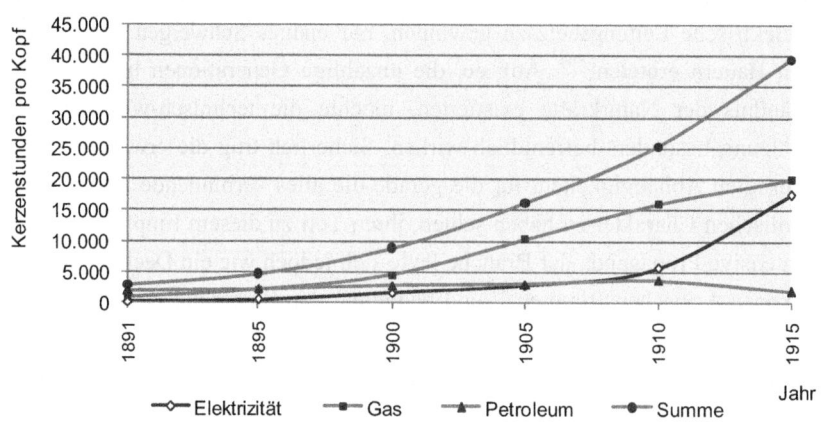

Quelle: Eigene Darstellung; Daten n. Siegel (1917), S. 13.

In dieser Entwicklung fungierte das elektrische Licht als Türöffner für unzählige weitere Anwendungsbereiche mit Elektrizitätsbedarf – und der elektrotechnischen Industrie mangelte es, im Stile der kapitalistischen Marktwirtschaft, nicht an Ideen, diese zu liefern.[510] Allen voran sollte die generierte Nachfrage genutzt werden, um auch eine breite Akzeptanz von Wärmestrom zu fördern.[511] Interessant ist die Feststellung, dass die Geräteentwicklung bereits zu diesem Zeitpunkt sehr viel weiter fortgeschritten war, als es die tatsächliche Nachfrage gerechtfertigt hätte. Das Angebot bedingte die Nachfrage – ein Umstand, der sich durchaus auch noch in heutigen Absatzstrategien elektrotechnischer Unternehmen wiederfinden lässt. Vordringlich wird das Produkt-Angebot erzeugt, um in einem folgenden Schritt unter der Bevölkerung – teilweise künstlich hervorgerufen – die notwendige Motivation für die Abnahme desselben zu schaffen. Spätestens nach

---

[509] Bei den Werten für 1914 und 1915 handelt es sich um eine von Siegel (1917), S. 14 vorgenommene Schätzung.

[510] Es waren u. a. bereits auf dem Markt: „Lichtampel, Kochgefäß, Ofen, Haartrockner, Brennschere, Massageapparate, Kaffeemaschine, Eierkocher, Wärmeplatte, Kronleuchter, Heißluftdusche [...], Staubsauer, Bohnerapparat, Bügeleisen, Küchenmaschine, Kochtopf, Waschmaschine, Wäschemangel, Nähmaschine, Kinderkochherd, Brotschneidemaschine, Mixer, Schnellwassererwärmer, Teemaschine, Leselampe, Zigarrenanzünder, Fußwärmer, Wärmekissen." Siegel (1911), S. 21.

[511] Für die Einführung von Wärmestrom im Haushalt vgl. Kapitel 5.4.2 „Bewerbung und Verkauf elektrischer Geräte – das Dilemma der permanenten Bedarfsweckung".

der Währungsumstellung in den Zwanziger Jahren trug diese Politik ihren Teil zu einer veränderten Einstellung der Bevölkerung zu Konsumgütern bei. Die induzierte Bedürfnisweckung stieß auf tatsächlich vorhandene Bedürfnisse, mit entsprechenden Auswirkungen auf den Energiekonsum.

Unter dem zunächst noch visionären Schlachtruf „Alles elektrisch" wurde den Hausbesitzern und Bauunternehmern von Vertretern der Branche sogar bereits vor dem Krieg generell empfohlen, Neubauten sofort an das hiesige Elektrizitätswerk anzuschließen, um so von Beginn an in den Genuss der neuen licht- und wärmetechnischen Vorteile zu kommen.[512] Als „[...] Ziel der Popularisierung der Elektrizität", so Repräsentanten der Branche, müsse „jeder Laie [...] davon überzeugt werden, daß man [...] mit der Elektrizität beleuchten, heizen, kochen, bügeln, Industrie- und Haushaltsmaschinen betreiben kann"[513]. Vor allem die Küche genoss dabei als zentraler Aufenthaltsraum der Familie ein besonderes Augenmerk und sollte nach dem Anliegen der elektrotechnischen Industrie zukünftig „einem Arbeitsraum [gleichen], in dem alle möglichen technischen und maschinellen Einrichtungen vorhanden [seien], welche die unangenehmsten und zeitraubendsten Arbeiten spielend erledigen"[514]. In solchen Äußerungen fand die optimistische Hoffnung der Elektrizitätswirtschaftler ebenso einen Kulminationspunkt wie in der hierauf begründeten ambitionierten Geräteentwicklung.

Allerdings blieben die Preise der bereits auf dem Markt erhältlichen elektrischen Haushaltsgeräte für das Gros der Zeitgenossen geradezu astronomisch hoch und rechtfertigten die Hoffnungen in die in vielfacher Weise elektrisch unterstützte Hausfrau nur äußerst bedingt. Am häufigsten fand vor dem Krieg noch das elektrische Bügeleisen Einzug in den Alltag der Arbeiterklasse, da es im Vergleich zum Gas- oder Kohlebügeleisen eine wesentlich einfachere Bedienung aufwies und mittels kostendegressiver Massenproduktion auch für die einfachen Leute erschwinglich wurde.[515] Auf die Strategie der Energieversorger, einen stetig wachsenden Stromverbrauch zu generieren, sei an dieser Stelle im Besonderen auf das Kapitel 5.4 „Die goldenen Zwanziger Jahre" verwiesen.

Auch wenn die Vollelektrifizierung der Haushalte zu diesem Zeitpunkt noch als reine Utopie einzustufen war, so leitete die Verwendung der Glühlampe zumindest auf dem Gebiet der Beleuchtung eine Wachablösung der konventionellen Energieträger ein und stärkte auf diesem Weg die Marktposition der Stromversorger sowie das Vertrauen der Bevölkerung in das Potential, die Sicherheit und

---

[512] Vgl. Zipp (1911), S. 43 f.
[513] Schmitz, zit. n. Kalischer (1967), S. 174.
[514] Bebel (1895), zit. n. Birkefeld/Jung (1994), S. 78.
[515] Vgl. ebd., S. 77.

Notwendigkeit der neuen Technik. Das elektrische Licht nimmt als Initial der Elektrizitätsentwicklung diesbezüglich eine Sonderstellung ein und eröffnete der „Starkstromindustrie ein großes Wirkungsfeld. [Viele] elektrische Kraftwerke sind erst durch sie ins Leben gerufen worden."[516] Ein zeitgenössischer Autor stellt hierzu treffend fest: „Die Welt hat ein Urteil gesprochen und ein ganz unzweideutiges: Eine Beleuchtungsanlage genügt den neuzeitlichen Anforderungen nur dann, wenn sie mit Glühlampen betrieben wird. Es wird wahrscheinlich nur noch eine kurze Zeit vergehen, bis diese ganz allein die Sonnen unserer Nächte sind."[517]

Trotz der raschen Verbreitung von elektrischem Licht nahm der relative Anteil der Beleuchtung am Gesamtanschlusswert der Stromnetze im Untersuchungszeitraum beständig ab. Um das Jahr 1910 stellten – bezogen auf den Anschlusswert – zum ersten Mal die Elektromotoren die größte Abnahmequelle der Elektrizitätswerke in Bayern dar (s. Diagramm 5.3).

**Abb. 5.3: Das Verhältnis von Licht- zu Kraftstrom hinsichtlich des Gesamt-Anschlusswertes elektrotechnischer Geräte in Bayern (1895 – 1913)**

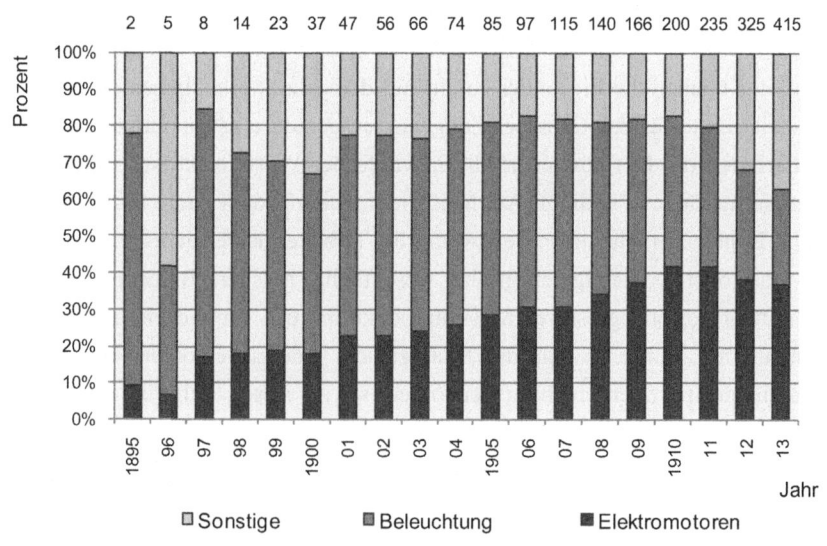

Quelle: Eigene Darstellung; Daten n. Ott (1986), S. 302.

Die voranstehende Abbildung verdeutlicht den rasanten Anstieg des Leistungsanteils zu „Kraftzwecken", der sich vor dem Ersten Weltkrieg bei rund 40 Prozent

---

[516] Fürst (1926), S. 23.
[517] Ebd., S. 13.

(154,1 MW) des bayernweiten Anschlusswerts einpendelte; noch im Jahr 1895 betrug die installierte Leistung von Elektromotoren mit 0,2 MW nicht einmal ein Zehntel der zu diesem Zeitpunkt angeschlossenen Gesamtleistung im Freistaat. Gemessen an dem tatsächlichen Stromverbrauch, dürfte der Verbrauchsschwerpunkt sogar bereits ein paar Jahre früher von „Licht-" auf „Kraftstrom" übergegangen sein. In diesem Zusammenhang widmet sich der nächste Abschnitt der Rolle des Elektromotors hinsichtlich der anwendungsspezifischen Elektrifizierung vor dem Ersten Weltkrieg.

### 5.1.2 Die elektrische Arbeit als universelle Kraftquelle – eine echte Alternative zur Dampfmaschine

Der heute so selbstverständliche Knopfdruck zum Start eines nahezu in allen Produktionsbereichen vorzufindenden Elektromotors war in den Anfangsjahren der öffentlichen Elektrizitätsversorgung noch in den seltensten Fällen möglich. Zum einen fehlte es an einer flächendeckenden und durchgängigen Verfügbarkeit von Strom und andererseits an finanziell erschwinglichen und vor allem in ausreichendem Maße leistungsfähigen E-Motoren.[518] Zwar bescheinigte der Visionär Arthur Wilke der neuen Antriebsmaschine schon im Jahr 1898 eine große Zukunft: „Im Vergleich mit den anderen Motoren zeigt der elektrische Motor so große Vorzüge, daß er bald seine Konkurrenten überall verdrängen wird, wo ihm die Kosten nicht im Wege stehen und der Bezug von Strom möglich ist."[519] Doch erst mit dem verstärkten Auftreten des zuverlässigen Drehstromasynchronmotors nach der Jahrhundertwende, der die bis dahin kaum verbreiteten Gleichstrommotoren ersetzte, war die technische Voraussetzung geschaffen, um in den kommenden Jahren die führende Marktposition der Dampfmaschinen und Gasmotoren[520] in Frage zu stellen. In der Folge ermöglichte die Elektrizität durch die Drehstromnutzung eine technische wie ökonomische Dezentralisierung, in der die elektrische Kraft zwar in Elektrizitätswerken erzeugt, jedoch in räumlich distanzierten Fabrikationsstätten verwendet wurde. Dampfkraftanlagen hingegen zwangen bis dahin zu einer Zentralisierung der Krafterzeugungs- und Kraftverbrauchs-

---

[518] Vgl. Ott (1986), im Vorwort S. XXIII.
[519] Wilke (1898), S. 306.
[520] Unter der Vielzahl der um die Jahrhundertwende konkurrierenden Antriebssysteme kleinerer Kraftmaschinen – Wind, Wasser, Dampf, Gas, Petroleum, Druckluft – dominierten noch bis 1905 die Gasmotoren. „Der letztendliche Rückgang der Gasmotoren spiegelt das Erscheinen des Drehstrom-Asynchronmotors auf dem Markt wider." Ott (1986), im Vorwort S. XXV, siehe auch S. XXI sowie die in Anmerkung Nr. 51 angeführte Literatur; ferner Herzig (1992), S. 132.

stätten, da eine Fortleitung der Dampfkraft auf weitere Entfernungen weder technisch durchführbar noch ökonomisch sinnvoll schien.[521]

Der Kraftstromsektor wanderte durch diese technische Neuerung zunehmend in den Fokus der absatzstrategischen Planungen der Elektrizitätswirtschaft. Hierfür sind mehrere Gründe anzuführen. Zum einen versprach dieses Marktsegment erhebliche Wachstumspotentiale, die sich nicht nur in der absoluten Zahl der angeschlossenen Motoren, sondern vor allem in dem überproportional anwachsenden Anschlusswert messen ließen. Der Strombedarf von Antriebsmotoren setzte auf ungleich höherem Niveau an als bei der Versorgung von Haushalten und Gewerbeflächen mit elektrischer Beleuchtung. Zum Zweiten herrschte das Prinzip der Gewerbefreiheit, nachdem „es jedermann frei [stand], in seinem eigenen Grundstück Elektrizität zu erzeugen und zu verwenden"[522]. Entsprechend war man seitens der öffentlichen Energieversorger schon früh bemüht, durch günstige Tarifgestaltung der Großverbraucherpreise der Industrie den Anreiz zur autarken Stromgewinnung zu nehmen und ihrem immanenten Bedürfnis nach billiger Energie weitgehend Rechnung zu tragen. Drittens bot die Verbreitung von Elektromotoren für die Kraftwerke willkommene Ausgleichsmöglichkeiten hinsichtlich der Problematik morgen- und abendlich auftretender Lichtspitzen. Ferner zeichneten sie sich durch einen über das ganze Jahr gleichmäßig verteilten Stromverbrauch aus; im Gegensatz zu den Lichtkunden, die überwiegend im Winterhalbjahr auf die lichttechnischen Neuerungen zurückgriffen – ein Argument, das vor allem für Energieversorger mit größeren Kraftwerkskapazitäten eine bedeutende Rolle gespielt haben mag.[523] Vor allem industrielle Großbetriebe begannen sich die aus Elektrizität erzeugte Kraft vermehrt dienstbar zu machen.

Die fortschreitende Industrialisierung bekräftigte nicht nur in den Augen liberaler Nationalökonomen den scheinbar unaufhaltsamen Konzentrationsprozess in der Wirtschaft des Deutschen Reichs. Bereits 1891 konstatierte die SPD in ihrem Erfurter Programm, in Anlehnung an die Voraussagen des Kommunistischen Manifestes, den naturnotwendigen Untergang des Kleinbetriebs.[524] Gemeinhin wurde sogar begonnen an der Daseinsberechtigung dieser Betriebsform zu zweifeln.[525]

---

[521] Vgl. Fischer (1916), S. 34.
[522] Kirchhoff (1933), S. 48.
[523] Vgl. Birkefeld/Jung (1994), S. 78. Siehe hierzu auch Kapitel 5.3.1 „Die Struktur des Verbrauchs".
[524] Vgl. Blaich (1981), S. 63.
[525] Vgl. Fischer (1916), S. 36.

Als sichere Konsequenz dieser Entwicklung prophezeite man den gesellschaftlichen Niedergang vieler Kleingewerbetreibender ins Proletariat.[526]

Die Elektrizitätswirtschaft nahm diese Angst geschickt auf und präsentierte in ihren Kampagnen den drehstrombasierten Motor als Rettungsanker eben dieser, oftmals auf die bloße menschliche Arbeitskraft beschränkten, kleinen und mittelständischen Betriebe. Diese konnten in der Regel, anders als etablierte Industrieunternehmen, die Anschaffung teurer Dampfmaschinen nicht vergelten, ohne erhebliches unternehmerisches Risiko zu tragen – abgesehen davon stellte der Einsatz von Dampfmaschinen für kleinere Losgrößen nur in seltenen Fällen eine ökonomisch sinnvolle Antriebskraft dar.[527] Demzufolge vermutete die Branche gerade im Kleingewerbe und Handwerk eine rege Nachfrage, da sich Elektromotoren in jeder gewünschten Leistung produzieren und an die verschiedenen Anforderungen der Abnehmer adaptieren ließen. Vor allem Betrieben mit unregelmäßigem und inkonstantem Kraftbedarf sollte die beliebige Teilbarkeit der Elektrizität helfen, die Wettbewerbsfähigkeit zu erhalten oder wieder zurückzugewinnen.[528]

Die Bestrebungen der Politik und des bayerischen Handwerkerbunds hinsichtlich einer zügigen Elektrifizierung Bayerns, gründeten nicht zuletzt auf der überzogenen Erwartung, der Elektromotor werde die Konkurrenzfähigkeit des Handwerks gegenüber der industriellen Produktion deutlich erhöhen sowie die in der Landwirtschaft vor allem nach der Jahrhundertwende zunehmende „Leutenot" nachhaltig eindämmen.[529] Entsprechend euphorisch beschrieb der liberale Abgeordnete Schrepfer 1912 im Bayerischen Landtag die Überlegenheit der neuen Kraftart: „Der Elektromotor macht heute tatsächlich alles: er arbeitet mit 0,15 Pferdekräften im Atelier des Zahnarztes, mit 0,25 spielt er Orchestrion, mit 0,30 ventiliert er Hotels und Gasthäuser, mit 0,50 spült er Flaschen, mit 0,80 poliert er Möbel und Eisenteile, […] und so geht es weiter über das Handwerk hinaus und über das weite Gebiet der Landwirtschaft hinweg zu jenen Riesen von Elektromotoren, die heute in der Industrie arbeiten […]."[530] Im Raum stand dabei stets die Forderung, „dem Kleinmeister Elementarkraft zu so billigem Preise [zur Verfügung zu stellen], wie dem Kapital die große, mächtige Dampfmaschine zu Gebote steht […]"[531].

---

[526] Vgl. Winkler (1972), S. 26.
[527] Vgl. Radkau (1988), S. 258.
[528] Vgl. Birkefeld/Jung (1994), S. 79 f.
[529] Vgl. Eckardt (1976), S. 52 f.
[530] KdA (1912), 3, S. 821, zit. n. Blaich (1981), S. 63 f.
[531] Reuleaux, zit. n. Fischer (1916), S. 37.

Die „elektrische Gegenwart" bildete die Hoffnungen der Politik zunächst nur bedingt ab. Denn obwohl mit dem Elektromotor endlich auch für den Berufszweig der Kleingewerbetreibenden eine ideale Kraftart zur Verfügung stand, hielt die Elektrizität zu Antriebszwecken nur äußerst zögerlich Einzug in die Werkstätten des Handwerks. Die Zurückhaltung lag dabei zum einen in den anfangs überaus kapitalintensiven Bezugspreisen für die Motoren, der mangelnden Erfahrung der potentiellen Abnehmer hinsichtlich der Ausfallwahrscheinlichkeiten, Betriebs- und Wartungskosten sowie zum anderen in den vielerorts noch nicht – oder nur unzureichend – nach Verbrauchsart unterschiedenen Strompreisen begründet.[532] Ein dementsprechend nüchternes Bild zeichnete eine eigens zu dieser Thematik durchgeführte empirische Erhebung des Bayerischen Statistischen Landesamtes aus dem Jahre 1910. Demnach hielten lediglich 2,6 Prozent der Gewerbebetriebe in ihrem Betrieb einen funktionstüchtigen Elektromotor vor und eine noch geringere Prozentzahl setzte diesen auch tatsächlich ein.[533]

Obgleich der elektrizitätsgetriebene Strukturwandel des Handwerks, wie beschrieben, vor dem Ersten Weltkrieg nur schleppend einzusetzen begann, so ist dem Einsatz des Elektromotors unbestritten ein erheblicher Anteil am späteren Anpassungsprozess dieses Berufsstandes an die Industrialisierung und der Erhalt vieler kleiner und mittelständischer Betriebe zuzuschreiben.[534]

Es seien an dieser Stelle aber auch Stimmen erwähnt, die seinerzeit zu einer differenzierteren Betrachtungsweise bezüglich der von verschiedenen Interessengruppen – allen voran den Stromversorgern – angedachten Umstellung in der Fertigung auf Elektromotoren rieten. Stellvertretend stellte ein Zeitzeuge zu dieser Entwicklung fest: „Man glaubt, den Kleinbetrieben durch die Zuführung einer verbilligten Betriebskraft aufhelfen zu können. Allein wenn die Betriebskraft dem kleinen Mann verbilligt wird, so wird sie dem Großabnehmer noch weit billiger gegeben werden, und der Vorteil, den das Kapital hat, wird nur verstärkt. [...] jeder Fortschritt der Technik [wird] in erster Reihe den großen Unternehmen zu gute komm[en] und damit den Unterschied zwischen Groß- und Kleinbetrieb zu ungunsten des letzteren vermehren."[535] Diese Einwände hatten durchaus ihre Berechtigung. Denn größer als in den kleineren Betrieben waren die Tendenzen zum Einsatz von Elektromotoren anstelle der installierten Dampf- und Gaskraftkapazi-

---

[532] Vgl. Ott (1986), im Vorwort S. XXV.
[533] Arnold (1913), S. 5, zit. n. Blaich (1981), S. 64. Allerdings stieg in Bayern entsprechend der amtlichen Gewerbestatistik die Anzahl der Gewerbebetriebe mit Elektromotoren zwischen 1895 und 1907 von 179 auf 6.483 an. ZBSL Ausg. 45, (1913), S. 184, zit. n. Blaich (1981), Anmerkung Nr. 146.
[534] Vgl. Herzig (1992), S. 132.
[535] Wilke (1898), S. 633.

täten in der Großindustrie.⁵³⁶ Zudem lockten die Energieversorger nicht selten die gewinnversprechendsten Kraftstromkunden mit preislichen Zugeständnissen. Schon vor dem Ersten Weltkrieg begannen sich daher Klein- und Großverbraucherpreise – zunächst allerdings noch moderat – zu unterscheiden.

Mit der fortschreitenden Elektrifizierung der Großbetriebe hielt vor allem im sekundären Sektor Fließfertigung und Massenproduktion, vor dem Hintergrund sozialer Disziplinierung und rationalen, „zeitgemäßen" Denkens, Einzug in die Fertigungshallen der Arbeitsstätten. Im Schatten der aufkeimenden Taylorisierung zahlreicher Arbeitsplätze und Verrichtungsprozesse begannen sich nicht nur die Anforderungsprofile der Erwerbstätigen, sondern damit einhergehend das ganze Selbstverständnis von Arbeit in der Gesellschaft grundlegend zu verändern.

Der Einsatz von Elektromotoren als Ersatz menschlicher Arbeit, um dies wenigstens anzudeuten, bedingte (und bedingt) dabei dequalifikatorische Tendenzen im originären Arbeitsprozess.⁵³⁷ Vor allen Dingen die bereits seinerzeit verhältnismäßig einfache Bedienung der Motoren ermöglichte es in vielen Fällen diese „jederzeit einem ungelernten Arbeiter an[zuvertrauen]"⁵³⁸. Dieser Zusammenhang setzte im Spannungsfeld der Industrialisierung und Rationalisierung einen Prozess in Gang, der heute als hingenommene Selbstverständlichkeit dem allgemeinen Bewusstsein weitgehend entrückt ist: „Elektrizität setzt Arbeitskräfte frei"⁵³⁹ und legt nahe, die physikalische Begrifflichkeit der „elektrischen Arbeit" durchaus wörtlich zu verstehen. Eine bereits seinerzeit genauso plausible wie unaufhaltsame Konsequenz des elektrotechnischen Fortschritts.

Diese Entwicklung der „Vergeistigung der Arbeit"⁵⁴⁰, wie es AEG Direktor Siegel bereits 1911 formulierte, schloss auch die Elektrizitätswirtschaft selbst mit ein. Entsprechend konstatierte er: „In einem Kraftwerk mit der Spitzenleistung von etwa 5.000 kW war früher zur Bedienung der zahlreichen Maschinen und Kessel ein Bestand von 20-30 Leuten erforderlich. [Dagegen] sieht man in neueren Krafthäusern kaum noch Bedienungspersonal."⁵⁴¹ Des Weiteren wies er in selbiger Schrift auf den Berufsstand der Tischler hin, die aufgrund der Unterstützung durch die elektrischen Arbeitsmaschinen in gleicher Zeit nun zehn statt

---

⁵³⁶ Vgl. Herzig (1992), S. 132.
⁵³⁷ Vgl. Reisser (1912), S. 10 weist bereits auf die große Einfachheit der Elektromotoren hin, die „so gut wie keine Bedienung" und dementsprechend wenig Betriebspersonal erforderten. Fischer (1916), S. 35 interpretiert gar den sozialen Nachteil der höchst einseitigen und spezialisierten Arbeitertätigkeit als notwendiges Übel, das dem Kulturfortschritt unbedingt unterzuordnen sei.
⁵³⁸ Reisser (1912), S. 23.
⁵³⁹ Zängl (1989), S. 77.
⁵⁴⁰ Siegel (1911), S. 23.
⁵⁴¹ Siegel (1917), S. 142.

vormals zwei Türen fertigen könnten und hierfür nur einen körperlich leichteren Arbeitseinsatz benötigten: „Hat er früher zu seiner Arbeit drei Gesellen gebraucht, so genügt ihm bei der gleichen Arbeit jetzt ein einziger. Seine Stromkosten betragen durchschnittlich etwa 200 Mark im Jahr; dafür hat er 2.000 Mark an Löhnen gespart."[542]

Den Umfang, in dem menschliche Arbeitskräfte durch den vermehrten Einsatz elektrischer Arbeit abkömmlich wurden, plakatierte Siegel anhand des Bäcker- und Fleischgewerbes. Hier konnte durch einen weitreichenden Maschineneinsatz mindestens ein Beschäftigter je zwei Betriebe hinfällig werden, was nach seiner Rechnung jeden sechsten Lohnempfänger dieses Berufszweiges mit dem Damoklesschwert der Arbeitslosigkeit konfrontierte. Auch die Schreinereien waren betroffen, da ein Motor von drei PS, nach gängiger Meinung, einen Gesellen, einer von fünf PS zwei und einer von siebeneinhalb PS sogar drei Gesellen überflüssig werden ließ.[543]

Dieser Standpunkt wird jedoch andererseits dem Umstand nicht gerecht, dass die Elektrizitätswirtschaft zwar durchaus half Arbeitsplätze abzubauen, darüber hinaus jedoch größere Produktionsraten ermöglichte, die wiederum neue Stellen nötig werden ließen. Ferner ging der Produktivitätsanstieg in der Regel einher mit einer Erhöhung der Produktqualität, aber auch mit einer Humanisierung der Arbeitswelt. So gehörte beispielsweise mit der Anwendung des elektrischen Einzelantriebes einer der häufigsten innerbetrieblichen Unfallverursacher, die Vielzahl umlaufender Transmissionsriemen, endgültig der Vergangenheit an.[544] Auch in der Lebensdauer und Beständigkeit beschrieb der Elektromotor aufgrund des Fehlens stark abnutzender Teile Vorteile gegenüber den konkurrierenden Wärmemotoren.[545]

Zusammenfassend betrachtet wuchs durch die vor dem Ersten Weltkrieg begonnene Entmystifizierung der elektronischen Motoren die Rentabilität der industriellen Fertigung und bildete den Nährboden für die Herausbildung der modernen Konsumgesellschaft, wie sie heute wahrgenommen wird. Trotz der angestoßenen Entwicklung sollte „ein Motor zum Antrieb einer Arbeitsmaschine, [...] vor dem Ersten Weltkrieg noch die Ausnahme in der industriellen Produktion bleiben"[546]. Nicht zuletzt, da dem Einsatz vielerorts, vor allem in ländlichen Regionen, aber auch in kleineren Städten, noch das fehlende hochtransformierte

---

[542] Siegel (1914), S. 176.
[543] Zipp (1911), S. 37.
[544] Herzig (1987).
[545] Vgl. Reisser (1912), S. 9 ff.
[546] Ott (1986), im Vorwort S. XXIII.

Drehstromnetz und der Hang vieler konservativ orientierter Privatiers zu bewährteren Antriebsmethoden entgegen standen.[547]

Aus dem vorstehenden Abriss über die zentralen Anwendungsschwerpunkte des Stromverbrauchs[548] zur Gründungszeit der Bayerischen Elektricitäts-Lieferungs-Gesellschaft ergeben sich zwei wichtige Folgerungen, die für die weitere Entwicklungstendenz der Elektrizitätswirtschaft von richtungsweisender Bedeutung waren. Zum einen zeigte sich, dass der öffentliche Anspruch an eine immer individuellere Verfügbarkeit von Licht, Kraft und Wärme an jedem Ort und zu jeder Zeit eine leistungsfähige Versorgungsstruktur unabdingbar werden ließ. Eine Tatsache, welche die Verschiebung des Schwerpunktes elektrizitätswirtschaftlicher Betätigungen von der Beschaffungs- und Produktionsseite auf spätere Stufen der Wertschöpfungskette, namentlich den Stromabsatz und damit einhergehend die Kundenakquisition und -bindung, einleitete. Zum anderen begannen die Versorger neben dem Bestreben nach weiterer horizontaler Ausdehnung und einer Steigerung der Abnehmerzahl gezielt eine marketingorientierte Intensivierung des Strombedarfs hervorzurufen. Eine Entwicklung, auf die im Verlauf dieses Kapitels noch wiederholt zurückzukommen ist.

Bevor im Weiteren dezidiert auf die Entwicklung der Stromabgabe der oberfränkischen BELG als Beispiel für die Politik der Elektrifizierung Bayerns eingegangen werden soll, wird im nächsten Abschnitt zunächst ein Verständnis für das im Staatsvertrag von 1913 bzw. 1921 festgeschriebene Kernabsatzgebiet des Energieversorgers sowie dessen wesentliche Abnehmergruppen im östlichen Oberfranken geschaffen.

## 5.2  Kernabsatzgebiet und bedeutende Stromabnehmergruppen der BELG

Die bereits in der Gründungszeit der BELG bayernweit vorzufindenden Monopolbestrebungen in der privatwirtschaftlich organisierten Elektrizitätswirtschaft (die sog. Versorgungs-, Installations- und Materiallieferungsmonopole) gaben bereits 1913, aufgrund der fortschreitenden Ausbreitung überregionaler Versorgungsstrukturen, Anlass für kontroverse Diskussionen in Landtag, Fach- und Ta-

---

[547] Vgl. Herzig (1992), S. 132.
[548] Die Elektrifizierung der städtischen Straßenbahnen und überregionalen Eisenbahnen in Bayern wurde in dieser Aufstellung der zentralen Anwendungsschwerpunkte nicht berücksichtigt. Es wird hierfür auf Kulla (1969), S. 160-167 und Gall/Pohl (1999) verwiesen.

gespresse. Die umgreifende Polemik hinsichtlich der öffentlich-rechtlichen Fragestellungen sowie der abzuleitenden gesetzlichen Formulierungen und Umsetzungen wurde dabei auf einem Boden geführt, der nicht selten die Basis elektrizitätswirtschaftlicher Argumentationen vermissen ließ; dafür jedoch mit den Waffen weltanschaulicher Überzeugung die Grundfragen individualistischer und kollektivistischer Wirtschaftsauffassung in den Vordergrund stellte.

Einerseits, so gelangte man schließlich zu der Feststellung, war die private Unternehmerinitiative unabdingbar, wenn es galt, Bayern flächendeckend zu elektrifizieren. Andererseits beschränkten sich gerade die Privatiers aus nachvollziehbarem unternehmerischem Kalkül vielerorts auf die geographisch und demographisch günstig gelegenen Regionen. Dieser Umstand machte es für die Staatsregierung nötig, durch die Zuteilung von festen Kernabsatzgebieten einen Anreiz zu schaffen, der auch in wirtschaftlich weniger attraktiven Landesteilen die Ansiedlung finanzstarker Energieversorger forcierte sowie die hieraus resultierenden immensen Investitionsausgaben rechtfertigte. Dies galt in verstärktem Maße auch für das von Armut geprägte und entsprechend konsumschwache Versorgungsgebiet der bayerischen Ostmark.

Der ursprüngliche Staatsvertrag von 1913 zwischen der BELG und der Bayerischen Regierung sah daher mit den Bezirken Hof, Münchberg, Naila, Rehau, Wunsiedel, Stadtsteinach, Berneck, Kronach, Teuschnitz und der Stadt Kulmbach die festgeschriebene Versorgung von zehn Bezirksämtern in Oberfranken vor. Mit den zugehörigen Gemeinden waren hierzu von der Aufsichtsbehörde zu genehmigende Zustimmungsverträge abzuschließen, die der BELG als Großstromverteiler „das ausschließliche Recht zur Benutzung des Eigentums der Bezirke und der zugehörigen Gemeinden"[549] zuteil werden ließ. In ihnen wurden überdies die genauen Bedingungen aufgeführt, unter welchen das Überlandwerk die Stromversorgung der Einzelverbraucher und der Straßenbeleuchtung zu vollführen hatte sowie die Installationsvorschriften, die entsprechende Monopole ausdrücklich untersagten. Darüber hinaus mussten die mit Genossenschaften vereinbarten Stromlieferungsverträge stets einer staatlichen Prüfung unterzogen werden, da diese als Großabnehmer die weiterführende Stromverteilung selbständig durchführten.[550]

Der Staat schuf sich, wie im Fall der BELG, durch die beschriebene Zuweisung eines festen Kernabsatzgebietes, einen maßgebenden Einfluss auf die bayerischen Überlandwerke. Dieser wurde zusätzlich durch die bereits erwähnten Anfallrechte gestützt, die es der Regierung ermöglichten, sich nach Ablauf der Verträge „in

---

[549] Büggeln (1930), S. 64 f.
[550] Vgl. ebd., S. 65.

den Besitz der sämtlichen Anlagen des Landes bis zum Anschluß des Kleinabnehmers zu setzen"[551].

Die notwendige Anschlusstätigkeit sollte nach einem zwischen der BELG und dem Bayerischen Staatsministerium des Innern getroffenen Abkommen in zwei Abschnitten durchgeführt werden, um die flächendeckende Elektrifizierung der Randregion des östlichen Oberfrankens so zügig wie möglich in Angriff zu nehmen. Der erste Ausbau, der nach dem Vertrag 120 unversorgte Gemeinden umfasste, wurde bis 1914 abgeschlossen. Die darauf folgende Erweiterung, die den Anschluss von weiteren 253 unversorgten Gemeinden vorsah, sollte bis Ende 1916 Vollendung finden, kam jedoch aufgrund des Ersten Weltkriegs erst zwei Jahre später zum Abschluss.[552]

Durch einen Nachtrag zum Staatsvertrag im Jahr 1921 wurde diese Zuständigkeit zusätzlich in Richtung Westen und Süden auf die Bezirksämter Bayreuth, Pegnitz, Kemnath, Tirschenreuth und Lichtenfels ausgedehnt. In diesem Vertrag wurden gleichzeitig die Demarkationslinien als Grenzen der inner- und außerhalb des Versorgungsgebietes liegenden Gebiete festgelegt.[553] Des Weiteren überließ der Freistaat Sachsen acht weitere an der Grenze des Kreises Oberfranken gelegene Gemeinden der Belieferung durch die BELG.[554] Die Abbildung 5.4 stellt das Versorgungsgebiet der BELG nach dieser Erweiterung dar.

Deutlich erkennbar sind die eingezeichneten hellbraunen und weißen Regionen des östlichen Oberfrankens, die keiner unmittelbaren Versorgung durch die BELG unterstanden. Die hellbraun markierten Bereiche stellten dabei Versorgungsgebiete dar, die von bereits bestehenden Elektrizitätswerken anderer, zumeist städtischer Energieunternehmen oder Elektrizitäts-Genossenschaften versorgt wurden. Hierzu war bspw. die Stadt Hof zu zählen, die bereits ein verhältnismäßig modernes Elektrizitätswerk mit angeschlossenem Drehstromnetz besaß und dementsprechend in der Lage war, die Kilowatt-Stunde kostengünstig und weitgehend autark zu erzeugen. Wenngleich diese Gebiete nicht direkt durch die BELG versorgt wurden, so war das Überlandwerk doch bemüht, die hiesigen kleineren Energieversorger und Elektrizitäts-Genossenschaften durch langfristige Stromlieferungsverträge als zuverlässige Stromabnehmer zu gewinnen oder gar deren Erzeugungswerke und Netzstrukturen käuflich zu erwerben. Durch die engagierte Akquisitionspolitik konnte die BELG bereits in den ersten zehn Jahren

---

[551] Büggeln (1930), S. 65.
[552] Denkschrift 25 Jahre BELG (1939), S. 6.
[553] Ebd., S. 9.
[554] Denkschrift 10 Jahre BELG (1923), S. 4. Für eine genauere Auflistung der angeschlossenen Gemeinden und Ortschaften siehe ebd., S. 4 ff.

ihres Bestehens den Vorgaben des Staatsvertrags, „eine Zersplitterung der Elektrizitätsversorgung von Oberfranken zu verhindern"[555], weitgehend nachkommen und annähernd sämtliche größeren Elektrizitätswerke und genossenschaftlich belieferte Ortschaften innerhalb des Versorgungsgebietes durch Verträge binden bzw. gänzlich in ihr Netz integrieren.[556]

**Abb. 5.4: Das Versorgungsgebiet der BELG im östlichen Oberfranken (1921)**

Quelle: Denkschrift 75 Jahre Energieversorgung Oberfranken (1989), S. 3.

An dieser Stelle ist zu erwähnen, dass die Expansionsstrategie der BELG in wenigen Einzelfällen nicht zwingend auf eine im Staatsvertrag vereinbarte Erweiterung des Versorgungsgebietes abzielte. Die sogenannten Versorgungsinseln (in vorstehender Darstellung als weiße Bereiche gekennzeichnet) in Münchberg und Naila wurden bspw. bereits in wirtschaftlich sinnvoller Weise von kleineren Elektrizitätswerken der Licht und Kraftversorgung München beliefert, so dass diesen die Versorgung gänzlich überlassen wurde. Ferner konnte das Bezirksamt Teuschnitz, am nördlichen Ende des zugeschriebenen Versorgungsgebietes, infolge „außerordentlicher Terrainschwierigkeiten"[557] nicht in wirtschaftlicher Wei-

---

[555] Denkschrift 25 Jahre BELG (1939), S. 8 f.
[556] Denkschrift 10 Jahre BELG (1923), S. 6.
[557] Ebd., S. 7.

se an das Netz angeschlossen werden und wurde deshalb dem nahe gelegenen Überlandwerk Probstzella zugeschrieben.

Die vertraglich vereinbarten Demarkationslinien grenzten das Versorgungsgebiet und damit den unmittelbaren Zuständigkeitsbereich der BELG exakt ab. Dieser Umstand verwehrte es dem Unternehmen, abgesehen von wenigen unbedeutenden Ausnahmen in Form von kleineren Ortschaften und Aushilfs-Stromlieferungen an Energieversorger des bayerischen Verbundnetzes, über das vertraglich festgelegte Kernabsatzgebiet hinaus, zu expandieren. In der Konsequenz konzentrierte sich das Unternehmen weniger auf eine räumliche Ausdehnung des Absatzgebietes, sondern vielmehr auf eine qualitative Ausdehnung, d. h. eine bessere Durchdringung der bereits elektrifizierten Regionen mit elektrischer Energie.

Die Grundlage für eine dichte Versorgung der im Staatsvertrag zugesprochenen Gebiete wurde, da die Stromerzeugung zentralisiert im Kraftwerk Arzberg stattfand, durch einen 40-kV-Ring gelegt. Diese Leitung wurde 1914 gleichzeitig mit dem Kraftwerksbau begonnen und sollte sich von Arzberg über Bayreuth, Kulmbach und Oberkotzau zurück nach Arzberg erstrecken. Der Ausbruch des Ersten Weltkrieges verhinderte jedoch eine schnelle Verwirklichung des ambitionierten Vorhabens, so dass aufgrund von Kriegsmaßnahmen anstatt der ursprünglich vorgesehenen 40-kV-Kupferleitungen die wesentlich schlechter leitenden 15-kV-Eisenseile gespannt werden mussten. Erst 1925 konnte der geplante Ring vollendet werden und in Verbindung mit dem Kraftwerk sowie dem in Arzberg errichteten 100/40-kV-Umspannwerk des Bayernwerks eine sichere Grundlage für einen störungsfreien Betrieb gewährleisten.[558] Die Abbildung 5.5 zeigt eine Photographie der Fertigstellung des Ringes aus dem Jahr 1925.

---

[558] Denkschrift 75 Jahre Energieversorgung Oberfranken (1989), S. 7.

**Abb. 5.5: Der 40-kV-Leitungsbau Münchberg-Oberkotzau (1925)**

Quelle: Gehring (1969), S. 98.

Bedingt durch die Aus- und Nachwirkungen des Ersten Weltkrieges kamen in den ersten Unternehmensjahren die Elektrifizierung von Ortschaften sowie der Anschluss von bereits bestehenden Ortsnetzen ebenfalls nur äußerst stockend voran. Vor allem die Schwierigkeiten in der Personalbereitstellung sowie die stetig fortschreitende Geldentwertung und der hierdurch resultierende Anstieg aller Bau- und Betriebskosten machten eine zügige Durchdringung des ländlichen Raumes mit elektrischer Energie unmöglich.[559] Erst als auf Wunsch der Bayerischen Staatsregierung der Kreis Oberfranken eine Bürgschaft für ein Darlehen bereitstellte, konnte das Überlandwerk die kapitalintensive Elektrifizierung breiter Landstriche weiter forcieren. Hierfür erhielt der Kreis die Option auf den Erwerb von 25 Prozent des Aktienkapitals, die er 1920 wahrnahm, um sich ein Mitspracherecht in dem für die wirtschaftliche Entwicklung des östlichen Oberfrankens so bedeutenden Unternehmen zu sichern.[560]

Durch die rege Anschlusstätigkeit in den Nachkriegsjahren begründet, war es dem Überlandwerk möglich, die Anzahl der belieferten Städte und Ortschaften in den Jahren zwischen 1918 und 1923 auf 492 nahezu zu vervierfachen. Die stetige Verbesserung der wirtschaftlichen Lage in der „goldenen" Zeit der Zwanziger

---

[559] Vgl. Denkschrift 25 Jahre BELG (1939), S. 10.
[560] Vgl. hierzu die Kapitalerhöhungen des Regionalversorgers, aufgeführt in Kapitel 6 „Kapitalpolitik und Rentabilitätsbetrachtung".

## 5. STROMABSATZENTWICKLUNG UND EXPANSIONSPOLITIK

Jahre ließ die Zahl der Hausanschlüsse zügig auf 25.300 im Jahr 1929 anwachsen, so dass die BELG annähernd 38.000 Abnehmer in 798 angeschlossenen Städten und Ortschaften mit insgesamt 188.000 Einwohnern unmittelbar mit Strom versorgte. Darüber hinaus bezogen durch die etablierte Verbundwirtschaft vier benachbarte Überlandwerke, fünf städtische und zehn private Elektrizitätswerke die benötigte Energie teilweise oder ganz aus dem Leitungsnetz der BELG. Die Darstellung 5.6 illustriert die rege Bautätigkeit in den ersten 15 Jahren des Überlandwerks. Führten die 268 km Hauptleitungen im Jahr 1914 nur von Eger über Waldsassen bis nach Trogen, wies das Versorgungsgebiet 1929 bereits eine insgesamt 1350 km lange Ausdehnung des Hochspannungsnetzes auf. Freilich wurde die Verästelung auch in den folgenden Jahrzehnten immer feinmaschiger, jedoch sind die Grundzüge ohne Weiteres auf das seit Ende der Zwanziger Jahre bestehende Netz zurückzuführen. Deutlich erkennbar ist die breiter hervorgehobene 40-kV-Ringleitung, die sich aufgrund des höheren Sicherheitsfaktors sowohl östlich als auch westlich auf die 100-kV-Stationen des Bayernwerks stützte.

**Abb. 5.6: Die Entwicklung des Stromleitungsnetzes der BELG im östlichen Oberfranken zwischen 1914 und 1929**

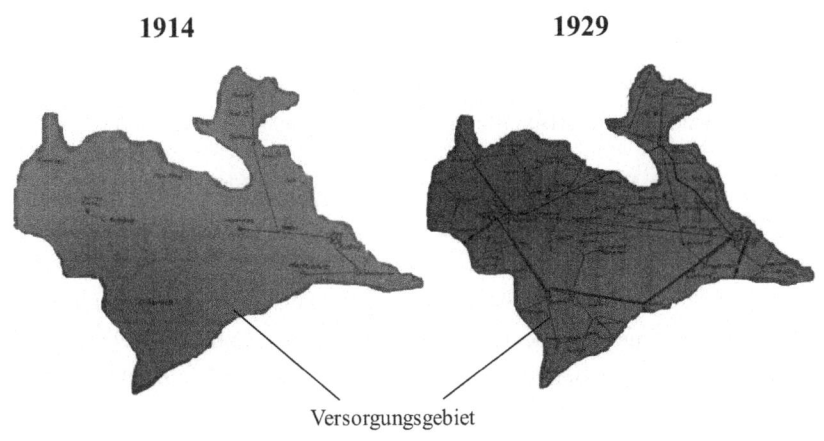

Quelle: BWA, F 025-537, Kundenzeitschrift März 1929.

Ende der Dreißiger Jahre konnten durch die rege Anschlusstätigkeit annähernd alle Dörfer im Versorgungsgebiet der BELG mit Elektrizität beliefert werden.[561] Mehr als die Hälfte der Ortschaften hatte dabei weniger als 100 Einwohner aufzuweisen, womit die BELG den nicht ganz uneigennützigen Beweis erbrachte, dass ihr „die Versorgung des letzten landwirtschaftlichen Anwesens ebenso am

---

[561] Vgl. BWA, F 025-332 und 333, jew. S. 1. Vorstandsberichte 1936 und 1937.

Herzen lag, wie die Versorgung einer Stadt oder eines großen Industriebetriebes"[562].

Lediglich einige wenige, nur schwerlich in das Netz zu integrierende Weiler und Höfe fanden erst nach 1945, im Rahmen einer Überholung und Erweiterung des gesamten Stromnetzes, Berücksichtigung. Im Hinblick auf die gewachsenen Netzbelastungen im Aufschwung nach dem Zweiten Weltkrieg wurden die Ortsnetze im Rahmen dieses Ausbaus zusätzlich auf die einheitliche Betriebsspannung von 220/380 Volt umgestellt sowie das Mittelspannungsnetz von vormals 15 auf 20 kV und das Hochspannungsnetz von 40 auf 110 kV aufgerüstet.[563] Durch die Modernisierung war es der BELG möglich, im Jahr 1954 rund 80.000 Abnehmer in 1470 Städten und Ortschaften mit 325.000 Einwohnern unmittelbar mit Elektrizität zu versorgen.

Auffallend ist, dass in Zeiten des konjunkturellen Aufschwungs die Zahl der Stromabnehmer stets einem sprunghaften Anstieg unterlag, wohingegen kriegsbedingte oder wirtschaftlich zu begründende Krisenzeiten zu einem Rückgang in der Anschlusstätigkeit sowie der Nachfrage nach Elektrifizierung führten. Dennoch ist festzustellen, dass die Anzahl der an das Stromnetz angeschlossenen Städte und Ortschaften und damit die Summe der elektrifizierten Häuser im Untersuchungszeitraum beständig zunahmen. Die Abbildung 5.7 gibt die Entwicklung der absoluten Anzahl von Stromabnehmern, Hausanschlüssen und angeschlossenen Städten und Ortschaften im Untersuchungszeitraum wieder.

Neben der größten Abnehmergruppe, den privaten Haushalten, bestand ein weiteres wichtiges Kundensegment der BELG in den hiesigen landwirtschaftlichen Betrieben des Versorgungsgebietes. Zwar besaß das Agrarwesen in dem von ausgedehnten Wäldern bedeckten östlichen Oberfranken gegenüber anderen Teilen Bayerns eine geringere Bedeutung, so war dennoch Ende 1938 jeder fünfte Stromabnehmer zu den Bereichen des Ackerbaus bzw. der Viehzucht zu zählen. Durch die in Franken übliche Erbteilung der Nutzfläche umfasste die Landwirtschaft jedoch fast nur kleinbäuerliche Betriebe – lediglich 3 Prozent der Betriebe hatten eine landwirtschaftlich genutzte Fläche über 25 Hektar aufzuweisen.[564] Hinzu kam, dass der Boden wegen der Höhenlage des Frankenwaldes, des Fichtelgebirges und des bayerischen Vogtlandes nur kargen Ertrag zu liefern ver-

---

[562] Denkschrift 25 Jahre BELG (1939), S. 17.
[563] Denkschrift 75 Jahre Energieversorgung Oberfranken (1989), S. 11.
[564] Die Größe der landwirtschaftlich genutzten Fläche im Versorgungsgebiet der BELG lag Ende 1938 bei: 23 % der landwirtschaftlichen Betriebe weniger als 5 Hektar; 33 % zwischen 5 und 10 Hektar; 36 % zwischen 10 und 20 Hektar; 8 % über 20 Hektar und davon lediglich 3 % über 25 Hektar. Denkschrift 25 Jahre BELG (1939), S. 18.

mochte und das Gebiet der bayerischen Ostmark dementsprechend zu den ärmsten in Deutschland überhaupt zu zählen war. Dieser Umstand machte es für das Überlandwerk nötig, auch im ländlichen Raum viel Werbe- und Aufklärungsarbeit zu leisten, um die vielseitigere Anwendung der Elektrizität zu fördern und ein Verständnis für die arbeitssparende und -erleichternde Verrichtung mit elektrotechnischem Gerät zu schaffen.

Abb. 5.7: **Die Entwicklung der Anzahl an Stromabnehmern, Hausanschlüssen (1923 – 1954)[565] sowie angeschlossenen Städten und Ortschaften (1914 – 1954)**

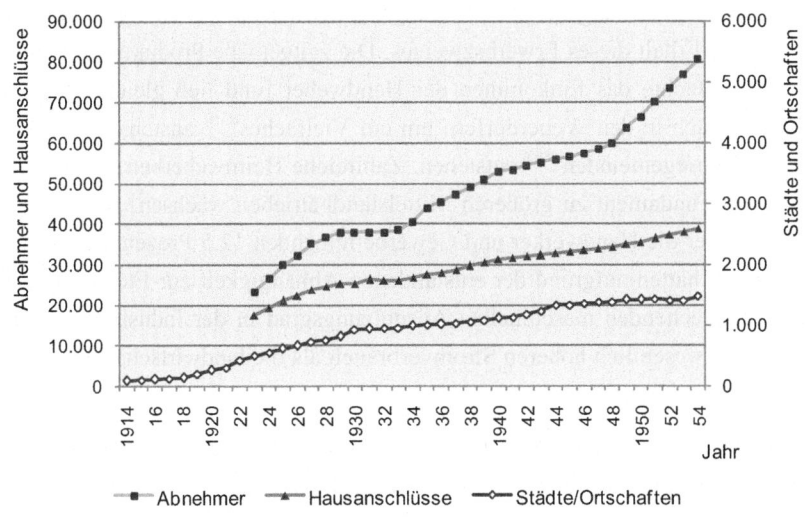

Quelle: Eigene Darstellung; Daten n. BWA, F 025-320 bis 350, Vorstandsberichte 1924-1954. BWA, F 025-1 bis 42, Geschäftsberichte 1914-1954.

Eine große Bedeutung für den Stromabsatz des Energieversorgers kam auch dem ansässigen Handwerk und Gewerbe und hierunter besonders der im Versorgungsgebiet weit verbreiteten Heimarbeit zu.[566] Dass die soziale Lage der Heimgewerbe stark durch die Elektrifizierung profitierte und demzufolge als Garant für einen großen Stromabsatz galt, lässt sich exemplarisch an der Entwicklung der Heimweberei darstellen. Durch den Wettbewerb mit Textilfabriken, die vielerorts bereits mit mechanischen, von Dampfmaschinen angetriebenen Webstühlen arbeiteten, war dieser Erwerbszweig nach dem Ersten Weltkrieg in akute Existenznot geraten und konnte mit der rasch ansteigenden Produktivität der industriellen Fertigung nicht Schritt halten. Der Preisverfall erschwerte zusätzlich nötige Investiti-

---

[565] Die Anzahl der Abnehmer sowie Hausanschlüsse war aus den Beständen der BELG im Bayerischen Wirtschaftsarchiv für den Zeitraum von 1914 bis 1922 nicht ermittelbar.
[566] Vgl. Denkschrift 25 Jahre BELG (1939), S. 18.

onen in innovative Gerätschaften, so dass ein Anschluss an das Stromnetz nur wenig rentabel erschien. Die Bevölkerung, die aufgrund der spärlichen Möglichkeiten des Ackerbaus sowie des Fehlens alternativer Erwerbsmöglichkeiten auf die Heimweberei angewiesen war, musste immer längere Arbeitszeiten in Kauf nehmen, um ihren niedrigen Lebensstandard zu halten. Dementsprechend gering war auch der Stromverbrauch in den angeschlossenen Heimweberdörfern, mit der Folge, dass eine wirtschaftliche Ausnutzung der installierten Anlagen Anfang der Zwanziger Jahre kaum mehr möglich schien. In dieser Situation erkannte die BELG das Absatzpotential dieses Berufszweiges und bot 1924 durch die Übernahme der Finanzierung der Anschaffungskosten mechanischer Webstühle eine Lösung zum Erhalt dieses Erwerbszweiges. Die zeitgemäße Produktionsmöglichkeit „vervielfachte das Einkommen der Handweber [und ließ gleichzeitig den] Stromverbrauch in den Weberdörfern um ein Vielfaches"[567] ansteigen und „blühende Industriegemeinden"[568] entstehen. Zahlreiche Heimweberbetriebe konnten auf diesem Fundament zu größeren Mittelstandbetrieben wachsen. Bereits 1938 machten daher die Handwerker und Gewerbetreibenden 12,5 Prozent der Abnehmer aus und hatten aufgrund der entstandenen Abhängigkeit zur Elektrizität und einem entsprechenden maschinellen Ausnutzungsgrad in der industriellen Fertigung einen „wesentlich höheren Stromverbrauch als die landwirtschaftlichen Abnehmer aufzuweisen"[569].

Den Hauptstromabnehmer der BELG allerdings stellte die in Oberfranken entstandene Industrie dar, die durch ihren großen Leistungs- und Arbeitsbedarf mit dem Überlandwerk eine Partnerschaft in wechselseitiger Abhängigkeit einging. In weitreichender Mischung waren verschiedenartigste Industriezweige vertreten, von denen jedoch einige aufgrund ihres hohen Stellenwerts für die Region besonders hervorzuheben sind.[570] Vor allem ist hier die im Nord-Westen des Versorgungsgebietes angesiedelte Textilindustrie anzuführen, in der vor dem Zweiten Weltkrieg annähernd eine Million Baumwoll- und Zwirnspindeln eingesetzt waren.[571] Darüber hinaus erlangte die hauptsächlich im Süd-Osten von Oberfranken niedergelassene Porzellanindustrie im Untersuchungszeitraum zunehmend an Bedeutung. Wenn im Versorgungsgebiet der BELG auch Industrien des primären Sektors, wie Steinbrüche, Berg- und Hüttenwerke vorzufinden waren, so handelte es sich bei den Hauptabnehmern des Überlandwerks vermehrt um sogenannte

---

[567] Denkschrift 25 Jahre BELG (1939), S. 20.
[568] Denkschrift 75 Jahre Energieversorgung Oberfranken (1989), S. 13.
[569] Denkschrift 25 Jahre BELG (1939), S. 20.
[570] U. a. sind hier die Chemie-, Nahrungsmittel-, Metall- und holzverarbeitende Industrien sowie Stein-, Bergabbau und Brauereien zu nennen.
[571] Denkschrift 25 Jahre BELG (1939), S. 21.

Veredelungsindustrien, deren Abhängigkeit von der Energiequelle Strom durch den Fortschritt in der industriellen Fertigung im Zeitablauf beständig anwuchs. Das Diagramm 5.8 veranschaulicht die Stromabgabe an die zwei bedeutendsten Industriezweige der Region sowie den Verlauf der gemittelten Stromabgabe an die restliche Industrie des Versorgungsgebietes, die sich in der Jahressumme ihres Energiebedarfs nur unwesentlich voneinander unterschied.

**Abb. 5.8: Die Stromabgabe der BELG an die bedeutendsten Industriezweige im Versorgungsgebiet (1927 – 1954)**

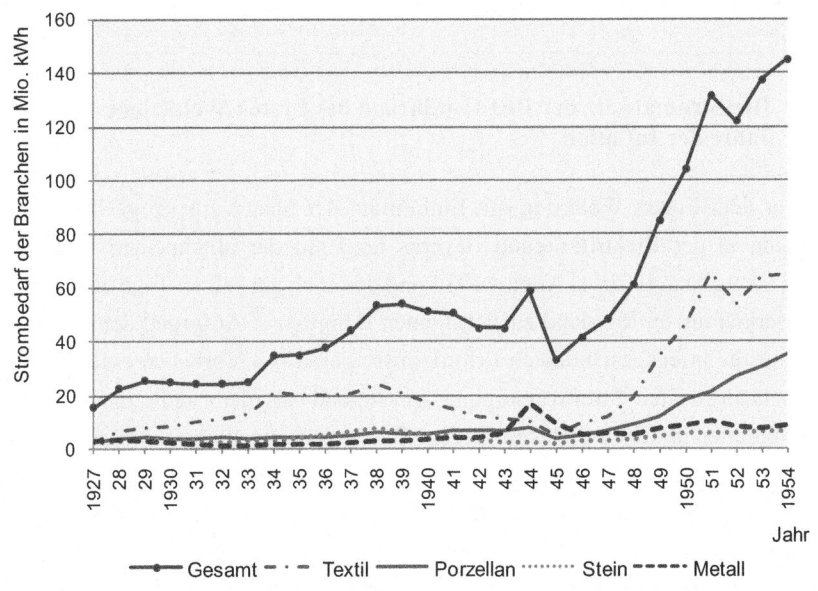

Quelle: Eigene Darstellung; Daten n. BWA, F 025-320 bis 350. Vorstandsberichte 1924-1954.

Als letzte große Gruppe der Abnehmer sind die sogenannten Wiederverkäufer anzuführen, die ihren Strombedarf ganz oder teilweise aus den Bezugsquellen der BELG deckten. Hierunter fielen im Schwerpunkt selbständig gebliebene Stadtwerke sowie kleinere, regionale Verteilungswerke und Elektrizitätsgenossenschaften, die nicht unmittelbar in das Versorgungsgebiet der BELG eingegliedert werden konnten (s. Abbildung 5.4). Hinzu kamen angrenzende Überlandwerke, die ihre jahreszeitliche Schwankung in der Strombereitstellung über die in der Verbundwirtschaft integrierte BELG ausglichen. Hier ist vor allem das Überlandwerk bayerisches Vogtland Naila und die Energieversorgung Ostbayern AG Regensburg zu nennen.

Nachdem ein Überblick hinsichtlich des im Staatsvertrag von 1913 bzw. 1921 zugeteilten Versorgungsgebietes sowie der verschiedenen Hauptabnehmer des Überlandwerks geschaffen worden ist, wird in den folgenden Kapiteln, unter weitgehender Berücksichtigung der chronologischen Abfolge, der Stromabsatz der BELG einhergehend mit der Wandlung des Energieträgers Strom vom seltenen Luxusgut zum Kern der Überflussgesellschaft dargestellt. Mit dem Ziel, die Rolle der BELG sowie den Einfluss der Bayerischen Staatsregierung hinsichtlich der Elektrifizierung des östlichen Oberfrankens aufzuarbeiten, sollen dabei die verschiedenen Abnehmergruppen und Hauptanwendungsbereiche des Stroms die Basis für die Untersuchung bieten.

### 5.3 Der Stromabsatz der BELG während des Ersten Weltkrieges und der Jahre der Inflation

Die vor dem Ersten Weltkrieg mit Einführung der Staatsverträge geebnete Entwicklung in der Elektrifizierung Bayerns fand mit der allgemeinen Mobilmachung Deutschlands am 1. August 1914 und der noch am selben Tage ergangenen Kriegserklärung an Russland zunächst einen Dämpfer.[572] Aufgrund der Fokussierung auf die kriegsgeschuldeten Erfordernisse geriet das Vorhaben einer einheitlichen landesweiten Stromversorgung zunehmend aus dem zentralen Blickfeld ambitionierter politischer Bestrebungen. Der bayerische Staat nahm sich in der aktiven Verwirklichung der bereits vor Kriegsausbruch ausgearbeiteten Pläne zurück und beschränkte sich auf die Funktion als Konzessions- und Geldgeber sowie als reglementierende Aufsichtsbehörde.[573] Vor allem das Ziel, das Netz der bayernweit geschaffenen Stadtwerke und Überlandversorger durch ein überregional ausgebautes Verbundsystem miteinander zu verknüpfen, konnte nicht länger in nennenswertem Umfang verfolgt werden.[574] Wenn auch diesbezüglich nicht außer Acht gelassen werden darf, dass, vor dem Hintergrund einer auf Rationalisierung drängenden Kriegswirtschaft, vielerorts die zumeist privatwirtschaftlich organisierten Stromversorger die Elektrifizierung von zum Teil auch zerstreut gelegenen Dörfern und Gemeinden weiterzuführen suchten. Erst zwischen 1920 und 1923 wurde das Instrument der Staatsverträge beziehungsweise staatsver-

---

[572] Vgl. Pohl (1996), S. 51; Leiner (1987), S. 127 sowie Denkschrift 50 Jahre Isar-Amperwerke (1958), S. 23.
[573] Vgl. v. Keller (1969), S. 14.
[574] Immerhin wurde jedoch auch in den Kriegsjahren die notwendige Planung vorangetrieben, so dass schließlich gegen Ende des Jahres 1919, nach der Überwindung der revolutionären Zustände in Bayern, eine Fortschreibung zu einem Generalplan geschehen konnte. Vgl. Obpacher (1920), S. 1-10.

tragsähnlicher Vereinbarung mit dem Zielvorhaben einer organisch und strukturiert wachsenden Branche wieder aufgegriffen.

Im Gewerbe sowie in der Industrie führte die kriegsdienstliche Verpflichtung vieler Handwerker und Industriearbeiter sowie eine allgemein festzustellenden Zurückhaltung in der Investitionstätigkeit – vor allem in der Anfangszeit des Krieges – zu einer Abschwächung des Strombezugs. Gleiches lässt sich im privaten Bereich feststellen. Die Ursache ist hier wohl eher psychologischer Natur, da die Bevölkerung in ihrem Bestreben, ihre Geldreserven zurückzuhalten aus nachvollziehbaren Gründen lieber auf Altbewährtes zurückgriff.[575] Verstärkt wurde diese Entwicklung noch durch die am 30. April 1916 eingeführte Sommerzeit, mit dem Zweck, die Stundenzahl mit nutzbarem Tageslicht zu vergrößern sowie durch einschneidende Einschränkungen in der elektrischen Straßen- und Bahnhofsbeleuchtung.[576] Hinzu kam der mit fortschreitender Kriegshandlung immer offenkundiger in Erscheinung tretende Materialmangel, der sich bei vielen Gewerbe- und Industriebetrieben auch unmittelbar in Produktionseinschränkungen sowie von der Heeresleitung oktroyierten Restriktionen niederschlug. Hier führte die Umstellung auf die Kriegsproduktion zu Strukturveränderungen, die „ganz allgemein als Stärkung der Produktionsgüterindustrie und als Schwächung der Konsumgüterindustrie charakterisiert werden können"[577]. Als ein typischer Vertreter der zuletzt genannten ist, um nur ein Beispiel herauszugreifen, die im Versorgungsgebiet der BELG vorzufindende Textilbranche zu nennen. Sie hatte genauso wie vergleichbare Branchen, aufgrund der rückläufigen Nachfrage nach Verbrauchsgütern, einen erheblichen Produktionsrückgang mit entsprechenden Auswirkungen auf den Energiebedarf zu verzeichnen.[578]

Eben dieser Material- und Arbeitskräftemangel stellte jedoch gleichermaßen, je mehr Zeit der Krieg in Anspruch nahm, auch einen bedeutenden Faktor der Akzeptanz- und Absatzsteigerung für die Elektrizitätsbranche und ihre Produkte dar. Vor allem die Knappheit an Leucht- und Antriebsstoffen zwang die Bevölkerung die Installation und Verwendung elektrizitätsgetriebener Arbeits- und Verbrauchsgegenstände in Betracht zu ziehen, was eine entsprechend positive Wirkung auf die Nachfrage – insbesondere der privaten Haushalte – nach elektrischer Energie zur Folge hatte. Auch bei Industrie- und Gewerbebetrieben begann sich

---

[575] Vgl. Prinzing (2000), S. 150.
[576] Herzig (1992), S. 133 weist auf den stromsparenden Charakter der Sommerzeit hin, der sich vor allem bei Kleinverbrauchern bemerkbar machte.
[577] Pledl (1986), S. 144.
[578] Für eine detaillierte Gegenüberstellung der Beschäftigungszahlen unterschiedlicher Branchen im Zeitraum von 1907 bis 1917 siehe Statistisches Jahrbuch (St. Jb.) für Bayern (1921), S. 109-111.

der Mangel an Kohlelieferungen auszuwirken. Die vor allem bei Großbetrieben in vielen Bereichen zum Antrieb von Einzelanlangen häufig eingesetzte Dampfmaschine wurde nach und nach durch den Elektromotor ersetzt.[579]

Als absatzförderndes Ereignis ist hierbei im Besonderen der Wegfall der nordamerikanischen Petroleumeinfuhr hervorzuheben, der bereits 1915 eine Rationierung dieses von der breiten Massen der Bevölkerung am häufigsten verwendeten Leuchtmittels nach sich zog. Offensichtlich wurde der Mangel an Erdöl bereits 1914, was die Lieferungen an den Großhandel im Vergleich zum Vorkriegsbezug um rund 65 Prozent einbrechen ließ. Eine Folge des Krieges, die auch durch einen verstärkt einsetzenden Import osteuropäischen Erdöls nach Bayern nur unwesentlich abgeschwächt werden konnte.[580] Es ist daher festzustellen, dass der Mangel an Primärenergieträgern durchaus der Elektrizitätsbranche zum Vorteil gereichte und in einer gesteigerten Anschlussbewegung resultierte. Im Falle der BELG wurde in den Geschäftsberichten für die Jahre 1917 und 1918 explizit auf diese Erscheinung hingewiesen und namentlich eine weitere Forcierung des Installationsgeschäftes für Lichtanlagen angeraten.[581] Eine bayernweit zu beobachtende Entwicklung, die sogar viele Stromversorger hinsichtlich der Erweiterung von Ortsnetzen und Transformatorenstationen nicht zuletzt aufgrund des anhaltenden Personalmangels an die Grenzen ihrer Kapazitäten stoßen ließ.

Diesem Umstand entsprechend wird in der einschlägigen Literatur auch auf eine „katalysatorische Wirkung" des Ersten Weltkrieges hinsichtlich des Akzeptanzgewinns des Energieträgers Elektrizität unter der Bevölkerung hingewiesen.[582] Hier ist vor allem die soziale Komponente in den Vordergrund zu stellen, die eine Entwicklung beschleunigte, die sonst sicherlich viel langsamer und organischer eingetreten wäre. Diese Ansicht lässt sich dahingehend stützen, da jene Kriegsjahre, mit ihrer wirtschaftlichen Isolation und der starken Beanspruchung inländischer Energiequellen, die Vorzüge des elektrischen Stromes besser verdeutlichten, als es gezielte Werbemaßnahmen einzelner Energieversorger jemals vermocht hätten.[583] Denn nicht nur in den gewerblichen, sondern auch in den privaten Anwendungen wurden „in der Zwangssituation des Krieges letzte Zweifel an der Überlegenheit von elektrischem Licht und elektrischer Kraft ausgeräumt, so

---

[579] Vgl. Kleider (1987), S. 129.
[580] Vgl. ebd. (1987), S. 127; Prinzing (2000), S. 151; Leiner (1984), S.20. Siehe zu den Bestrebungen Bayerns eine vom Reich weitgehend autarke Mineralölpolitik zu betreiben auch Blaich (1981), S. 153-160.
[581] BWA, F 025-4 und 5, jew. S. 2. Geschäftsberichte 1917 und 1918.
[582] Vgl. u. a. Kirchhoff (1933), S. 73-80; Herzig (1992), S. 133.
[583] Vgl. Prinzing (2000), S. 174.

daß für eine weitere Verbreitung und Anwendung nach dem Kriege alle Wege geebnet waren"[584].

In diesen turbulenten Jahren des Krieges nahm die BELG ihre Arbeit auf und integrierte im Jahr 1914 das kalorische Elektrizitätswerk in Arzberg an das zu Beginn noch mit beschränkter Flächenabdeckung ausgestaltete Stromnetz. Auch wenn das statistische Zahlenmaterial betreffend den Anschluss neuer Abnehmer für den Zeitraum zwischen 1914 und 1922 nur unvollständig vorliegt (s. Abbildung 5.7), so legt die lückenlos nachvollziehbare Anzahl der neu an das Netz genommenen Ortschaften die Vermutung nahe, dass die rege Anschlusstätigkeit der Anfangsjahre das neu gegründete Überlandwerk in die Lage versetzte, den in vielen Teilen Deutschlands wie auch Bayerns zu verzeichnenden Rückgang des Stromverbrauchs zumindest in ihrem eigenen Versorgungsgebiet aufzufangen.

In diesem Punkt hatte die BELG durchaus einen Vorteil gegenüber bereits länger bestehenden Elektrizitätswerken in Bayern, wie beispielsweise etablierten Stadtwerken. Diese konnten die Möglichkeit einer regionalen Expansion zur Erhöhung des Stromabsatzes nur bedingt wahrnehmen, da sie schon über ein relativ dicht ausgebautes Versorgungsnetz verfügten – auch wenn nicht davon auszugehen ist, dass innerhalb der städtischen Versorgungsgebiete bereits überall ein lückenloser Anschluss der Anwohner an das Stromnetz vorlag. In der Jubiläumsschrift der BELG von 1924 bzw. 1939 heißt es rückblickend: „Die Entwicklung des Unternehmens wurde durch den Weltkrieg und seine Folgen gehemmt"[585], was „sehr zum Nachteil der oberfränkischen Energiewirtschaft"[586] gereichte. An selbiger Stelle wird jedoch auch darauf verwiesen, dass durch die im Rahmen des Möglichen durchgeführte Kundenakquisition und Netzerweiterungen selbst in den konjunkturschwachen Kriegsjahren sowohl „eine ununterbrochene Zunahme [...] des Anschlusswertes als auch der nutzbaren Stromabgabe erzielt werden konnte"[587].

Allerdings konnte die mögliche Entwicklung des Absatzes an elektrischer Energie infolge der anhaltenden Kohlennot und den hierin begründeten Einschränkungsbestimmungen nur in begrenztem Umfang fortgeführt und Neuanschlüsse

---

[584] Herzig (1992), S. 133.
[585] Denkschrift 10 Jahre BELG (1923), S. 16.
[586] Denkschrift 25 Jahre BELG (1939), S. 9. Nicht zuletzt wurde die strukturierte Elektrifizierung durch den Überlandversorger auch deshalb verzögert, da der Weltkrieg die Pläne der BELG hemmte, „eine Zersplitterung der Elektrizitätsversorgung von Oberfranken zu verhindern und [...] zahlreiche Werke käuflich [zu] übernehmen". Ebd., S. 8 f.
[587] Denkschrift 10 Jahre BELG (1923), S. 16.

nur mit ausdrücklicher kriegsamtlicher Genehmigung ausgeführt werden.[588] Diese Tatsache veranlasste den Energieversorger, um nicht das staatlicherseits zugesagte Versorgungsmonopol für die Region des östlichen Oberfrankens zu gefährden – wie bereits an andere Stelle erwähnt – zunächst das Hauptaugenmerk auf die in den Staatsverträgen festgeschriebenen Gebiete zu legen.[589] Während der Kriegsjahre war man mit Investitionen generell und damit auch mit Neuanschlüssen unwirtschaftlich gelegener Gemeinden zurückhaltend. Im Jahre 1915 kam der weitere Ausbau des Leitungsnetzes fast vollständig zum Erliegen und konnte erst 1916, unter streng rationalen und ressourcensparenden Gesichtspunkten, wieder aufgenommen werden.[590]

Es ist daran zu erinnern, dass die Konzentration des jungen Stromversorgers auf einen Zuwachs in den absoluten Abnehmerzahlen und folglich in der nutzbaren Stromabgabe aufgrund der einhergehenden Kapitalintensität in der Überlandversorgung stets mit einem gewissen Risiko verbunden war. Dementsprechend beklagen die Geschäftsberichte von 1915 bis 1918 auch die Gefahr einer unbefriedigenden Ertragslage, die „infolge der Verteuerung der Betriebsstoffe und ungenügender Ausnutzung [der] Anlagen wesentlich hinter den Erwartungen zurück"[591] blieb. Hinzu kamen die stetig zunehmenden Zahlungen zur Kriegsunterstützung.[592]

Der Anstieg der Betriebskosten verschärfte sich mit der Dauer des Krieges und die Knappheit und der Qualitätsmangel der angelieferten Kohlen beeinträchtigte die Effizienz der Energiebereitstellung. Das betraf ab dem Jahr 1917 längst nicht mehr ausschließlich die fern großer deutscher Kohlereviere gelegenen bayerischen Energieversorger, sondern das gesamte Reich.[593] Eine schrittweise Anhebung des Strompreises für Groß- und Kleinabnehmer in den Jahren 1917 und 1918 wurde so unabdingbar, um „die wesentlich höheren Ausgaben infolge der bedeutenden Preissteigerung für die Betriebsstoffe und Löhne einigermaßen auszugleichen"[594]. Diesem Umstand zum Trotz verzeichnete die BELG namentlich

---

[588] Vgl. BWA, F 025-5, S. 2. Geschäftsbericht 1918.
[589] Zu der räumlichen Ausdehnung des Versorgungsgebietes und den hiesigen Konsumentengruppen siehe ausführlich Kapitel 5.2 „Kernabsatzgebiet und bedeutende Stromabnehmergruppen der BELG".
[590] Vgl. BWA, F 025-2, S. 2. Geschäftsbericht 1915.
[591] Ebd. Die Anlagen waren bereits für einen wesentlich größeren Bedarf ausgelegt, der während der Kriegsdauer nicht zu erzielen war. Vgl. BWA, F 025-3, S. 2. Geschäftsbericht 1916.
[592] Vgl. BWA, F 025-2 bis 5, jew. S. 5. Geschäftsberichte 1915 bis 1918; Gewinn- und Verlustkonto.
[593] Vgl. Prinzing (2000), S. 151 f.
[594] BWA, F 025-4, S. 2. Geschäftsbericht 1917. Bereits 1918 konnten die hohen Aufwendungen zur Aufrechterhaltung des Betriebs nur noch teilweise durch die höheren Strompreise kompensiert werden. BWA, F 025-5, S. 2. Geschäftsbericht 1918.

## 5. STROMABSATZENTWICKLUNG UND EXPANSIONSPOLITIK

in den letzten beiden Kriegsjahren eine „erheblich[e] Steigerung des Absatzes an elektrischer Arbeit"[595]; diese Entwicklung wurde auch durch die Einschränkungsmaßnahmen für den Stromverbrauch, die das Ministerium des Innern und das Kriegsministerium Ende 1917 wegen des akuten Brennstoffmangels verordnet hatte, nur geringfügig gebremst.[596]

Die Abbildung 5.9 illustriert den Stromabsatz des Überlandwerks im Untersuchungszeitraum von 1914 bis 1954, aufgeteilt auf die einzelnen zentralen Abnehmergruppen. Die Darstellung weist als Gesamtwert den Stromumsatz aus, welcher gleichbedeutend ist mit der Summe von Eigenerzeugung und Fremdstrombezug des Stromversorgers. Der nutzbare Stromabsatz setzt sich dabei aus den drei unteren Gruppen, namentlich den Tarifabnehmern (Kleinverbraucher), Sonderabnehmern (Großverbraucher, vornehmlich Hochspannungsabnehmer) und den Wiederverkäufern (weiterverteilende Elektrizitätsversorgungsunternehmungen) zusammen. Die Differenz zwischen dem Stromumsatz und der nutzbaren Abgabe beschreibt den Eigenverbrauch der Kraftwerkseinheiten sowie die auftretenden Übertragungs- und Leitungsverluste. Die dem Kurvenverlauf zugrunde liegenden charakteristischen Entwicklungen und Ereignisse mit Auswirkungen auf den Stromabsatz der BELG sollen in der Chronologie dieses Kapitels eingehend Behandlung finden.

In Zahlen konkretisiert konnte die BELG in den Jahren des Krieges trotz der beschriebenen Probleme eine Zuwachsrate in den Anschlusswerten von durchschnittlich 25 Prozent realisieren.[597] Ein noch eindrucksvolleres Bild zeichnete allerdings die Entwicklung der nutzbaren Stromabgabe, die von 1,7 auf 8,4 Mio. kWh anwuchs. Darüber hinaus stieg im selben Zeitraum, neben der Neukundengewinnung aufgrund des Netzausbaus, die angeschlossene Wattzahl pro Einwohner des Versorgungsgebiets von 100 auf 170 kW und demzufolge der Jahresverbrauch pro Einwohner von 22,6 auf 45,2 kWh.[598] Ein deutliches Indiz dafür, dass die Stromabgabe sinnbildlich nicht nur flächenmäßig in die Breite, sondern auch hinsichtlich der stromverbrauchenden Geräte in Haushalt, Gewerbe und Industrie in die Tiefe wuchs. Hier sind vor allem Glühlampen und Elektromotoren hervorzuheben, deren Anzahl (installierte Leistung) im Versorgungsgebiet von rund

---

[595] BWA, F 025-4, S. 2. Geschäftsbericht 1917.
[596] Vgl. BWA, F 025-5, S. 2. Geschäftsbericht 1918.
[597] Betrug der gesamte Anschlusswert im Versorgungsgebiet im Jahre 1914 noch rund 7.000 kW, so stieg diese Kennzahl bis zum Ende des Jahres 1918 auf ca. 14.000 kW an. Denkschrift 10 Jahre BELG (1923), S. 18.
[598] Ebd., S. 18 f. Ausgenommen sind hierbei die sogenannten Wiederverkäufer, zumeist kleinere Stromversorger mit eigener Netzinfrastruktur, die in ihrer Funktion als Zwischenhändler für Elektrizität auftraten.

36.600 (1.400 kW) bzw. 1.400 (4.800 kW) im Jahr 1914 auf 69.100 (2.400 kW) bzw. 2.200 (8.600 kW) zum Ende des Geschäftsjahres 1918 anwuchs. Die in den Geschäftsberichten der BELG unter dem Begriff „Apparate" eigens aufgeführten Absatzzahlen für anderweitige haus- oder landwirtschaftliche Gerätschaften[599] waren hingegen aufgrund ihrer zu dieser Zeit noch geringen Bedeutung für die Stromabnahme zu vernachlässigen.[600]

**Abb. 5.9: Die Entwicklung des Stromumsatzes und -absatzes der BELG unterteilt in die verschiedenen Hauptabnehmergruppen (1914 – 1954)**

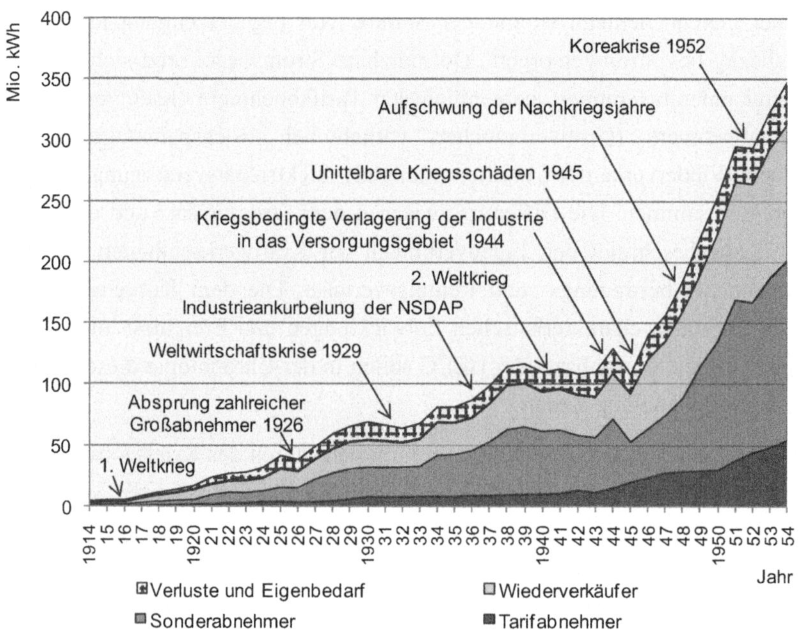

Quelle: Eigene Darstellung; Daten n. BWA, F 025-320 bis 350, Vorstandsberichte 1924-1954.

Nach dem Waffenstillstand vom 11. November 1918 ergaben sich mit dem abrupten Übergang von der Kriegs- zur Friedenswirtschaft neue Probleme für die deutsche Elektrizitätswirtschaft. Die erheblichen Gebietsabtretungen traditionell koh-

---

[599] Hinsichtlich der bereits während dem Ersten Weltkrieg auf dem Markt befindlichen elektrischen Gerätschaften in Haushalt und Landwirtschaft sei auf die Fußnote 508 verwiesen. Die in den Vorstandsberichten als „Apparate" titulierten Gerätschaften ließen zu dieser Zeit mit einer im gesamten Versorgungsgebiet zu verzeichnenden Anzahl von 329 und einer kumulierten Leistung von 171 kW im Geschäftsjahr 1914 bis zu Kriegsende mit einer Anzahl von 520 (300 kW) nur geringes Potential erkennen. BWA, F 025-1 und -5, jew. S. 2. Geschäftsberichte 1914 und 1918. Das sollte sich spätestens ab der Blütezeit in der zweiten Hälfte der Zwanziger Jahre ändern.

[600] Vgl. ebd.

lereicher Abbaugebiete, bspw. an der Saar und in Oberschlesien, die aus dem Friedensvertrag hervorgehende Verpflichtung von Kohlelieferungen an die Alliierten[601] sowie die spätere Besetzung des Ruhrgebietes[602] führten im ganzen Reich zu verminderten Kohlebeständen und entsprechenden Einschränkungen in der Erzeugung elektrischer Energie. Für den empfindlichen Rückgang der Kohleförderung lässt sich auch die nach Kriegsende fehlende Einsatzmöglichkeit von Kriegsgefangenen sowie die Einführung des Achtstundentages (bzw. Siebenstundenschicht im Bergbau) heranziehen.[603] Zudem dürfte das mit der Rückführung der deutschen Truppen ohnehin überlastete Transportwesen seinen Teil zu dem vor allem in der ersten Zeit nach Kriegsende entstandenen Engpass beigetragen haben.[604] Das Fehlen einer weitverzweigten Verbundwirtschaft machte sich zu dieser Zeit in Form regional unterschiedlich ausgeprägter Energiekrisen besonders bemerkbar, da ein Ausgleich mit den aus Wasserkraft gespeisten Netzen noch nicht, bzw. regional nur äußerst begrenzt, stattfinden konnte.[605]

In dem mit kräftigen Flussläufen gesegneten Bayern wirkte der erhebliche Brennstoffmangel zu Kriegsende wie Wasser auf die Mühlen der Befürworter des Ausbaus der Wasserkraftanlagen.[606] Der Staat – so wurden Stimmen laut – müsse „zum mindesten alle größeren Wasserkräfte selbst ausbauen oder wenigstens in die Hand öffentlich-rechtlicher Körperschaften geben"[607]. Diese Aussage steht stellvertretend für den dringenden Wunsch der Staatsregierung nach Autarkie in der Energieversorgung. Nur auf diese Weise sah man sich in der Lage, die exogenen Einflüsse der Weltmärkte auf die Gestehungskosten der Stromerzeugung im Sinne der heimischen Bevölkerung und Industrie auszugleichen. Die bereits vor dem Krieg angestrengten Überlegungen wurden nun seitens des Staats intensiviert. Dies wurde nicht zuletzt auch deshalb nötig, da der Ausfall der Kriegsindustrie die bayernweite Konsumfreude nach elektrischer Energie nur kurzzeitig

---

[601] Vgl. Winkler (1998), S. 146. Im Juli 1920 musste sich Deutschland auf der internationalen Konferenz von Spa verpflichten über „sechs Monate jeweils zwei Millionen Tonnen Kohle besonders guter Qualität an die Alliierten zu liefern". Ebd.

[602] Für eine nähere Erläuterung zur Ruhrbesetzung im Jahr 1923 siehe u. a. Krumreich/Schröder (Hrsg.) (2004); Ellerbrock (Hrsg.) (2010); Ruck (1986).

[603] Der Staat musste die Bedeutung der Gewerkschaften für die Aufrechterhaltung des sozialen Friedens anerkennen und sich in Folge dessen aus Tarif- und Arbeitszeitverhandlungen zurückziehen. Siehe hierzu auch das Betriebsrätegesetz von 1920. Vgl. Pledl (1986), S. 140.

[604] Kleider (1987), S. 132. Die Kohlennot machte sich in Süddeutschland besonders bemerkbar, da aufgrund der zur Heimführung der Truppen über den Rhein geschlagenen Notbrücken, eine Nutzung des Wasserweges ausfiel. Leiner (1977), S. 12.

[605] Vgl. Herzig (1992), S. 133 f.

[606] Vgl. u. a. Christaller (1967), S. 42; Ott (1984), S. 373; siehe hierzu auch Schick (1922), Anm. 6.

[607] Christaller (1967), S. 42.

zu bremsen vermochte. Vor allem bei Elektrizitätsunternehmen im ländlichen Raum, wie bspw. der BELG, machte sich der Wegfall der Kriegsproduktion nur geringfügig bemerkbar und wurde nach kurzer Zeit überkompensiert durch den Anstieg des Stromverbrauchs in Haushalt, Kleingewerbe und landwirtschaftlichen wie industriellen Betrieben. „Die Elektrizitätswirtschaft zählte zu den Kriegsgewinnern"[608], stellte Zängl daher zutreffend fest. Die Stromversorgung hatte sich in dem Empfinden der Zeitzeugen längst als gesellschaftlich bedeutende Branche und unerlässlicher Produktionsfaktor positioniert – diese elektrizitätswirtschaftliche Aufwärtsentwicklung konnte „ebenso wenig wie der Krieg [...] die dem Zusammenbruch folgende Inflationswirtschaft [...] aufhalten"[609].

„Der Hunger nach Elektrizität"[610] wurde in dieser Zeit zusätzlich befeuert durch die Vielzahl der demobilisierten und von den Kriegsschauplätzen heimkehrenden Soldaten. Diese hatten „im Felde die Vorteile des elektrischen Lichtes kennen gelernt und sich an den Umgang mit Elektrizität gewöhnt [...] und bekunden jetzt große Neigung, zu Hause selbst elektrische Lichtinstallationen ausführen zu lassen."[611] Diese Aussage traf Stern als zentrale Erklärung für die positive Einstellung der Bevölkerung hinsichtlich des Einsatzes von Elektrizität in den frühen Nachkriegsjahren. Sicherlich mag auch ein im Rahmen des staatsrechtlichen Umbruchs entstandener neuer Zeitgeist eine nicht zu unterschätzende Rolle in diesem Prozess gespielt haben.

Vor dem Hintergrund eines aus dieser Entwicklung abzuleitenden starken Anstiegs im Bedarf an elektrischer Energie und dem Bestreben der Revolutionsregierung, die vom Kriegsdienst heimkehrenden Truppen mit einer sinnvollen Arbeit zu bedenken, kam es nach 1919 zu einem „geradezu hektisch anmutenden Ausbau der Elektrizitätsversorgung in Bayern"[612]. Angesichts des geplanten Abbaus regionaler Disparitäten folgte im Freistaat vielerorts die Gründung schon vor Kriegsausbruch projektierter Überlandwerke, zumeist unter erheblichem Einfluss der mit Mehrstimmrechten ausgestatteten Gebietskörperschaften, die insbesondere darauf drängten, die bis hierhin nur unzureichend versorgten Gebiete anzubinden.[613] Der Staat sah in diesem Ausbau keine Gefahr für die Absatzsicherheit seiner eigenen Kraftwerksausbauten, da die kapitalschwachen Regionalwerke nur

---

[608] Zängl (1989), S. 102.
[609] Krecke (1937), S. 32.
[610] Büggeln (1930), S. 27.
[611] Stern (1922), S. 54, zit. n. Zängl (1989), S. 117.
[612] v. Keller (1969), S. 15.
[613] So entstanden in den Jahren 1920 bis 1922 die Kreisüberlandwerk Unterfranken AG in Würzburg, die Überlandwerk Oberfranken AG in Bamberg, die Oberpfalzwerke AG in Regensburg, die Oststrom AG in München. Ebd., S. 16.

schwerlich in der Lage gewesen wären, Erzeugungskapazitäten zu schaffen, die über ihr unmittelbares Versorgungsgebiet hinaus Bedeutung erlangen konnten.[614] Vielmehr bot die Erweiterung der Anschlussgebiete die Möglichkeit, die in den ersten Ausbaustufen von Walchenseewerk und Mittlerer Isar zu erwartenden überaus großzügig bemessenen Strommengen in der breiten Fläche abzusetzen.[615] Letztlich mussten alle Beteiligten einschließlich des Staats auch selbst daran interessiert sein, „in der Zeit der galoppierenden Geldentwertung Sachwerte zu schaffen, die den unvermeidlichen Währungsschnitt überdauern sollten"[616].

Ergänzend ist in diesem Kontext anzuführen, dass in der Eisner-Regierung von 1918/19 mit dem SPD-Abgeordneten Erhard Auer ein ausgewiesener Fachmann in Fragen der Energiewirtschaft das Innenministerium übernahm. Er erklärte den weiteren Ausbau der Wasserkraftnutzung als unabdingbar für das Ziel einer selbständigen Energiepolitik Bayerns. Vor diesem Hintergrund räumte er der Gründung des Bayernwerks und der Nutzung des Walchensees oberste Priorität ein und betonte, dass er sich auch in Zukunft mit ungeteilter Aufmerksamkeit auf die Ausnutzung der Wasserkräfte konzentriere.[617] Auch das Verkehrsministerium erhielt mit Heinrich von Frauendorfer einen Fürsprecher bezüglich einer zügigen und flächendeckenden Elektrifizierung der bayerischen Bahnstrecken. „Somit waren beide entscheidende [sic!] Ministerien zunächst mit Persönlichkeiten besetzt, die der Entwicklung der bayerischen Elektrizitätswirtschaft und den Plänen Oskar von Millers [hinsichtlich einer Versorgung des gesamten rechtsrheinischen Bayerns mit Elektrizität; Anm. d. Verf.] positiv gegenüberstanden."[618]

Die zunächst moderat fortschreitende Geldentwertung wirkte wie eine „Prämie auf den deutschen Export, den Hauptfaktor des international atypischen deutschen Wirtschaftswachstums der Jahre 1920 und 1921"[619]. Der Aufschwung zog eine

---

[614] Darüber hinaus beteiligte sich der Staat über das Bayernwerk an den entstandenen Regionalwerken. v. Keller (1969), S. 16.

[615] Allein die Erzeugungskapazitäten der genannten Kraftwerkseinheiten ließen eine jährliche Strommenge von rund 500 Mio. kWh erwarten. Stellt man den im Jahre 1919 aus der öffentlichen Versorgung gedeckten Stromverbrauch im rechtsrheinischen Bayern von ca. 340 Mio. kWh gegenüber, so werden die Dimension der staatlichen Projekte und die entstandenen Diskussionen bezüglich der Absatzsicherheit dieser Vorhaben nachvollziehbar. Ebd., S. 15.

[616] Ebd., S. 16.

[617] Pohl (1996), S. 65. Zu den frühen Fragen und Bestrebungen der Wasserkraftnutzung siehe auch ausführlich Kapitel 4.2.1 „Das Bayernwerk als Basis einer einheitlichen Landeselektrifizierung".

[618] Pohl (1996), S. 65.

[619] Winkler (1998), S. 144. An selbiger Stelle wird unter dem Stichwort „Inflationskonsens" betont, dass die Geldentwertung die unvermeidliche Krise vertagte und „Deutschland zunächst das Schicksal einer schweren Depression mit Massenarbeitslosigkeit und

entsprechend positive inländische Nachfrage nach elektrischer Arbeit nach sich. Nachdem in der älteren Literatur die deutsche Inflation eine durchweg negative Konnotation aufweist, besteht daher heute – zumindest bis zum Einsetzen der sog. Hyperinflation – eine differenziertere Sicht.[620] Das „Schmiermittel der Inflation"[621] schirmte Deutschland gegen die durchaus als Weltwirtschaftskrise zu bezeichnende Depression von 1920/21 ab und ermöglichte auf dem Rücken von Vollbeschäftigung und kontinuierlichen Lohnanhebungen eine Stabilisierung der Wirtschaft und nicht zuletzt des jungen demokratisch-parlamentarischen Regierungssystems. Die Hochkonjunktur Deutschlands stand damit in erheblichem Kontrast zur weltweiten Entwicklung. Während um 1921 die Arbeitslosigkeit unter den gewerkschaftlich organisierten Arbeitnehmern beispielsweise in Groß-britannien auf 17 %, in Schweden auf 28,3 % und in Norwegen auf 23,4 % anwuchs, konnte Deutschland ein Rekordtief von 0,9 % vorweisen. Ein analoges Bild zeichnete die zu dieser Zeit inländisch in starkem Wachstum begriffene Industrieproduktion.[622]

Diese Entwicklung lässt sich – wenn auch unter Berücksichtigung einer gewissen Verzögerung – in ähnlicher Weise für Bayern aufzeigen. Zwar hatte sich der Umbruch des Freistaats vom Agrar- zum Industriestaat noch nicht vollzogen, so war man doch „auf dem besten Weg […], sich der allgemeinen Wirtschaftsentwicklung anzupassen und Versäumtes nachzuholen"[623]. Es ist jedoch anzumerken, dass trotz der gestiegenen Wirtschaftsleistung vor allem größere Städte mit ihren gewerblichen und industriellen Zentren wesentlich größere Schwierigkeit hatten, sich den veränderten Einflüssen und wirtschaftlichen Anforderungen anzupassen, als das eher agrarisch strukturierte flache Land. Gerade vor dem Hintergrund der am 6. Oktober 1918 vom „Staatskommissar für Demobilmachung" ergangenen Einstellungspflicht sämtlicher Rüstungsarbeiten in Bayern wurde dies in den größeren Ballungsräumen im Hinblick auf den nachgebenden Arbeitsmarkt ersicht-lich.[624] Am augenscheinlichsten traten die strukturellen Probleme der ersten Nachkriegsjahre mitunter in den fränkischen Industriestädten Fürth und Hof zu Tage. Letzte-

---

damit eine Entwicklung erspart[e], die die junge Demokratie von Weimar wohl kaum überlebt hätte".

[620] In der älteren Literatur wurde die Inflation lange als eine politisch-wirtschaftliche Fehlleistung beurteilt. Wohingegen diese Ansicht von neueren Autoren relativiert wird. Siehe u. a. Pledl (1986), S. 154 f.; Winkler (1998), S. 144.

[621] Holtfrerich (1980), S. 194.

[622] In Deutschland stieg die Industrieproduktion von 1920 auf 1921 um 45 % und im darauf folgenden Jahr nochmals um 20 %, während die entsprechenden Werte in Frankreich 8 und -12 %, in Großbritannien 0 und -31 % sowie in den USA 3 und -22 % eine völlig gegensätzliche Tendenz aufwiesen. Vgl. Winkler (1998), S. 143.

[623] Pledl (1986), S. 132.

[624] Vgl. ebd., S. 134-137. Siehe dazu auch St. Jb. Für Bayern (1921), S. 210 und (1924), S. 174.

re hatte vor allem in der Textilindustrie durch den Rohstoffmangel an Baumwolle und Kohle einen über Jahre anhaltenden Einbruch der Produktionsleistung und in der Folge die höchste Erwerbslosenquote im gesamten Freistaat zu verzeichnen.[625]

Die BELG selbst wurde durch den bis in das Jahr 1921 belasteten Arbeitsmarkt in den oberfränkischen Städten nur indirekt tangiert.[626] Zum einen, da im Versorgungsgebiet des Überlandwerks nur wenige größere Städte verortet waren, zum anderen aber vor allem deshalb, weil ein Großteil dieser Ballungsräume über separate Stadtwerke Strom bezogen.[627] Es liegt sogar die Vermutung nahe, dass diese zumeist kleineren Werke aufgrund der Absatzschwäche in dieser Zeit auf eine Fremdlieferung von elektrischer Energie auf die mit verhältnismäßig hohem Wirkungsgrad und folglich kosteneffizient arbeitenden Erzeugungsanlagen der BELG umstiegen. Dies lässt sich anhand der im Jahreswechsel 1919/20 nahezu verdoppelten Anzahl von 21 unmittelbar belieferten Wiederverkäufern belegen; diese sollten fortan eine bedeutende Säule hinsichtlich des Stromverkaufs des Regionalwerks darstellen.[628] Dem ist anzufügen, dass auch die Bedeutung der sogenannten Sonderabnehmer (industrielle Großabnehmer) ab 1921 im Portfolio der Vertriebsseite eine deutliche Stärkung erfuhr.

Im Versorgungsgebiet der oberfränkischen BELG wuchs – wie auch im restlichen Bayern zu beobachten – in allen Gesellschaftsbereichen das Verlangen nach Strom. Denn wie eingangs erwähnt, brauchte „niemand [...] erst noch von den Vorzügen des elektrischen Lichtes überzeugt zu werden. Der Krieg als Lehrmeister hatte die Werbung überholt."[629] Gemeinden und Industriebetriebe, die bereits während der Kriegsjahre den Vorzug von Stromanschlüssen genossen, fungierten nun als überzeugende und anschauliche Beispiele für Strom als Licht- und Kraftquelle ersten Ranges. Des Weiteren gingen die Betriebe nach den Jahren der Einschränkung allmählich wieder in den Vollbetrieb über. In den industriellen wie landwirtschaftlichen Produktionsbetrieben fehlte es nicht nur an geeignetem Personal, sondern auch an Pferden und Benzin. Ein guter Grund auf dem Land u. a. Futterschneid- und Dreschmaschinen sowie Jauche- und Wasserpumpen wie auch Antriebe in der industriellen Fertigung durch Elektromotoren verrichten zu lassen. Auch wenn man für andere Teile Bayerns geringfügige Abweichungen feststellen kann, so lässt doch der in Darstellung 5.7 (auf S. 125) abgebildete Beginn des „Anschlussbooms" im Versorgungsgebiet der BELG das besondere Gesche-

---

[625] Vgl. Pledl (1986), S. 137.
[626] Vgl. ebd., S. 136.
[627] Siehe hierzu das in Abbildung 5.4 dargestellte Versorgungsgebiet der BELG um 1921.
[628] Denkschrift 10 Jahre BELG (1923), S. 18 f.
[629] Feldweg (1969), S. 138.

hen in der Geschichte der Elektrifizierung – insbesondere des flachen Landes – das die Zeit um 1920 prägte, erkennen.

In Abschnitt 4.1 wurden bereits die zentralen Anwendungsbereiche von Elektrizität in der Gründungszeit der BELG näher behandelt. Es sei daher an dieser Stelle die lichttechnische Entwicklung exemplarisch für die fortschreitende Elektrifizierung nach dem Krieg herausgegriffen. Denn obwohl die Elektroindustrie bereits vor der Währungsumstellung ein beachtliches Sammelsurium an Geräten vorzuweisen hatte, blieb die Nutzung der Stromanbindung in der Vielzahl der Haushalte im Schwerpunkt auf den Konsum von Lichtstrom beschränkt.[630] Unter dem Leitmotiv „Licht ist Leben"[631] versuchte die BELG das Bewusstsein der Bevölkerung dahingehend zu schärfen, dass elektrische Beleuchtung gleichsam „gesteigertes, reiches, freudiges Leben"[632] bedeutet und als solche eine verbesserte Lebenskultur bedingt. Ein in den Werbemaßnahmen der BELG vielzitierter Vers sollte in den Zwanziger Jahren helfen, diese offensichtlichen Vorzüge in Worte zu fassen:

> „Als man Elektrisch noch nicht kannte
> Und Oel noch in den Funzeln brannte,
> Wie ward der Abend da zur Last,
> Vor Langeweile starb man fast.
>
> Wie ist's dagegen jetzt patent,
> Wo nun das Licht elektrisch brennt;
> Der Abend, einst so unbequem,
> Wie ist er jetzt so angenehm!"[633]

Auch die Illumination öffentlicher Gebäude – wie zum Beispiel der Kirchen – sowie immer häufiger vorzufindende Werbeplakate und Informationsbroschüren halfen die Meinung der Abnehmer zu beeinflussen. Erstaunlich ist die Erkenntnis, dass sich die damaligen Lampen in Form und Größe kaum merklich von dem Variantenreichtum heutiger Exemplare unterschieden (s. Abbildung 5.10).

---

[630] Vgl. Bieling/Scholl 1966, S. 67, 104; Polster 1982, S. 47.
[631] BWA, F 025-537. Kundenzeitschrift November 1926.
[632] BWA, F 025-537. Kundenzeitschrift April 1927.
[633] BWA, F 025-537. Kundenzeitschrift Februar 1927.

**Abb. 5.10: Werbung der BELG für elektrisches Licht in den Zwanziger Jahren**

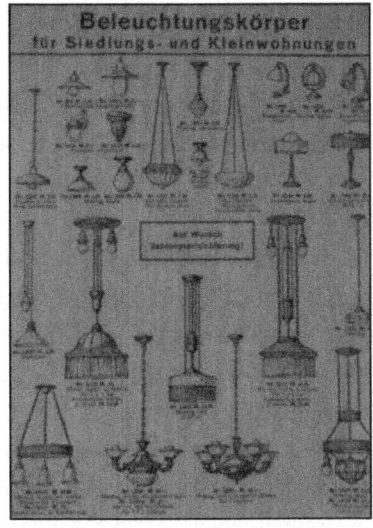

Quelle: BWA, F 025-537, Kundenzeitschriften November 1926 bzw. 1929.

Der Siegeszug der elektrischen Beleuchtung gegen das Gaslicht war nach dem Ersten Weltkrieg bereits in vielen Bereichen in der Entscheidung begriffen. Elektrizität haftete früh der Nimbus einer sauberen und vergleichsweise ungefährlichen Energiequelle an, wohingegen das Gas während der Kriegshandlungen als unmenschliche Kriegswaffe Schlagzeilen machte. Technisch, so ist zu betonen, „wäre es gleichermaßen möglich gewesen, nach dem Ersten Weltkrieg ganz Deutschland mit Ruhrgas zu beliefern, statt die Stromversorgung auszubauen"[634]. Die Gasanstalten mussten sich dennoch ihre Unterlegenheit im Verdrängungswettbewerb eingestehen und zogen sich vor allem in den privaten Haushaltungen nach und nach aus dem Markt zurück.[635] Zunächst zeichnete sich ein relativ klar definiertes Anwendungsspektrum der Energieträger ab, das sich folgendermaßen unterteilte: „Elektrizität für Licht und Kraft, Gas für Wärme [...]"[636].

Ein „Burgfrieden", der bereits in den frühen Zwanziger Jahren insofern zu bröckeln begann, als die Elektrizitätsindustrie ihre Ambitionen auch auf den Wärmesektor – bis hierhin eine Domäne fossiler Energieträger – auszuweiten suchte. Die ökologische Sinnhaftigkeit dieses Vorhabens wird an anderer Stelle ausführlicher

---

[634] Radkau (1988), S. 262, zit. n. Prinzing (2000), S. 395.
[635] Vgl. Zängl (1989), S. 111; Kluge (2006), S. 134.
[636] Nimsch (1935), S. 6. Davon auszunehmen war die Straßenbeleuchtung, die bis Mitte des Zwanzigsten Jahrhunderts eine Domäne der Gasindustrie blieb. Vgl. Herzig (1992); Birkefeld/Jung (1994), S. 64 ff.

zu diskutieren sein.⁶³⁷ Zu konstatieren ist jedoch die ökonomisch durchaus nachzuvollziehende Bestrebung der Branche ihr Produkt Strom in nahezu allen potentiellen Einsatzbereichen als sinnvolle Alternative – wenn nicht als einzig zweckmäßige Wahlmöglichkeit – in den Köpfen der Zeitzeugen zu verankern. Im Hinblick auf den privaten Haushalt veranlasste dieser Umstand Georg Siemens schon im Jahr 1920 zu der Feststellung, dass „der Kampf um die Küche [...] auf breiter Front entbrannt"⁶³⁸ sei.

Das wachsende Verlangen der Bevölkerung nach Stromanschlüssen lässt sich auch anhand der Anschlusszahlen der oberfränkischen BELG erkennen. Bis zum Ende des Geschäftsjahres 1923 konnten bereits 492 Städte und Ortschaften mit rund 169.000 Einwohnern über das Leitungsnetz der BELG versorgt werden, gegenüber 137 Städten und Ortschaften (85.000 Einwohner) unmittelbar nach Beendigung des Krieges.⁶³⁹ Diese Entwicklung belegt, dass, trotz der anhaltenden Teuerung der Betriebs- und Installationskosten, seitens der Unternehmensleitung eine zügige Erweiterung des bestehenden Versorgungsgebiets, entsprechend dem ursprünglichen Staatsvertrag, angestrebt wurde.⁶⁴⁰

Gemäß einer statistischen Erhebung über die landesweite Versorgung mit Energie aus dem Jahr 1921 war diese Unternehmenspolitik durchaus gerechtfertigt, ja sogar geboten – bestand doch trotz des regen Netzausbaus noch weiteres Potential hinsichtlich des Anschlusses tausender kleiner und kleinster Ansiedlungen. Die Abbildung 5.11 zeigt hierzu auf, dass nicht nur in Oberfranken (lediglich 29,5 Prozent der Ortschaften wiesen eine Stromversorgung auf), sondern bayernweit (31,2 Prozent) zu dieser Zeit noch längst nicht von einer flächendeckenden Versorgung die Rede sein konnte. Anders als in der ländlichen Peripherie war der

---

[637] Zu der Einführung der Elektrowärme im Haushalt siehe ausführlich Kapitel 5.4 „Die ‚Goldenen Zwanziger' – zwischen Konjunktur und Krise" sowie Kapitel 5.4.2 „Bewerbung und Verkauf elektrischer Geräte – das Dilemma der permanenten Bedarfsweckung".

[638] Siemens (1952), S. 62.

[639] Die Gegenüberstellung der Bevölkerungszahlen wurde entnommen aus BWA, F 025-5 und -10, jew. S. 2. Geschäftsberichte 1918 und 1923. Hierbei ist zu berücksichtigen, dass lediglich ein Bruchteil der aufgeführten Einwohnerzahl auch als Abnehmer im Sinne eines Stromlieferungsvertrags galt. Bspw. waren 1923 von den potentiell 169.000 Einwohnern der angeschlossenen Gebiete lediglich rund 24.000 als Stromabnehmer aufgeführt – ein klares Indiz dafür, dass die Durchdringung mit Strom auch in den bereits versorgten Gebieten noch lange nicht jede Straße und damit jede Haushaltung erreicht hatte.

[640] Bereits 1920 konnte durch den Ausbau des Hochspannungsnetzes der im Staatsvertrag mit dem Bayerischen Staatsministerium des Innern festgeschriebene Gebietsumfang abgedeckt werden, so dass in einem Nachtrag vom 10. September 1921 die Versorgungspflicht weiterer Bezirksämter aufgenommen wurde. Denkschrift 25 Jahre BELG (1939), S. 9 f.

Versorgungsgrad in den kreisunmittelbaren Städten freilich ungleich höher und überwog in Oberfranken mit annähernd 80 Prozent den bayernweiten Durchschnitt von rund 58 Prozent deutlich.[641]

**Abb. 5.11: Stand der Elektrizitätsversorgung in Bayern am 1. Januar 1921**[642]

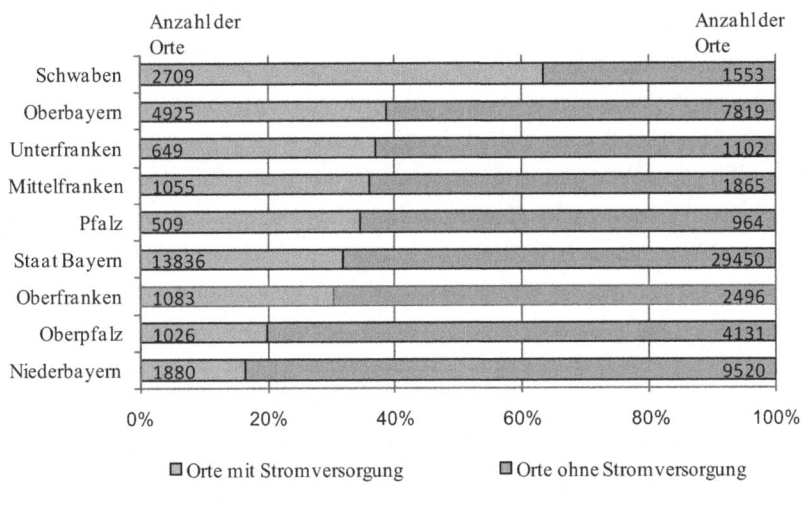

Quelle: Eigene Darstellung; Daten n. Schick (1922).

Mit dem Jahre 1922 fanden im Zuge eines neuen großangelegten Bauabschnitts, ungeachtet der angespannten Wirtschaftslage, zahlreiche kleinere Gemeinden und Industrieunternehmen im Versorgungsgebiet der BELG Berücksichtigung. Darüber hinaus konnten mehrere Elektrizitätswerke von geringer Größe sowie Elektrizitäts-Genossenschaften, die den wirtschaftlichen Auswirkungen der Inflation nicht Stand halten konnten, in das Netz des Überlandversorgers integriert werden. Hier ist im Besonderen die Elektrizitäts-Genossenschaft Bayreuth-Ost anzuführen, die bis hierhin „45 Ortschaften mit Strom belieferte und schließlich ihre gesamten Anlagen an die BELG übergab, da ein wirtschaftlicher Betrieb nicht mehr möglich war"[643]. In Anbetracht der beschriebenen Konsolidierung der über das gesamte Versorgungsgebiet verstreuten Erzeugungs- und Verteilungsanlagen führte der Inflationsdruck zu einer Auslese wirtschaftlich unrentabler und mit geringem Wirkungsgrad arbeitender Elektrizitätswerke, die teilweise noch zu den Relikten aus der Frühzeit der Stromgewinnung zu zählen waren. Ein Umstand,

---

[641] Schick (1922).

[642] Der Terminus „Ortschaft" umschloss hierbei Siedlungen in der Bandbreite von 1 Haushaltung bis zu Ortschaften mit über 100.000 Haushaltungen. Ausgenommen sind die kreisunmittelbaren Städte der Regierungsbezirke. Siehe hierfür Ott (1984), S. 374 Die aufgeführten Zahlen sind unter diesem Aspekt zu interpretieren.

[643] Denkschrift 25 Jahre BELG (1939), S. 10.

der dem Expansionsvorhaben des Überlandversorgers durchaus entgegen gekommen sein mag und sich auch anhand der wachsenden Stromabsatzmengen in diesem Zeitraum gut nachvollziehen lässt.

In der Konsequenz konnte der oberfränkische Überlandversorger von 1918 bis 1923 eine jährliche Steigerungsrate in der nutzbaren Stromabgabe von durchschnittlich 21 Prozent von 8,4 Mio. kWh auf 21,9 kWh realisieren. Die angeschlossene Wattzahl pro Einwohner des Versorgungsgebiets stieg von 170 auf 250 kW und in der Folge der Jahresverbrauch pro Einwohner von 45,2 auf 67,0 kWh an.[644] Dies stellt unter Berücksichtigung des Währungsverfalls einen durchaus beachtlichen Wert dar und unterstreicht die Wandlung des Energieträgers Strom hin zu einem in vielen Bereichen des Alltags bereits unverzichtbaren sowie weitgehend krisenfesten Allgemeingut. Die beachtenswerten Zahlen waren dabei, neben der Ausweitung des Versorgungsgebietes, zum einen der Nachfrage nach elektrischem Licht geschuldet – die Anzahl der vom Stromnetz der BELG gespeisten Lampen stieg von 1918 bis 1923 um den Faktor 2,5 auf 177.000 (insges. 5.700 kW) an. Zum anderen spiegelten sie aber auch den beginnenden Durchbruch des Elektromotors in der Industrie sowie in der Landwirtschaft wider, wie sich angesichts des im gleichen Zeitraum von 8.600 kW auf 29.700 kW gestiegenen kumulierten Anschlusswertes von stromgespeisten Motoren im Versorgungsgebiet erkennen lässt. Auch die Anschlusswerte der in den Geschäftsberichten unter sonstige „Apparate" aufgeführten Elektroartikel ließen 1923 mit 680 kW erste Einschätzungen hinsichtlich ihres zukünftigen, als überaus positiv zu bewertenden, Absatzpotentials zu.[645]

Lediglich in der Zeit der Hyperinflation um das Jahr 1923 ist ein deutlicher Rückgang in der Anschlusstätigkeit der BELG erkennbar, der in dieser Zeit eine Stagnation der Absatzzahlen nach sich zog.[646] Es wurden nur wenige, von den bestehenden Leitungsnetzen leicht zu erreichende Ortschaften neu angeschlossen.

---

[644] Denkschrift 10 Jahre BELG (1923), S. 18 f. Ausgenommen sind hierbei die sogenannten Wiederverkäufer, zumeist kleinere Stromversorger mit eigener Netzinfrastruktur, die in ihrer Funktion als Zwischenhändler für Elektrizität auftraten.

[645] Die vergleichenden Absatzzahlen wurden entnommen aus BWA, F 025-5 und -10, jew. S. 2. Geschäftsberichte 1918 und 1923.

[646] Der Terminus „Hyperinflation" tituliert die Phase zwischen den letzten Monaten des Jahres 1922 und der Stabilisierung der Währung. Bereits 1919 überstiegen die Schulden des Reiches mit geschätzten 150 Mrd. Mark das gesamte Volkseinkommen des Jahres 1919. Vor allem das Vorhaben der politisch Verantwortlichen, die aus dem Versailler Vertrag hervorgehenden Reparationszahlungen durch eine weitere Geldentwertung mittels Notenpresse zu verringern, riss den Kurswert der Mark gegenüber dem US-Dollar in eine nicht zu kontrollierende Abwärtsspirale. In immer schnelleren Abständen verzehnfachte sich die Abwertung gegenüber dem US-Dollar. Vgl. hierzu Bresciani-Turroni (1968); Geyer (1998); Laursen/Pedersen (1964); Kunz (1986).

Eine der radikalsten Geldentwertungen, die eine der großen Industrienationen erlebt hat, trieb die Preisspirale und damit die Kosten in bis hierhin unvorstellbarer Geschwindigkeit in die Höhe. Die Entwicklung raubte den im Versorgungsgebiet angesiedelten Betrieben das Betriebskapital und nötigte diese, die Produktion drastisch zurückzufahren.[647] Unzählige Betriebe standen aus Mangel an Liquidität vor dem Ruin.

Im Geschäftsbericht desselben Jahres ist daher explizit darauf hingewiesen, dass in unmittelbarer Folge „der durch die Inflation hervorgerufenen Wirtschaftskrise [...] die nutzbare Stromabgabe nicht in gleichem Maße wie in den früheren Jahren gesteigert werden"[648] konnte. Eine lähmende Unsicherheit bestimmte das betriebswirtschaftliche Kalkül der Geschäftsleitung, die die exorbitant hohen Kosten nun in keinem zu rechtfertigenden Verhältnis mehr zu den potentiell zu erwirtschaftenden Einnahmen sah. Nicht zuletzt auch deshalb, da die „verkauften Strommengen erst nach Ablauf eines Zeitraums von 30 Tagen stark entwertet in Rechnung gestellt werden konnten"[649]. Einen weiteren Hemmschuh stellten die in den Stromlieferungsverträgen festgeschriebenen Strompreise dar, so dass die notwendigen Strompreisanhebungen nach juristischer Ansicht auf einer „grundlegenden Veränderung der Voraussetzungen, unter denen die Verträge abgeschlossen"[650] wurden, fußen mussten. Nur durch die Unterstützung der „Regierung konnten Teuerungszuschläge auf die Strompreise erhoben werden, die einen gewissen Ausgleich für die Erhöhung der Betriebsausgaben gestatteten, wenn auch nicht in dem Maße, daß [...] eine ausreichende Verzinsung des Anlagekapitals erwirtschaftet werden konnte"[651].

Nachdem über zwei Jahrzehnte die Strompreise in Bayern im Verhältnis zur Kaufkraft nur geringfügigen Veränderungen unterlegen waren, brachten die Inflationsjahre diese Waage nun in ein preislich wie sozial bedenkliches Ungleichgewicht. Denn stand man bis hierhin unter dem „überwältigenden Eindruck einer zauberhaften Erfindung"[652], der die Preisfrage aus dem zentralen Blickfeld der

---

[647] Vgl. BWA, F 025-320, S. 1. Vorstandsbericht 1924.
[648] BWA, F 025-10, S. 2. Geschäftsbericht 1923.
[649] Denkschrift 25 Jahre BELG (1939), S. 9.
[650] Kleider (1987), S. 133.
[651] BWA, F 025-6, S. 2. Geschäftsbericht 1919. Dies wurde möglich durch ein im Februar 1919 in Kraft getretenes Reichsgesetz betreffend die Erhöhung von Preisen bei der Lieferung von Elektrizität, das es den Versorgungsunternehmen gestattete unabhängig von bestehenden Verträgen die Strompreise im Verhältnis zu den gesteigerten Kosten anzuheben. Als einzige Instanz gegen die Durchführung dieser Maßnahme konnte das Reichsschiedsgericht in Berlin angerufen werden. Reichsgesetzblatt S. 135, Nr. 27, zit. n. Kleider (1987), S. 133.
[652] Feldweg (1969), S. 138.

Öffentlichkeit nahm, so brachte die zunehmende Preisbewegung ein aus Sicht der Elektrizitätswerke seltsam anmutendes Unverständnis der Abnehmer zu Tage. Deren Unmut wiederum kanalisierte nicht selten in veröffentlichten Protestschriften und Zeitungsartikeln vereinzelter Kundengruppen. Wie hoch die Dringlichkeit nach einer Modifikation der Preisstruktur zu dieser Zeit dennoch wurde, unterstreicht ein kundengerichtetes Informationsblatt des Verbandes bayerischer Elektrizitätswerke. Das „Missverhältnis zwischen Leistung und Gegenleistung (in Bezug auf die zeitlich verzögerte Zahlung; Anm. d. Verf.) [sei] zu Ungunsten der Werke in geradezu katastrophaler Weise wirksam geworden"[653]. Weiter heißt es in der um Verständnis werbenden Schrift: Die prekäre Lage stelle die „Elektrizitätswerke vor unerfüllbare Aufgaben", da diese nun „nicht mehr die Einnahmen [erzielen], um ihre Betriebskosten zu decken"[654].

Die folgende Auflistung stellte einen Versuch dar, eine hierauf begründete „Aufklärung in der Strompreisfrage" zu bewirken und die Bevölkerung von der dringenden Notwendigkeit einer – auch in ihrem Interesse unumgänglichen – Preisanhebung zu überzeugen. Zu diesem Zweck verglich man zu verschiedenen Zeitpunkten den Gegenwert von 1.000 Licht-Kilowattstunden, ausgedrückt in dem Stundenlohn für einen 21-jährigen ungelernten und verheirateten Arbeiter:[655]

Vor dem Krieg im Jahr 1914:

⇨ Lohn für 111 Tage zu 10 Stunden = 1110 Arbeitsstunden

Bei Bezahlung des Stroms zum Preis vom Sept. 1923 am Tag der Lieferung:

⇨ Lohn für 91 Tage zu 8 Stunden = 728 Arbeitsstunden

Bei Bezahlung des Stroms zum Preis vom Sept. 1923 im darauffolgenden Okt. (ohne Aufwertung):

⇨ Lohn für 6,5 Tage zu 8 Stunden = 52 Arbeitsstunden

Der Vergleich lässt interessante Rückschlüsse auf die inflationsbereinigte Preisentwicklung zu. Denn waren vor dem Ersten Weltkrieg noch 1110 Arbeitsstunden nötig, um den geldwerten Gegenwert für 1.000 kWh Lichtstrom zu erbringen, so reichten in der Endphase der Inflation – unter der Prämisse der monatsverschobenen Zahlungsmodalität – mit rund 50 Arbeitsstunden gerade einmal fünf Prozent dieser Arbeitszeit aus.

---

[653] Informationsblatt des Verbandes bayerischer Elektrizitätswerke (1923) am Beispiel der Lechwerke, abgedruckt in Feldmann (1969), S. 139.
[654] Ebd.
[655] Ebd.

Der mit der beschriebenen Problematik der Einnahmen und der parallel kontinuierlich anwachsenden Anschlusswerte der Abnehmeranlagen einhergehenden Versorgungslast konnte die BELG bis zur Geldwertstabilisierung im November 1923 und dem darauf folgenden Ausbau der Verbundwirtschaft nicht immer gerecht werden. Die wiederholte Sperrung der tschechoslowakischen Grenze in der Nachkriegszeit ließ den Nachschub an Brennstoffen des Öfteren abbrechen, was auch durch das Ausweichen auf andere Fördergebiete des Reiches nur begrenzt umgangen werden konnte.[656] Die Problematik wurde durch die Besetzung des Ruhrgebiets und den immer schneller von statten gehenden Währungsverfall drastisch verschärft, was einen wirtschaftlichen Kohleeinkauf in dieser Zeit beinahe unmöglich werden ließ. Zahlreiche Betriebseinschränkungen der Erzeugungsanlagen und Stromabschaltungen waren bei der BELG wie auch bei vielen anderen bayerischen Energieversorgern die Folge.[657]

Aber nicht nur die Anlagen der Stromerzeugung, sondern auch die der Verteilung wurden durch die Länge der Kriegs- und Krisenjahre in Mitleidenschaft gezogen. Im Besonderen wurde die Fortleitung der erzeugten Elektrizität erschwert durch die Anfang 1916 von der OHL ergangene sogenannte „Kupferaktion", die eine Beschlagnahmung von Gegenständen aus den kriegswichtigen Materialien Kupfer, Messing und Reinnickel nach sich zog. Diese Reaktion wurde nötig, nachdem die Engländer unmittelbar nach Kriegsausbruch begannen Kupfer auf die Konterbandenliste kriegswichtiger Materialien zu setzen. Die folgende Seeblockade ließ bereits innerhalb eines Vierteljahres Kupfer sowie die zur Isolation verwendeten Materialien Kautschuk und Guttapercha drastisch verknappen, mit entsprechenden Auswirkungen auf Verfügbarkeit und Beschaffungskosten dieser damals für den effizienten Leitungsbau unabdingbaren Grundstoffe.[658] Die BELG musste infolge der Anordnung, wie alle anderen Elektrizitätsunternehmen des Reiches, Kupfer in großen Mengen aus den bestehenden Netzen ausbauen und der Rüstungsindustrie verfügbar machen.[659] Die ersatzweise eingebauten Leitungen aus Aluminium mussten in den Zwanziger Jahren zum großen Teil, jene aus Eisen aufgrund ihrer damals noch schlechten Beschaffenheit, sogar restlos wieder beseitigt werden.

Die Effizienz der Stromverteilung wurde durch die herabgesetzte Übertragungsfähigkeit der Netze bedenklich verringert – in der Spitze stieg der kumulierte Eigenbedarf der BELG und die Leitungsverluste der Netze über zehn Prozent auf

---

[656] Vgl. Denkschrift 25 Jahre BELG (1939), S. 9.
[657] Vgl. ebd.
[658] Vgl. u. a. Keller (1969), S. 14 sowie Kleider (1987), S. 128 f..
[659] Das aus den Leitungen ausgebaute Kupfer wurde beispielsweise in der Rüstungsindustrie dringend zur Zünderherstellung benötigt. Vgl. Prinzing (2000), S. 120.

ein Viertel der bereitgestellten Energiemenge.[660] Das Diagramm 5.12 stellt den starken Abfall in der Leitfähigkeit der Netze nach dem Ersten Weltkrieg dar. In den Jahren 1920 bis 1924 wirkten sich die Umstände der fortschreitenden Teuerung in hohem Maße negativ auf die Investitionsfreude des Überlandversorgers aus, so dass der Ausbau der Verteilungsanlagen nicht in dem Umfang Schritt hielt, wie es die Optimierung der Stromerzeugung erforderlich gemacht hätte. Erst Mitte der Zwanziger Jahre konnte der Scheitelpunkt erreicht und die Zielsetzung eines ökonomischen Leitungsbaus wieder großflächig umgesetzt werden.

**Abb. 5.12: Leitungsverluste und Eigenbedarf der BELG (1914 – 1954)**

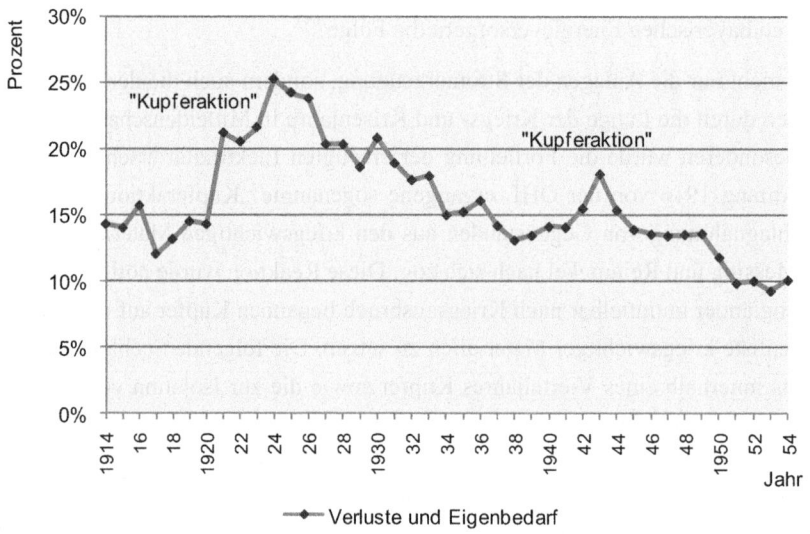

Quelle: Eigene Darstellung; Daten n. BWA, F 025-320 bis 350, Vorstandsberichte 1924-1954.

Nachdem in den Jahren zuvor die Nachfrage nach elektrischer Energie aller widrigen Umstände zum Trotz anhielt, war die unmittelbare Zeit vor der Währungsumstellung geprägt durch eine von den Stromabnehmern selbst induzierte Reduktion des Stromverbrauchs.[661] Die Zahlungskraft der deutschen Währung war ein-

---

[660] Auch wenn die Zahlen für den Eigenbedarf und die Leitungsverluste in dem Archivgut des Überlandversorgers lediglich in zusammengefasster Form vorzufinden sind, so ist doch davon auszugehen, dass der eigene Energiebedarf im Vergleich zu den Größen der Leitungsverluste lediglich eine untergeordnete Rolle spielte. Vgl. hierzu auch Denkschrift 50 Jahre Isar-Amperwerke (1958), S. 39; Prinzing (2000), S. 119 ff.

[661] Vgl. Prinzing (2000), S. 154. Als Begründung für die bis 1922 konstant ansteigende Stromnachfrage mag auch die Unerfahrenheit der Bevölkerung mit dem Phänomen „Inflation" anzuführen sein. Heisterhagen/Hoffmann (2003), S. 139 verweisen darauf, dass

hergehend mit der öffentlichen Stimmung, angesichts eines Bargeldumlaufs von rund 400 Trillionen Mark im November 1923, bei einem absoluten Tiefpunkt angelangt.[662] Die BELG selbst wies für das gleiche Jahr eine Bilanzsumme von kaum vorstellbaren 398.596.258.964.883.446 Mark aus.[663] Die Anpassung des Lohnniveaus blieb immer weiter hinter dem Kaufkraftverlust der Mark zurück. Im Oktober 1923 vermochten die Steuereinkünfte des deutschen Staates nur noch ein Prozent der zu tätigenden Reichsausgaben zu decken; 99 Prozent wurden durch den Druck von Papiergeld finanziert, so dass schließlich ein US-Dollar mit heute kaum vorstellbaren 4,2 Billionen Mark gehandelt wurde. Die Hyperinflation des Jahres 1923 endete am 15. November mit der Ausgabe der „Rentenmark" als Interimswährung, die später 1924/25, im Rahmen des Dawes-Plans, durch die wertbeständige „Reichsmark" ersetzt wurde.[664] Die riesige Staatsverschuldung wurde durch Steuererhöhungen und Ausgabenverkürzungen sowie durch die drastische Verknappung der Geldmenge konsolidiert. Die Geldwertstabilisierung läutete eine, im Volksmund als „Goldene Zwanziger Jahre" titulierte, aber hinsichtlich des wirtschaftlichen Aufschwungs eher als „Scheinblüte" zu interpretierende, Zeit ein, die mit einem stark ansteigenden Bedarf an elektrischer Energie einherging.

In der zweiten Hälfte des Jahres 1924 resultierte die geldpolitische Stabilisierung schließlich auch im östlichen Oberfranken in einem „merklichen Konjunkturaufschwung, der sich nicht nur in grösserer Stromabgabe [Anstieg um 11,2 Prozent gegenüber dem Vorjahr; Anm. d. Verf.], sondern auch im Anschluss einer grossen Reihe industrieller Unternehmungen bemerkbar machte"[665]. Auch die Energiekrise war scheinbar überwunden. Zum einen konnte die notwendige Kohlelieferung nach Arzberg zum ersten Mal seit Jahren problemlos abgewickelt werden.

---

die Menschen von den Auswirkungen der Währungskrise regelrecht überrascht wurden. Selbst der Begriff „Inflation" findet sich weder in Erklärungen der damaligen Alltags- und Wissenschaftssprache noch in den großen Lexika dieser Zeit. Vgl. Neumark (1976), S. 5; Waldmann (1987), S. 367.

[662] Braun (2010). Siehe ferner Kluge (2006), S. 82-86.
[663] BWA, F 025-10, S. 2 und S. 5. Geschäftsbericht 1923.
[664] Der Dawes-Plan vom 16. August 1924 regelte die Reparationszahlungen Deutschlands nach dem Ersten Weltkrieg. Diese sollten nunmehr der veränderten wirtschaftlichen Leistungsfähigkeit der Weimarer Republik ebenso Rechnung tragen, wie dem Ausgleich des Staatshaushalts und insbesondere die Stabilität der neuen deutschen Reichsmark-Währung garantieren. Vgl. u. a. Blessing (2008), S. 138-184; Möller/Wengst (2003), S. 67; Kluge (2006), S. 95 f. Dank eines Transferschutzes ging das Risiko bei Problemen mit der Devisenbeschaffung auf die Empfänger über. Damit sollte einer erneuten Destabilisierung der Reichsmark entgegengewirkt werden – was jedoch letztlich nur durch eine hohe Verschuldung im Ausland gelang. Siehe hierzu u. a. Ritschl (2002), S. 107-141; Kolb(2002), S. 68 f.; Schulz (1982), S. 85.
[665] BWA, F 025-320, S. 1 und 12. Vorstandsbericht 1924.

Zum anderen begann die BELG im April 1924 damit, aus dem inzwischen fertiggestellten Walchensee-Kraftwerk über die Verteilungsanlagen des Bayernwerks Fremdstrom zu beziehen.[666] Diese Kooperation ist als eine Konsequenz des im Ansteigen begriffenen Versorgungsdrucks zu interpretieren. Die Konzentration der Elektrizitätswirtschaft wurde eine notwendige Bedingung für eine kosteneffiziente und flächendeckende Bereitstellung von Strom. So konnten sich sowohl die Energieerzeugung als auch der Strombezug von fremden Werken, der von nun an bis weit in die Fünfziger Jahre den größeren Teil der Energiebereitstellung abdecken sollte, wieder am stark ansteigenden Verbrauch orientieren. Die BELG stellte sich daher, wie auch die anderen bayerischen Stromversorger, auf ein anhaltendes Wachstum ein.

Resümierend ist festzustellen, dass die Jahre des Krieges und der frühen Weimarer Republik die Bedeutung der Elektrizität und damit den Einfluss der Branche nicht zu schmälern vermochten. Das Gegenteil war der Fall. Vor allen Dingen die privatwirtschaftlichen Energieversorger – wie die BELG – konnten sich in dieser Krisenzeit, die über eine Dekade in erheblichem Ausmaße die Unternehmensgeschicke beeinflusste, ein starkes Fundament im Sinne eines stabilen Abnehmerkreises formen. Der Strommarkt begann eine wirtschaftliche Schlüsselstellung einzunehmen und wurde ein derart lohnendes Geschäft, dass als oberste Maxime der Versorger die Absatzausweitung galt. Hierzu war es einerseits geboten die Preise zu senken. Um diese verbraucherfreundlich anbieten zu können, musste andererseits der Abnehmerkreis vergrößert werden – das Rad begann sich nun immer schneller zu drehen.[667] Der Staat kam nicht mehr umhin, in den Stromversorgern „einen Partner, nie mehr aber einen Untergebenen"[668] zu sehen – einen durchaus mündigen Partner, der sich zudem seit der Gründung des Verbandes Bayerischer Elektrizitätswerke im März 1919 durch eine juristische Person vertreten ließ. In dieser Vereinigung schlossen sich die 90 größeren bayerischen Werke zusammen, um ihre elektrizitätspolitischen Probleme zu erörtern und insbesondere „die Interessen der Werke gegenüber der Öffentlichkeit und dem Staat"[669] in angebrachter Weise zu vertreten.

Als kleine, aber gleichwohl bemerkenswerte Randnotiz soll zum Ende dieses Abschnitts eine im Jahr 1912 angestrengte Schätzung hinsichtlich des künftigen Stromverbrauchs des Überlandwerks nicht unerwähnt bleiben. In der Jubiläumsschrift der BELG von 1924 werden die tatsächlich zugrunde liegenden Ergebnisse

---

[666] Vgl. BWA, F 025-320, S. 6. Vorstandsbericht 1924.
[667] Vgl. Birkefeld/Jung (1994), S. 81.
[668] Prinzing (2000), S. 154 f.
[669] Hartmann (1969), S. 178.

mit dem ursprünglich projektierten Vorhaben der Elektrifizierung des östlichen Oberfrankens verglichen.[670] So finden sich in einem im September 1912 von der ELG ausgearbeiteten Bericht folgende zugrunde gelegten Zahlen über die Wirtschaftlichkeit und Sinnhaftigkeit des Vorhabens nach einem Zeitraum von zehn Jahren; diese sind in der Tabelle 5.1 den am Ende des Geschäftsjahres 1923 tatsächlich erreichten Zahlen gegenübergestellt. Unter Berücksichtigung der vielschichtigen Zeitereignisse ist auf eine auffallende Übereinstimmung der Zahlenwerte hinzuweisen.

**Tab. 5.1:** Gegenüberstellung der 1912 geschätzten und Ende des Geschäftsjahres 1923 tatsächlich verzeichneten Absatzzahlen und Anschlusswerte

|  | Geschätzt (1912) | Erreicht (1923) |
| --- | --- | --- |
| Anschlusswert fremder E-werke | 1.000 kW | 6.500 kW |
| Beleuchtung | 4.000 kW | 5.200 kW |
| Kraft | 25.000 kW | 29.800 kW |
| Höchstbelastung | 9.000 kW | 10.000 kW |
| Nutzbare Abgabe | 25.000.000 kWh | 22.000.000 kWh |

Quelle: Denkschrift 10 Jahre BELG (1924), S. 20.

Ehe die Chronologie des Stromabsatzes der BELG in dem Kapitel 4.4 „Die Goldenen Zwanziger Jahre" ihre Fortführung findet, soll mit den folgenden Unterpunkten ein Blick auf einige gesondert zu behandelnde Themenkomplexe und übergreifende Aspekte geworfen werden.

### 5.3.1 Die Struktur des Verbrauchs – Ausgleich der Lasttäler

Die Struktur des Verbrauchs und die hieraus zu folgernde Problematik der sogenannten Lasttäler bedingen gewissermaßen die Erfordernis spezieller Strompreisvariationen, die es erlauben, die unterschiedlichen Bedürfnisse der verschiedenen Kundensegmente absatzmaximierend zu berücksichtigen. Eine Tatsache, die sicherlich auch in heutigen Tagen einer besonderen Berücksichtigung der Energieversorger bedarf und im Folgenden zu der Notwendigkeit einer angepassten Tarifpolitik im Allgemeinen und der BELG im Speziellen überleiten soll.

Vorweg sei erinnert, dass die Elektrizität unter allen Energieformen eine Sonderstellung einnimmt. Weder kennzeichnet sie – wie bei anderen Energieträgern üblich – ein stofflicher Charakter, noch kann sie in einen solchen überführt werden.

---

[670] Denkschrift 10 Jahre BELG (1924), S. 20.

Diese Eigenschaft macht eine Speicherung im herkömmlichen Sinne und ein „Auf-Vorrat-Arbeiten" unmöglich.[671] In der Konsequenz müssen die Erzeugung und der Verbrauch der Energieform mengenmäßig übereinstimmen. Mit anderen Worten: Die Erzeugung wird zu jedem Augenblick durch den Verbrauch determiniert. Diese im Wesen der Elektrizität und den Bedürfnissen der Abnehmer begründete „Conditio sine qua non" ist für den wirtschaftlichen Erfolg eines Energieversorgers als übergeordnete Konstante zu sehen. Hiervon abzuleiten ist die Erkenntnis, dass die Elektrizitätserzeugung unelastisch an den zeitgleichen Konsum der Verbraucher gekoppelt und demzufolge einem unmittelbarem Einfluss der Betriebsleitung entzogen ist.[672]

Die Erzeugungs- und Absatzbedingungen für Elektrizität finden in der übrigen Energiewirtschaft wie auch in der sonstigen produzierenden Industrie wenig Parallelen und entbehren demzufolge der bewährten Methoden und Maßstäbe. Vielmehr noch als in anderen Branchen geraten die Konsumentengruppen und ihre „Psychologie des Verbrauchs" daher in den Fokus absatzstrategischer Überlegungen. Der Autor Hans Salm prägte 1939 den Satz: „Die Voraussetzungen, unter denen die Konsumenten ihren Strombedarf befriedigen [...], sind in der Tat das Problem der Elektrizitätsversorgung"[673].

Der Lösungsansatz zur Bewältigung der angesprochenen Problematik bedingt – soweit dies möglich ist – in seiner abstrahierten Form drei Grundvoraussetzungen. Zum einen ist es notwendig die jahres- und tageszeitlich variierenden Absatzschwankungen, also die charakteristischen Bedürfnisse der heterogenen Kundengruppen, zu kennen. Zum anderen müssen darauf aufbauend auf verschiedenen Kanälen der Kundeninteraktion Stellschrauben eingesetzt werden, um diese Bedürfnisse – sozusagen die Struktur des Verbrauchs – im Sinne einer optimalen Auslastung der Erzeugungskapazitäten hinreichend zu steuern. Einer dieser Ansätze ist neben einer entsprechenden elektrotechnischen Geräteentwicklung – bspw. für die Hilfe im Haushalt – sowie einer diesbezüglich zielgerichteten Marketingstrategie sicherlich eine adäquate Preisgestaltung in der Tarifpolitik des Unternehmens. Schließlich setzt die Verwirklichung dieser Absicht voraus, dass

---

[671] Darüber hinaus besteht natürlich die Möglichkeit der indirekten Speicherung durch sogenannte Akkumulatoren bzw. die sekundäre Speicherung wie sie durch potentielle Energieumwandlung bei Wasserkraftwerken Verwendung findet. Als Beispiel sei hier das Walchenseekraftwerk genannt.

[672] Die bereits thematisierte Möglichkeit von Energiespeicherung mittels Pumpspeicherkraftwerken, Akkumulatoren o. ä., ist aufgrund der verhältnismäßig geringen Bedeutung hierbei zu vernachlässigen.

[673] Salm (1939), S. 7.

die Nachfrage der Konsumenten in ausreichender Weise elastisch ist, um sie durch gezielte Maßnahmen beeinflussen zu können.[674]

In einer Erklärung der BELG an die angeschlossenen Stromabnehmer aus dem Jahr 1927 heißt es hierzu vielsagend: Die Maßnahmen und „Möglichkeiten der erweiterten Elektrizitätsverwertung im Haushalt und Gewerbe sind auch für den Haushalt der Elektrizitätswerke von größter Bedeutung. Die Erzeugungs- und Verteilungsanlagen der Werke müssen für den mitunter nur ein einziges Mal im Jahre auftretenden Höchstbedarf bemessen werden, während die bisher als normal geltenden Anforderungen für Licht- und Kraftwerke starken Schwankungen nach Tages- und Jahreszeit unterliegen. Dies bedingt die Notwendigkeit, wenn die Betriebsanlagen wirtschaftlich ausgenutzt und dadurch die allseitig gewünschte Verbilligung des elektrischen Stromes herbeigeführt werden soll, den normalen Verbrauch in den Stunden schwächerer Werksbelastungen zu erhöhen, die meist mit der Zeit der Tageshelle und dem größten Teil der Nachtzeit zusammenfallen. Die Werke bemühen sich daher, die so entstehende Lücke in der Ausnutzung der Werksanlagen durch Stromabgabe in erhöhtem Maße für Haushalt und Wärmezwecke auszufüllen und unterstützen dies Bestreben durch zweckmäßige Ausgestaltung ihrer Tarife und durch Erleichterungen beim Bezug der elektrischen Apparate."[675]

Da die variablen Kosten in der Stromerzeugung in Gegenüberstellung zu den fixen lediglich von nachrangiger Bedeutung sind, werden die Kosten je abgegebener Kilowattstunde im Schwerpunkt durch den Ausnutzungsgrad der eigenen Anlagen bzw. die Gebühren des zu ergänzenden Fremdbezugs bestimmt.[676] Der Idealzustand wäre folglich eine möglichst gleichmäßige Auslastung, die eine Beanspruchung der eigenen Erzeugungskapazitäten an der oberen Grenze der Leistungsfähigkeit bzw. eine Planungssicherheit in den Fremdstromverträgen zuließe.[677] Dies stellt jedoch im Laufe eines Jahres in der Praxis keinesfalls die Regel dar, da das Verbrauchsmaximum eines Abnehmers zeitlich mit dem Verbrauchsminimum eines anderen Abnehmers zusammenfällt und alle nur denkbaren Permutationsmöglichkeiten der Gesamtabnahme entstehen lässt. Wie groß diese Schwankungen sind, zeigt der typische Verlauf einer sogenannten Jahresdauerlinie. Die Abbildung 5.13 stellt auf der Abszisse die Zeit vom 1. Januar bis 31. De-

---

[674] Vgl. Hauschildt (1964), S. 140.
[675] BWA, F 025-537. Kundenzeitschrift August 1927.
[676] Salm (1939) stellt in Anmerkung 9 heraus, dass „die festen Kosten für Wärmekraftwerke im Mittel etwa drei Viertel der Gesamtkosten betragen". Aufgrund nicht rekonstruierbarer Angaben im Archivgut der BELG, ist auch in dem Wärmekraftwerk Arzberg eine ähnliche Kostenstruktur anzunehmen.
[677] Dies gilt unter der Prämisse, dass eine Eigenerzeugung von Elektrizität im Vergleich zum Fremdbezug (bspw. aus dem Bayernwerk) Kosteneinsparungen zulässt.

zember in Stunden und auf der Ordinate die abgerufene Leistung dar. Die am höchsten Kurvenpunkt abzutragende Ordinate bestimmt die höchste Jahresspitze der Netzbelastung. Das Integral des Kurvenverlaufs beschreibt die gesamte Arbeitsabnahme im Zeitraum eines Jahres in Kilowattstunden. Das flächengleiche – hier rotfarbig markierte – Rechteck entspricht demnach der notwendigen Leistungsfähigkeit unter der Prämisse eines gleichmäßig auf den Jahresverlauf verteilten Gesamtbedarfs.

Abb. 5.13: Typischer Verlauf einer Jahresdauerlinie im Untersuchungszeitraum

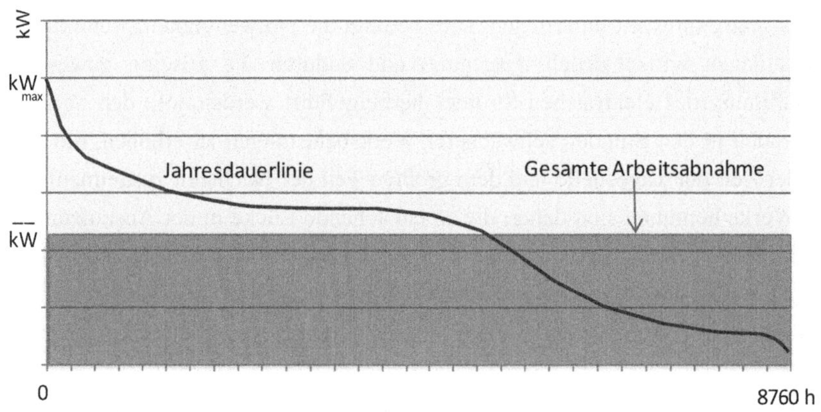

Quelle: Eigene Darstellung; siehe hierzu auch BWA, F 025-320 bis 350, Vorstandsberichte 1924-1954 sowie Salm (1939), S. 8.

Diese in der Fachliteratur als Spitzenproblem bezeichnete Krux der Stromversorger stellt ein entscheidendes Kriterium der Wirtschaftlichkeit jeder Elektrizitätslieferung dar und begründet die Dringlichkeit die Belastungskurve abzuflachen bzw. die Lasttäler auszugleichen.[678] Der neuralgische Punkt besteht in der vertraglichen Bindung, der sogenannten Strom-Lieferungsverpflichtung. Demzufolge müssen die Einrichtungen der Erzeugung und Verteilung in der Lage sein, zu jedem Zeitpunkt die zu erwartende höchste Spitze abzudecken, selbst wenn diese vielleicht nur einmalig im Jahresverlauf und auch nur für einen kurzen Zeitraum in Erscheinung tritt. Die notwendige Reservehaltung von Kapazitäten verursacht sozusagen „Leerkosten", also fixe Kosten für nicht ausgenutzte Kapazitäten.[679] Hinzu kommt, dass dieses Jahreshoch einen nur schwerlich zu umgrenzenden Erfahrungswert darstellt und daher ein entsprechender Leistungspuffer in der Energiebereitstellung vorgehalten werden muss.

---

[678] Vgl. Salm (1939), S. 7 ff.
[679] Vgl. BWA, F 025-537. Kundenzeitschrift März 1929. Sowie Hauschildt (1964), S. 110 ff. sowie Gutenberg (1962), S. 250 f.

Am Fallbeispiel eines Tages, dem 13. Januar 1939, lassen sich die starken Schwankungen in der Nachfrage eines typischen Tages verbildlichen. Die Darstellung 5.14 setzt hierzu die aufgetretene Leistungsabnahme im Stromnetz der BELG mit der jeweiligen Tageszeit in Bezug.

**Abb. 5.14: Typische Verläufe der Netzbelastung, tägliche Belastungslinie verzeichnet am 13. Januar 1939**

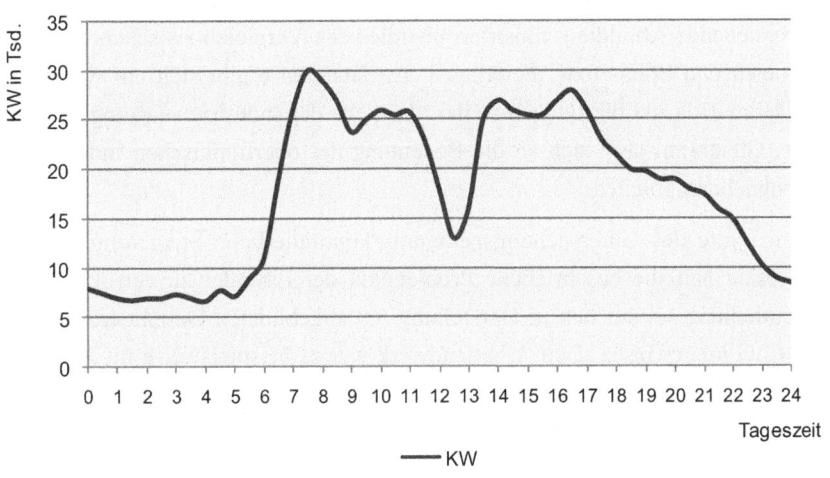

Quelle: Eigene Darstellung; siehe hierzu auch BWA, F 025-335, Vorstandsbericht 1939; BWA, F 025-537, Kundenzeitschrift März 1929; Salm (1939), S. 18.

Auch wenn sich die Amplituden der werktäglichen Kurve in Abhängigkeit der Jahreszeit veränderten, so blieb ihr charakteristischer Verlauf bestehen.[680] Die lokalen Maxima der Belastungslinie begründen sich in erster Linie durch die Hauptgeschäfts- und Produktionszeiten des angeschlossenen Gewerbes sowie der Industrie. Deutlich erkennbar ist der Nachfrageeinbruch um die Mittagszeit und nach Feierabend, was gleichzeitig die Arbeitsruhe oder den Schichtwechsel der angeschlossenen Betriebe widerspiegelt. Aber auch die Frühstückspause gegen 10 Uhr ist aufgrund der Stillschaltung einiger Maschinen in dem Belastungsgebirge als kleiner Einschnitt bemerkbar.[681] Dieser Umstand erklärt „die Vermehrung der Verkaufsanstrengungen"[682] der BELG, eine Nivellierung der Belastungskurve

---

[680] Ausschlaggebend für die Veränderungen im Strombedarf waren u. a. die sogenannte Dreschspitze in den Novemberwochen oder die Licht- und Heizspitze in den Spätherbst- und Wintermonaten. Unterschiede gab es auch hinsichtlich des landwirtschaftlichen und städtischen Abnehmersektors. Siehe hierzu ausführlich die Belastungsdiagramme bei Salm (1939), S. 17 f.

[681] Vgl. die Ausführung über die Nutzungsgewohnheiten der einzelnen Stromabnehmer in BWA, F 025-537. Kundenzeitschrift März 1929.

[682] BWA, F 025-324, S. 10. Vorstandsbericht 1928.

durch den privaten Verbraucher herbeizuführen. Vor allen Dingen sollte durch eine Intensivierung der Wärmestromabnahme in Form der elektrischen Raumheizung, der Warmwasservorhaltung mittels Elektrospeicheröfen oder durch die Möglichkeit der Essenszubereitung auf dem Elektroherd endlich ein Durchbruch für das „vollelektrisierte Wohnen" geschaffen werden. Ein Selbstzweck, half doch jede Möglichkeit der Stromabsatzsteigerung außerhalb der Spitzenzeiten die Rentabilität des Energieversorgers durch Degression der Fixkosten zu erhöhen.[683]

Die vorstehende Abbildung illustriert überdies den Vergleich zwischen normalen Werktagen und Sonn- bzw. Feiertagen. An letzteren ergibt sich ein wesentlich verändertes Bild, da die typisch steilen Anstiege der Industriebelastung gänzlich fehlen. Gleichsam lässt sich so die Bedeutung der oberfränkischen Industrie als Stromabnehmer ableiten.

Die im Laufe des Untersuchungszeitraums kontinuierliche Steigerung der Abnehmerzahl half die beschriebene Problematik der Lasttäler zu verringern. Zur Verdeutlichung sei auf den in Darstellung 5.9 abgebildeten Gesamtstromumsatz der BELG hingewiesen. Dem Überlandwerk war es beispielsweise im Jahr 1920 möglich 13,6 Mio. kWh an nutzbarer Stromabgabe zu verzeichnen, was einem Durchschnittswert von 1.550 kWh in der Stunde entspricht. Der Vergleich dieser Kennzahl mit der Stunde des Spitzenverbrauchswerts desselben Jahres von 6.300 kWh zeigt, dass in diesem Zeitraum eine vierfach höhere Strommenge bereitgestellt werden musste, als es im Jahresdurchschnitt nötig war.[684] Dies zeigt sehr anschaulich, dass selbst bei größeren Versorgungsgebieten ein erheblicher Teil der Kapazitäten – sei es durch eigene Erzeugungsanlagen oder vertraglich festgeschriebene Zukaufsmengen – vorgehalten werden musste, „um nur 5 % des Jahresbedarfs zu decken"[685]. Zum Ende des Untersuchungszeitraums, im Jahr 1954, übertraf der Strombedarf in der Stunde der Spitzenbelastung allerdings mit rund 85.000 kWh den durchschnittlichen Wert desselben Jahres um kaum mehr als das Doppelte. Die Spitzenverbrauchstage wichen nun prozentual gesehen aufgrund der höheren Grundlast nicht mehr in dem Maße von der Norm ab wie noch in den früheren Jahren des Überlandwerks. Die Stromversorgung wurde, durch eine beständige Absatzausweitung getragen, immer ökonomischer.

---

[683] Haenschke/Schuster (1982), S. 31 weisen allerdings darauf hin, dass der Terminus „Lasttäler auffüllen" für die Stromversorger nur allzu gerne als eine Legitimation zur Stromproduktionssteigerung vorangestellt wurde. „Volkswirtschaftlich erheblich vernünftiger" wäre es, „Lastspitzen zu kappen und damit die Täler zu füllen." Vgl. auch Zängl (1989), S. 341-346.

[684] Zur Vergleichbarkeit der Zahlen wurde die Annahme getroffen, dass der Zeitraum der Jahreshöchstlast eine Stunde angedauert hat.

[685] Salm (1939), S. 10. Siehe hierzu auch Lawaczeck (1936), S. 29-39.

Betrachtet man die Struktur des Verbrauchs der einzelnen Abnehmergruppen genauer, so wird noch deutlicher, wie die Spitzen und Täler der Belastungskurve entstehen. Vor allem im Haushalt unterlag die Gewohnheit der Stromnutzung einem relativ starren Rhythmus, der nur bedingt durch marketingstrategische Einflüsse geändert werden konnte. Bis in die jüngste Zeit nach dem Zweiten Weltkrieg beschränkte sich der Stromkonsum im Schwerpunkt auf „den Lichtbedarf, Bügeleisen, Staubsauger, Radioapparate und [...] in noch relativ geringem Umfang auf einige andere Geräte wie Kochherde, Heißwasserspeicher, Kühlanlagen und sonstige Haushaltsmaschinen"[686]. Dabei ist zu berücksichtigen, dass insbesondere der Bedarf für Licht- und Kochzwecke von einer mehr oder weniger angenäherten Gleichzeitigkeit bestimmt war. Aufgrund der Zeitgebundenheit der Anwendungen umfasste die Stromabnahme in diesen Fällen lediglich ein kurzes Tagesintervall. Die Haushalte, die nur Lichtstrom bezogen, beschränkten sich in ihrem Bedarf beinahe ausschließlich auf die Abend- und frühen Morgenstunden. Für die Wintermonate war es charakteristisch, dass sich die Stromabnahme für Licht- und Kochzwecke zeitlich überlagerte. Vor dem Hintergrund einer zu großen Teilen ohne Schichtwechsel in Betrieb stehenden Industrie addierten sich daher in diesen Monaten die Leistungsspitzen, die in den helleren Jahreszeiten ansonsten zu unterschiedlichen Tageszeiten entnommen wurden. Aus diesem Grund verzeichneten die Elektrizitätswerke, wie auch die BELG, die höchste Jahresspitze in der Regel vor Weihnachten, da sich diese Wochen zudem durch einen zusätzlichen Bedarf für Reklamebeleuchtung auszeichneten.[687]

Wird in der landwirtschaftlichen Stromnutzung die abendliche Lichtspitze außer Acht gelassen, so konnte der in erster Linie während der Tageshelle in Anspruch genommene Kraftstrom dazu dienen einen Ausgleich für die Lasttäler zu erwirken. Hier ist jedoch voranzustellen, dass die landwirtschaftlichen Arbeiten in sehr starker Abhängigkeit zur jeweiligen Witterung standen. Dieser Umstand ließ beispielsweise die Mehrzahl der Bauern im Versorgungsgebiet des Elektrizitätswerkes bei schlechtem Wetter im Herbst gleichzeitig die elektrische Dresche in Betrieb nehmen. Da diese jedoch in der Landwirtschaft mitunter die höchste Energieentnahme beanspruchte, wurde die Problematik der Lastspitzen nicht selten sogar noch potenziert.[688]

---

[686] Salm (1939), S. 12.
[687] Vgl. ebd., S. 13.
[688] Vgl. Fischer (1928), S. 27. Mitte der Zwanziger Jahre kamen große Dreschmaschinen mit fahrbarem Motorwagen in Verwendung, die von Hof zu Hof zogen und direkt an das Ortsnetz angehängt wurden. Der plötzlich einsetzende Strombedarf war nun ungleich höher als bei den ursprünglichen „Liliputdreschmaschinen". Vgl. Feldweg (1969), S. 114 f.

Die bedeutendste Abnehmergruppe der BELG stellte indes die Industrie dar. Zum einen beanspruchte sie einen großen Anteil der nutzbaren Stromabgabe.[689] Zum anderen stellte sie sozusagen das Hauptkontingent derjenigen Verbraucher, die in besonderem Maße durch ihre Grundlastabnahme auf die Nivellierung der Belastungskurve einwirken konnten. Dies galt vor allem, da die im östlichen Oberfranken angesiedelten Industriezweige relativ komplementäre Verbrauchergruppen bildeten, deren Abnahme eine vergleichsweise hohe Gleichmäßigkeit und Benutzungsstundenzahl aufwies. Über besonders günstige Sonderabnahmetarife wurde daher versucht, die Eigenerzeugung der potentiellen industriellen Abnehmer zu reduzieren oder diese gar für neuartige Nutzungsmöglichkeiten der Energiequelle Strom zu gewinnen. Zu erwähnen sind hier beispielsweise die erfolgreichen Bemühungen der BELG, die hiesige Keramikindustrie zu einem Umstieg auf den elektrischen Porzellanbrand zu bewegen – auf dieses Bestreben soll noch an späterer Stelle dieser Arbeit näher eingegangen werden.

Beim kaufmännischen Gewerbe nahm in erster Linie der Konsum für Beleuchtung und Reklamezwecke eine besondere Stellung ein. Diese Art der Stromabnahme wirkte sich aus zweierlei Gründen günstig auf die Belastungskurve des Energieversorgers aus. Der Lichtbedarf für Werbung orientierte sich einerseits vornehmlich an der Heimkehr der Arbeiterschicht aus den Betrieben, zu einer Tageszeit also, in der die gewerbliche Abnahme bereits im Abnehmen begriffen war. Darüber hinaus half sie aufgrund ihrer hohen Benutzungsdauer die Grundlast der Elektrizitätswerke zu steigern; das Gleiche lässt sich feststellen für die Straßenbeleuchtungen, Verkehrseinrichtungen, Gaststätten und dgl. Es würde sicherlich den Rahmen dieser Arbeit sprengen, die einzelnen Verbrauchscharakteristiken im Detail darzustellen. Festzuhalten ist allerdings, dass die in Anbetracht der unterschiedlichen Konsumentengruppen vielfältige Mischung des zu verzeichnenden Bedarfs im Untersuchungszeitraum zu einem kontinuierlich verbesserten Ausgleich in der Belastungsstruktur der BELG geführt hat. Hierfür zeichneten neben sozialen und ökonomischen Unterschieden auch weitere Eigenheiten und Gewohnheiten der Abnehmer verantwortlich. Mit dem Habitus der zeitigeren Schlafenszeit der Landbevölkerung sowie der früheren Ruhezeit der Kleinstadtbewohner gegenüber den Großstädtern seien an dieser Stelle nur zwei Beispiele angedeutet.[690]

---

[689] Zu der Entwicklung der Stromabgabe an einzelne Industriezweige siehe Abbildung 5.8 „Die Stromabgabe der BELG an die bedeutendsten Industriezweige im Versorgungsgebiet (1924-1954)".

[690] Vgl. Salm (1939), S. 16 f.

Das wichtigste und zugleich umstrittenste Steuerungselement des Stromverbrauchs war – in Verbindung mit einer aktiven und abgestimmten Werbe- und Marketingstrategie – zweifellos die Tarifpolitik der Energieversorgungsunternehmen. Hier galt es vor dem Gesichtspunkt der Rentabilitätssteigerung die individuelle Konsumentenrente in gewinnmaximierender Weise abzuschöpfen und zudem „eine konsumsteigernde Werbewirkung bei den Abnehmern aus[zu]lösen"[691]. Jedoch, so gab Salm zu bedenken, seien „die Strompreise so [zu] bemessen, dass sie bei den gegebenen Mitteln eine optimale Energieversorgung der Abnehmer begünstigen"[692]. Dass diesem Appell nach einem „gerechten Preis" nicht zuletzt aufgrund der monopolistischen Stellung der Elektrizitätswerke und ihrer Rückwirkung auf die Tarife nicht immer Rechnung getragen wurde, liegt in der Natur der Sache und soll im folgenden Kapitel – mit besonderem Augenmerk auf das oberfränkische Überlandwerk – untersucht werden.

### 5.3.2 Die Variationen der Tarifformen unter besonderer Berücksichtigung ihrer Vor- und Nachteile

„Stets haben Elektrizitätstarife und Stromverbrauchshöhe in engster Wechselbeziehung gestanden"[693], konstatierte Carl Krecke, Leiter der Wirtschaftsgruppe Elektrizitätsversorgung, kurz vor der vereinheitlichenden Reichstarifordnung im Jahre 1938. Er nahm damit Bezug auf das Dilemma, das unweigerlich entsteht, wenn sich volks- und privatwirtschaftliche Interessen in ihrem Nutzen zu widersprechen scheinen. Denn aus Sicht der Investoren musste sich das Einlagenkapital freilich in einer Höhe verzinsen, wie es auch bei anderen Branchen mit analogem Risiko gegeben war, zumal das an früherer Stelle beschriebene Heimfallrecht des bayerischen Staates einem Damoklesschwert gleich über den Energieversorgern hing und den Rentabilitätsdruck noch weiter erhöhte.[694] Diese intuitive Grundbedingung war nicht minder von volkswirtschaftlicher Bedeutung, floss doch nur unter den Voraussetzungen einer ausreichenden und hinreichend garantierten Gewinnerwartung das dringend benötigte Privatkapital in die Infrastruktur der öffentlichen Elektrizitätsversorgung. Demgegenüber – und hier konkretisiert sich die Problematik – mussten die Strompreise sowohl die Energiekonkurrenz in Form von u. a. Holz, Kohle und Gas als auch die Anreizwirkung kundenorientierter Tarife berücksichtigen.

---

[691] Kirchhoff (1933), S. 168 f.
[692] Salm (1939), S. 52.
[693] Krecke (1937a), S. 51.
[694] Die Problematik des Heimfallrechts ist in Kapitel 3.2 „Die vertraglichen Kontrollmöglichkeiten der Bayerischen Staatsregierung" hinlänglich erörtert.

Dass diese Gratwanderung entlang des öffentlichen und erwerbswirtschaftlichen Auftrages im Falle der Elektrizitätsversorgung bei einer wohldurchdachten und differenziert angelegten Preisstruktur nicht zwingend in einen Widerspruch münden musste, liegt vor allem in der kostendegressiven Möglichkeit der Stromerzeugung begründet. Diese für die Branche charakteristische Eigenschaft ermöglichte es beide Forderungen so miteinander in Einklang zu bringen, dass eine „weitgehende Begünstigung der Abnehmer auch zu steigendem finanziellem Erfolg der Elektrizitätswerke führ[en]"[695] konnte. Das Finden dieser preislichen und segmentgerechten Abstimmung stellte jedoch für jeden Stromversorger einen längeren und lehrreichen Prozess dar, der anhand der BELG im Folgenden exemplarisch nachgezeichnet werden soll.

Seit dem Jahr 1938, das durch den Erlass der Reichstarifordnung zu einem vereinheitlichten Tarifaufbau in Deutschland führte, konnten seitens der Energieversorger keine Änderungen mehr ohne vorhergehende preisaufsichtliche Genehmigung realisiert werden.[696] In diese Kontrolle sind heute Kartellinstanzen und Preisbehörden eingebunden. Obschon die wachsende Marktmacht der entstandenen Monopole, die einen natürlichen marktwirtschaftlichen Ausscheidungsprozess untergruben, schon in den Anfängen der öffentlichen Stromversorgung bekannt und spürbar war, „blieb die Wirtschaftspolitik gegenüber diesem Problem praktisch tatenlos"[697]. An diesem wettbewerbs- und preispolitischen Vakuum konnten auch die mit Einführung der Staatsverträge verankerten Kontrollmechanismen, wie namentlich das Ablösungsrecht, wenig ändern – zum Teil sollten sie es auch gar nicht.[698] Diese kamen eher einer Drohung mit stumpfen Waffen gleich, erschienen doch derartige Szenarien aufgrund des notorischen Kapitalmangels der öffentlichen Kassen nur theoretisch umsetzbar. Vielmehr antizipierten die an das Bayernwerk angeschlossenen Überlandwerke ihre Bedeutung als Bindeglied zu den Endverbrauchern. Dies galt gerade auch im Hinblick auf die Refinanzierung der staatlichen Großprojekte auf dem Gebiet der Elektrizitätsversorgung, zumal beispielsweise das Walchenseewerk mit seinerzeit überaus großzügigen Erzeugungskapazitäten ausgestattet wurde. Wenn auch hierzu erwähnt werden muss, dass die Sozialisierungsbestrebungen nach dem Ersten Weltkrieg sicherlich die ein oder andere Schweißperle auf die Stirn der anteilseignenden Privatiers der Elektrizitätswerke zu treiben vermochten.[699]

---

[695] Salm (1939), S. 52.
[696] Vgl. Scharrer (1969), S. 128.
[697] Gröner (1975), S. 369.
[698] Der Staatsregierung war durchaus bewusst, dass eine Anhäufung von Privatkapital nur mit einem Zugeständnis in Form eines absoluten Gebietsschutzes einhergehen konnte.
[699] Als Beispiel sei hier auf das Kapitel 4.2.1.1 „Das Sozialisierungsgesetz von 1919 – Interessengegensätze blockieren das Reformvorhaben" verwiesen.

Die Tarifpolitik der Energieversorgungsunternehmen stand in nachvollziehbarer Weise im Spannungsfeld von Gewinnstreben und öffentlichen Leistungsansprüchen. Einen Lösungsansatz sollte schließlich das 1935 in Kraft getretene EnWG liefern, deren Verfasser sich zwar zu keinen einschneidenden wettbewerbspolitischen Beschränkungen durchringen konnten, das aber gleichwohl als rechtliche Basis einer staatlichen Preiskontrolle fungieren sollte. Die in den Paragraphen 6 und 7 festgeschriebenen Regularien kamen jedoch in ihrer endgültigen Form nicht mehr zur Anwendung[700], da mit dem Preisbildungsgesetz vom 29. Oktober 1936 die rechtlichen Befugnisse unter die Zuständigkeit des Reichskommissars für Preisbildung (und Preisüberwachung) fielen.[701] Auf den hierauf folgenden Erlass vom 25. Juli 1938 betreffend die Neugestaltung und Vereinheitlichung der Reichstarifordnung ist an späterer Stelle noch ausführlicher einzugehen. Umso interessanter ist jedoch die Betrachtung der tariflichen Vielfalt bis zu diesem Stichjahr.

Ziel der Tarifgestaltung war der abgestimmte Einsatz der preispolitischen Instrumentarien zur Harmonisierung von öffentlichen Leistungsansprüchen und internen Gewinnvorgaben.[702] Hierzu zeichneten sich im Laufe der Entwicklung drei Hauptgruppen der Tarifarten ab:[703]

1. der Pauschaltarif

2. der Kilowattstundentarif, auch Zählertarif genannt

3. der Grundpreistarif.

Die aufgeführten drei Tarifarten wurden bei der BELG sowie bei der überwiegenden Vielzahl der bayerischen Stromversorger nacheinander eingeführt. Der Schwerpunkt verlagerte sich dabei im Zeitverlauf immer mehr auf den letztgenannten Grundpreistarif, neben dem die ersten beiden Gruppen lediglich mit stark verminderter Bedeutung fortbestanden.

Es ist voranzustellen, dass für die historische Entwicklung der Elektrizitätstarife nicht nur die wirtschaftlichen Begebenheiten der Stromerzeugung und -lieferung, sondern ebenso die technischen Unzulänglichkeiten zu berücksichtigen waren. So war anfänglich eine quantitative Registrierung der individuell abgenommenen

---

[700] Die Maßnahmen hinsichtlich einer staatlich und rechtlich fixierten Preisaufsicht nach dem EnWG werden eingehend behandelt in Körfer (1936), S. 567-571.

[701] Vgl. Gröner (1975), S. 369 f., sowie die an selbiger Stelle unter der Fußnote 924 angegebene Literatur.

[702] Vgl. Enquete-Ausschuss (1930), S. 59 ff.

[703] Vgl. u. a.; Kalischer (1967), S. 167-182; Enquete-Ausschuss (1930), S. 48-61; Scharrer (1969), S. 128-135; Salm (1939), S. 53-63; Körfer (1936), S. 567-572.

Strommenge aufgrund der fehlenden Messgeräte schlichtweg unmöglich. Diese wurden zwar um die Zeit der Jahrhundertwende entwickelt, waren aber für den praktischen Gebrauch zu unzuverlässig und teuer. Einer der ersten Wechselstromzähler von Siemens wog beispielsweise 36 kg und erklärt das Bestreben der Versorger, alternative Abrechnungsarten einzuführen. Die Darstellung 5.15 zeigt zwei um die Jahrhundertwende eingesetzte Stromzähler.

**Abb. 5.15:** Außenansicht eines elektrodynamischen Wh-Zählers für Gleichstrom (1892) und eines Hektowattstundenzählers um die Jahrhundertwende (r.)

Quelle: Kalischer (1967), S. 168 bzw. Vogt (1969), S. 37.

Es ist demnach leicht zu folgern, dass vor diesem Hintergrund zu Beginn der öffentlichen Stromversorgung einzig eine Form des **Pauschaltarifes** in Frage kam. Die Vorteile lagen auf der Hand, konnte doch auf diese Weise eine zuverlässige Einnahmenhöhe bestimmt und die Kalkulation der überwiegend festen Kosten risikofreier gestaltet werden. Zudem sollte die Pauschale den oftmals zögernden potentiellen Abnehmern Gelegenheit bieten, die zu erwartenden monatlichen Zahlungen besser abschätzen zu können. Die Berechnungsart dieser Tarifform beinhaltete dabei mehrere Variationen. Die einfachste und gleichzeitig am häufigsten verbreitete stütze sich lediglich auf die Summe des Anschlusswertes der betriebsbereiten Abnahmegeräte, wie z. B. die Anzahl der Lampen oder die entsprechende Wattzahl der Motoren. Manche bayerischen Energieversorger, wie bspw. die Stadtwerke Nürnberg, schrieben hierfür den Gebrauch von unverwechselbaren Fassungen vor, so dass die passenden Glühlampen einzig über den Versorger selber bezogen werden konnten.[704] Ein Vorgehen, auf das die BELG allerdings verzichtete.

Darüber hinaus legte man größten Wert auf eine „Erziehung" der Abnehmer hinsichtlich eines vernünftigen Umgangs mit der Energiequelle Strom. Selbstverständlich war dieses Vorgehen zu dieser Zeit weniger umweltpolitischen Aspekten geschuldet, sondern dahingehend zu interpretieren, dass den Mehrausgaben aufgrund überflüssig aktivierter Brennstellen bei Anwendung des Pauschaltarifs keine entsprechend vermehrten Einnahmen gegenüberstanden. Die Fränkische Überlandwerk AG (FÜW) mahnte daher nicht ganz uneigennützig an, „die elektrische Beleuchtung nicht verschwenderisch, sondern sparsam zu benutzen, d. h. nur diejenigen Lampen zu brennen, die für den jeweiligen Bedarf benötigt werden [...]"[705]. Die BELG ging sogar noch einen Schritt weiter und wurde nicht müde darauf hinzuweisen, „dass das unnötige Benutzen dieser Lampen ihre Lebensdauer herabsetzt"[706]. Darüber hinaus gewährte man den Kraftpauschaltarif nur bis zu einem „Grundbesitz von höchstens 100 Tagwerk = 34 ha und bis zu einer Motorenleistung von nicht über 5 PS"[707]. Eine noch drastischere, aber durchaus praktikable Maßnahme, war die Installation von sogenannten Strombegrenzern, um die gleichzeitige Nutzung von elektrischen Lichtquellen zu beschränken. Freilich mit der Intention, die den Kapitalaufwand bestimmende Höchstlast während der Werksspitze – zumeist zur Hauptlichtzeit – zu verringern. Diese Auflagen zum Stromsparen beschreiben den Beginn einer interessanten Entwicklung, berücksichtigt man die ab den Zwanziger Jahren verstärkt verfolgte, diametral in die andere Richtung zielende Strategie der künstlich hervorgerufenen Bedarfssteigerung.[708]

Es sei nicht versäumt zu erwähnen, dass die Erfassung der in Abhängigkeit der zu erwartenden Stromnutzung zu veranschlagenden „gerechten" Pauschalen ein schwieriges und mitunter fehlerbelastetes Unterfangen für jeden Energieversorger darstellte. Die Methoden zur preisdifferenzierten Segmentbildung unterschieden sich zudem von Versorger zu Versorger hinsichtlich ihrer Genauigkeit. Als ausschlaggebendes Kriterium diente vornehmlich die Art sowie Beschaffenheit und Nutzung der Kundenräume (Wohn-, Geschäfts-, etc.).[709]

---

[704] Vgl. Scharrer (1969), S. 129.
[705] Ebd.
[706] Ebd.
[707] Ebd., S. 130.
[708] An dieser Stelle sei insbesondere auf das Werben für die Wärmestromnutzung hingewiesen.
[709] Für eine detailliertere Auflistung der unterschiedlichen Kriterien zur Klassifikation der einzelnen Kundengruppen bei ausgewählten bayerischen Stromversorgern vgl. Scharrer (1969), S. 129 ff.

Aus dem Grund der mangelnden Exaktheit begann die BELG bereits während dem Ersten Weltkrieg – zunächst als Ergänzung – den **Zählertarif** einzuführen.[710] Dieser trug den günstiger und handlicher werdenden Stromzählern Rechnung und ermöglichte es nun, die Abrechnung nach dem tatsächlichen Stromverbrauch in Kilowattstunden zu bemessen. Die Reinform des Zählertarifs erfuhr im Laufe der Zeit eine Vielzahl an Variationen, einerseits um den Absatz weiter anzukurbeln und andererseits mit der Absicht, die Benutzungszeit hinsichtlich der bereits thematisierten Lasttäler günstiger zu gestalten.[711] Besonders hervorzuheben sind die tageszeitlich differierenden „Anreiz-Tarife", wie bspw. die zu stark ermäßigten Preisen angebotenen sog. „Schwachlast- oder Nachttarife"[712]. „Das beste Werbemittel", so konnte man schnell feststellen, war die „Stromverbilligung für zeitlich erwünschte Stromverbrauchsarten"[713]. Darüber hinaus gab es verschiedenste Kombinationen dieser Möglichkeiten, wie namentlich Mengen- und Benutzungsdauerrabatte oder Mindestabnahmeverpflichtungen – letztere in der Regel gegenüber den Sonderabnehmern.

In dieselbe Richtung orientierte sich die preisliche Unterscheidung nach Licht- und Kraftstromverbrauch. Die Preise für die Stromabnahme zwecks elektrischer Beleuchtung überstiegen die Tarife für die Kraftstromnutzung in der Regel um das Achtfache – ein Verhältnis, das sich im Untersuchungszeitraum kaum veränderte.[714] Die nach Verwendungsart unterschiedlich veranschlagten Arbeitspreise ließen eine separierte Erfassung der Abnahmequellen notwendig werden. Eine Tatsache, die eine stete Gefahr des Missbrauchs in sich barg, konnte doch mittels Motorgeneratoraggregaten billiger Kraft- in teuren Lichtstrom umgewandelt werden. Die Versuchung, die Lichtanlage über die „günstige" Steckdose zu betreiben, bestand auch im privaten Haushalt. Ein Vorgang, der seitens der BELG, wie auch bei anderen bayerischen Energieversorgern aufs schärfste untersagt wurde.

---

[710] In den Städten wurde der Umstieg auf den Zählertarif sogar noch früher vollzogen. Ursächlich für diese Entwicklung war der im Vergleich zu ländlichen Gebieten ungleich höhere Grad der Elektrifizierung in urbanen Ballungsräumen. Die Zahl und Einschaltdauer der Lampen sowie die Geräteverwendung wies eine differenziertere Struktur auf und erschwerte die Festlegung angemessener Pauschalen. So bot die Stadt Nürnberg bspw. bereits 1904 die ersten Licht- und Kraftstrom unterscheidenden Tarife an. München zog im Jahr 1911 mit einem tageszeitabhängigen „Zeitdoppeltarif für Wohnungen" nach. Vgl. ebd., S. 131.

[711] Vgl. auch Salm (1939), S. 66 f.

[712] Vgl. Hauschildt (1964), S. 140 f.

[713] Enquete-Sachverständiger Nedden in „Die deutsche Elektrizitätswirtschaft" (1930), S. 245.

[714] Im Jahr 1924 kostete bspw. eine Kilowattstunde Lichtstrom 57 Rpfg., wohingegen Kraftstrom mit lediglich 8,5 Rpfg. deutlich günstiger bemessen war. Im Jahr 1937 hatte sich das Verhältnis mit 32 zu 5,4 Rpfg. nur geringfügig geändert. BWA, F 025-333, S. 22. Vorstandsbericht 1937.

Die Differenzierung in Kraft- und Lichtstrom ging einher mit einer Vielzahl verschiedener anwendungsspezifischer Zählertarife für u. a. Kühlschränke, Heißwasserspeicher, Elektroherde – in vielen Fällen mit tageszeitabhängiger Doppeltarifmessung. Der Vorteil der exakteren Zurechenbarkeit wurde allerdings durch einen stark ansteigenden Zähleraufwand teuer erkauft.[715]

Die hierauf zurückzuführende Einführung des sogenannten **Grundpreistarifes** verband die Vorteile von Pauschal- und Zählertarif dahingehend, dass zum festen Grundpreis eine verbrauchsabhängige Komponente als Arbeitspreis für die abgenommenen Kilowattstunden berechnet wurde.[716] Dieser variable Betrag war deutlich unter den Gebühren der Zählertarife einzuordnen, was vor allem den Kraftstromabsatz ankurbeln sollte. Auf der Erzeugerseite half die in den Zwanziger Jahren etablierte Grundgebühr den wegen ihrer Kostenstruktur sehr konjunkturempfindlichen Elektrizitätswerken die Deckung ihrer fixen Grundkosten zu sichern. Auf der Abnehmerseite bot diese Maßnahme die Möglichkeit der Vergünstigung bei guter Ausnutzung, so dass die gegenseitigen Interessen in ausgeglichener Weise bedient schienen. Die Intention war es zudem, die Problematik der Lasttäler weiter einzudämmen. Die BELG stellte hierzu im Jahre 1927 „zur Erzielung einer höheren Benutzungsdauer [...] die meisten Grossabnehmerverträge"[717] auf diese Tarifart um. Bereits zwei Jahre zuvor wurde mit Einvernehmen des Bayerischen Staatsministeriums des Innern durch einen speziellen Grundgebührentarif für Licht- und Wärmestrombezug in den privaten Haushalten der Durchschnittsstrompreis für die Kleinabnehmer wesentlich gesenkt. Dieses Vorhaben ließ allerdings eine intensive Aufklärungsarbeit notwendig werden, konnte doch die vertraglich fixierte Grundpauschale nur wahlweise neben den Zählertarifen eingeführt werden.

Die breite Masse der Verbraucher jedoch stand dieser neuen zweisäuligen Abrechnungsform anfänglich äußerst skeptisch gegenüber. Man antizipierte das Vorhaben der Energieversorger das Risiko auf die Kundenseite abwälzen zu wollen und war sich durchaus der leistungsunabhängigen Zahlungsverpflichtung bewusst, die in Krisenzeiten eine erhebliche Belastung darstellen würde.[718] Freilich, so wurde argumentiert, bestehe die Bereitschaft, für die gelieferte Kilowattstunde zu zahlen.

---

[715] Siehe hierzu die Anlage 12 im Anhang. Neben den Doppeltarifen wurden auch Dreifachtarife angeboten, um „die Täler des Belastungsdiagramms möglichst durch Zeit-Sondertarife auszufüllen und damit die ideelle Benutzungsdauer des Zentralenmaximums zu erhöhen". Brock (1930), S. 32.

[716] Vgl. Enquete-Ausschuss (1930), S. 57 f.

[717] BWA, F 025-323, S. 6. Vorstandsbericht 1927.

[718] Diese Bedenken waren allerdings nur teilweise gerechtfertigt, da die Betriebsführung der BELG in Krisenzeiten bedacht war ihre Stromabnehmer (v. a. die Großabnehmer) nicht durch die vereinbarten Mindestabnahmegarantien zusätzlich in einem unverhältnismäßigen Ausmaß zu belasten. Vgl. BWA, F 025-328, S. 15. Vorstandsbericht 1932.

Darüber hinaus sehe man allerdings keine Veranlassung, durch einen Grundpreis, „für den man nichts bek[äme]"[719], zusätzlich belangt zu werden, zumal man sich hierdurch der Möglichkeit des „Stromsparens" beraubt sah. Zu diesen Bedenken grundsätzlicher Art gesellte sich zudem Unverständnis über die Höhe besagter Grundgebühr.

Die Problematik der Preissetzung zeigt sich in der Kalkulation der BELG. Zu hohe Grundpreise hemmten die Akzeptanz dieser Tarifform, die eigentlich zu einem Mehrverbrauch anhalten sollte, zu niedrige wiederum reduzierten das originäre Ziel der Rentabilitätssicherung. Ein Dilemma, das nur wenig und noch dazu konjunkturabhängigen Spielraum für eine optimale Festsetzung der Preise bot. Zur Aufklärung wies der Energieversorger 1930 in einer Kundeninformation darauf hin, dass Tausende von Abnehmern pro Jahr weniger als 10 kWh und weit mehr als die Hälfte der Abnehmer im Durchschnitt weniger als 27 kWh jährlich verbrauchten. In einem Appell machte die Geschäftsleitung daher deutlich: Alle diese Abnehmer können „nur mit Verlust beliefert werden, selbst wenn nur die auf jeden einzelnen Abnehmer entfallenden Kosten für Verrechnung, Ablesung, Einkassieren und für die Verzinsung und Abschreibung der auf sie entfallenden Anlageteile berechnet würden"[720]. Eine diesbezüglich angestellte Rechnung sollte die Problematik konkretisieren: Das „Anlagekapital beträgt zurzeit [im Jahr 1930; Anm. d. Verf.] rund 25 Millionen Mark, wir versorgen rund 50.000 Abnehmer. Rechnet man [...] mit rohen Durchschnittszahlen, so entfällt auf jeden Abnehmer ein Anlagekapital von RM 500,-. Selbst wenn für Verzinsung, Abschreibung und Unterhaltung nur 10 % pro Jahr gerechnet werden, müßte jeder Abnehmer hierfür im Durchschnitt mindestens RM 50,- aufbringen". Bedenke man die Notwendigkeit darüber hinaus die eigentlichen Stromerzeugungs- bzw. Bezugskosten sowie den Personalaufwand zu berücksichtigen, so werde ersichtlich, dass „alle Abnehmer unter einer bestimmten Bezugsgrenze nur mit Verlust beliefert werden können". Daraus sei folgerichtig zu schließen, dass „dieser Verlust von den anderen Abnehmern aufgebracht werden" müsse. Nur die breite Akzeptanz des Grundgebührentarifs, so die Begründung, könne eine „gerechte Verteilung der Selbstkosten des Werkes auf den einzelnen Abnehmer" garantieren. Dies biete noch dazu den Vorteil eines mit wachsender Ausnutzung beständig abnehmenden Kilowattpreises. Auch wenn diese Argumentationskette der einfarbigen Feder der BELG entsprang, so entbehrte sie nicht einer für die Kunden unbequemen Wahrheit: „Einen Stromtarif, der alle Abnehmer restlos befriedigt, gibt es nicht."

---

[719] Scharrer (1969), S. 134 f.
[720] Im Folgenden BWA, F 025-537. Kundenzeitschrift Juni 1928.

Als Bemessungsgrundlage für die Grundpreishöhe dienten bei der BELG zunächst die Anschlusswerte der Verbraucher. Zur Erfassung der Lichtanlagen wurde die vom Pauschaltarif bekannte Brennstellenanzahl zu Rate gezogen, wobei ein gewisser Mengenrabatt in Abhängigkeit der Steckdosenanzahl helfen sollte die in den Zwanziger Jahren aufkeimende Geräteanwendung zu fördern. Ebenso war man bemüht bei Kraftanlagen die Anschaffung weiterer Elektromotoren durch günstigere Strompreise zu honorieren. Einziger Wermutstropfen stellte die sowohl für die Abnehmer lästige, als auch für das Überlandwerk aufwendige Kontrolle der jeweiligen Anschlusswerte dar.

Den landwirtschaftlichen und privaten Abnehmern wurden in der Regel je drei unterschiedliche Grundpreistarife zur eigenständigen Vorab-Auswahl angeboten. Die in Abbildung 5.16 dargestellten Kurvenverläufe verdeutlichen, dass die preisgünstigste Tarifwahl von einer korrekten Antizipation der benötigten Abnahmemenge abhing. Verbrauchte der Abnehmer weniger Kilowattstunden als die Menge $x_1$, so lohnte es sich den sogenannten Kleinstverbrauchstarif zu wählen. Bis zur Menge $x_2$ bot sich der Tarif I an, wohingegen bei einer Verbrauchsmenge jenseits $x_2$ durch die Umstellung auf den Tarif II Ersparnisse zu erzielen waren. Da dies für die Verbraucher nicht leicht ersichtlich war, versuchte man seitens des Überlandwerks den Kunden die jeweils vorteilhaftesten Abschlüsse nahezulegen. Zum einen, um als ein vertrauenswürdiger Partner wahrgenommen zu werden, zum anderen sicherlich auch, um den Stromabsatz durch den Eindruck kundengerechter Preissetzung weiter anzukurbeln.

In der zweiten Hälfte der Weimarer Republik fand diese Tarifform endgültig ihren Durchbruch. Die Nationalsozialisten empfahlen ihn in den Dreißiger Jahren im Rahmen der Wirtschaftsgruppe Elektrizitätsversorgung sogar als den vorrangigen Mustertarif.[721] Die wachsende Akzeptanz erforderte alsbald eine Reduktion des Erhebungsaufwands, um nicht länger die Anschlusswerte, sondern andere Maßstäbe zugrunde zu legen. Anfänge dieser alternativen nichtelektrischen Beziehungsgrößen sind etwa um 1925 zu verzeichnen. Die wirtschaftliche Leistungsfähigkeit der Abnehmer – bemessen u. a. an Wohnfläche, Zimmerzahl, Mietpreis – sollte von nun an den Ausschlag für die zu entrichtende Grundpreishöhe geben. Die BELG allerdings stellte erst im Jahr 1937 endgültig auf diese Berechnungskategorien um.[722] Ein Jahr darauf wurde dieses Vorgehen im Rahmen der Reichstarifordnung für alle Stromversorger über eine Million Kilowattstunden Jahresabgabe verpflichtend vorgeschrieben. Spätestens mit dem Jahr 1941 waren gemäß der Tarifordnung von 1938 reichsweit einheitliche Grundsätze

---

[721] Vgl. Zängl (1989), S. 63.
[722] Vgl. BWA, F 025-332, S. 19. Vorstandsbericht 1936.

für die Preisbildung anzuwenden, was den bis hierhin beschriebenen, eher willkürlich anmutenden Formen der Tarifgestaltung endgültig einen Riegel vorschob.[723]

**Abb. 5.16: Die kundenseitige Tarifwahl orientiert an der Abnahmemenge**

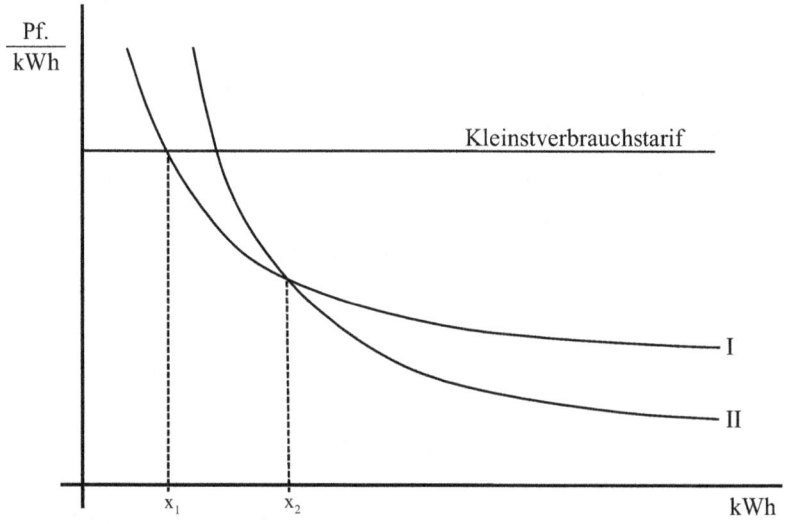

Quelle: Eigene Darstellung; i. A. a. Hauschildt (1964), S. 138.

Die Darstellung 5.17 soll die gemittelte Preisgestaltung der BELG im Untersuchungszeitraum, unterschieden nach den verschiedenen Abnehmergruppen, veranschaulichen.[724] Deutlich erkennbar ist die segmentspezifische Preisdifferenzierung. Auf der einen Seite stand die große Gruppe der wirtschaftlich relativ schwachen und nur geringe Mengen an Strom beziehenden Tarifabnehmer. Sie setzte sich zum größten Teil aus den privaten Haushaltungen, gefolgt von kleinen gewerblichen und landwirtschaftlichen Abnehmern zusammen. Die vergleichsweise hohe Gewinnmarge bei den Tarifabnehmern erklärt die anhaltende Motivation der Stromversorger den privaten Haushalt zu einer Erhöhung des Stromverbrauchs zu gewinnen.

---

[723] Vgl. Scharrer (1969), S. 135.
[724] Eine Rekonstruktion der Preisgestaltung für den Zeitraum von 1914 bis 1923 ist aufgrund Ermangelung geeigneter Originalschriften nicht gelungen.

**Abb. 5.17: Die Entwicklung der Durchschnittsstrompreise verschiedener Abnehmergruppen (1924 – 1954)**

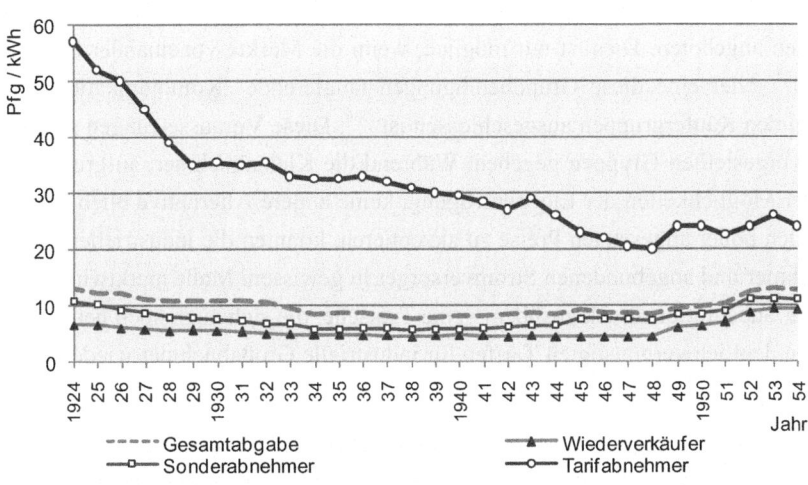

Quelle: Eigene Darstellung; Daten n. BWA, F 025-320 bis 350, Vorstandsberichte 1924-1954.

Auf der anderen Seite war das wesentlich kleinere Kundensegment der Sonderabnehmer bzw. Wiederverkäufer zu verorten.[725] „Im Vergleich zu den Tarifabnehmern zeichnen sich Sonderabnehmer dadurch aus, daß sie einen wesentlichen höheren Strombedarf haben. Wo die Grenze zu setzen ist, ab wann ein Abnehmer Sonderabnehmer sein kann, schwankt je nach der Festlegung der einzelnen EVU [...]."[726] Die BELG bspw. setzte als Untergrenze in der Regel den jährlichen Mindestverbrauch von 10.000 kWh fest.[727] Im Allgemeinen waren alle großen, mittleren und auch die meisten kleineren Industriebetriebe in die Kategorie der Sonderabnehmer einzuordnen. Diese wurden zum Teil auch durch größere Handels- oder ähnliche Betriebe ergänzt.

---

[725] Die Bedeutung der Sonderabnehmer und Wiederverkäufer für die Quantität des Stromabsatzes der BELG wird durch die blaue Linie der „Gesamtabgabe", dargestellt in Abbildung 5.17, ersichtlich. Demnach vermochte der höhere Preis für Tarifabnehmer den über alle Kundengruppen ermittelten Durchschnittspreis nur unwesentlich über die billigen Sonderpreise für die Großabnehmer zu heben. In diesem Zusammenhang sei auch auf die Darstellung 5.9 „Die Entwicklung des Stromumsatzes und -absatzes der BELG unterteilt in die verschiedenen Hauptabnehmergruppen (1914 – 1954)" hingewiesen.

[726] Silzer (1959), S. 74.

[727] Üblich war im Untersuchungsraum eher die Untergrenze von 15.000 kWh jährlicher Mindestabnahme. Nach oben war dieser Wert theoretisch unbegrenzt. Vgl. BWA, F 025-320 bis 350. Vorstandsberichte 1924-1954.

Erwähnt sei, dass es sich bei der vorgestellten preislichen Abstufung um eine sogenannte „personelle Preisdifferenzierung"[728] handelt: Die „gleiche Leistung wird verschiedenen, in sich aber gleichartigen Käuferschichten zu unterschiedlichen Preisen angeboten. Dies ist nur möglich, wenn die Märkte voneinander trennbar sind"[729] oder eine diese Grundbedingungen tangierende „Kommunikation zwischen den Käufergruppen ausgeschlossen ist"[730]. Diese Voraussetzungen sind bei den vorgestellten Gruppen gegeben. Während die Kleinabnehmer, aufgrund fehlender Möglichkeiten der Eigenerzeugung, keine andere Alternative blieb, als die deutlich höher angesetzten Preise zu akzeptieren, konnten die industriellen Großabnehmer und angebundenen Stromversorger in gewissem Maße marktwirtschaftlichen Substitutionsdruck ausüben – eine Tatsache, die sich auch noch heutzutage in den deutlich vergünstigten Tarifen für industrielle Großabnehmer wiederfinden lässt.[731]

Mit dem Jahr 1924, nach Beendigung von Inflation und Energiekrise, begann sich die Schere zwischen Tarif- und Sonderabnehmerpreisen allerdings kontinuierlich zu schließen. Die BELG war durchaus bemüht, die Auswirkungen der konjunkturellen Belebung in Form von absatzausweitenden Preisminderungen an die privaten Haushalte weiterzugeben. Auch die „wirtschaftlich Schwächsten" wurden hierbei öffentlichwirksam auf dem Titelblatt der Kundenzeitschrift bedacht (s. Abbildung 5.18).[732]

---

[728] Schneider (1956), S. 153.
[729] Hauschildt (1964), S. 131 f.
[730] Schneider (1956), S. 153.
[731] Vgl. Korndörfer (2003), S. 377 sowie Leuschner (2007), S. 121 ff.
[732] Für eine nähere Darstellung der ab 1924 monatlich veröffentlichten Kundenzeitschrift ist das Kapitel 5.4.2 „Bewerbung und Verkauf elektrischer Geräte – das Dilemma der permanenten Bedarfsweckung" anzuführen.

**Abb. 5.18: Kundenzeitschrift „Nachrichtenblatt" vom Oktober 1928 bzw. Juli 1931**

 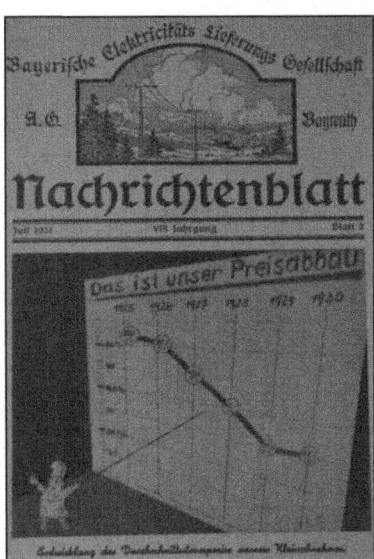

Quelle: BWA, F 025-537, Kundenzeitschrift Oktober 1928 und Juli 1931.

„Bei Kleinstabnehmern", so wurde postuliert, „deren wirtschaftliches Unvermögen durch den Gemeindevorsteher bestätigt wird, wird nur 1/3 der normalen Grundgebühren"[733] berechnet. In Ergänzung zu diesem wohlkalkulierten Zugeständnis ließ man die Abnehmer an selbiger Stelle wissen, dass gemäß dem Bayerischen Staatsministerium die Strompreise „unter den Gebührentarifen der übrigen großen bayerischen Ueberlandwerke zu den günstigsten Tarifen dieser Art" zu zählen seien. Diese würden die oberfränkischen Abnehmer „erheblich billiger" stellen, was insbesondere im Vergleich mit den ähnlich gearteten Haushaltstarifen der Stadt München ersichtlich werde.[734]

Überdies wurde in Aussicht gestellt die Mehrkosten, die dem einzelnen Abnehmer durch den Umstieg des Zählertarifs auf den Grundgebührentarif entstünden, zurückzuerstatten.[735] Eine Zusage, die gemäß der Geschäftsleitung „in der Erwartung gemacht [wurde], daß sich alsbald nach Einführen des Gebührentarifes eine solche Zunahme des Verbrauchs ergeben werde, daß die Rückzahlungen sich in mäßigen Grenzen beweg[ten]"[736]. Ein Kalkül, das nach anfänglichen Schwierig-

---

[733] BWA, F 025-537. Kundenzeitschrift Oktober 1928.
[734] Ebd.
[735] BWA, F 025-537. Kundenzeitschrift November 1928.
[736] BWA, F 025-537. Kundenzeitschrift Oktober 1928.

keiten in den Problemjahren der Weltwirtschaftskrise durchaus Vertrauen in die Tarifform schuf.

Auch die bereits überaus niedrig anzusiedelnden kWh-Preise der Großabnehmer waren zu dieser Zeit stark im Fallen begriffen. Mit der Machtübernahme der Nationalsozialisten wurden die Preise sogar noch weiter gesenkt und pendelten sich schließlich auf geringem Niveau ein. Zur besseren Übersichtlichkeit normiert die Graphik 5.19 die segmentspezifische Entwicklung der Durchschnittsstrompreise auf das Jahr 1924.

**Abb. 5.19: Die Entwicklung der Durchschnittsstrompreise verschiedener Abnehmergruppen (1924 – 1954) – normiert auf den Preis des Jahres 1924**

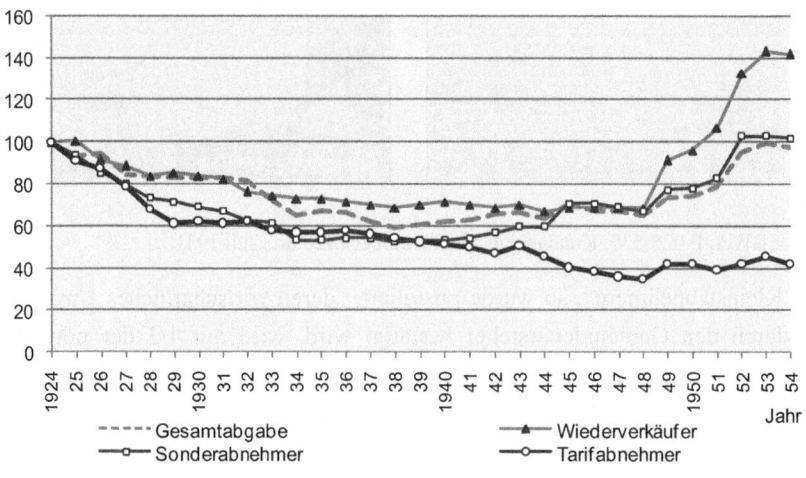

Quelle: Eigene Darstellung; Daten n. BWA, F 025-320 bis 350, Vorstandsberichte 1924-1954.

Als nationalsozialistische Grundidee galt es den Lebensstandard breiter Bevölkerungsschichten zu erhöhen. Der Politik des Regimes entsprach es daher, eine im breiten Umfang umgesetzte Senkung der Energiepreise zu bewirken. Auf diesem Wege sollte die Produktivität der industriellen wie landwirtschaftlichen Betriebe als auch indirekt die Kriegswirtschaft unterstützt sowie der Bevölkerung ein Gefühl allgemeinen Wohlstands suggeriert werden. Gleichsam war man jedoch auch bedacht, die als strategisch äußerst wertvoll eingestufte Energiewirtschaft nicht in wachstumshemmendem Ausmaße wirtschaftlich zu schwächen.[737]

---

[737] Vgl. Prinzing (2000), S. 218.

Hierzu bot die vierte Notverordnung, die sogenannte Preissenkungsverordnung, das gebotene Fundament.[738] Die BELG – wie auch andere bayerische Energieversorger – gaben den Wünschen des Reichswirtschaftsministeriums sowie des Bayerischen Staatsministeriums des Innern nach und senkten 1933/34 insbesondere die Preise der Grundgebührentarife für Kleinabnehmer. In dem Vorstandsbericht hieß es hierzu: Man sorge sich in erhöhtem Maße um die „schwächsten Abnehmerschichten", die aus den Tarifen „einen Nutzen nicht ziehen können"[739]. Zwischen den Zeilen lässt sich jedoch erkennen, dass dieses Vorhaben wohl weniger auf eine intrinsische Motivation der Unternehmensleitung, sondern vor allem auf den wachsenden ministerialen Druck zurückzuführen war. Nur eine vermeintliche Randnotiz verweist auf die hierdurch entgangenen Einnahmen, was die Vermutung nahe legt, dass diese Tarifsenkung weniger als verbrauchsfördernde, sondern als propagandistische Notwendigkeit zu interpretieren ist.

Dass man über den öffentlichen und politischen Druck die Preise zu senken auf Seiten der Stromversorger nicht glücklich sein konnte, war vor allem in der Befürchtung begründet, hierdurch äußerst finanzschwache Kundengruppen zu gewinnen, die den hohen Kapitaleinsatz in die Leitungslegung und -wartung kaum rechtfertigen konnten.[740] Dennoch sah man sich aufgrund des in den Staatsverträgen eingegangenen Versorgungsauftrages natürlich dazu verpflichtet, auch den aus pekuniären Gründen immer nur äußerst wenig Strom verbrauchenden Kleinabnehmer an das Netz anzuschließen. Allerdings war auch das Bayernwerk, der Hauptstromlieferant der BELG, unter dem Diktat des Nationalsozialismus dazu veranlasst, die Bezugspreise für die Kilowattstunde zu senken, so dass sich die monetären Auswirkungen für das oberfränkische Überlandwerk in überschaubaren Grenzen hielten.[741]

Am 26. November 1936 schließlich wurden die niedrig gehaltenen Preise von den Nationalsozialisten in einer allgemeinen Preisstoppverordnung zementiert.[742] Diese umfasste gemeinhin alle Waren und Dienstleistungen des Reiches und tangierte damit auch die Elektrizitätswirtschaft.

---

[738] Vgl. Prinzing (2000), S. 216.
[739] BWA, F 025-329, S. 15. Vorstandsbericht 1933.
[740] Vgl. Prinzing (2000), S. 216.
[741] Siehe hierzu den Verlauf der Bayernwerks-Bezugspreise, dargestellt in Abbildung 4.11 „Durchschnittskosten je bezogener kWh in Pfennig (1924 – 1954)".
[742] Die sogenannte Preisstoppverordnung vom 26. November 1936 (RGBl. I, S. 955) untersagte die Durchführung von Preiserhöhungen, indem sie die Preise für Güter und Leistungen jeder Art auf dem Stand vom 18. Oktober 1936 fixierte (§ 1 Abs. 1). Ausnahmen, sofern sie aus volkswirtschaftlicher Sicht vertretbar waren, wurden nur mit Ausnahmegenehmigung des Preiskommissars gebilligt. Vgl. Melchinger (1967), S.191.

Einen bedeutenden Einschnitt in der Strompreisfrage stellte für die Elektrizitätswirtschaft, so auch für die BELG, die „Verordnung über die Bildung allgemeiner Tarifpreise für die Versorgung mit elektrischer Energie" – Tarifordnung für elektrische Energie – vom 25. Juli 1938 dar.[743] Diese Verordnung schrieb, gestützt auf den § 7 des Energiewirtschaftsgesetztes von 1935[744], eine verbindliche Einführung des Grundgebührentarifs bis April 1941 vor und schuf damit eine Basis zur Beseitigung des herrschenden Tarifwirrwarrs. Zur Bemessung des Grundpreises wurden für Haushaltsabnehmer die Anzahl der Räume, für landwirtschaftliche Abnehmer die genutzte Fläche und für gewerbliche Abnehmer der Anschlusswert oder die Raumzahl zu Rate gezogen.

Ferner wurden die Versorger verpflichtet, den Abnehmern zwei Tarife mit Arbeitspreisen von maximal 8 und 15 Pf/kWh sowie einen Kleinstabnehmer- und Nachtstromtarif mit besonderen Konditionen einzuräumen.[745] Die BELG warb beispielsweise hauptsächlich für die billigere Grundpreisvariante, um hierdurch eine zusätzliche Verwendung von Apparaten und Motoren zu intensivieren.[746] Bis 1940 war man seitens des Überlandversorgers in der Lage, die Richtlinien der Reichstarifordnung für alle Abnehmergruppen umzusetzen.[747] Aufgrund des bestehenden Preisstopps musste die Umstellung derart durchgeführt werden, dass die Anzahl der begünstigten Abnehmer die Zahl der schlechter gestellten überwog, was sich zusätzlich in einem Einnahmendefizit der Versorger widerzuspiegeln hatte.

Als 1941 das Kriegsgeschick Deutschlands zu kippen drohte, waren die zuständigen Behörden, wenn auch vormals propagiert, zu keiner weiteren verbrauchsfördernden Senkung der Tarife bereit. Der Grund lag neben den einsetzenden Sparmaßnahmen der Regierung auch in der frei werdenden Kaufkraft, die bei verringertem Warenangebot zu dieser Zeit als unerwünscht galt. Am 16. März 1942 schließlich wurde die „Anordnung über kriegsbedingte Preismaßnahmen auf dem Gebiet der Energiewirtschaft" erlassen, die eine Herabsetzung der Elektrizitätspreise genehmigungspflichtig machte. Damit „ruhten praktisch bis zur Währungsreform nach dem Ende des Zweiten Weltkriegs alle Arbeiten auf dem Gebiet der allgemeinen Tarife"[748].

---

[743] RGBl. I, S. 915.
[744] Vgl. hierzu ausführlich Kapitel 5.7 „Das Energiewirtschaftsgesetz von 1935 – ein Kompromiss mit großwirtschaftlicher Einfärbung". Siehe fernerhin Anlage 5.
[745] Der Arbeitspreis von 15 Pf/kWh beinhaltete gegenüber dem Arbeitspreis von 8 Rpf/kWh eine niedrigere Grundgebühr.
[746] Vgl. BWA, F 025-334, S. 19. Vorstandsbericht 1938.
[747] Vgl. BWA, F 025-336, S. 19. Vorstandsbericht 1940.
[748] Vgl. Kalischer (1967), S. 180.

Auch nach dem Krieg blieb die Preisstoppverordnung aus dem Jahr 1936 in einigen Wirtschaftszweigen in vollem Umfang bestehen. Demgemäß trat bei den Strompreisen gegenüber der Vorkriegszeit keine Änderung ein. Eine Reglementierung, die sich zunächst jedoch „nicht ernsthaft störend bemerkbar machte", da sie „auch ein Ansteigen der Selbstkosten der EVU verhinderte"[749]. Erst mit dem Jahr 1948 begann dieses Gleichgewicht in eine Schieflage zu geraten. Das Preisgesetz vom April 1948 setzte nun Preisobergrenzen für Waren und Dienstleistungen fest, deren Variation eine Zustimmung des Wirtschaftsrates erforderte.[750] In Kontrast zu der weiterhin in den Fesseln der Preisstopp-Kandare gehaltenen Energiewirtschaft wurde für die meisten anderen Wirtschaftszweige die Währungsreform durch eine Wirtschaftsreform und namentlich durch die Einführung der sozialen Marktwirtschaft ergänzt.[751] Die positive Entwicklung der deutschen Wirtschaftsleistung führte in Verbindung mit der Preisfreigabeanordnung vom Juni 1948[752] zu einer fast kontinuierlichen Anhebung der Löhne und einem Anstieg der Preise für Erzeugnisse der freien Wirtschaft.[753] Schließlich unterlagen auch die Kohle-, sowie aufgrund der Korea-Krise zusätzlich verstärkt, die Kupfer-, Blei- und Aluminiumpreise einer prozentualen Preissteigerung erheblichen Ausmaßes.[754] Die Preisspirale umfasste damit insbesondere auch die für die Elektrizitätswirtschaft so bedeutenden Grundstoffe mit nachvollziehbaren Konsequenzen für die Existenzfähigkeit der Werke.

Um diesem Szenario entgegenzusteuern, wurde seitens der Geschäftsleitung versucht, die Strompreise der BELG durch die Einholung preisrechtlicher Genehmigungen an die wachsenden Kosten anzupassen. Ursächlich hierfür war in erster Linie auch die im Mai 1949 von der Verwaltung für Wirtschaft gebilligte Verteuerung des Bayernwerkstrompreises um rund 60 Prozent gegenüber den unmittelbaren Nachkriegsjahren. Diese „Ausnahmeregelung gestattete auch den EVU, die den vom Bayernwerk bezogenen Strom weiterverteilten, vom gleichen Zeitpunkt

---

[749] Kalischer (1967), S. 180.
[750] Preisgesetz vom 10. April 1948. Gesetz- und Verordnungsblatt des Wirtschaftsrates des Vereinigten Wirtschaftsgebietes, S. 27 f, zit. n. Wolter/Reuter (2005), S. 190. Siehe auch Melchinger (1967), S. 190.
[751] 90 Prozent der Preisvorschriften wurden außer Kraft gesetzt, die Gewerbefreiheit wieder eingeführt und der Lohnstopp beendet. Die Aufhebung von Preisbindungen klammerte zum damaligen Zeitpunkt noch Grundnahrungsmittel, Mieten, Rohstoffe und Leistungen im Stromversorgungs- und Verkehrssektor aus. Vgl. Hohmann/Wünsche (1988), S. 565 ff.
[752] Preisfreigabeverordnung vom 21. Juni 1948 (Gesetzblatt der Verwaltung des Vereinigten Wirtschaftsgebietes – WiGBl. S. 61).
[753] Anordnung über Preisbildung und Preisüberwachung vom 25. Juni 1948. Gesetz- und Verordnungsblatt des Wirtschaftsrates des Vereinigten Wirtschaftsgebietes, S. 61 f., zit. n. Wolter/Reuter (2005), S. 190.
[754] Vgl. Kalischer (1967), S. 181.

ab ihre Strompreise heraufzusetzen"[755], wovon die BELG wie auch andere bayerische Versorger umgehend Gebrauch machten. Diese von hier an beinahe jährlich durchgeführte stufenweise Anhebung der BW-Bezugspreise wurde von den regionalen Überlandwerken insbesondere auf die Großabnehmer umgewälzt, da eine „zusätzliche Belastung der Tarifabnehmer durch [eine] politisch bedingte Begrenzung"[756] verhindert wurde. Auch wenn der prozentuale Überschuss der BELG je verkaufter Kilowattstunde unter die 50 Prozent-Marke fiel, so konnte die Gewinnmarge mit rund 6 Pfg. je kWh auf diese Weise relativ stabil gehalten werden (s. Abbildung 5.20).

Im Januar 1953 wurde der Preisstopp zumindest für landwirtschaftliche und gewerbliche Abnehmer vollends aufgehoben, so dass die Festsetzung der Preise wieder gänzlich in die Verantwortlichkeit der Energieversorger überging. Lediglich die Anhebung von Haushaltstarifen und Arbeitspreisen für alle sonstigen Tarifabnehmer bedurfte auch weiterhin der Zustimmung übergeordneter Stellen.[757]

**Abb. 5.20: Vergleich der über alle Abnehmergruppen der BELG gemittelten Stromeinnahme je kWh zum Bayernwerks-Bezugspreis (1924-1954)**

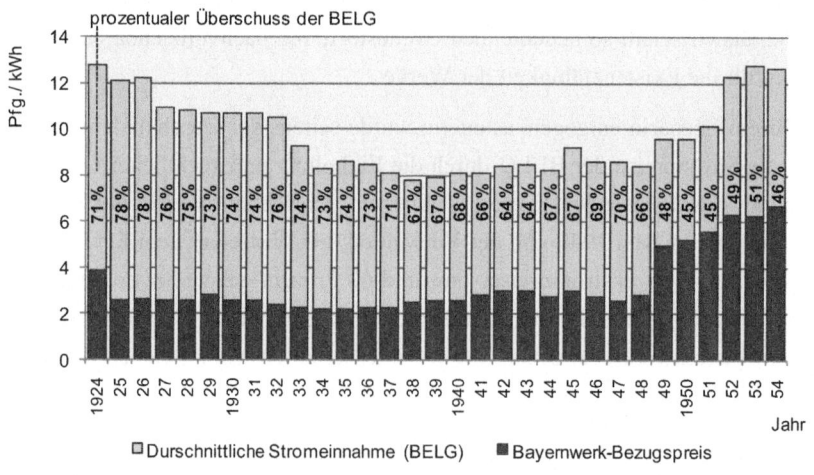

Quelle: Eigene Darstellung; Daten n. BWA, F 025-320 bis 350, Vorstandsberichte 1924-1954.

Nicht nur die kundensegment- und tages- bzw. jahreszeitspezifische Tarifpolitik, sondern auch die durch die bayerischen Staatsverträge eingeräumte monopolistische Stellung der Elektrizitätswerke hatte ihre Rückwirkung auf die Strompreise

---

[755] BWA, F 025-345, S. 21. Vorstandsbericht 1949.
[756] BWA, F 025-347, S. 24. Vorstandsbericht 1951.
[757] Gemäß Preisverordnung 3/53 vom 30. Januar 1953. Vgl. Kalischer (1967), S. 182.

der Überlandwerke. Aus diesem Grund sollen im Folgenden die Konzessionsverträge zwischen der BELG und ihren kommunalen Abnehmern als ein bedeutender Faktor der absatzorientierten Interessenpolitik gesondert herausgegriffen werden.

### 5.3.3 Die Ausgestaltung der Konzessionsverträge mit den Kommunen als Voraussetzung monopolistischer Interessenpolitik

Das Konstrukt der Konzessionsverträge bringt die besondere Interdependenz von Stromversorger und -abnehmer zum Ausdruck. Eine Struktur, die den Ausgleich zwischen den teuer zu versorgenden Landgemeinden und den günstiger anzuschließenden Städten gewährleisten musste. Um diesem Missverhältnis in ökonomisch vertretbarer Weise gerecht werden zu können, wurde die Forderung des Stromversorgers nach der Zubilligung einer monopolistischen Stellung unabdingbar. Nachdem der bayerische Staat durch die Einwilligung in die Ausschließlichkeitsklausel der Staatsverträge die Grundvoraussetzung des wettbewerbsfreien Gebietsschutzes geschaffen hatte, wurde in einem nächsten Schritt durch die Vertragswerke mit den einzelnen Gemeinden die notwendige unternehmerische Sicherheit geschaffen, um in ausreichendem Maße Privatkapital für eine flächendeckende Elektrifizierung anzulocken.

In dem sogenannten Muster-Zustimmungsvertrag heißt es hierzu: „Die Gemeinde gestattet der BELG auf die Dauer von 20 Jahren [...] die Fortleitung und Verteilung elektrischer Energie zu [...] betreiben." Diese Befugnisse stehen „ausschließlich der BELG zu"[758]. Diese Ausschließlichkeitsklausel berücksichtigte nicht nur Dritte, sondern vor allem auch die Kommunen selbst, die sich demzufolge verpflichten sollten, von einer eigenen Erzeugung bzw. auf den Strombezug von Konkurrenzunternehmen abzusehen. Das Recht zur Stromabgabe musste gar für mindestens 35 Jahre gewährt werden, wobei eine Kündigung nur durch die käufliche Übernahme der Leitungsanlagen möglich wurde. Die lange Vertragslaufzeit versetzte die BELG in die Lage, die hohen Investitionen durch das eingeräumte Liefermonopol und den festen Kundenstamm zu rechtfertigen. Erst nach Ablauf des 50. Jahres war es der Gemeinde freigestellt, die Stromverteilungsanlagen unentgeltlich zu übernehmen.[759] Bezeichnend ist, dass sich das Überlandwerk vor-

---

[758] Muster-Zustimmungsvertrag zwischen der BELG und den anzuschließenden Gemeinden § 1 Abs. 1 und 2. BWA, F 025-1071. Muster-Zustimmungsvertrag (1936).

[759] Eine käufliche Übernahme durch die Kommune war prinzipiell nach 15 Jahren Vertragslaufzeit möglich. Der Übernahmepreis entsprach dabei dem Errichtungswert zuzüglich eines Entschädigungsaufschlages von 10 % und abzüglich einer jährlichen Abschreibungsquote von 2 %. Vgl. BWA, F 025-1071. Zustimmungsvertrag aus dem Jahr 1936 § 1 Abs. 5 und 6 sowie § 7 Abs. 2.

behielt auch darüber hinaus noch „zur Verdichtung des Konsums für den Anschluß neuer Abnehmer in der Gemeinde tätig zu werden"[760].

Der Gebietsschutz sowie „der Verzicht der Gemeinde auf Eigenversorgung" wurden in den Verträgen zumeist als „Leistungen der Gemeinde" ausgewiesen und gingen in den Konzessionsverträgen in der Regel einher mit einer zu erbringenden Abgabe des Überlandwerks an die Kommunen.[761] Neben diesem gängigen Szenario kam es auch zu Sonderregelungen, falls die Kommunen die Versorgung zum Endkunden über ein eigenes bereits bestehendes Leitungsnetz betrieben und die Energie nur an bestimmten Knotenpunkten von der BELG übernahmen. Diese Gemeinden konnten gerade bei der Stromanbindung privater Haushalte durchaus profitabel Strom weiterverkaufen.

Zur Veranschaulichung dieses Falles soll eine Aufstellung aus dem Jahr 1936 mit den folgenden, an den jährlichen Abnahmemengen orientierten, Höchstpreisen herangezogen werden:[762]

| Von | 0 | bis | 30.000 | kWh | = | 14 | Pfg. | pro | kWh |
|---|---|---|---|---|---|---|---|---|---|
| „ | 30.000 | „ | 100.000 | „ | = | 12 | „ | „ | „ |
| „ | 100.000 | „ | 200.000 | „ | = | 10 | „ | „ | „ |
| „ | 200.000 | „ | 400.000 | „ | = | 8 | „ | „ | „ |
| „ | 400.000 | „ | 1.000.000 | „ | = | 7 | „ | „ | „ |
| Darüber hinaus | | | | | = | 6 | „ | „ | „ |

Zusätzlich zu der Form von Mengenrabatt räumte das Überlandwerk sogenannte Benutzungsdauerrabatte ein, die eine hohe und möglichst über das Kalenderjahr gleichmäßige Stromabnahme fördern sollten.[763] In den Fällen indes, in denen der Anschluss eines Konsumenten nur zu Strompreisen möglich war, die unter den oben aufgeführten Bezugspreisen lagen, sprang die BELG als Direktzulieferer ein

---

[760] Zustimmungsvertrag aus dem Jahr 1936 § 7 Abs. 6.
[761] Vgl. hierzu BWA, F 025-669 bis 692. „Stromlieferungen der BELG an die Kommunen" – Zustimmungs- und Elektrizitätsversorgungsverträge. Darüberhinaus Gröner (1975), Anm. 651.
[762] BWA, F 025-1071. Muster-Zustimmungsvertrag aus dem Jahr 1936 § 7 Abs. 3 und 4.
[763] Die Benutzungsstunden berechneten sich dabei durch die Division der jährlich abgenommenen Kilowattstunden durch die in dem betreffenden Jahre beobachtete Höchstleistung innerhalb einer Viertelstunde. Bei einer jährlichen Betriebszeit von 1.500 Stunden gewährte die BELG 2,5 % Ermäßigung. Dieser Satz stieg je zusätzlichen 500 Stunden um weitere 2,5 % an, bis schließlich mit 6.000 Stunden und einem entsprechenden Nachlass von 25 % eine Obergrenze erreicht wurde. BWA, F 025-1071. Muster-Zustimmungsvertrag aus dem Jahr 1936 § 7 Abs. 4.

und beteiligte die Gemeinde mit einer Abgabe von einem Prozent.[764] Dennoch sahen die kommunalen Verwaltungen im Versorgungsgebiet der BELG aufgrund des hohen finanziellen Aufwands bei der Leitungslegung, des fehlenden fachlichen Wissens sowie der schwerlich kalkulierbaren Betreibungs- und Wartungskosten in der Regel davon ab, als autarker Stromverteiler tätig zu werden. Es ist zu vermuten, dass diese Tatsache von der BELG nicht allzu ungern gesehen wurde, war man doch stets bemüht, die vertikale Integration von Strombeschaffung und Stromverteilung – zumindest solange es das eigene Versorgungsgebiet betraf – möglichst in eigener Regie durchführen zu können.

Aus der Angst heraus, übervorteilt zu werden, legten die Kommunen allerdings Wert darauf, gewissen Einfluss zu wahren bzw. hinzuzugewinnen, um ihre Bürger insbesondere vor einer unternehmerischen Willkür in Form unverhältnismäßiger Preise und unregelmäßiger Stromlieferungen schützen zu können.[765] Besonderes Augenmerk legte man dabei auf die Zusicherung, dass „der Betrieb [...] ohne Genehmigung der Gemeinde nicht eingestellt werden"[766] dürfe. Diese Klausel sollte der Möglichkeit der Vorenthaltung von elektrischer Energie vorbeugen und den Versorger hierdurch eines potentiellen Druckmittels berauben. Des Weiteren verpflichtete man die BELG das Leitungsnetz auf eigene Kosten über alle Straßen der Gemeinde auszudehnen, in denen aufgrund der Anwohneranzahl ein bestimmter Mindestverbrauch garantiert war.[767] In der Preisfestsetzung einigte man sich auf Höchstgrenzen für Beleuchtungs- sowie Kraft- und Heizzwecke für die angeschlossenen Endverbraucher, die nur unter Einwilligung der Staatsbehörden versetzt werden durften. „Eine Erhöhung der Preise", so ließ man in das Vertragswerk diktieren, sei „ohne Genehmigung der Gemeinde nicht zulässig"[768].

Ferner war man bedacht, an dem zu erwartenden technischen Fortschritt und den hierdurch günstigeren Gestehungskosten des Überlandwerks zu partizipieren: „Sollten Verbesserungen und Neuerungen oder die Verdichtung des Konsums eine wesentliche Verbilligung in der Stromlieferung herbeiführen", so sei „die BELG verpflichtet, eine entsprechende Ermäßigung der Strompreise eintreten zu lassen."[769] Die Kontrolle der Preispolitik wurde der BELG – wie bereits an früherer Stelle erwähnt – kurz nach Erlass des EnWG genommen, als diese Zuständigkeit mit dem allgemeinen Preisstopp des Jahres 1936 auf die übergeordnete Stelle des Reichskommissars für Preisbildung (und Preisüberwachung) überging. Auch

---

[764] BWA, F 025-1071. Muster-Zustimmungsvertrag aus dem Jahr 1936 § 7 Abs. 6.
[765] Vgl. Prinzing (2000), S. 225.
[766] BWA, F 025-1071. Muster-Zustimmungsvertrag (1936) § 3 Abs. 2.
[767] Ebd. § 5 Abs. 1.
[768] Ebd. § 4 Abs. 3.
[769] Ebd. § 4 Abs. 4.

später, in der Bundesrepublik, verblieb diese Verantwortlichkeit bei den zuständigen Preisbehörden.[770]

Die Elektrizitätswirtschaft wurde allerdings nicht müde zu betonen, dass die immanente Sorge der Kommunen hinsichtlich der eingeräumten Monopolstellung unbegründet und „ihre Marktstellung erheblich schwächer sei, als immer angenommen werde, weil sie sich eines harten Substitutionswettbewerbs durch industrielle Eigenanlagen erwehren müsse"[771] – ein scheinheiliges Argument, war es den Eigenerzeugern doch in der Regel untersagt, Dritte mit Strom zu beliefern. Folglich blieb die Erzeugung auf den jeweiligen Eigenbedarf beschränkt, was eine kostendegressive Stromgewinnung verhinderte.[772] Die originäre Marktposition der Versorger wurde – auch wenn sie das nur allzu gerne glauben machen wollten – gegenüber solchen potentiellen Nachfragern lediglich in einem zu vernachlässigendem Umfang angetastet.[773]

Es ist an dieser Stelle dem weiterführenden Kapitel 4.6.2 vorwegzunehmen, dass die Stellung der Energieversorgungsunternehmen gegenüber den Abnehmern durch den Paragraph 6 des Energiewirtschaftsgesetzes von 1935 weiter gestärkt wurde.[774] Die hierin geregelte Anschluss- und Versorgungspflicht. der Elektrizitätswirtschaft war für die privaten und gewerblichen Abnehmer sowie die Kommunen mit Vorsicht zu interpretieren, verzichtete doch der Käufer „mit der Inanspruchnahme des Kontrahierungszwangs [...] gleichzeitig auf eine Auseinandersetzung über Versorgungsbedingungen und Preis."[775] Die den Energieversorgern auferlegte Verpflichtung wurde noch dazu relativiert, da die Klausel der „Unzumutbarkeit der Zusatzversorgung"[776] den Kontrahierungszwang[777] und damit die

---

[770] Vgl. Gröner (1975), S. 359.
[771] Ebd., S. 353. Siehe auch VDEW (1964), S. 22 f.
[772] Vgl. BWA, F 025-1071. Muster-Zustimmungsvertrag (1936)§ 1 Abs. 2.
[773] Vgl. von Fricken (1969), S. 146-159.
[774] Siehe Kapitel 5.7 „Das Energiewirtschaftsgesetz von 1935 – ein Kompromiss mit großwirtschaftlicher Einfärbung". Speziell zu § 6 EnWG siehe u. a. Darge et al. (1936), S. 138-194.
[775] Bruche 1977, S. 255.
[776] Hauschildt (1964), S. 69. Eine „Zusatzversorgung liegt vor, wenn der Energiebedarf eines Abnehmers regelmäßig zum einen Teil durch Eigenanlagen und zum anderen Teil durch ein EVU befriedigt wird." EnWG vom 21.10.1940, § 4 der 5 DVO, RGBl. I, S. 1391, zit. n. Eiser et al. (1961), S. 165. Die Übernahme dieses Teils bestehe auf freiwilliger Basis, sofern es sich nicht um Haushalts-, Beleuchtungs-, Kraftbedarf bestimmter Art und Wärmebedarf der Haushalte handelt. Ebd. S. 193.
[777] Unter dem Kontrahierungszwang (auch Abschlusszwang) wird gemeinhin die rechtliche Verpflichtung verstanden, mit einem anderen ein Rechtsverhältnis zu begründen, das heißt in der Regel einen Vertrag zu schließen. Dieser im Widerspruch zur Privatautonomie stehende Grundsatz findet vor allem bei Unternehmen, die ein Monopol ausüben Anwendung. Vgl. u. a. Contzen (1965); Raiser (1961), S. 523-535. Busche (1999).

in den Konzessionsverträgen festgeschriebene Vertragspflicht der öffentlichen Elektrizitätswerke gegenüber Großabnehmern lockerte.

Auch im Hinblick auf die privaten Abnehmer wurden die Rechte der Energieversorger durch die selbige Gesetzesschrift und namentlich durch die „Unzumutbarkeitsklausel" gestärkt. Diese entband die Unternehmen von der vielzitierten allgemeinen Anschluss- und Versorgungspflicht, sofern diese „aus wirtschaftlichen Gründen"[778], die auch in der Person des Anschlußnehmers liegen konnten, nicht zumutbar war. Die Ermessung der Wirtschaftlichkeit oblag dabei im Grunde dem Werk selbst, das einen „normalen Rahmen" zur Bestimmung derselbigen anzuwenden hatte. Damit ist aber gleichzeitig die Problematik angedeutet, die mit dem Maßstab der Rentabilität des einzelnen Anschlusses und damit der zu Grunde liegenden Unzumutbarkeit offensichtlich ist. Die notwendige Berechnung verleitet zu der Schlussfolgerung, dass die Grundlage der Entscheidung auf der Gewinnverwirklichung zu fußen hatte. Diese Bedingung darf dabei nicht im Widerspruch zur gesellschaftlichen Wohlfahrt gesehen werden, sondern sollte vielmehr diese mehren, indem sie die „Erhaltung des Leistungspotentials"[779] der Werke sicherstellte.[780] Letztlich blieb die Entscheidung der kategorischen Einordnung hinsichtlich der Zumutbarkeitskriterien den Energieversorgungsunternehmen vorbehalten – ein Faktum, das diese sicherlich mit Wohlgefallen zur Kenntnis nahmen.[781]

Nach diesem thematischen Einschnitt soll die Aufarbeitung der Stromabsatzentwicklung mit der wirtschaftlich wie politisch relativ stabilen Epoche der sogenannten „Goldenen Zwanziger Jahre" ihre Fortsetzung finden.

### 5.4 Die „Goldenen Zwanziger" – zwischen Konjunktur und Krise

Ungeachtet aller Konflikte und Spannungen, die die junge Weimarer Republik, vor allem auch im reichsverdrossenen Bayern, zu bewältigen hatte, schien sich die Demokratie in dem Selbstverständnis der Zeitzeugen mehr und mehr als ein zukunftsfähiges Staatsmodell festzusetzen. Der politische Radikalismus schwächte sich ab, auch wenn er immer noch in manchen Teilen der Gesellschaft starke

---

Zum Kontrahierungszwang vor dem Erlass des EnWG siehe insbesondere Nipperdey (1929).

[778] EnWG § 6 Abs. 2. Für eine ausführliche Interpretation der Unzumutbarkeitsklausel siehe Hauschildt (1964), S. 66-69.
[779] Ebd., S. 69.
[780] Darge et al. (1936), S. 167 f.
[781] Vgl. Hauschildt (1964), S. 69.

Verankerung fand. Die Reform der Währung und eine konsequent restriktive Geldpolitik beendeten die unsäglichen Zustände der Hyperinflation und auch der Versailler Vertrag konnte durch den Dawes-Plan und den späteren Young-Plan besser an die begrenzte Leistungsfähigkeit der deutschen Wirtschaft angepasst werden.[782] Mit der Räumung des Ruhrgebiets, dem Locarno-Vertrag mit der anschließenden Rheinlandräumung sowie der Aufnahme Deutschlands in den Völkerbund im Jahr 1926 sind nur drei Eckpfeiler der positiven Entwicklung genannt.[783]

Eine Emanzipation der Republik, die sich in allen Bereichen des öffentlichen Lebens wiederfand und den idealen Nährboden für eine Neubelebung u. a. der deutschen Wissenschaft, Kunst und Kultur bot.[784] Auf dem Rücken dieses Wandels trat hinsichtlich der wirtschaftlichen wie auch poltischen Ebene eine Phase relativer Stabilisierung auf, die sogenannten „Goldenen Zwanziger Jahre" zwischen 1924 und 1929.[785] Weimar lässt sich dabei als eine Art Inkubationszeit charakterisieren, in der sich vieles anbahnte und einiges bereits in eine erste Reifungsphase eintrat. Die Tatsache, dass die konjunkturelle Belebung dabei aufgrund der

---

[782] Im sog. Dawes-Plan vom August 1924 wurde der amerikanische Kapitalmarkt für Deutschland wieder geöffnet, was zu einer baldigen Überschuldung Deutschlands führte. Der nachfolgende Young-Plan sollte eine finanzielle Entlastung des Deutschen Reiches gegenüber bestehenden Abkommen erwirken. Nachdem es allerdings während der Weltwirtschaftskrise zu einem allgemeinen Zahlungsmoratorium (Hoover-Moratorium) kam, wurde der Young-Plang schließlich durch die Konferenz von Lausanne im Juli 1932 aufgehoben. Vgl. u. a. Ritschl (2002), S. 107-192; Heyde (1998); Knipping (1987).

[783] Vgl. Kraus (1982), S. 230. Für die Gesetze über die Verträge von Locarno und den Eintritt Deutschlands in den Völkerbund vom 28. November 1925 siehe Internet: http://www.documentarchiv.de/wr/1925/locarno-vertrag_ges.html. Vgl. auch die obigen Literaturangaben.

[784] Vgl. Schwießelmann et al. (2009), S. 3 ff.

[785] Insgesamt ist die zweite Hälfte der Zwanziger Jahre trotz der vielen positiven Ansätze dennoch nur als eine Phase der relativen, nicht aber der absoluten Stabilisierung anzusehen. Beispielhaft hierfür kann angeführt werden, dass im deutschen Parlament zu dieser Zeit nur zwei Regierungen eine Mehrheit bilden konnten – diese jedoch genau wie die anderen vier Regierungen in diesem Zeitraum keine komplette Legislaturperiode überstanden. Hier ist bezeichnend, dass teilweise nur mit Hilfe eines Ermächtigungsgesetzes regiert werden konnte. Des Weiteren ist in der Literatur häufig von einer wirtschaftlichen „Scheinblüte" die Rede, da die zumeist kurzfristigen ausgelegten Auslandskredite nicht nur verwendet wurden um den Aufschwung zu fördern und das Ungleichgewicht der Handelsbilanz auszugleichen, sondern teilweise auch für die zu leistenden Reparationszahlungen. Fernerhin gelang es zu keinem Zeitpunkt, die Arbeitslosenzahlen im Reich unter eine Million zu senken, was radikale Gruppierungen für ihre Propaganda zu nutzen wussten. Siehe hierzu u. a. Pyta (2004), S. 73-96; Wirsching (2000), S. 47-108; Kolb (2002), S. 74-95; Wehler (1989), S. 252-257; Aldcroft (1978); James (1988); Möller (1998). Im Besonderen sei auf das internationale Forschungsprojekt von G. D. Feldman et al. und der Berliner Historischen Kommission über "Inflation und Wiederaufbau in Deutschland und Europa 1924-1929" verwiesen, in dessen Rahmen eine beachtliche Zahl instruktiver Studien erarbeitet wurde.

niedrigen Sparquote in Deutschland zu einem großen Anteil durch das Ausland, insbesondere durch Darlehen aus den USA, fremdfinanziert wurde, soll an anderer Stelle Erläuterung finden.[786] Allerdings ist auf die hierdurch entstandene Abhängigkeit Deutschlands von international intakten Finanzströmen hinzuweisen – ein Dilemma, das vor allem mit Beginn der großen Depression von 1929 in drastischem Ausmaß augenscheinlich wurde.

Zunächst jedoch führten die Neuordnung der Währung und das wachsende Vertrauen ausländischer Investoren in die Geldpolitik des Deutschen Reiches ab 1924 zu einer zügigen Entspannung der gesamtwirtschaftlichen Lage. Dies fand seinen Niederschlag in der Renaissance des ökonomischen Liberalismus und einem neuen Vertrauen in privatwirtschaftliche Wirtschafts- und Denkmodelle. Der soziale, kulturelle und ökonomische Umbruch war keine Konsequenz linearer Prozesse, die alle Bereiche der Gesellschaft zur gleichen Zeit und mit gleicher Intensität erfassten, sondern beschrieben unterschiedliche regional-, sektoral- und branchenspezifische Entwicklungen.

Als Profiteure der Inflation sind neben dem Staat vor allem auch diejenigen Unternehmer hervorgegangen, die der Auslese durch die vorangegangene Geldentwertung trotzen konnten. Diese sahen sich in die Lage versetzt – sofern sie den Fortgang der Inflation antizipierten – Sachwerte und Immobilien mittels Bankkrediten buchstäblich zum Nulltarif zu erwerben oder bestehende Schulden mit wertlosem Papiergeld zu bedienen.[787] Auch den Landwirten – insbesondere natürlich im stark agrarisch strukturierten Bayern – war es hierdurch möglich geworden, ihre oft über Generationen angehäuften Hypotheken zu begleichen und eine Modernisierung ihrer Höfe unter Inanspruchnahme neuer Technologien, wie bspw. der Elektrizitätsverwendung, vorzunehmen.[788] Dennoch darf dies nicht darüber hinwegtäuschen, dass die Zeit des Währungsverfalls gesamtwirtschaftlich betrachtet ein technologisches Defizit hinterließ, welches aufgrund fehlender „Rahmenbedingungen für schnelle und durchgreifende Prozess- und Produktinnovationen"[789] nur langsam beseitigt werden konnte.

Als Folge der anspringenden Konjunktur verzeichneten die bayerischen Stromversorger einen rasch ansteigenden Bedarf an elektrischer Energie, der sich auch

---

[786] Die Sparquote in Deutschland lag Mitte der Zwanziger Jahre mit zehn Prozent deutlich unter dem Vorkriegsniveau von 17 Prozent. Vgl. Wehler (1989), S. 253 f.
[787] Sicherlich gilt Hugo Stinnes als Musterbeispiel für die Ausnutzung der beschriebenen Möglichkeiten. Siehe Feldman (1998).
[788] Mit der „begrenzten Aufwertung von Pfandbriefen und Obligationen waren endgültig 75 % der landwirtschaftlichen und industriellen Altschulden im Abgrund der Inflation verschwunden". Hertz-Eichenrode (1982), S. 62. Siehe auch Pledl (1986), S. 144.
[789] Kluge (2006), S. 118.

in der Nachfrage nach Stromanschlüssen bemerkbar machte.[790] Hinzu kam das wachsende Vertrauen der Industrie in die Energiequelle Strom, da die Versorgungssicherheit durch das fertig gestellte Verbundnetz des Bayernwerks mit seinen angeschlossenen Großkraftwerken nun in ausreichendem Maße gewahrt schien.[791] Das Argument der höheren Krisenresistenz durch flexible Energiebereitstellung mag zusätzlich in vielen Betrieben für eine Abkehr von altgedienten Antriebskräften gesorgt haben. Denn, so führten die Vertreter der Elektrizitätswerke nur allzu gerne an, „mit der Möglichkeit einer Unterbrechung in Zeiten der Arbeitsruhe [konnten] durch einfaches Ausschalten aus dem Ortsnetz erhebliche Kosten eingespart werden, während [...] die angeheizte Dampfmaschine ohne Rücksicht auf die Verwendung der von ihre [sic!] gerade erzeugten Energie ständig Kosten für Brennstoffe"[792] verursache. Gerade auch für die kleineren Betriebe, die vielerorts mit Muskelkräften oder bestenfalls mit ortsansässigen Wind- oder Wasserkräften auskommen mussten, stellte der Anschluss eines finanziell erschwinglichen und stets betriebsbereiten Elektromotors an das öffentliche Stromnetz eine sinnvolle Alternative dar, um „eine Steigerung ihres Arbeitsvermögens und damit auch eine Steigerung ihrer Konkurrenzfähigkeit den Großbetrieben gegenüber"[793] zu bewirken.

Auch im Absatzgebiet der BELG machte sich diese Entwicklung bemerkbar. Beispielhaft belegen lässt sich dies anhand der im damaligen Oberfranken weit verbreiteten Heimwebereien, die insbesondere zur Zeit der Inflation in eine ökonomisch-soziale „Gefährdung" gerieten. Hier erkannte die Geschäftsleitung des Überlandwerks das vorhandene Absatzpotential und half in Form speziell angeregter Förderprogramme bei der Finanzierung elektrischer Webstühle und ermöglichte der Abnehmergruppe auf diese Weise Anschluss an die industrielle Fertigung zu halten. Die Photographie 5.21 zeigt die Arbeit eines Heimwebers in den Zwanziger Jahren.

---

[790] Der Strombedarf reichte trotz des Anstiegs nicht aus, um die staatlicherseits geschaffenen Überkapazitäten der Großkraftwerke an Isar und Donau entsprechend auszulasten, so dass das Bayernwerk schon 1924 begann „seine Fühler nach den Nachbarländern aus[zustrecken]". v. Keller (1969), S. 19.

[791] Vgl. Salm (1939), S. 15.

[792] Grünwald (1939), S. 120.

[793] Ebd. Vgl. hierzu auch die zeitgenössischen Ausführungen von Veit (1935), S. 75. Seit Aufkommen des Elektromotors „hat die Tendenz zur Konzentration der industriellen Erzeugung in immer größeren Betrieben [...] nachgelassen. Die Zahl der Mittel- und Kleinbetriebe ist sogar [...] im Steigen begriffen [...]".

**Abb. 5.21: Heimweber in Oberfranken in den Zwanziger Jahren**

Quelle: Denkschrift 75 Jahre Energie für Oberfranken (1989), S. 13.

Ebenso sei die Textilindustrie, stellvertretend für andere Branchen, erwähnt, die in vielen Fällen zugunsten des öffentlichen Stromnetzes auf ihre zur autarken Stromerzeugung umfunktionierten Dampfmaschinen und Dieselmotoren verzichtete.[794] Das Diagramm 5.22 verdeutlicht diese Bereitschaft zum Umstieg auf elektrische Motoren anhand der kumulierten Anschlusswerte im Stromnetz der BELG. Als Anreiz trug zudem ganz wesentlich der äußerst günstig gehaltene Sondertarif für Großabnehmer bei, der viele Industrieunternehmen zu einem Umdenken in ihrer Energiebeschaffung bewog. Die verhandelten Stromabnahme- bzw. Stromlieferungsgarantien ermöglichten beiden Vertragspartnern, den ansässigen Unternehmen wie auch dem Überlandversorger, eine Konstante in ihrer Planungssicherheit zu schaffen. Im Jahr 1925 kostete eine kWh für diese sogenannten Sonderabnehmer im Durchschnitt lediglich 8,1 Pfg., wohingegen Tarifabnehmerpreise mit 54,2 Pfg. für Beleuchtung und 34,7 Pfg. für Kleinkraft deutlich höher veranschlagt waren.[795]

---

[794] Vgl. BWA, F 025-1052, S. 11. Überlegungen zum 75-jährigen Bestehen der BELG.
[795] Für einen ganzheitlichen Überblick hinsichtlich der Preisentwicklung sei auf Abbildung 5.17 „Die Entwicklung der Durchschnittsstrompreise verschiedener Abnehmergruppen (1924 – 1954)" verwiesen.

Abb. 5.22: Kumulierte Anschlusswerte im Versorgungsgebiet der BELG (1914-1941)[796]

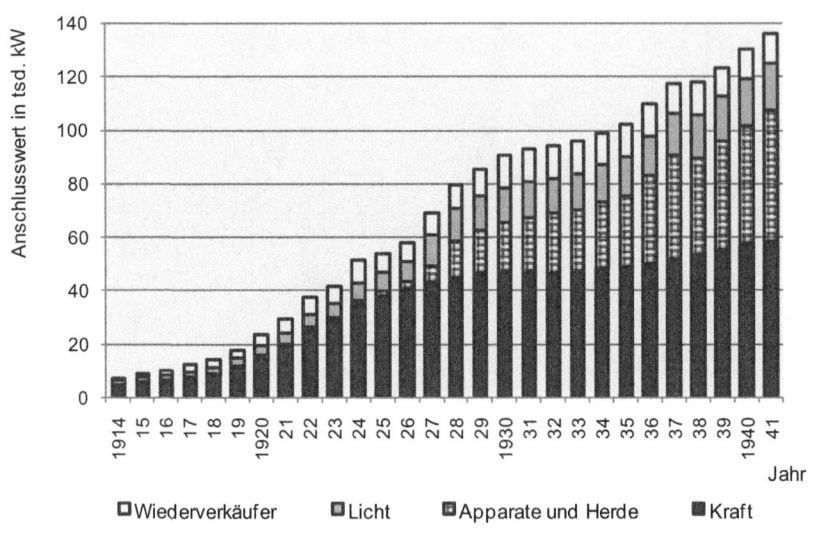

Quelle: Eigene Darstellung; Daten n. BWA, F 025-1 bis 10, Geschäftsberichte 1914-1923; BWA, F 025-320 bis 337, Vorstandsberichte 1924-1941.

Der mit Beginn der neuen Währungsperiode einsetzende Wachstumsschub erreichte die in Oberfranken ansässige Industrie in vollem Ausmaß im Jahr 1925. Die Verzögerung zur gesamtdeutschen Entwicklung ist hierbei auf die Trägheit des Absatzmarktes für Konsumgüter, dem ein großer Anteil der hiesigen Industrie zuzurechnen war, zurückzuführen. Der eng mit der konjunkturellen Entwicklung der ansässigen Betriebe verflochtene Stromabsatz der BELG erfuhr hierdurch mit 30 Prozent eine sprunghafte Steigerung.[797]

Die Konjunktur unterlag jedoch weiterhin seismographischer Empfindlichkeit, da die stabilisierenden Elemente aufgrund der geringen Kapitalausstattung der Unternehmen schwach blieben. Die notwendigen finanziellen Mittel für die Investitionen wurden nach wie vor zu einem großen Teil von ausländischen Geldgebern und nicht aus eigenen Unternehmensgewinnen bereitgestellt.[798] Bereits in der sogenannten „Reinigungskrise von 1925/26"[799] kam es zu einer ersten, das ganze

---

[796] In den Vorstandsberichten ab 1941 sind Anschlusswerte der einzelnen Verbrauchsgruppen nicht mehr separiert aufgeführt.
[797] BWA, F 025-321, S. 4. Vorstandsbericht 1925.
[798] Vgl. Kluge (2006), S. 118. Eine umfassende Aufarbeitung der Konjunkturpolitik in der Wirtschaftskrise von 1925/26 liefern Hertz-Eichenrode (1982) sowie Blaich (1977).
[799] Diese „Reinigung" mag sogar eine Notwendigkeit dargestellt haben, um die deutsche Wirtschaft wieder auf eine solide Grundlage zurückzuführen. Bezeichnend ist hier eine

## 5. STROMABSATZENTWICKLUNG UND EXPANSIONSPOLITIK

Reich umfassenden, rezessiven Zäsur des Aufschwungs. Die allgemeine Kapital- und Kreditnot und nicht zuletzt die im Vergleich zur Vorkriegszeit hohen fiskalischen Belastungen und wachsenden sozialen Verpflichtungen senkten in erheblichem Maße den finanziellen Spielraum der Betriebe. Diesem Tatbestand musste nun in Form zahlreicher Unternehmensaufgaben im gesamten Deutschen Reich, wie auch im Absatzgebiet der BELG, Rechnung getragen werden.[800]

Die Begrifflichkeit der „Reinigung" findet dabei durchaus gewisse Rechtfertigung, da der Konjunkturabschwung nicht in einer langfristigen Agonie mündete. Vielmehr sorgte die Krise, einem „ökonomischen Darwinismus" gleich, für eine Auslese der „ungesunden" und mit einer unzulänglichen Kostenstruktur aufgestellten Unternehmen. Im Umkehrschluss erlaubte sie es den übrig gebliebenen Betrieben die wegen der übermäßigen Verschuldung eingetretene Kreditunfähigkeit des Kapitalmarktes zu umgehen und sich des billiger werdenden Leihkapitals zu bedienen.[801] Dies schuf die Möglichkeit – insbesondere auch im Hinblick auf die Stromnutzung – die Investitionen hinsichtlich der Rationalisierung der Produktionsstätten zu intensivieren. Noch Ausgangs des Jahres 1925 wurde seitens des Reichsverbandes der Deutschen Industrie in Anbetracht der Reformbedürftigkeit der deutschen Wirtschaft angemahnt, dass „die Arbeiten in der Richtung der technischen [...] Verbesserung des Produktionsprozesses [...] noch nicht in dem wünschenswerten Umfange durchgeführt werden", da die „Rationalisierung in erster Linie eine Geldfrage"[802] sei. Die nun jedoch erleichterte Aufnahme der Refinanzierung ließ einen führenden Vertreter des deutschen Außenhandels bereits ein Jahr später vermuten: Deutschland sei unter allen europäischen Staaten vielleicht „am weitesten hinsichtlich der Restauration seiner betriebsmäßigen Leistungsfähigkeit"[803] vorangeschritten.

Dieser Umstand mag sicherlich als Begründung dafür herangezogen werden, warum es der BELG auch in der Krise gelang „eine ganze Reihe von Betrieben zum

---

Aussage des Reichsbankpräsidenten Hjalmar Schacht vor dem Hintergrund der in seinen Augen noch zu geringen Konkursrate: „Any country which does not have a normal number of commercial failures, is not in a healthy financial condition. It is the business of the Reichsbank, to shake the other bad apples out of the tree". Schacht (1925), zit. n. Hertz-Eichenrode (1982), S. 26. Auch die Gewerkschaften diagnostizierten, dass „die deutsche Wirtschaft [...] eine Periode innerer Bereinigung durchmachen" müsse. Ebd.

[800] Vgl. BWA, F 025-321, S. 1. Vorstandsbericht 1925. Siehe auch Kluge (2006), S. 117-123.

[801] Hertz-Eichenrode (1982), S. 31. Betrugen die Zinssätze kurzfristiger Gelder noch zwischen 8 und 10 Prozent, so sanken sie während der Krise auf die Hälfte (4,6 Prozent im April 1926). Ebd., S. 27.

[802] Zit. n. Hertz-Eichenrode (1982), S. 28.

[803] Zit. n. ebd.

Anschluss an [das] Netz"[804] zu bewegen, was auch der kontinuierliche Zuwachs der im Versorgungsgebiet angeschlossenen Elektromotoren zum Ausdruck bringt. Allerdings war diese „außerordentliche Flüssigkeit des Geldmarktes"[805] nur von begrenzter Dauer. Bereits 1927 stiegen die Zinsen für alle Formen der Kreditaufnahme wieder rapide an und verblieben bis Ende der Zwanziger Jahre auf einem Wachstum hemmenden Niveau.

Als ein weiteres Menetekel mutete die wachsende Diskrepanz zwischen expandierendem Produktionsvolumen und schwindender Nachfrage an, zumal diese Entwicklung mit der ausgleichenden Konsequenz unzureichender Marktpreise einherging. Eine Problematik, die sich in den folgenden Jahren inkrementell verschärfen sollte und industrielle wie landwirtschaftliche Betriebe gleichermaßen betraf.[806] Insbesondere die Absatzzahlen der in Oberfranken angesiedelten Veredelungsindustrien reagierten äußerst empfindlich, da sich die Bevölkerung in konjunkturellen Krisenzeiten intuitiv auf unentbehrliche Konsumgüter zu beschränken wusste beziehungsweise nicht mehr willens war, gerechtfertigte Preise zu bezahlen. Auch ein Ausgleich durch den nachgebenden Weltmarkt fand – nicht zuletzt auch aufgrund der unzureichenden außenwirtschaftlichen Integration – nur in beschränktem Ausmaß statt. In der Folge verzeichnete die BELG mit einem Rückgang der jährlichen Stromabgabe um 4,4 Prozent, auf rund 30 Mio. kWh, erstmalig seit ihrer Gründung eine negative Entwicklung ihrer abgesetzten Jahresmenge.[807]

Nach dem Jahr der Krise konnte die oberfränkische Wirtschaft 1927 und zu Beginn des Jahres 1928 im Sog einer reichsweit zu beobachtenden konjunkturellen Erholung wieder nahezu unter Vollbeschäftigung produzieren.[808] Zusätzlich förderte die BELG den Aufschwung durch die Einführung absatzorientierter Tarife, „die den Industriebetrieben bei der Rationalisierung der Fertigung und der Modernisierung ihrer Maschinen"[809] entgegenkommen sollten. Ferner half ein mit Genehmigung des Ministeriums des Innern eingeführter Grundgebührentarif den vielfach unzureichenden Konsum der Kleinabnehmer zu heben. Der erwünschte Katalysatoreffekt sollte „bei steigender Ausnutzung [der] Anlagen eine wesentliche Vereinfachung und Verbilligung des Stromverbrauchs"[810] herbeiführen. Der

---

[804] BWA, F 025-322, S. 1. Vorstandsbericht 1926.
[805] Hertz-Eichenrode (1982), S. 27.
[806] Vgl. BWA, F 025-323, S. 1. Vorstandsbericht 1927. Siehe auch Hertz-Eichenrode (1982), S. 32-36.
[807] BWA, F 025-322, S. 4. Vorstandsbericht 1926.
[808] Vgl. BWA, F 025-322, S. 12 und -323, S. 1. Vorstandsberichte 1926 und 1927.
[809] Denkschrift 75 Jahre Energieversorgung Oberfranken (1989), S. 15.
[810] Ebd.

Vorstandsbericht desselben Jahres riet demgemäß auch eindringlich dazu, die durch den Tarif merklich „zunehmende Verwendung der Elektrizität im Haushalt" durch „eine rege Werbetätigkeit" zukünftig weiter zu forcieren.[811] Diese Vorgabe wurde sicherlich geprägt durch die seit Mitte der Zwanziger Jahre statistisch nachgewiesene Erkenntnis der relativen Krisenfestigkeit des Haushaltsstromverbrauchs gegenüber konjunkturellen Schwankungen.[812]

Bemerkenswert ist in diesem Zusammenhang die intensive Interaktion des Überlandwerks mit seinem potentiellen Kundenkreis. Auf verschiedensten Kanälen versuchte man unter Zuhilfenahme zum Teil modernster Werbemethoden die Aufbruchsstimmung und hektische Lebenslust der Weimarer Jahre zu nutzen. Speziell ausgerichtete Kundenzeitschriften, verteilte Handzettel mit Beispielrechnungen zu den finanziellen Vorzügen des Stromeinsatzes, Kurse für elektrisches Kochen oder für einen gewissen Zeitraum zur Verfügung gestellte Probegeräte stellen nur ein kleines Spektrum der angestrengten verkaufsfördernden Maßnahmen dar.[813]

Dass die Bemühungen des Überlandwerks die Bevölkerung – vor allen Dingen die Hausfrauen – für die fortschrittlichen und arbeitserleichternden Möglichkeiten der Elektrotechnik zu begeistern, in dieser Zeit durchaus auf fruchtbaren Boden fielen, verbildlicht der in Darstellung 5.23 ersichtliche Anstieg der Stückzahlen installierter Apparate und Öfen. Demnach stieg die Anzahl im Versorgungsgebiet zwischen 1926 und 1929 um 450 Prozent auf 46.000 an. Im Jahr 1928 übertraf der Anschlusswert der Apparate mit rund 14.000 kW erstmalig den Lichtanschlusswert des Überlandwerks. Eine Tendenz, die fortan bestehen blieb und die Bedeutung von Apparaten unterschiedlichster Funktionen als Werkzeug der Stromverbrauchssteigerung im privaten Haushalt unterstrich. In diesem Zusammenhang ist fernerhin ein besonderes Augenmerk auf das verstärkte Aufkommen der Elektrowärme zu legen.

---

[811] Vgl. BWA, F 025-14. Geschäftsbericht 1927. Der Zeitpunkt der Einführung der Haushaltsstromtarife erwies sich allerdings aufgrund der steigenden Arbeitslosigkeit als ungünstig, so dass die erwünschten Absatzzahlen trotz der neuen Tarifstruktur und intensiver Werbetätigkeit zunächst hinter den Erwartungen zurück blieben. Zudem wurde seitens der Unternehmensführung moniert, dass „die Ausnützung der landwirtschaftlichen Anlagen nach wie vor zu wünschen übrig" läßt. Ebd.

[812] Vgl. Herzig (1992), S. 137.

[813] Vgl. die Ausführungen in Kapitel 5.4.2 „Bewerbung und Installation elektrischer Geräte – das Dilemma der permanenten Bedarfsweckung".

**Abb. 5.23:** Stückzahl installierter Lampen, Motoren sowie Apparate und Herde im Versorgungsgebiet der BELG (1914-1941)[814]

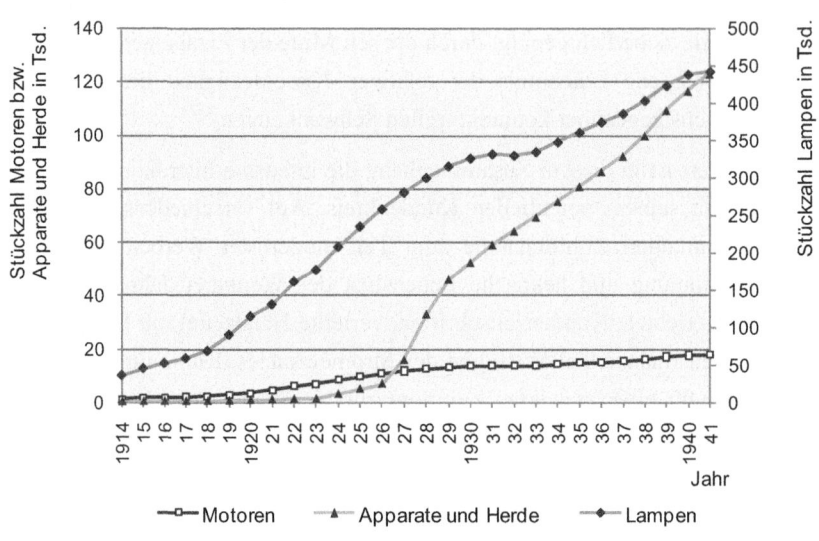

Quelle: Eigene Darstellung; Daten n. Denkschrift 10 Jahre BELG (1923), S. 18; BWA, F 025-320 bis 337, Vorstandsberichte 1924-1941.

Der BELG gelang es zudem die arbeitsteilige Trennung von Herstellung und Verkauf der Elektrogeräte auf der einen und die Bereitstellung der notwendigen Energie auf der anderen Seite zu verwischen. Zu diesem Zweck betrieb man eine Vielzahl an Verkaufsstellen mit z. T. eigenem Gerätesortiment und geschultem Fachpersonal.[815] „Jedes Versorgungsunternehmen solle sich in Zukunft der elektrizitätswirtschaftlichen Entwicklung und Durchdringung seines Gebiets widmen."[816] Die vertikale Integration stellte daher als Strukturmerkmal einen ständigen Begleiter in der Entwicklung der Elektrizitätswirtschaft und der Emanzipation ihrer Abnehmer dar.[817] Die von der BELG verfolgte Strategie allerdings diente

---

[814] In den Vorstandsberichten ab 1941 sind die Stückzahlen der angeschlossenen Geräte nicht mehr ermittelbar. Es wird nur mehr nach dem Strombedarf der einzelnen Tarifgruppen unterschieden.

[815] Exemplarisch sei eine kurze Auflistung über die Verkaufszahlen des Geschäftsjahres 1926 aufgeführt: Bügeleisen (3166 Stück), Kocher (244), Öfen (272), Haartrockner (196), Staubsauger (90), Ventilatoren (114), Heizkissen (216), Brotröster (1)1, Kaffeemaschinen (37), Kochplatten (11), Massageapparate (15), Futterdämpfer(1), diverse andere Apparate (682). BWA, F 025-322, S. 11. Vorstandsbericht 1926.

[816] Heyden Wilhelm, zit. n. Bleicher (2006), S. 117.

[817] Die Terminologie der vertikalen Integration beschreibt üblicherweise einen Zustand der Wertschöpfungskette, in welcher die vor- und nachgelagerten Produktionsstufen nicht marktorientiert koordiniert werden, sondern sich in einer Hand befinden. Verbundunternehmen sind qua Definition bereits „vertikal integrierte Unternehmen, da sie sowohl Stromproduktion als auch –übertragung in einem Unternehmen zusammenfassen".

nur nachrangig der Erschließung neuer Gewinnpotentiale; was die lediglich marginal erzielten Erträge unterstreichen (s. Abbildung 5.37 auf S. 234). Vielmehr diente die preislich kundenfreundlich dargebotene Diversität an elektrischen Gerätschaften der Realisierung absatzfördernder Effekte im Primärgeschäft – dem Stromverkauf. Als Zielsetzung galt es, „die über lange Jahre gefestigten Vorstellungen der Verbraucher" aufzuweichen, „die die Verwendung elektrischen Stromes noch weitgehend mit reinen Beleuchtungszwecken identifizierten"[818]. Die Abbildung 5.24 veranschaulicht die Diversität der wichtigsten, in den Zwanziger Jahren durch die BELG verkauften elektrischen Apparate.

**Abb. 5.24: Collage einiger um 1925 in den Verkaufsstellen der BELG angebotenen elektrischen Haushaltsgeräte**

Quelle: Eigene Darstellung, Einzelphotos aus BWA, F 025-537, Kundenzeitschriften.

Die wirtschaftlich relativ stabilen mittleren Jahre der Republik müssen hinsichtlich der Absatzzahlen der Energieversorger als äußerst erfolgreich interpretiert werden. Die BELG lässt sich hier nahtlos in der Erfolgsgeschichte der öffentlichen Stromversorgung in Bayern einreihen. Sieht man von dem Krisenjahr 1925/26 ab, konnte das oberfränkische Überlandwerk die bayernweite Zuwachsrate in der öffentlichen Stromversorgung mit durchschnittlich 21,7 Prozent sogar deutlich übertreffen. In diesem Zeitraum ist der Anstieg des Stromverbrauchs von 67 auf 175 kWh je Einwohner des Versorgungsgebiets neben der wachsenden Begeisterung des privaten Haushalts für elektrische Gerätschaften großenteils auch auf die rege Akquision von in-dustriellen Großabnehmern zurückzuführen – eine Zahl, die noch aussagekräftiger wird, berücksichtigt man die zwischen 1924 und 1929 von rund 23.000 auf 38.000 gestiegene Abnehmeranzahl. Anzumerken ist die Tatsache, dass die Stromlieferung an Großindustrie und weiterver-

---

Bleicher (2006), S. 117.
[818] Herzig (1992), S. 138.

teilende Elektrizitätswerke annähernd 90 Prozent der gesamten Stromabgabe ausmachte (s. Abbildung 5.25) – ein Wert, der die ungeheure Bedeutung der Kraftstromlieferung für die ansässigen Industriebetriebe und damit die Wichtig- und Notwendigkeit einer wirtschaftlich stabilen Entwicklung erkennen ließ.[819]

**Abb. 5.25: Stromverbrauch je Einwohner im Versorgungsgebiet der BELG (öffentliche Versorgung; 1914-1954)**[820]

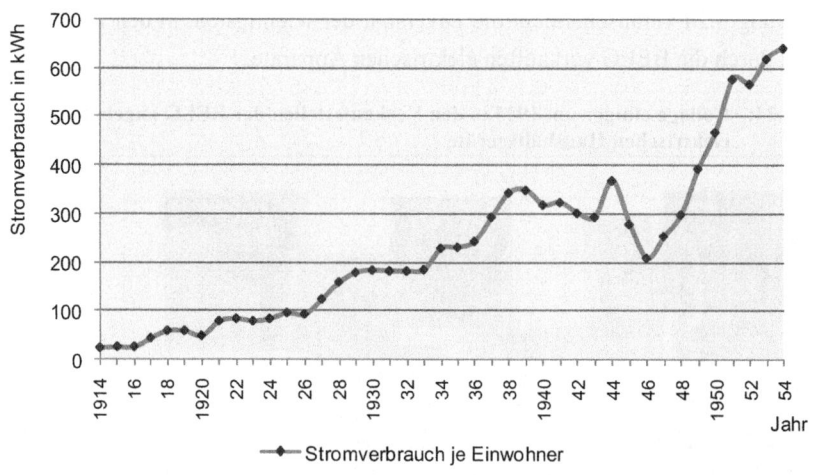

Quelle: Eigene Darstellung; Daten n. BWA, F 025-320 bis 350. Vorstandsberichte 1924-54.

Die BELG überschritt im Jahre 1929 erstmalig in ihrer Geschichte die Grenze von 50 Millionen verkauften Kilowattstunden. Waren in den Anfangsjahren des Werkes lediglich 20 Prozent (ca. 40.000) der Einwohner des Versorgungsgebietes angeschlossen, so hatte sich dieser Wert Ende der Zwanziger Jahre mehr als vervierfacht (ca. 186.000).[821] Allein der Stromverbrauch für die Straßenbeleuchtung, der zum Ende der Inflation noch 17.000 kWh zählte, stieg bis in dieses Jahr auf das Zehnfache an. Zahlen, die jedoch nicht darüber hinwegtäuschen, dass die Zuwachsrate im Stromverbrauch – wie in voranstehender Abbildung erkennbar – ab dem Jahr 1927 trotz größter Bemühungen seitens des Überlandversorgers wieder kontinuierlich im Abnehmen begriffen war. Die Begründung hierfür ist weniger in einer Übersättigung des Strommarktes zu finden, sondern war viel-

---

[819] Vgl. BWA, F 025-537. Kundenzeitschrift März 1929.
[820] Es ist darauf hinzuweisen, dass sich die Graphik aufgrund der vorhandenen Datenlage nicht auf die Tarifabnehmer beschränkt, sondern abgesehen von den Wiederverkäufern den gesamten nutzbaren Stromabsatz (inkl. Großabnehmern) auf die unmittelbar versorgte Einwohnerzahl umschlägt, was in manchen Jahren (bspw. 1944) zu einer Verzerrung der Trendrichtung führt.
[821] BWA, F 025-537. Kundenzeitschrift März 1929.

mehr Ausdruck der allgemeinen strukturellen Probleme, die das wirtschaftliche Fundament der Republik nachhaltig zu erschüttern begannen, was reichsweit nicht zuletzt an den stark rückläufigen Zahlen der getätigten Lagerinvestitionen und dem abzuleitenden Auftragsmangel erkennbar wurde.[822]

Die Modernisierung von Wirtschaft und Gesellschaft in der Hochzeit der Weimarer Republik und der daraus erwachsende soziale Wohlstand waren ein unmittelbares Spiegelbild der relativen industriewirtschaftlichen Stabilisierung. Dennoch darf, anders als es lange Zeit der gängigen Auffassung entsprach, selbst diese Mittelphase der Republik nicht als Periode solider wirtschaftlicher Prosperität verstanden werden.[823] Vielmehr ist in der neuen Forschung gar die Rede von einer „Instabilitätsrepublik"[824] und, überspannt formuliert, von einer „Geschichte des Versagens"[825]. Bereits zeitgenössische Ökonomen konstatierten die „strukturelle Verlangsamung"[826] bzw. „relative Stagnation"[827] des industriellen Wachstums ab dem Jahre 1927 und interpretierten diese Erscheinung gar „als stationären Endzustand einer generellen Strukturkrise"[828], die die „alten" Industrienationen erfasst hätte. „Jene Entwicklungen", so betont der Experte für die Weimarer Epoche Eberhard Kolb, „die sich nach Ausbruch der Staats- und Wirtschaftskrise als nicht mehr beherrschbar erwiesen, lassen sich demnach in ihren Anfängen und in ihrer Entfaltung schon in die Jahre der relativen Stabilisierung zurückverfolgen."[829]

Es ist nicht die Intention dieses Hinweises, die politische, gesellschaftliche und wirtschaftliche Entwicklung der fünf Jahre von 1924 bis 1929/30 zu einer Einbahnstraße zu stilisieren, die zwangsläufig in dem Scheitern der demokratischen wie wirtschaftlichen Ordnung determinieren musste. Allerdings ist festzuhalten, dass es nur begrenzt gelang „das sozialökonomische System so zu konsolidieren, daß die Republik einer ernsthaften Krise gewachsen war"[830]. Die strukturellen Schwächen waren in Form der Labilität der Wirtschaft schon geraume Zeit vor

---

[822] Die in hohem Maße konjunkturabhängige Größe der Lager- bzw. Vorratsinvestitionen nahm allein im Jahr 1928 im Vergleich zum Vorjahr um 45 Prozent (1,4 Mrd. RM) ab. 1929 sogar um weitere 50 Prozent – ein deutliches Indiz, dass der Zenit der konjunkturellen Belebung mit dem Jahr 1927 überschritten war. Gömmel (2010), S. 96.
[823] Vgl. u. a. Wehler (2003), S. 252. Wirsching (2000), S. 69; Petzina (1977), S. 11-15 und 92-96.
[824] Morsey zit. n. Kolb (2002), S. 74.
[825] Stürmer (1980), S. 250, zit. n. Kolb (2002), S. 74.
[826] Wagenführ, Rolf zit. n. Wirsching (2000), S. 69.
[827] James (1988), S. 117-164.
[828] Wirsching (2000), S. 69.
[829] Kolb (2002), S. 163.
[830] Ebd., S. 75.

dem gemeinhin mit dem New Yorker Börsenkrach Ende Oktober 1929 in Verbindung gebrachten Ausbruch der Weltwirtschaftskrise deutlich erkennbar. Als Indiz hierfür sei angeführt, dass die Zahl der Erwerbslosen im Deutschen Reich seit Umstellung der Währung durchgängig so hoch war wie nie zuvor. Selbst das konjunkturell beste Jahr (1927) vermochte die Arbeitslosenquote nicht auf ein Niveau zu drücken, das vor dem Krieg nicht einmal die schlechtesten Jahre charakterisiert hatte.[831] Das „wirtschaftliche Wachstum in Deutschland war bis 1929 relativ schwach"[832], d. h. es blieb deutlich hinter den, aufgrund der drastischen Wachstumsverluste der Kriegs- und Nachkriegszeit, theoretisch zu vermutenden Zahlen zurück. Erst zehn Jahre nach Kriegsende überstieg das Sozialprodukt je Kopf das Niveau von 1913, und selbst das nur geringfügig.[833] Auch die Arbeitsproduktivität der Zwanziger Jahren konnte zu keiner Zeit signifikant über das Vorkriegsniveau ansteigen.[834] Interessant ist hier die Tatsache, dass auch die im Rahmen der Rationalisierung und Standardisierung zunehmend vollzogene Umstellung auf Elektromotoren als Antriebskraft in der industriellen Fertigung diesen Umstand nicht zu ändern vermochte.

Die angeführte Stagnationsthese lässt sich auch anhand der Stromnachfrage stützen, die durchaus einen Indikator für die gesamtwirtschaftliche Entwicklung darstellt. Demnach begannen die Wachstumsraten des Strombedarfs im Versorgungsgebiet der BELG – wie bereits angeführt – seit dem Jahr 1927 trotz großer werbetechnischer Aufwendungen wieder kontinuierlich zu schrumpfen. Zwar veranlassten „die Schwierigkeiten der Geldbeschaffung […] immer mehr Betriebe von der Aufstellung neuer Dampfmaschinen und Dieselmotorenanlagen abzusehen und dafür den Anschluss an das Ueberlandwerk zu suchen"[835], jedoch verpuffte dieser Effekt vor der Tatsache, dass immer mehr Betriebe, wegen der schlechten Auftragslage, gezwungen waren, auf einen Ausgleich durch Kurzarbeit überzugehen.[836] Auch durch den regen Anstieg des Strombedarfs in den privaten Haushalten konnte die Konkavität der Stromabsatzkurve nur abgeschwächt,

---

[831] Vgl. die Statistik zur Arbeitslosenquote im Deutschen Reich bei Borchardt (1982), S. 179. Hier ist jedoch anzumerken, dass die konstant hohe Zahl an Erwerbslosen auch in einen unmittelbaren Zusammenhang mit den geburtenstarken Jahrgängen vor dem Ersten Weltkrieg, dem verkleinerten Heer und nicht zuletzt den in das Berufsleben drängenden Frauen gebracht werden muss. Vgl. Blaich (1977), S. 15; Hertz-Eichenrode (1982), S. 32-36.

[832] Kolb (2002), S. 209

[833] Vgl. Borchardt (1982).

[834] Unter Arbeitsproduktivität wird hier die „durchschnittlich je Erwerbstätigen im Jahr erzeugte Gütermenge verstanden". Ebd., S. 176.

[835] BWA, F 025-324, S. 1. Vorstandsbericht 1928.

[836] Vgl. ebd., S. 6.

nicht aber aufgefangen werden. Dieser Verlauf stellte die Konsequenz einer reichsweit zu beobachtenden Tendenz dar.

Die Gründe hierfür waren mannigfaltiger Natur.[837] Der Staat lebte – um nur die wichtigsten zu nennen – nach der Währungsumstellung weit über seine wirtschaftlichen Verhältnisse. Die Konjunktur wurde weniger durch die Binnennachfrage, sondern vielmehr durch eine rege inländische Investitionstätigkeit getragen.[838] Hier ist im Besonderen die Bautätigkeit der Kommunen hervorzuheben, was sich zu dieser Zeit auch in dem zügigen Ausbau der Stromversorgung bemerkbar machte. Hinzu kam die Desintegration des weltweiten Handels, was insbesondere die exportorientierten Wirtschaftsnationen in der Rekonstruktion ihrer Weltmarktstellung hemmte, so dass der Außenhandel nur wenig Antriebskraft für die konjunkturelle Entwicklung beizusteuern vermochte.[839]

Diese einseitige Ausrichtung zog mit Ausnahme des Jahres 1926 stets ein Handelsbilanzdefizit und die daraus resultierende Notwendigkeit des Kapitalimports nach sich. Analog wuchs die Abhängigkeit von ausländischen, zumeist US-amerikanischen Krediten und entsprechend die Anfälligkeit für exogene Krisen.[840] Verschärft wurde diese Problematik durch den kurzfristigen Charakter eben dieser Auslandskredite, die nicht selten ihren Verwendungszweck in der Finanzierung langfristiger Projekte fanden. Eine gefährliche Kombination, wurde Deutschland doch auf diese Weise in eine kaum zu beeinflussende Beifahrerposition weltwirtschaftlicher Zusammenhänge gedrängt. Ein weiterer Grund, warum die deutsche Wirtschaft in den ausgehenden Zwanziger Jahren „alles andere als ‚gesund' gewesen"[841] war, sei zudem in der Diskrepanz von Lohn- und Produktivitätsentwicklung angesprochen.[842]

---

[837] An dieser Stelle kann es nicht darauf ankommen, eine vollständige Diagnose der bereits vor dem Ausbruch der Wirtschaftskrise 1929 „krankenden" wirtschaftlichen Entwicklung zu geben, die selbstverständlich noch weit mehr Sachverhalte und Interpretationsansätze einzubeziehen hätte. Gemäß der einschlägigen Literatur beschränkt sich die Arbeit daher im Folgenden auf die Anführung der wichtigsten Argumente.

[838] Die Höhe der reichsweiten Nettoinvestitionen (1924-1929: 40 Mrd. RM) wurde dabei zu zwei Dritteln von den getätigten Anlage-Investitionen getragen. Gömmel (2010), S. 87.

[839] Vgl. Wirsching (2000), S. 69; siehe auch Abelshauser (1974), S. 57-76.

[840] Allein im Zeitraum von 1925 bis 1929 wurden 13,6 Mrd. Mark an amerikanischen Anleihen aufgenommen. Nie zuvor hatte die deutsche Volkswirtschaft, gefördert durch hohe Rediskontsätze, so viel Kapital importiert, wie in dieser Periode. Vgl. Wehler (1989), S. 253 f.

[841] Borchardt (1982), S. 200.

[842] Die Position der organisierten Arbeiterschaft war seit 1919 im Verteilungskampf anhaltend erstarkt, so dass diese die Durchsetzung äußerst arbeitnehmerfreundlicher Lohnsteigerungen forcierten, die in keinem Verhältnis mehr zu der eher stagnierenden Produktivitätsentwicklung der deutschen Wirtschaft standen. Die Lohnstückkosten der

Die deutsche Wirtschaft hing am Tropf ausländischer Kapitalimporte, die so manchen Verteilungskonflikt in Deutschland kaschierten. Am pointiertesten formuliert es wohl der Münchner Wirtschaftshistoriker Knut Borchardt, der die „Scheinblüte" der Zwanziger Jahre gar als Ausgeburt einer „unnormale[n], ja ‚kranke[n]' Wirtschaft"[843] interpretiert, die sich in derartiger Form kaum hätte länger fortsetzen lassen. „Ein Wirtschaftswunder", so Borchardt weiter, habe „es in den zwanziger Jahren nicht gegeben"[844].

Obgleich das Vertrauen in die Normalisierung nach den kriegs- und inflationsbedingten Ausnahmezuständen keineswegs groß war, kam vielen erst jetzt in das Bewusstsein, wie dünn doch der Boden war, auf dem sich das deutsche Volk mit Einführung der neuen Währung bewegte. Die 1929 einsetzende Weltwirtschaftskrise förderte das fundamentale Ungleichgewicht in der deutschen Wirtschaft schonungslos zu Tage, mit erheblicher Implikation auf die nachgefragte Menge an Strom und die Auslastung der geschaffenen Erzeugungsstätten.

Mit den folgenden beiden Unterkapiteln sei eine kurze Zäsur der chronologischen Untersuchung des Stromabsatzes der BELG vorgenommen, um die Elektrifizierung der landwirtschaftlichen Betriebe sowie das Bewerben und den Verkauf der elektrischen Geräte thematisch auszuklammern.

### 5.4.1 Die Elektrifizierung der Landwirtschaft

Eine effiziente und nach betriebswirtschaftlichen Gesichtspunkten rentable Elektrifizierung der Landwirtschaft stellte sowohl für die Energieversorgungsunternehmen als auch für ihre ländlichen Abnehmer einen besonderen Kraftakt dar, der für letztgenannte nicht selten zur Glaubensfrage mutierte. Zwar konnte die nach der Jahrhundertwende auch in den ländlichen Regionen von statten gehende zügige Verbreitung der elektrischen Beleuchtung einem großen Teil der Bevölkerung – auch den zumeist von Natur aus konservativ eingestellten Landbewohnern[845] – seinen Schrecken nehmen. Aber dennoch bedurfte es vor dem Hintergrund der dünnen Besiedlung des flachen Landes einer nach Kosten-Nutzen-Erwägungen in

---

deutschen Industrie wuchsen 1929 im Vergleich zum Vorkriegsjahr um 65 Prozent. Aufgrund dieser Entwicklung bestand auch im internationalen Wettbewerb kein Vorteil mehr. Borchardt (1982), S. 198.

[843] Ebd., S. 179.
[844] Ebd., S. 195.
[845] Passavant weist auf die Problematik hin, dass sich der Bauer gemeinhin erst überzeugen lässt, „wenn mehrere seiner Nachbarn schon gute Erfolge mit dem einen oder anderen Gerät gehabt haben". In: Die deutsche Elektrizitätswirtschaft (1930), S. 314.

hohem Maße unverhältnismäßigen Aufklärungsarbeit, um den an die einfachen Lebensverhältnisse der Subsistenzwirtschaft gewohnten Bauern zu gewinnen.

Ein Beispiel mag belegen, mit welchen Unwägbarkeiten die frühen bayerischen Überlandwerke zu kämpfen hatten. So verweigerte mancher Landwirt eine unbürokratische „Aufstellung der Leitungsmasten und deren Bespannung, da er befürchtete, die Kühe könnten bei der Berührung der Masten durch einen Stromschlag getötet werden oder der durch die Leitungen rasende Strom beeinträchtige die Menge und Qualität der Milch, führe zu Krankheiten oder gar zur Zeugungsunfähigkeit. Hinzu kamen zahlreiche Probleme bei den notwendigen Enteignungsverfahren, die häufig eine durchgängige Streckenführung verzögerten."[846]

Es ist nochmals zu betonen, dass sich bis in die frühe Zeit der Weimarer Republik hinein der Schwerpunkt des Stromkonsums der zumeist weiträumig gestreuten Gutsbetriebe nach wie vor auf den Lichtstrom beschränkte. Obendrein ließ der Stromabsatz der elektrischen Beleuchtung zu wünschen übrig. Das Motto „mit der Sonne aufstehen und schlafen gehen" galt lange Zeit als eines der gewichtigsten Grundsätze traditioneller ländlicher Lebensart.[847] Georg v. Siemens konstatierte hierzu: „Nun ist aber der Lichtverbrauch die ungünstigste Belastung, die sich das Elektrizitätswerk wünschen kann. Er beschränkt sich im Winter auf wenige Abend- und Morgenstunden und verflüchtigt sich im Sommer auf dem Land praktisch zu Null. Außerdem fehlten in den Kleinstädten und Dörfern die großen Lichtverbraucher […] Wie man es damals drastisch ausdrückte: Um den Stallmägden im Winter morgens und abends für eine halbe Stunde den Melkeimer zu beleuchten, konnte man kein Elektrizitätswerk bauen."[848]

Freilich waren bereits diverse elektrische Verbrauchseinrichtungen vorhanden, allerdings stießen diese nicht annähernd auf die Akzeptanz, wie es sich die Energieversorger wünschen mochten. Aus den Vorstandsberichten der BELG geht hervor, dass der Ernteertrag in starker Korrelation zu dem Modernisierungswillen und der Stromabnahme der Bauern stand, so dass gerade in den Jahren schlechter Ernte die Bestrebung zur elektrotechnischen Aufrüstung gegen einen Nullpunkt tendierte.[849] Ein Umstand, der auch durch intensive Werbearbeit nur geringfügig aufgefangen werden konnte. Neben dem Strom für Licht schienen die Dresch- und Futterschneidemaschine sowie vereinzelt Jauche- oder Wasserpumpen lange Zeit alle Verwendungsmöglichkeiten der elektrischen Kraft zu erschöpfen. Der

---

[846] Pohl (1996), S.118 f.
[847] Vgl. Arnold (2003), S. 17.
[848] Siemens (1961), S. 276, zit. n. Ott, im Vorwort S. XX.
[849] Vgl. BWA, F 025-320 und 322, jew. S. 1. Vorstandsbericht 1924 und 1926.

Gleichzeitigkeitsfaktor war demzufolge hoch und die Jahresbenutzungsdauer entsprechend gering.[850]

Fortschrittskritik, ja offene Fortschrittsfeindschaft, der ausgesprochene Hang zum Hergebrachten und der Zwang zum Sparen machten sich vielerorts geltend. Wie es Schlemmer/Woller auszudrücken wussten, verschmolzen „antipreußische, antiliberale und antimoderne Ressentiments [...] mit agrarromantischen, ständestaatlichen, urbanisierungs- und industrialisierungsfeindlichen Vorstellungen zu einem regelrechten ‚bayerischen Syndrom'"[851]. Die Furcht vor dem Schritt in die ungewisse und schwer zu verstehende Zukunft der „industrialisierten Landwirtschaft" spricht stellvertretend aus dem Halbmonatsbericht der Regierung von Oberfranken vom 6. September 1923: „Die ungeheuren Gefahren jeder weiteren künstlichen Industrialisierung des Landes liegen auf der Hand. [...] Das industrielle Deutschland wird von den wirtschaftlichen Kämpfen wie ein fieberkranker Körper geschüttelt. Mögen die maßgebenden Kreise Bayerns den ursprünglichen Charakter des Landes als den eines Bauernstaates und die glückliche Struktur der Bevölkerung nicht einem unersättlichen landfremden Industrialismus zum Opfer bringen."[852]

Der Elektrizität verwendende Landbewohner blieb lange Zeit als „der schlechteste Konsument der Zentrale"[853] verschrien. Dies lässt sich auch im Besonderen für das Versorgungsgebiet der BELG nachvollziehen, da die Landwirtschaft hier nur einen kleinen Teil der abgesetzten Strommenge auf sich vereinte, obgleich sie jedoch durch die Leitungsführung und -wartung einen hohen Anteil der Betriebskosten verursachte.[854] „Die eigenartige Tatsache, daß der Landmann auf verhältnismäßig entschuldetem Boden [saß] und doch beinahe zahlungsunfähig war"[855] tat ihr übriges.

Die Motivation der Energieversorgungsunternehmen lag hinsichtlich der Elektrifizierung der landwirtschaftlichen Betriebe auf der Hand. Die Leitungen, die in

---

[850] Insbesondere der elektrisch betriebene Drusch führte, obgleich in den Anfängen der ländlichen Stromversorgung eine bedeutende Grundlage der Wirtschaftlichkeit der EVU, jedoch zu problematischen Belastungsspitzen. Die sogenannten Dreschspitzen, bei einsetzender Erntereife des Getreides, zogen erheblichen Schwierigkeiten in der Leistungsbereitstellung nach sich. Vgl. Reisser (1911), S. 27 f.; Prinzing (2000), S. 197.

[851] Schlemmer/Woller (2001), S. 12. Siehe auch Tenfelde (1992), S. 9-19.

[852] Halbmonatsbericht des Regierungspräsidiums von Oberbayern vom 6. September 1923 für die Zeit vom 16.-31. August. Zit. n. Schlemmer/Woller (2001), S. 12.

[853] Vietze (1911), S. 61.

[854] Vgl. BWA, F 025-324, S. 2. Vorstandsbericht 1928.

[855] Fischer/Beil (1967), S. 161. Infolge des Ersten Weltkrieges und den inflationären Begleiterscheinungen konnten sich die bäuerlichen Betriebe zwar entschulden, blieben allerdings aufgrund der spärlichen Preisgestaltung der erzeugten landwirtschaftlichen Produkte illiquide.

ihren Hauptsträngen bereits das Land zwischen den größeren Versorgungsgemeinden durchzogen, bestanden ohnehin. Vor dem Hintergrund, dass die an die Zubilligung der Monopolstellung gekoppelte und in den Staatsverträgen festgeschriebene allgemeine Versorgungspflicht in zumutbaren Fällen einen Anschluss zwingend vorschrieb, bestand auch gar keine andere Alternative. Als Grundbedingung für eine rentable Elektrifizierung der Landbevölkerung galt es allerdings diese von den Vorteilen einer stromintensiven Arbeits- und Lebensweise zu überzeugen und eine gewisse Abhängigkeit herbeizuführen.[856]

Weniger die eigenen Elektrifizierungskampagnen als vielmehr die im Ersten Weltkrieg und den Folgejahren verschärft in Erscheinung getretene Landflucht spielte den Energieversorgern diesbezüglich in die Karten und half die Popularität der neuen Energieform zu steigern.[857] So stellte Reisser bereits vor Kriegsbeginn fest, dass „die Arbeiterschaft die Lust an der einfachen ländlichen Arbeit mit ihrem Zwange verloren habe"[858]. Die Konzentrationsbewegung in die Städte hatte demzufolge auf die ländlichen Bezirke eine problematische Rückwirkung gezeigt, indem diesen viele einheimische Arbeitskräfte entzogen wurden.

Die Reihen der elektrotechnischen Industrie sahen diese Entvölkerung des Landes als Chance und propagierten sinngemäß, dass nur die Versorgung mit elektrischer Energie imstande sei, „den Landwirt einigermaßen von seinen Leuten unabhängig zu machen und so die vielbeklagte Leutenot zu lindern"[859]. Überdies mussten die Landfrauen neben dem Haushalt auf dem Hof oft schwere körperliche Arbeit leisten. Die Wasserversorgung und Milchwirtschaft bedurften motorischer Antriebe, Strom konnte also auch hier wertvolle Dienste leisten.[860] Ein weiteres Argument stellte laut Gustav Siegel (Direktor der AEG) die Kostenersparnis dar, da durch die Verwendung elektrischer Bodenbearbeitungsmaschinen „nicht nur weitere menschliche, sondern in erhöhtem Maße auch tierische Arbeitskräfte erspart werden"[861] konnten. Allein der nach dem Ersten Weltkrieg vorherrschende Kapitalmangel führte dazu, dass „Kredite für die Landwirtschaft nur schwer und [...] zu sehr ungünstigen Bedingungen zu erhalten waren"[862]. Dieser Umstand verzögerte in erheblichem Maße den Ausbau der ländlichen Elektrifizierung.

---

[856] Vgl. Zängl (1989), S.73.
[857] Vgl. Prinzing (2000), S. 196 f.
[858] Reisser (1911), S. 2.
[859] Gysin, zit. n. Prinzing (2000), S. 17.
[860] Vgl. Burkhardt (1967), S. 13.
[861] Siegel (1917), S. 177 f.
[862] Fischer/Beil (1967), S. 154.

Das Interesse der Überlandwerke an den „vielversprechenden neuen Abnehmern"[863] der landwirtschaftlichen Betriebe erwachte schließlich endgültig im Zuge der Hochzeit der Weimarer Republik und gipfelte vorläufig in der zweiten Weltkraftkonferenz von 1930 in Berlin. Als Ziel „der neuen Menschheitserziehung" wurde ausgegeben „den Menschen der Neuzeit zum weisen Herrn seiner neuen unbeseelten Diener zu machen, technische und geistige Ausbildung zu einer harmonischen Gesamtkultur zu verschmelzen!"[864] Im Zuge der Ausstellung wurden nun zahlreiche elektrische Gehilfen für den gemeinen Landwirt angepriesen. Elektrische Bodenbearbeitungsmaschinen, Molkereien, Hopfentrocknung, Beheizung von Treibbeeten, Zentralluftbeheizung, elektrische Traktoren, Silobetriebe und Frühbeetbeheizungen stellen nur eine kleine Auswahl der vorgestellten Innovationen dar.[865] Um 1930 waren in Deutschland allen Schwierigkeiten zum Trotz rund drei Viertel der landwirtschaftlichen Betriebe an die öffentlichen Stromnetze angeschlossen und stellten einen langsam aber stetig wachsenden Anteil in der Absatzstatistik der Überlandwerke dar.[866]

Wie das Gros der angedachten Neuerungen beweist, war die Kardinalfrage neben dem regen Verkauf der elektrischen Motoren vor allem in der Verbreitung der Elektrowärme zu suchen. Die Verbrauchsform wurde nicht zuletzt aufgrund des hohen Strombedarfs zum neuen Standbein der Elektrizitätswirtschaft hoch stilisiert. Als die wichtigsten frühen Anwendungsgebiete sind in diesem Kontext die Heißwasserbereitung sowie das Dämpfen des Viehfutters hervorzuheben. Beide Verbrauchsanwendungen halfen den Stromverbrauch hinsichtlich Spitzen- und Grundlast zu nivellieren, da sie vornehmlich mit Nachtstrom betrieben wurden.[867] Auch elektrische Silobeheizungen wurden aufgrund ihres gleichmäßigen ganztägigen Bedarfs von den Überlandwerken mit besonderem Nachdruck vertrieben. Die Darstellung 5.26 zeigt passend hierzu eine Werbung der BELG aus dem Jahr 1926 mit der Überschrift „der kluge Bauer – der Regen kann uns nicht genieren, wenn wir elektrisch einsilieren"[868].

---

[863] Osten (1923), S. 96.
[864] Weltkraftkonferenz (1930), S. 9, zit. n. Stier (1999), S. 441.
[865] Der Elektromarkt Nr. 29/1930, S. 15 ff., zit. n. Zängl (1989), S. 169.
[866] Fischer/Beil (1967), S. 161.
[867] Vgl. ebd., S. 157 sowie Denkschrift 25 Jahre BELG (1939), S. 18.
[868] BWA, F 025-537. Kundenzeitschriften April 1926.

**Abb. 5.26: Werbeanzeige der BELG für das elektrische Trocknen von Heu (1926)**

Quelle: BWA, F 025-537, Kundenzeitschriften April 1926.

In Ergänzung hierzu sollte die in den Privathaushalten der Stadtregionen bereits Einzug haltende elektrische Herdplatte als Türöffner in die Herzen der Bauernfamilien fungieren. Jedoch wurden sie – wenn überhaupt gekauft – mehr ehrfürchtig bestaunt als benutzt. Die zurückhaltende Mentalität der Bauernfamilien vermochten zunächst auch günstigste Einführungstarife für den Wärmestrom wenig zu ändern.[869] Auch die angedachten Werbe-Maßnahmen entfalteten auf dem Lande, trotz reger Bemühungen seitens der Versorger, nur mäßige Wirkung. Das erklärt sich hauptsächlich durch den Umstand, dass die ländliche Bevölkerung seit je her auf eine Eigenversorgung mit Holz zurückgriff und dementsprechend geringen Bedarf an modernen Koch- und Heizmethoden aufwies. Hinzu kam, dass nicht alle elektrotechnischen Neuerungen gleichsam auch sinnvolle Investitionen darstellten. Ein Beispiel ist das Pflügen mittels elektrischer Antriebskraft, das den Effizienzvorteilen des Traktors wenig entgegen zu setzen hatte.[870]

Im Hinblick auf das Versorgungsgebiet der BELG war zusätzlich der besondere Charakter der erblichen Güterteilung zu berücksichtigen. Die hieraus resultierenden Kleingehöfte der bayerischen Ostmark sahen sich mit stetigen Existenzängsten konfrontiert. Diese Tatsache wurde zusätzlich verschärft durch die unzureichenden Verkaufspreise für landwirtschaftliche Erzeugnisse. Die Vorstandsberichte der Zwanziger Jahre sahen die hierdurch resultierende Kapitalknappheit der

---

[869] Vgl. Zängl (1989), S. 169 ff..
[870] Vgl. Fischer/Beil (1967), S. 158 f.

bäuerlichen Betriebe gar als Hauptursache für die schleppend von statten gehende Modernisierung der Betriebe sowie den sparsamen Umgang mit dem Energieträger Strom.[871] Der Autor Wolfgang Zängl umschreibt treffend die Strategie der Elektrifizierung auf dem Lande, indem er bemerkt: „Die Elektrizitätswirtschaft zog sich ganz bewußt eine notleidende Landbevölkerung als Kundenschicht heran, die das Produkt Elektrizität in diesem Ausmaß gar nicht benötigte."[872] Dies mag sicherlich richtig sein, wenn auch nicht außer Acht gelassen werden darf, dass nur eben diese Beharrlichkeit der Versorger eine wirtschaftlich stabile Existenzgrundlage für die Überlandversorger und die landwirtschaftlichen Betriebe nach und nach in den Genuss moderner Gerätschaften brachte.[873]

Als ein interessanter Aspekt sind die vom Reichskuratorium für Technik in der Landwirtschaft (RKTL) in den Dreißiger Jahren initiierten, sogenannten Versuchsdörfer[874] anzuführen. Als Zielsetzung galt es, die Verbrauchsintensität der ländlichen Ortschaften vor allem auch im Bereich der Elektrowärme zu erforschen und zu erhöhen. Der Erfolg in diesen Modellversuchen war erstaunlich. So konnte der Stromverbrauch durchweg um das 8- bis 10-fache vermehrt werden. Allein durch eine Nutzung von elektrischen Backöfen wurde eine potentielle Steigerung von über 250 Prozent festgestellt. Obendrein sollten vollelektrifizierte Beispielhöfe helfen, die Ansicht der Landwirte zu Gunsten der Überlandwerke positiv zu beeinflussen.[875] Dennoch ist zu konstatieren, dass auch zu den Zeiten des Nationalsozialismus, als sich der Staat vermehrt für eine Wachstumsorientierung der Energieversorgungsunternehmen einsetzte und im Besonderen durch den „Reichsnährstand"[876] und das Konzept der „Erzeugungsschlacht"[877] die Bauern

---

[871] Vgl. BWA, F 025-322 bis 327. Vorstandsberichte 1926 bis 1931.
[872] Zängl (1989), S. 171.
[873] Vgl. Fischer/Beil (1967), S. 154 f.
[874] Bspw. in Fellbach (Stuttgart), Walkersbach (Pfaffenhofen), Sellnow-Abbau (Pommern), Saulwitz (Breslau). Zu den detaillierten Ergebnissen bezüglich des Strombezugs in den einzelnen Verbrauchskategorien sowie den gezogenen Schlussfolgerungen siehe Zängl (1989), S. 202-210 sowie Derlitzki et al. (1937).
[875] Die Idee der Beispielhöfe wurde von der BELG in den Fünfziger Jahren wieder verstärkt aufgegriffen, um die Restelektrifizierung der unversorgten Bauern vorzunehmen. In bis zu 18 vorbildlich ausgestatteten Höfen konnten „sich interessierte Landwirte davon überzeugen, wie man mit Strom besser, leichter und wirtschaftlicher arbeitet". Denkschrift 50 Jahre BELG (1964), S. 12.
[876] Der Reichsnährstand (RNST) bezeichnete eine ständische Organisation der nationalsozialistischen Agrarpolitik in den Jahren 1933 bis 1945. Zielsetzung war die Schaffung einer Marktordnung, um die Agrarwirtschaft aus dem liberalen Marktgebaren herauszulösen. Damit sollten nicht zuletzt die dramatische Landflucht und der Rückgang der landwirtschaftlichen Arbeitnehmer eingedämmt werden, die trotz aller ideologischen und sozialpolitischen Bemühungen lukrativere Arbeitsplätze in den Städten vorzogen. Kluge/Krüger (1939), S. 110. Siehe auch Jensen (2007), S. 750; Münkel (1996), S. 100.
[877] Ein im Jahr 1934 vom damaligen Staatssekretär im Reichsministerium für Ernährung

förderte, „die Maßnahmen im ländlichen Bereich oft nicht den gewünschten Erfolg"[878] erzielten.

Zwar bewirkte die im Rahmen der Autarkiebestrebung vollführte Abtrennung der deutschen Landwirtschaft vom weltweiten Markt eine erhebliche Preissteigerung für Agrargüter, die positive Rückwirkung auf die Zahlungskraft der Landwirte blieb jedoch gering und wurde teilweise durch andere Einflüsse wieder relativiert.[879] Hier ist beispielsweise das sogenannte „Reichserbhofgesetz" vom 29. September 1933 anzuführen. Das hierin festgeschriebene Verbot von Verkauf und Verschuldung bäuerlicher Höfe schränkte die Möglichkeit der Kreditaufnahme für Investitionen und technische Erneuerungen auf dem Gebiet der Elektrotechnik stark ein.[880] Allerdings ist das Versorgungsgebiet der BELG hierbei gesondert zu betrachten. Den hiesigen Betrieben der notorisch ärmlichen bayerischen Ostmark wurde aufgrund ihrer wirtschaftlichen wie regionalen Grenzlage eine besondere Fürsorge der zuständigen Reichsstellen zuteil.[881] Diese manifestierte sich auch in einer Unterstützung der landwirtschaftlichen Betriebe des Grenzgaues durch elektrotechnisches Gerät. Die BELG versuchte zudem den Geräteabsatz durch Teilzahlungssysteme zu fördern. Ein nicht gänzlich uneigennütziges Entgegenkommen, das von der Landbevölkerung in einem überschaubaren Umfange durchaus wahrgenommen wurde.[882]

Die Tabelle 5.2 zeigt die Anzahl der Licht- und Kraftanschlüsse der verschiedenen Landesbauernschaften des Deutschen Reiches um das Jahr 1939.

---

    und Landwirtschaft, Herbert Backe, entwickeltes Konzept zur Leistungssteigerung der Nahrungsmittelproduktion. Vgl. Degler/Streb (2008), S. 161-182; Clifford (1974), S. 209-220.

[878]  Prinzing (2000), S. 197.
[879]  Vgl. BWA, F 025-330 und 331, jew. S. 1. Vorstandsberichte 1934 und 1935.
[880]  Das Gesetz diente dazu, die Höfe vor "Überschuldung und Zersplitterung im Erbgang zu schützen" (Herman Göring, zit. n. Münkel (1996), S. 112) und ging damit mit dem Gedankengut des neunzehnten Jahrhunderts einher, dass der bäuerliche Grundbesitz aus dem „kapitalistischen Markt" herausgelöst werden müsse. Wegen der Unveräußerbarkeit des Bodens verloren die Bauern jedoch immens an Kreditwürdigkeit. Münkel (1996), S. 112-120; Czeguhn (2008).
[881]  Vgl. BWA, F 025- 331, S. 1. Vorstandsbericht 1935.
[882]  Vgl. Denkschrift 25 Jahre BELG (1939), S. 16.

Tab. 5.2: **Anzahl der Licht- und Kraftanschlüsse sowie Elektrifizierungsgrad in den Landesbauernschaften des Deutschen Reiches (1939)**

| Landesbauern-schaft | Lichtanschluss (in tsd.) | Kraftanschluss (in tsd.) | Elektrifizierungs-grad (in Prozent) |
|---|---|---|---|
| Baden | 176,5 | 65,5 | 97 |
| Hessen-Nassau | 147,7 | 30,7 | 93 |
| Württemberg | 214,6 | 133,0 | 91 |
| Sachsen | 91,6 | 62,8 | 89 |
| Kurhessen | 83,9 | 26,1 | 89 |
| Saarpfalz | 84,2 | 20,2 | 86 |
| Rheinland | 196,2 | 74,5 | 84 |
| Bayern | 250,8 | 167,4 | 84 |
| Niedersachsen | 173,4 | 69,4 | 82 |
| Thüringen | 126,6 | 52,9 | 82 |
| Sachsen-Anhalt | 111,7 | 53,3 | 80 |
| Westfalen | 141,3 | 59,5 | 79 |
| Kurmark | 129,9 | 70,1 | 79 |
| Schleswig-Holst. | 51,2 | 25,4 | 76 |
| Schlesien | 187,8 | 111,8 | 76 |
| Mecklenburg | 35,0 | 26,6 | 75 |
| Pommern | 88,8 | 56,1 | 69 |
| Weser-Ems | 70,1 | 30,5 | 66 |
| Bayer. Ostmark | 137,7 | 90,5 | 65 |
| Ostpreußen | 47,5 | 30,3 | 35 |
| Insgesamt | 2545,5 | 1256,6 | |

Quelle: Fischer/Beil (1967), S. 162.

Mit über einem Drittel nicht angeschlossener Höfe bildete die bayerische Ostmark im Jahr des Kriegsbeginns nahezu das Schlusslicht im Vergleich zu den anderen Regionen. Mit dem geringen Elektrifizierungsgrad lag sie auch weit hinter dem bayerischen Durchschnitt von 84 Prozent zurück. Der Aufholbedarf lässt sich im Versorgungsgebiet der BELG auch anhand der geringen Stromabnahme bäuerlicher Anwesen aufzeigen. Im Jahre 1938 betrug der durchschnittliche Licht- und Wärmestromverbrauch lediglich 82 kWh je landwirtschaftlichem Abnehmer (bei 10 ha Betriebsfläche). Auch der Kraftstrombedarf unterstreicht mit 145 kWh je Kraftanschluss das aus Sicht des Versorgers unzureichend ausgeschöpfte Nutzungspotential, zumal lediglich 72 Prozent der angeschlossenen Anwesen überhaupt Kraftstrom bezogen.[883] Zu Kriegsbeginn kam W. Kind in Untersuchungen zu dem Ergebnis, dass ein Hof (10 ha) bei sinnvoller Nutzung ohne

---

[883] Vgl. Denkschrift 25 Jahre BELG (1939), S. 18.

weiteres 3500 kWh erzielen müsste – ein nahezu utopischer Wert von dem die oberfränkischen Höfe weit entfernt lagen.[884]

Ab 1939 wurden, um die Vollelektrifizierung weiter voran zu treiben und den Forderungen der nährständischen Seite zu entsprechen, schließlich auf dem gesamten Reichsgebiet spezielle Zuschüsse beim Neuanschluss von Höfen gebilligt.[885] Zusätzlich wurde durch den NS-Reichskommissar für die Preisbildung die Einrichtung eines 35 Millionen Reichsmark umfassenden Fonds beschlossen. Mit Hilfe des durch die Energieversorger selbst gedeckten Sondervermögens sollten reichsweit allein im ersten Jahr Bezugsscheine für 60.000 Elektroherde, 50.000 Warmwasserspeicher, 34.000 Futterdämpfer und 10.000 Backöfen sowie 130.000 Motoren zur Verfügung gestellt werden.[886] Für die Folgezeit war eine weitere Steigerung dieser Zahlen geplant. Ein ambitioniertes Vorhaben, das jedoch aufgrund der Zustände der Kriegs- und Nachkriegsjahre nur teilweise Umsetzung fand. Die weitere Elektrifizierung der Höfe machte bis in die späten Vierziger Jahre nur vergleichsweise langsame Fortschritte. Zwar war der Elektrizitätshunger in den Nachkriegsjahren in allen Teilen Deutschlands immens, doch die Rationalisierungsmaßnahmen der Besatzungsbehörden sowie der Materialmangel in der Geräteherstellung bremsten diesen Prozess.

Erst die gesellschaftsverändernden Folgen sowie die Entfesselung der wirtschaftlichen Dynamik des in den Fünfziger Jahren einsetzenden „Wirtschaftswunders" ermöglichten auf dem Land, wie auch in den Stadtgebieten, einen „endgültige[n] Durchbruch für eine Elektrifizierung maximaler Reichweite"[887]. Auch in der bayerischen Ostmark wurden nun neue Ausmaße der Massentierhaltung und bis hierhin kaum vorstellbare Produktivitätsgrößen durch die Arbeitserleichterungen ermöglicht und vor allen Dingen finanzierbar. Zur Industrialisierung der Landwirtschaft ist streng genommen auch der Wunsch zu zählen, die Unsicherheitsfaktoren wie Ernte- oder Ertragseinbußen zu minimieren. Die hierfür unerlässliche Spritz- und Düngemittelindustrie wurde mittelbar ebenso von der Elektrizität bestimmt.

Die Elektrifizierung der Landwirtschaft mag als ein gutes Beispiel dienen, mit welchen Problemen und Vorurteilen die frühen Überlandwerke hinsichtlich der richtigen Bewerbung und Installation der elektrischen Gerätschaften zu kämpfen

---

[884] Siehe Fischer/Beil (1967), S. 164.
[885] Vgl. Zängl (1989), S. 210.
[886] Prinzing (2000), S. 178. Diese Maßnahme verfolgte zudem das Ziel, Petroleum und Dieselöl einzusparen. Vgl. Fischer/Beil (1967), S. 164.
[887] Prinzing (2000), S. 197.

hatten. Das folgende Kapitel soll einen Einblick in die geleistete Überzeugungs- und Aufklärungsarbeit der BELG geben.

### 5.4.2 Bewerbung und Verkauf elektrischer Geräte – das Dilemma der permanenten Bedarfsweckung

Die Vertriebsstrategie der Elektrizitätswerke in der ersten Hälfte des 20. Jahrhunderts lässt sich nach Prinzing gemeinhin in drei Phasen untergliedern.[888] In der Anfangszeit – sozusagen der Einführungsphase – war man vor allem darum bedacht, Strom überhaupt zu verkaufen und die potentiellen Kunden von dem Vorzug eines Stromanschlusses zu überzeugen. Die Kausalität der von Zängl als „Rockefeller-System" titulierten Methodik ist dabei so einfach wie schlüssig.[889] Als Zielvorgabe galt es, soviele zahlende Abnehmer wie möglich mit einem kostenlosen Hausanschluss und auf den ersten Blick möglichst billigen Geräten zu versorgen, um in der Folge das Wechselspiel zwischen Stromkonsum und entstandener Abhängigkeit – einem Dominosteineffekt gleich – in Gang zu setzen.

Elektrizitätsausstellungen, Informationsvorträge und Hausbesuche in Verbindung mit Konzessionsverhandlungen mit den einzelnen Gemeinderäten sollten in den frühen Jahren helfen, Strom zu entmystifizieren und die Brücke zu dem neuen Energieträger zu schlagen. Der Schwerpunkt dieser Bemühungen fand nicht selten seinen Höhepunkt in der Ausrichtung eines öffentlichkeitswirksamen „Lichtfestes".[890] Die anfängliche Form der Werbung war zudem geprägt von der Notwendigkeit einer sachgemäßen Aufklärung hinsichtlich des richtigen Umgangs mit Elektrizität. Insbesondere in den Mangeljahren des Ersten Weltkrieges wurden durch die sogenannten „Schützengraben-Installateure" Ersatzmetalle aller Art und als „Dauersicherung" bloße Nägel verwendet. „Kaum ein Tag verging, an dem in der Tagespresse nicht vom ‚Brand durch Kurzschluss' die Rede war."[891] Das Vertrauen in den Elektroinstallateur als Fachmann musste erst durch Einführung und Einhaltung von technischen Standards mühsam zurückgewonnen werden.[892]

---

[888] Vgl. Prinzing (2000), S. 172.
[889] Dieses Konzept wurde erstmals von John D. Rockefeller auf dem chinesischen Markt praktiziert. Die Standard Oil Company verteilte zunächst im ganzen Land kostenlos Öllampen, mit der Intention die Abhängigkeit der Bevölkerung vom amerikanischen Petroleum zu steigern. Siehe Zängl (1989), S. 12 f. und 92 f.
[890] Vgl. Leiner (1984), S. 19.
[891] Meisner (1969), S. 144.
[892] An dieser Stelle ist die Geschäftsstelle für Elektrizitätsverwertung (Gefelek) zu erwähnen, die seit 1911 erstmals eine Form von Gemeinschaftswerbung der Elektrizitätswirtschaft einführte. Ihre Aufgabe war es, als Pendant für die unlängst gegründete „Zentrale

## 5. STROMABSATZENTWICKLUNG UND EXPANSIONSPOLITIK

Die Absatzbemühungen der Energieversorger lassen sich bis hierhin im Grundsatz darauf beschränken, dass die Bedarfsanforderungen im Zeitablauf bestimmt und an das Wachstum des Verbrauchs angepasst wurden. Die zweite und dritte Phase, die in den Zwanziger Jahren fließend ineinander übergingen, beschrieben schließlich einen Strategiewandel der Elektrizitätswirtschaft weg vom bloßen Akquirieren von Stromanschlüssen hin zur systematischen Ankurbelung des Verbrauchs und damit den aus betriebswirtschaftlicher Sicht logischen nächsten Schritt in der Instrumentalisierung von Werbung als absatzpolitisches Werkzeug. Denn versuchte man zunächst „den Stromverbrauch zu steigern und ihn dann zu steuern"[893], wurde dieses Vorgehen ergänzt, indem in beratender Funktion über verschiedenste Kanäle gezielt über die neuen Möglichkeiten der elektrotechnischen Geräte informiert wurde. Wenn auch die Sonderabnehmer stets durch fachkundige Berater umworben wurden, so ist festzustellen, dass der überwiegende Teil der Werbeausgaben für die Elektrifizierung der Tarifabnehmer aufgewendet wurde.[894]

Diese Strategie der unbedingten Verbrauchssteigerung ist nicht zuletzt auch zurückzuführen auf die sukzessive Abkehr von den früher weit verbreiteten Pauschaltarifen hin zu den Zähler- und Grundpreistarifen. Die verbesserte Stromzählertechnik bot nun eine exakte Kontrolle des tatsächlichen Stromkonsums und hierdurch einen Anreiz für die Versorger, den Stromverbrauch womöglich über das gebotene Maß hinaus zu forcieren. An dieser veränderten Schwerpunktsetzung knüpft das folgende Kapitel an, da in der Hochzeit der Goldenen Zwanziger Jahre die verschiedenen Facetten der Kundenwerbung vermehrt in Erscheinung traten und durchaus eine nähere Darstellung der absatzpolitischen Bemühungen rechtfertigen.

Die Technisierung des Haushalts mit modernen Geräten befand sich auch noch zu Beginn der Weimarer Republik fast gänzlich am Nullpunkt und der notwendige Bedarf für elektrische Haushaltshilfen konnte nur schwerlich geweckt und kommuniziert werden. Auch wenn der Erste Weltkrieg viele Soldaten mit dem alternativen Energieträger vertraut gemacht hatte, so war doch die Umstellung auf zeit- und kraftsparende Arbeitsmethoden „nicht nötig, solange genügend Arbeits-

---

für Gasverwertung", ein Bindeglied zwischen den „Produzenten der Elektrizität, den Installationsfirmen und Fabrikanten der Elektrogeräte beratend zur Seite zu stehen". Vgl. Wolter (2005), S. 183 f.; Meyen (1916), S. 101. Im Jahr 1925 schließlich gründete auch die VdEW eine eigene Werbeabteilung. Vgl. Herzig (1992), S. 137.

[893] Prinzing (2000), S. 172.
[894] Vgl. Hauschildt (1964), S. 176.

kräfte (Dienstmädchen, Hausdiener) zur Verfügung standen"[895]. Befreit von der Prüderie des wilhelminischen Deutschlands und gestützt von dem wirtschaftlichen Aufschwung nach der Währungsreform sollte sich dies nach und nach ändern.

Ein jetzt häufig verwendetes Werbemittel der bayerischen Energieversorger stellten in Ergänzung zu veröffentlichten Leit- und Werbeartikeln in hiesigen Tageszeitungen in großer Auflage unentgeltlich ausgegebene Informationsbroschüren dar.[896] Die BELG beispielsweise suchte unter der Überschrift „Nachrichtenblatt" monatlich kundengruppenspezifisch in leicht fasslicher Form alle Abnehmer über die neuesten technischen Errungenschaften und Anwendungsmöglichkeiten sowie Tarifveränderungen zu informieren.[897] Als antiquiert galt die bloße Darstellung der Befriedigung eines lebensnotwendigen Bedarfs. Strom sollte vielmehr als leicht erschwinglicher Luxus für jedermann verstanden werden, der den Konsumenten eine Vielzahl zusätzlicher Arbeitskräfte an die Hand gab, um die Unwägbarkeiten des Alltags bestmöglich zu meistern. Der Fokus absatzstrategischer Kundenwerbung lag dabei vor allem im privaten Bereich, indem vielfach neue Tendenzen „modernen Wohnens" und „moderner Haushaltsführung" vorgestellt wurden.[898] Aber auch für die landwirtschaftlichen Betriebe und das Gewerbe, wie namentlich das Handwerk, sollten Beispielrechnungen den Vorteil des Stromeinsatzes in leicht nachzuvollziehender Art und Weise darstellen. Die Abbildung 5.27 zeigt die Titelblätter zweier Exemplare der besagten Kundenzeitschrift aus den Jahren 1927 bzw. 1932.

---

[895] Kluge (2006), S. 135.

[896] Bei der BELG wurden als Grundstock alle Abnehmer mit der Kundenzeitschrift versorgt. Darüber hinaus fanden häufig auch deren Nachbarn die Broschüre in ihren Briefkästen vor.

[897] Seit den Fünfziger Jahren wurde in Zusammenarbeit mit der VDEW mehrmals die Kundenzeitschrift „Der Strom" herausgegeben. Zusätzlich erhielten die oberfränkischen Schulen in jährlichen Abständen jeweils rund 1.000 Exemplare der Elektrizitätswerbe-Schrift „Die Laterne". Vgl. BWA, F 025-346, S. 61. Vorstandsbericht 1950. Bereits vollelektrifizierten Haushalten wurde hingegen die Werbebroschüre „Der Elektro-Haushalt" zugestellt. Vgl. BWA, F 025-350, S. 55. Vorstandsbericht 1954.

[898] Vgl. Hauschildt (1964), S. 176 f.

**Abb. 5.27: Titelblätter der Kundenzeitschrift „Nachrichtenblatt" vom Januar 1927 bzw. Juli 1932**

Quelle: BWA, F 025-537, Kundenzeitschriften Januar 1927 bzw. Juli 1932.

Insbesondere zur Weihnachtszeit bot sich der BELG eine Gelegenheit intensiver Werbemaßnahmen. In einem Appell an die Kunden hieß es beispielsweise im Jahr 1926: Wir wollen nicht nur praktisches sondern „auch etwas besonderes schenken, von dem wir wissen, daß es dem anderen eine Freude macht – [...] darum schenken Sie Ihren Lieben etwas Elektrisches [...]"[899]. Die Botschaft war klar formuliert: Klug und modern war, wer auf Elektrizität setzte – eine Aussage, die auch vor der Instrumentalisierung von bereits farbig illustrierten Schnee- und Weihnachtsmännern nicht Halt machte (s. Abbildung 5.28).

Wie bereits angedeutet, galt es als Ziel, neben der Vorstellung neuer Anwendungsmöglichkeiten elektrischer Maschinen in der Landwirtschaft sowie der industriellen Fertigung, vor allem auch Begehrlichkeiten im unmittelbaren alltäglichen häuslichen Gebrauch zu wecken. Die idealtypische weibliche Konsumentin – die Hausfrau – rückte damit ins Blickfeld der Werbemaßnahmen und sollte helfen, die äußerst industrielastige Energieabnahme im Versorgungsgebiet der BELG und die einhergehende Problematik der Lasttäler auszugleichen. Hierzu setzte das Überlandwerk auf verschiedenste Strategien der Kundenansprache, um die in den eigenen Verkaufsstellen angepriesenen Produkte an den Mann, respektive die Frau zu bringen.

---

[899] BWA, F 025-537. Kundenzeitschrift Dezember 1926.

**Abb. 5.28: Emotionalisierende Werbeplakate der BELG aus dem Jahr 1926 bzw. 1927**

Quelle: BWA, F 025-537. Kundenzeitschriften Dezember 1926 bzw. 1927.

Kundengerechte Zahlungsmodalitäten sollten helfen, den potentiellen Konsumenten Kaufanreize zu bieten. So setzte man seitens der BELG bereits in den Zwanziger Jahren auf verschiedenste zum Teil saisonal beschränkte Skonto- sowie Rabatt- und Couponaktionen. Auch die angebotenen Möglichkeiten der Ratenzahlung wurden von den Konsumenten gerne in Anspruch genommen.[900] Überdies lockte man mit dem Service von „Vor-Ort-Installationen" sowie einer zweijährigen Produktgarantie und einem unbürokratischen Umtausch aller über die BELG bezogenen Artikel.[901]

Im Hinblick auf eine persönliche Note in der Kundeninteraktion wurden in den einzelnen Verwaltungsbezirken Reisevertreter eingesetzt, die mit Abbildungen und Produktproben sowie Preislisten versehen jederzeit Aufklärung über Anwendungen und etwaige Bedenken geben konnten. Bei dieser Gelegenheit fanden auch Wanderkalender und Werbeflyer Eingang in die Privathaushalte der potentiellen Konsumenten.[902] Die Abbildung 5.29 zeigt exemplarisch zwei Flyer der BELG für Haartrockner und Heizkissen aus dem Jahr 1925. Hinzu kam die Auf-

---

[900] Vgl. BWA, F 025-537. Kundenzeitschrift November 1926.
[901] Vgl. BWA, F 025-537. Kundenzeitschrift Dezember 1924.
[902] Vgl. ebd.

stellung von Großplakaten und Lichtsäulen in den einwohnerstärkeren Ortschaften des Versorgungsgebietes.[903]

**Abb. 5.29: Werbung der BELG für Haartrockner und Heizkissen (1925)**

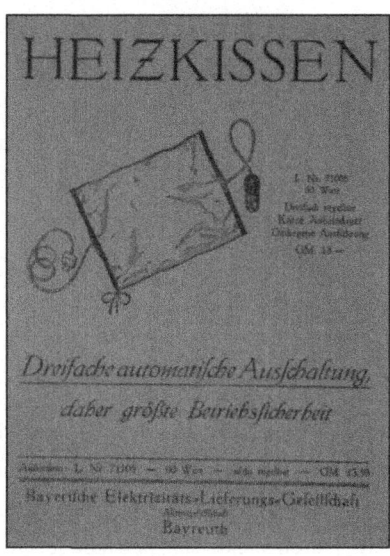

Quelle: BWA, F 025-537. Kundenzeitschrift Februar bzw. November 1925.

Sicherlich konkretisierte sich der unbedingte Wunsch der BELG, den Energieabsatz im privaten Bereich zu steigern, zuweilen auch in dem Werben für ein ganzes Sammelsurium an skurril anmutenden Ideen und Erfindungen. Um einen Einblick zu erhalten, seien an dieser Stelle nur die – aus Sicht des Autors – drei interessantesten Beispiele herausgegriffen.

Bereits im Jahr 1926 erkannte man die heilsame weil stimmungsaufhellende Wirkung von Licht auf das menschliche Gemüt. Unter dem Oberbegriff „elektrisches Lichtbad" vertrieb die BELG daher klappbare, auf dem Bett zu montierende Gestelle von Glühbirnen. Als ein von Ärzten empfohlenes „wichtiges Hausmittel"[904] beworben, muss allerdings bezweifelt werden, ob es sich bei dem abgebildeten Muster um ein Modell nachhaltigen Erfolges handelte (s. Abbildung 5.30).

---

[903] Vgl. BWA, F 025-334, S. 36. Vorstandsbericht 1938.
[904] BWA, F 025-537. Kundenzeitschrift Januar 1926.

**Abb. 5.30: Werbung für das „elektrische Lichtbad" und das „elektrische Schwitzbad" (1926)**

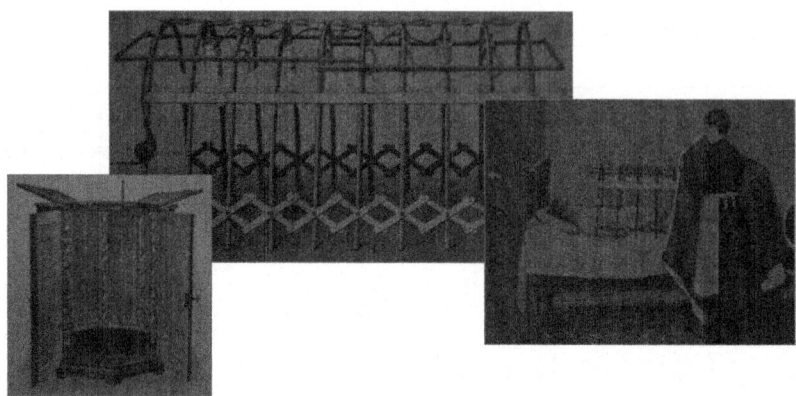

Quelle: BWA, F 025-537, Kundenzeitschrift Januar 1926.

Zielten die oben abgebildeten Gerätschaften vornehmlich auf die wohltuende Wirkung von Wärme und Licht ab, begann man in den Zeitschriften der BELG ab dem Jahr 1928 für die künstliche ultraviolete Strahlung zu werben. Die Botschaft: Durch elektrisch betriebene Quarzlampen ließen sich unterschiedlichste Krankheiten heilen, bspw. die lange verbreitete Knochenkrankheit Rachitis. Ob bei falscher oder übermäßiger Anwendung der unaufgeklärten Nutzer krebserregende Folgeschäden entstanden, sei dahingestellt. Die als „künstliche Höhensonne" bezeichnete Lampe sollte auch für Tiere wie ein „Jungbrunnen" wirken und bspw. bei Hühnern eine 145-prozentige Steigerung der Legetätigkeit sowie eine 85-prozentige Zunahme der Brutergebnisse hervorrufen.[905]

Die Bilder in Darstellung 5.31 zeigen Kinder mit Schutzbrillen sowie bestrahlte Tiere aus der Werbebroschüre des Energieversorgers.

---

[905] Vgl. BWA, F 025-537. Kundenzeitschrift März 1928.

**Abb. 5.31: Die „heilende" Wirkung von UV-Strahlung für jedermann (1928)**

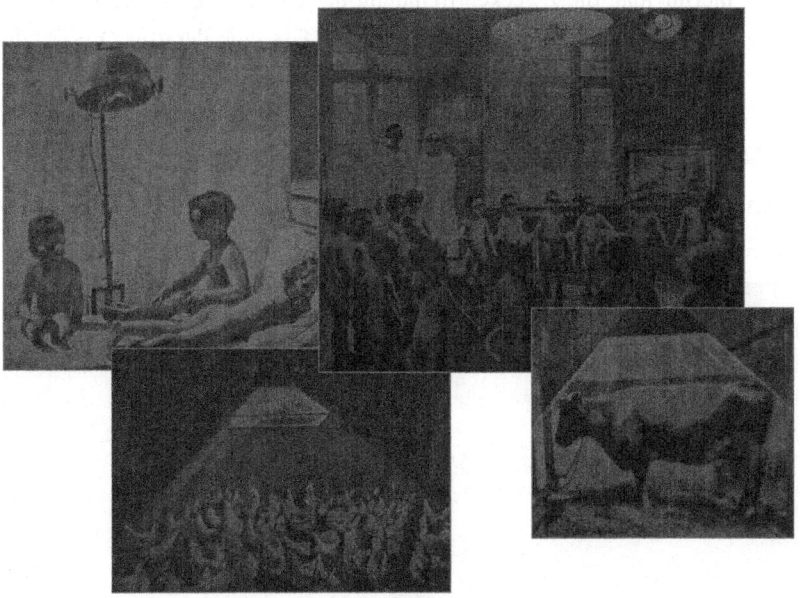

Quelle: BWA, F 025-537, Kundenzeitschrift März 1928.

Ein weiteres Kuriosum stellt sicherlich auch der in der Kundenzeitschrift empfohlene und in den Verkaufsstellen der BELG als „Fön-Raupe" ausgestellte Heißluft-Bettwärmer dar (s. Abbildung 5.32).

**Abb. 5.32: Die „Fön-Raupe" für die kalten Winternächte (1929)**

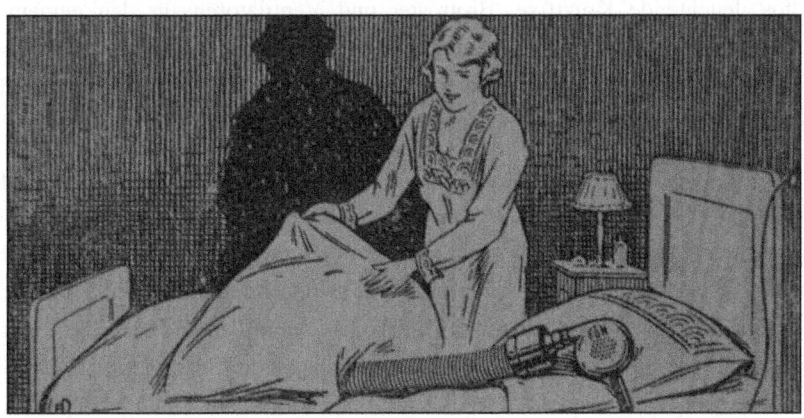

Quelle: BWA, F 025-537, Kundenzeitschrift Dezember 1929.

Neben der Reklame für Produktinnovationen wurde ab den Zwanziger Jahren auch vermehrt Wert auf eine Aufklärung der Stromabnehmer hinsichtlich alternativer Verwendungsmöglichkeiten bereits bekannter Geräte gelegt. Als ein gutes Beispiel hierfür mag die Zweckentfremdung der elektrischen Heißluftdusche als „Strumpftrockner“ dienen (s. Abbildung 5.33). Dass eine derartige Verwendung aus ökonomischen Gesichtspunkten betrachtet lediglich für das stromliefernde Elektrizitätswerk Sinn machte, wurde freilich aus offenkundigen Gründen verschwiegen.

**Abb. 5.33: Der „elektrische Strumpftrockner“ als Vorbote des Wäschetrockners (1928)**

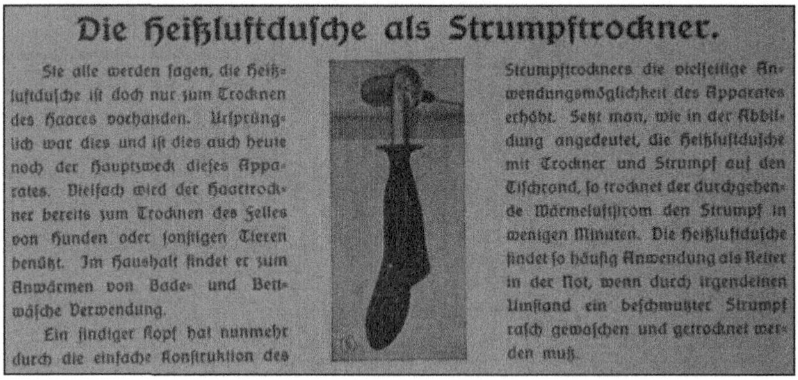

## Die Heißluftdusche als Strumpftrockner.

Sie alle werden sagen, die Heißluftdusche ist doch nur zum Trocknen des Haares vorhanden. Ursprünglich war dies und ist dies auch heute noch der Hauptzweck dieses Apparates. Vielfach wird der Haartrockner bereits zum Trocknen des Felles von Hunden oder sonstigen Tieren benützt. Im Haushalt findet er zum Anwärmen von Bade- und Bettwäsche Verwendung.

Ein findiger Kopf hat nunmehr durch die einfache Konstruktion des Strumpftrockners die vielseitige Anwendungsmöglichkeit des Apparates erhöht. Setzt man, wie in der Abbildung angedeutet, die Heißluftdusche mit Trockner und Strumpf auf den Tischrand, so trocknet der durchgehende Wärmeluftstrom den Strumpf in wenigen Minuten. Die Heißluftdusche findet so häufig Anwendung als Retter in der Not, wenn durch irgendeinen Umstand ein beschmutzter Strumpf rasch gewaschen und getrocknet werden muß.

Quelle: BWA, F 025-537, Kundenzeitschrift Juni 1928.

Die vorgestellten Geräte bieten freilich nur einen beschränkten Einblick in die ab den Zwanzigern aufgekommene Gerätevielfalt und Experimentierfreude der Herstellerfirmen. Raumbefeuchter als elektrische Zimmersalinen, erste Formen von Radios, leuchtende Kruzifixe, Brotröster und Ventilatoren für den gemeinen Hausgebrauch sowie Insekten-Vernichtungsvorrichtungen, Melk- und Schermaschinen für den Landwirt würden sich neben vielen anderen Produkten ebenso für eine detaillierte und bebilderte Aufarbeitung anbieten.

Neben der nun in vielen Bereichen aufkommenden Elektrowärme soll allerdings nicht unerwähnt bleiben, dass bereits erste vorsichtige Vorstöße in Richtung der elektrischen Kühlung gewagt wurden. Die Darstellung 5.34 zeigt einen der ersten serienmäßigen, durch die BELG vertriebenen Kühlschränke aus dem Jahr 1927. In größerem, wenn auch nach wie vor überschaubarem Umfang hielt die elektrische Kühlung dann in den unmittelbaren Vorkriegsjahren Einzug in die Haushalte des Versorgungsgebietes. Mit Hilfe der Aktion „Kampf dem Verderb“ begann die BELG 1937 in Zusammenarbeit mit der Deutschen Arbeitsfront (DAF) sowie dem Reichsnährstand Vorträge und Leihgeräte zu organisieren und konnte in selbigem Jahr bereits 53 und im Folgejahr 82 Kühlschränke umsetzen.[906] Eine Tendenz, die freilich durch die Nöte des Krieges ein unvermitteltes Ende fand. Ihren endgültigen Durchbruch konnte diese Art der Speisenkühlung daher erst in den Wunderjahren nach dem Zweiten Weltkrieg verzeichnen.[907] Ende der Sechziger Jahre kamen bereits vier von fünf Haushaltungen in den Genuss der heute allgegenwärtigen Kühlschränke.[908]

**Abb. 5.34: Erste Geräte der Elektrokälte – der elektrische Kühlschrank (1927)**

Quelle: BWA, F 025-537, Kundenzeitschrift Juli 1927.

Es ist zu betonen, dass die Energieversorger vor der schwierigen Aufgabe standen, für ein an sich recht abstraktes Gut zu werben. Strom kann man nicht fassen, sondern „nur" nutzen. Dementsprechend war es notwendig, die Wirkweise in Form der diversen Verwendungsmöglichkeiten in den Mittelpunkt der Werbetätigkeit zu stellen. Nur in wenigen Fällen bewarb man die Elektrizität an sich, vielmehr beschrieb man „elektrische Wärme und Kälte", „Kochmöglichkeiten", „Licht", „Antrieb" und „Betriebssicherheit" sowie viele weitere positive Attribute und Annehmlichkeiten der anzuschließenden Geräte.

Bei genauerer Durchsicht der Kundenzeitschrift lassen sich unterschiedlichste Methoden extrahieren, den Kaufanreiz und das Vertrauen der umworbenen Zielgruppen zu erhöhen. Usus war es beispielsweise, die potentielle Kundschaft emotional auf die Vorzüge der gesteigerten Stromnutzung einzustimmen. Hierzu bediente man sich in der Kundenzeitschrift publizierter persönlicher Anekdoten. Unter den Überschriften „Elektrisches Jägerlatein", „Vom klugen Bauer", „Der Rat des Weisen", „Minnas Missgeschick" oder „Wie ich meinen Rheumatismus los wurde" – um nur einige Beispiele zu nennen – erzählten unterschiedliche

---

[906] BWA, F 025-333, S. 32 und -334, S. 33. Vorstandsberichte 1937 und 1938.
[907] BWA, F 025-334, S. 33. Vorstandsbericht 1938.
[908] Vgl. Feldweg (1969), S. 141.

Kundengruppen vom augenscheinlichen Vorteil und Facettenreichtum moderner Gerätschaften.[909] Die zuletzt angeführte Geschichte thematisierte dabei den gesundheitlichen Aspekt und liefert damit das Stichwort für eine ganze Reihe von Hinweisen dieser Art. Waren es hygienische, gesundheitliche Ratschläge oder Hinweise für eine verbesserte Körperpflege, alle verband sie die gleiche Schlussfolgerung – eine Emotionalisierung von elektrischem Gerät als nahezu unverzichtbare Verkörperung der modernen gesellschaftlichen und kulturellen Etikette.

Eine gängige Praxis war es zudem, Vergleiche mit anderen Substitutionsprodukten wie etwa Gas oder Petroleum aufzustellen und die Vorzüge der Elektrizität nach diversen Kategorien, wie beispielsweise dem Preis, kundengerecht darzustellen. „Elektrisches Licht ist billiger als Petroleumbeleuchtung"[910] war vor allem in Zeiten wirtschaftlicher Not ein häufig erschienener Artikel – vergleichende Werbung war damals nicht verboten.[911] Vor allem auch den Absatzbereich der Elektrowärme versuchte man zu monopolisieren oder zumindest sich in einem noch expandierenden Markt verstärkt zu positionieren. Darüber hinaus sollten Beispielrechnungen helfen, den Stromverbrauch der Produkte in Bezug auf ihre Leistung richtig in Bezug zu setzen. So wurde die Kilowattstunde Kraftstrom mit diversen Arbeiten der verschiedenen Berufsstände verglichen. Der Landwirt könne mit einer Kilowattstunde 5 Pferde scheren, 10.000 Liter Wasser 10 m hochpumpen oder wahlweise 1.000 Liter Milch entrahmen. Der Bäcker sei imstande 130 kg Teig luftig zu kneten, der Metzger 50 kg Schweinefleisch klein zu hacken, der Schmied 4 Stunden lang ein Gebläse zu betreiben oder die Hausfrau eine Naht von 3.000 m Länge herzustellen.[912] Auch der Preis für die durchschnittlichen täglichen Lichtstromkosten einer Dreizimmerwohnung wurde durch den Vergleich mit einer Zigarre, einer Tafel Schokolade, einer Schale Obst oder eines Glases Bier transparenter gemacht.[913]

In Ergänzung zu plakativen „Vorher-Nachher-Abbildungen" von Küchen und anderen Arbeitsräumen, in welchen die neuen Gerätschaften wirksam zur Geltung kamen, warb die BELG stets auch unter Berücksichtigung saisonaler Begebenheiten.[914] So prangten zuweilen für den Frühjahrsputz Staubsauger, für die Sommerhitze Ventilatoren, im Herbst und Winter elektrische Wärmestrahler auf den Seiten der Broschüren. Interessant ist auch die Tatsache, dass bekannte und ehren-

---

[909] In der Reihenfolge BWA, F 025-537. Kundenzeitschrift Februar 1926, April 1926, Februar 1927, April 1927 und April 1926.
[910] Vgl. BWA, F 025-537. Kundenzeitschrift Juli 1932.
[911] Vgl. Feldweg (1969), S. 136 f.
[912] Vgl. BWA, F 025-537. Kundenzeitschrift März 1925.
[913] Vgl. BWA, F 025-537. Kundenzeitschrift März 1931.
[914] Vgl. BWA, F 025-537. Kundenzeitschrift November 1928.

hafte Mitbürger - vornehmlich Direktoren, Fabrikbesitzer, Oberlehrer, etc. - namentlich als Käufer von diversen Elektroartikeln Erwähnung fanden, um die Seriosität der Produkte weiter zu erhöhen.[915] Eine Art sanfter Gruppenzwang, der auch durch zahlreiche Statistiken betreffend die verkauften Stückzahlen der einzelnen Geräte verstärkt wurde.

Ein Anliegen der BELG war es, die Kundengruppen auch direkt durch spezielle Werbevorträge zu erreichen. Auf diese Weise wurden bereits Anfang der Dreißiger Jahre rund 20.000 potentielle Kunden jährlich auf die Anwendung der modernen Geräte aufmerksam gemacht. Hinzu kamen Wanderkochkurse mit elektrischen Öfen vor der NS-Frauenschaft sowie dem Deutschen Frauenwerk. Auch in den Schulen versuchte man durch mehrtägige Kochkurse sowie eigens durchgeführte Schulungen der Lehrer, für die Stromnutzung zu sensibilisieren.[916] Die Beständigkeit in den Bemühungen um Kundennähe lässt sich am Beispiel des als „Volksempfängers" bekannten Rundfunkradios exemplarisch für viele weitere Geräte darstellen.

Auch wenn der Preis mit durchschnittlich 170 RM für einen Radio doch recht stattlich bemessen war, verkaufte die BELG im Jahr der Machtübernahme durch die Nationalsozialisten erstmalig über 1.000 Exemplare und intensivierte von hieran ihre Bemühungen, den „Volksempfänger" flächendeckend zu etablieren.[917] Die Darstellung 5.35 zeigt zwei von der BELG vertriebene Modelle um das Jahr 1933. Mit Ausstellungen[918] und Leihgeräten sowie mobilen Werbekolonnen war die BELG bemüht, die Gunst der Abnehmer zu gewinnen und die in heutigen Tagen so aktuell gewordene Public-Relations-Arbeit zu begründen. Mit Vorführgeräten bestückte Wanderwagen durchzogen die hiesigen Ortschaften und gewährleisteten eine „systematische persönliche Durcharbeitung der Nichthörer"[919]. Insbesondere mit Kriegsbeginn stieg der Durst der Bevölkerung nach Informationen, so dass es im Vorstandsbericht von 1939 hieß: „Gefördert durch die grossen politischen Ereignisse des Jahres war aller Orten eine starke Nachfrage nach Rundfunkgeräten zu verzeichnen."[920] Im Jahr 1938 betrug die Zahl der Rundfunkteilnehmer im gesamten Reich bereits 10,203 Mio., was rund der Hälfte aller deutschen Haushalte entsprach.

---

[915] Vgl. BWA, F 025-537. Kundenzeitschrift Juli 1932.
[916] Vgl. BWA, F 025-329, S. 23. Vorstandsbericht 1933.
[917] Vgl. BWA, F 025-333, S. 33. Vorstandsbericht 1937.
[918] Bspw. beteiligte man sich an den alljährlichen großen Funkausstellungen des Reichsverbandes der Rundfunkhörer, Gau Bayerische Ostmark oder veranstaltete Vorführungen in den eigenen Verkaufsstellen. BWA, F 025-331, S. 28. Vorstandsbericht 1934.
[919] BWA, F 025-333, S. 34. Vorstandsbericht 1937.
[920] BWA, F 025-335, S. 34. Vorstandsbericht 1939.

**Abb. 5.35: Der „Volksempfänger" erobert die Haushalte**

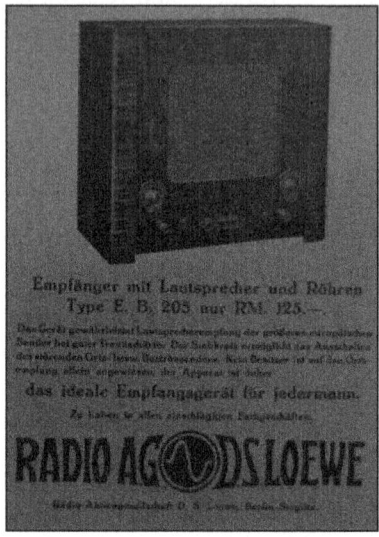

Quelle: BWA, F 025-537, Kundenzeitschrift Oktober 1933.

Im Verlaufe des Krieges wurde elektrisches Gerät streng kontingentiert und bezugsscheinpflichtig, was eine Weiterführung der Werbemaßnahmen weitestgehend überflüssig machte. In der Landwirtschaft durften ab dem Jahr 1943 nur noch dann zusätzliche Motoren bezogen werden, „wenn die alten nicht mehr reparaturfähig waren [oder] sie infolge von Flieger- und Brandschäden ausfielen [...]"[921]. Man beschränkte sich darauf, weniger für den Verkauf von Produkten, sondern vielmehr für deren wirtschaftlichen Einsatz zu werben.[922] Die von den Nationalsozialisten auferlegte „Stromsparaktion" zwang die BELG ihre Strategie der Verbrauchssteigerung für den Zeitraum des Krieges auszusetzen.

Verhinderte die notorische Materialnot auch in den unmittelbaren Nachkriegsjahren eine rege Werbetätigkeit, so änderte sich dies mit der Stabilisierung der wirtschaftlichen Lage Ende der Vierziger Jahre. Wie die Abbildung 5.36 beweist, begann nun der Bedarf an technischem Gerät kontinuierlich zu steigen und damit einhergehend die Notwendigkeit für Werbung. Unter dem Leitsatz „Strom kommt sowieso ins Haus, nütze das aus"[923] und vielen gleichgearteten Slogans wurde fortan erfolgreich für eine weitere Elektrifizierung geworben.[924]

---

[921] Prinzing (2000), S. 211.
[922] Vgl. BWA, F 025-339, S. 26. Vorstandsbericht 1943.
[923] BWA, F 025-350, S. 55. Vorstandsbericht 1954. Ein geschickt gewähltes Motto, hielt es die Verbraucher doch nicht nur zu einer verstärkten Nutzung von Strom an, sondern verwies obendrein auf die Ineffizienz der Nutzung von Substitutionsenergie. Erst ein-

**Abb. 5.36: Kumulierte Verkaufszahlen der BELG hinsichtlich ausgewählter Elektro-Geräte (1930-1954)**

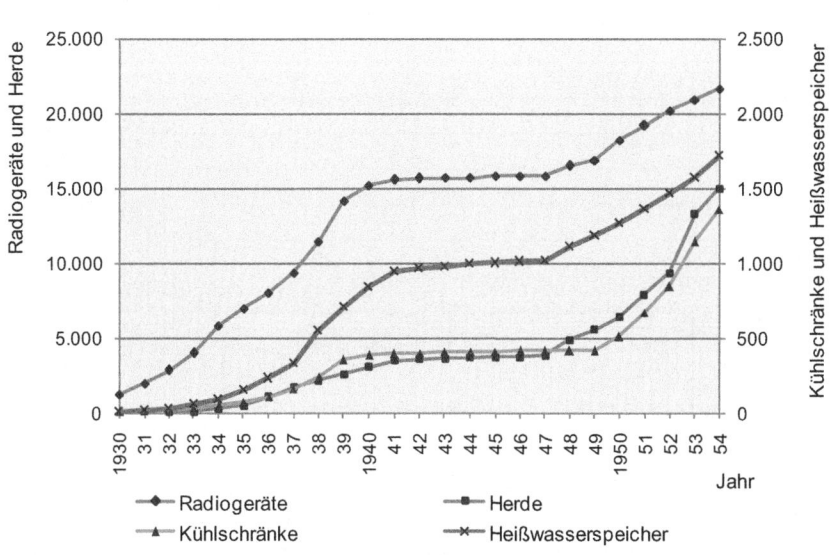

Quelle: Eigene Darstellung; Daten n. BWA, F 025-326 bis 350, Vorstandsberichte 1930-1954.

Auf die Tatsache, dass die Unterhaltung von eigenen Verkaufsstellen nicht vorrangig der Erschließung zusätzlicher Gewinnpotentiale diente, wurde bereits verwiesen. Vielmehr war man bedacht, die Vollelektrifizierung der Haushalte nicht alleine den Anstrengungen der Elektroindustrie zu überlassen.[925] Vor allem bei Überlandwerken galt nach Leiner die Regel: „Je früher der Zeitpunkt der Einführung eines Gerätes lag und je stärker ländliche Gebiete eingeschlossen sind, um so stärker ist der Eigenverkauf der Elektrizitätswerke."[926] Die BELG machte hier keine Ausnahme. Wie das Balkendiagramm in Darstellung 5.37 beweist, erwirtschaftete das Installations-und Verkaufsgeschäft im gesamten Untersuchungszeitraum lediglich marginale Reingewinne. In den Krisenjahren Anfang der Dreißiger Jahre musste man sogar rote Zahlen verbuchen.

---

mal sollten die durch den Strom gebotenen Möglichkeiten hinreichend ausgeschöpft werden.

[924] Vgl. Hauschildt (1964), S. 178 ff.

[925] Zängl (1989), S. 153 f. verweist auf die enge Zusammenarbeit zwischen Elektroindustrie und Energieversorgern, gibt aber gleichwohl zu bedenken, dass die Branchen gerne ihre völlige Unabhängigkeit voneinander demonstrierten.

[926] Leiner (1984), S. 24.

**Abb. 5.37: Reingewinn bzw. Verlust des Installations- und Verkaufsgeschäfts der BELG (1927 – 1954)**

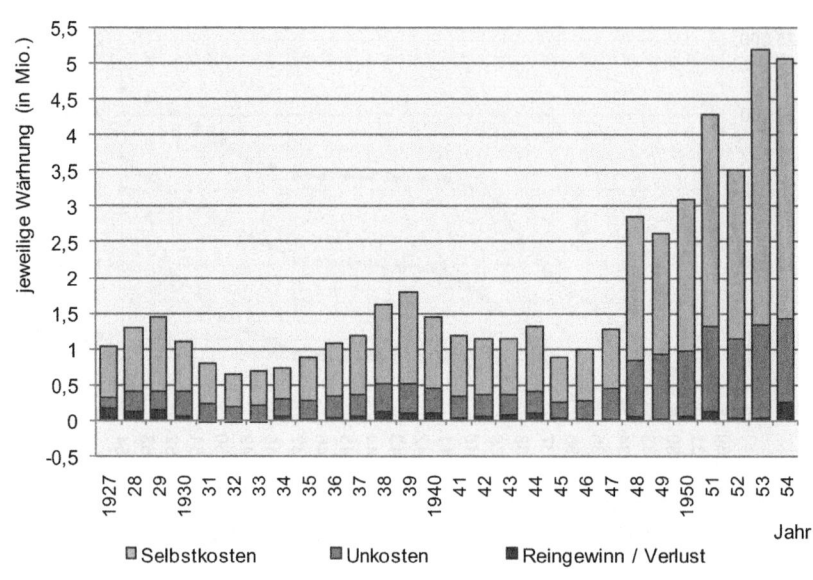

Quelle: Eigene Darstellung; Daten n. BWA, F 025-323 bis 350, Vorstandsberichte 1927-1954.

Einen weiteren zu beachtenden Aspekt stellten die in Oberfranken angesiedelten unternehmensfremden Installationsfirmen und freischaffenden Reisevertreter dar. Waren es 1948 noch 120 zugelassene Installationsfirmen, so wuchs diese Zahl binnen vier Jahren um das Doppelte an.[927] Insbesondere nach dem Zweiten Weltkrieg war man seitens der BELG aufgrund der großen „Schleuderkonkurrenz"[928] und der regen akquisitorischen Bemühungen der elektrotechnischen Großfirmen gezwungen, die angepriesenen Geräte mit geringer Gewinnspanne nur unwesentlich über dem Selbstkostenpreis zu veräußern. In den Vorstandsberichten wurde zudem die „vom Landesverband des Bayerischen Elektrohandwerks betriebene unsachliche Hetze gegen [die eigenen] Verkaufs- und Installationstätigkeit"[929] moniert. Letztlich spielten jedoch auch die Anstrengungen dieser Installateure indirekt in die Karten des Energieversorgers – der Stromabsatz stieg auf dem privaten Sektor kontinuierlich an.

---

[927] Vgl. BWA, F 025-344, S. 55 und -348, S. 54. Vorstandsberichte 1948 und 1952. Siehe hierzu auch die Stückzahl der im Untersuchungszeitraum jährlich installierten Motoren bzw. Brennstellen, unterschieden nach Eigen- und Fremdinstallateuren (dargestellt in Anlage 11 bzw. 13).

[928] BWA, F 025-348, S. 63. Vorstandsbericht 1952.

[929] Ebd., S. 66.

Zum Ende dieses Kapitels sei die Frage aufgeworfen, ob die Elektrizitätsversorger, sozusagen als Geißel der Privatwirtschaft, nicht den öffentlichen Auftrag des originären Versorgungsgedankens mit dem Zeitpunkt der verstärkten Akzentuierung von Werbung falsch zu interpretieren begannen. Schließlich bedarf die Pflicht der Versorgung nüchtern betrachtet keiner „künstlich" zu weckenden Begehrlichkeit.

Hauschildt gibt diesbezüglich zu bedenken, dass der erfolgreiche Versuch, „den Bedarf ‚über das Notwendige hinaus' zu steigern und das ‚natürliche Wachstum' des Verbrauchs künstlich zu beschleunigen"[930], erheblichen Einfluss auf die Bedarfsstruktur der Abnehmer hatte. Die Branche gebe es seiner Ansicht nach auf, „sich an den Bedarf anzupassen, sie re-agiere nicht"[931], sondern greife nachhaltig in das Marktgeschehen ein. Ein auf die Goldenen Zwanziger Jahre zurückzuführendes Vorgehen, das per se zwar als legitimes kapitalistisches Kalkül zu interpretieren sei, jedoch aus der Perspektive anderer Unternehmen der öffentlichen Versorgung einen volkswirtschaftlich zumindest bedenklichen Verdrängungswettbewerb mit alternativen Substitutionsprodukten über die Maße forciere.

Das Urteil darüber, ob die vorsichtig formulierte Kritik Hauschildts in ihrem Kern berechtigt ist, soll dem Leser überlassen bleiben. Es gleicht dem prominenten „Henne-Ei-Problem", da es objektiv nur schwerlich zu beurteilen ist, ob die Elektrizitätsbranche lediglich in der Bevölkerung schlummernde Grundbedürfnisse befriedigte oder diese vielmehr erst künstlich zu Tage förderte. Festzuhalten ist allerdings, dass die Werbung „als Mittel zur Ausweitung [...] des Absatzes ausschließlich dem Gewinnstreben"[932] diente und dient und als solche die Ausgestaltung der Überflussgesellschaft in maßgeblicher Weise bedingt.

Nach dieser Zäsur bezüglich der Elektrifizierung der Landwirtschaft sowie der Bewerbung und dem Verkauf von elektrischen Gerätschaften durch die BELG soll im Folgenden die Chronologie des Stromabsatzes mit der 1929 ausgebrochenen großen Depression ihre Fortsetzung finden.

### 5.5 Die Auswirkungen der Weltwirtschaftskrise

Im Winter 1929/30 geriet Deutschland in den Strudel unkontrollierbarer weltwirtschaftspolitischer Zusammenhänge. Die Initialzündung des amerikanischen Börsenkrachs am „Schwarzen Freitag", den 24. Oktober 1929, resultierte in dem bis

---

[930] Hauschildt (1964), S. 174.
[931] Ebd., S. 175.
[932] Ebd.

hierhin „tiefsten Strukturbruch in der Geschichte des westlichen Industriekapitalismus"[933] und brannte sich tief in das kollektive Gedächtnis – insbesondere der marktwirtschaftlich orientierten Industrienationen – ein. Der abrupte Entzug der kurzfristigen amerikanischen Kredite als Treibstoff der deutschen Wachstumsdynamik traf die finanzwirtschaftliche Achillesferse des Landes in vollem Ausmaß und wirkte wie ein unwiderstehlicher negativer Multiplikatoreffekt auf die Liquidität der systemrelevanten Banken. Zum Inbegriff der wirtschaftlichen Katastrophe wurde der Crash daher erst durch die Eigendynamik, die sich abseits des Börsenparketts daran anschloss. Die Ursachenanalyse dieses globalen Wirtschaftseinbruchs wird sicherlich zu Recht treffend als der „heilige Gral der Makroökonomie" umschrieben und bedingte nicht zuletzt mit der Abkehr von der Neoklassik hin zu einem nachfragegetriebenen Keynesianismus einen wirtschaftswissenschaftlichen Paradigmenwechsel.[934]

Sicherlich mussten sich viele Teilkrisen überlagern und gegenseitig beeinflussen, bis es zu einem ökonomischen Super-Gau dieser Reichweite kommen konnte. Sei es die Reparationsproblematik, eine unverhältnismäßige Reallohnentwicklung, die Labilität des Bankenwesens und ferner eine Agrar- oder Spekulationskrise – alle dienen sie einem vielsteinigen Mosaik gleich als Erklärungsansätze für die globale Entwicklung um das Jahr 1930. Viel schlimmer noch als die genannten „Brandherde" muss wohl das Einsetzen einer veritablen Vertrauenskrise interpretiert werden, die sich wie ein Schleiermantel von der Politik über die Industrie und Banken bis hinunter zu den Kleinanlegern ausbreitete. Die Folge war ein fataler Sparkurs, dessen sich alle Akteure gleichermaßen bedienten und Reichskanzler Heinrich Brüning im Volksmund den vielsagenden Beinamen des „Hungerkanzlers" einbrachte.[935] Es resultierte ein Teufelskreis zwischen einer stark deflationären Preisentwicklung, einem aufgrund nationaler protektionistischer Maßnahmen drastisch verschlechternden Handelsvolumen und einem versiegenden Kapitalstrom.[936] Die Zeche zahlten die illiquiden deutschen Firmen und damit als letztes Glied in der Kette die freigesetzten Arbeitnehmer. In der Spitze, im Februar 1932, stieg die Arbeitslosenquote in Deutschland mit 6,1 Mio. Menschen auf 44 Prozent und bildete den Nährboden für eine präzedenzlose Agitation gegen

---

[933] Wehler (2003), S. 257. Zum Entzug kurzfristiger Kredite und insbesondere zu der Entstehung und den Auswirkungen der Bankenkrise 1931 siehe Born (1967).
[934] Vgl. Bernanke (2008).
[935] Vgl. u. a. Vernekohl (1961), S. 46; Hildebrand (2008), S. 536 f.; Schöning (2000), S. 405 f.
[936] Der deutsche Warenexport sank in dem Zeitraum von 1929 bis zum Tiefpunkt der Rezession 1932 von 13,5 auf 5,7 Mrd. RM. Forstmeier/Volkmann (1981), S. 85. Siehe auch Spiegelonline (2010); Schwießelmann et al. (2009), S. 5-12; Galbraith (2008), S. 167-182.

die demokratische Ordnung. Der psychische Druck, der auf den Arbeitssuchenden und (noch) Arbeitenden gleichermaßen lastete, „fand in den Proklamationen links- oder rechtsradikaler Demagogen ein geeignetes Ventil"[937].

Das komplexe Gefüge der Wirkzusammenhänge und deren polykausalen Erklärungsmodelle würden wahrlich den Rahmen und die Intention dieser Arbeit verfehlen, wenn auch – wie mehrfach angedeutet – die Quantität des Stromabsatzes aufgrund der wechselseitigen Abhängigkeit mit der Industrie stets in engster Relation mit den ökonomischen Ereignissen zu betrachten ist. Die Graphik 5.38 vergleicht hierzu die Entwicklung der Produktions- und Investitionsgüterherstellung sowie des Reallohns in Deutschland mit der Stromerzeugung in Deutschland, Bayern sowie der BELG.

**Abb. 5.38: Auswirkungen der Weltwirtschaftskrise 1928-1934 (Basisjahr 1928; Index = 100)**

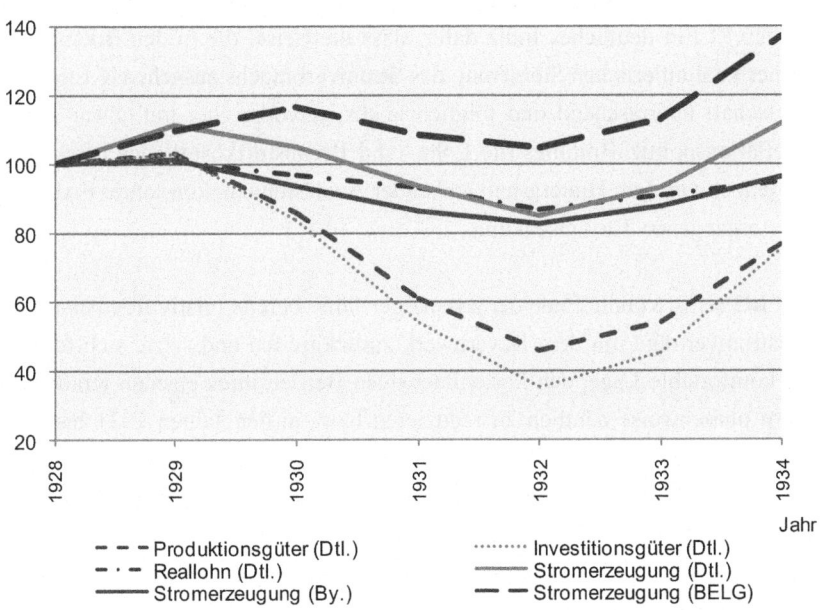

Quelle: Eigene Darstellung; Daten n. Deutsches Historisches Museum (2010); Statistisches Bundesamt (1953), S. 11; Die bayerische Elektrizitätsversorgung 1925 bis 1954 (1955), S. 12; BWA, F 025-324 bis 330, Vorstandsberichte 1928-34. (Stromerzeugung der BELG einschließlich Fremdbezug).

Bis auf die Strombereitstellung der BELG unterschritten ab 1929 alle Angaben ihren für 1928 auf 100 gesetzten Index. Auffallend ist, dass die Investitionstätigkeit der deutschen Unternehmen äußerst sensibel auf die Rezession reagierte – das Volumen an Investitionsgütern verringerte sich um annähernd zwei Drittel.

---

[937] Mannes (1999), S. 175.

Die Güterproduktion halbierte sich bis zum Tiefpunkt im Jahr 1932 und die Lebenshaltungskosten verbilligten sich um rund 25 Prozent. Allerdings sagt dies nichts darüber aus, dass für viele Haushalte aufgrund der rapide um sich greifenden Verelendung auch die vergünstigten Produkte und folglich auch der Konsum von Strom kaum erschwinglich waren.

Die Konsequenzen für die Stromnachfrage zeigen sich in dem reichsweiten Einbruch des Absatzgeschäftes. Wenn auch festzustellen ist, dass die Branche nicht in dem gleichem Ausmaß wie das produzierende Gewerbe unter den Belastungen der wirtschaftlichen Schieflage litt, war die Spitzenstromentlastung dennoch enorm. Lag die Höchstbelastung 1928 im ganzen Reich noch bei 71 Prozent, so verringerte sich die Nennleistung im Jahr 1930 auf unter 60 Prozent. Die gemittelte Auslastung der Werke sank auf 25 Prozent. Zudem stieg der Anteil der Großkraftwerke in der öffentlichen Stromversorgung, für deren Kapazitäten es nur noch bedingt Verwendung gab, von 24,1 Prozent im Jahre 1927 auf 44,7 Prozent 1929.[938] Ein deutliches Indiz dafür, dass die Krise, die in den Boomjahren von einer kontinuierlichen Steigerung des Stromverbrauchs ausgehende Elektrizitätswirtschaft überraschend und folglich höchst unvorbereitet traf. Zwar senkte die Deflationspolitik Brünings die Lohn- und Brennstoffkosten, der Effekt verpuffte jedoch vor dem Hintergrund sinkender Auslastungen, konstanter Fixkosten und der ergangenen Tarifabsenkung.[939]

Die BELG selbst konnte Ende der Zwanziger Jahre bereits relativ flexibel auf die Fremdstromverträge mit dem Bayernwerk zurückgreifen und setzte sich folglich in die komfortable Lage, den kostenintensiven Betrieb ihres eigenen Kraftwerks Arzberg phasenweise deutlich zu reduzieren bzw. in den Jahren 1931 bis 1933 sogar gänzlich einzustellen. Die monetären Konsequenzen der Krise für die Bilanz des Energieversorgers hielten sich daher im erträglichen Rahmen.[940] Gleichwohl verzeichnete das Absatzgeschäft eine rückläufige Entwicklung. Im Vorstandsbericht von 1931 hieß es hierzu: „Die Preisstürze an den Rohstoffmärkten, die Schwierigkeiten der Kreditbeschaffung [...], die Erhöhung des Reichsbankdiskontes zeitweilig auf 15 %, die Verringerung der Kaufkraft, die Einführung von Zollmauern im Auslande und die Verluste durch die Entwertung [...] anderer Währungen in Verbindung mit einer Zwangsbewirtschaftung der Devisen in zahlreichen Ländern trafen die auf Export eingestellte oberfränkische Industrie mit

---

[938] Zahlen zit. n. Zängl (1989), S. 147.
[939] Vgl. v. Aubel (1932), S. 5 ff.
[940] Siehe hierzu ausführlich Kapitel 4.2.3 „Die Entwicklung der Strombeschaffung der BELG im Kontext gesellschaftspolitischer Rahmenbedingungen".

besonderer Schwere."[941] Im Jahr 1931 meldete sich bereits die Hälfte der Industriebeschäftigten Oberfrankens – insbesondere in der exportierenden Textilindustrie – arbeitssuchend.[942] Ein noch verheerenderes Bild gab die im Versorgungsgebiet weit verbreitete Heimarbeit ab, die zum größten Teil „vollkommen darnieder lag"[943].

Die nutzbare Stromabgabe der BELG fiel zwischen 1930 und 1932 trotz der beschriebenen Umstände lediglich um rund 9,1 Prozent auf 52,8 Mio. kWh. Dieser vergleichsweise moderate Rückgang ist in erster Linie darauf zurückzuführen, dass die hiesige Industrie von einer eigenen Stromerzeugung durch unwirtschaftliche Eigenanlagen zunehmend absah und zu einer Fremdstromlieferung durch die öffentlichen Werke überging.[944] Zusätzlich zwangen die Schwierigkeiten in der Geldbeschaffung immer mehr Betriebe von einer Aufstellung neuer Dampfmaschinen und Dieselmotorenanlagen Abstand zu nehmen.[945] Hinzu kam die seit den Goldenen Zwanzigern forcierte Strategie der Vollelektrifizierung des Haushaltes, die zu einem gewissen Grad half, den Stromabsatz gegen konjunkturelle Schwankungen zu immunisieren.

Als eine wichtige Erkenntnis ist demzufolge festzuhalten, dass die Energiewirtschaft im Allgemeinen und die BELG im Speziellen gestärkt aus den Krisen hervorgingen, da diese eine Umstellung der Industrie von Eigenerzeugung auf Fremdbezug aus dem öffentlichen Versorgungsnetz begünstigten. Eine Umstellung, die dann auch zu Zeiten florierender Wirtschaftsentwicklung in der Regel beibehalten wurde und einen sprunghaften Anstieg der nachgefragten Strommenge nach sich zog.

In den alle Gesellschaftsbereiche umfassenden Niedergang fiel am 30. Januar 1933 die „Machtergreifung" der Nationalsozialisten. Nach Jahren unermesslicher Not „befreiten" die demagogischen und rüstungspolitischen Geschicke Hitlers sowie eine scheinbar allgegenwärtige Partei von den lähmenden Zwängen der Krise, so dass die Menschen größtenteils widerstandslos massive Eingriffe in die Rechtsstaatlichkeit hinnahmen. Die freiwillige Eingliederung der Wirtschaft, die Gleichschaltung ihrer Verbände, die Abschaffung des Föderalismus und der Selbstverwaltung der Kommunen wurden zügig umgesetzt in eine staatshörige Kommandowirtschaft. Die Leitung der BELG betrachtete die Zukunft unter dem Hakenkreuz in hoffnungsvollem Optimismus und lobte gar euphorisch, dass es

---

[941] BWA, F 025-327, S. 1. Vorstandsbericht 1931.
[942] Ebd.
[943] BWA, F 025-326, S. 2. Vorstandsbericht 1930.
[944] Vgl. BWA, F 025-16, S. 5. Geschäftsbericht 1929.
[945] Vgl. BWA, F 025-326, S. 1. Vorstandsbericht 1930.

„erster und heiligster Wille" des Führers sei, [...] der Wirtschaft wieder eine sichere Existenzgrundlage zu geben"[946] und damit „den Millionen Arbeitslosen Arbeit und Brot zu verschaffen"[947].

## 5.6 Der Stromabsatz der BELG zur Zeit des Nationalsozialismus

Die mitunter dringendste Aufgabe Hitlers umfasste die rasche Überwindung der Wirtschaftskrise. Unmittelbar nach Errichtung der Diktatur wurde die Wirtschaftspolitik der Nationalsozialisten daher an ein ehrgeiziges Wiederaufrüstungsprogramm gekoppelt. Sicherlich profitierte die einsetzende rasante wirtschaftliche Entwicklung zu einem gewissen Grad auch von der bereits vor der Machtübergabe eingetretenen Erholung der Weltwirtschaft sowie den zu Zeiten der Weimarer Republik eingeleiteten Konjunkturprogrammen.[948] Das Regime investierte, wie bereits vor 1933 seinen Förderern in der Großwirtschaft zugesagt, massiv in die „Wehrhaftmachung" sowie die militärisch-zivile Infrastruktur des Landes. Gab Deutschland in den Jahren 1933/34 für Militärzwecke 1,9 Mrd. Mark aus – etwa vier Prozent des Volkseinkommens – so erhöhten sich bereits ein Jahr nach Aufkündigung des Versailler Vertrages am 16. März 1935 die Rüstungsausgaben auf 4 Mrd. Mark. Im Jahr 1939 umfassten sie mit 18,4 Mrd. Mark rund 22,5 Prozent des Volkseinkommens.[949] Der Großwirtschaft, so muss man sich deutlich machen, war es tendenziell „einerlei, ob sie vom Helm oder Zylinderhut regiert"[950] wurde. Erstgenannte Kopfbedeckung allerdings ging aufgrund der zu antizipierenden Rüstungsaufträge einher mit einer vielversprechenden Aussicht auf dauerhaft ausgelastete Fabrikhallen. Die vorgezeichnete Entwicklung ließ auch den Bedarf an elektrischer Energie wieder rapide ansteigen, was sich im ganzen Reich wie auch in Bayern durch den Bau neuer Kraftwerke bemerkbar machte.[951]

---

[946] BWA, F 025-329, S. 1. Vorstandsbericht 1933.
[947] BWA, F 025-20, S. 5. Geschäftsbericht 1933.
[948] Hier ist u. a. auch die Konferenz von Lausanne im Juni 1932 mit dem beschlossenen Ende der Reparationszahlungen anzuführen. Darüber hinaus führten die Maßnahmen von Papen und Schleicher im Herbst 1932 in Verbindung mit dem Regierungswechsel im Januar 1933 und dem ersten Reinhardt Programm im Sommer 1933 zu einem nachhaltigen Umschwung des Investitionsklimas und einer Gesundung der marktwirtschaftlichen Selbstheilungskräfte. Vgl. u. a. Hildebrand (2008), S. 542 ff.; Steiger (1998), S. 218-252; Marcon (1974); Korsch (1976), S. 91-113; Wehler (2003), S. 643 f.
[949] Zahlenangaben nach Landes (1983), S. 377.
[950] Zit. n. Eckardt et al. (1985), S. 38.
[951] Hier ist beispielsweise die Errichtung von drei neuen Kraftstufen am bayerischen Inn zu nennen. Vgl. v. Keller (1969), S. 21.

## 5. STROMABSATZENTWICKLUNG UND EXPANSIONSPOLITIK

Grundsätzlich ist anzumerken, dass die Energiepolitik und damit einhergehend auch die Entwicklung der Elektrizitätswirtschaft im Nationalsozialismus eingebettet waren in die Grundsäulen nationalsozialistischer Wirtschaftspolitik.[952] Der Staat unterstützte eine weitreichende Umsetzung der Großversorgung und „zwar eindeutig auch im Dienste von Kriegswirtschaft und Militärproduktion"[953]. Durch zahlreiche Kupplungsmöglichkeiten sollte die Elektrizitätswirtschaft auch bei kriegsbedingten Zerstörungen in ein stabiles Fundament gegossen sein. Speziell vor dem Hintergrund der angekurbelten Produktionssteigerung kam der Elektrizität eine Schlüsselrolle zu, was sich in starken Zuwächsen des Stromverbrauchs widerspiegelte.

Auch die BELG selbst verzeichnete in den ersten beiden Jahren der Machtergreifung, obwohl in Oberfranken nur wenige Rüstungsbetriebe vorzufinden waren, einen sprunghaften Anstieg der nutzbaren Stromabgabe um ein Drittel. Hitler persönlich wird in den Vorstandsberichten dieser Jahre ehrfürchtig zitiert, da es „gelungen [sei] die natürliche Tatkraft, Entschluss- und Arbeitsfreudigkeit [des] Volkes in der glücklichsten Weise zu beleben"[954]. Auch die oberfränkische Landwirtschaft wurde in die Lage versetzt, durch die zunehmende Abschottung vom Weltmarkt bessere Preise zu erzielen. Zudem trug der Abbau der Hypothekenzinsen zu einer beschleunigten Entschuldung bei und ließ „den Landwirt wieder zu einem guten Stromabnehmer"[955] werden.

Wenn auch die größtenteils auf die Einfuhr ausländischer Rohstoffe angewiesenen Hauptindustrien des Versorgungsgebietes durch die schwierige Devisenlage sowie durch die einsetzende Autarkiepolitik der Nationalsozialisten an der vollen Ausnutzung ihrer Anlagen stark behindert wurden, so waren doch die binnenwirtschaftlichen Auftriebskräfte derart stark, dass die übrigen Industriezweige eine gute Beschäftigung aufwiesen. Wie bereits zur Sprache gebracht, handelte es sich bei der oberfränkischen Industrie um eine Qualitäts-Industrie, die erst mit einer gewissen Verzögerung von der fortschreitenden Besserung der Wirtschaftslage profitieren konnte. Der in Abbildung 5.39 dargestellte Stromabsatz der verschiedenen Hauptabnehmergruppen verdeutlicht die unter der Kategorie der Sonderabnehmer abzulesende Gesundung der hiesigen Industriebetriebe. Aufgrund der Höhenlage des Frankenwaldes und Fichtelgebirges war die BELG mehr als

---

[952] Vgl. Prinzing (2000), S. 321 ff.
[953] Ebd., S. 322.
[954] BWA, F 025-21, S. 5. Geschäftsbericht 1934; BWA, F 025-330, S. 1. Vorstandsbericht 1934.
[955] Vgl. BWA, F 025-330, S. 1. Vorstandsbericht 1934.

gleichartige Unternehmungen in anderen Landesteilen auf eine gut beschäftigte Industrie angewiesen.

**Abb. 5.39: Stromabsatz der BELG, unterteilt in die verschiedenen Hauptabnehmergruppen in Prozent (1914 – 1954)**

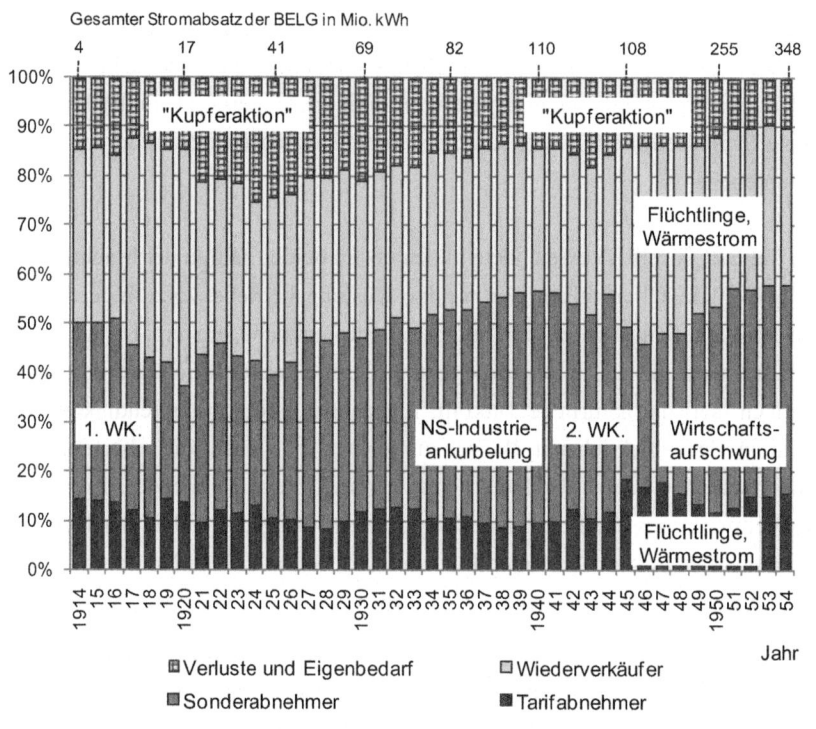

Quelle: Eigene Darstellung; Daten n. BWA, F 025-320 bis 350, Vorstandsberichte 1924-1954.

Insbesondere die Steinindustrie sowie Berg- und Hüttenwerke (später Reichswerke Hermann Göring) verzeichneten aufgrund der projektierten großen öffentlichen Bauten für u. a. Autobahnen und Aufmarschplätze einen ansteigenden Strombedarf und trugen ihren Anteil zu der rapide sinkenden Zahl von Arbeitslosen bei. Waren in Oberfranken zu Beginn des Dritten Reiches noch 46.000 Arbeitssuchende zu beklagen, so sank diese Zahl Ende 1936 auf verschwindend geringe 6.700. Im Jahr 1938, dem letzten Friedensjahr, bestand bereits ein Mangel an Industrie- und landwirtschaftlichen Arbeitern.[956] Die stetige Besserung der

---

[956] BWA, F 025-332, S 1. Vorstandsbericht 1936 sowie Denkschrift 25 Jahre BELG (1939), S. 14. Reichsweit wurden im Jahr 1933 4,804 Millionen Arbeitslose gezählt, zwei Jahre später nurmehr 2,151 Millionen. 1939 schließlich fiel die Zahl auf 118.915 zumeist friktionelle Arbeitslose. Kühnl (1979), S. 257, Dokument Nr. 147, Angaben des Statistischen Jahrbuchs für das Deutsche Reich 1939/40. Finanziert wurden die diversen

wirtschaftlichen Lage gestattete es, das Ziel der Vereinheitlichung der Elektrizitätsversorgung des Gebietes wieder aufzugreifen. Nachdem bereits in den Jahren 1926 und 1927 die Elektrizitätswerke Markgraitz, Redwitz a. d. Rod. sowie Stadtsteinach käuflich erworben werden konnten, folgte in den Jahren 1935/38 der Erwerb der Elektrizitätswerke Weißenbrunn, Thonberg, Goldkronach und Fichtelberg.[957] Am 31. Dezember 1938 umfasste die unmittelbare Stromversorgung der BELG 13 Städte und 345 Gemeinden mit 1.038 Ortschaften und rund 194.000 Einwohnern, außerdem wurden mittelbar ganz oder teilweise 6 Überlandwerke und 7 gemeindliche Elektrizitätswerke beliefert. Das Hochspannungsnetz umfasste eine Länge von zirka 1.450 km und die Niederspannungsnetze eine solche von zirka 1.200 km. Im gleichen Jahr konnte die BELG als Meilenstein der wirtschaftlichen Entwicklung erstmals eine jährliche nutzbare Stromabgabe jenseits der 100 Mio. kWh ausweisen. Der Strombedarf im Versorgungsgebiet hatte sich damit in den fünf Jahren der NS-Herrschaft nahezu verdoppelt. Die positive Akzeptanz von Strom als moderner Energieträger erster Wahl war nicht zuletzt auch auf die gefallenen Konsumentenpreise zurückzuführen. So sanken die Durchschnittsstrompreise für Kleinabnehmer zwischen der Währungsstabilisierung 1924 und dem letzten Friedensjahr um 45 Prozent und für industrielle und andere Großverbraucher um über 35 Prozent.

Trotz dieser Zahlen hatte das Versorgungsgebiet als Teil des Grenzlandes gegen die Tschechoslowakei in den Jahren nach der Machtübernahme „nicht den grossen wirtschaftlichen Aufschwung zu verzeichnen, den andere Reichsgebiete aufzuweisen hatten"[958]. Hierzu trug auch bei, dass die im östlichen Oberfranken zahlreich angesiedelten Textilunternehmen, die branchenspezifisch größten Stromabnehmer der BELG, aufgrund der Faserstoffverordnung der Reichsregierung angehalten waren, ihre Produktion auf 36 Stundenwochen zu beschränken.[959] Zudem litt die Porzellanindustrie aufgrund ihrer ausgesprochen starken

---

Arbeitsbeschaffungsmaßnahmen durch eine Kapitalpolitik, die bereits in den ersten fünf Jahren der Machtergreifung zu einer inneren Verschuldung des Reiches in Höhe von 42 Mrd. Reichsmark führte. Ebd., S. 259, Dokument Nr.152, zum Arbeitsbeschaffungsprogramm.

[957] Für die Expansionsbestrebungen sowie die im Folgenden angeführten Zahlenwerte siehe Denkschrift 25 Jahre BELG (1939), S. 14 f.

[958] BWA, F 025-334, S. 1. Vorstandsbericht 1938.

[959] BWA, F 025-331, S. 1 und 9. Vorstandsbericht 1935. Die sog. Faserstoffverordnung vom 19. Juli 1934 (RGBl. I 1934, S. 713-717) bzw. das Spinnstoffgesetz vom 6. Dezember 1935 (RGBl. I 1935, S. 1411-1416) beschrieben das Bemühen der Nationalsozialisten, die Produktion der Textilindustrie einzuschränken, um auf diese Weise Devisen zu sparen bzw. eine spekulative Hortung von Rohstoffen und Halbwaren zu unterbinden. Die Arbeitszeit in den Betrieben wurde von durchschnittlich 48 Stunden auf 36 Stunden pro Woche verkürzt und Doppelschichten generell verboten. Die Gründung neuer Betriebe oder Produktivitätssteigerungen in den bestehenden Fabriken wurde un-

Exportabhängigkeit infolge der Erschwerung der Ausfuhr ihrer Produkte ins Ausland. Aus diesem Grund blieb auch die von der BELG forcierte Einführung des elektrischen Porzellanbrands bis in die späten Dreißiger Jahre wenig erfolgversprechend.[960] Ein Ausgleich durch die Ansiedlung von stromintensiven Rüstungsbetrieben konnte ebenfalls kaum geschaffen werden, da es „Grenzlandschicksal war, dass gegen die Errichtung von Vierjahresplan- und Rüstungsindustrien wehrwirtschaftliche Bedenken bestanden"[961].

Erst infolge der „Heimführung der sudetendeutschen Gebiete im Jahr 1938"[962] und durch die „Unterstellung des Protektorates Böhmen und Mähren unter den Schutz des Grossdeutschen Reiches im Jahre 1939" machte sich die Betriebsführung des Überlandwerkes Hoffnung auf ein Versorgungsgebiet als „gesicherter Gau nahezu in der Mitte des Reiches". Dieser sollte, so der Wunschgedanke zum 25-jährigen Firmenbestehen, „künftig mehr als bisher an der wirtschaftlichen Entwicklung [des] Vaterlandes teilhaben". An die Seite der „alten, bodenständigen Textil- Porzellan-, Stein- und Nährmittelindustrien" sollten „neue grosse Werke des Bergbaues und metallverarbeitende Betriebe" treten, so dass sich in dem „Versorgungsgebiete, [...] eine glücklichere Mischung der verschiedenartigsten Industrie-Gruppen" zur struktur- und konjunktursicheren Komposition zusammenfüge. Eine Erwartung, die noch im gleichen Jahr durch den Feldzug gegen Polen sowie den Krieg gegen England und Frankreich jäh enttäuscht wurde.

In der Folge wurden „zahlreiche Betriebsangehörige zur äusseren Front abgestellt"[963]. Von der Einberufung in die Reichswehr bzw. Wehrmacht war „überwiegend langjähriges und gut eingearbeitetes Personal mittleren Alters betroffen"[964], was eine Aufrechterhaltung der Stromversorgung in hohem Maße von Jugendlichen, ausländischen Hilfskräften sowie Kriegsgefangenen abhängig machte. Das bis hierhin rapide Wachstum im nutzbaren Stromabsatz mündete in den anfänglichen Kriegsjahren in eine Stagnation, bis sich schließlich 1942 der

---

tersagt. Ebenfalls 1934 regulierte Reichswirtschaftsminister Hjalmar Schacht auch die Rohstoffe für die Textilindustrie: Die Baumwollspinnereien erhielten danach nur noch 70 Prozent der zuvor verarbeiteten Baumwollmenge. Vgl. u. a. Banken/Bähr (2006), S. 155; Höschle (2004), S. 17; Burth et al. (1993), S. 202 ff.

[960] Erst als die Firma Rosenthal ab 1938 verstärkt in den Elektrobrand investierte, fungierte diese als Zugpferd für die anderen Unternehmen dieser Branche.

[961] BWA, F 025-334, S. 1. Vorstandsbericht 1938.

[962] Hier und im Folgenden siehe BWA, F 025-335, S. 1. Vorstandsbericht 1939.

[963] BWA, F 025-335, S. 1. Vorstandsbericht 1939. Waren zu Beginn des Krieges 116 von insgesamt 640 Lohn- und Gehaltsempfängern der BELG eingezogen, so erhöhte sich diese Zahl bis zum Jahr 1944 auf 188 von 555 Gefolgschaftsmitgliedern. Ein Umstand, der eine betriebsgerechte Aufrechterhaltung der Stromversorgung an die äußersten Grenzen des Machbaren drängte. Vgl. , F 025-340, S. 35. Vorstandsbericht 1944.

[964] BWA, F 025-335, S. 43. Vorstandsbericht 1939.

Strombedarf um 10 Prozent gegenüber dem letzten Vorkriegsjahr reduzierte – eine Entwicklung, die in erster Linie auf den in Oberfranken vorherrschenden Personalmangel und die behördlich verfügten Betriebseinschränkungen für die Friedenswirtschaft, insbesondere die Textilindustrie, zurückzuführen war. Diese erlitt im genannten Zeitraum einen Einbruch von jährlich beanspruchten 25 auf 12 Mio. kWh.[965] Auch der Bergbau und die Steinindustrie erlitten Rückläufe in ähnlich hohem prozentualen Ausmaß. Ab 1942 wurden der Bevölkerung zudem Stromsparempfehlungen gegeben, u. a.: „Entbehrliche Glühbirnen herausschrauben, Rundfunkapparat nicht unnötig laufen lassen, Bügeln nur bei größerer Wäschemenge, elektrische Kochherde kleindrehen"[966]. Allerdings ging der Bedarf der Haushaltungen und der Wiederverkäufer trotz dieser Maßnahmen lediglich marginal zurück. Die Kurvenverläufe in der Darstellung 5.40 verbildlichen den Strombedarf der unterschiedlichen Industriezweige des Versorgungsgebietes.

In den Jahren 1942/43 begannen sich die allgemeinen Kriegsverhältnisse endgültig zu Ungunsten des Deutschen Reiches zu verschieben. Hitler trieb die 6. Armee in Stalingrad in eine vernichtende Niederlage, die gleichsam eine kriegsentscheidende Wende markierte. Die Materialverluste der zahlreichen Kriegsschauplätze waren nun nicht mehr kompensierbar, obgleich den Bedürfnissen der heimischen Rüstungsindustrie alle verfügbaren Ressourcen untergeordnet wurden.

Im Geschäftsjahr 1943 bekam auch die BELG den misslichen Kriegsverlauf zu spüren und befürchtete in einer Stellungnahme der Unternehmensleitung, dass „die Mobilisierung aller Kräfte des Volkes für den Endkampf [...] zu einer weiteren Schliessung von solchen Betrieben führen [werde], die für den Ausgang des Krieges nicht von entscheidender Bedeutung sind"[967]. Zusätzlich verringerte sich durch den Ausbau des kriegswichtigen Kupfers aus den Verteilungsleitungen der BELG die Effizienz der Strombereitstellung – eine Parallele zum Ersten Weltkrieg. Insgesamt wurden im Verlauf des Zweiten Weltkriegs über 150 Tonnen Kupfer aus dem Leitungsnetz der BELG extrahiert und durch minderwertige Aluminiumseile ersetzt.[968] Auch der Strombedarf für Straßen- und Reklamebe-

---

[965] Die BELG war bestrebt, „diesen Werken wegen der wirtschaftlichen Schwierigkeiten [...] möglichst entgegenzukommen. BWA, F 025-338, S. 9. Vorstandsbericht 1942. War die oberfränkische Textilindustrie im Jahre 1940 noch in größerem Umfang mit sowjetischer Baumwolle versorgt, so blieb sie durch den Ausbruch des Krieges mit der Sowjetunion fast ausschließlich auf die Zuteilung von Zellwollen angewiesen, so dass ein „immer mehr ansteigender Rückgang zu verzeichnen war". BWA, F 025-337, S. 7. Vorstandsbericht 1941.

[966] Zängl (1989), S. 197. Vergleiche auch die Verordnung über Einschränkung des Energieverbrauchs vom 22. Juni 1943 (RGBl. 1943, Teil I, S. 366).

[967] BWA, F 025-338, S 47. Vorstandsbericht 1942.

[968] Vgl. BWA, F 025-340, S. 34 f. Vorstandsbericht 1944. Siehe auch die Aktenvermerke und Rundschreiben betreffend die „Kupferaktion" festgehalten in BWA, F 025-821.

leuchtungen reduzierte sich durch die angeordneten Verdunkelungsmaßnahmen praktisch auf Null.[969] Infolge des von Joseph Goebbels am 18. Februar 1943 ausgerufenen „Totalen Krieges" kam es schließlich im Versorgungsgebiet zur Stilllegung und strikten Kontingentierung vieler „nicht ausschliesslich der Kriegswirtschaft dienenden Fabrikbetriebe"[970].

**Abb. 5.40: Stromabsatz der BELG, unterteilt in die verschiedenen Industriebranchen (1933-1945)**

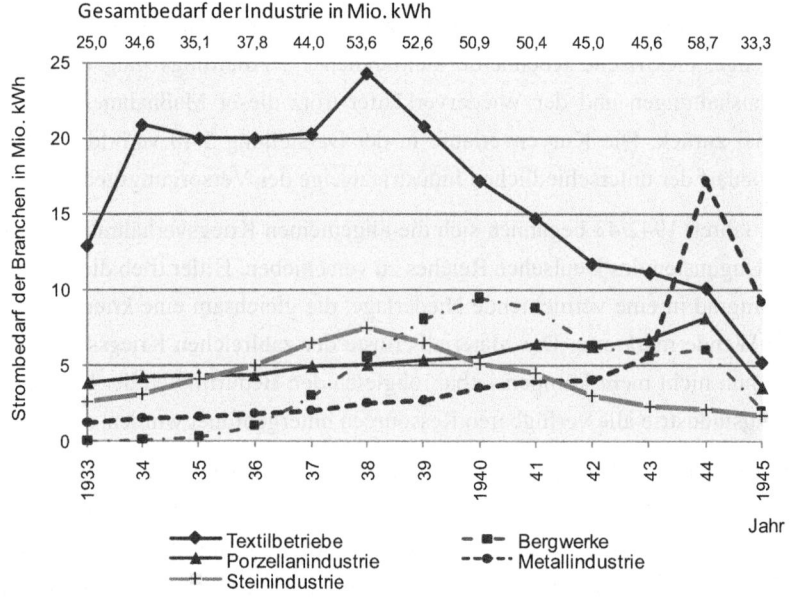

Quelle: Eigene Darstellung; Daten n. BWA, F 025-329 bis 341, Vorstandsberichte 1933-1945.

Dem stand in den letzten Kriegsjahren ein überproportionaler Anstieg des Stromverbrauchs der Metallindustrie gegenüber – eine Entwicklung, die im Übrigen für ganz Bayern zu beobachten war. In den Vorstandsberichten heißt es hierzu: „Die verstärkten feindlichen Luftangriffe auf Grosstädte und Industriegebiete des Reiches machten vorsorglich die Verlegung von Rüstungsbetrieben in weniger gefährdete Gegenden notwendig."[971] Die leer stehenden Fabrikhallen der oberfränkischen Friedenswirtschaft eigneten sich diesbezüglich besonders gut, um die planwirtschaftliche Aufnahme der luftgefährdeten Industrie zu gewährleisten. Als Folge erhöhte sich der Stromabsatz der BELG an metallverarbeitende Betriebe im Jahr 1944 gegenüber dem Vorjahr um über 300 Prozent auf 17 Mio. kWh. Die

---

[969] Vgl. BWA, F 025-340, S. 10. Vorstandsbericht 1944.
[970] BWA, F 025-339, S. 1. Vorstandsbericht 1943.
[971] Ebd.

gesamte nutzbare Stromabgabe der BELG stieg durch diese Entwicklung im gleichen Zeitraum über 22 Prozent auf rund 111 Mio. kWh noch einmal sprunghaft an – ein Wert, der sogar um 11 Prozent über dem des letzten Friedensjahres lag.[972] Fast jeder Betrieb arbeitete nun für die Rüstung und konnte durch die BELG ohne nennenswerte Zwischenfälle versorgt werden.

Eine robuste Stromversorgung war entstanden, die in den Kriegsjahren in ganz Bayern aufrecht erhalten werden konnte. Reichten die eigenen Erzeugungsanlagen nicht aus, so konnte doch, gestützt auf die Stromlieferungen aus den mitteldeutschen Braunkohlerevieren, die Stromversorgung Bayerns „ohne energiebedingte Einschränkungen durchgeführt werden"[973]. Bayernweit stieg die Stromproduktion der öffentlichen Versorgung im Zeitraum von 1933 bis 1944 um 250 Prozent auf 4.500 Mio. kWh und reichsweit gar um 265 Prozent auf rund 22.500 Mio. kWh.[974] Im April 1945 schließlich verhinderten die unmittelbaren Kampfhandlungen im Lande eine Fortführung der geordneten Stromversorgung.[975] Das von der BELG versorgte Gebiet, welches während der ganzen Kriegsjahre im Wesentlichen verschont geblieben war, erlitt noch in den letzten Kriegstagen erhebliche Schäden, von denen sowohl Anlagen des eigenen Unternehmens, wie auch Anlagen der angeschlossenen großen Industriebetriebe betroffen waren. Im selben Monat schließlich legte der Einmarsch amerikanischer Soldaten „schlagartig die Elektrizitätsversorgung [...] lahm"[976], so dass nur noch eine geringe Quantität an Lichtstrom in das Netz eingespeist werden durfte. Auch in den Monaten nach dem endgültigen Zusammenbruch des Dritten Reiches blieb die Stromabgabe infolge des Stillliegens der Industrie minimal.

Wie bereits an anderen Stellen dieser Arbeit Erwähnung fand, hatten wirtschaftliche und kriegsbedingte Krisenzeiten auf den oberfränkischen Energieversorger stets einen positiven Einfluss hinsichtlich des Bestrebens, eine Konsolidierung des Versorgungsgebiets herbeizuführen – zu sehen insbesondere auch in den Jahren des Zweiten Weltkrieges. So ist in den Vorstandsberichten explizit hervorgehoben, dass die Kriegsgeschehnisse immer wieder „unzulängliche Elektrizitäts-

---

[972] BWA, F 025-340, S. 4 und S. 7. Vorstandsbericht 1944.
[973] v. Keller (1969), S. 22.
[974] Siehe hierzu auch die Entwicklung der bayerischen bzw. reichsweiten Stromerzeugung in Darstellung 4.17 „Quellen der Elektrizitätserzeugung öffentlicher Elektrizitätswerke in Bayern (1925 – 1954)" bzw. Anlage 9 „Quellen der Elektrizitätserzeugung öffentlicher Elektrizitätswerke in Deutschland (1925 – 1954).
[975] Vgl. Boll (1967), S. 80. Jansen (1968), S. 216-219 weist darauf hin, dass die Alliierten aufgrund der fälschlicherweise vermuteten Krisenfestigkeit der deutschen Elektrizitätswirtschaft selbige nicht als primäre Angriffsziele in Betracht zogen.
[976] BWA, F 025-341, S. 1. Vorstandsbericht 1945.

werke zur Aufgabe"[977] zwangen und einen kostengünstigen Aufkauf der selbigen ermöglichten. Darüber hinaus wurde die Anschlussbewegung wesentlich gefördert durch die von den Wirtschaftsämtern zur Dieselöleinsparung in der Industrie veranlassten Umstellungen auf Strombezug.[978] Auch der staatlich angeordnete Rückgang der privaten Stromversorgung durch industrieeigene Kraftwerke und die entsprechend einhergehende Notwendigkeit des Fremdbezugs aus dem Netz der öffentlichen Versorgung sind aus diesem Blickwinkel zu betrachten – ein Umstand, der sich in den Nachkriegsjahren in einem sprunghaft ansteigenden Strombedarf niederschlug. Diese katalysatorische Wirkung des Krieges lässt sich auch auf die Stromversorgung des gesamten Reiches projizieren. Die Entwicklung der Elektrizitäts-Großversorgung und der Ausbau des Verbundsystems in der Zeit des Nationalsozialismus fanden beschleunigt statt. „Die Jahre zwischen 1933 und 1945 mit ihren außerordentlichen Anforderungen haben den Gedanken des Verbundbetriebes im Sinne eines dauernden Zusammenschlusses aller deutschen Höchstspannungsnetze nur gefördert."[979]

Allerdings, so ist anzumerken, ließ die „Elektrizitätswirtschaftspolitik im Dritten Reich [...] die große[n] Linien eindeutig vermissen"[980]. Die Basis einer überzeugenden wirtschaftspolitischen Konzeption kollidierte oftmals mit den nur schwerlich zu vereinbarenden Vorstellungen der unterschiedlichen Interessengruppen. Auf die diametral gegenüberstehenden Lager der Verfechter einer steigenden Konzentration auf der einen und der Befürworter der kommunalen Versorgungsstruktur auf der anderen Seite wird im nächsten Kapitel detaillierter einzugehen sein. Die Kompetenzstreitigkeiten zwischen den einzelnen nationalsozialistischen Instanzen, die unter dem Leitsatz der „Neuordnung der Energiewirtschaft" ausgefochten wurden, taten ihr Übriges.

An dieser Stelle ist es daher lohnend, den Einfluss der Nationalsozialisten auf die (kriegs)wirtschaftlich wie zivil so bedeutend gewordene Branche der Elektrizitätswirtschaft und hier im Besonderen das Energiewirtschaftsgesetz aus dem Jahr 1935 in seinem Zustandekommen und seinen Eckpunkten genauer darzustellen; zumal diese Gesetzesschrift die Position der großen Energieversorger bis zur Liberalisierung des Energiemarktes 1998 bestimmte und ihre Gebietsansprüche und damit ihre absatzseitige Marktbeherrschung zementierte.

---

[977] Vgl. BWA, F 025-335, S. 2. Vorstandsbericht 1939.
[978] Vgl. BWA, F 025-27, S. 5. Geschäftsbericht 1940.
[979] Boll (1967), S. 80.
[980] Herzig (1992), S. 139. Vgl. auch Gröner (1975), S. 251.

## 5.7 Das Energiewirtschaftsgesetz von 1935 – ein Kompromiss mit großwirtschaftlicher Einfärbung

Noch vor der Machtergreifung mahnte der Autor Prof. Windel vor den Gefahren, die der allzu verlockende Griff nach der Energieaufsicht mit sich bringen würde: „Niemals darf aber der Lebensnerv unserer Wirtschaft weder direkt noch indirekt zu einem Mittel politischer Macht werden oder dem Ziel zu ihrer Erlangung dienen. Die Elektrizitätsversorgungspolitik muss von diesen Möglichkeiten unbedingt ferngehalten werden."[981]

Zunächst war diese Sorge vor wirtschaftspolitischen Eigenmächtigkeiten des Staates, die Versorgungswirtschaft betreffend, relativ unbegründet, zumal diese Eingriffe aufgrund der Autonomie der Länder „niemals einen das gesamte Reichsgebiet umfassenden ordnungspolitischen Charakter"[982] aufweisen konnten. Einzige Ausnahme stellte das an früherer Stelle behandelte „Gesetz betreffend die Sozialisierung der Elektrizitätswirtschaft" vom 31.12.1919 dar.[983] Fernerhin bestand im Grunde auch kein akuter Handlungsbedarf, da die Großunternehmen der Elektrizitätswirtschaft nach dem „wirklichen deutschen Elektrofrieden 1929"[984] ihre Versorgungsgebiete – sozusagen ihre Claims – auf privatrechtlichem Wege festgezurrt und damit einen Zustand eingenommen hatten, „in dem das Bedürfnis nach einer staatlichen Regelung sehr viel geringer war, als in anderen Wirtschaftsbereichen"[985].

Dennoch ließ sich nicht darüber hinwegtäuschen, dass sich der elektrizitätswirtschaftliche Energiesektor zu einem hohen Anteil aus öffentlichen Unternehmen getragen von Kommunen und Ländern sowie – in geringem Ausmaß – dem Reich zusammensetzte. Mit anderen Worten formuliert agierten dieselben Instanzen, die den Sektor politisch und rechtlich steuerten, als konkurrierende Unternehmer auf den regulierten Märkten. Diese Vermischung von ordnungspolitischen Kompe-

---

[981] Zit. n. Eckardt et al. (1985), S. 28.

[982] v. Fricken (1969), S. 185. Zur Geschichte des Energierechts und der Energiewirtschaftspolitik siehe u. a. Friedrich (1936), S. 14-98; Löwer (1992), S. 187-201.

[983] Siehe hierzu das Kapitel 4.2.1.1 „Das Sozialisierungsgesetz von 1919 – Interessengegensätze blockieren das Reformvorhaben".

[984] Vgl. u. a. Zängl (1989), S. 123-127; Baedecker (2002), S. 64 f.; Bleicher (2006), S. 114-117. Die Jahre zwischen 1927 und 1929 waren von intensiven Konkurrenzkämpfen der großen Verbundunternehmen geprägt. Im Mai 1929 folgte dann nach mehreren vergeblichen Anläufen der „Wirkliche deutsche Elektrofriede". Das RWE, die VEW und das Badenwerk wurden gleichberechtigte Partner in der vormals von der öffentlichen Hand gegründeten AG für deutsche Elektrizitätswirtschaft. Gröner (1975), S. 223 tituliert die hierdurch geschaffene Konstellation als ein „Super-Gebietskartell", in dessen Machtbereich „die Marktprozesse in einer selbstgefälligen ‚Versorgungsmentalität' der in ihrer Existenz nun absolut geschützten EVU" übergingen.

[985] Wolter/Reuter (2005), S. 166.

tenzen, partikularen ökonomischen Interessen und politischer Konkurrenz stellte nach Stier einen Sonderfall nationalsozialistischer „Polykratie" dar, „die vor allem die Konkurrenz der unterschiedlichen Akteure deutlich werden lässt"[986].

Die systemimmanenten Interessenkonflikte zwischen dem Innen- und Wirtschaftsressort, also den kleineren kommunalen und städtischen Energieversorgern auf der einen und den großen, marktbeherrschenden Unternehmen auf der anderen Seite mochten daher durchaus Anlass zu einer staatlich tragfähigen Regelung geben. Letztere Gruppe der Großkonzerne, namentlich die Elektrowerke AG (Ewag), die Preußische Elektrizitäts AG (Preußen-Elektra) und das Bayernwerk, waren seit 1928 durch die „AG für deutsche Elektrizitätswirtschaft"[987] in einem Zweckbündnis vereint. Besagte Studiengesellschaft legte dem Reichswirtschaftsministerium dann auch im Oktober 1933 ein Gutachten vor, das die eigenen Interessen in Form einer Aufteilung der Staatsfläche in wenige (sechs bis acht) von den großen Versorgern kontrollierte Gebiete vorsah.[988] „Kettenhandel" und Konzessionsabgaben, so das Plädoyer, würden verschwinden. Es sollte demnach ein Zustand geschaffen werden, der „die Rechte einer verstaatlichten Elektrizitätswirtschaft einer in privater Hand befindlichen Elektrizitätswirtschaft eingeräumt hätte"[989].

Entsprechend empört reagierte zunächst das Regime, das, so muss erwähnt werden, „in seinen Reihen kaum energiepolitischen Sachverstand besaß"[990]. Nicht zuletzt auch deshalb, da man einer konzentrierten Großerzeugung im Kriegsfalle schwer kalkulierbare Risiken bei Fliegerangriffen zuschrieb. Die NSDAP entwarf

---

[986] Stier (2006), S. 283. Siehe hierzu auch die Ausführungen des Partei-Ingenieurs Franz Lawaczeck, die eine Apologie der dezentralisierten Versorgungsstruktur darstellt und als solche eine kommunale Elektrizitätswirtschaft mit der braunen Ideologie verknüpft sieht. Lawaczeck (1936). Auch Gottfried Feder, seit Juni 1934 Führer des „NS-Amts für Technik" ist als Musterbeispiel für die Ziele der nationalsozialistischen Mittelstandsbewegung zu nennen. Vgl. Stier (1999), S. 448 f.

[987] Sie ist als Vorläufer der Deutschen Verbundgesellschaft (DVG) zu betrachten, die im Jahr 2001 in dem Verband der Netzbetreiber (VDN) aufging

[988] Ein von Reichswirtschaftsminister Hugenberg eingeholtes „Gutachten über die in der deutschen Elektrizitätswirtschaft zur Förderung des Gemeinnutzes notwendigen Maßnahmen". Vgl. Hellige (1986), S. 126 f. sowie Löwer (1992), S. 191. Darüber hinaus sind Ansätze verschiedenster Instanzen und Interessengruppen zu nennen, auf die an dieser Stelle jedoch nicht näher eingegangen werden kann. Hier sind bspw. anzuführen: die Beratungen des Reichs-Elektrizitätsbeirats (1923/26), die Empfehlungen der großen Enquête-Kommission zur Untersuchung der Erzeugungs- und Absatzbedingungen der deutschen Wirtschaft (1926/30), ein für das Reichswirtschaftsministerium von Oskar v. Miller erstelltes Gutachten (1930), die Gesetzesvorschläge des Reichsverbands der Elektrizitätsabnehmer (1931/32), unterschiedliche Reformvorschläge von privater und privatwirtschaftlicher Seite sowie die Weisungen auf der zweiten Weltkraftkonferenz in Berlin (1930). Vgl. Stier (2006b), S. 292 f.

[989] Zängl (1989), S. 177.

[990] Kehrberg (1996).

daher ein Gegenkonzept, das prinzipiell eine dezentralisierte Versorgung der Landesteile bevorzugte, als Entgegenkommen jedoch die Abschaffung der Konzessionsabgaben befürwortete: Erst ohne diese Belastungen könnten die Versorger „ihre Rolle als Dienerin aller Wirtschaftszweige richtig spielen"[991]. Diese Haltung der Partei rief alsbald ihre kommunalen Flügel auf den Plan. So legte der deutsche Gemeindetag im Oktober 1934 eine Denkschrift über die „Deutsche Energiewirtschaft am Wendepunkt"[992] vor, mit der man sich hinsichtlich der Bestrebung nach Dezentralisierung in den „kriegswirtschaftlichen Windschatten der Partei"[993] stellte. Der angedachten Aufhebung der Konzessionsabgaben wurde allerdings aufs entschiedenste widersprochen, da dieses Vorhaben mit einem Verlust der dringend benötigten jährlichen Einnahmen aus diesen Betrieben einherging.

Aus den geschilderten Hergängen wird ersichtlich, dass trotz der nationalsozialistischen Gleichschaltungsideologie eine Ausschaltung von „politischen Partikularismen" vielfach realen Interessengegensätzen zum Opfer fiel, was eine stringente Neuordnung der Energiewirtschaft erschwerte. Ab 1934 erstarkte allerdings die Position der großen Versorger insofern, als sie in selbigem Jahr im Zuge der gewerbswirtschaftlichen Gleichschaltung entscheidende Führungsstellen in der neu gegründeten „Reichsgruppe Energiewirtschaft" (REW) und der „Wirtschaftsgruppe Elektrizitätsversorgung" (WEV) zu besetzen wussten.[994] Kurz darauf erfolgte die Berufung von Hjalmar Schacht zum Reichswirtschaftsminister, was einen weiteren Vorteil für die Großindustrie bedeutete.[995] Auf der ersten und gleichsam richtungsweisenden Saarbrückener Jahrestagung der WEV im September 1934 machte selbiger bereits deutlich, dass er „hinsichtlich der Unternehmungsformen und der Besitzverhältnisse keinerlei Unterschied machte [...]: Nicht das ist im nationalsozialistischen Staat von grundsätzlichem Interesse, ob die Energieversorgung von privater oder öffentlicher Hand befriedigt wird, sondern die Unterordnung jeglicher Erzeugung unter das Interesse des Gesamtwohls von Volk und Staat, ganz einerlei, ob die Wirtschaftsführer Verwalter und Betriebs-

---

[991] Carl Krecke, Leiter der Hauptgruppe 13 (Elektrizität und Wasserversorgung), in seiner Antrittsrede im Juni 1934. Krecke, zit. n. Friedrich (1936), S. 73.

[992] Siehe hierzu Meyer/v. Aubel (1935).

[993] Löwer (1992), S. 192.

[994] Allen voran Carl Krecke bei der REW, seines Zeichens Vorstand der Berliner BEWAG und Aufsichtsratsmitglied zahlreicher großer Aktiengesellschaften sowie bei der WEV der Generaldirektor der „Märkischen Elektricitätswerk AG" Wilhelm Zschintzsch. Vgl. Stier (1999), S. 449.

[995] Vgl. Wolter/Reuter (2005), S. 167. Schacht hatte sich bereits frühzeitig für eine monopolistische Struktur der Elektrizitätswirtschaft basierend auf großen Versorgungsunternehmen ausgesprochen. Schacht (1932), S. 27 f. Vgl. auch Kehrberg (1996); Stier (1999), S. 446; Boelcke (1983), S. 155-158.

führer privaten oder öffentlichen Vermögens sind."[996] Mit seiner völkischen Rhetorik fuhr er ganz im Fahrwasser Hitlers, der „als Dogma weder eine sozialisierte Wirtschaft, noch [...] eine freie Wirtschaft, sondern [...] nur eine verpflichtete Volkswirtschaft, d.h. eine Wirtschaft, der im gesamten die Aufgabe zukommt, einem Volke die höchsten und besten Lebensbedingungen zu verschaffen"[997]. Nach und nach wichen die Vorbehalte der Machthaber bezüglich der höheren militärischen Verwundbarkeit der Großkraftwerke gegenüber einer dezentralen Stromversorgung der Einsicht, dass es bestenfalls darum gehen konnte, die bereits bestehenden Strukturen noch effizienter zu gestalten oder wie es Carl Krecke formulierte, sich unter Berufung auf das Leistungsprinzip „auf das Erreichbare"[998] zu beschränken.

Allerdings müsse, so strich Krecke heraus, ohne Rücksicht auf Besitzverhältnisse überall da eingegriffen werden, wo es das Allgemeininteresse erfordere[999], was – wie auch schon zeitgenössisch bemerkt wurde – eine „planmäßig geordnete Wirtschaft"[1000] voraussetzt und diese ebenso zur Folge hat. Jedoch, so fügte er an, will „der Gesetzgeber [...] die wirtschaftliche zweckmäßigste Entwicklung nicht durch einseitige Grundsätze verbaut sehen"[1001] und „keineswegs die Unternehmerinitiative durch irgendeine staatliche Planwirtschaft"[1002] oder gar ein Reichsmonopol gefährden.

Das, so der volle Wortlaut, „Gesetz zur Förderung der Energiewirtschaft"[1003] (Energiewirtschaftsgesetz) vom 13. Dezember 1935 bot hierfür die rechtliche Grundlage und stellte nun gleichsam den reichsweit ersten umfassenden Eingriff des Gesetzgebers in den Bereich der Elektrizitätswirtschaft dar (s. Abbildung 5.41). Diese Arbeit beschränkt sich im Folgenden auf die wichtigsten Eckpfeiler des Gesetzes und verweist darüber hinaus auf weiterführende Literatur.[1004]

---

[996] Krecke (1937a), S. 82.
[997] Reden des Führers am Parteitag der Arbeit (1937), S. 20 f., zit. n. Stier (1999), S. 455 f.
[998] Krecke (1937a), S. 82.
[999] Ebd., S. 85 und 94 f.
[1000] Scheuner (1938), S. 334 ff., zit. n. Löwer (1992), S. 193.
[1001] Krecke (1937a), S. 92.
[1002] Ebd., S. 90.
[1003] Gesetz zur Förderung der Energiewirtschaft (Energiewirtschaftsgesetz) vom 12. Dezember 1935 (RGBl. I, S. 1451-1456). Die amtliche Begründung: Deutscher Reichsanzeiger und Preußischer Staatsanzeiger Nr. 297 vom 20. Dezember 1935, abgedruckt bei Ludwig et al. (1995), S. 1-14.
[1004] Aufgrund seiner Bedeutung ist das Energiewirtschaftsgesetz von 1935 in Anlage 5 beigegeben. Für eine detailliertere Aufarbeitung der einzelnen Paragraphen sei auf Büdenbender (1982) verwiesen. Fernerhin siehe u. a. Kehrberg (1996); Hellige (1986), S. 123-155; Lessenich (1938); Eiser (1943). Das EnWG war Teil der nationalsozialistischen Neuordnung einer zentralisierten Wirtschaft und wurde diesbezüglich von weiteren

## 5. STROMABSATZENTWICKLUNG UND EXPANSIONSPOLITIK

**Abb. 5.41:** Reichsgesetzblatt vom 16. Dezember 1935 betreffend das „Gesetz zur Förderung der Energiewirtschaft"

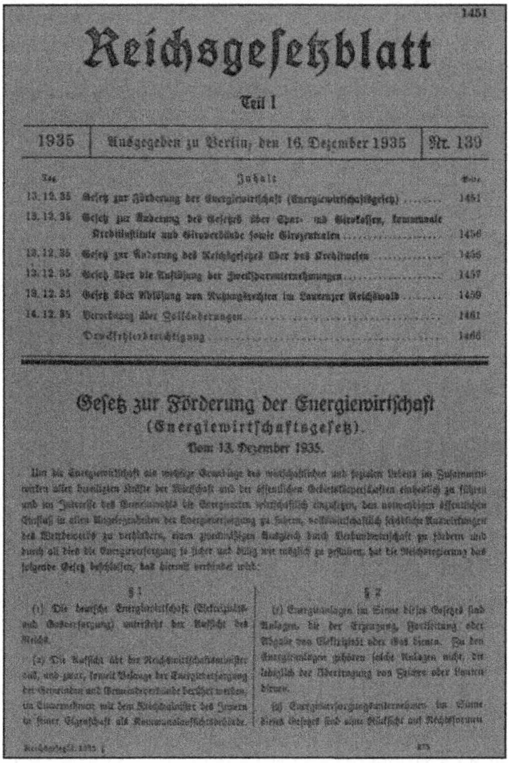

Quelle: Melchinger (1967), S. 187.

Schon in der Präambel der Gesetzesschrift finden sich bezeichnender Weise die von der NSDAP vormals so heftig widersprochenen Ansichten und Formulierungen der großen Versorger zum Teil textidentisch wieder. In dem einleitenden Satz zur Begründung und den Zielen heißt es: „Um die Energiewirtschaft als wichtige Grundlage des wirtschaftlichen und sozialen Lebens im Zusammenwirken aller beteiligten Kräfte der Wirtschaft und der öffentlichen Gebietskörperschaften einheitlich zu führen und im Interesse des Gemeinwohls die Energiearten wirtschaftlich einzusetzen, den notwendigen öffentlichen Einfluß in allen Angelegenheiten der Energieversorgung zu sichern, volkswirtschaftlich schädliche Auswirkungen

---

staatlichen Gesetzen und Richtlinien flankiert. Bspw. sind hier die Richtlinien für die Elektrogemeinschaften vom 18. August 1933, das Gesetz zur Vorbereitung des organischen Aufbaus der deutschen Wirtschaft vom 5. Juni 1934 (RGBl. I, S. 1194-1199) oder die Einführung einer Meldepflicht durch das sog. Ermächtigungsgesetz vom 30. Juli 1934 (RGBl. I, S. 765 f.) zu nennen. Vgl. Prinzing (2000), S. 320. Für eine aufschlussreiche Auseinandersetzung mit der Lenkung der Elektrizitätswirtschaft im Nationalsozialismus sei fernerhin auf Stier (2006b), S. 281-208 verwiesen.

des Wettbewerbs zu verhindern, einen zweckmäßigen Ausgleich durch Verbundwirtschaft zu fördern und durch all dies die Energieversorgung so sicher und billig wie möglich zu gestalten, hat die Reichsregierung das folgende Gesetz verkündet."[1005]

Um die genannten Ziele zu erreichen, wurde die deutsche Energiewirtschaft und somit auch die Elektrizitätsversorgung der alleinigen ministeriellen Aufsicht des Reiches und dabei im Speziellen dem Reichswirtschaftsminister unterstellt [§ 1 EnWG]. Bei Bedarf wurde es selbigem ermöglicht, „Landesgesetze und landesrechtliche Vorschriften über die Energieversorgung [zu] ändern oder außer Kraft [zu] setzen" [§ 19 Abs. 2]. Reichsrecht bricht Landesrecht – ein Umstand, der gerade in Bayern mit dem landeseigenen Bayernwerk sowie der auf Staatsverträgen basierenden Regionalversorgung einen interessanten Aspekt darstellt.

Zur Ausgestaltung der Kontrollfunktion wurden den im Sinne des Gesetzes gleichgestellten Energieversorgungsunternehmen [§ 2] umfassende Auskunfts- und Mitteilungspflichten auferlegt [§ 3]. Einen zentralen Punkt der Gesetzesschrift bildet die in § 4 geregelte Investitionsaufsicht. Demnach sind die Energieversorgungsunternehmen verpflichtet, „vor dem Bau, der Erneuerung, der Erweiterung oder der Stilllegung von Energieanlagen dem Reichswirtschaftsminister Anzeige zu erstatten" [§ 4 Abs. 1]. In § 5 wird das Monopol der bestehenden Energieversorger rechtlich verbrieft, da alle Unternehmen, die nicht als Energieversorger deklariert sind, zur Versorgung anderer einer ausdrücklichen Genehmigung durch den Reichswirtschaftsminister bedürfen. Diese Zubilligung des Versorgungsgebietes wird in § 6 an eine allgemeine „Anschluss- und Versorgungspflicht" gekoppelt. Eine rhetorische Pflichtübung, lag es doch freilich im Interesse der Versorger, die Anzahl der Abnehmer stetig zu erhöhen. Noch dazu wird diese Verpflichtung im nächsten Absatz durch Ausnahmeregelungen wieder relativiert, sofern diese „aus wirtschaftlichen Gründen [...] nicht zugemutet werden kann". Als nötiges Druckmittel der Staatsaufsicht fungiert die Möglichkeit der Enteignung bei unzureichender Gewährleistung der Versorgungsaufgaben [§ 8 bzw. § 9]. Im § 17 schließlich wird „das Gesetz betreffend Sozialisierung der Elektrizitätswirtschaft, vom 31. Dezember 1919 [...] aufgehoben", womit die Elektrizitätsversorgung, nun auch rechtlich abgesichert, zu großen Teilen in die Hände der privat- und gemischtwirtschaftlichen Unternehmen gelegt wurde.

Schacht machte diesen Umstand in der amtlichen Begründung zur Gesetzesschrift deutlich: „Das Gesetz geht davon aus, daß die energiewirtschaftlichen Unternehmen in erster Linie selbst dazu berufen sind, die Aufgaben aus eigener Kraft zu

---

[1005] Präambel des EnWG von 1935. Zur Bedeutung der Präambel des Gesetzes vgl. Büdenbender (1982), S. 27-32; Burghardt (1992), S. 192.

lösen." Eingegriffen werde nur insoweit, als die „Wirtschaft selbst die gestellte Aufgabe nicht zu meistern vermag"[1006]. Ein Freibrief unter Vorbehalt also, den die „Stromfürsten" der großen Werke sicherlich mit Wohlwollen quittierten.

Als 1939, mit dem Jahr des Kriegsbeginns, nach und nach eine dramatische Stromknappheit in der öffentlichen Versorgung einsetzte, die sich auch fühlbar auf die Industrie- und Rüstungsproduktion auswirkte, kam es seitens der Regierung zu einem Umdenken hinsichtlich der durch das Energiewirtschaftsgesetz einseitig konservierten Struktur der Energiebranche. Der „öffentlichen Hand", so ein Bericht des von Hitler ins Leben gerufenen Gramsch-Ausschusses[1007], sei nun endgültig „in den Versorgungsunternehmen der entscheidende, auch wirtschaftliche Einfluß zu sichern"[1008]. Gemeint war die intervenierende Hand des Reiches und nicht die der Kommunen, die damit abermals um ihren Einfluss und damit einhergehend um ihre üppigen fiskalischen Einnahmen aus den Konzessionsabgaben fürchten mussten. In selbigem Bericht wurde auch angeraten, dem Reich und damit dem Volke, soweit es die großen Energieversorgungsunternehmen noch nicht besitzt, eine Mehrheitsbeteiligung an diesen einzuräumen sowie die Demarkationsgrenzen nach technischem sowie wirtschaftlichem Verständnis neu zu überdenken.[1009] Säkulare Wandlungen, die als eine Art „Kriegssozialismus" zu interpretieren sind und das Reich als Unternehmer und zugleich als regulierende Instanz gefordert sehen. In diesem Zusammenhang ist auch die Einflussnahme des Reiches auf die Energieversorgung in Bayern zu sehen, im Zuge derer ein Anteil von 50 Prozent an dem Aktienkapital der Bayernwerk AG von der reichseigenen Vereinigte Industrieunternehmungen AG (VIAG) übernommen wurde.[1010]

Als ursächlich für die gewandelte Stimmung der Regierung war neben dem mit Kriegsbeginn eingetretenen Energie-Engpass vor allem eine zunehmende antikapitalistische Tendenz, verbunden mit der abermaligen Absicht der Verstaatlichung der gesamten Energiewirtschaft, zu sehen.[1011] Hitler, dem es primär auf „den Ausbau der Energiequellen" ankam, sah dieses Ziel durch die „vorherr-

---

[1006] Schacht (1935), zit. n. Eckardt et al. (1985), S. 37.

[1007] Von Hitler 1941 initiierter Ausschuss betreffend die zukünftige Energiepolitik im Deutschen Reich. Dem nach seinem Vorsitzenden, einem Ministerialdirektor in der Vierjahresplanbehörde, benannte Gramsch-Ausschuss waren Vertreter des Reichswirtschaftsministeriums, des Innenministeriums, des Generalbevollmächtigten für die Energiewirtschaft, der Stellvertreter des Führers sowie der Beauftragte des Vierjahresplans Hermann Göring zugehörig. Vgl. ebd., S. 42.

[1008] Bericht des Gramsch-Ausschusses vom 25. Januar. Zit. n. ebd., S. 43.

[1009] Vgl. Gröner (1975), S. 256.

[1010] Vgl. Boll (1969), S. 17; v. Keller (1969), S. 21.

[1011] Vgl. Stier (2006), S. 145.

schenden egoistischen und kapitalistischen Standpunkt[e] der großen Elektrizitätswerke"[1012] zunehmend gefährdet. Es blieb jedoch bei Worten, da eine umfassende „Verreichlichung" der Branche aufgrund der im EnWG von 1935 rechtlich und institutionell abgesicherten Strukturen der Stromversorger nicht durchzusetzen war.

Es bestand sozusagen eine gewisse originäre historisch gewachsene Verflechtung mit den großen privat- und gemischtwirtschaftlich organisierten Verbundunternehmen, die sozusagen in wechselseitiger Abhängigkeit zur Industrie eine charakteristische Symbiose eingingen. Pragmatisch formuliert steuerten die unliebsam gewordenen Werke einen zentralen Beitrag zur Versorgung mit elektrischer Arbeit bei, so dass sich „die nationalsozialistische Kriegswirtschaft entgegen allen völkisch-mittelständischen Phrasen letztlich auf die[se] stütz[en]"[1013] musste. Vielmehr ermöglichten die kriegswirtschaftlichen Erfordernisse den Stromern ein „Riesengeschäft und verliehen der Verbundwirtschaft erst ihren Sinn"[1014]. Dies lässt sich insbesondere an einer im Jahr 1940 ergangenen Durchführungsverordnung zum Energiewirtschaftsgesetz aufzeigen. Demnach wurden die energieintensiven Fabriken verpflichtet, ihre eigene Stromerzeugung einzustellen und sich über die Hochspannungsleitungen der effizienteren Großkraftwerke beliefern zu lassen – eine Verordnung, die im Übrigen noch Jahrzehnte nach dem Zusammenbruch des totalitären Staates Bestand haben sollte.[1015]

Ab dem Jahr 1941 griff das Reich schließlich unter dem Vorwand „der Schlüsselstellung der Elektrizität für die gesamte Wirtschaft und breiteste Teile der Verbraucherschaft"[1016] verstärkt nach dem Versorgungsmonopol der etablierten Stromkonzerne. Vor allem das Abschöpfen übermäßiger Gewinne aus der Stromversorgung war Hitler ein Dorn im Auge und sollte unbedingt verhindert werden, um die größtmögliche Erzeugung zu niedrigsten Kosten zu gewährleisten.[1017] Bei Bedarf sollten „Reichsunternehmungen" für Planung, Bau und Betrieb großer Energieanlagen verantwortlich sein. Besonders der „nationale Wasserschatz" müsse – so die Meinung der Regierung – ausschließlich vom Staat genutzt werden dürfen.[1018] Es blieb in weiten Teilen bei dem Versuch, da die Radikalität der Forderungen – wenig überraschend – auf einen heftigen Widerstand der Ver-

---

[1012] Hitler zit. n. Stier (2006), S. 143.
[1013] Vgl. Stier (2006), S. 146.
[1014] Eckardt et al. (1985), S. 38.
[1015] Ebd.
[1016] Auszug aus dem Ergebnisbericht des Gramsch-Ausschusses. Zit. n. Eckardt et al. (1985), S. 43.
[1017] Vgl. Stier (2006), S. 150.
[1018] Vgl. Eckardt et al. (1985), S. 43.

bundgesellschaften stießen, die in der Folge bei Walther Funks Wirtschaftsministerium Rückendeckung fanden.[1019]

Die Lösung sollte die Schaffung einer neuen Behörde herbeiführen, um das Neben- und Gegeneinander der verschiedenen Instanzen zu beseitigen. Durch einen sogenannten „Führererlass" vom 29. Juli 1941 wurde daher, um dem anhaltenden Interessenpartikularismus zwischen dem Innen- und Wirtschaftsministerium[1020], der Glaubensfrage zwischen einer kommunalen und privaten Energieversorgung, sowie der anhaltenden Stagnation der Erzeugungskapazitäten[1021] zu begegnen, eine für die reichsweite Energiewirtschaft verantwortliche Sonderinstanz mit umfangreichen Vollmachten geschaffen.

In der amtlichen Begründung für die Erweiterung der gesetzlichen Möglichkeiten auf dem Energiesektor hieß es: „[...] mit Rücksicht auf die besonderen Erfordernisse des Krieges und die Notwendigkeit einheitlicher Planung im großdeutschen Raum, [...] zur Führung und Neuordnung des Energieausbaus und der Energie- und Wasserwirtschaft [wird] ein Generalinspektor für Wasser und Energie"[1022] bestellt. Der bis dahin für das deutsche Straßenwesen verantwortliche Reichsminister Dr. Fritz Todt, und nach dessen Tod 1943 Albert Speer, sollte demnach auf Wunsch Hitlers der „Organisator sein, der über der ganzen Apparatur steht"[1023] und dem alle bürokratischen Hindernisse aus dem Weg zu räumen seien. Dieser Kompetenz wurden die Energieaufsicht im Ganzen, die Reichsstelle für Elektrizitätswirtschaft (Reichslastverteiler) sowie die Bezirkswirtschaftsämter zur Sicherstellung der Elektrizitätsversorgung als ausführende Dienststelle zugewiesen.[1024] Der sogenannte Reichslastverteiler erlangte mit Kriegsbeginn Bedeutung und vermochte unmittelbar in die Betriebsführung aller Kraftwerke einzugreifen sowie gegenseitige Reservehaltung, bei Bedarf auch Stromabschaltungen, zu veranlassen.[1025]

---

[1019] Vgl. Eckardt et al. (1985), S. 44.

[1020] Hitler war es neben der Straffung der kriegsentscheidenden Energieversorgung vor allem auch ein Anliegen, den Apparat seines Innenministers Wilhelm Frick nicht unverhältnismäßig mächtig werden zu lassen. Vgl. ebd., S. 47.

[1021] Die fehlende Kraftwerksleistung in der deutschlandweiten öffentlichen Versorgung belief sich Anfang 1943 – bei einer Gesamtkapazität von 11.800 MW – auf 2.000 MW und stieg im Jahresverlauf auf über 3.000 MW. Ende 1944 bzw. Anfang 1945 klaffte gar eine Lücke von ca. 5.000 MW bzw. 38 Prozent der Gesamtkapazität von 13.300 MW. Boll (1969), S. 100 ff.; Stier (2006), S. 157.

[1022] Begründung des Führererlasses vom 29. Juli 1941. Zit. n. Eckardt (1985), S. 48.

[1023] Zit. n. ebd. Siehe Bekanntmachung vom 15. Februar 1942 (RGBl. 1942. I, S. 80. Hinsichtlich der Umstände der Ernennung sei auf Schmidt (1982), S. 70 ff. verwiesen.

[1024] Vgl. Pohl (1996), S. 220.

[1025] Verordnung zur Sicherstellung der Elektrizitätsversorgung v. 3. September 1939. RGBl. I, S. 1607. Vgl. auch Meyer (1967), S. 222 f.

Trotz des im August 1943 ergangenen kriegswirtschaftlichen Ermächtigungserlasses[1026] mit dem Ziel der maximalen Strombereitstellung, der das Weisungsrecht des Energieinspektors weiter ausbaute, konnten die während des Kriegsverlaufs vor allem unter Albert Speer immer wieder laut gewordenen ordnungspolitischen Forderungen nach einer Überführung der Elektrizitätsversorger in Reichsbesitz nicht vollzogen werden. Nicht zuletzt deshalb, weil selbiger Erlass die eigens vom Innenressort zu verantwortende Bestimmung umfasste, dass die „Eigentums- und Vermögensverhältnisse an den Elektrizitätsbetrieben"[1027] als unveränderbar zu gelten hätten. Auch der Wunsch nach einer durchgängig einheitlichen Tarifgestaltung, einem Preisausgleich zwischen Stadt und Land sowie der Geschäftsführung nach dem Selbstkostenprinzip und dem Verzicht auf fiskalische Belastung des Stromverbrauchs war ebenso wenig konsensfähig und wurde nur im Ansatz vollzogen.[1028]

Aus der heutigen Sicht darf eine Maßnahme des „Beauftragten für die Energiewirtschaft" nicht unerwähnt bleiben, die zu einer Konsolidierung der Versorgungsgebiete führte – die „Flurbereinigung". Auf ihrer Grundlage wurde der Übergang der ländlichen Genossen- und Gesellschaften auf das beliefernde regionale Energieversorgungsunternehmen angeordnet, was in den Jahren 1939 bis 1944 reichsweit für viele kleine Versorger und Zwischenhändler das Ende bedeutete. Nachstehende Tabelle 5.3 zeigt die Unmengen an kleinsten Versorgungseinheiten in den einzelnen Bezirksgruppen des Reiches um das Jahr 1937 und unterstreicht die erwähnte Forderung der großen Gebietsmonopolisten. Bayern, so ist festzuhalten, hatte bereits die meisten Großversorger über 2, 25 und 100 Mio. kWh Jahresabgabe vorzuweisen. Werte, die im Hinblick auf die in Kapitel 2.4 behandelten Staatsverträge sicherlich auch auf den bayerischen Sonderweg in der Elektrizitätspolitik zurückzuführen sind.

---

[1026] Erlass des Führers über Kriegsmaßnahmen in der Elektrizitätswirtschaft vom 6. August 1943 (RGBl. 1943, Teil I, S. 479).

[1027] Stier (2006b) S. 298.

[1028] Vgl. Stier (2006), S. 153 f. Lediglich in den besetzten Ostgebieten gelang es Speer die Kompetenzen des Generalinspektors für Energiewirtschaft dahingehend zu nutzen, dass eine unternehmerische „Verreichlichung" durch eine reichseigene Energie-Bau- und Finanzierungsgesellschaft Ost möglich wurde. Ebd., S. 153. Die Ausrichtung Energiepolitik lag wohl aufgrund der kriegsbedingten Erfordernisse vor allem in einer langfristig ausgelegten Generalplanung, die in ihren Schwerpunkten der Nachkriegszeit vorbehalten bleiben sollte.

**Tab. 5.3: Mitglieder der WEV nach Bezirken und jährlicher Stromabgabe (1937)**

| Bezirksgruppe | Jährl. Abgabe (Mio. kWh) | | | | | | | |
|---|---|---|---|---|---|---|---|---|
| | >100 | 25-100 | 5-25 | 1-5 | 0,5-1 | 0,1-0,5 | <0,1 | Gesamt |
| Schlesien | 2 | 8 | 8 | 17 | 22 | 84 | 1.593 | 1.734 |
| Bln.-Brandenburg | 5 | 9 | 8 | 25 | 38 | 71 | 1.222 | 1.378 |
| Bayern | 8 | 11 | 20 | 50 | 43 | 144 | 669 | 945 |
| Nordmark | 2 | 6 | 7 | 14 | 22 | 77 | 810 | 938 |
| Pommern | 1 | 1 | 3 | 16 | 10 | 51 | 829 | 911 |
| Ostpreußen | 1 | 1 | 3 | 10 | 10 | 41 | 724 | 790 |
| Hessen | 3 | 8 | 9 | 16 | 13 | 61 | 328 | 438 |
| Westfalen | 6 | 10 | 22 | 26 | 26 | 47 | 249 | 386 |
| Niedersachsen | 4 | 4 | 13 | 22 | 19 | 67 | 201 | 330 |
| Mitteldeutschland | 5 | 9 | 22 | 39 | 23 | 82 | 134 | 324 |
| Baden | 6 | 4 | 14 | 20 | 9 | 61 | 108 | 322 |
| Saar-Pfalz | 2 | 3 | 4 | 10 | 13 | 30 | 236 | 298 |
| Rheinland | 3 | 2 | 11 | 11 | 9 | 27 | 173 | 236 |
| Württemberg | 5 | 4 | 15 | 27 | 21 | 57 | 87 | 216 |
| Sachsen | 6 | 4 | 17 | 36 | 16 | 37 | 38 | 155 |
| **Gesamtabgabe** | 59 | 84 | 176 | 339 | 294 | 947 | 7.502 | 9.401 |

Quelle: Tätigkeitsbericht der Wirtschaftsgruppe Elektrizitätsversorgung für das Jahr 1937 (1938), S. 209.

Bei der Zusammenführung der Versorgungsgebiete (mit einer jährlichen Reduktionsrate zwischen 3 und 6 Prozent) handelte es sich zum Teil auch um eine systeminhärente Erscheinung der Rationalisierung und nur oberflächlich um einen oktroyierten radikalen Strukturbruch.[1029] Zudem führten die Anordnungen lediglich eine Entwicklung fort, die bereits in den Zwanziger Jahren erkennbar war. Ein weiterer Vorteil für die großen Verbundunternehmen.[1030] „In vielen Gebieten der Bundesrepublik Deutschland ist damit der Grundstein für eine geschlossene ländliche Versorgung gelegt worden, die auf freiwilliger Basis in Jahrzehnten nicht zu erreichen gewesen wäre."[1031] Im Gebiet der späteren Bundesrepublik wurden Mitte der Fünfziger Jahre nur noch 3.000, zu Beginn der Siebziger Jahre nur mehr 1.400 und um die Jahrtausendwende noch 950 Elektrizitätsunternehmen registriert.[1032]

---

[1029] Für eine detailliertere Auflistung der Zahlen: Aus der Tätigkeit der Wirtschaftsgruppe Elektrizitätsversorgung im Jahre 1941 (1942), S. 248, nachzuschlagen bei Stier (1999), S. 468. Selbiger Autor verweist allerdings auf die Problematik der uneinheitlichen Datengrundlage sowie auf die erheblichen Aktenverluste durch Kriegsgeschehen.
[1030] Vgl. ebd., S. 470.
[1031] Fischer/Beil (1967), S. 164.
[1032] Stier (1999), S. 468.

Schließlich, so ist zusammenzufassen, wurden durch das Energiewirtschaftsgesetz von 1935 die Besitzstände der Energieversorger abgesichert und die Verhältnisse sowie die damals herrschende wirtschaftliche Praxis kodifiziertes Recht. Was in der Weimarer Zeit im demokratischen Wettstreit von Meinungen und Interessen nicht durchsetzbar war, kam durch die entkrampfende Determinante des NS-Diktats in verhältnismäßig kurzer Zeit zustande. Dieser Umstand kam vor allem den großen Monopolisten der Branche entgegen, zumal es selbige endgültig von dem großen Schatten des Sozialisierungsgesetzes von 1919 befreite und in den Jahren des Krieges einen Schutz vor radikalen Plänen einer angedachten Verstaatlichung darstellte.

Das Gesetz ist in seiner originären Absicht allerdings nicht als ein Paris-Urteil für oder wider gemischtwirtschaftliche oder kommunale Elektrizitätswerke zu interpretieren. Vielmehr stellte es einen das plurale Versorgungssystem bekräftigenden Kompromiss zwischen den Versorgern und dem Regime dar. Zum einen findet sich in der Präambel zum EnWG der Passus, dass die Versorgung so „sicher und billig wie möglich"[1033] zu gestalten sei – bezeichnender Weise entstammte dieses Leitmotiv der Marketingabteilung des RWE.[1034] Zum anderen wurden die etablierten Absatzgebiete als natürliche Monopole angesehen und „volkswirtschaftlich schädigende Auswirkungen des Wettbewerbs"[1035] verhindert – was in Bayern ja bereits mit Inkrafttreten der Staatsverträge gängiger Praxis entsprach. Dass diese Lösung im Hinblick auf das volkswirtschaftliche Gesamtinteresse keinen Idealzustand darstellte, liegt allerdings auf der Hand. Konservierte es doch die verkrusteten, selten planmäßig entstandenen und stattdessen häufig durch historische Zufälligkeiten bestimmten Versorgungsstrukturen und Machtkonstellationen der Branche.

Es ist an dieser Stelle anzufügen, dass die staatlicherseits vollzogene Reglementierung der Elektrizitätswirtschaft keinesfalls ausschließlich friedlichen Zwecken diente. Die starke Betonung der Terminologie des „Gemeinwohls" und dessen Verteidigung durch das „Führerprinzip" macht den nationalsozialistischen Einfluss offensichtlich. Besonders interessant ist hier ein geheimer Erläuterungsbeschluss, der „ausdrücklich die kriegswirtschaftliche Bedeutung des Gesetzes" unterstrich – die im Übrigen „ganz unverhüllt dadurch zum Ausdruck kam, daß neben Hitler, Schacht und dem Reichsminister des Innern Frick[1036] auch der

---

[1033] Präambel des EnWG von 1935.
[1034] Eckardt et al. (1985), S. 37.
[1035] Präambel des EnWG von 1935.
[1036] Wilhelm Frick, u. a. von 1933 bis 1943 Reichsminister des Innern. Siehe Neliba (1998).

Kriegsminister von Blomberg das Gesetz unterzeichnete"[1037]. Die Gesetzesschrift erhielt damit ein „Janusgesicht", sozusagen eine volkswirtschaftliche und eine kriegswirtschaftliche Seite.

Dennoch war das Gesetz in seiner konkreten Ausgestaltung eher pragmatischer technischer Natur, weshalb es auch – mit geringfügigen Änderungen[1038] – für mehr als 50 Jahre nach Ende des totalitären Staates in Kraft bleiben konnte und die historisch entstandenen „natürlichen Monopole" nahezu in Stein meißelte.[1039] Bevor das Energiewirtschaftsgesetz im Zuge der Liberalisierung des Energiemarktes[1040] im Jahr 1998 aufgehoben wurde, war es allerdings häufig Mittelpunkt kontrovers geführter Diskussionen. Wolter und Reuter bezeichnen es gar als Beispiel für „die Unfähigkeit der in der Folgezeit verantwortlichen Ämter zur Verabschiedung eines verbesserten Energiewirtschaftsgesetzes"[1041]. Die einen stilisierten es zum Bürgen einer sicheren Versorgung, die anderen sahen darin sogar ein Überbleibsel nationalsozialistischen Gedankengutes. Letztlich, so formuliert es Stier, „gehen aber beide Sichtweisen an den geschichtlichen Tatsachen vorbei: Das Energiewirtschaftsgesetz war keine originäre Schöpfung des ‚Dritten Reichs', sondern Ergebnis eines drei Jahrzehnte währenden Diskussionsprozesses" und in seiner Langlebigkeit „ein Beleg für die Kontinuität ordnungspoliti-

---

[1037] Kehrberg (1996).

[1038] Vgl. Melchinger (1967),S.189. Siehe hierzu auch den Text des EnWG aus dem Jahr 1935 mit den kursiv markierten Änderungen, so wie es 1978 gültiges Recht darstellte. Abzurufen unter: http://www.energieverbraucher.de/files_db/dl_mg_1125738117.pdf.

[1039] (Art. 123, 125 mit 74 Nr. 11 BGG). Zur Staatsaufsicht über die Versorgungswirtschaft nach Inkrafttreten des Grundgesetzes siehe v. Fricken (1969), S. 189-228; Matthes (2000), S. 160 ff. Auch das 1957 erlassene Gesetz gegen Wettbewerbsbeschränkungen berücksichtigte die vorherrschenden Begebenheiten in der Stromwirtschaft, indem es die Gebietsschutzverträge der Versorger ausdrücklich vom Kartellverbot ausschloss. Ersatzweise unterlagen die Stromversorger dafür einer Missbrauchsaufsicht durch die Kartellbehörden. In der Begründung der Bundesregierung zum § 77 GWB (später § 103) hieß es vielsagend, dass eine wettbewerbliche Organisation der Versorgungswirtschaft aufgrund der technischen sowie wirtschaftlichen Besonderheiten nicht möglich sei. Vielmehr seien gegen Konzessionsverträge und Demarkationsvereinbarungen „aus gesamtwirtschaftlichen Gründen keine Bedenken zu erheben [...], weil die Verträge die Grundlage für eine geregelte und preisgünstige Versorgung bilden". Begründung zu dem Entwurf eines Gesetzes gegen Wettbewerbsbeschränkungen, zit. n. ebd., S. 187.

[1040] Am 29. April 1998 trat das „Gesetz zur Neuregelung des Energiewirtschaftsrechts" (BGBl. I, S. 730) in Kraft. Der erste der insgesamt fünf Artikel ersetzt das bis hierhin geltende Energiewirtschaftsgesetz. Er beseitigt damit die geschlossenen Versorgungsgebiete sowie weitere Hemmnisse, die einen freien Wettbewerb unterbanden. Die Zutrittsschwellen für die Zulassung zum Wettbewerb um Endkunden wurden damit beseitigt. Die Netzbetreiber sind nunmehr verpflichtet, auch den Strom fremder Anbieter durch ihre Netze fließen zu lassen.

[1041] Wolter/Reuter (2005), S.169.

scher Leitvorstellungen in der Elektrizitätsfrage über alle System- und Epochengrenzen hinweg"[1042].

Die Auseinandersetzung mit dem Energiewirtschaftsgesetz führte auch nach dem Krieg zu der Ursprungsfrage nach der politisch-gesellschaftlichen Steuerung des Systems zurück, gab jedoch keine richtungsweisenden Antworten auf selbige. Vielmehr ließ es Spielraum zur Interpretation und vor allem Spielraum für die markterdrückende Existenz der etablierten Großversorger – zu denen, wenn auch freilich in überschaubarem Ausmaße, die BELG zu zählen war. Diese historisch gewachsene Macht und Abhängigkeit von der Lebensnotwendigkeit Strom konnten auch die Militärregierungen der Besatzungszonen nicht gefährden. Im Grunde wollten sie es auch nicht, da ein Vakuum in der Versorgung sicherlich das größere Übel dargestellt hätte. Spätestens mit Verkündigung des Grundgesetzes 1949 wurde das alte Energierecht in Form des beschriebenen Energiewirtschaftsgesetzes, das dem Staat überspitzt formuliert lediglich ein Aufsichtsrecht über die Unternehmen der Elektrizitätswirtschaft einräumte, wieder in Kraft gesetzt.[1043]

## 5.8 Von den Nachkriegsjahren bis zu den Anfängen des Wirtschaftswunders

In der „Stunde Null" trat vor dem Hintergrund der zerstörten elektrotechnischen Infrastruktur in ganz Deutschland eine erhebliche Diskrepanz zwischen der nachgefragten und lieferbaren Menge an elektrischer Arbeit zu Tage. Der Bedarf nach Elektrizität zog nach Beendigung der Kampfhandlungen schnell wieder an, hatte doch ein großer Teil der während des Krieges erweiterten maschinellen Ausrüstung die Zerstörung unbeschädigt überstanden, so dass nach Kriegsende die industriellen Kapazitäten jene zu Beginn des Krieges sogar noch übertrafen.[1044] Die Nachfrage schlug sich in starken Stromrationierungen sowohl im privaten als auch im gewerblichen und industriellen Bereich nieder. Die bis 1952 andauernden Einschränkungen betrugen phasenweise über 40 Wochenstunden und konkretisierten sich mitunter in dem Verbot der elektrischen Warmwasserbereitung, Raumheizung oder der Beleuchtung von Schaufenstern und Schildern.[1045] Die notwendigen Mittel zur Beseitigung des Mangels in Form großzügiger Kraft-

---

[1042] Stier (1999), S. 458.
[1043] Vgl. Deutinger (2001), S. 43.
[1044] Vgl. König (2008), S. 87.
[1045] Vgl. Festlegungen der Kontrollratsgesetze Nr. 7 vom 30. November 1945 und Nr. 19 vom 29. März 1946; Zängl (1989), S. 222; Herzig (1992), S. 142 sowie Stier (1999), S. 492.

werksrestaurationen und -neubauten sowie Instandsetzung heruntergewirtschafteter wie zerstörter Übertragungseinheiten standen der Elektrizitätswirtschaft nur in geringem Maße zur Verfügung. Vor allem die nur eingeschränkt zu befriedigende Stromnachfrage sowie die Bindung an die festgeschriebenen Strompreise erschwerten die für nachhaltige Investitionen notwendige Kapitalbildung.

Als wichtige Tropfen auf den heißen Stein sind hier die Marshallplanhilfen in kumulierten 967,3 Mio. DM für die Elektrizitätsversorgung zu nennen. Diese trugen in den Jahren zwischen 1949 und 1951 mit 14, 24 bzw. 21 Prozent der Brutto-Anlageinvestitionen zur sukzessiven Schließung der Energielücke bei.[1046] Die Unnachgiebigkeit des damaligen Kapitalmarktes machte diese Hilfsaktion dringend notwendig. Jedoch ist zu erwähnen, dass sich die Mittel auf eine überschaubare Anzahl von Großstromerzeugern beschränkten. In Bayern wurden ins-gesamt lediglich 66 Mio. DM zugeteilt, wobei Unternehmen mit überwiegender Beteiligung der öffentlichen Hand bevorzugt bedacht wurden.[1047] Einen wesentlich größeren Anteil an der Überwindung der Energienot ist wohl dem „DM-Eröffnungsbilanzgesetz" von 1949 sowie dem „Investitionshilfegesetz" von 1952 zuzuschreiben, die neue Möglichkeiten in der großzügigen Bewertung der Anlagevermögen bzw. der Finanzierung von Kapazitätserweiterungen boten.

In Bayern, das nach der Gleichschaltung im Nationalsozialismus am 8. Dezember 1946 mit der vierten Verfassung des Freistaates eine neue Grundlage staatlicher Existenz erhielt, war die Lage nicht weniger dramatisch. Die Not war groß, war man doch wie „kein anderes deutsches Land von dem verlorenen Krieg und seinen politischen Konsequenzen [...] betroffen", was sich insbesondere in der „naturgegebenen Energiearmut [...] schmerzlich bemerkbar machte"[1048]. Entgegen vielen ambitionierten politischen Erklärungen stagnierte in der Zeit des Dritten Reiches der Ausbau der öffentlichen Stromversorgung in Bayern.[1049] Die eingegangene Hypothek wog schwer, so dass es im Artikel 152 der bayerischen Verfassung vielsagend heißt: Dem Staat „obliegt die Sicherstellung der Versorgung des Landes mit elektrischer Kraft"[1050]. Bereits am 25. Februar desselben Jahres ging die formale Energieaufsicht auf das Bayerische Innenministerium über.[1051]

---

[1046] Stier (1999), S. 493.
[1047] Vgl. v. Keller (1969), S. 24.
[1048] Deutinger (2001), S. 40.
[1049] Vgl. Ludwig (1978), S. 35-48 und (1974), S. 176-182; Deutinger (2001), S. 36; sowie Treue (1981), S. 136-157.
[1050] Verf. des Freistaates Bayern vom 2. Dezember 1946, in Kraft getreten am 8. Dezember 1946, abrufbar unter http://www.verfassungen.de/de/by/bayern46.htm.
[1051] Deutinger (2001), S. 44 verweist auf anhaltende Kompetenzgerangel zwischen dem Innen- und Wirtschaftsministerium.

Aufgrund der Zonentrennung war man allerdings der wichtigsten Wärmekraftstrombasis beraubt und die Dampfkraftwerke waren nur begrenzt einsetzbar, so dass sich die nutzbare und außerbayerisch zukaufbare Leistung auf 0,68 Mio. kW nahezu halbierte.[1052] Die verringerte Leistung wiederum konnte nicht vollends ausgeschöpft werden, da die Kohleeinfuhr Bayerns nicht einmal ein Drittel des Wertes von 1936 erreichte – ein Wert der umso erstaunlicher wirkt, wenn man sich vor Augen führt, dass die gesamte Energieversorgung in den letzten Friedensjahren noch zu 80 Prozent von importierter Kohle abhing.[1053]

Aller Unwegsamkeit zum Trotz wuchs der Gesamtstromverbrauch im Freistaat von 3.050 GWh im Jahr 1946/47 auf 4.285 GWh im Jahr 1948/49, deutschlandweit stieg er im selben Zeitraum gar von 14.911 auf 21.099 GWh.[1054] Die ansteigenden Zahlen der nutzbaren Stromabgabe spiegelten allerdings nur im Ansatz den tatsächlich vorhandenen Bedarf wider. Der starke Zustrom von Flüchtlingen aus dem Osten gepaart mit dem anhaltenden Mangel an fossilen Brennstoffen schürte allerorts das Verlangen nach elektrischer Energie. Ein Umstand, der auch durch den Wegfall der Kriegsproduktion nur geringfügig abgefedert werden konnte und der immerwährenden Debatte zwischen der öffentlichen Großversorgung und den vielen, um Existenzberechtigung kämpfenden, kleinen und kleinsten Kraftwerken in Bayern abermals Auftrieb verlieh.[1055]

Noch im Januar/Februar 1947 stand der Freistaat im Hinblick auf die Notwendigkeit von Industriefeiertagen „vor einer wirtschaftlichen Katastrophe"[1056]. Spitzenlastzeiten ließen das bayerische Versorgungsnetz in erschreckender Regelmäßigkeit zusammenbrechen. Der Vorstandsvorsitzende des Bayernwerks, Leonhard Wolf, der in seiner Funktion als Landeslastverteiler für die gesamte Elektrizitätswirtschaft in Bayern Zuständigkeit besaß, resümierte mit den Worten: „Bayern bezieht seinen Strom aus etwa 20 Wasserkraftwerken, mehreren Großdampfkraftwerken sowie durch zeitweiligen Import aus sächsischen und mitteldeutschen Braunkohlengruben. Ferner stehe es im gegenseitigen Stromaustausch mit Österreich [...]. Der durch den Krieg herabgewirtschaftete Zustand der Dampfkraftwerke läßt fast täglich neue Schäden entstehen [...]. Es sind bei den Kraftwerken keinerlei Leistungsreserven mehr wie früher da. Die geringste Störung

---

[1052] v. Keller (1969), S. 22 f.
[1053] Deutinger (2001), S. 40.
[1054] Bericht des Landeslastverteilers für Bayern 1950, S. 15. Zahlen abgedruckt bei Zängl (1989), S. 221.
[1055] Deutinger (2001), S. 51 f. beschreibt den anhaltenden Zwist zwischen den Großunternehmen und ihrer ungeliebten Konkurrenz bestehend aus industriellen Anlagen und Kleinkraftwerken, die von letzteren sogar polemisch als „Vergewaltigung durch die Monopolbetriebe" wahrgenommen wurde.
[1056] Pohl (1996), S. 297.

bedeutet heute Stromausfall und damit Abschaltung eines Teiles der Verbraucher."[1057] Hinzu kam, dass die Flusspegel in den äußerst strengen Wintern nach 1945 auf kaum gekannte Werte abfielen, was die Abhängigkeit von der „weißen Kohle" in fataler Weise offensichtlich werden ließ.

Im Freistaat summierten sich zwischen 1946/47 und 1948/49 allein die Einschränkungen in der hiesigen Großchemie sowie die zahlreichen Gebietsabschaltungen auf stattliche 1.270 GWh.[1058] Da besagter Industriezweig trotz geringer Beschäftigtenzahlen nahezu die Hälfte des bayerischen Industrieverbrauchs aufwies, nahm man von Seiten der Regierung die zahlreich durchgeführten Stromsperrungen in dieser Branche billigend in Kauf. Der gesamtwirtschaftliche Schaden der Einschränkungsmaßnahmen war immens und ließ sich in Bayern allein für das Winterhalbjahr 1948/49 auf eine Viertelmilliarde DM beziffern.[1059]

Auch die BELG befand sich nach Kriegsende in dem beschriebenen Spannungsfeld zwischen einer sprunghaft ansteigenden Stromnachfrage auf der einen und einer unzureichenden Kohlenzufuhr für das eigene Kraftwerk bzw. der erschwerten Möglichkeit des Fremdstromzukaufs auf der anderen Seite. Da das Versorgungsgebiet, wie es die Vorstandsberichte von 1945/46 formulierten, als eine Art Auffangbecken „im Herzen Deutschlands" fungierte, drängten sich zudem immer mehr Heimatlose zusammen, die aus allen frontnahen Gebieten nach Oberfranken strömten. Die einhergehende „außerordentliche Überbevölkerung" lag auch in der amerikanischen Deklaration des Versorgungsgebietes als „Aufnahmeraum für die Evakuierten aus Schlesien, dem Sudetengau und Ungarn" begründet. Hinzu kamen die „vielen Flüchtlinge aus der von den Russen besetzten Zone, vor allem aus dem angrenzenden Thüringen und aus Sachsen"[1060].

Als unmittelbare Konsequenz dieser Entwicklung verzeichneten die hiesigen Städte einen rasanten Anstieg in der Stromnachfrage. In Bayreuth beispielsweise stieg die Einwohnerzahl, obwohl 37 Prozent aller Wohnungen durch die Luftangriffe im April 1945 zerstört wurden, bis zum Ende des Jahres 1946 von 45.000 auf 60.000. Ähnliche Gründe für die ungewöhnliche Verbrauchssteigerung gab auch das städtische Elektrizitätswerk Hof an.[1061] Desweiteren wurden die Gas-

---

[1057] Wolf in einer Erklärung zu der schwierigen Versorgungslage in der Süddeutschen Zeitung am 1. Februar 1947, abgedruckt in Pohl (1996), S. 297. Siehe hierzu auch die Schriftwechsel zwischen Wolf und der amerikanischen Militärregierung vom 27. November 1945. BWA, F 025-663. Schriftwechsel mit der Militärregierung für Bayern.

[1058] Bericht des Landeslastverteilers für Bayern 1950, S. 26. Zahlen abgedruckt bei Zängl (1989), S. 223.

[1059] Deutinger (2001), S. 42.

[1060] BWA, F 025-341, S. 1.Vorstandsbericht 1945.

[1061] Vgl. BWA, F 025-341, S. 7. Vorstandsbericht 1945.

werke im Versorgungsgebiet ab Kriegsende infolge des Kohlenmangels zunächst stillgelegt, was dem Wärmestrom für Koch- und Heizzwecke in Ergänzung zum Brennholz besondere Bedeutung zukommen ließ.[1062] Aufgrund der hinausgeschobenen Währungsreform und den Schwierigkeiten der Geldanlage in Sachwerten wurde bei den Tarifabnehmern im privaten Bereich keines Wegs an Strom gespart.[1063]

Im März 1946 sah sich die Betriebsführung daher zu einem eindringlichen Appell genötigt: „Wir werden der Nachfrage nach Strom nicht gewachsen sein und werden schnellstens Massnahmen ergreifen müssen, um den Wünschen der Industrie gerecht zu werden."[1064] Eine der angesprochenen Maßnahmen umfasste die Durchführung des Gesetzes Nr. 7 des Alliierten Kontrollrates vom 30. November 1945 – Rationierung von Elektrizität und Gas.[1065] Da aus besagten Gründen auf freiwilliger Basis eine ausreichende Verbrauchsdrosselung bei den Haushaltsabnehmern nicht durchzusetzen war, bemühte man drastisch anmutende Ansätze der Konsumentenkontrolle. So wurde zum Beispiel ab Juli 1946 dazu übergegangen in monatlicher Regelmäßigkeit die Verbrauchszahlen der einzelnen Abnehmer zu überprüfen. Bei Missachtung des maximal zulässigen Verbrauchs wurden Verwarnungen bis hin zu Stromsperren ausgesprochen (s. Abbildung 5.42). Zusätzlich veranlasste die BELG in den ersten und letzten Monaten des Jahres halb- und ganztägige Abschaltungen bei Haushalten und gewerblichen Verbrauchern.[1066] Vornehmliche Zielsetzung der Kontingentierung war es, die für eine uneingeschränkte Beschäftigung der Industrie notwendigen Kapazitäten freizumachen.

---

[1062] Ein weiterer Beweis für die beschleunigte Verbreitung elektrotechnischer Anwendungen in Krisenzeiten. Vgl. ebd., S. 4 und 10.

[1063] Vgl. ebd., S. 8.

[1064] Ebd., S. 14. Vorstandsbericht 1945.

[1065] Die Kontrollratsgesetze sind in den Jahren 1945 bis 1948 in Ausübung der Besatzungsrechte der vier Siegermächte vom Alliierten Kontrollrat in Deutschland erlassene Gesetze. Siehe hierzu Etzel (1992); Das Kontrollratsgesetz Nr. 7 im Internet abrufbar unter: http://www.verfassungen.de/de/de45-49/kr-gesetz7.htm.

[1066] Vgl. BWA, F 025-427. Aufsichtsratssitzung vom 16. Januar 1947. Siehe auch BWA, F 025-33, S. 4. Geschäftsbericht 1946.

**Abb. 5.42: Zeitungsannonce der BELG in der Fränkischen Presse bezüglich durchzuführender Stromrationierungen (1946)**

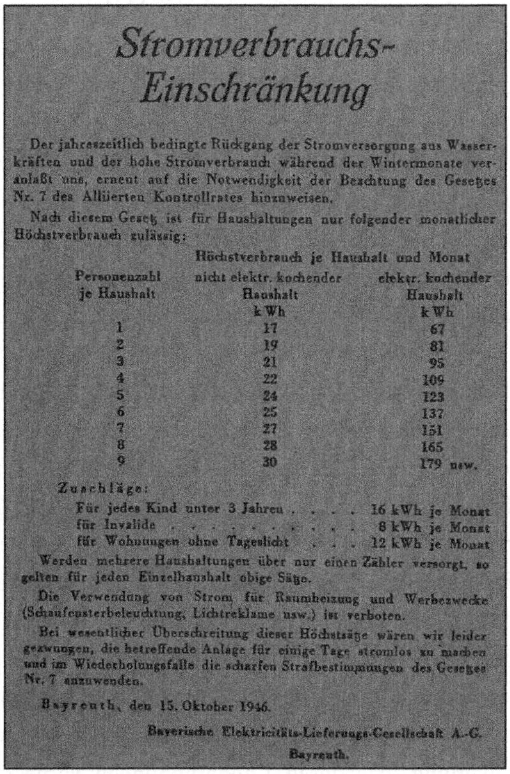

> ## Stromverbrauchs-Einschränkung
>
> Der jahreszeitlich bedingte Rückgang der Stromversorgung aus Wasserkräften und der hohe Stromverbrauch während der Wintermonate veranlaßt uns, erneut auf die Notwendigkeit der Beachtung des Gesetzes Nr. 7 des Alliierten Kontrollrates hinzuweisen.
> Nach diesem Gesetz ist für Haushaltungen nur folgender monatlicher Höchstverbrauch zulässig:
>
> | Personenzahl je Haushalt | Höchstverbrauch je Haushalt und Monat | |
> |---|---|---|
> | | nicht elektr. kochender Haushalt kWh | elektr. kochender Haushalt kWh |
> | 1 | 17 | 67 |
> | 2 | 19 | 81 |
> | 3 | 21 | 95 |
> | 4 | 22 | 109 |
> | 5 | 24 | 123 |
> | 6 | 25 | 137 |
> | 7 | 27 | 151 |
> | 8 | 28 | 165 |
> | 9 | 30 | 179 usw. |
>
> Zuschläge:
> Für jedes Kind unter 3 Jahren . . . 16 kWh je Monat
> für Invalide . . . . . . . . . . . 8 kWh je Monat
> für Wohnungen ohne Tageslicht . . 12 kWh je Monat
>
> Werden mehrere Haushaltungen über nur einen Zähler versorgt, so gelten für jeden Einzelhaushalt obige Sätze.
> Die Verwendung von Strom für Raumheizung und Werbezwecke (Schaufensterbeleuchtung, Lichtreklame usw.) ist verboten.
> Bei wesentlicher Überschreitung dieser Höchstsätze wären wir leider gezwungen, die betreffende Anlage für einige Tage stromlos zu machen und im Wiederholungsfalle die scharfen Strafbestimmungen des Gesetzes Nr. 7 anzuwenden.
>
> Bayreuth, den 15. Oktober 1946.
>
> Bayerische Elektricitäts-Lieferungs-Gesellschaft A.-G.
> Bayreuth.

Quelle: Feldweg (1969), S. 116.

Obgleich die Produktivität der ansässigen Industrie in den ersten Jahren nach Kriegsende „noch sehr zu wünschen übrig ließ"[1067], zeigte man sich auf Seiten der BELG insofern zuversichtlich, als nur zwei der zahlreich in das Versorgungsgebiet verlagerten Rüstungsunternehmen als Reparationsleistung demontiert werden mussten.[1068] Den verbleibenden Firmen wurde gestattet, im Sinne der Friedenswirtschaft weiterzuarbeiten bzw. die ursprüngliche Fabrikation wieder betriebsbereit zu machen, wodurch sich die metallverarbeitende Industrie als wichtige Abnehmergruppe etablierte.[1069] Allerdings verlangsamte der Rohstoff-,

---

[1067] BWA, F 025-342, S. 22. Vorstandsbericht 1946. Im Jahr 1946 waren die Anlagen der ost-oberfränkischen Industrie lediglich mit einem Drittel ihrer Kapazität ausgenutzt.

[1068] Während in anderen Regionen des Reiches zahlreiche Rüstungsbetriebe abgebaut werden mussten, traf es im östlichen Oberfranken lediglich die Firma Kugelfischer, welche an die Sowjetunion ausgeliefert werden musste, sowie die ehemals Panzerwagen produzierenden Südwerke in Kulmbach. Vgl. BWA, F 025-342, S. 22. Vorstandsbericht 1946.

[1069] Vgl. BWA, F 025-341, S. 10. Vorstandsbericht 1945.

Transportmittel- und Arbeitermangel aber auch der durch die Grenzziehungen nach Norden und Osten eingeschränkte Absatz- und Rohstoffmarkt den Weg in die Normalität. Trotz des vergleichsweise geringen Bedarfs nutzten viele Betriebe die Möglichkeit der Nachtarbeit und reaktivierten alte, bereits stillgelegte eigene Erzeugungsanlagen.

Das Jahr 1948 schließlich brachte mit dem 20/21. Juni die lang ersehnte Währungsreform, die sicherlich zu den bedeutendsten wirtschaftspolitischen Maßnahmen der deutschen Nachkriegsgeschichte zu zählen ist und den bis dahin in der Trizone weit verbreiteten Tauschhandel und die Schwarzmarktwirtschaft praktisch über Nacht beendete. Die Schaufenster begannen sich zunächst mit Waren zur Deckung der Grundbedürfnisse, später mit höherwertigen Verbrauchsgütern zu füllen. Die gelungene Sanierung der Kriegsinflation bot der reformliberalen Wirtschaftspolitik Ludwig Erhards neue Gestaltungsmöglichkeiten.[1070] Der Übergang von der Zwangs- in die freie Marktwirtschaft war konjunkturell auch gekennzeichnet durch den schrittweisen Umschwung der Markttendenz vom Geld- zum Güterüberhang. Die Entwicklung erfasste auch das Versorgungsgebiet der BELG und ließ die nutzbare Stromabgabe des Überlandwerkes in den ersten Jahren der Bundesrepublik jährlich um annähernd 20 Prozent ansteigen – ein Wachstum, das nur marginal unter dem gesamtbayerischen wie deutschlandweiten Vergleichswert einzuordnen war. Die Betriebsführung nannte als Ursachen für den Aufschwung der Betriebe u. a. „die psychologischen Wirkungen der valutarischen DM-Abwertung, das durch Lohnerhöhungen verbesserte Masseneinkommen und die reichlichere Investitionsfinanzierung"[1071].

Der nahtlose Übergang in eine Wohlstands- und Konsumgesellschaft entlang einer gesunden marktwirtschaftlichen Entwicklung wurde allerdings auch in den ersten Jahren nach der Währungsumstellung in abnehmender Regelmäßigkeit durch „ z. T. rigorose Einschränkungsmaßnahmen"[1072] des Landeslastverteilers gebremst. Die Kurvenverläufe in Abbildung 5.43 zeigen die für die BELG an unterschiedlichen Tagen ausgegebenen Kontingente und ihren Einfluss auf die angeschlossene Leistung zur jeweiligen Tageszeit. Noch im Winter 1948/49 musste die BELG aufgrund der außergewöhnlichen Trockenheit in manchen Wochen Halbtagsabschaltungen von ca. 8.00-11.00 Uhr sowie 14.00-17.00 Uhr sowie Industriekontingentierungen vornehmen. Wie die Darstellung beweist, konn-

---

[1070] Vgl. die Ausführungen von Abelshauser (2004), S. 120-174 zu den (psychologischen) Auswirkungen der Währungsreform. Er interpretiert den 20. Juni als „entscheidenden Neubeginn in Staat und Wirtschaft". Ebd., S. 127.
[1071] BWA, F 025-345, S. 1. Vorstandsbericht 1949.
[1072] Ebd., S. 2.

ten durch die Maßnahmen die typischen Lastspitzen des uneingeschränkten Normalverbrauchs deutlich gesenkt bzw. in die Abendzeit verlagert werden – freilich konnten die Umsatzverluste der Industrie sowie des Überlandwerkes hierdurch lediglich geschmälert, nicht aber vollkommen verhindert werden.

**Abb. 5.43: Stromeinschränkung im Versorgungsgebiet der BELG**

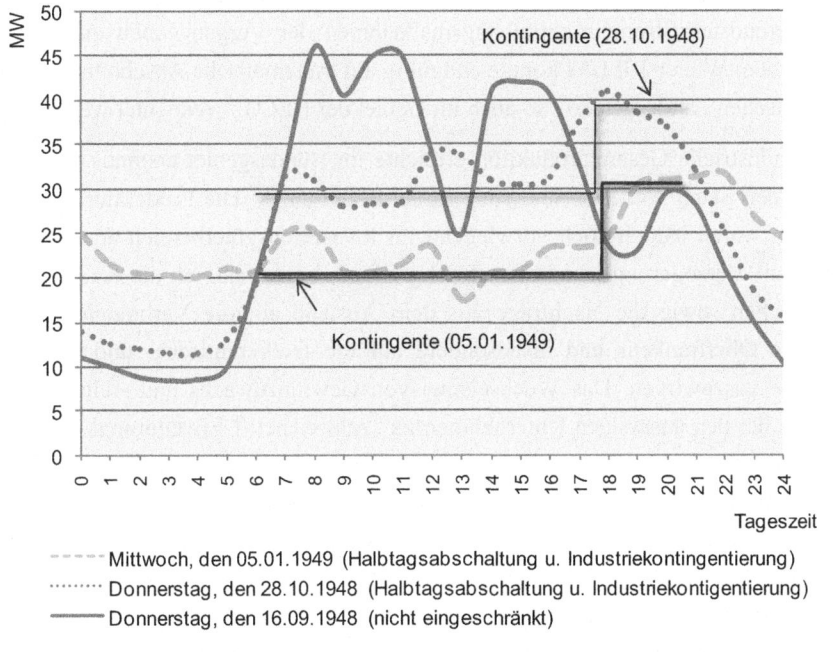

Quelle: Eigene Darstellung; Daten n. BWA, F 025-344, Anlage 20. Vorstandsbericht 1948.

In der Vielzahl der nach dem Krieg angestrengten Baumaßnahmen zur Herbeiführung einer geordneten und anforderungsgerechten Stromversorgung in Bayern ist die Herstellung leistungsfähiger Verbindungen zu dem großen Wärmekraftverbund der britischen Besatzungszone im Besonderen zu erwähnen.[1073] Die Umstellung der Leitungstrassen von der Nord-Süd- auf die Ost-West-Verbindung ermöglichte durch den Zusammenschluss des bayerischen Leitungsringes mit dem österreichischen Hochspannungsnetz einen Ausgleich für die von sowjetischer Seite untersagte Stromeinfuhr aus mitteldeutschen Gebieten.[1074] Nach der Wäh-

---

[1073] Exemplarisch für die nach Aufhebung des Bauverbotes im Jahr 1949 in ganz Bayern durchgeführten Kapazitätserweiterungen sei aus Sicht des Bayernwerks angeführt: Die Rißbachüberleitung in den Walchensee (1949), der Ausbau der Unteren Isar (1951), der Bau des Dampfkraftwerks Aschaffenburg (1952) sowie die Erweiterung des Dampfkraftwerks Schwandorf (1950-1957). Vgl. Pohl (1996), S. 340-355.

[1074] Der internationale Stromaustausch über die Landesgrenzen hinweg nahm v. a. mit der im Jahre 1951 erfolgten Gründung der Internationalen Union für die Koordinierung der

rungsreform konnte endlich mit den entscheidenden Bauarbeiten begonnen und am 4. Dezember 1949 die Inbetriebnahme der 220-kV-Leitung Aschaffenburg-Ludersheim (bei Nürnberg) mit Anschlüssen an das Netz des RWE (Keltersbach bei Frankfurt) und an das der Preußen-Elektra (Borken bei Kassel) vollzogen werden. Der – zumindest was Westdeutschland anbelangte – als „elektrische Wiedervereinigung"[1075] gefeierte Zusammenschluss der großen deutschen Stromnetze diente fortan als Rückgrat der bayerischen Energieversorgung und ließ die gravierendsten Stromeinschränkungsmaßnahmen der Vergangenheit angehören. Nach dem Winter 1951/52 konnte endgültig auf systematische Abschaltungen des bayerischen Landesnetzes – so auch im Gebiet der BELG – verzichtet werden.[1076]

Die industrielle Gesamtproduktion erreichte im Bundesgebiet erstmals im März 1950 den Stand von 1936 und stieg fortan rasant an.[1077] Die Produktionsausweitungen waren jedoch noch vorwiegend im Investitionsgüterbereich anzusiedeln. Erst mit Verzögerung, dann aber durchgreifend, begannen sich die Kauflust der Deutschen sowie die Nachfrage aus dem Ausland auf die Verbrauchsgüterindustrie Oberfrankens und insbesondere auf die feinkeramische- und Textilindustrie auszuwirken. Das Wechselspiel von Gewinnzuwachs und -reinvestition führte bei den ansässigen Unternehmen zu „zahlreiche[n] Erweiterungs- und Erneuerungsbauten und wesentliche[n] Rationalisierungsmaßnahmen", die laut Vorstandsbericht „eine beträchtliche Ausweitung des Energieabsatzes in der Zukunft erwarten"[1078] ließen. Die nutzbare Stromabgabe der BELG kletterte zur Jahrhundertmitte auf rund 225 Mio. kWh. Der Vergleich mit den 100 Mio. kWh im letzten Friedensjahr 1938 bzw. den 111 Mio. kWh im letzten vollen Kriegsjahr 1944 gibt Aufschluss über die durchwegs positive wirtschaftliche Entwicklung im Versorgungsgebiet.[1079]

---

    Stromerzeugung und des Stromtransports (UCPTE) an Fahrt auf. Ziel der Vereinigung war laut Satzung „die völlig freiwillige zwischenstaatliche Zusammenarbeit, um die bestehenden und zu schaffenden Kraftwerke und Höchstspannungsleitungen bestmöglich wirtschaftlich auszunutzen". Zit. n. Eckardt et al. (1985), S. 85; vgl. auch v. Keller (1969), S. 24 sowie 20 Jahre Tätigkeit der UCPTE (1971).

[1075] Pohl (1996), S. 339.

[1076] Vgl. v. Keller (1969), S. 23. Lediglich die Chemieindustrie musste noch ein Jahr länger Stromeinschränkungen hinnehmen. Vgl. Deutinger (2001), S. 41 f.

[1077] BWA, F 025-346, S. 1. Vorstandsbericht 1950.

[1078] Ebd., S. 2.

[1079] Allerdings ließ die unmittelbare Abgabe an die Gruppe der Tarifabnehmer mit 94 kWh pro Kopf im Gegensatz zum bayerischen (108 kWh) und westdeutschen (133 kWh) Vergleichswert noch Potential erkennen. Zeitschrift Elektrizitätswirtschaft (1951), Heft 12, S. 371.

Ein nicht zu unterschätzender Faktor für die Prosperität des einsetzenden „Wirtschaftswunders" zu Beginn der Fünfziger Jahre stellt sicherlich der Ausbruch des Krieges in Korea im Juni 1950 dar.[1080] Nach Abelshauser ist den mittel- und unmittelbaren weltwirtschaftlichen Folgen dieses Ereignisses hinsichtlich der industriellen Belebung – und davon abzuleiten dem Stromabsatz – in gewisser Hinsicht gar eine größere Rolle zuzuschreiben als der Währungsreform aus dem Jahr 1948.[1081] Zum ersten Mal trug die Außenwirtschaft in erwähnenswertem Anteil zum Wachstumsschub der Bundesrepublik bei und untermalte bei fortschreitender Liberalisierung und Multilateralisierung die „Rückkehr zum Weltmarkt"[1082]. Die westlichen Länder steigerten ihre Rüstungsproduktion auf Kosten des zivilen Sektors und schufen auf dem Weltmarkt ein günstiges Vakuum der Konsumgüternachfrage. Westdeutschland, das als einziger westlicher Industriestaat noch über Reserven in der Kapazitätsauslastung verfügte, erfuhr hierdurch einen regelrechten Bedeutungsschub im weltwirtschaftlichen Gefüge. Die Produkte waren nicht zuletzt auch deshalb gefragt, da nicht in – überall in Westeuropa knappen – Dollars vergütet werden musste. Auch die Binnennachfrage nach Verbrauchsgütern aller Art gewann im Sog des sog. „Koreabooms" zunehmend an Stabilität.[1083]

Am Rande sei erwähnt, dass auch die vorhandenen Parallelen zwischen Nord- und Südkorea sowie BRD und DDR halfen, das Augenmerk der Alliierten noch mehr auf eine wirtschaftlich gesunde wirtschaftliche Entwicklung Deutschlands zu legen und die Kandare der festgeschriebenen Produktionseinschränkungen zu sprengen.[1084] Da auch die Löhne vor dem Hintergrund der Nachfragesteigerung nach deutschen Gütern wuchsen, schloss sich zudem nach und nach die Lohn-Preis-Schere, was zu einem „Durchbruch in der Verbesserung der sozialen Lage

---

[1080] Am 25. Juni 1950 (Waffenstillstandabkommen 27. Juli 1953) griff das von der Sowjetunion unterstützte, sozialistisch ausgerichtete Nordkorea das von den UNO-Truppen, v. a. durch die USA unterstützte, kapitalistisch geprägte Südkorea an. Stellvertretend für eine Vielzahl von Literatur sei auf Steininger (2006) sowie Kleßmann/Stöver (2008) verwiesen. Die Interpretation des „Koreabooms" als Initialzündung des westdeutschen Exporterfolges ist immer wieder Gegenstand älterer und neuerer Forschung. Vgl. die bei Lindlar (1997) unter der Fußnote 51 angegebene Literatur. Die meisten Einschätzungen, so betont Lindlar (1997), S. 244 sind auf Wallich (1955), S. 4 und 83 zurückzuführen, der den Koreakrieg als Glücksfall für den westdeutschen Wiederaufschwung betrachtete. Ludwig Erhard hingegen, sah die Turbulenzen des Koreakrieges vor dem Hintergrund einer stabilen Wirtschaftspolitik weniger als Glücksfall, sondern als schwere Bewährungsprobe. Siehe Lindlar (1997), S. 246.

[1081] Vgl. Abelshauser (1979), S. 243 und (1983), S. 67 ff. Siehe auch die Interpretation Lindlars, der diese Ansicht allerdings relativiert, indem er auf die bereits bestehende Prosperität vor Ausbruch der Kriegshandlungen hinweist (1997), S. 244 f.

[1082] In Anlehnung an „Deutschlands Rückkehr zum Weltmarkt" – Titel eines Buches von Wirtschaftsminister Ludwig Ehrhard aus dem Jahr 1953.

[1083] Vgl. Abelshauser (2004), S. 159.

[1084] Vgl. Bührer (1997), S. 34.

der breiten Schichten der Bevölkerung"[1085] führte. Die logische Konsequenz einer steigenden Stromnachfrage fand in allen Gesellschaftsbereichen ihren Niederschlag und soll anhand des Pro-Kopf-Bedarfs der Tarifabnehmer verdeutlicht werden (s. Tabelle 5.4). War Oberfranken im Jahr 1949 hinsichtlich dieser Kennzahl noch deutlich hinter Bayern einzuordnen, so konnte der Regierungsbezirk die bestehenden Disparitäten zu anderen Regionen des Freistaates binnen zwei Jahren abbauen. Ein deutliches Indiz für den Wohlstandszuwachs im Versorgungsgebiet.

Tab. 5.4: Pro-Kopf-Jahresverbrauch (in kWh) der Tarifabnehmer in Oberfranken, Bayern sowie im gesamten Bundesgebiet (1949-1952)

|  | 1949 | 1950 | 1951 | 1952 |
|---|---|---|---|---|
| Oberfranken | 88 | 94 | 118 | 138 |
| Bayern | 100 | 108 | 119 | 130 |
| Bundesgebiet | 119 | 133 | 150 | 172 |

Quelle: BWA, F 025-345 bis 348. Vorstandsberichte 1949-1952.

Sicherlich darf es nicht überraschen, dass gerade die BELG mit der zahlreich angeschlossenen Verbrauchsgüterindustrie zunächst von der skizzierten Entwicklung in besonderem Maße profitieren konnte. Die Geschäftsleitung des Energieversorgers resümierte entsprechend in ihrem Jahresbericht von 1950: „Die stark belebende Ausfuhr wird zu einem Konjunkturfaktor erster Ordnung. Die durch den Koreakonflikt ausgelöste Beunruhigung hatte auch auf dem Verbrauchsgütersektor eine spürbare Festigung und Ausweitung des Inlandsabsatzes bei allmählich steigenden Preisen zur Folge."[1086] In Oberfranken, dem bayerischen Gebiet mit der höchsten Industriedichte, waren im Jahr 1951 rund 45 Prozent aller Arbeitnehmer in der Industrie tätig, gegenüber durchschnittlich 37 Prozent im Bundesgebiet und 31 Prozent in Bayern. Von den in der Industrie Beschäftigten wiederum entfielen 76 Prozent auf die Konsumgüterindustrie, in der die Gruppen Textil (30 Prozent) und Feinkeramik (19 Prozent) vorherrschend waren.[1087] Die überwiegend industrielle Struktur des Versorgungsgebietes zeigt sich auch anhand der Kennzahlen in Tabelle 5.5, die für den gesamten Regierungsbezirk Oberfranken gelten. Da der westliche, von der Überlandwerk Oberfranken AG Bamberg (ÜWO) versorgte Teil des Regierungsbezirkes einen vorwiegend landwirtschaftlichen Charakter aufwies, verstärkte sich das gewerblich-industrielle Bild für das Versorgungsgebiet der BELG sogar noch über diese Zahlen hinaus.

---

[1085] Abelshauser (1987), S. 30.
[1086] BWA, F 025-346, S. 1. Vorstandsbericht 1950.
[1087] BWA, F 025-347, S. 1. Vorstandsbericht 1951.

Tab. 5.5: Kennzahlen für Oberfranken, Bayern und das gesamte Bundesgebiet (1951)

|  | Oberfranken | Bayern | Bundesgebiet |
|---|---|---|---|
| Bevölkerungsdichte (Einwohner/km$^2$) | 148,7 | 129,9 | 194,4 |
| Bevölkerungswachstum 1939/1951 (in Prozent) | 38,0 | 29,7 | 23,0 |
| Anteil Heimatvertriebener (in Prozent) | 23,0 | 21,0 | 16,8 |
| Anteil der Industriebeschäftigten (in Prozent) | 45 | 31 | 37 |
| Industriedichte* | 13,2 | 8,7 | 11,2 |

Quelle: Mitteilungsblatt der Industrie und Handelskammer für Oberfranken (1952), Nr. 9, S. 3, abgedruckt in BWA, F 025-348. Vorstandsbericht 1952, S. 2. *In der Industrie Beschäftigte in Prozent der Wohnbevölkerung.

Allerdings sei nicht unerwähnt, dass viele Firmen der Textilindustrie, dem größten Wirtschaftszweig der Region, aufgrund der Nachwirkungen der Koreakrise in eine existentielle Schieflage gerieten. Der Krieg führte in der westlichen Welt zu Panikkäufen von Baumwolle, was den Preis im März 1951 auf einen absoluten Spitzenwert von 33 DM (rein gewaschene mittelfeine Wolle) ansteigen ließ. Da der Preis ein halbes Jahr später auf nurmehr 13 DM zurückging, blieben viele textilverarbeitende Unternehmen auf den immensen Kosten der teuer bezogenen Rohmaterialien sitzen.[1088] Auch wenn daher im Geschäftsjahr 1952 ein kurzzeitiger Konjunktureinbruch zu Lasten der hiesigen Wirtschaft die Stromabgabe der BELG um 1,2 Prozentpunkte eintrübte, so hielt schon in den folgenden Jahren der positive Trend wieder unvermittelt an. Sehr belebend für die Wirtschaft des Grenzgebietes war zudem der Beschluss des Bundeskabinetts vom 19. August 1953 über eine weitreichende Grenzlandhilfe.[1089] Diese war für manche Branchen besonders nötig geworden, wurden doch vor Schließung der Zonengrenze nach Norden und Osten 50 Prozent der oberfränkischen Textilwaren und 95 Prozent der Brauereierzeugnisse in eben diesen Gebieten abgesetzt.[1090] Gleichermaßen erwähnenswert für die Region sind die im Rahmen des „Grünen Plans" beschlossenen Maßnahmen zur Heranführung der Rückstandsgebiete.[1091] Insbesondere die

---

[1088] Vgl. Braun (2003), S. 9 f.

[1089] Die beschlossenen Erleichterungen für die Grenzgebiete umfassten dabei u. a. steuerliche Maßnahmen, monetäre Unterstützungen in der Investitionshilfe, Frachthilfe für das Zonenrandgebiet („Umwegkilometervergütung"), Zinszuschüsse für Rationalisierungskredite sowie bevorzugte Berücksichtigung der Betriebe bei der Vergebung öffentlicher Aufträge. BWA, F 025-349, S. 2. Vorstandsbericht 1953.

[1090] Ebd.

[1091] Auf dem Landwirtschaftsgesetz vom 5. September 1955 basierender Plan zur „Verbes-

von der Erbfolge der Realteilung benachteiligten Bauern erhielten hierdurch finanzielle Mittel, um ihre Pferde durch modernes u. a. elektrotechnisches Gerät zu ersetzen.

Im Geschäftsjahr 1954 – dem Letzten des vier Dekaden umfassenden schwerpunktmäßigen Untersuchungszeitraums dieser Arbeit – deckte die BELG einen Strombedarf von 312 Mio. kWh ab.[1092] Ein Wert, der umso erstaunlicher erscheint, wenn man sich vor Augen führt, dass Ende der Zwanziger Jahre noch 80 Millionen kWh als erstrebenswerter Endzustand der nutzbaren Stromabgabe im Versorgungsgebiet ausgelobt wurde.[1093] Wie die Abbildung 5.44 beweist, reihte sich das oberfränkische Überlandwerk mit diesen Absatzzahlen in das hintere Mittelfeld der bayerischen Energieversorger ein. Auf den gesamten Freistaat umgerechnet belief sich der Stromverbrauch im gleichen Jahr gar auf rund 7,5 Mrd. kWh.

In der Bundesrepublik und im Freistaat „stimmte die Entwicklung vom Ende des Zweiten Weltkrieges bis Ende der fünfziger Jahre darin überein, dass die Faustregel der Verdoppelung des Strombedarfs in jeweils zehn Jahren beträchtlich überboten wurde". Obendrein stieg „der Verbrauch aus dem öffentlichen Netz stärker als der Gesamtverbrauch [...], obgleich die Zuwachsraten Bayerns hinter denen der Bundesrepublik zurückblieben"[1094].

---

serung der Agrarstruktur und der landwirtschaftlichen Arbeits- und Lebensverhältnisse sowie der Einkommenslage der landwirtschaftlichen Bevölkerung. Vgl. Wille (1970), S. 53.

[1092] BWA, F 025-350, S. 3. Vorstandsbericht 1954.
[1093] BWA, F 025-623, S. 1. Jubiläumsschrift zum 40-jährigen Gesellschaftsbestehen.
[1094] Pohl (1996), S. 357.

**Abb. 5.44: Nutzbare Stromabgabe bayerischer Regionalwerke (1938-1954)**

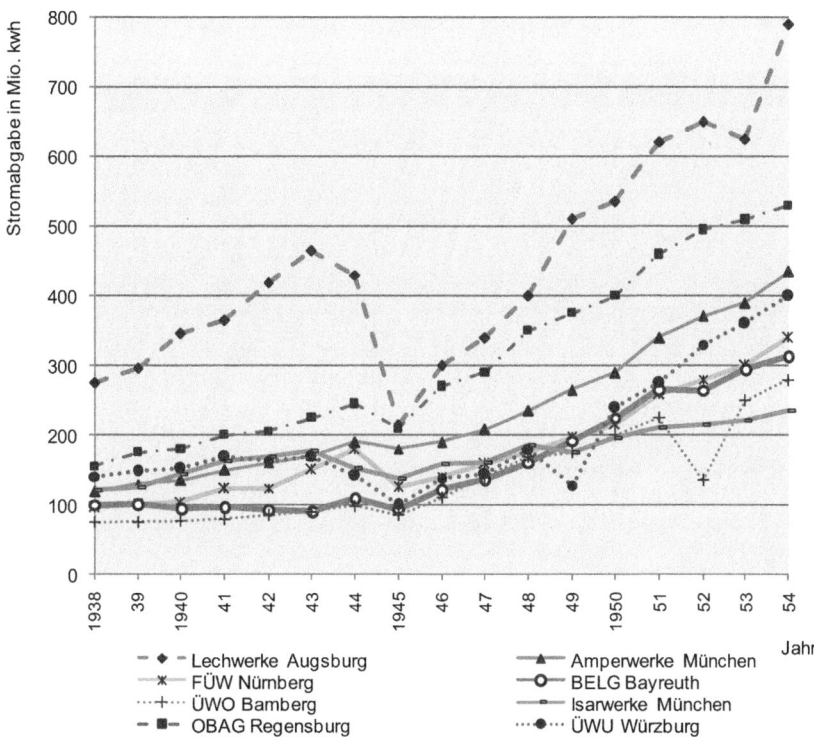

Quelle: Eigene Darstellung; Daten n. BWA, F 025-346 und 351. Vorstandsberichte 1950 und 1955.

Nachdem 1955 das Gesetz Nr. 23, das eine angewandte Kernforschung in Deutschland verbot, außer Kraft trat und die Pariser Verträge abgeschlossen wurden, nahm in Bayern als erstem Bundesland der Gedanke an die Nutzbarmachung der Technologie zur Stromerzeugung konkrete Gestalt an.[1095] Ein Jahr später gründete der bayerische Staat in Verbindung mit dem Bayernwerk und vier weiteren bayerischen Unternehmen die „Gesellschaft zur Entwicklung der Atomkraft in Bayern m.b.H.", welche fortan erheblichen Stellenwert erlangen sollte.[1096] Da die BELG hinsichtlich dieser Entwicklung in einer vergleichsweise passiven Zu-

---

[1095] Vgl. Zängl (1989), S. 240. Das Gesetz Nr. 23 vom 10. April 1946 regelte das „Verbot militärischer Bauten in Deutschland. Abrufbar im Internet unter http://www.verfassungen.de/de/de45-49/kr-gesetz23.htm. Am 5. Mai 1955 beendeten die Pariser Verträge („Deutschlandvertrag") das Besatzungsstatut in Westdeutschland und verliehen der Bundesrepublik weitgehende Souveränität – auch im Hinblick auf die Erforschung einer friedlichen Nutzung von Atomkraft. Vgl. Timmermann (2003); Anders (1955).

[1096] Vgl. v. Keller (1969), S. 25.

schauerrolle fungierte, soll der Eintritt in das Atomzeitalter der Energiegewinnung gleichsam als Ausstieg aus diesem Kapitel dienen.

## 6. Kapitalpolitik und Rentabilitätsbetrachtung

Im Folgenden soll ein Überblick über die Kapital- und Gewinnentwicklung der BELG gegeben werden. Auf eine Darstellung der detaillierten Entwicklung der einzelnen Bilanzposten wird hinsichtlich der Fülle an Kontobewegungen in dem zu untersuchenden Zeitraum von vierzig Jahren verzichtet.

Bereits 1914, zur Zeit der Gründung der BELG, war der Kapitalbedarf immens, da die Staatsregierung darauf bestand, dass die Errichtung des Kraftwerks in Arzberg unverzüglich und der Leitungsbau in den zugeteilten 10 Bezirksämtern[1097] und 373 Gemeinden bereits Ende 1916 vollendet sein sollte.[1098] Zudem war bei den Vorverhandlungen mit dem bayerischen Staat bereits eine weitere Ausdehnung des Versorgungsgebietes über die vereinbarten Grenzen hinaus abzusehen. Dieser Umstand ließ einen auf Expansion ausgelegten zukunftsorientierten Ausbauplan nötig werden, der vor allem die Errichtung einer durch das gesamte Versorgungsgebiet führenden 40-kV-Ringleitung zur Grundlage hatte.[1099] Ferner sollte die Gesellschaft durch die Konzeption des Staatsvertrags eine Zersplitterung der Elektrizitätsversorgung Oberfrankens verhindern und musste hierzu finanziell in die Lage versetzt werden, zahlreiche, kleinere regional operierende Werke käuflich zu übernehmen.[1100]

In Anbetracht der kapitalintensiven Investitionstätigkeiten wurde die BELG, um den genannten Anforderungen gerecht werden zu können, zur Zeit ihrer Gründung mit 2,5 Mio. Mark Grundkapital ausgestattet.[1101] Als Anteilseigner traten ausschließlich die ELG mit der Hälfte sowie die Elektricitäts-Aktiengesellschaft (vormals W. Lahmeyer & Co.) und die „Bank für elektrische Unternehmungen" in Zürich zu je einem Viertel des Aktienkapitals auf. Die Führung des Unternehmens wurde der ELG zugesprochen. Obgleich bereits im Gründungsjahr aufgrund des zu erwartenden hohen Installations- und Anschlussaufwandes eine baldige Erhöhung des Grundkapitals in Aussicht gestellt wurde, blockierte der Erste Weltkrieg die ambitionierten Pläne der Netzerweiterung. Die Tabelle 6.1 verdeutlicht die Entwicklung der Kapitaleinlagen sowie der ausgeschütteten Dividende im Zeitverlauf.

---

[1097] Mit Berneck, Hof, Kronach, Kulmbach, Münchberg, Naila, Rehau, Stadtsteinach, Teuschnitz und Wunsiedel, wurden der BELG im Rahmen des Staatsvertrages im Jahr 1913, 10 Bezirksämter zugeteilt. Vgl. Denkschrift 25 Jahre BELG (1939), S. 6.
[1098] Vgl. ebd., S. 6.
[1099] Siehe hierzu Kapitel 5.2 „Kernabsatzgebiet und bedeutende Stromabnehmergruppen der BELG".
[1100] Vgl. Denkschrift 25 Jahre BELG (1939), S. 8 f.
[1101] Vgl. Denkschrift 10 Jahre BELG (1923), S. 14.

Tab. 6.1: **Grundkapital, Dividende, Anteil ELG und des Kreises Oberfranken am Aktienstock der BELG (1914 – 1954)**

| Jahr | Grundkapital (in Mio. M.) | Dividende | Anteil der ELG (in Mio. M./GJ) | Anteil Kreis Oberfranken (in Mio. M./GJ) |
|---|---|---|---|---|
| 1914 | 2,5 | 4 % | 1,25 | - |
| 1915 | Dto. | 0 % | 1,25 | - |
| 1916 | Dto. | 0 % | 1,25 | - |
| 1917 | Dto. | 0 % | 1,25 | - |
| 1918 | Dto. | 3 % | 1,25 | - |
| 1919 | Dto. | 6 % | 1,25 | - |
| 1920 | 10,0 | 7 % | 3,75 | 2,50 |
| 1921 | 18,0 | 8 % | 6,75 | 4,50 |
| 1922 | 43,0 | - | 14,46 | 10,65 |
| 1922 | 90,0 | 30 % | 28,93 | 23,30 |
| 1923 | 130,0 | 0 % | 38,20 | 32,53 |
| 1924 | 10,4 (Reform) | 0 % | 3,07 | 2,65 |
| 1925 | 10,4 | 6 % | 3,10 | 2,68 |
| 1926 | 10,4 | 6 % | 3,12 | 2,68 |
| 1927 | 15,0 | 7 % | 3,20 | 2,68 |
| 1928 | 15,0 | 7 % | 6,78 | 3,96 |
| 1929 | 15,0 | 4 % | 6,83 | 3,96 |
| 1930 | 15,0 | 4 % | 6,84 | 3,96 |
| 1931 | 15,0 | 0 % | 6,86 | 3,96 |
| 1932 | 15,0 | 4 % | 6,86 | 3,96 |
| 1933 | 15,0 | 4 % | 6,89 | 4,02 |
| 1934 | 15,0 | 4 % | 7,14 | 4,02 |
| 1935 | 15,0 | 5 % | 7,14 | 4,02 |
| ... | Dto... | Dto... | Dto... | Dto...* |
| 1945 | 15,0 | 3 % | 7,86 | 4,04 |
| 1946 | 15,0 | 4 % | 7,86 | 4,04 |
| 1947 | 15,0 | 4 % | 7,86 | 4,04 |
| 1948 | 15,0 | 2 % | 7,86 | 4,04 |
| 1949 | 15,0 | 5 % | 7,86 | 4,04 |
| 1950 | 15,0 | 5 % | 7,86 | 4,04 |
| 1951 | 15,0 | 5 % | 7,86 | 4,04 |
| 1952 | 15,0 | 6 % | 7,86 | 4,04 |
| 1953 | 15,0 | 6,5 % | 7,86 | 4,04 |
| 1954 | 15,0 | 7 % | 7,86 | 4,04 |

Quelle: BWA, F 025-1 bis 42. Geschäftsberichte (1914-1954); BWA, F 025-606, -418, -607, -419, -608, -420, -421. Protokollschriften der Hauptversammlung 1914-1954. *Der Zeitabschnitt zwischen 1935 und 1945 unterlag lediglich geringfügigen Änderungen im Kapitalanteil der Hauptaktionäre.

Erst der nach Beendigung des Krieges laut gewordene Wunsch der Bayerischen Regierung nach dem zügigen Anschluss weiterer Gebiete zum Abbau regionaler Disparitäten, machte eine weitere beträchtliche Kapitalaufnahme notwendig. Für das aus diesem Grund aufgenommene Darlehen in Höhe von 10 Mio. M. übernahm der Kreis Oberfranken die notwendige Bürgschaft und ließ sich gleichsam das Recht auf den Erwerb von 25 Prozent der Aktien des jeweiligen Gesellschaftskapitals der BELG einräumen.[1102] Wie Tabelle 6.1 zeigt, behielt der Kreis diesen Anteil über den gesamten Untersuchungszeitraum aufrecht – freilich mit dem Hintergedanken, Einfluss auf die Geschicke des für die regionale Entwicklung so bedeutenden Unternehmens zu nehmen. Auch die Bayerische Staatsbank übernahm eine Anzahl an Aktien, so dass sich das gezeichnete Kapital zu dieser Zeit auf 10 Mio. M. vervierfachte.

Die inflationsbedingten Zustände machten im Zeitraum zwischen 1920 und 1923 eine schrittweise Anhebung des Grundkapitals auf 130 Mio. M. notwendig, das allerdings im Rahmen der Goldmarkeröffnungsbilanz im Jahr 1924 mit 10,4 Mio. RM. neu bewertet wurde. Mitte der Zwanziger Jahre befand sich der zehnte Teil des gesamten Aktienkapitals im freien Verkehr. Zur Abdeckung der zur Vornahme von Erweiterungsbauten aufgenommenen Kredite beschloss die Generalversammlung im Jahr 1927 eine Erhöhung des Aktienkapitals auf 15 Mio. RM. Die Photographie in der Abbildung 6.1 zeigt eine Aktie aus besagtem Jahr. Eine weitere Anhebung des Stammkapitals fand im Untersuchungszeitraum nicht statt.

Generell ist festzuhalten, dass die bayerischen Regionalversorgungsunternehmen nicht nur Anteile an die öffentliche Hand abtraten, sondern auch untereinander und mit der staatlicherseits geführten Bayernwerk AG „durch gegenseitigen Aktienbesitz auf komplizierte Weise eng miteinander verflochten"[1103] waren.

---

[1102] Vgl. Denkschrift 10 Jahre BELG (1923), S. 4.
[1103] Deutinger (2001), S. 40.

**Abb. 6.1: Aktie der BELG aus dem Jahr 1927**

Quelle: Internet nonvaleur shop (2010).

Nimmt man die Einnahmen aus dem Stromverkauf als Maßstab so zeigt sich, dass die BELG, bis auf die an den verschiedenen Stellen dieser Arbeit hinlänglich thematisierten exogenen Krisen, eine durchgängige Prosperität aufwies. Die Abbildung 6.2 stellt die Stromeinnahmen mit der nutzbaren Stromabgabe in Bezug.

**Abb. 6.2: Einnahmen aus dem Stromverkauf und nutzbare Stromabgabe (1914-1954)**

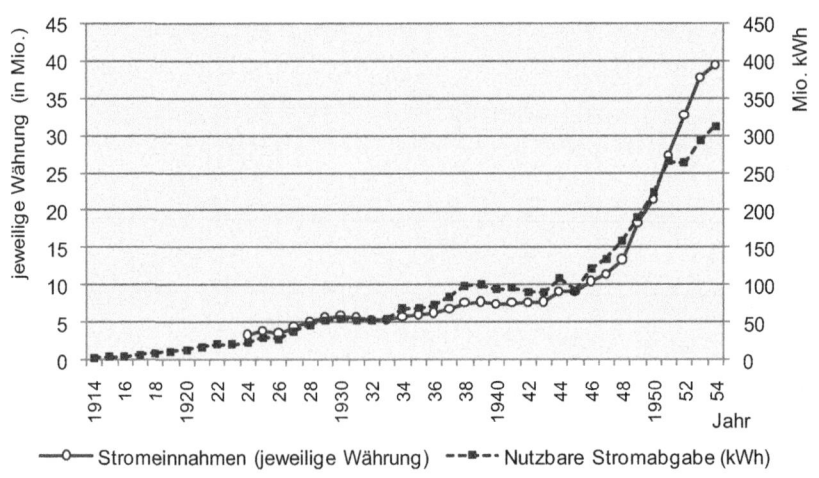

Quelle: Eigene Darstellung; Daten n. BWA, F 025-320 bis 350. Vorstandsberichte 1924-54. Stromeinnahmen vor 1924 nicht verfügbar.

Auch die Bilanzsumme stieg im Zeitverlauf beständig an. Einzig in den Dreißiger Jahren lässt sich ein Plateau erkennen, das in seiner Natur auf die unmittelbaren Auswirkungen und Nachwehen der Wirtschaftskrise zurückzuführen ist. Die Ankurbelung der Ökonomie im Sinne der nationalsozialistischen Vierjahrespläne ließ das Vermögen der Gesellschaft wieder moderat aber beständig ansteigen. In der Abbildung 6.3 sticht im Besonderen die Entwicklung in den Anfangsjahren der BRD heraus, die in den beginnenden Wunderjahren einen rasanten Anstieg des Anlagevermögens nach sich zog.

**Abb. 6.3: Die Bilanzsumme der BELG (1914-1954)**

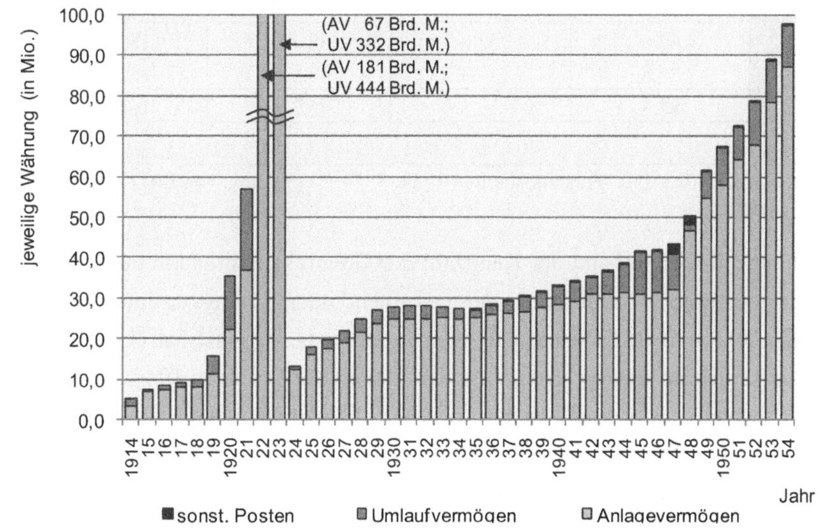

Quelle: Eigene Darstellung; Daten n. BWA, F 025-1 bis 42 Geschäftsberichte (1914-1954).

Setzt man die jährlichen Einnahmen aus dem Stromlieferungsgeschäft in ein Verhältnis zum Brutto-Anlagevermögen, so ergibt sich ein aufschlussreiches Bild hinsichtlich der Verlagerung von der Eigenerzeugung zum Fremdstrombezug aus dem Verteilungsnetz des Bayernwerks (s. Tabelle 6.2). Der notwendige Kapitaleinsatz konnte hierdurch trotz der üblichen Kapitalintensität der Branche in einem relativ risikofreien Intervall gehalten werden. Ab den Fünfziger Jahren fiel diese Quote deutlich ab, was sich auf den mehrmalig erwähnten Strategiewandel hin zur erhöhten Eigenerzeugung im Kraftwerk Arzberg zurückführen lässt.[1104] Vor dem Hintergrund eines in allen Teilen der Bevölkerung rasant ansteigenden

---

[1104] Hierzu sei auf die Ausführungen in Kapitel 4.1.1 „Das Kohlekraftwerk Arzberg" sowie 4.2.3 „Die Entwicklung der Strombeschaffung der BELG im Kontext gesellschaftspolitischer Rahmenbedingungen" verwiesen.

Strombedarfs sowie der Aufhebung der Preisbindung war dies sicherlich ein vernünftiger und nachvollziehbarer Schritt in Richtung Expansion und Autarkie.

Tab. 6.2: Gegenüberstellung des Brutto-Anlagevermögens mit den jährlichen Stromeinnahmen

| Jahr | Brutto-AV (in Mio.) | Stromeinnahmen (in Mio.) | Verhältnis Stromeinnahmen/AV | Umsatzrentabilität* |
|---|---|---|---|---|
| 1924 | 13.3 | 3,0 | 22,2 % | - |
| 1938 | 26,7 | 7,7 | 28,7 % | 25,1 % |
| 1949 | 54,7 | 18,3 | 35,5 % | 29,7 % |
| 1950 | 57,9 | 21,5 | 37,2 % | 21,2 % |
| 1951 | 64,1 | 27,4 | 42,8 % | 19,5 % |
| 1952 | 67,8 | 32,8 | 48,4 % | 18,9 % |
| 1953 | 78,6 | 37,8 | 48,1 % | 15,7 % |
| 1954 | 87,3 | 39,5 | 45,3 % | 16,9 % |

Quelle: BWA, F 025-350. Vorstandsbericht 1954, S. 24. *Verhältnis von EBIT zu Stromeinnahmen.

Abschließend wird anhand der Kennzahl der Gesamtkapitalrendite deutlich, dass sich das eingesetzte Kapital über den gesamten Untersuchungszeitraum in einem ordentlichen, zumeist hohen einstelligen Prozentsatz, verzinst hat (s. Abbildung 6.4). Es sei darauf hingewiesen, dass der Ausreißer des Jahres 1949 mit der Zusammenlegung des Rumpfgeschäftsjahres 1948 und dem darauffolgenden Geschäftsjahr zu begründen ist.[1105]

---

[1105] Die Berichterstattung der Jahresabschlüsse erstreckte sich daher auf den Zeitraum vom 21. Juni 1948 bis 21. Dezember 1949. Vgl. BWA, F 025-37, S. 4. Geschäftsbericht 1949.

**Abb. 6.4: Gesamtkapitalrendite der BELG (1915-1954)***

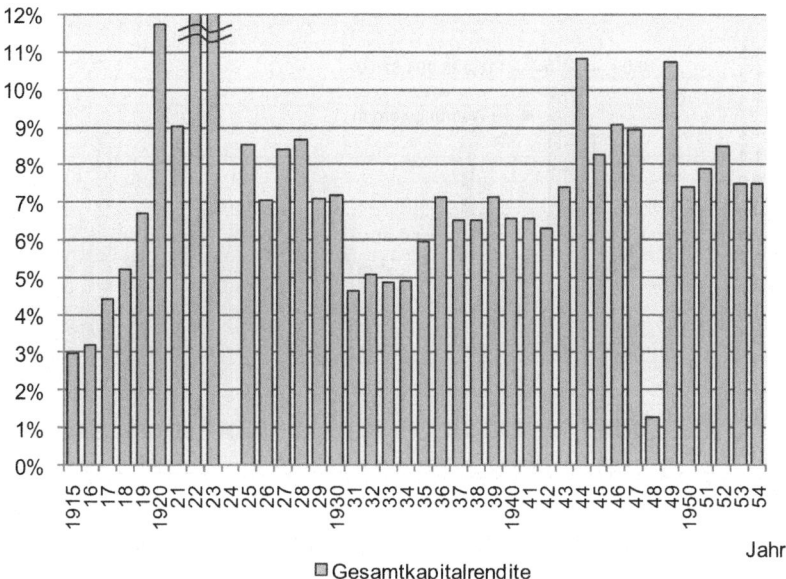

Quelle: Eigene Darstellung; Daten n. BWA, F 025-1 bis 42 Geschäftsberichte (1914-1954).
*Für 1924 liegen keine Werte vor.

In der Summe erzielte das Werk von 1914 bis 1954 (die Jahre 1922 und 1923 ausgenommen) einen Reingewinn von 26,8 Mio. M. Die Gewinnrechnung wies in keinem einzigen Jahr einen Fehlbetrag aus, was den Charakter des Stromgeschäftes als eine solide Investitionsquelle eindrucksvoll unterstreicht. Wie die Darstellung 6.5 beweist, wurden die Anteilseigner mit einer relativ konstanten und hohen Ausschüttung bedient; insgesamt wurden im Untersuchungszeitraum 22,8 Mio. M. an Dividende ausgegeben. Sicherlich wollte man mit dem stabilen Gewinnanteil die Hauptaktionäre, allen voran die ELG, zufriedenstellen und ihr Interesse an dem Versorger dauerhaft begründen. Der über den gesamten Untersuchungszeitraum positive Jahresbetrag kann durchaus als Indikator für die konjunkturelle Entwicklung im Versorgungsgebiet dienen. Es sei wiederum auf den Ausreißer des Jahres 1949 hingewiesen, der mit der Zusammenlegung des Rumpfgeschäftsjahres 1948 mit dem darauffolgenden Geschäftsjahr zu begründen ist.

**Abb. 6.5: Reingewinn (einschließlich Gewinnvortrag) und Dividendenzahlung der BELG (1914-1954)***

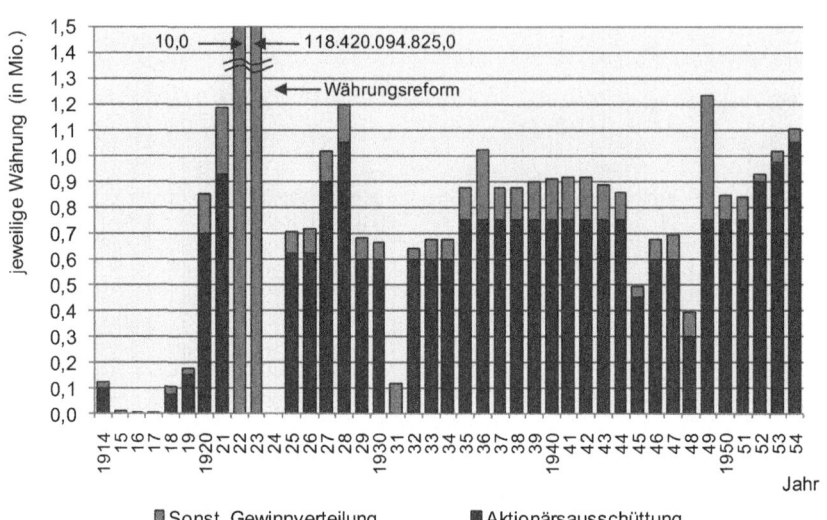

Quelle: Eigene Darstellung; Daten n. BWA, F 025-1 bis 42. Geschäftsberichte (1914-1954). GUV-Rechnung 1914-1954.*Für 1924 liegen keine Werte vor.

Nachdem die Politik der Elektrifizierung in Bayern und ihre unternehmensstrategische Umsetzung am Beispiel des oberfränkischen Regionalversorgers und anhand verschiedenster Blickwinkel betriebswirtschaftlicher und ordnungspolitischer Fragestellungen beleuchtet wurde, soll ein abschließendes Kapitel ein Fazit der Untersuchung anbieten. Darüber hinaus wird die weitere Entwicklung im Freistaat bis zur Fusion der BELG mit der Überlandwerk Oberfranken AG (ÜWO) zur Energieversorgung Oberfranken AG (EVO) im Jahr 1983 zwar skizzenhaft umrissen, bleibt in ihrer Ausführlichkeit allerdings der einschlägigen Literatur und zukünftigen Arbeiten auf diesem Forschungsgebiet vorbehalten.

# 7. Schlussbetrachtung und kurzer Abriss der weiteren Entwicklung bis zur Fusion der BELG zur EVO im Jahr 1983

Die unternehmensgeschichtliche Entwicklung der BELG im zentralen Untersuchungszeitraum von 1914 bis 1954 lässt tiefe und interessante Einblicke in den bayerischen Sonderweg einer landesweiten Energieversorgung zu. Sie zeigt das oberfränkische Unternehmen als exemplarischen Bestandteil dieser Entwicklung und beschreibt gleichsam den Beginn und die Etablierung der bayerischen Großraumversorgung.

Die Emanzipation des gesellschaftsverändernden Energieträgers Strom vom kaum erschwinglichen Mysterium zum unverzichtbaren Allgemeingut setzt ein Verständnis für die historisch gewachsenen Wurzeln und branchenspezifischen Facetten der Elektrizitätswirtschaft voraus. Insbesondere die vergleichsweise frühe Intervention der Bayerischen Staatsregierung und das hierauf zurückzuführende ordnungspolitische Instrument der „Staatsverträge" begründete gleichermaßen die Geburtsstunde der BELG und verdeutlicht ihre Verankerung im Fundament der bayerischen Landesgeschichte.

Die vorliegende Arbeit lässt in vielerlei Hinsicht erkennen, dass der als zentraler Gegenstand der Untersuchung dienende regionale Energieversorger im Zeitverlauf die unterschiedlichsten Einflüsse und Beeinflussungen der verschiedenen Interessengruppen reflektiert. Zum einen die öffentliche Hand und ihre Angst vor einer strukturellen Fehlentwicklung der Branche, gepaart mit ihrem Bestreben die Kontrolle hinsichtlich der vorgezeichneten Planung zu erlangen und zu behalten. Zum anderen die Industrie und ihr immanenter Durst nach Energie nahe am Selbstkostenpreis. Drittens die privaten Kundengruppen, in einem Spannungsfeld oktroyierter und billigend in Kauf genommener Abhängigkeit von den elektrotechnischen Annehmlichkeiten. Überdies Berufsstände am Rande der Wertschöpfungskette wie beispielsweise das Installateurhandwerk, das zunächst als mangelhaft ausgebildete Konkurrenz auftrat, um nach und nach in beiderseitigem Interesse in den Elektrogemeinschaften staatlich institutionalisiert und für die Zwecke der Versorger instrumentalisiert zu werden. Und letztlich die Branche selbst, die sich durch kollidierende Kommunalisierungs- und Zentralisierungstendenzen schwer kontrollierbaren Zentrifugalkräften ordnungs-, gesellschafts- und marktpolitischer Glaubensfragen gegenübersah.

Der Versuch einer Bewertung dieser Unternehmensgeschichte sieht die BELG als kleinen Mosaikstein im makroökonomischen Gefüge der Branche, bewegt als Teil eines großen Perpetuum Mobiles, das auf den ersten Blick nur begrenzten mikroökonomischen Handlungsspielraum suggeriert. Das oberfränkische Überlandwerk als bloßes Abziehbild der exogen einwirkenden Wirtschafts- und Gesetzeseinflüsse sowie der gesellschaftspolitischen Veränderungen zu interpretieren, würde den geschilderten Tatsachen allerdings nur insofern gerecht, als die eingangs genannten Akteure in gewisser Weise den Puls vorgaben, nach dem sich die BELG zu bewegen hatte. Dennoch nahm selbige – so macht die Untersuchung deutlich – sehr wohl individuellen und intertemporär durchdachten, wenn auch freilich unternehmerisch ambitionierten, Einfluss auf ihre eigene Entwicklung sowie die ihres zugesprochenen Versorgungsgebietes. Der Ausbau des eigenen Kohlekraftwerks in Arzberg, die vertikale Integration durch die Unterhaltung eigener Verkaufsstellen und Vertreter elektrotechnischen Gerätes sowie die kundenfreundliche Preispolitik stellen nur einige Beispiele für diese Behauptung dar.

Freilich erfüllten gerade die Letztgenannten den Selbstzweck einer expansiven Verbreitung des elektrischen Anschlusses und rückten damit die neuartige Energieform in den gesellschaftlichen Schnittpunkt menschlichen Zusammenlebens. Die wachsende Akzeptanz von Strom zu einem Konsum- und Industriegut ersten Ranges, ergänzt durch einen gesetzlich verankerten Gebietsschutz begründete den Erfolg der Gesellschaft. Das der nicht selten künstlich hervorgerufene Bedarf einer stringenten und effektiven Geschäftspolitik seitens der BELG bedurfte, ist evident. Umrahmt von diesen Bedingungen und Bemühungen vermochte man trotz wirtschaftlicher Krisenzeiten, kriegsbedingten Versorgungsengpässen und alternierenden politischen Systemen – Monarchie, Weimarer Republik, nationalsozialistische Diktatur, Besatzungszeit und Bundesrepublik – durchgängig schwarze Zahlen zu schreiben und stand damit den anderen großen bayerischen Stromversorgern in nichts nach.

Die Elektrizitätswirtschaft hatte sich aufgrund ihres politischen Geschickes und Durchsetzungsvermögens gewissermaßen zum Schrittmacher des gesellschaftlichen Lebens und vieler Industriezweige aufgeschwungen, so dass eine ordnungspolitische Intervention zuweilen einer Operation am offenen Herzen der konjunkturellen bzw. rüstungsgetriebenen Ambitionen gleichkam. Bis auf wenige erfolglose Versuche blieb dem Staat im gesamten Untersuchungszeitraum wenig übrig als diese Achillesferse zu akzeptieren und zumindest die richtigen Rahmenbedingungen für deren Festigung und Entwicklung zu schaffen. Selbst unter dem Diktat des totalitären Regimes wurden Bestrebungen der Verstaatlichung zu Gunsten des konträren Energiewirtschaftsgesetzes von 1935 aufgegeben. Die Branche, allen voran die großen Versorger, waren in dem Spiel der Interessen längst zu wichtig und vor allen Dingen zu mächtig geworden.

In der Ausformulierung von zehn zentralen Feststellungen sollen die gewonnenen Erkenntnisse der vorliegenden Arbeit in Anlehnung an die einleitend aufgeführten Fragestellungen im Folgenden als resümierendes Fazit der empirisch deduktiven Untersuchung dienen. Daraus wird nochmals pointiert ersichtlich – soviel sei vorweggenommen – wie und in welchem (wirtschafts-)geschichtlichen Kontext sich die BELG zu einem betriebswirtschaftlich äußerst rentablen Unternehmen entwickelte und sich gleichsam als strukturbildende Komponente des historisch konjunkturschwachen Grenzgebietes des östlichen Oberfrankens verdient machte.

**1. Die Bayerische Regierung erkannte frühzeitig die Dringlichkeit der Planung und Umsetzung einer landesweit einheitlichen Stromversorgung.**

Auch wenn man die Pionierzeit der elektrotechnischen Entwicklung seitens der Bayerischen Regierung im späten 19. Jahrhundert als zweifelhafte und gesellschaftlich unbedeutende „Modeerscheinung" wahrnahm, begann man schließlich im Vergleich zu anderen Teilen des Deutschen Reiches frühzeitig die Politik des „Laissez-Faire" zugunsten einer landesweiten Regionalplanung aufzugeben. Die reichsweit erste für die elektrizitätswirtschaftlichen Belange zuständige Behörde im Jahr 1908 sowie richtungsweisende Generalpläne sollten helfen, die als „weiße Kohle" titulierte Wasserkraft sowie die sich anbahnende strukturelle Fehlentwicklung der Branche im Sinne einer konsolidierenden Flurbereinigung zu korrigieren. Die Weitsichtigkeit und der überregionale Stellenwert der bis 1914 ergangenen Denkschriften des königlichen Ministeriums konkretisiert sich auch in der eindringlichen Bitte der Regierungen u. a. Badens, Preußens, Tirols, Österreich-Ungarns, Norwegens und Schwedens, Einsicht in die Exemplare der Schriften sowie in die projektierten Bauvorhaben des Walchensee- und Bayernwerks nehmen zu dürfen. Als Meilenstein können sicherlich die ab 1913 abgeschlossenen „Staatsverträge" zwischen der Regierung und potenten Versorgungsunternehmen gelten, im Rahmen derer auch die BELG ihre Existenzberechtigung fand.

Dass bei viel Licht auch Schatten fiel sei nicht unerwähnt und zeigt sich exemplarisch anhand der ausführlich diskutierten „Heimfallproblematik", die nicht nur im Kalkül der BELG einen steten Hemmschuh für private Investitionen darstellen musste. Letztlich, so ist allerdings festzuhalten, kann die bayerische Elektrizitätspolitik hinsichtlich ihrer Reglementierung von Unternehmensstrukturen öffentlichen Interesses als Musterbeispiel für staatliche Intervention gesehen werden.

**2. Eine großzügige Ausstattung mit Grundkapital ermöglichte der BELG den Bau eines eigenen Kohlekraftwerkes und eine zügige Elektrifizierung und Konsolidierung des Versorgungsgebietes.**

Zwei Knotenpunkte waren für die Erschließung des angedachten Versorgungsgebietes von ausnehmender Bedeutung. Zum einen der Bau eines eigenen Kohlekraftwerks am Vorabend des Ersten Weltkrieges. Diese für ihre Zeit hochmoderne Erzeugungsstätte ist auf einen klugen Schachzug der Regierung zurückzuführen, die in besagtem Vertragswerk vorsah, den regelmäßigen Betrieb so einzurichten, dass mindestens drei Viertel des Elektrizitätsbedarfs durch Kraftwerke in Bayern gedeckt werden mussten. Zum anderen der zügige Aufbau eines weitreichenden Überlandnetzes – im Besonderen sei hier die 40-kV-Ringleitung als Basis der feinmaschig verästelten Stromleitungen erwähnt.

Vor dem Hintergrund der immensen Kapitalintensität und dem notwendigen Know How, die eine regionale Überlandversorgung mit sich brachte, war das Engagement potenter Geldgeber – allen voran die Berliner ELG – eine dringende Voraussetzung für die erfolgreiche Elektrifizierung des östlichen Oberfrankens. Die schrittweise Anhebung des Grundkapitals sowie eine 25-prozentige Beteiligung des Kreises Oberfranken ermöglichten im Zeitverlauf eine volkswirtschaftlich effiziente Konsolidierung des Versorgungsgebietes durch den Ankauf zahlreicher Werke und die Übernahme von unrentablen Elektrizitätsgenossenschaften. Besagte Beteiligung fungierte unter dem Ziel einer gesunden regionalen Entwicklung als Bindeglied zwischen den Interessen der Privatwirtschaft und der öffentlichen Hand.

### 3. Die Umsetzung einer weitreichenden Verbundwirtschaft schuf die Voraussetzung für eine flexible Strombereitstellung.

Oskar v. Miller, das personifizierte elektrische Gewissen des Freistaates, propagierte ausdauernd die Idee einer landesweiten Stromversorgung „unter einem Dach". Als diese Vision schließlich mit dem 1921 gegründeten und staatlicherseits geführten Bayernwerk teilweise realisiert werden konnte, begann die Zeit der verbundwirtschaftlichen Vernetzung in Bayern. Mit der Fertigstellung des Walchenseekraftwerks im Jahr 1924 und dem Anschluss an das 100/110-kV-Landesnetz kann auch in der Strombereitstellung der BELG ein Strategiewechsel von der Eigenerzeugung hin zum überwiegenden Fremdbezug festgestellt werden. Ein bedeutender Einschnitt, der eine notwendige, wenn nicht gar eine hinreichende Bedingung für die weitere positive Entwicklung des Regionalversorgers darstellte. Die Vorteile dieser flexiblen Lösung wurden vor allem in konjunkturellen Krisenzeiten offensichtlich, da man auf einen risikoreichen, weil kapitalintensiven Ausbau des eigenen Kraftwerks verzichten und die Bereitstellung bedarfsgerecht an die jeweilige Nachfrage anpassen konnte. Insbesondere die saisonalen und tageszeitlichen Verbrauchsschwankungen konnten auf diese Weise ohne übermäßige Kapitalbindung in Form einer ausreichend hohen Leistungsvorhaltung, aufgefangen werden.

Die Kehrseite der Medaille – dies sei auch angeführt – war allerdings die zunehmende Abhängigkeit vom Bayernwerk sowie die einhergehenden Abnahmeverpflichtungen. Aus diesem Grund setzte man seitens der Unternehmensführung der BELG ab den Fünfziger Jahren auf einen konsequenten Ausbau der eigenen Erzeugungsanlagen, um sich hierdurch erweiterte Handlungsalternativen in der Strombeschaffung und folglich eine gestärkte Verhandlungsposition gegenüber dem staatlichen Hauptlieferanten von Fremdstrom zu verschaffen. Mit Erfolg: Mehrmalige Kapazitätserweiterungen ermöglichten es schließlich Mitte der Siebziger Jahre bis zu 98 Prozent des abgegebenen Stroms selbst zu erzeugen.

**4. Die Elektrizität etablierte sich als Verbrauchsgut ersten Ranges und wurde gleichsam zentraler Eckpfeiler der modernen Konsumgesellschaft.**

Die Geschichte der BELG erzählt auch gleichsam die Erfolgsgeschichte der Elektrizität und das Bemühen des Überlandwerkes, deren Anwendbarkeit in allen Bereichen des gesellschaftlichen Lebens zu propagieren und zu forcieren. Kam die Erschließung des östlichen Oberfrankens in den anfänglichen Jahren der BELG infolge der kriegs- und nachkriegsbedingten Rentabilitätsrisiken im wahrsten Sinne des Wortes einem „Drahtseilakt" gleich, so änderte sich dies in den Goldenen Zwanziger Jahren. Gewerbe, Industrie, Landwirtschaft und nicht zuletzt die privaten Haushalte schienen endgültig aus dem Dornröschenschlaf zu erwachen und gaben – wenn auch zaghaft – Einblick in das zukünftige Absatzpotential der neuen Energieform.

Da jedoch eine weitere großräumige Expansion über das in den Staatsverträgen zugesprochene Gebiet hinaus nicht möglich war, konnte eine Absatzsteigerung nur durch eine Ankurbelung des Verbrauchs oder über den Verkauf in der verbundwirtschaftlichen Gemeinschaft bewerkstelligt werden. Vor allem Ersteres gab im Untersuchungszeitraum steten Anlass zu durchdachten Marketingmaßnahmen. Stark ermäßigte Erstanschlüsse, monatlich veröffentlichte Kundenzeitschriften sowie reisende Vertreter und Werbeveranstaltungen stellen nur eine kleine Auswahl an erbrachten Verkaufsanstrengungen dar. Überdies ermöglichte die vertikale Erweiterung der Wertschöpfungskette durch eigens betriebene Verkaufsläden für elektrotechnisches Gerät absatzfördernde Effekte. Generell kann festgestellt werden, dass der Strombedarf der privaten Abnehmer eine Resistenz gegen Konjunkturschwankungen aufwies, was diese ab Mitte der Zwanziger Jahre zu einem vielumworbenen Kundensegment machte und der Vision eines vollelektrifizierten Haushalts Rechtfertigung verlieh.

Ein zentraler Aspekt ist in diesem Zusammenhang sicherlich auch der erfolgreich gestaltete Verdrängungswettbewerb mit der althergebrachten Energiekonkurrenz wie Gas und Kohle. Hatte sich die Elektrizität mittels Lichtstrom einen ersten

Türöffner in die Herzen der Abnehmer verschafft, konnte sie alsbald auch auf dem Gebiet des Wärmestroms große Marktanteile gewinnen. Die ökologische Sinnhaftigkeit dieses Vorhabens sei dahingestellt, war die Höhe des Stromverbrauchs doch eine zu vernachlässigende Größe in der individuellen Kaufentscheidung – eine Tatsache, die sich bis heute deutlich verändert hat. Energiesparen war im gesamten Untersuchungszeitraum von 1914 bis 1954 nur dann ein Thema, wenn Energiekrisen, inflationäre Preisentwicklungen oder ordnungspolitische Maßnahmen dazu anhielten.

**5. Eine weitsichtige Tarifpolitik führte zu wachsendem Stromverbrauch und einer notwendigen Verlagerung der Lastspitzen.**

Als ein zentraler Bestandteil der Strategie einer kontinuierlichen Verbrauchssteigerung kam der Strompreispolitik der BELG besondere Bedeutung zu. Versuchte man noch in den frühen Jahren des Überlandwerks große Gewinne durch hohe Preise abzuschöpfen, ist spätestens Mitte der Zwanziger Jahre ein Umdenken festzustellen. Verbrauchsorientierte Tarifformen ermöglichten fortan eine Staffelung des Strompreises in Abhängigkeit von der tatsächlich beanspruchten Strommenge. Mit anderen Worten war man nun in die Lage versetzt, den Preis je Kilowattstunde umso günstiger zu gestalten, je mehr ein Kunde verbrauchte. Gleiches galt für die Relevanz der Tageszeit, was Nachtstrom deutlich günstiger werden ließ und eine Nivellierung der Lastspitzen zur Folge hatte. Der sogenannte Grundpreistarif war eine Art Selbstbestimmung und Anreizfunktion zugleich und entfaltete trotz anfänglicher Kritik eine beachtliche Werbewirkung. Als Zielgröße musste die Zahlungsfähigkeit der Kleinabnehmer dienen, so dass diese gerade noch willens waren den Preis zu bezahlen. Die Großabnehmertarife wiederum mussten derart billig gestaltet sein, dass die Industrie davon absah auf eigene Erzeugungsanlagen zurückzugreifen. Ein ständiges Vabanquespiel, das durch langfristige Verträge und Mindestabnahmeverpflichtungen abgemildert werden konnte. Die Lobby der Großverbraucher drückte die Preise dennoch deutlich unter das Niveau der Kleinabnehmer. Eine Preisdifferenzierung, die sich auch in heutiger Zeit wiederfinden lässt.

Unter dem Diktat des Nationalsozialismus fielen schließlich in ganz Bayern die Strompreise auf ein durchgängig niedriges Niveau – so auch bei der BELG. Grund hierfür war die nationalsozialistische Doktrin eines Wohlstand suggerierenden Angebots an Verbrauchsgütern. In diesem Zusammenhang ist auch die Preisstoppverordnung aus dem Jahre 1936 zu sehen, die alle Preise auf dem niedrigen Stand dieses Jahres zementierte und ein Abschöpfen unverhältnismäßiger Gewinne verhindern sollte. Als ein weiterer bedeutender Einschnitt in der Strompreisfrage ist die vereinheitlichende Tarifordnung aus dem Jahr 1938 anzuführen, die den gordischen Knoten des bis hierhin landesweit höchst uneinheitlichen Tarifwirrwarrs schrittweise aufzulösen vermochte.

Mit Gründung der BRD begann die BELG zunächst gestützt auf Sondergenehmigungen und ab dem Jahr 1953 mit Hilfe der zurückgewonnen Souveränität die Preise anzuheben. Die unaufhaltsam wachsende Abhängigkeit von elektrischem Strom in den beginnenden „Wunderjahren" war sozusagen über die einsetzende Preisspirale erhaben.

**6. Die BELG stand in wechselseitiger Abhängigkeit zur Industrie.**

Mit besonderem Augenmerk legt die vorliegende Arbeit die wechselseitige Abhängigkeit zwischen dem Überlandwerk und der hiesigen Industrie dar. Denn konjunkturelle Einflüsse schlugen aufgrund der industrielastigen Abnehmerstruktur der BELG beinahe ungebremst auf die Absatzbilanz des Regionalversorgers durch. Hierauf begründete sich auch das stete Bemühen, die verschiedenen Branchen für einen Anschluss an das öffentliche Leitungsnetz zu gewinnen. War dieser Schritt erst einmal vollbracht, blieb die eingegangene Liaison in aller Regel bestehen, bot sie doch für beide Partner Vorteile: Für die Industrie eine Verringerung der Kapitalbindung zugunsten eines Zuwachses an Flexibilität und für den Versorger ein günstigeres Verhältnis der Mengendegression und vertraglich fixierte Abnahmemengen. Für die BELG, die mit Ausbreitung der Verbundwirtschaft bis in die späten Dreißiger Jahre nahezu als reines Verteilungsunternehmen fungierte, bot die Konstellation als Intermediär zwischen Bayernwerk und Industrie ein verringertes betriebswirtschaftliches Risiko, was sich insbesondere zu Zeiten der großen Weltwirtschaftskrise bemerkbar machte.

Die verbundwirtschaftliche Versorgungssicherheit, der technologische Fortschritt als auch die günstigen Großabnehmertarife veranlassten viele Betriebe, ihre Dampfmaschinen gegen moderne Elektromotoren auszutauschen, so dass der kumulierte Anschlusswert von Kraftanlagen vor allem in den Zwanziger Jahren einen sprunghaften Anstieg erfuhr. Am konkreten Beispiel der elektrisch betriebenen Spinnereien, dem elektrischen Porzellanbrand oder auch der elektrisch unterstützten Granitförderung wird die positive Korrelation zwischen Stromabsatz und industriellem Beschäftigungsgrad besonders deutlich. Auch die Elektrifizierung der Landwirtschaft ist hier zu erwähnen, obwohl ihr im östlichen Oberfranken nur eine untergeordnete Bedeutung zukam.

## 7. Krisen beschleunigten den ökonomischen Reinigungsmechanismus im Stromsektor.

Eine bemerkenswerte Erkenntnis liefert die Untersuchung dahingehend, dass Krisenzeiten – gleich welcher gesellschafts-, ordnungs-, geldpolitischen oder kriegsbedingten Natur – im Nachhinein zu einer wirtschaftlichen Stärkung der großen Energieversorger führten. Die These lässt sich anhand der BELG über den gesamten Untersuchungszeitraum hinweg bekräftigen. „Die Elektrizitätswirtschaft gehört zu den Kriegsgewinnern"[1106], stellte Zängl bereits zutreffend über die Zustände in der frühen Weimarer Republik fest. Während der Inflation mussten sich zudem viele Elektrizitätsgenossenschaften wie auch kleinere Werke aufgrund des wirtschaftlichen Druckes in das Netz der BELG eingliedern. Ebenso veranlassten wirtschaftliche Abschwünge mit der einhergehenden Schwierigkeit in der Geldbeschaffung die Industriebetriebe von einer eigenen Stromerzeugung abzusehen und zu einer Fremdstromlieferung durch die BELG überzugehen. Auch Beschaffungskrisen fossiler Brennstoffe entfalteten hinsichtlich des Anschlusses und der Umstellung industrieller und landwirtschaftlicher Betriebe eine nicht zu unterschätzende katalysatorische Wirkung.

Eine Tatsache die sich in dieser Form bei allen bayerischen Stromversorgern wiederfand. Krisenzeiten, so ist zu konstatieren, halfen verkrustete Strukturen aufzubrechen und beschleunigten sozusagen den ökonomischen Reinigungsmechanismus im Stromsektor, der auf ordnungspolitischem Weg nur mühsam und langsam voranzubringen war.

## 8. Die Elektrizitätswirtschaft der Großstromversorgung konnte ihre Interessen trotz partikulärer Einflüsse durchsetzten und absichern.

Die Frage, wer der „Herr im Hause der Elektrizitätswirtschaft" sein sollte, gab unabhängig von den ordnungspolitischen Rahmenbedingungen zahlreichen Anlass für kontroverse Diskussionen. Die Branche polarisierte zwischen großen und kleinen Versorgern, zwischen Zentralisierung und Kommunalisierung und letztlich zwischen Privatisierung und Verstaatlichung. Die vorliegende Untersuchung führt von der anfänglichen, staatlicherseits durchgeführten Ansiedlung privat- und gemischtwirtschaftlicher Gesellschaften über das Sozialisierungsgesetz der Energiewirtschaft von 1919 bis hin zu dem von den großen Versorgern mitgestalteten, von den Nationalsozialisten verabschiedeten und in der BRD im Schwerpunkt unverändert gebliebenen Energiewirtschaftsgesetz von 1935.

---

[1106] Zängl (1989), S. 102.

Zwar wurden die Versorger durch die letztgenannte Gesetzesschrift formal unter die Aufsicht des Reiches gestellt, dennoch gab es ihnen bei genauerem Hinsehen doch die Möglichkeit, das stete Damoklesschwert der Verstaatlichung zu beseitigen und ihre monopolistische Struktur auf rechtlicher Grundlage zu zementieren. Bis zur Novellierung im Zuge der Liberalisierung des Energiemarktes durch die EU im Jahr 1998 bildete das Gesetz das Fundament für die Ordnung des deutschen Energiemarktes.

**9. Die BELG war ein wichtiger Faktor für die wirtschaftliche und gesellschaftliche Entwicklung in der Region des östlichen Oberfrankens.**

Der Regionalversorger hat die wirtschaftliche Erschließung und gesellschaftliche Entwicklung des zu versorgenden Teiles der bayerischen Ostmark maßgeblich beeinflusst. In der Untersuchung wird deutlich, dass die in den Staatsverträgen getroffenen Vereinbarungen betreffend die Anschlussverpflichtungen trotz Kriegshandlungen und inflationärer Geldentwertung in bemerkenswerter Weise erfüllt werden konnten – eine Tatsache, die freilich auch im Interesse des Überlandwerkes lag. Ende der Zwanziger Jahre war das Gebiet mit 10 Städten und 920 Ortschaften und rund 200.000 Einwohnern praktisch vollständig erschlossen.

Es sei allerdings auch erwähnt, dass die Erschließung der Dörfer unter der Prämisse des ökonomischsten Weges zahlreiche Enteignungen nötig werden ließ. Überdies konnte man zunächst entlegene Weiler unter Berufung wirtschaftlicher Unverhältnismäßigkeit von der Stromlandkarte gänzlich streichen. Erst in den Dreißiger Jahren wurden diese Versäumnisse unter sanftem Druck der Nationalsozialsten nachgeholt.

Es liegt in der Natur der Sache, dass die BELG mit dem Land und seinen Bewohnern eng verwachsen war. Man half einzelnen Branchen, namentlich der weit verbreiteten Heimweberei – um nur ein Beispiel herauszugreifen – durch speziell aufgesetzte Hilfprogramme an der Industrialisierung zu partizipieren und eine strukturelle Änderung ihrer Fertigung vorzunehmen. Auf diese Weise konnten viele Dörfer der Region trotz ihrer schwierigen wirtschaftlichen Situation in die Stromversorgung des Überlandwerks integriert werden. Auch eine Verbesserung der Arbeits- und Gesundheitsverhältnisse sowie wachsende gesellschaftliche Aktivitäten beschreiben die Wirkzusammenhänge einer auch für den Normalverbraucher erschwinglichen Stromnutzung.

Der nutzbare Stromabsatz stieg über das 180-fache von 1,7 Mio. kWh im Jahre 1914 auf 312 Mio. kWh im Jahre 1954. Deutlicher lässt sich der enorme Bedeutungszuwachs des Allgemeingutes Strom kaum aufzeigen. Zum Ende des Untersuchungszeitraumes beschäftigte die BELG über 1.000 Betriebsangehörige und gehörte zu den größten Steuerzahlern der Region.

**10. Die Stromversorgung war und ist ein lukratives Geschäft.**

Wie die Untersuchung zeigt, musste die BELG trotz der hinlänglich diskutierten exogenen Krisen zu keinem Zeitpunkt einen Jahresfehlbetrag ausweisen. Lediglich in sieben Berichtsjahren wurde der Gewinn einbehalten und nicht an die Aktionäre ausgeschüttet: Zur Zeit des Ersten Weltkrieges, den Jahren der Inflation, in den frühen Zwanziger Jahren und 1931 als Reaktion auf die Weltwirtschaftskrise. Die Umsatzzuwächse waren in wirtschaftlich konsolidierten Zeiten häufig im zweistelligen Bereich. Davon abgesehen lässt sich eine durchgehend hohe und regelmäßige Gewinnausschüttung und gleichsam eine stabile Eigenkapitaldecke konstatieren.

Freilich ließen sich aus der vorliegenden Dissertation über die vorangestellten zentralen zehn Thesen hinaus viele weitere interessante Schlüsse ziehen, was allerdings den einzelnen Kapiteln und dem aufmerksamen Leser vorbehalten bleibt. Zum Abschluss der wirtschaftsgeschichtlichen Untersuchung des schwerpunktmäßigen Zeitraumes von 1914 bis 1954 sei nochmals verdeutlicht, dass die BELG in ihrer Funktion als regionaler Energieversorger direkt und indirekt geprägt war von allen markanten Entwicklungen der bayerischen und deutschlandweiten Elektrizitätswirtschaft. Die gesellschaftsverändernde Wirkung von Strom ließ sie demnach zu einem festen Baustein bayerischer und vor allem oberfränkischer Landesgeschichte werden. Letztlich zeigt die Untersuchung am Beispiel eines konkreten Unternehmens die Entwicklungsgeschichte der Elektrizitätswirtschaft und die spezielle Politik und Eigenheit der Branche auf: Eine Monopolisierung durch eine gesetzlich gebilligte Marktabgrenzung, eine Bündelung der Kräfte durch Kooperation und Konsolidierung, der Kampf gegen die Konkurrenz fossiler Energieträger und eine sichere Versorgung der Bevölkerung mit dem „lebensnotwendigen" Konsumgut Elektrizität sind nur einige zentrale Eckpfeiler der notwendigen Aufzählung. Dass die Branche weniger aus sozialem Empfinden sondern vielmehr aus nachvollziehbarem ökonomischem Eigennutz eine Ankurbelung des Stromverbrauchs bis hin zur Energieverschwendung teilweise künstlich forcierte, sei dem Leser dabei ebenso wenig vorenthalten wie die Tatsache einer versorgerfreundlichen Preisbildung und einer effektiven Beeinflussung der öffentlichen Meinung. An diese Feststellung schließt sich auch ein Appell an die heutige Generation an, ihre Lebensqualität nicht gedankenlos mit der Höhe ihres Energieverbrauchs gleichzusetzen und einen verantwortungsvollen und nachhaltigen Umgang mit der Ressource Strom zu finden und einzufordern.

# 7. SCHLUSSBETRACHTUNG UND ABRISS DER WEITEREN ENTWICKLUNG

Die vorliegende unternehmensgeschichtliche Aufarbeitung soll – wie eingangs erwähnt – einen Anreiz liefern, das Bewusstsein für den historisch gewachsenen Sektor der Energieversorgung zu schärfen. Gleichermaßen ist es ein Anliegen, Ansätze für Firmen aufzuzeigen, ihre Historie von einem wissenschaftlichen und unabhängigen Standpunkt zu erforschen. Die Arbeit soll einen Beitrag leisten, die bisherige Forschungslücke zu schließen und ist zugleich eine Ergänzung zu den noch immer vergleichsweise selten behandelten und wissenschaftlich aufgearbeiteten Firmengeschichten der ersten Hälfte des 20. Jahrhunderts.

Die Arbeit und der zentrale Untersuchungszeitraum sollen im Folgenden mit einem kurzen Abriss über die weitere Entwicklung der Strombeschaffung sowie des Stromabsatzes der BELG schließen. Hierzu wird ein schematischer Überblick bis zur Fusion des Überlandwerkes mit der benachbarten Überlandwerk Oberfranken AG in Bamberg im Jahr 1983 gegeben. Nach diesem Firmenzusammenschluss sind die weiteren Zahlen nicht mehr vergleichbar. Da sich die kommenden Seiten auf eine quantitative Aufarbeitung beschränken, sei für eine genauere Darstellung der bayerischen Energiepolitik in dieser Zeitspanne auf die einschlägige Literatur, insbesondere auf Deutinger, verwiesen.[1107]

Das Diagramm 7.1 legt eindrucksvoll dar, in welch überschaubarem Rahmen die Stromnutzung im betrachteten Zeitraum dieser Arbeit noch stattfand. Der spätestens seit den Fünfziger Jahren feststellbare, superexponentielle Anstieg des Strombedarfs konnte nun nicht mehr durch Wasserkraft gedeckt werden, so wie es noch zu weiten Teilen dieser Untersuchung gelang. Die BELG ging daher auf eine weitgehend autarke Stromerzeugung durch das eigene Kohlekraftwerk über.

---

[1107] Zur bayerischen Entwicklung in der Energiepolitik siehe u. a. Deutinger (2001), S. 53-118; Einen deutschlandweiten Überblick gibt Herzig (1992), S. 145-166 sowie Zängl (1989), S. 256-382; Die Marktmacht der Energieversorger untersuchen Eckardt et al. (1985), S. 74-182.

**Abb. 7.1: Eigenerzeugung und Fremdstrombezug der BELG (1914 – 1982)**

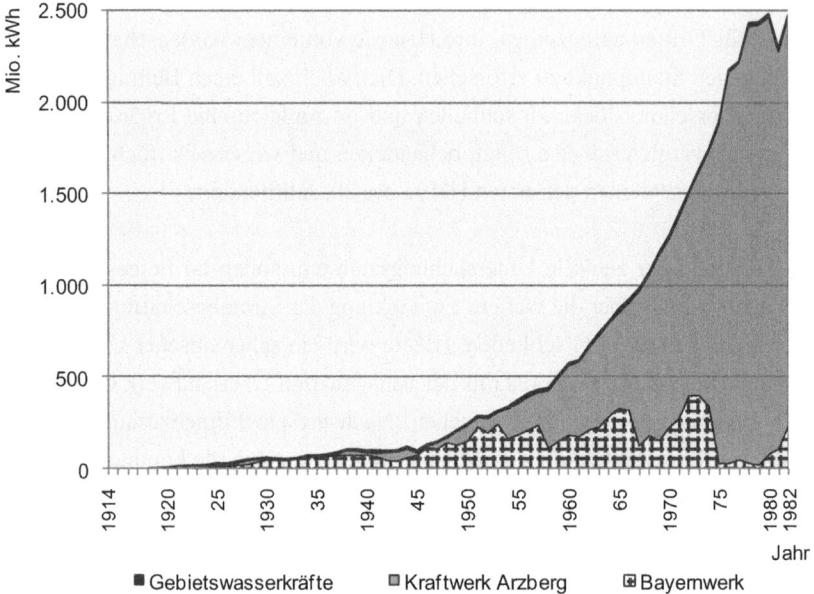

Quelle: Eigene Darstellung; Daten n. BWA, F 025-393 und 409. Vorstandsberichte 1966 und 1982.

Auf der Abnehmerseite lässt sich vor allen Dingen der Anstieg im Strombedarf der Tarifabnehmer hervorheben. Es ist anzunehmen, dass auf diese Kundengruppe auch die hohe Zuwachsrate bei den weiterverteilenden Wiederverkäufern zurückzuführen ist. Seit dem Jahr 1974 begann man damit Strom für die Verbundwerke einzuspeisen. Im Jahr 1982 belieferte man 140.000 Tarifkunden und 925 Sonderkunden sowie 9 weiterverteilende Stromversorger, so dass die nutzbare Abgabe auf rund 2.500 Mio. kWh (1954: 312 Mio. kWh) anstieg. Der technische Fortschritt erlaubte eine Reduzierung der Netzverluste auf 3,5 Prozent der Gesamtabgabe (1954: 10 Prozent). Der Jahresüberschuss desselben Jahres erhöhte sich auf rund 21 Mio. DM, bei einem Umsatz von 380 Mio. DM und einer abschließenden Bilanzsumme von 1,27 Mrd. DM.[1108]

Die Darstellung 7.2 verbildlicht den Stromabsatz, unterteilt in die verschiedenen Hauptabnehmergruppen des Regionalversorgers. Die eingezeichneten exogenen Krisen zeichneten für kleine Schwankungen in der Stromnachfrage verantwortlich, werden an dieser Stelle allerdings nicht mehr näher ausgeführt.

---

[1108] BWA, F 025-409, S. 9, 22 und 29. Vorstandsbericht 1982.

**Abb. 7.2:** Die Entwicklung des Stromumsatzes und -absatzes der BELG unterteilt in die verschiedenen Hauptabnehmergruppen (1914 – 1982)

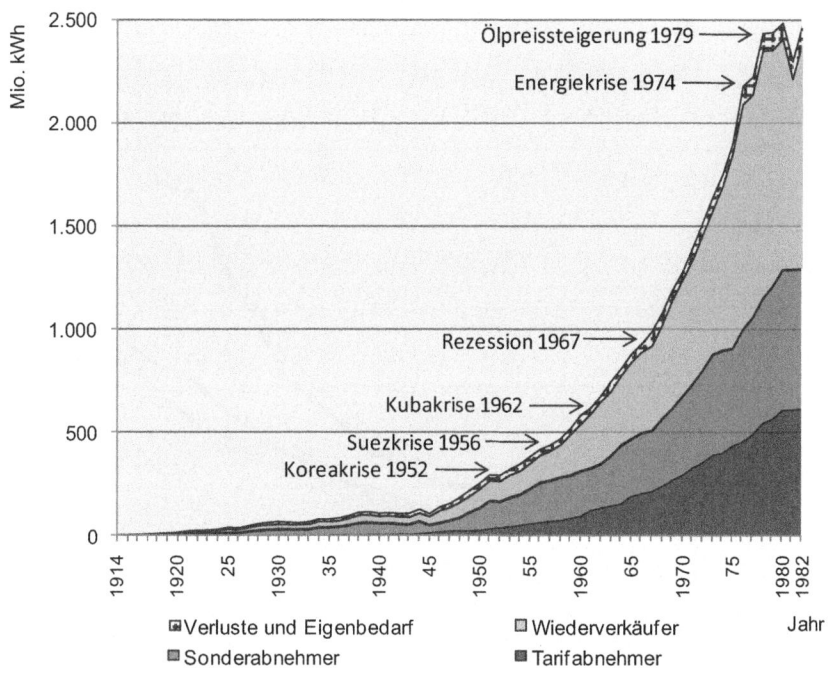

Quelle: Eigene Darstellung; Daten n. BWA, F 025-393 und 409. Vorstandsberichte 1966 und 1982.

Setzt man die Absatzentwicklung der großen bayerischen Regionalwerke in einen Vergleich, so fällt auf, dass sich diese in zwei Gruppen unterteilen lassen. Im Jahr 1954 war noch kein deutlicher Größenunterschied erkennbar, was sich im Zeitverlauf jedoch augenscheinlich änderte. Auf der einen Seite sind die Lechwerke, die OBAG Regensburg sowie die 1955 fusionierten Isar- und Amperwerke zu nennen. Ihnen gegenüberzustellen sind die kleineren Werke, deren absoluter Zuwachs vergleichsweise geringfügigere Werte aufwies. Neben dem ÜWU Würzburg, dem ÜWO Bamberg sowie dem FÜW Nürnberg war auch die BELG zu dieser zweiten Gruppe zu zählen. Die Graphik 7.3 verdeutlicht die Kurven der nutzbaren Stromabgabe der genannten Werke.

**Abb. 7.3: Nutzbare Stromabgabe bayerischer Regionalwerke (1938-1982)**

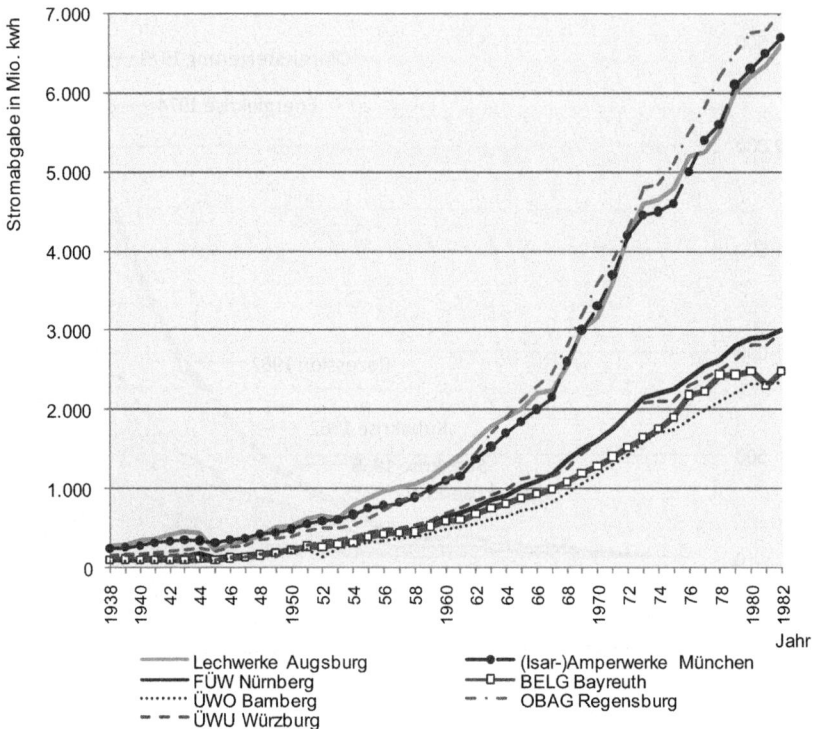

Quelle: Eigene Darstellung; Daten n. BWA, F 025-393 und 409. Vorstandsberichte 1966 und 1982.

Auf den gesamten Freistaat umgerechnet, belief sich die Stromabgabe der öffentlichen Versorgung im Jahr 1982 gar auf rund 45 Mrd. kWh.[1109] Wie die Abbildung 7.4 aufzeigt, lassen sich auch hier Schwankungen in der Nachfrage auf zum Teil konkrete Ereignisse zurückführen. Eine Aufarbeitung der Einflüsse und ihrer Wirkung auf die Stromversorger und im Speziellen auf die BELG bleibt weiteren Untersuchungen vorbehalten.

---

[1109] Pohl (1996), S. 457.

**Abb. 7.4: Stromverbrauch in Bayern – öffentliche Stromversorgung (1923-1982)**

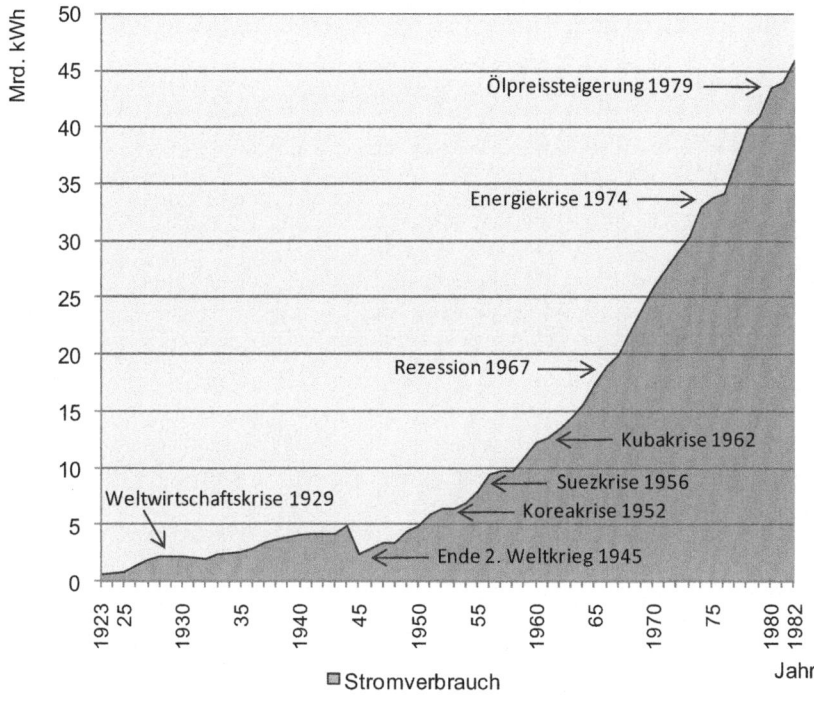

Quelle: Pohl (1996), S. 457.

Der bayerische Staat war über die Bayernwerk AG Großaktionär des ÜWO und 1982 nach Erwerb der Mehrheit an der Contigas Deutsche Energie AG in Düsseldorf, der Rechtsnachfolgerin der ELG, auch der BELG. Zusammen mit der Oberfrankenstiftung griff man im Jahr 1983, mit der Verschmelzung der beiden Gesellschaften zu einem einheitlichen oberfränkischen Energieversorgungsunternehmen, auf die energiepolitischen Planungen aus der Zeit vor dem Ersten Weltkrieg zurück, in denen – wie die Untersuchung deutlich machte – bereits eine klare Zuordnung von Regierungsbezirk und Stromversorgungsunternehmen angestrebt worden war.[1110]

Die im Rahmen dieser Neuordnung der energiewirtschaftlichen Unternehmensstruktur in Oberfranken entstandene Energieversorgung Oberfranken AG (EVO) mit Sitz in Bayreuth hatte fast 20 Jahre Bestand. Erst im Jahr 2001 kam es zum Zusammenschluss aller großen Energieversorger Bayerns: Die Energieversorgung Oberfranken AG, Energieversorgung Ostbayern AG, Isar-Amperwerke AG,

---

[1110] Vgl. Denkschrift 75 Jahre Energieversorgung Oberfranken (1989), S. 18 sowie BWA, F 025-409, S. 8. Vorstandsbericht 1982.

Überlandwerk Unterfranken AG und Großkraftwerk Franken AG wurden zur heute bekannten E.ON Bayern AG zusammengefasst.[1111]

---

[1111] Vgl. Götschmann (2010), S. 213; BWA F 095 – Die Bayernwerk AG, München.

# Anhang

## Anlage 1:

### Leitende Gesichtspunkte für die Wasserkraftausnutzung in Bayern[1112]
(Aus der Denkschrift über die Wasserkräfte Bayerns vom Jahre 1907)

#### I.

In dieser Richtung kommt der Staatsregierung eine doppelte Aufgabe zu:

A. Die für die Zwecke des Staates jetzt oder in Zukunft benötigten Wasserkräfte sich zu sichern und

B. eine möglichst wirtschaftliche Ausnützung aller übrigen, vom Staate nicht benötigten Wasserkräfte durch Private zu fördern.

#### A.

1. Um die erste Aufgabe erfüllen zu können, ist es zunächst notwendig, den gegenwärtigen und voraussichtlichen künftigen Bedarf des Staates an Wasserkräften sorgfältig festzustellen.

    a. In erster Linie wird der Staat Wasserkräfte zum Betriebe der elektrischen Bahnen benötigen. Es wird daher vor allem seitens der Eisenbahnverwaltung eine Übersicht über den Kraftbedarf zu geben sein, den eine etwaige Elektrisierung des bayerischen Bahnnetzes diesseits und jenseits des Rheins bedingen würde. An der Hand dieser Übersicht lassen sich sodann im Zusammenhalt mit dem bearbeiteten Inventar der staatlichen Wasserkräfte diejenigen Wasserkräfte aussuchen, die für den Bahnbetrieb überhaupt einmal in Frage kommen. Dann werden diejenigen Linien zu bezeichnen sein, deren Elektrisierung am vordringlichsten ist, um über die hierbei in Betracht kommenden Wasserkräfte baldigst eingehende Entwürfe und Kostenberechnungen ausarbeiten zu können.
    Bei der Bestimmung der Wasserkräfte für die Zwecke der Eisenbahnverwaltung ist selbstverständlich nicht ausgeschlossen, daß überschüssige oder wenigstens vorerst überschüssige Kraft an Private abgegeben wird.

    b. Außerdem werden aber auch die Wasserkräfte nach der Richtung zu prüfen sein, ob der Staat nicht auch für andere Zwecke als zum elektrischen Bahnbetrieb besonders wertvolle Wasserkräfte im Interesse der Allgemeinheit sich vorbehalten soll, um dieselben auf seine Kosten auszubauen und, soweit er sie nicht selbst braucht an Private (Industrielle, Gemeinden usw.) auf Zeit zu verpachten die mit Rücksicht auf die Bedürfnisse des einzelnen Falles bemessen wird.

2. Zeigt sich bei dem Vorgehen nach beiden Richtungen (Nr. 1a und b) daß Wasserkräfte erst in späteren Zeiten vom Staate verwendet werden können, so sind in dem Falle, daß die Frage der Ausnützung solcher Kräfte durch Konzessionsgesuche Privater in Fluß gebracht wurde, zur Vermeidung des unwirtschaftlichen Brachliegens der Kräfte folgende Möglichkeiten gegeben:

    a. der Staat baut die Wasserkräfte auf seine Kosten aus, verpachtet sie aber bis auf weiteres an Private;

    b. der Staat gestattet den Ausbau solcher Kräfte durch Private unter der Bedingung, daß er nach Ablauf einer bestimmten Zeit und nach Maßgabe besonderer Vereinbarungen wieder in den Besitz der Wasserkräfte kommt;

    c. der Staat baut gemeinsam mit Privaten auf Grund besonderer Vereinbarungen die Wasserkräfte aus:

---

[1112] Abgedruckt in Siegel (1930), S. 180-183.

d. bei Wasserkräften schließlich, deren Verwertung nur im geringen Umfange für staatliche Zwecke in Betracht kommen wird, kann der Ausbau auch durch Private unter der Voraussetzung gestattet werden, daß der Unternehmer sich vertragsmäßig verpflichtet, dem Staate im Bedarfsfalle einen bestimmten Teil der verfügbaren Kraft unter gewissen Bedingungen zu liefern. Die Entscheidung über den einzuschlagenden Weg kann selbstverständlich unter Berücksichtigung der gegebenen Verhältnisse immer nur von Fall zu Fall getroffen werden. Hierbei sollen die berechtigten Interessen der Industrie von Gemeinden und gemeinnützigen Genossenschaften Berücksichtigung finden. Zugleich wird vorzugsweise darauf Bedacht genommen werden, daß die Wasserkräfte in möglichst vollkommener Weise wirtschaftlich ausgenützt werden.

3. Nicht ausgeschlossen ist es, daß der Staat auch an Privatflüssen einzelne für staatliche Zwecke geeignete und notwendige Wasserkräfte rechtzeitig erwirbt und ausbaut, erforderlichenfalls auf dem durch das Wassergesetz vom 23. März 1907 geschaffenen Wege der Zwangsenteignung.

B.

Zur Förderung der möglichst wirtschaftlichen Ausnützung der vom Staate nicht benötigten Wasserkräfte durch Private wird dienen, daß die von ihnen einkommenden Projekte über die Ausnützung von Wasserkräfte auf ihre Durchführbarkeit geprüft und den Beteiligten für die weitere Behandlung Richtpunkte und Ratschläge gegeben, sowie Bedingungen auferlegt werden.

II.

Zur Erfüllung der ersten und zweiten Aufgabe ist es notwendig, daß die hydrometrische Durchforschung der bayerischen Flußläufe mit besonderer Rücksichtnahme auf die Wasserkraftausnützung mit möglichster Beschleunigung durchgeführt wird und die zu diesem Zwecke erforderlichen Maßnahmen getroffen werden. Diese Arbeiten, die viel Zeit und Geld erfordern und bisher im Rahmen der verfügbaren Mittel nur in mäßigem Umfange gefördert werden konnten, haben sich künftig auf alle Gewässer des Landes zu erstrecken. Die Ausführung obliegt unter der Leitung des K. Hydrotechnischen Büros nach einem möglichst einheitlichen Plane den Straßen- und Flugbauämtern und den beiden Wildbachverbauungssektionen. Selbstredend werden zuerst diejenigen Gewässer ins Auge zu fassen sein, deren Ausnützung für die nächste Zeit schon in Aussicht genommen ist.

Die hydrometrischen Ergebnisse sollen in gewissen Zeitabschnitten in übersichtlicher Form veröffentlicht und den Interessenten zugänglich gemacht werden.

III.

[...]

Es darf der Hoffnung Ausdruck gegeben werden, daß die getroffenen und nach den vorstehenden Darstellungen noch in Aussicht genommenen Maßnahmen zur Folge haben werden, die überaus wichtigen und schwierigen Fragen der Ausnützung und Verwertung der staatlichen Wasserkräfte in einer der Allgemeinheit zum Segen gereichenden Weise ihrer Lösung zuzuführen.

**Anlage 2:**

**Entschließung des Staatsministeriums des Innern**[1113]
(Vom 15. Februar 1913)

Die Staatsregierung erachtet die Elektrizitätsversorgung des Landes als eine der wichtigsten wirtschaftlichen Aufgaben der Gegenwart, die ihrer fürsorgenden Mitarbeit bedarf. Ihr Stre-

---

[1113] Abgedruckt in Siegel (1930), S. 195-199.

ben war von Anfang an darauf gerichtet, Mittel und Wege zu finden, die unter Wahrung der öffentlichen Interessen zu einer allgemeinen Versorgung des ganzen Landes mit Licht- und Kraftstrom nach möglichst einheitlichen Grundsätzen führen. Die rechtliche Grundlage für das Eingreifen der Staatsregierung bietet neben dem Aufsichtsrecht gegenüber den Gemeinden ihre Stellung als Verwalterin des öffentlichen Gutes; Überlandwerke bedürfen für ihre Leitungsanlagen Nutzungsrechte an öffentlichen Straßen, öffentlichen Gewässern, staatseigenen Bahnkörpern, an Staatswaldungen und dgl.

Nach eingehenden Untersuchungen und Prüfung der Erfahrungen in anderen Ländern ist die Staatsregierung an die Aufstellung eines allgemeinen Planes für die Elektrizitätsversorgung des rechtsrheinischen Bayern herangetreten, nachdem die einheitliche Elektrizitätsversorgung des Regierungsbezirks der Pfalz bereits sichergestellt ist. Dieser Plan beruht in der Hauptsache auf folgenden Grundsätzen:

1. Eine allgemeine Versorgung des ganzen Landes mit Elektrizität ist nur durch große Überlandwerke möglich, denen ein ausgedehntes Gebiet auf eine längere Zeitdauer zur Elektrizitätslieferung zugewiesen wird.

2. Die Errichtung der Überlandwerke in den einzelnen Gebieten ist eigenen Aktiengesellschaften zu übertragen, die entweder von den öffentlichen Körperschaften (Kreisgemeinden, Städten) gemeinschaftlich mit Elektrizitätsgesellschaften und Bankgruppen oder von der elektrotechnischen Großindustrie und ihren Banken allein für jedes Versorgungsgebiet gegründet werden.

3. Zur Erzeugung des Kraftstromes sollen die staatlichen Wasserkräfte nach Möglichkeit herangezogen werden.

4. Die Überlandwerke sind verpflichtet, binnen einer bestimmten Zeit die Elektrizitätsversorgung in dem zugewiesenen Gebiete allgemein durchzuführen und auf Verlangen jede Gemeinde nach einheitlichen Bedingungen mit Elektrizität zu versorgen.

5. Die größeren und insbesondere die städtischen Gemeinden errichten in der Regel Anschlußleitungen und Ortsnetze auf eigene Kosten und übernehmen die Verteilung des Stromes selbst; sie sind Großabnehmer des Überlandwerkes.

6. Die Landgemeinden überlassen den Überlandwerken die Verteilung des Stromes an die Abnehmer selbst. Die Herstellung und Unterhaltung der Ortsnetze ist zunächst Sache der Überlandwerke, die Gemeinden sind jedoch berechtigt, die Ortsnetze nach einer Reihe von Jahren zu billigen Bedingungen zu erwerben.

7. Gemeinden oder Gebietsteile, die einen so geringen Stromverbrauch aufweisen, daß die Bruttoeinnahmen für den Stromabsatz zu den Aufwendungen für die Anschlußleitungen und die Ortsverteilungsnetze in einem Mißverhältnis stehen, können von den Überlandwerken zu Sonderleistungen herangezogen werden, deren Höhe von Fall zu Fall der Prüfung der Staatsregierung unterliegt.

8. Die Strompreise bedürfen der Genehmigung der Staatsregierung; sie sind jeweils nach einer Reihe von Jahren einer Revision zu unterziehen.

9. Der Staat kann nach Ablauf eines längeren Zeitraumes, wenn wirtschaftliche Gründe es verlangen, die Überlandwerke zu einem Preise erwerben, dessen Berechnungsweise schon jetzt bestimmt ist.

10. Der Ausbau der Überlandwerke ist nach einem bestimmten Plane und in einer bestimmten Reihen- und Zeitfolge durchzuführen, die von der Staatsregierung festgelegt werden. Hierbei muß auf die Interessen der bestehenden kleinen Überlandwerke gehörige Rücksicht genommen werden.

11. Die Überlandwerke haben sich jeder Beschränkung des freien Wettbewerbs bei der Ausführung der Anlagen, die nicht auf ihre Kosten geschehen, so insbesondere bei den elektrischen Inneneinrichtungen, zu enthalten.

12. Zur Wahrung der Interessen der Allgemeinheit wird die Staatsregierung mit den Überlandwerken dauernde Fühlung nehmen.

Diese allgemeinen Grundsätze wird die Staatsregierung nicht nur bei Errichtung neuer Überlandwerke durchzuführen suchen, sondern es sind Verhandlungen eingeleitet, um die Grundsätze auch gegenüber den bestehenden größeren Überlandwerken anläßlich der Erweiterung ihrer Versorgungsgebiete im allgemeinen zur Anwendung zu bringen.

Die Durchführung der Grundsätze bei der Elektrizitätsversorgung des ganzen Landes erfordert die eifrige Mitwirkung der ihr unterstellten Verwaltungskörper und insbesondere der politischen Gemeinden. Die elektrische Versorgung der Gemeinden stellt eine wichtige Gemeindeangelegenheit dar; die Gemeindeverwaltungen sind berufen, bei sich bietender Gelegenheit dafür einzutreten, daß die Zuleitung und die Verteilung von Licht- und Kraftstrom innerhalb des Gemeindebezirks unter ihrer Mitwirkung und nach ihrem Ermessen durchgeführt und daß der elektrische Strom dem Gemeingebrauche dienlich gemacht werde.

Dementgegen hat in jüngster Zeit, unterstützt von den Verwaltungen bestehender Überlandwerke und von einer großen Anzahl der im heftigen Konkurrenzkampf stehende Elektrizitätsfirmen, eine starke Bewegung zur Gründung von privaten Genossenschaften eingesetzt. Die gegenwärtige Lage des Geldmarktes und finanzielle Erwägungen haben einzelne Überlandwerke dazu geführt, den Anschluß weiterer Gemeinden an ihr Leitungsnetz von der Einrichtung der Ortsverteilungsnetze und der Anschlußleitungen auf Kosten der Strombewerber selbst abhängig zu machen. Mehrfach haben die Strombewerber, getrieben von Installationsfirmen, diesem Verlangen entsprochen und sich zu diesem Zwecke genossenschaftlich zusammengeschlossen, ohne die Vermittlung der Staatsregierung anzurufen. Hierdurch wurde ein Fremdkörper zwischen die Gemeinden und die Überlandwerke eingeschaltet. Es liegt klar zutage, daß die Genossen als die Geldgeber bei der Elektrizitätsversorgung gegenüber den übrigen Gemeindeangehörigen eine bevorzugte Stellung einzunehmen streben, wogegen auch durch die Auflage zur Abgabe von Strom an Nichtgenossen kaum wirksam angekämpft werden kann. Ferner wird der fürsorgenden Absicht der Staatsregierung entgegengearbeitet, die Gemeinden mit der Zeit in den Besitz ihrer Ortsverteilungsnetze zu bringen und sie damit in die Lage zu versetzen, in der Zukunft nach Ablauf des den Überlandwerken zugebilligten Ausschließlichkeitsrechtes auch auf dem Gebiete der Elektrizitätsversorgung Unabhängigkeit und Selbständigkeit zu erlangen.

Der von beteiligter Seite erhobenen Einwendung, daß in den Fällen, wo der Anschluß einzelner Gemeinden infolge geringen Strombedarfs nur bei Übernahme von Sonderleistungen möglich ist, die Zuschüsse im Wege des genossenschaftlichen Zusammenschlusses der einzelnen Strombewerber leichter aufgebracht werden können als von seiten der Gemeinden, kann nicht beigepflichtet werden. Zunächst ist auf die Entschließung vom 22. Februar 1912, Nr. 7708/41, hinzuweisen, wonach in vielen Fällen Sonderleistungen dadurch vermieden werden können, daß der Elektrizitätsbedarf mehrerer an einer Starkstromleitung gelegenen Gemeinden zusammengenommen und ihr Gesamtstromverbrauch der Berechnung zugrunde gelegt wird.

Sodann ist die Staatsregierung bei der fortschreitenden wirtschaftlichen Entwicklung der Gemeinden überzeugt, daß die Gemeindeverwaltungen bei richtiger Erfassung der ihnen auf dem Gebiete der Elektrizitätsversorgung obliegenden Aufgaben ohne weiteres gewillt sein werden, die allenfalls nötigen Sonderleistungen flüssig zu machen; sie werden besonders mit Unterstützung der staatlichen Behörden hierzu ebensogut imstande sein, als eine Gruppe von Gemeindeangehörigen.

Außerdem würde die Regelung der allgemeinen Elektrizitätsversorgung nach einheitlichen Grundsätzen durch das Dazwischentreten privater Genossenschaften in den Gebieten bestehender größerer Überlandwerke eine Verzögerung erleiden. Es würde kaum gelingen, die bestehenden Überlandwerke zu verpflichten, die sämtlichen Gemeinden des Versorgungsgebietes in einer bestimmten Zeitenfolge an ihr Leitungsnetz unter einheitlichen Bedingungen anzuschließen, wenn ihnen gestattet würde, privaten Genossenschaften, die für ihre Verteilungs- und Anschlußleitungen selbst aufkommen, in bevorzugter Weise ohne Rücksicht auf die Allgemeinheit elektrischen Strom zuzuführen.

Die Staatsregierung erachtet auf Grund ihrer Untersuchungen die Forderung für berechtigt, daß auch die bestehenden Überlandwerke die im Interesse des ganzen Landes aufgestellten Grundsätze befolgen, wenn ihnen größere Gebiete auf eine längere Reihe von Jahren zur ausschließlichen Versorgung mit Elektrizität zugewiesen werden. Das allgemeine Interesse an der Durchführung der Elektrizitätsversorgung des ganzen Landes nach einheitlichen Richtpunkten verbietet ein Abgehen von diesen Grundsätzen.

Die Bezirksämter werden hiernach angewiesen, durch Aufklärung und Belehrung dahin zu wirken, daß die Gemeinden genossenschaftlichen Bestrebungen auf diesem Gebiete keinen Vorschub leisten, sondern in richtiger Erkenntnis der wirtschaftlichen Bedeutung der Elektrizität für die Allgemeinheit die Versorgung ihres Gebietes als eine wichtige Gemeindeangelegenheit ins Auge fassen und betreiben. Die Verhandlungen mit den bestehenden größeren Überlandwerken werden eifrig betrieben und die getroffenen Vereinbarungen seinerzeit bekanntgegeben werden.

Inzwischen ist den Gemeinden eine zuwartende Stellungnahme anzuraten. Im eigensten Interesse ihrer Angehörigen wird es ferner gelegen sein, an die Vergebung der elektrischen Einrichtungen, der Motoren und sonstigen Bedarfsgegenstände erst dann heranzutreten, wenn feststeht, von welcher Seite und in welcher Zeit Elektrizität in ihr Gebiet geleitet werden kann. Die Staatsregierung wird für die genaue Einhaltung der Ausbaupläne Sorge tragen.

Mit Rücksicht auf ein planmäßiges Vorgehen und im Interesse der Allgemeinheit ist die Staatsregierung nicht in der Lage, in solchen Fällen, wo von den einzelnen Strombewerbern auf genossenschaftlicher Grundlage voreilig Ortsverteilungsnetze errichtet worden sind, Abweichungen von dem festgestellten Ausbauplane zuzulassen und staatliches Eigentum zur Herstellung von Anschlußleitungen, die dem Ausbauprogramm vorauseilen, zur Verfügung zu stellen. Bei Festsetzung des Ausbauprogramms wird jedoch dem dringenden Wunsche einzelner Gebiete nach Versorgung mit Elektrizität tunlichst Rechnung getragen werden.

Die Regierungen, Kammern des Innern, haben den genauen Vollzug dieser Entschließung zu überwachen und ihrerseits insbesondere dafür zu sorgen, daß die Gemeinden ihre Aufgaben auf dem Gebiete der Elektrizitätsversorgung richtig erfassen und daß genossenschaftlichen Bestrebungen auf diesem Gebiete durch rechtzeitige Aufklärung und Belehrung vorgebeugt werde. Sollten jedoch in einzelnen Gemeinden sogenannte Leitungsgenossenschaften erst kürzlich gegründet oder im Entstehen begriffen sein, so wäre dahin zu wirken, daß die Gemeinden an deren Stelle treten und die Elektrizitätsversorgung als eine gemeindliche Angelegenheit betreiben.

**Anlage 3:**

### Aus dem „Bericht über den Stand der Elektrizitätsversorgung in Bayern am Ende des Jahres 1913"[1114]

Von Wichtigkeit ist die weitere Frage, wer als Unternehmer der Überlandwerke in Betracht kommen soll, ob öffentliche Körperschaften wie der Staat, Kreisgemeinden, Gemeindeverbände oder Privatunternehmer oder eine Gemeinschaft von öffentlichen Körperschaften und Privatunternehmern, die kurz als gemischtwirtschaftliche Gesellschaft bezeichnet wird.

Nach den bisherigen Erfahrungen in Bayern kann diese Frage nur von Fall zu Fall auf Grund der jeweiligen örtlichen Verhältnisse entschieden werden. Überlandwerke sind Unternehmungen, die einen hohen Kapitalaufwand erfordern. Die Kosten, die bei der Gesamtversorgung des rechtsrheinischen Bayern für die Errichtung von Überlandwerken einschließlich der Stromerzeugungsanlagen erwachsen werden, ergeben einen Betrag von mindestens 200 Millionen Mark. Es ist ausgeschlossen, wie bereits der Staatsminister des Innern in der Sit-

---

[1114] Abgedruckt in Siegel (1930), S. 209 f.

zung der Kammer der Reichsräte vom 20. August 1912 erklärt hat, daß sich der Staat mit einer solchen innerhalb weniger Jahre aufzuwendenden Summe belasten könnte.

Was für den staatlichen Betrieb gilt, läßt sich in ähnlichem Maße auch auf die Mehrzahl der Kreisgemeinden als Unternehmer anwenden. So würde z. B. die Kreisgemeinde Oberbayern für den Fall, daß sie die gesamte Elektrizitätsversorgung des Kreises selbst betreiben wollte, nicht weniger als mindestens 40 Millionen Mark aufzuwenden haben, die Kreisgemeinde Niederbayern mindestens 25 Millionen Mark.

Ein noch größeres Wagnis würden schließlich Gemeindeverbände mit der Durchführung von Überlandwerken eingehen.

Bis jetzt sind in Bayern, wie bei der Beschreibung der einzelnen Überlandwerke im Abschnitt III näher ausgeführt wird, nur zwei Unternehmerformen in Anwendung gekommen, entweder das reine Privatunternehmen, z. B. bei der Versorgung des Kreises Schwaben und Neuburg sowie des östlichen Teiles des Kreises Oberfranken, oder gemischtwirtschaftliche Gesellschaften in der Pfalz und in Mittelfranken.

Die bisherigen Erfahrungen lassen sich dahin zusammenfassen, daß die sofortige Beteiligung öffentlicher Körperschaften mit größerem Kapital bei der Gründung eines Überlandwerkes nur unter besonders günstigen Verhältnissen, wie sie in der Pfalz und in Mittelfranken vorlagen, für vertretbar erachtet werden kann. Wenn dagegen nicht von vornherein die Wirtschaftlichkeit des Unternehmens sicher steht und namentlich in den ersten Jahren des Betriebs ein Wagnis mit der Elektrizitätsversorgung verbunden ist, empfiehlt es sich, den Bau und den Betrieb solcher Überlandwerke finanzkräftigen Elektrizitätsgesellschaften vorerst allein zu überlassen. Jedoch wird in solchen Fällen, wie dies neuerdings bei der Versorgung von Unterfranken und Oberfranken-West in Aussicht genommen ist, den in Betracht kommenden Kreisgemeinden oder an deren Stelle dem Staate für eine gewisse Zeitdauer, innerhalb der die Überlandversorgung durchgeführt sein wird und die Wirtschaftlichkeit des Unternehmens sich mit einiger Sicherheit überschauen läßt, ein Optionsrecht vertraglich zuzugestehen sein, d. h. das Recht, z. B. spätestens nach Ablauf von sieben Jahren bis zu 60 Prozent der Aktien zu einem von vornherein festgelegten Kurswert zu übernehmen.

## Anlage 4:

### Staatsvertrag zwischen dem Bayerischen Staate und der Aktiengesellschaft Elektricitäts-Lieferungs-Gesellschaft in Berlin[1115]
(vom 29.März./19.April 1913)

**§ 1 Nutzungsrecht.**

I. Der Bayerische Staat erteilt der E.L.G. vorbehaltlich der Rechte Dritter bis zum 31.12.1963 die Erlaubnis zur Führung von Starkstromleitungen mit Zubehör auf, über und unter Staatsgrund, öffentlichen und Staats-Privatgewässern und staatseigenen Anlagen innerhalb der 10 Bezirksämter Berneck, Hof, Kronach, Kulmbach, Münchberg, Naila, Rehau, Stadtsteinach, Teuschnitz und Wunsiedel.

II. Die Vereinbarungen des Vertrages beziehen sich, soweit nichts Gegenteiliges bemerkt ist, nur auf die Elektrizitätsversorgung innerhalb dieses Gebietes, das auf dem beigehefteten Plane K 8/197 näher bezeichnet ist.

III. Der Vertrag läuft nach dem 31.12.1963 stets auf 5 Jahre stillschweigend weiter, so lange er nicht unter Einhaltung einer zweijährigen Frist vom Staate gekündigt wird. Der Vertrag kann also zum erstenmale spätestens am 1.1.1962 auf 31.12.1963, zum zweitenmale spätestens am 1.1.1967 auf 31.12.1968 usw. vom Staate gekündigt werden.

IV. Kommt nach Ablauf des Vertrages eine Einigung über die Belassung der Anlagen der E.L.G. auf Staatseigentum nicht zustande, so ist die E.L.G. verpflichtet, ihre Anlagen auf,

---

[1115] BWA, F 025-1030. Staatsvertrag 1913.

über und unter Staatsgrund, öffentlichen und Staats-Privatgewässern und staatseigenen Anlagen auf ihre Kosten gänzlich zu entfernen unter ordentlicher Instandsetzung der Straßen, Gebäuden usw. Die Entfernung der Anlagen und die Instandsetzungsarbeiten haben innerhalb der vom Staate zu bestimmenden Frist zu erfolgen, widrigenfalls der Staat berechtigt ist, die Arbeiten auf Kosten der E.L.G. vornehmen zu lassen. Der Staat kann aber auch verlangen, daß die Anlagen der E.L.G. auf staatlichem Eigentum stehen oder liegen bleiben und unentgeltlich in den Besitz des Staates übergehen.

V. Außerdem steht dem Staate das Recht zu, mit den Wirkungen des Absatzes IV die Erlaubnis zur Führung der Starkstromleitungen mit Zubehör sofort ohne Einhaltung einer Kündigungsfrist zu widerrufen, wenn die E.L.G. trotz Aufforderung die in diesem Vertrag übernommenen Verbindlichkeiten schuldhafter Weise nicht erfüllt.

VI. Für dieses Nutzungsrecht werden außer einer Anerkennungsgebühr von jährlich 5oo M. (fünfhundert Mark) Vergütungen nicht beansprucht, soweit nicht durch die Benützung von staatlichem Eigentum ein wirklicher Schaden verursacht wird. Die bisher für die Benützung staatlichen Eigentums festgesetzten Anerkennungsgebühren entfallen. Einhebestelle für die Anerkennungsgebühr, die ab 1913 jeweils am 2. Januar zu entrichten ist, ist das K. Rentamt Wunsiedel.

VII. Etwaige durch die Überweisung der Zahlungen entstehenden Kosten trägt die E.L.G. die Rückstände mit 5 % vom Verfalltage an zu verzinsen.

**§ 2 Ausschließlichkeitsrecht.**

I. Der Staat wird bis zum 31.12.1933 anderen Unternehmern ohne Zustimmung der E.L.G. innerhalb des Vertragsgebietes eine Erlaubnis zur Benützung staatlichen Eigentums für Starkstromleitungen mit Zubehör nur erteilen, wenn die E.L.G. dem bestehenden Bedürfnis an Elektrizität nicht vollständig entspricht oder wenn durch die Zulassung eines anderen Unternehmers wesentliche Vorteile, die die E.L.G. zu gewähren abgelehnt hat, zu erreichen sind.

II. Wegen des Fortbetriebes und der Erweiterung bestehender privater und öffentlicher konkurrierender Unternehmungen bleibt jedoch die Stellungnahme des K. Staatsministeriums des Innern von Fall zu Fall vorbehalten. Insbesondere werden durch die Bestimmungen dieses Vertrages bestehende Verträge und bereits erteilte Genehmigungen zur Benützung staatlichen Eigentums nicht berührt.

III. Der Staat kann selbsterzeugten elektrischen Starkstrom ohne Einschränkung über Staatsgrund nach seinen staatlichen Anstalten und Betrieben leiten. Die Stromabgabe aus solchen Leitungen an Dritte ist nur gestattet, soweit deren Anlagen und Betriebe dem Umschlag oder der Lagerung von Gütern im Anschluß an staatliche Verkehrseinrichtungen dienen und unter der Voraussetzung, daß die E.L.G. nicht bereit ist, dem Dritten den Strom unter den gleichen Bedingungen zu liefern wie das staatliche Werk.

IV. Die Beschränkung des Abs. I findet keine Anwendung, wenn die elektrischen Leitungsanlagen für Eisenbahn-, Post- oder Schiffahrtsbetriebe nötig sind, oder wenn es sich nur um eine Durchleitung ohne Stromabgabe im Versorgungsgebiet der E.L.G. handelt.

V. Der Staat behält sich ferner vor, die Benützung von Staatseigentum zur Führung von Starkstromleitungen mit Zubehör zu gestatten, soweit diese zum Zwecke einheitlicher Stromversorgung der Betriebsanlage eines und desselben Unternehmers auf, über oder unter Staatseigentum, das diese Betriebsanlage durchschneidet, geführt werden.

VI. Vorbehalten bleibt auch die Durchleitung von Elektrizität über Staatseigentum zu einzelnen Gemeinden, mit denen die E.L.G. bis zum 31.12.1923 einen Vertrag nicht abgeschlossen hat.

**§ 3 Bau- und Betriebsbedingungen.**

I. Das Überlandwerk wird als selbständige, von den übrigen Unternehmungen der E.L.G. getrennte Aktiengesellschaft mit dem Sitze in Oberfranken durchgeführt.

Die Satzungen der zu gründenden Aktiengesellschaft sind vor endgültiger Festsetzung dem Staatsministerium des Innern zur Einsichtnahme vorzulegen.

II. Die gesamten Anlagen des Überlandwerkes sind nach Maßgabe der einschlägigen reichs- oder landesgesetzlichen Vorschriften und Verordnungen sowie der Vorschriften und Normalien des Verbandes Deutscher Elektrotechniker auszuführen, zu unterhalten und zu betreiben. Die Anlagen sind so herzustellen, daß es technisch möglich ist, sämtliche Gemeinden des Vertragsgebietes mit Elektrizität zu versorgen. Die Anlagen müssen außerdem so hergestellt und betrieben werden, daß Nachteile, Gefahren oder Belästigungen für die Besitzer oder die Bewohner der benachbarten Grundstücke sowie für die Bevölkerung überhaupt vermieden werden.

III. Die besonderen Bedingungen für die Benützung des Staatseigentums bei der Ausführung der Starkstromleitungen mit Zubehör werden von den zuständigen Staatsstellen bestimmt.

IV. Der Staat ist jederzeit befugt, zu verlangen, daß die Stromverteilungsanlagen, die Staatsgrund usw. berühren, auf Kosten der E.L.G. innerhalb einer vom Staat zu bestimmenden Frist verändert oder verlegt werden, soweit er dies im eigenen Interesse für geboten erachtet.

V. Die Ausführung von Verteilungsanlagen, die nicht auf Kosten der E.L.G. erstellt werden, der Hausinstallationen sowie die Lieferung aller übrigen Materialien und Einrichtungsgegenstände für den Stromverbrauch müssen dem freien Wettbewerbe überlassen bleiben.

VI. Die E.L.G. ist auch verpflichtet, für Lieferungen und Arbeitsleistungen für den Bau und Betrieb der Anlagen im Falle annähernd gleichwertigen Angebotes den inländischen Bewerbern vor den ausländischen, unter den inländischen Bewerbern den einheimischen und unter den einheimischen Bewerbern denjenigen den Vorzug zu geben, die am Orte der Leistung oder in dessen Nähe wohnen oder dort ihre gewerbliche Niederlassung oder Fabrikationsstätte haben.

VII. Für eine entsprechende Sicherstellung der Stromlieferung an die Gemeinden sind die erforderlichen technischen Maßnahmen rechtzeitig vorzusehen. So muß zur Zeit des Höchstverbrauches in den Kraftstationen der Betrieb aufrecht erhalten werden können, auch wenn in dieser Zeit das größte Maschinenaggregat mit Zubehör außer Dienst ist. Die Speisung der Transformatorstationen in den Gemeinden soll nach Möglichkeit von zwei Seiten aus erfolgen können. Auch ist ein entsprechendes Lager an Reserveteilen einschließlich normaler Transformatoren zu unterhalten, um Störungen raschestens beseitigen zu können.

VIII. Die E.L.G. hat sich bei jedem Vertragsabschluß in ihrem Geschäftsbetriebe das Recht vorzubehalten, ihre Rechte aus den Verträgen auf einen Rechtsnachfolger zu übertragen.

**§ 4 Ausbau des Unternehmens.**

I. Der Stromlieferung an die Gemeinden liegt der beigeheftete Zustimmungsvertrag der E.L.G. mit Stromlieferungsbedingungen zugrunde. Änderungen und Ergänzungen an diesen Vertragsgrundlagen unterliegen der Genehmigung des Staatsministeriums des Innern.

II. Der Ausbau der Anlage hat nach dem beigehefteten vom Staatsministerium des Innern genehmigten Projekte zu erfolgen. Wesentliche Änderungen dieses Projektes bedürfen der Genehmigung des K. Staatsministeriums des Innern.

III. Die E.L.G. ist verpflichtet, sämtliche Gemeinden in den genannten Bezirken nach Maßnahme der im beiliegenden Projekte angegebenen Ausbaustufen anzuschließen.

IV. Die E.L.G. ist jedoch berechtigt, bei den im Plane und im beiliegenden Verzeichnis besonders gekennzeichneten Gemeinden, ferner bei den Gemeinden, die den Zustimmungsvertrag unter Anerkennung etwaiger in der Zwischenzeit vereinbarter Änderungen und Ergänzungen erst nach dem 31.5.13 abschließen werden, den Anschluß davon abhängig zu machen, daß diese Gemeinden oder der E.L.G. genehme Dritte eine jährliche Einnahme aus Stromlieferung und Zählermiete garantieren, die 15 % der neu aufzuwendenden Anschlußkosten (Fernleitungsstrecke von der zunächst gelegenen Fernleitung ab gerechnet, Transformatorenstationen und Niederspannungs-Verteilungsanlagen) entspricht. In die Stromlieferung sind alle Anschlüsse innerhalb des Gemeindebezirks einzurechnen, die aus der Anschlußleitung der E.L.G. mit Strom versorgt werden, auch soweit sie auf Grund von Sonderverträgen Strom beziehen. Bei der Berechnung der Garantiesumme werden die Kosten für Blitzschutzanlagen, die nicht ausschließlich dem Schutz und Betriebe der für die Gemeinde allein erforderlichen Anlage dienen, nicht in die Anschlußkosten eingerechnet.

V. Die E.L.G. ist, um den Anschluß von Gemeinden zu ermöglichen, auch verpflichtet Sonderleistungen der Gemeinden, wie Beiträge zu den Anlagekosten, Stellung von brauchbaren Hilfsarbeitern und Fuhrwerken entgegenzunehmen. Macht die E.L.G. den Anschluß einer Gemeinde oder einer Ortschaft von der Leistung einer Garantiesumme oder von der Entrichtung einer Sonderleistung abhängig, so hat sie der Abteilung für Elektrizitätsversorgung im K. Staatsministerium des Innern vorher rechnerisch die Notwendigkeit dieser Maßnahme nachzuweisen.

**§ 5 Strombezug.**

Der Strombezug aus Stromquellen, die außerhalb Bayerns liegen, ist gestattet. Doch ist der regelmäßige Betrieb so einzurichten, daß mindestens drei Viertel des Elektrizitätsbedarfs für die gesamten Anlagen des Überlandwerks durch Kraftwerke in Bayern gedeckt werden.

**§ 6 Haftung.**

I. Die E.L.G. hat für alle Schäden, die dem Staat durch Herstellung, Bestand, Verlegung oder Beseitigung der Anlagen oder durch den Betrieb des Unternehmens entstehen, allein einzustehen. Die Schäden sind von der E.L.G. innerhalb einer vom Staate zu bestimmenden angemessenen Frist auf ihre Kosten zu beseitigen, widrigenfalls der Staat befugt ist, den Schaden auf Kosten der E.L.G. zu beheben.

II. Ist der Staat Dritten gegenüber für Nachteile entschädigungspflichtig, die durch die Anlagen oder durch den Betrieb des Unternehmens der E.L.G. entstanden sind, so hat die E.L.G. alle aus dieser Entschädigungspflicht zu ergebenden Leistungen zu übernehmen oder die erwachsenden Kosten dem Staat mit Einschluß der Kosten der Prozeßführung zu ersetzen. Wird ein solcher Anspruch gegen den Staat erhoben, so hat der Staat der E.L.G. hiervon Kenntnis zu geben und auf ihr Verlangen die Streitsache im Prozeßwege auszutragen.

III. Für Nachteile, die der E.L.G. dadurch entstehen, daß auf, über und unter Staatsgrund, öffentlichen und Staatsprivatgewässern und staatseigenen Anlagen auf Anordnung von staatlichen Behörden Arbeiten veranlaßt werden, kann die E.L.G. keinen Ersatz vom Staat verlangen.

**§ 7 Vertragsstrafen.**

I Die Gemeinden, die den Zustimmungsvertrag unterzeichnet haben, sind, soweit sie in den ersten Ausbau fallen, spätestens bis Ende 1914, die übrigen Gemeinden spätestens bis Ende 1916 mit Elektrizität zu versorgen.

II. Verzögert sich durch nachweisbares Verschulden der E.L.G. die Inbetriebsetzung der Anlagen in den Gemeinden über den im Zustimmungsvertrag vereinbarten Zeitpunkt hinaus, so zahlt die E.L.G. jeder dieser Gemeinden für jeden Monat Verzögerung eine Verzugsstrafe von 50 Mark (fünfzig Mark).

III. Sollte die Stromerzeugungs- oder Leitungsanlage des Überlandwerks durch Feuerschaden, Naturereignisse, Krieg oder Aufstand, Streik, oder Aussperrung oder durch andere Umstände, deren Verhinderung nicht in der Macht der E.L.G. stand, in der Erzeugung oder Fortleitung der Elektrizität verhindert oder wesentlich beeinträchtigt sein, so ruht die Verpflichtung zur Stromlieferung solange, bis die Hindernisse und ihre Folgen beseitigt sind.

IV. Sollte die E.L.G., ohne daß die Absatz III angegebenen Hinderungsgründe vorliegen oder ohne daß es sich um eine vorübergehende Unterbrechung handelt, gleichwohl einer Gemeinde oder einem oder mehreren anderen Abnehmern den erforderlichen Strom nicht liefern oder nicht in ausreichender Menge oder nicht in der vertragsmäßigen Beschaffenheit zur Verfügung stellen und sollte sie solche Mängel nicht innerhalb angemessener Frist beseitigen, so ist sie verpflichtet, dem Staate für jeden einzelnen zeitlich oder örtlich getrennten Fall eine Vertragsstrafe von täglich 10 M. (zehn Mark), höchstens aber für alle gleichzeitig eintretenden örtlich getrennten Fälle zusammen eine solche von täglich 100 M. (hundert Mark) zu zahlen. Die Vertragsstrafen werden für jeden vollen Kalendertag, an dem der eingetretene Mangel weiterbesteht, von neuem berechnet. Die Strafe ist von der Abteilung Elektrizitätsversorgung im K. Staatsministerium des Innern festzusetzen und dem K. Rentamt Wunsiedel zum Einzug zu überweisen.

**§ 8 Ablösungsrecht.**

I. Die E.L.G. räumt dem Staate bei der Veräußerung von Aktien des Überlandwerks ein Vorkaufsrecht im Sinne der §§ 504 ff. B.G.B. ein. Das Vorkaufsrecht muß binnen vier Wochen nach Bekanntgabe der genauen Kaufsbedingungen an das K. Staatsministerium des Innern ausgeübt werden. Bei der Übernahme von Aktien des Überlandwerks durch Mitgründer der nach § 3 I zu errichtenden Aktiengesellschaft verpflichtet die E.L.G. auch diese Mitgründer, daß sie dem Staate bei der Weitergabe ihrer Aktien dasselbe Vorkaufsrecht einräumen. Das Vorkaufsrecht des Staates ist ausgeschlossen, wenn ein Veräußerungsvertrag seitens eines der Mitbegründer mit einem anderen oder mit einer der dem E.L.G.-Konzern nahestehenden Gesellschaften wie: Allgemeine Elektricitäts-Gesellschaft, Berliner Elektricitäts-Werke, Bank für elektrische Unternehmungen, oder einer der Tochtergesellschaften der E.L.G. geschlossen wird; es besteht jedoch nach einer Veräußerung dem Erwerber gegenüber unter den vorstehenden Bedingungen fort. Die E.L.G. steht selbst für die Erfüllung dieser Verpflichtungen ein.

II. Der Staat hat das Recht, alle mit der Stromversorgung zusammenhängenden Anlagen des Überlandwerks der E.L.G. mit sämtlichen damit verbundenen Rechten und Pflichten, insbesondere mit den bestehenden Verträgen und allen Zugehörigen, abzulösen. Im Fall der Ablösung können die einzelnen Gemeinden ihr Übernahmerecht auf die Ortsnetze nach § 7 des Zustimmungsvertrages nicht mehr geltend machen. Bestehende elektrische Anlagen im Versorgungsgebiete, die die E.L.G. erwirbt, fallen ebenfalls unter dieses Ablösungsrecht.

III. Der Staat kann das ihm nach Abs. I und II zustehende Vorkaufs- und Ablösungsrecht an die Kreise oder an Gemeindeverbände übertragen. Das gleiche gilt für die Bestimmungen in § 9 Abs. V u. VI, § 10 Abs. II u. § 13 Abs. II, in denen nur der Staat benannt ist.

IV. Lager an Materialien müssen nicht übernommen werden. Ebenso müssen Anlagen außerhalb des im § 1 Abs. I bezeichneten Gebietes weder übergeben noch übernommen werden.

V. Inwieweit später zu erbauende Verbindungsleitungen zwischen verschiedenen Stromerzeugungsanlagen innerhalb des Versorgungsgebietes oder zwischen verschiedenen Stromerzeugungsanlagen innerhalb und außerhalb des Versorgungsgebietes übergeben und abgelöst werden sollen, bleibt besonderen Vereinbarungen von Fall zu Fall vorbehalten.

VI. Das Ablösungsrecht kann unter Einhaltung einer vierjährigen schriftlichen Voraussage erstmalig am 31.12.1923, späterhin nach diesem Zeitpunkt am 31. Dezember eines jeden Jahres ausgeübt werden.

VII. Verträge, in denen Dritten das Recht zur Erwerbung von Teilen der Anlage eingeräumt wird, bedürfen der Genehmigung des K. Staatsministeriums des Innern. Der gleichen Genehmigung bedürfen Verträge über Stromabnahme von Dritten falls hierdurch die E.L.G. länger als 10 Jahre zum Strombezug verpflichtet wird, oder, falls durch den Abschluß solcher Verträge wesentliche Änderungen in der Betriebsführung oder in den wirtschaftlichen Ergebnissen des Überlandwerkes bedingt sind.

**§ 9 Ablösungspreis.**

I. Der Ablösungspreis setzt sich, soweit keine Sonderabmachungen vorliegen, zusammen aus

1. einer Vergütung für den Anlagewert: der Anlagewert wird auf Grund der Geschäftsbücher berechnet aus den Herstellungspreisen der ersten betriebsfertigen Anlage und der späteren Erweiterungen. Von diesen Herstellungspreisen werden für jedes Jahr seit der Belastung des

Kontos 2 % abgezogen, sodaß jeweils mit dem 50. Jahre die für die Berechnung des Anlagewertes maßgebenden Ansätze Null betragen. Als spätere Erweiterungen der Anlage bleiben Instandsetzungsarbeiten, ferner Erneuerungen, die weder eine Substanz- noch eine Wertsmehrung darstellen, unberücksichtigt. Zuschüsse der Stromabnehmer zu den Anschlußleitungen und etwaige Sonderleistungen der Gemeinden haben bei der Feststellung des Herstellungspreises außer Ansatz zu bleiben.

2. einen Zuschlag für den Geschäftswert: der Zuschlag für den Geschäftswert wird berechnet aus einem vielfachen Betrage des durchschnittlichen Betriebsüberschusses der letzten 5 Betriebsjahre vor Übernahme der Anlagen. Hiebei wird der durchschnittliche Betriebsüberschuß in der Weise bestimmt, daß von den fünf Betriebsüberschüssen der höchste und der niedrigste ausgeschieden und aus den drei übrigen Betriebsüberschüssen das Mittel genommen wird.

II. Als Betriebsüberschuß gilt der Betrag, um den die Einnahmen die Ausgaben übersteigen. Zu den Einnahmen gehören nur die regelmäßigen aus dem fortlaufenden Geschäftsbetrieb erzielten Einnahmen, nicht aber außerordentliche Gewinne; insbesondere gehören zu den Einnahmen die Stromlieferungsgebühren unter Berücksichtigung der Rabatte, Zählermieten und Prüfungsgebühren.

Zu den Ausgaben gehören sämtliche Geschäftsunkosten, insbesondere die Gehälter, Löhne, Pensionen, Gratifikation, Tantiemen, Beiträge auf Grund der Arbeiterversicherungsgesetze, die Aufwendungen für die verschiedenen Betriebsmaterialien, die Aufwendungen für Unterhaltung und Instandsetzung der Betriebsanlagen, die allgemeinen Unkosten für den kaufmännischen Betrieb, für Prozesse, für die Verrechnung, für Miete, Pacht, Steuern, Stempelbeträge, Versicherung von Akkumulatoren, Feuerversicherungen und sonstige Versicherungsprämien, für Beaufsichtigung und Prüfung der Hauseinrichtungen, die Selbstkosten für den Strombezug aus fremden Werken.

Zu den Ausgaben sind hiebei hinzuzurechnen die Beträge für Abschreibungen und Erneuerungen nach Buchausweis, mindestens jedoch für das Jahr 1 ½ % der jeweiligen Herstellungspreise, ferner der Betrag von 5 % des gesamten Anlagekapitals für Verzinsung und Tilgung.

III. Der Zuschlag für den Geschäftswert wird aus dem hiernach berechneten durchschnittlichen Betrag des Betriebsüberschusses wie folgt bestimmt:

a) bei einem Erwerb bis einschließlich des Jahres 1928 aus dem vollen Betrage vervielfacht mit der Zahl 25;

b) bei einem späteren Erwerb bis einschließlich des Jahres 1933 aus drei Vierteln des Betrages vervielfacht mit der Zahl 25;

c) bei einem Erwerb in den Jahren 1934 mit 1963 aus der Hälfte des Betrages vervielfacht mit der Zahl 25;

IV. Der hiernach bestimmte Zuschlag für den Geschäftsbetrieb darf jedoch für III a nicht geringer als 50 %, für III b nicht geringer als 40 % des Herstellungspreises derjenigen Anlagen sein, die nach den vorstehenden Bestimmungen zu übernehmen sind.

V. Nach dem Jahre 1963 hat der Staat das Recht, mit zweijähriger Voraussage die gesamten Anlagen der E.L.G. zu übernehmen. Der Ablösungspreis besteht dabei lediglich in einer Vergütung für den Anlagewert, wie er sich nach Absatz I Ziffer 1 berechnet. Dabei gehen die Stromverteilungsanlagen mit Ausnahme der Hochspannungsleitungen, Transformatorstationen und Zähler kostenlos in den Besitz des Staates über.

VI. Als Höchstwert des zu vergütenden Ablösungspreises (d.i. der Anlagewert einschließlich des Zuschlages für den Geschäftswert) gilt jedoch das Einunddreiviertelfache der Herstellungspreise der zu übernehmenden Anlagen, auch wenn nach der unter I Ziffer 1 und 2 angegebenen Berechnungsweise sich ein höherer Betrag ergeben würde.

### § 10 Sonstige Ablösungsbedingungen.

I. Die Ablösung darf weder mittelbar noch unmittelbar zu Gunsten einer Privatunternehmung erfolgen.

II. Neuanlagen und Erweiterungen irgend welcher Art dürfen nach der Ankündigung der Ablösung ohne Zustimmung des Staates nicht ausgeführt werden; ebensowenig sind dann Abänderungen an Verträgen mit Großabnehmern ohne Zustimmung des Staates zulässig. Neue Verträge mit Großabnehmern bedürfen der staatlichen Genehmigung dann, wenn sie unter ungünstigeren Bedingungen für das Überlandwerk abgeschlossen werden sollen als bestehende Verträge.

III. Nach erfolgter Anzeige der Absicht zur Übernahme darf die E.L.G. hinsichtlich der aufgeführten Ausgaben keine Beschränkung gegenüber den Vorjahren eintreten lassen; sie ist vielmehr gehalten, den Betrieb in ebenso umsichtiger und gewissenhafter Weise zu versorgen und zu verwalten, wie es vor der Anzeige geschehen ist.

IV. Die E.L.G. ist verpflichtet, Anlageteile, die sich bei der Übernahme nicht mehr in betriebstüchtigem Zustande befinden, in kürzester Frist auf ihre Kosten durch Beseitigung der Mängel in einen brauchbaren Zustand zu bringen oder dafür auf ihre Kosten Ersatz zu leisten.

V. Die E.L.G. ist ferner verpflichtet, dem Übernehmer während des ersten Jahres nach dem Übergangstag gegen Erstattung ihrer Selbstkosten mit einem angemessenen Aufschlag nach Möglichkeit jede gewünschte Unterstützung zu leisten, um eine glatte Abwicklung des Übergangs ohne Betriebsstörung möglich zu machen.

VI. Schließlich hat die E.L.G. kostenlos dem Übernehmer die vorhandenen Zeichnungen über alle Teile der Anlage und die die Anlage betreffenden Schriftstücke und Akten oder deren Abschriften abzuliefern und die neuen Betriebsbeamten in allen Betriebszweigen sorgfältig zu unterrichten.

### § 11 Staatsaufsicht.

I. Die E.L.G. ist verpflichtet, die Anlagen in gutem, betriebstüchtigem Zustande zu erhalten und den Betrieb in einer Weise zu führen, daß die Interessen des Staates im Hinblick auf seine Anwartschaft als Besitznachfolger gewahrt sind.

II. Die Staatsregierung wird ihrerseits zur Wahrung der öffentlichen und staatlichen Interessen einen rechtskundigen und einen technischen Staatskommissär für das Unternehmen der E.L.G. aufstellen.

III. Die Kommissäre sind berechtigt, sich jederzeit über den Zustand der Anlagen und über den Geschäftsbetrieb alle gewünschten Aufschlüsse zu erholen und Einsicht in die Geschäftsbücher, in die Belege und, falls erforderlich ist, in den einschlägigen Schriftwechsel zu nehmen. Die E.L.G. ist daher verpflichtet, den Kommissären die Einsicht in die mit den Großabnehmern abgeschlossenen Verträge zu ermöglichen, den Kommissären oder ihren Beauftragten jederzeit nach vorheriger Benachrichtigung den Zutritt zu allen Teilen der Anlagen zu gestatten und bei Untersuchungen über den Zustand der Anlagen jede sachdienliche Unterstützung zu gewähren. Die E.L.G. haftet nicht für Schäden, die den Kommissären oder ihren Beauftragten bei solchen Besichtigungen zustoßen.

IV. Im Besonderen bleibt eine Nachprüfung der Bedingungen und Tarife für die Stromlieferung an die Gemeinden und ihre Angehörigen in Zeiträumen von 5 Jahren mit der E.L.G. vorbehalten.

### § 12 Besondere Buchführung.

I. Die E.L.G. ist verpflichtet, für die Zwecke einer etwaigen Ablösung der Anlagen eigene Geschäftsbücher zu führen und diese mit ihren Belegen den Beauftragten des Staates zur Einsichtnahme bereit zu halten.

II. Gesondert und durch alle Jahre fortlaufend zu führen sind Aufstellungen

1. über die Herstellungspreise aller Teile der Anlagen ohne die Lager an Materialien, getrennt nach Anlagen mit verschiedenen Ablösungsschlüsseln nach den verschiedenen Arten der Betriebsmittel sowie über die alljährlichen Abzüge; die Zuschüsse der Stromabnehmer zu den Anschlußleitungen und etwaige Sonderleistungen sind besonders aufzuführen,

2. über die Einnahmen und Ausgaben, die zur Berechnung des Betriebsüberschusses in Betracht kommen;

3. über den Besitz der E.L.G. und der anderen Gründer an Aktien des Überlandwerks.

III. Die Aufstellungen müssen so geführt sein, daß aus ihnen der Preis und die Zeit der ursprünglichen Herstellung, die Übereinstimmung der Abzüge (§ 9, I,1) mit den vorliegenden Bedingungen sowie das Alter eines jeden Teiles der Anlage jederzeit deutlich zu ersehen ist. Sie sind jährlich spätestens bis zum 1. Mai für das am 31. Dezember abgelaufene Geschäftsjahr fertig zu stellen.

IV. Der Geschäftsbericht des Überlandwerks und ein Auszug aus den vorgenannten jährlichen Aufstellungen sind jährlich bis 15. Mai dem Staatsministerium des Innern und den von ihm zu bezeichnenden Stellen vorzulegen.

### § 13 Rechtsnachfolger.

Die E.L.G. überträgt die Rechte und Pflichten aus diesem Vertrage an die Aktiengesellschaft, die nach § 3 Absatz I dieses Vertrages gegründet wird. Zu einer weiteren Übertragung der Rechte und Pflichten dieses Vertrages auf einen Besitz- und Rechtsnachfolger wird der Staat seine Zustimmung nicht verweigern, wenn der Nachfolger sich als genügend leistungs- und zahlungsfähig erweist, alle Verpflichtungen der E.L.G. gegenüber Staat und Gemeinden förmlich übernimmt und sich selbst verpflichtet, eine Weiterübertragung nicht ohne Zustimmung des Staates vorzunehmen.

Das Ablösungsrecht des Staates wird durch eine solche Übertragung nicht berührt.

### § 14 Sicherheitsleistung.

Innerhalb eines Monats nach Unterzeichnung des Vertrages hat die E.L.G. zur Sicherung der Ansprüche des Staates und der Gemeinden eine Sicherheit von 20.000 M. (zwanzigtausend Mark) in mündelsicheren Wertpapieren bei der K. Filialbank in Bayreuth zu hinterlegen und dem Staat zu verpfänden. Die Sicherheit wird nach Eröffnung des Betriebes im Umfang des ersten Ausbaues der Überlandversorgung auf 10.000 M. (zehntausend Mark) ermäßigt. Die Sicherheit haftet für alle Verbindlichkeiten der E.L.G., die aus diesem Vertrage und aus Verträgen zwischen der E.L.G. und den Gemeinden entstehen. Der Staat ist berechtigt, seine Ansprüche an die E.L.G. sowie diejenigen der Gemeinden aus der Sicherheit ohne vorheriges schiedsrichterliches Verfahren zu befriedigen. Die schiedsrichterliche Nachprüfung, ob eine Haftung des E.L.G. mit ihrer Sicherheit begründet war, bleibt vorbehalten.

II. Die E.L.G. hat die Sicherheit beständig auf der Höhe von 20.000 und 10.000 M. zu erhalten und für den Fall, daß sie ganz oder teilweise zur Deckung von Ansprüchen verbraucht oder durch Kursrückgang unter den vorgeschriebenen Wert gesunken sein sollte, binnen 14 Tagen nach entsprechender Aufforderung zu ergänzen.

III. Die Sicherheit haftet auch für die im § 7 festgesetzten Strafen. Sie ist nach Beendigung des durch diesen Vertrag begründeten Verhältnisses zurückzuzahlen soweit sie nicht auf Grund dieses Vertrages in Anspruch genommen ist.

### § 15 Schiedsrichterliches Verfahren.

I. Sollten mit Bezug auf diesen Vertrag und die hierdurch begründeten Rechtsverhältnisse Streitigkeiten irgend welcher Art zwischen den Vertragsschließenden entstehen, so soll unter Ausschluß des Rechtsweges ein Schiedsgericht nach den Vorschriften der Reichs-Zivil-Prozeßordnung §§ 1025 bis 1048 verhandeln und entscheiden.

II. Das Schiedsgericht soll in allen Fällen in der Weise zusammengesetzt sein, daß jeder der Streitteile innerhalb von 14 Tagen einen Schiedsrichter ernennt. Die so ernannten Schiedsrichter wählen einen Dritten als Obmann.

III. Wenn sich die beiden Schiedsrichter über die Wahl des Obmannes nicht einigen, so ist der Präsident des K. Oberlandgerichtes in Bamberg oder dessen Stellvertreter um die Ernennung des Obmannes zu ersuchen.

**§ 16 Vertragskosten und –Ausfertigungen.**

Gebühren und sonstige Kosten für den Anschluß und den Vollzug dieses Vertrages trägt die E.L.G.

## Anlage 4:

### Gesetz, betreffend die Sozialisierung der Elektrizitätswirtschaft[1116]
(vom 31. Dezember 1919; RGBl. 1920, S. 19)

Die verfassunggebende Deutsche Nationalversammlung hat zum Zwecke einer besseren Versorgung des gesamten Reichsgebiets mit Elektrizität das folgende Gesetz beschlossen, das nach Zustimmung des Reichsrats hiermit verkündet wird:

**§ 1**

Das Reichsgebiet ist bis spätestens 1. Oktober 1921 zum Zwecke der Elektrizitätsbewirtschaftung in Bezirke einzuteilen, die sich nach wirtschaftlichen Gesichtspunkten gliedern.

Für diese Bezirke sind unter Führung des Reichs Körperschaften oder Gesellschaften zu bilden, in denen jedenfalls die der Erzeugung und Fortleitung elektrischer Arbeit dienenden Anlagen zusammenzuschließen sind, die die von ihnen erzeugte Arbeit ausschließlich oder ganz überwiegend für eigene Betriebe verbrauchen.

Das Nähere bestimmt ein bis zum 1.April 1921 einzubringendes Gesetz zur Regelung der Elektrizitätswirtschaft, soweit sie nicht bereits in diesem Gesetz erfolgt ist.

**§ 2** Das Reich ist befugt

(1) Das Eigentum oder das Recht der Ausnutzung von Anlagen, welche zur Fortleitung von elektrischer Arbeit in einer Spannung von 50.000 Volt und mehr bestimmt sind und zur Verbindung mehrerer Kraftwerke dienen,

(2) das Eigentum oder das Recht der Ausnutzung von Anlagen zur Erzeugung elektrischer Arbeit (Elektrizitätswerte) mit einer installierten Maschinenleistung von 5.000 kilowatt und mehr, welche im Eigentume privater Unternehmer stehen und nicht ganz überwiegend zur Erzeugung elektrischer Arbeit für eigene Betriebe dienen,

(3) privaten Unternehmern zustehende Rechte zur Ausnutzung von Wasserkräften für die Erzeugung elektrischer Arbeit mit einer Leitungsfähigkeit von 5.000 kilowatt und mehr, welche nicht ganz überwiegend zur Erzeugung elektrischer Arbeit für eigene Betriebe bestimmt sind, einschließlich des Eigentums an den in Ausübung dieser Rechte errichteten Anlagen und des Rechtes auf Benutzung technischer Vorarbeiten

gegen angemessene Entschädigung zu übernehmen.

Auf Antrag eines Landes ist das Reich verpflichtet dessen beim Inkrafttreten dieses Gesetzes bestehende oder auf Grund von vor dem 15. Oktober d. J. abgeschlossenen Beträgen in Ausführung begriffene staatliche Leitungsanlagen der im Abs. 1 Ziffer 1 genannten Art zu übernehmen. Der Antrag muß binnen zwei Monaten nach der Mitteilung des Reichs an das Land darüber, ob und welche Anlagen es übernehmen will, gestellt werden.

---

[1116] Abgedruckt in Reier (1920), S. 192-204.

Zu den Elektrizitätswerken im Sinne des Abs. 1 Ziffer 2 gehören alle Anlagen und Einrichtungen, welche mit dem Kraftwerk eine wirtschaftliche Einheit bilden insoweit sie zum Betriebe des Kraftwerkes notwendig sind. Die bisherigen Eigentümer können verlangen, daß darüber hinaus solche Anlagen und Einrichtungen mit übernommen werden, die bei einer Abtrennung für sie nicht mehr mit Vorteile benutzt werden könnten. Infolge der Inanspruchnahme des Rechtes zur Ausnutzung können sie den Erwerb der Anlage verlangen, sofern andernfalls eine unbillige Schädigung für sie eintreten würde.

Die nach Abs. 3 bei der Übernahme eines Elektrizitätswertes durch das Reich nicht übernommenen, zu der wirtschaftlichen Einheit gehörigen Anlagen und Einrichtungen zur Verteilung elektrischer Arbeit können in ihrer Gesamtheit unter sinngemäßer Anwendung der Bestimmungen dieses Gesetzes durch die zuständigen Länder, Gemeindeverbände oder Gemeinden übernommen werden. Die näheren Vorschriften, welche Länder, Gemeindeverbände oder Gemeinden einzeln oder gemeinsam zur Übernahme befugt sind, werden in den nach § 21 zu erlassenden Ausführungsbestimmungen getroffen.

**§ 3**

Bei gemischt-wirtschaftlichen Unternehmungen, in denen die Beteiligungen von privaten gegenüber den Beteiligungen der Länder, Gemeindeverbände und Gemeinden am 1. Oktober 1919 weniger als 25 vom Hundert betragen kann ein Übernahmerecht des Reichs gemäß § 2 Abs. 1 Ziffer 2 und 3 nur dann ausgeübt werden, wenn die beteiligten Länder, Gemeindeverbände und Gemeinden nicht auf Aufforderung des Reichs binnen neun Monaten dem Reiche und den Unternehmungen gegenüber erklären, daß sie ihrerseits gemeinsam oder einzeln die im § 2 Abs. 1 Ziffer 2 und 3 genannten Anlagen und Rechte übernehmen wollen.

Bei gemischt-wirtschaftlichen Unternehmungen, bei denen die Beteiligungen von privaten gegenüber den Beteiligungen der Länder, Gemeindeverbänden und Gemeinden am 1. Oktober 1919 25 vom Hundert oder mehr betragen, hat das Reich das Recht, Anlagen und Rechte der im § 2 Abs. 1 Ziffer 2 und 3 genannten Art zu übernehmen.

Im Falle der Übernahme eines Elektrizitätswerkes durch das Reich gemäß Abs. 1 und 2 finden die Bestimmungen des § 2 Abs. 4 entsprechende Anwendungen.

Machen Länder, Gemeindeverbände und Gemeinden von dem ihnen nach Abs. 1 eingeräumten Rechte Gebrauch, so gelten für die Übernahme der Anlagen und Rechte die Bestimmungen dieses Gesetzes. Das Übernahmerecht der Länder, Gemeindeverbände und Gemeinden erstreckt sich in diesem Falle auch auf die zur wirtschaftlichen Einheit des Elektrizitätswerkes gehörigen Anlagen und Einrichtungen zur Verteilung elektrischer Arbeit.

**§ 4**

Nach den 1. Juli 1919 getroffene Verfügungen oder abgeschlossene Rechtsgeschäfte, durch die das Übernahmerecht des Reichs aufgehoben oder in seinen Umfang beschränkt oder wirtschaftlich Beeinträchtigt wird, sind dem Reiche gegenüber unwirksam.

**§ 5**

Bei Übernahme der im § 2 genannten Anlagen und Rechte gehen die auf sie bezüglichen Rechte und Pflichten der bisherigen Eigentümer und Berechtigten gegenüber Dritten auf das Reich über, Jedoch werden Verpflichtungen, die Dritten monopolartige Rechte auf Lieferungen und Leistungen geben, insoweit unwirksam, als die dafür geforderten Preise diejenigen Preise erheblich übersteigen, welche zurzeit der Lieferungen und Leistungen bei freiem Wettbewerbe zu erzielen sein würden.

Übernahme- und Heimfallrechte, die durch einen vor dem 1. Juli 1919 geschlossenen Vertrag zu Gunsten eines Landes, Gemeindeverbandes oder einer Gemeinde begründet sind, können auch nach dem Inkrafttreten dieses Gesetzes mit Wirkung gegenüber dem Reiche nach Maßgabe des Betrags ausgeübt werden, solange die Anlagen und Rechte nicht vom Reiche übernommen sind. Sie erlöschen mit der Übernahme der Anlagen und Rechte durch das Reich. Dem Berechtigten ist in diesem Falle eine angemessene Entschädigung zu gewähren. Sie soll auf Verlangen des Berechtigten in einer Beteiligung an den übernommenen Rechten und Anlagen oder in einer Rente bestehen.

Rechte der Länder, Gemeindeverbände und Gemeinden, Geschäftsanteile von Gesellschaften und Genossenschaften im Sinne des § 3 von privaten Inhabern zu übernehmen, erlöschen, wenn das Reich diese Geschäftsanteile übernimmt.

Zu Gunsten einer Einzelgemeinde bestehende, auf ein Elektrizitätswerk bezügliche Übernahme- und Heimfallrechte erlöschen nicht, wenn die Einzelgemeinde sie auf Grund eines vor dem 1. Juli 1919 geschlossenen Vertrags bis zum 1.April 1925 ausüben kann und ausübt und wenn das Elektrizitätswerk ausschließlich oder ganz überwiegend der Stromversorgung der betroffenen Enzeilgemeinde unmittelbar zusammenhängender Gemeinden dient.

Über die Anlagen und Rechte abgeschlossene Betriebs- und Pachtverträge endigen mit der Übernahme der Anlagen und Rechte. Das Reich hat die bisherigen Betriebsunternehmer und Pächter angemessen zu entschädigen.

## § 6

Die Entschädigung für die Übernahme von Anlagen der im § 2 bezeichneten Art besteht nach Wahl des Unternehmers entweder in den Bestehungskosten unter Berücksichtigung angemessener Abschreibungen oder in dem Ertragswert, berechnet nach dem im Durchschnitt der im letzten drei vor dem 1. August 1914 liegenden Geschäftsjahre erzielten Ertrage. Wählt der Unternehmer Entschädigung nach dem Ertragswert, so bleiben die erst nach Ablauf der maßgebenden drei Geschäftsjahre in Betrieb genommene Teile der Anlagen bei der Bemessung der Entschädigung außer Betracht. Im Falle des § 7 werden die Bestehungskosten abzüglich angemessener Abschreibungen vergütet.

Die Entschädigung für die Übernahme von auf Grund staatlicher Verleihung erworbenen Rechten zur Ausnutzung von Wasserkräften für die Erzeugung elektrischer Arbeit (§ 2 Abs. 1 Ziffer 3) besteht in dem Ersatze der Aufwendungen, die den bisherigen Berechtigten in bezug auf die zu übernehmenden Rechte erwachsen sind.

Die Entschädigung bei Übernahme von Beteiligungen im Sinne des § 3 Abs. 1 ist nach dem Werte der Anlagen, auf welche die Beteiligungen sich beziehen, unter sinngemäßer Anwendung der vorstehenden Absätze 1 und 2 zu bemessen.

Die Entschädigungen für die Aufhebung eines Betriebs- oder Pachtvertrags gemäß § 5 Abs. 5 besteht in dem Ersatz eines dem bisherigen Betriebsunternehmer oder Pächter durch die Aufhebung des Vertrages entstehenden Schadens. Entgangener Gewinn für eine über ein Jahr nach Aufhebung des Pachtvertrags hinausgehende Zeit wird nicht entschädigt. Umstände des Einzelfalls sind bei Festsetzung der Entschädigung zu berücksichtigen, soweit sonst unbillige Härten eintreten würden.

## § 7

Unternehmen, denen das Reich durch Ausübung der ihm nach § 2 zustehenden Befugnisse die Anlagen zur Erzeugung elektrischer Arbeit ganz oder teilweise entzogen hat, ist auf Verlangen, sofern sie sich mit der Verteilung elektrischer Arbeit befassen, vom Reiche elektrischer Strom in dem Umfang und zu dem Preise zu liefern, zu denen sie sich ihn selbst jeweils mit den überlassenen Anlagen hätten herstellen können.

## § 8

Das Reich kann verlangen, daß Anlagen zur Fortleitung elektrischer Arbeit und Elektrizitätswerke, auch wenn sie nicht unter § 2 Abs. 1 Ziffer 1 und 2 fallen, in Gesellschaften, an denen das Reich beteiligt ist, eingebracht werden, wenn den Interessen der Gemeinwirtschaft nicht durch Austausch elektrischer Arbeit genügt werden kann. Hinsichtlich der beim Inkrafttreten dieses Gesetzes bestehenden oder in Ausführung begriffenen, sowie der künftig mit Zustimmung des Reichs errichteten staatlichen und kommunalen Anlagen der im § 2 Abs. 1 Ziffer 1 bezeichneten Art können die Länder, Gemeindeverbände und Gemeinden dasselbe Verlangen an das Reich stellen, solange die Anlagen vom Reiche nicht gemäß § 2 übernommen werden. Die bisherigen Eigentümer der einzubringenden Anlagen sind unter Berücksichtigung des Wertes der Anlagen an der Gesellschaft angemessen zu beteiligen.

Die bisherigen Eigentümer können statt dessen die Übernahme der Anlagen durch die Gesellschaft gegen angemessene Entschädigung gemäß § 6 verlangen.

In beiden Fällen sind die finanziellen und wirtschaftlichen Interessen der hierdurch berührten Länder, Gemeindeverbände und Gemeinden voll zu wahren.

§ 2 Abs. 3, § 5 und § 6 Abs. 4 finden sinngemäß Anwendung.

Befugnisse auf Grund dieses Paragraphen müssen bis zur Verabschiedung des im § 1 vorgesehenen Gesetzes geltend gemacht werden.

## § 9

Die Länder können verlangen, daß sie in Gesellschaften innerhalb ihres Gebiets, an denen das Reich beteiligt ist, bis zu einem Drittel dieser Beteiligung gegen Erstattung der vollen Aufwendungen beteiligt werden, soweit es sich nicht um die im § 2 Abs. 1 Ziffer 1 genannten Anlagen handelt und soweit durch die Beteiligung der Länder der Anteil des Reichs nicht unter 51 vom Hundert sinkt.

## § 10

Kommt eine vertragliche Vereinbarung zwischen den Beteiligten über die Übernahme und die Einbringung der in den §§ 2 und 8 bezeichneten Anlagen und Rechte zustande, so erfolgte die Übernahme und Einbringung auf Grund dieser vertraglichen Vereinbarung.

Kommt eine vertragliche Vereinbarung nicht zustande, so wird in einem Schiedsverfahren festgesetzt, welche Anlagen und Rechte auf das Reich zu übernehmen oder in die Gesellschaft einzubringen sind und unter welchen Bedingungen die Übernahme und Einbringung zu erfolgen hat.

## § 11

In dem Schiedsverfahren entscheidet ein Schiedsgericht von drei Mitgliedern. Je eines derselben wird von dem Beteiligten und dem Reichsschatzminister bezeichnet. Der Obmann wird von den bezeichneten Schiedsrichtern gewählt. Kommt eine Einigung der Schiedsrichter nicht zustande, so wird der Obmann von dem Präsidenten des Reichswirtschaftsgerichts ernannt.

Gegen die Entscheidung des Schiedsgerichts über die Höhe der Entschädigung (§ 6) oder Beteiligung (§ 8) ist Beschwerde an ein bei dem Reichsfinanzhof gebildetes Oberschiedsgericht zulässig.

Die Entscheidung im Schiedsverfahren erfolgt auf Grund der Bestimmungen dieses Gesetzes nach vorheriger Anhörung der Parteien und im Rahmen der Anträge der Parteien. Sie werden den Parteien zugestellt.

## § 12

Mit Zustellung des Schiedsspruchs (§ 11 Abs. 1) an die Beteiligten gehen das Eigentum an den Anlagen und die Rechte gemäß dieser Entscheidung auf das Reich oder die Gesellschaft über.

## § 13

Der Reichsschatzminister und die von ihm bestimmten Stellen sind berechtigt, jederzeit Auskunft über alle Umstände rechtlicher, technischer und wirtschaftlicher Art zu verlangen, welche sich auf Anlagen und Rechte der in §§ 2 und 8 genannten Art beziehen.

Zur Auskunft verpflichtet sind die Eigentümer, Betriebsunternehmer und Pächter der in §§ 2 und 8 genannten Anlagen und die Inhaber der im § 2 Abs. 1 Ziffer 3 bezeichneten Rechte sowie Personen, die an Gesellschaften beteiligt sind, welchen solche Anlagen oder Rechte gehören oder welche den Betrieb solcher Anlagen führen.

Die Auskunft kann durch öffentliche Bekanntmachung oder durch Anfragen bei den einzelnen zur Auskunft Verpflichteten erfordert werden.

§ 14

Die zuständigen Stellen (§ 13 Abs. 1) und die von ihnen Beauftragten sind befugt, zu Ermittelung richtiger Angaben Geschäftspapiere oder Geschäftsbücher einzusehen sowie Betriebseinrichtungen und Räume zu besichtigen, über welche Auskunft verlangt wird.

§ 15

Das Reich kann aus Gründen des öffentlichen Wohles das Recht zur Entziehung oder Beschränkung von Grundeigentum gegen vollständige Entschädigung für ein Unternehmen verleihen, das zur Erzeugung, Fortleitung und Verteilung elektrischer Arbeit bestimmt ist, und an dem das Reich auf Grund dieses Gesetzes beteiligt ist oder bereits vor dem Inkrafttreten dieses Gesetzes beteiligt war.

Die Verleihung wird von der Reichsregierung ausgesprochen.

Bis zum Erlaß eines besonderen Reichsgesetzes gelten für die Durchführung der Enteignung die landesrechtlichen Bestimmungen.

§ 16

Wer vorsätzlich die Auskunft, zu der er nach § 13 verpflichtet ist, nicht in der gesetzten Frist erteilt oder wissentlich unrichtige der unvollständige Angaben macht, oder wer vorsätzlich der Vorschrift im § 14 zuwider die Einsicht in die Geschäftspapiere oder Geschäftsbücher oder die Besichtigung der Betriebseinrichtungen und Räume verweigert, wird mit Gefängnis bis zu sechs Monaten und mit Geldstrafe bis zu zehntausend Mark oder mit einer dieser Strafen bestraft.

§ 17

Das Reich kann die ihm nach diesem Gesetze zustehenden Befugnisse für das Versorgungsgebiet eines oder mehrerer Länder oder Teile von diesen den Ländern auf ihren Antrag übertragen.

Das Reich hat vor der Ausführung eigener Leitungsanlagen innerhalb eines Landes die Landesbehörde zu hören.

Der Stromausgleich innerhalb eines Landes oder Landesteils soll im Rahmen der vom Reiche erlassenen allgemeinen Anordnungen auf Verlangen der Landesbehörde unter deren Mitwirkung erfolgen. Die Länder können diese Befugnisse den Provinzen weiter übertragen.

§ 18

Die von Stromerzeugungsanlagen der Länder in das dem Reiche gehörende Leitungsnetz gelieferte elektrische Arbeit muß im Rahmen des technisch Möglichen gegen angemessene Entschädigung für die Übertragung auf Verlangen des Stromlieferers an zu vereinbarende Stellen zurückgeliefert werden.

Den gleichen Anspruch haben Gemeindeverbände und Gemeinden zur eigenen Versorgung aus bereits bestehenden eigenen und ihnen beim Inkrafttreten dieses Gesetzes zur Stromversorgung dienenden Anlagen.

§ 19

Bei der Verteilung der elektrischen Arbeit ist Vorsorge zu treffen, daß in den Ländern, aus deren natürlichen Energiequellen die Elektrizität erzeugt wird, die jeweilig erforderliche Kraft dauernd zur Verfügung bleibt.

Die vom Reiche oder einer Gesellschaft, an der das Reich beteiligt ist, in einem Lande elektrisch ausgenutzten Energiequellen (Wasserkräfte, Kohlenlager, Ölquellen) sind dem betreffenden Lande auf Antrag wieder zur Verfügung zu stellen, wenn sie im eigenen Lande benötigt werden und weitere zur Ausnutzung gleich günstige Energiequellen nicht vorhanden sind. Von diesem Recht kann ein Land nur Gebrauch machen, soweit die vom Reiche aus dem betreffenden Lande ausgeführte elektrische Arbeit größer ist als die eingeführte.

Dem Reiche sind die für die Ausnutzung der Energiequellen verausgabten Gestehungskosten abzüglich einer angemessenen Abschreibung zurückzuvergüten.

§ 20

Zur beratenden Mitwirkung bei allen Angelegenheiten der Reichs-Elektrizitätswirtschaft errichtet die Reichsregierung einen Beirat, dem je fünf Vertreter des Reichsrats und der Arbeiter- und Angestelltenorganisationen sowie zwanzig Sachverständige angehören, von denen je vier von der Reichsregierung, den Ländern, den Vertretungen der Provinzen, Gemeindeverbände und Gemeinden, der Zentralarbeitsgemeinschaft der industriellen und gewerblichen Arbeitgeber und Arbeitnehmer Deutschlands und dem Deutschen Landwirtschaftsrate zu wählen sind, ferner je zwei Vertreter der gewerblichen Groß- und Kleinverbraucher, die vom Deutschen Industrie- und Handelstag und vom Deutschen Handwerks- und Gewerbekammertage zu benennen sind. Der Beirat tagt auf Einladung und unter dem Vorsitz des Reichsschatzministers oder seines Beauftragten. Seine Geschäftsordnung gibt sich der Beirat selbst. Sie unterliegt der Genehmigung des Reichsrats.

Der Beirat muß von der Reichsregierung innerhalb zwei Wochen berufen werden, wenn neun seiner Mitglieder es beantragen.

§ 21

Die erforderlichen Ausführungsbestimmungen zu diesem Gesetz erläßt die Reichsregierung unter Zustimmung des Reichsrats nach Anhörung des Beirats.

§ 22

Die in den vom Reiche erworbenen oder auf sein Verlangen in Gesellschaften eingebrachten Anlagen und in den zugehörigen Verwaltungen beschäftigten Arbeiter und Angestellten werden zu den Bedingungen der bestehenden oder mit den zuständigen Berufsorganisationen abzuschließenden Tarifverträge übernommen.

Die mehr als ein Jahr bei einer auf Grund dieses Gesetzes durch das Reich übernommenen oder auf sein Verlangen gemäß § 8 in eine Gesellschaft eingebrachten Anlagen und in der zugehörigen Verwaltung beschäftigt gewesenen Arbeiter und Angestellten, die nachgewiesenermaßen infolge dieses Gesetzes innerhalb der nächsten zwei Jahre nach Übernahme oder Einbringung der betreffenden Anlage entweder vorübergehend oder dauernd arbeitslos werden, ohne anderweit entsprechende Beschäftigung zu finden, oder wegen durch dieses Gesetz notwendig geworbenen Berufswechsels oder Einschränkung des Betriebs geschädigt werden, erhalten Entschädigung bis zu einem Jahre aus der Reichskasse.

Die näheren Bestimmungen, insbesondere über Umfang und Bedingungen der Zuwendungen, erläßt der Reichsrat, jedoch mit der Maßgabe, daß die Entschädigung im Falle eingetretener Arbeitslosigkeit nicht weniger betragen darf als Dreiviertel des entgangenen Arbeitsverdienstes.

§ 23

Die infolge dieses Gesetzes vorgenommenen Rechtsakte sind frei von öffentlichen Abgaben.

## Anlage 5:

### Gesetz zur Förderung der Energiewirtschaft – Energiewirtschaftsgesetz[1117]
(vom 13. Dezember 1935, Fassung von 1978; RGBl. I, S 1451)

(Die überholten Bestimmungen des Gesetzes sind in dem folgenden Text durch Kursivdruck kenntlich gemacht; sie sind in der ursprünglichen Fassung wiedergegeben.)

*Um die Energiewirtschaft als wichtige Grundlage des wirtschaftlichen und sozialen Lebens im Zusammenwirken aller beteiligten Kräfte der Wirtschaft und der öffentlichen Gebietskörperschaften einheitlich zu führen und im Interesse des Gemeinwohls die Energiearten wirtschaftlich einzusetzen, den notwendigen öffentlichen Einfluß in allen Angelegenheiten der Energieversorgung zu sichern, volkswirtschaftlich schädliche Auswirkungen des Wettbewerbs zu verhindern, einen zweckmäßigen Ausgleich durch Verbundwirtschaft zu fördern und durch all dies die Energieversorgung so sicher und billig wie möglich zu gestalten,* hat die Reichsregierung das folgende Gesetz beschlossen, das hiermit verkündet wird.

### § 1

(1) Die deutsche Energiewirtschaft (Elektrizitäts- und Gasversorgung) untersteht der Aufsicht des Reichs.

(2) *Die Aufsicht übt der Reichswirtschaftsminister aus, und zwar soweit Belange der Energieversorgung der Gemeinden und Gemeindeverbände berührt werden im Einvernehmen mit dem Reichsminister des Innern in seiner Eigenschaft als Kommunalaufsichtsbehörde.* (i.d.F. des Abschn. 1 Abs. 2 des Erl..vom 29.7.1941 (RGBl., S. 467) lautet der Text: "Die Aufsicht übt der Generalinspektor für Wasser und Energie aus.")

### § 2

(1) Energieanlagen im Sinne dieses Gesetzes sind Anlagen, die der Erzeugung, Fortleitung oder Abgabe von Elektrizität oder Gas dienen. Zu den Energieanlagen gehören solche Anlagen nicht, die lediglich der Übertragung von Zeichen oder Lauten dienen.

(2) Energieversorgungsunternehmen im Sinne dieses Gesetzes sind ohne Rücksicht auf Rechtsformen und Eigentumsverhältnisse alle Unternehmen und Betriebe, die andere mit elektrischer Energie oder Gas versorgen oder Betriebe dieser Art verwalten (öffentliche Energieversorgung). Unternehmen und Betriebe, welche nur teilweise oder im Nebenbetrieb öffentliche Energieversorgung betreiben, gelten insoweit als Energieversorgungsunternehmen. Der *Reichs*wirtschaftsminister entscheidet *endgültig* darüber, ob und inwieweit ein Unternehmen ein Energieversorgungsunternehmen im Sinne dieses Gesetzes ist.

### § 3

Der *Reichs*wirtschaftsminister kann von den Energieversorgungsunternehmen jede Auskunft über ihre technischen und wirtschaftlichen Verhältnisse verlangen, soweit der Zweck dieses Gesetzes es erfordert. *Er* kann auch bestimmte technische und wirtschaftliche Vorgänge und Tatbestände bei diesen Unternehmen mitteilungspflichtig machen.

### § 4

(1) Die Energieversorgungsunternehmen sind verpflichtet, vor dem Bau, der Erneuerung, der Erweiterung oder der Stillegung von Energieanlagen dem *Reichs*wirtschaftsminister Anzeige zu erstatten.

(2) Der *Reichs*wirtschaftsminister kann den Bau, die Erneuerung, die Erweiterung oder die Stillegung von Energieanlagen der Energieversorgungsunternehmen *innerhalb einer Frist von einem Monat nach Eingang der Anzeige* beanstanden. Beanstandete Vorhaben kann er *innerhalb einer weiteren Frist von zwei Monaten nach der Beanstandung* untersagen, wenn

---

[1117] Abrufbar im Internet unter:
http://www.energieverbraucher.de/files_db/dl_mg_1125738117.pdf.

Gründe des Gemeinwohls es erfordern. *Der Untersagung geht ein Untersagungsverfahren voraus.*

(3) Der *Reichs*wirtschaftsminister bestimmt den Umfang der Anzeigepflicht nach Abs. 1. *Er erläßt die Vorschriften über Formen und Fristen für die Anzeige und das Untersagungsverfahren. Er kann die im Abs. 2 bezeichnete Frist für die Untersagung verlängern.*

(4) Der *Reichs*wirtschaftsminister kann die Auskunfts- und Mitteilungspflicht nach § 3 sowie die Anzeigepflicht nach Abs. 1 auch auf Energieanlagen erstrecken, die zum Betrieb anderer Unternehmen als Energieversorgungsunternehmen gehören.

§ 5

(1) Wenn Unternehmen und Betriebe, die nicht Energieversorgungsunternehmen sind, die Versorgung anderer mit Energie aufnehmen, so bedürfen sie hierzu der Genehmigung des *Reichs*wirtschaftsministers.

(2) Vor der Errichtung oder Erweiterung einer Energieanlage zur Erzeugung von Elektrizität oder Gas, die zur Deckung des Eigenbedarfs bestimmt ist, hat der Unternehmer dem Energieversorgungsunternehmen, welches das Gebiet, in dem die Anlage errichtet werden soll, mit Energie versorgt, hierüber Mitteilung zu machen.

§ 6

(1) Versorgt ein Energieversorgungsunternehmen ein bestimmtes Gebiet, so ist es verpflichtet, allgemeine Bedingungen und allgemeine Tarifpreise öffentlich bekanntzugeben und zu diesen Bedingungen und Tarifpreisen jedermann an sein Versorgungsnetz anzuschließen und zu versorgen (allgemeine Anschluß- und Versorgungspflicht).

(2) Die allgemeine Anschluß- und Versorgungspflicht besteht nicht:

1. wenn der Anschluß oder die Versorgung dem Versorgungsunternehmen aus wirtschaftlichen Gründen, die auch in der Person des Anschlußnehmers liegen können, nicht zugemutet werden kann,

2. wenn der Anschlußnehmer die Mitteilung nach § 5 Abs. 2 unterlassen hat, es sei denn, daß die Mitteilung ohne sein Verschulden unterblieben oder seit Errichtung oder Erweiterung der Energieerzeugungsanlage ein Zeitraum von zehn Jahren verstrichen ist.

(1) Wer selbst eine Energieanlage zur Erzeugung von Elektrizität oder Gas oder eine andere gleichzusetzende Energieerzeugungsanlage betreibt, kann sich für das Grundstück, auf dem die Anlage sich befindet, und für andere eigene Grundstücke, die von der Anlage aus versorgt werden können, nicht auf die allgemeine Anschluß- und Versorgungspflicht nach Abs. 1 berufen. Er kann aber Anschluß und Versorgung in dem Ausmaß und zu Bedingungen verlangen, die dem Energieversorgungsunternehmen wirtschaftlich zumutbar sind. Verträge werden durch die Bestimmungen der Abs. 2 und 3 nicht berührt.

(2) Der Reichswirtschaftsminister kann Anordnungen treffen, die von den Vorschriften der Abs. 1 und 3 abweichen, wenn ein wichtiges öffentliches Interesse vorliegt. Solche Anordnungen binden Gerichte und Verwaltungsbehörden.

(3) Wird ein Energieversorgungsunternehmen nach *§ 17 der Deutschen Gemeindeordnung* als öffentliche Einrichtung einer Gemeinde (eines Gemeindeverbandes) betrieben, so finden im Streitfall über die Anschluß- und Versorgungspflicht (Abs. 1 bis 3) die Verfahrensvorschriften der *§§ 29 und 30 der Deutschen Gemeindeordnung* Anwendung; auf Antrag einer Partei entscheidet das Verwaltungsgericht auch über Ausmaß und Bedingungen von Anschluß und Versorgung, die nach Abs. 3 Satz 2 dem Energieversorgungsunternehmen zumutbar sind.

§ 7

(Geändert durch § 26 des Gesetzes zur Regelung des Rechts der Allgemeinen Geschäftsbedingungen (AGB-Gesetz) vom 9.12.1976 (BGBl. I S. 3317)).

(1) Der *Reichs*wirtschaftsminister kann durch allgemeine Vorschriften und Einzelanordnungen die allgemeinen Tarifpreise der Energieversorgungsunternehmen (§ 6 Abs. 1) sowie die Energieeinkaufspreise der Energieverteiler wirtschaftlich gestalten. Die Entscheidungen des *Reichs*wirtschaftsministers sind für Gerichte und Verwaltungsbehörden bindend.

(2) Der Bundesminister für Wirtschaft kann durch Rechtsverordnung mit Zustimmung des Bundesrates die allgemeinen Bedingungen der Energieversorgungsunternehmen (§ 6 Abs. 1) ausgewogen gestalten. Er kann dabei die Bestimmungen der Verträge einheitlich festsetzen und Regelungen über den Vertragsabschluß, den Gegenstand und die Beendigung der Verträge treffen sowie die Rechte und Pflichten der Vertragspartner festlegen; hierbei sind die beiderseitigen Interessen angemessen zu berücksichtigen. Die Sätze 1 und 2 gelten entsprechend für Bedingungen öffentlich-rechtlich gestalteter Versorgungsverhältnisse mit Ausnahme der Regelung des Verwaltungsverfahrens.

## § 8

(1) Zeigt sich ein Energieversorgungsunternehmen außerstande, seine Versorgungsaufgaben, insbesondere die ihm auf Grund dieses Gesetzes auferlegten Pflichten, zu erfüllen, und können zur Beseitigung der das Energieversorgungsunternehmen an der Erfüllung seiner Versorgungsaufgaben hindernden Umstände ausreichende Maßnahmen nicht getroffen werden, so kann ihm der *Reichs*wirtschaftsminister nach Durchführung eines Untersagungsverfahrens den Betrieb ganz oder teilweise untersagen. *Er kann ein anderes Energieversorgungsunternehmen mit der Übernahme der Versorgungsaufgaben beauftragen. Der Auftrag kann mit Auflagen verbunden werden.* Soweit der Betrieb eines Energieversorgungsunternehmens einer oder mehrerer öffentlicher Gebietskörperschaften untersagt wird, soll tunlichst ein Energieversorgungsunternehmen einer anderen öffentlichen Gebietskörperschaft mit der Übernahme der Versorgungsaufgaben beauftragt werden, sofern diese nicht besser und wirtschaftlicher durch ein anderes Unternehmen erfüllt werden können (vgl. *§ 67 der Deutschen Gemeindeordnung*). Das Unternehmen soll nur beauftragt werden, wenn ihm die Übernahme der Versorgungsaufgaben zugemutet werden kann. Das Unternehmen ist verpflichtet, dem Auftrage nachzukommen. Der *Reichs*wirtschaftsminister kann auch ein anderes Unternehmen als ein Energieversorgungsunternehmen beauftragen, wenn dieses zur Übernahme des Auftrags bereit ist.

(2) Das beauftragte Unternehmen tritt in die Rechte und Pflichten aus den Energieversorgungsverträgen ein. Inwieweit hiernach Rechte und Pflichten übergegangen sind, wird im Streitfalle vom *Reichs*wirtschaftsminister *endgültig* festgestellt.

(3) Der *Reichs*wirtschaftsminister kann das beauftragte Unternehmen in den Gebrauch der Energieanlagen, soweit dies für die Erfüllung der Versorgungsaufgaben notwendig ist, vorläufig einweisen. Dem beauftragten Unternehmen kann gestattet werden, die zur Sicherstellung der Energieversorgung erforderlichen Änderungen an den Anlagen vorzunehmen.

## § 9

(1) Der *Reichs*wirtschaftsminister kann auf Antrag des mit der Übernahme der Versorgungsaufgaben nach § 8 beauftragten Unternehmens die Zulässigkeit der Enteignung der von der Entziehung betroffenen Energieanlagen und Rechte am Grundeigentum anordnen. Der Antrag muß gestellt werden, wenn das Unternehmen, dem der Betrieb nach § 8 untersagt worden ist, dies verlangt.

(2) Auf das Enteignungsverfahren finden die Vorschriften des § 11 dieses Gesetzes Anwendung mit der Maßgabe,

    1. daß eine angemessene Entschädigung gewährt wird,

    2. daß die Entschädigung in einer Beteiligung an dem Unternehmen, zugunsten dessen die Enteignung erfolgt, gewährt wird, sofern die Einweisung in die Rechte eines Unternehmens geschieht, das sich im Besitze des *Reichs*, der Länder oder der Gemeinden (Gemeindeverbände) befindet, oder an dem *Reich*, Länder oder Gemeinden (Gemeindeverbände) mit mehr als der Hälfte des Kapitals unmittelbar oder mittelbar beteiligt

sind, und wenn *Reich*, Länder oder Gemeinden (Gemeindeverbände) die Beteiligung beantragen. Der *Reichs*wirtschaftsminister kann anordnen, daß von der Anwendung dieser Bestimmung abgesehen wird,

3. daß der *Reichs*wirtschaftsminister, wenn das zur Enteignung berechtigte Unternehmen das Enteignungsverfahren nicht betreibt, auf Antrag des von der Enteignung betroffenen Unternehmens anordnen kann, daß die Entscheidungen im Enteignungsverfahren von Amts wegen ergehen. In diesem Fall kann die Enteignungsbehörde das zur Enteignung berechtigte Unternehmen anhalten, die erforderlichen Unterlagen vorzulegen. § 15 Abs. 1 findet sinngemäß Anwendung.

(1) Für die Übertragung von Rechten aus den Energieversorgungsverträgen und für die Gebrauchsanweisung nach § 8 werden von der Enteignungsbehörde nach den Bestimmungen über das Entschädigungsfeststellungsverfahren der Enteignungsgesetze der Länder und nach Inkrafttreten eines *Reichs*enteignungsgesetzes dieses Gesetzes Entschädigungen festgesetzt. Die Absätze 1 und 2 Nr. 1 finden entsprechende Anwendung.

(2) Die Durchführung der Maßnahmen nach §§ 8 und 9 ist frei von öffentlichen Abgaben und Gerichtsgebühren.

§ 10

*Die Einfuhr von Elektrizität oder Gas auf festen Leitungswegen sowie der Abschluß von Verträgen hierüber bedürfen der Genehmigung des Reichswirtschaftsministers.*

§ 11

(1) Soweit für Zwecke der öffentlichen Energieversorgung die Entziehung oder die Beschränkung von Grundeigentum oder Rechten am Grundeigentum im Wege der Enteignung erforderlich wird, stellt der *Reichs*wirtschaftsminister die Zulässigkeit der Enteignung fest.

(2) Für das Verfahren gelten die Landesgesetze mit der Maßgabe, daß die *endgültige* Entscheidung über die Zulässigkeit der Inanspruchnahme der Grundstücke zur Ausführung von Vorarbeiten und über die Art der Durchführung und den Umfang der Enteignung, *soweit sie nicht in einem Verwaltungsstreitverfahren ergeht, der Reichs*wirtschaftsminister trifft. Die Landesregierungen werden ermächtigt, durch Rechtsverordnung die zuständige Behörde abweichend von Satz 1 zu bestimmen. Sie können diese Ermächtigung auf oberste Landesbehörden übertragen. (§ 11 Abs. 2 Satz 2 und 3 eingefügt durch Ges. vom 10.3.1975 (BGBl. I S. 685).

(3) Nach Inkrafttreten eines *Reichs*enteignungsgesetzes gelten für das Verfahren die Vorschriften des *Reichs*enteignungsgesetzes; die Entscheidungen nach den Absätzen 1 und 2 trifft dann der nach dem *Reichs*enteignungsgesetz zuständе *Reichs*minister.

§ 12

Soweit von Energieversorgungsunternehmen für Benutzung von Straßen und Verkehrswegen jeder Art Benutzungsgebühren oder sonstige Entschädigungen zu entrichten sind, kann der *Reichs*wirtschaftsminister allgemeine Vorschriften oder Einzelanordnungen über deren Zulässigkeit und Bemessung erlassen.

§ 13

(1) *Der Reichswirtschaftsminister kann Vorschriften und Anordnungen über die Erhaltung vorhandener und die Errichtung zusätzlicher Energieanlagen sowie über die Abgabe von Energie erlassen, soweit solche zur Sicherstellung der Landesverteidigung erforderlich sind und den Unternehmen zugemutet werden können. Werden über das wirtschaftlich Zumutbare hinaus Auflagen gemacht, so ist dem Unternehmen eine angemessene Entschädigung zu gewähren, die der Reichswirtschaftsminister festsetzt. Die Entscheidungen des Reichswirtschaftsministers sind für Gerichte und Verwaltungsbehörden bindend.*

(2) Der *Reichs*wirtschaftsminister erläßt Vorschriften und Anordnungen über die technische Beschaffenheit, die Betriebssicherheit, die Installation von Energieanlagen und von Energieverbrauchsgeräten sowie deren Überwachung.

## § 14

Der Bundesminister für Wirtschaft wird ermächtigt, zur Sicherung der Energieversorgung durch Rechtsverordnung mit Zustimmung des Bundesrates

1. Vorschriften zu erlassen über die Verpflichtung von Energieversorgungsunternehmen sowie solcher Eigenerzeuger von Elektrizität, deren Kraftwerke eine elektrische Nennleistung von mindestens 100 Megawatt aufweisen, für ihre Anlagen zur Erzeugung von

    a) Elektrizität ständig diejenigen Mengen an Mineralöl, Steinkohle oder sonstigen fossilen Brennstoffen,

    b) Gas aus Flüssiggas ständig diejenigen Mengen an Flüssiggas als Vorrat zu halten, die erforderlich sind, um 30 Tage ihre Abgabeverpflichtungen an Elektrizität oder Gas erfüllen oder ihren eigenen Bedarf an Elektrizität decken zu können,

2. Vorschriften zu erlassen über die Freistellung von der Vorratspflicht und die zeitlich begrenzte Freigabe von Vorratsmengen, soweit dies erforderlich ist, um betriebliche Schwierigkeiten zu vermeiden oder die Brennstoffversorgung aufrechtzuerhalten,

3. Den für die Berechnung der Vorratsmengen maßgeblichen Zeitraum zu verlängern, soweit dies erforderlich ist, um die Vorratspflicht an Rechtsakte der Europäischen Wirtschaftsgemeinschaft über Mindestvorräte fossiler Brennstoffe anzupassen.

## § 15

(1) Der *Reichs*wirtschaftsminister kann die Unternehmen und die verantwortlichen Leiter der Unternehmen durch Festsetzung von Zwangsgeld bis zu fünfzigtausend Deutsche Mark, oder durch unmittelbaren Zwang zur Befolgung seiner Anordnungen oder von Anordnungen der Stellen, welchen er Befugnisse aus diesem Gesetz übertragen hat, anhalten. Das Zwangsgeld wird auf Ersuchen des *Reichs*wirtschaftsministers von den Finanzämtern nach den Vorschriften der Abgabenordnung und der zu ihrer Durchführung ergangenen und noch ergehenden Bestimmungen beigetrieben. Soweit Gemeinden (Gemeindeverbände) oder deren Beamte zur Befolgung von Anordnungen angehalten werden sollen, richtet sich das Verfahren nach den hierfür geltenden verwaltungsrechtlichen Vorschriften.

(2) Ordnungswidrig handelt, wer vorsätzlich oder fahrlässig

1. eine Auskunfts-, Anzeige- oder Mitteilungspflicht nach § 3 oder § 4 Abs. 1, 3 oder 4 nicht, nicht richtig oder nicht vollständig erfüllt,

2. den Bau, die Erneuerung, die Erweiterung oder die Stillegung einer Energieanlage in Angriff nimmt oder fortsetzt, obwohl dies die Energieaufsichtsbehörde nach § 4 Abs. 2 in Verbindung mit § 1 der Verordnung über die Vereinfachung des Verfahrens nach § 4 des Energiewirtschaftsgesetzes vom 27. September 1939 (Reichsgesetzbl. I S. 1950) beanstandet oder untersagt hat,

3. entgegen § 5 Abs. 1 ohne Genehmigung der Energieaufsichtsbehörde die Energieversorgung anderer aufnimmt oder

4. einer Rechtsverordnung nach § 13 oder § 14 Nr. 1, soweit sie für einen bestimmten Tatbestand auf diese Bußgeldvorschrift verweist, oder einer auf Grund des § 13 ergangenen vollziehbaren Anordnung zuwiderhandelt.

    (a) Die Ordnungswidrigkeit kann mit einer Geldbuße bis zu fünfzigtausend Deutsche Mark geahndet werden.

## § 16

(1) *Zur Vorbereitung der Entscheidungen und Anordnungen aus diesem Gesetz kann der Reichwirtschaftsminister den Leiter der Reichsgruppe Energiewirtschaft mit Aufträgen versehen. Er kann ferner Befugnisse aus den §§ 3 und 4 Abs. 1 auf den Leiter der Reichsgruppe Energiewirtschaft übertragen.*

(2) Der *Reichs*wirtschaftsminister kann Befugnisse aus §§ 3, 4 Abs. 1 und Abs. 2 Satz 1, § 5 Abs. 1 und § 13 Abs. 2 dieses Gesetzes auf nachgeordnete Behörden übertragen.

## § 17

(1) Das Gesetz betreffend Sozialisierung der Elektrizitätswirtschaft, vom 31. Dezember 1919 (RGBl. 1920, S. 19) und die Bekanntmachung über Elektrizität und Gas sowie Dampf, Druckluft, Heiß- und Leitungswasser vom 21. Juni 1917 (RGBl. S. 543) werden aufgehoben. Die Verordnung über Mitteilungspflicht in der Energiewirtschaft vom 30. Juli 1934 (RGBl. S. 765) tritt zu einem von dem *Reichs*wirtschaftsminister zu bestimmenden Zeitpunkt außer Kraft.

(2) Mit Ablauf des 31. März 1936 tritt die Verordnung über die schiedsgerichtliche Erhöhung von Preisen bei Lieferung von elektrischer Arbeit, Gas und Leitungswasser in der Fassung vom 16. Juni 1922 (RGBl. I S. 509 – Schiedsgerichtsverordnung) außer Kraft. Die im Zeitpunkt des Außerkrafttretens der Verordnung anhängigen Verfahren können nach den bisher geltenden Vorschriften weitergeführt werden; der *Reichs*justizminister wird ermächtigt, die Verfahren auf andere Stellen überzuleiten.

## § 18

*Wegen eines Schadens, der durch Maßnahmen entsteht, die in Durchführung dieses Gesetzes oder seiner Durchführungsvorschriften getroffen werden, wird eine Entschädigung nicht gewährt, es sei denn, daß dieses Gesetz ausdrücklich etwas anderes bestimmt.*

## § 19

(1) Der *Reichs*wirtschaftsminister erläßt im Einvernehmen mit den beteiligten Reichsministern die zur Durchführung dieses Gesetzes erforderlichen Rechtsverordnungen und allgemeinen Verwaltungsvorschriften.

(2) Der *Reichs*wirtschaftsminister kann hierbei Landesgesetze und landesrechtliche Vorschriften über die Energieversorgung ändern oder außer Kraft setzen.

**Anlage 6:**

**Anlagekapital bayerischer Elektrizitätswerke sowie Anlagekapital pro kW in Bayern und dem gesamten Deutschen Reich (1900 – 1913)**

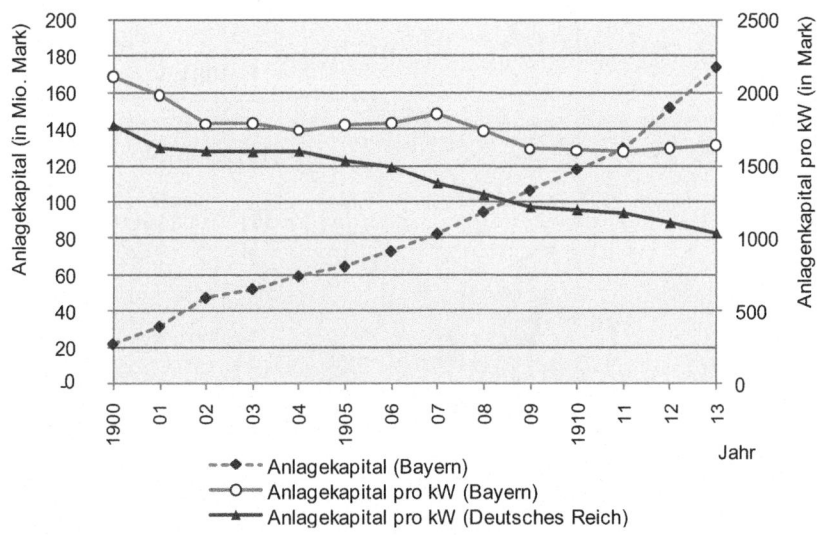

Quelle: Eigene Darstellung; Daten n. Ott (1986), S. 6 und 301.

## Anlage 7:

**Quellen der Elektrizitätserzeugung in den Ländern der BRD (1954)**

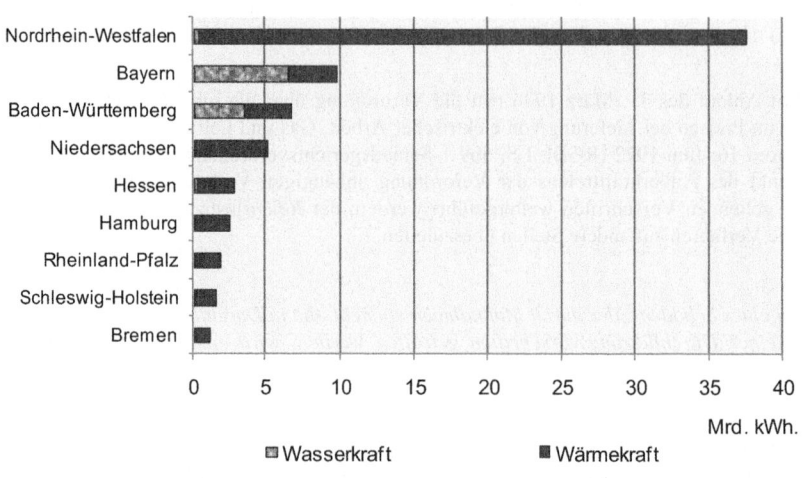

Quelle: Eigene Darstellung; Daten n. Die bayerische Elektrizitätsversorgung 1925 bis 1954 (1955), S. 48.

## Anlage 8:

**Elektrizitätswerke in Bayern nach Leistungsklassen (1890 – 1913)**

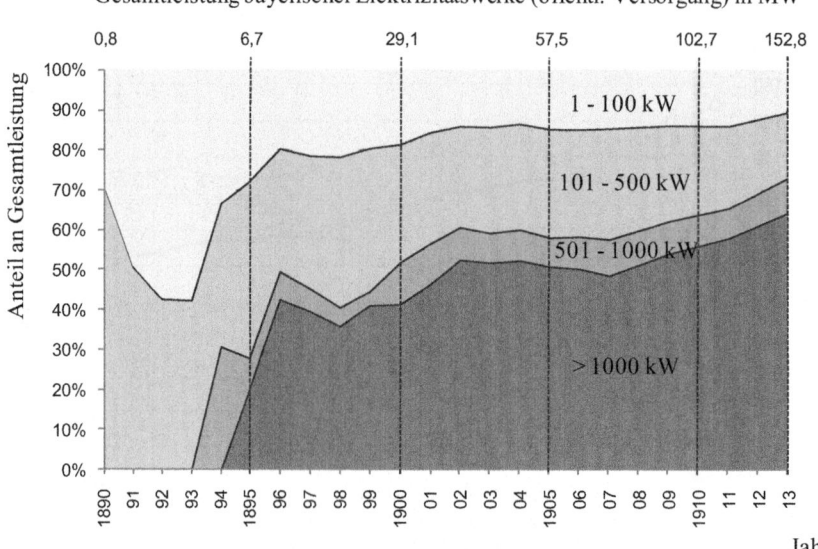

Quelle: Eigene Darstellung; Daten n. Ott (1986), S. 303.

## Anlage 9:

**Quellen der Elektrizitätserzeugung öffentlicher Elektrizitätswerke in Deutschland (1925 – 1954)**

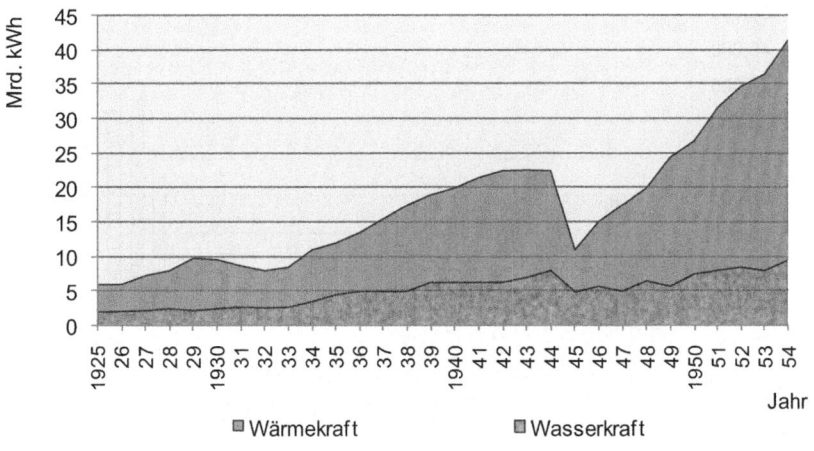

Quelle: Eigene Darstellung; Daten n. Die bayerische Elektrizitätsversorgung 1925 bis 1954 (1955), S. 47.

## Anlage 10:

**Elektrizitätserzeugung in den Ländern der BRD je Kopf der Bevölkerung (1954)**

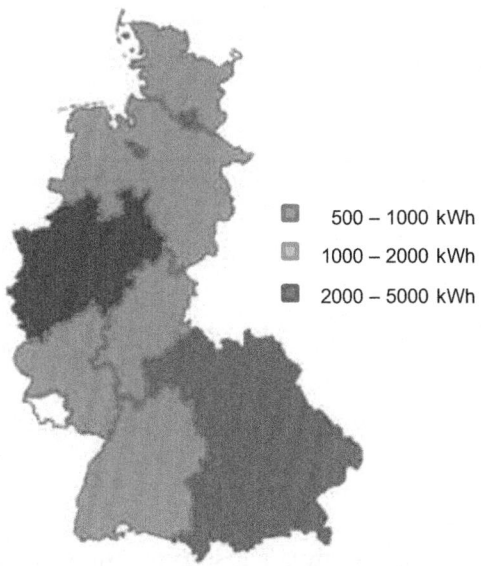

Quelle: Eigene Darstellung; i. A. a. Die bayerische Elektrizitätsversorgung 1925 bis 1954 (1955), S. 48.

## Anlage 11:

**Stückanzahl jährlich installierter Brennstellen im Versorgungsgebiet der BELG (1926 – 1954)**

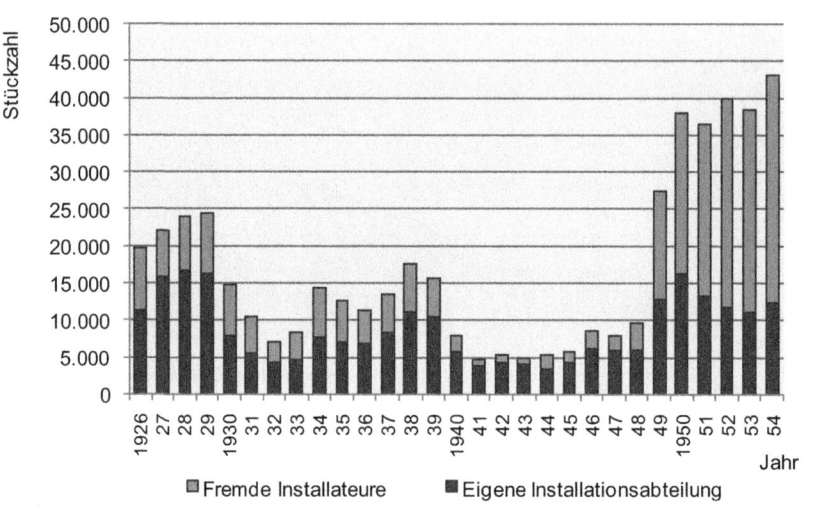

Quelle: Eigene Darstellung; Daten n. BWA, F 025-322 bis 350, Vorstandsberichte 1924-1954.

## Anlage 12:

**Stückzahl angeschlossener Stromzähler im Versorgungsgebiet der BELG (1923 – 1954)**

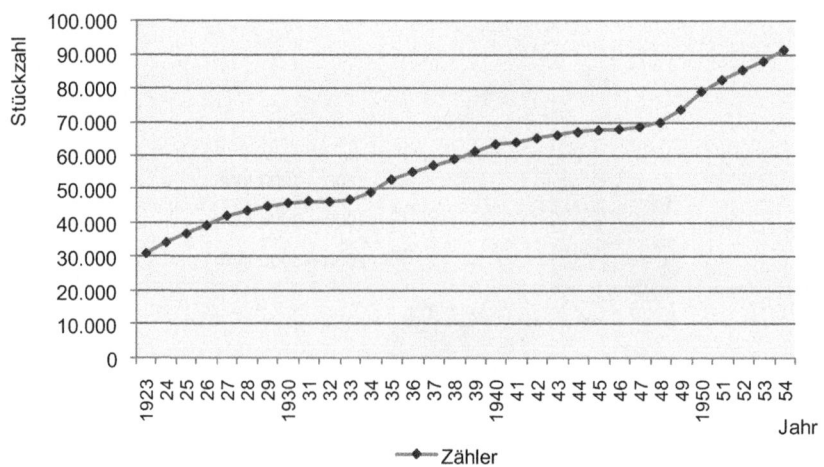

Quelle: Eigene Darstellung; Daten n. BWA, F 025-322 bis 350, Vorstandsberichte 1924-1954.

**Anlage 13:**

**Stückzahl jährlich installierter Motoren im Versorgungsgebiet der BELG (1926 – 1954)**

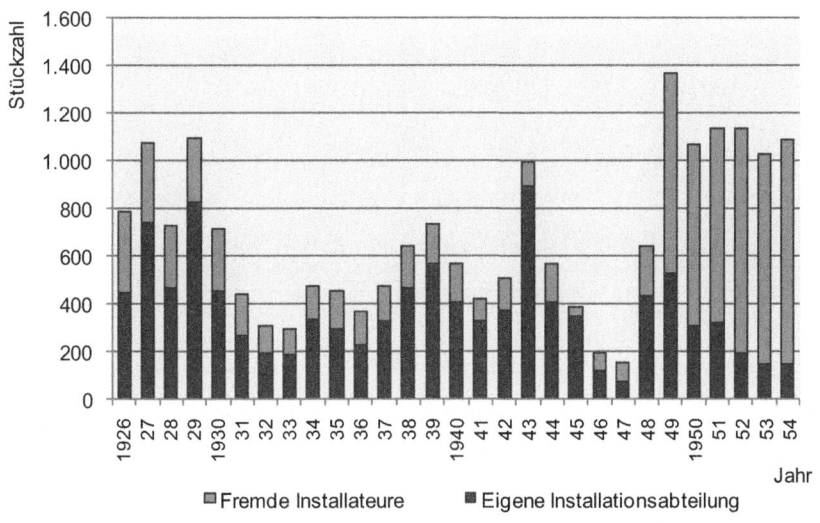

Quelle: Eigene Darstellung; Daten n. BWA, F 025-322 bis 350, Vorstandsberichte 1924-1954.

**Anlage 14:**

**Erträge, Aufwendungen und Reingewinn (einschließlich Gewinnvortrag) der BELG (1914-1954)***

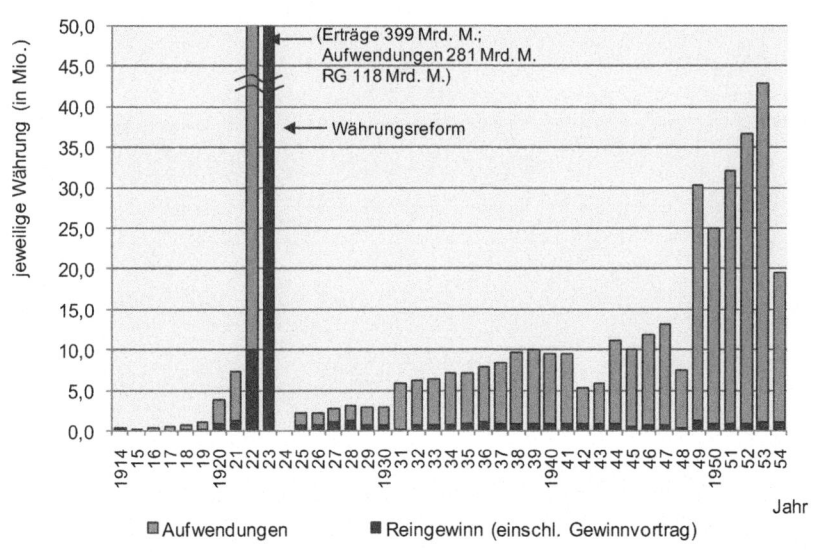

Quelle: Eigene Darstellung; Daten n. BWA, F 025-1 bis 42 Geschäftsberichte (1914-1954). GUV-Rechnung der Geschäftsberichte 1914-1954. *Werte für 1924 nicht vorhanden.

# Quellen- und Literaturverzeichnis

## 1. Bücher, Broschüren, Dokumente

ABELSHAUSER, Werner: Deutsche Wirtschaftsgeschichte seit 1945. München 2004.

– Zum Problem der relativen Stagnation der deutschen Wirtschaft in den zwanziger Jahren. In: Mommsen, H.; Petzina, D.; Weisbrod, B. u. a. (Hrsg.): Industrielles System und politische Entwicklung in der Weimarer Republik. Düsseldorf 1974, S. 57-76.

– Die langen Fünfziger Jahre. Wirtschaft und Gesellschaft der Bundesrepublik Deutschland 1949 – 1966. Düsseldorf 1987, S. 30 ff.

ABELSHAUSER, Werner; PETZINA, Dietmar (Hrsg.): Deutsche Wirtschaftsgeschichte im Industriezeitalter. Konjunktur, Krise, Wachstum. Düsseldorf 1981.

ALDCROFT, Derek: Die zwanziger Jahre. Von Versailles zur Wall Street 1919-1929. München 1978.

ANDERS, Reinhard: Die Pariser Verträge: Das gesamte Pariser Vertragswerk vom 23.10.1954. Nebst dem NATO-Vertrag, dem Brüsseler Vertrag, dem Abkommen über den Status der Saar und allen ergänzenden Verträgen, Protokollen und Noten, einschließlich der in Bezug genommenen Bonner Verträge vom 26.5.1952. Karlsruhe 1955.

ARNOLD, Philipp: Die Verwertung von Elektrizität in Bayern unter besonderer Berücksichtigung von München und Umgebung. In: ZBSL Ausg. 45, 1913, S. 5.

ARNOLD, Viktoria: „Als das Licht kam" – Erinnerungen an die Elektrifizierung. Wien 2003, S. 5-32.

ASRIEL, Camillo J.: Das R. W. E. Rheinisch-Westfälisches Elektrizitätswerk A.-G-Essen a. d. Ruhr. Ein Beitrag zur Erforschung der modernen Elektrizitätswirtschaft. Zürich 1930.

v. AUBEL, Peter: Die Notverordnung und die Elektrizitätswerke der öffentlichen Hand. Nowawes 1932, S. 1-8.

BAEDEKER, Harald: Leitbild und Netzwerk – Techniksoziologische Überlegungen zur Entwicklung des Stromverbundsystems. Diss. Univ. Erlangen/Nürnberg 2002, S. 50-101.

*BANKEN Ralf; BÄHR Johannes (Hrsg.)*: Wirtschaftssteuerung durch Recht im Nationalsozialismus – Studien zur Entwicklung des Wirtschaftsrechts im Interventionsstaat des „Dritten Reichs". Das Europa der Diktatur, Bd. 9 (Studien zur Europäischen Rechtsgeschichte). Frankfurt a. M. 2006, S. 155 f.

*BAYERNWERK AG* (Hrsg.): Strom für Bayern. München 1955.

*BERNANKE, Ben*: Der heilige Gral der Makroökonomie. In: Die Welt, 24.01.2008. Internetquelle: http://www.welt.de/welt_print/article1588446/Der_Heilige_Gral_der_Makrooekonomie.html, Abruf am 23.07.2010.

*BIELING, Friedrich; SCHOLL, Paul*: Elektrogeräte für den Haushalt – Ihre Entwicklung im Hause Siemens. München 1966, S. 65-105.

*BINDER, Beate*: Elektrifizierung als Vision – zur Symbolgeschichte einer Technik im Alltag. Tübingen 1999.

*BIRKEFELD, Richard; JUNG, Martina*: Die Stadt der Lärm und das Licht – Die Veränderung des öffentlichen Raumes durch Motorisierung und Elektrifizierung. Seelze (Velber) 1994.

*BLAICH, Fritz*: Kartell- und Monopolpolitik im kaiserlichen Deutschland. Das Problem der Marktmacht im deutschen Reichstag zwischen 1897 und 1914. Hrsg. Kommission für Geschichte des Parlamentarismus und der politischen Parteien. Bd. 50 Düsseldorf 1973.

– Die Wirtschaftskrise 1925/26 und die Reichsregierung - von der Erwerbslosenfürsorge zur Konjunkturpolitik. Kallmünz i. d. Opf. 1977.

– Die Energiepolitik Bayerns 1900 – 1921. Regensburger Historische Forschungen Bd. 8. Kallmünz 1981.

– Der Schwarze Freitag. Inflation und Wirtschaftskrise. 3. Aufl. München 1994.

*BLEICHER, André*: Die Institutionalisierung eines organisationalen Feldes – das Beispiel der Elektrizitätswirtschaft. Diss. Univ. Cottbus 2006, S. 62-132.

*BLESSING, Ralph*: Der mögliche Frieden – Die Modernisierung der Außenpolitik und die deutsch-französischen Beziehungen 1923-1929. München 2008, S. 138-184.

*BOELCKE, Willi A.*: Die deutsche Wirtschaft 1930-1945. Interna des Reichswirtschaftsministeriums. Düsseldorf 1983, S. 155-158.

*BÖRNER, Bodo*: Ermessen und Energiewirtschaftsgesetz – mit Begrüßungsansprachen zur Eröffnung des Instituts in Köln am 19. November 1964. Düsseldorf 1965.

– Das Energiewirtschaftsgesetz im Wandel von fünf Jahrzehnten. Baden-Baden 1987.

*BÖSKE, Johannes*: Zur Ökonomie der Versorgungssicherheit in der Energiewirtschaft. Berlin 2007, S. 69 f.

*BOHN, Thomas; MARSCHALL, Hans-P.*: Die technische Entwicklung der Stromversorgung. In: Fischer, Wolfram (Hrsg.): Die Geschichte der Stromversorgung. Frankfurt a. M. 1992, S. 39-54.

*BOLL, Georg*: Geschichte des Verbundbetriebes. Entstehung und Entwicklung des Verbundbetriebs in der deutschen Elektrizitätswirtschaft bis zum europäischen Verbund. Frankfurt a. M. 1969, S. 16-22 und 100 ff.

– Nationale und internationale Verbundwirtschaft auf Hoch- und Höchstspannungsleitungen. In: VDEW (Vereinigung Deutscher Elektrizitätswerke): Das Zeitalter der Elektrizität. Anlässlich des 75-jährigen Bestehens der VDEW. Frankfurt a. M. 1967, S. 77-89.

*BORCHARDT, Knut*: Wachstum, Krisen, Handlungsspielräume der Wirtschaftspolitik. Göttingen 1982, S. 165-224.

*BORN, Karl Erich*: Die deutsche Bankenkrise 1931: Finanzen und Politik. München 1967.

*BOTT, Gerhard*: Leben und Arbeiten im Industriezeitalter. Eine Ausstellung zur Wirtschafts- und Sozialgeschichte Bayerns seit 1850. Stuttgart, Theiss 1985, S. 202-208.

*BRÄUTIGAM, Petra*: Mittelständische Unternehmer im Nationalsozialismus: wirtschaftliche Entwicklungen und soziale Verhaltensweisen in der Schuh- und Lederindustrie Badens und Württembergs. München 1997. S. 67-69.

*BRAUN, Helmut*: Inflation, 1914-1923. In: Historisches Lexikon Bayerns, URL: http://www.historisches-lexikon-bayerns.de/artikel/artikel_44730. Abruf am 29.01.2010.

*BRAUN, Peter*: Die Hersfelder Textilindustrie. Vergangenheit und Gegenwart. Bad Hersfeld, Bad Hersfeld 2003, S. 9 ff.

*BRESCIANI-TURRONI, Costantino*: The Economics of Inflation. A Study of Currency Depreciation in Post-War Germany. 3. Aufl., London 1968.

*BROCK, Friedrich*: Gestehungskosten und Verkaufspreise elektrischer Arbeit. Wien, Berlin 1930, S. 4-32.

*BROCKE, Wolfgang*: Die Industrie erzeugt Strom. In: Verband Bayerischer Elektrizitätswerke e.V. (Hrsg.): Elektrizität in Bayern 1919-1969. München 1969, S. 168 ff.

*BROUSEK, Karl*: Die Grossindustrie Böhmens, 1848-1918. Oldenbourg, 1987, S. 164.

*BÜDENBENDER, Ulrich*: Energierecht. Eine systematische Darstellung des gesamten Rechts der öffentlichen Energieversorgung. Handbuchreihe Energie 15. München u. a. 1982.

*BÜGGELN, Heinrich*: Die Entwicklung der Öffentlichen Elektrizitätswirtschaft in Deutschland. Unter besonderer Berücksichtigung der süddeutschen Verhältnisse. Stuttgart 1930.

*BÜHRER, Werner*: Wirtschaft in beiden deutschen Staaten. Ökonomische Entwicklungen der Bundesrepublik 1945-1961. In: Bundeszentrale für politische Bildung – Informationen zur politischen Bildung (Heft 256, Teil 1), S. 33 ff.

*BÜSCH, Otto; HAUS, Wolfgang*: Berlin als Hauptstadt der Weimarer Republik 1919-1933. Berlin 1987, S. 194 f.

*BURGBACHER, Fritz*: Wesen und Gestaltungsformen der Gasverbundwirtschaft. In: Energiewirtschaftliches Institut Köln 1951, S. 80 f.

*BURKHARDT, H.*: Die Stromwirtschaft in Württemberg und die Elektrizitätswerksverbände 1917-1967. Verband der Elektrizitätswerke Baden-Württemberg (Hrsg.). Stuttgart 1967, S. 10-18.

*BURTH, Wolfgang; LINK, Stephan; RETTICH, Birgit; RITTHALER, Andreas; SCHÄFER, Thomas; TRAUTHIG, Michael*: Nationalsozialistische Wirtschaftslenkung und württembergische Wirtschaft. In: Rauh-Kühne, Cornelia; Ruck, Michael (Hrsg.): Regionale Eliten zwischen Diktatur und Demokratie – Baden Württemberg 1930-1952. Nationalsozialismus und Nachkriegszeit in Südwestdeutschland, Bd. 1. München 1993, S. 205 ff.

*BUSCH, Rudolf*: Elektrotechnik und Elektronik: Für Maschinenbauer und Verfahrenstechniker. Wiesbaden 2008, 5. Aufl., S. 308-312.

*BUSCHE, Jan*: Privatautonomie und Kontrahierungszwang. Tübingen 1999.

*CALLIESS, Heinrich*: Übergang zum Drehstrom – Beginn der Überlandversorgung. In: VDEW (Vereinigung Deutscher Elektrizitätswerke): Das Zeitalter der Elektrizität. Anlässlich des 75-jährigen Bestehens der VDEW. Frankfurt a. M. 1967, S. 15-25.

*CHANTEAUX, Paul*: Die ökonomische und soziale Entwicklung des Braunkohlenbergbaues der Oberpfalz. Diss. München 1924, S. 116 ff.

*CHRISTALLER, Hans*: Der Ausbau der Wasserkraftwerke. In: Das Zeitalter der Elektrizität. Anlässlich des 75-jährigen Bestehens der VDEW. Frankfurt a. M. 1967, S. 29-38.

*CONTZEN, Rolf*: Der Kontrahierungszwang bei marktbeherrschenden Unternehmen. Diss. Köln 1965.

*CRAIG, Alexander*: Deutsche Geschichte 1866-1945 vom Norddeutschen Bund bis zum Ende des Dritten Reiches. München 1980, Aufl. 2, S. 537-542.

*CZEGUHN, Ignacio*: Art. Erbhofrecht. In: Handwörterbuch zur deutschen Rechtsgeschichte I. 2. Auf. Berlin 2008, Sp. 1365-1366.

*DARGE, Hans; MELCHINGER, Eugen; RUMPF, Fritz*: Gesetz zur Förderung der Energiewirtschaft (Energiewirtschaftsgesetz) vom 13. Dezember 1935. Referentenkommentar, Berlin 1936.

*DEGLER, Stephanie; STREB, Jochen*: Die verlorene Erzeugungsschlacht: Die nationalsozialistische Landwirtschaft im Systemvergleich. In: Jahrbuch für Wirtschaftsgeschichte. Arbeit im Lebenszyklus. Jg. 2008/1 Berlin 2008, S. 161-182.

*DER EUROPÄISCHE WIRTSCHAFTSRAT (O.E.E.C.)*: Elektrizitätspreise und ihre Auswirkungen auf die Finanzierung von Investitionen der Elektrizitätswirtschaft (Hrsg. Wolf, Leonhard). München 1955, S. 21.

*DEHNE, Gerhard*: Deutschlands Großkraftversorgung. Berlin 1925, S. 69-93.

– Die deutsche Elektrizitätswirtschaft. Stuttgart 1926, S. 5-11 und 50-57.

*DERLITZIKI; von WAECHTER; STÄUBESAND*: Die Elektrowärme im Bauernhaushalt. Ein Mittel zur wirtschaftlichen Gestaltung der Stromversorgung landwirtschaftlicher Abnehmer. In: Schriften des Reichskuratoriums für Technik in der Landwirtschaft. Heft 75, Berlin 1937.

*DEUTINGER, Stephan*: Eine „Lebensfrage für die bayerische Industrie". Energiepolitik und regionale Energieversorgung 1945 bis 1980. In: Schlemmer, Thomas; Woller, Hans (Hrsg.): Die Erschließung des Landes 1949 bis 1973. Bayern im Bund Bd. 1. München 2001, S. 33-118.

*DEUTSCHES HISTORISCHES MUSEUM Berlin*:
http://www.dhm.de/lemo/objekte/statistik/wewikr/index.html; Abruf am 24.07.2010.

*DEUTSCHES MUSEUM* zu München: http://www.deutsches-museum.de/sammlungen/ausgewaehlte-objekte/meisterwerke-iii/dynamomaschine/, Abruf am 02.02.2009.

– http://www.deutsches-museum.de/de/ausstellungen/energie/starkstromtechnik/gleichstrom/, Abruf am 12.06.2010a.

– http://www.deutsches-museum.de/uploads/pics/miller_ford.jpg. Abruf am 14.3.2010b.

*DITTMANN, Achim; GNÜCHTEL, Stefan; RASIM, Wolfgang; RÜHLING, Karin; SANDER, Thomas; STAMER, Joachim*: Energiewirtschaft. Stuttgart 1998, S. 3-10.

*ECKARDT, Günther*: Industrie und Politik in Bayern 1900-1919. Der Bayerische Industriellen-Verband als Modell des Einflusses von Wirtschaftsverbänden. Berlin 1976, S. 40-53.

*ECKARDT, Nikolaus; MEINERZHAGEN, Margitta; JOCHIMSEN, Ulrich*: Die Strom Diktatur, Von Hitler ermächtigt – bis heute ungebrochen. Hamburg 1985, S. 13-167.

*EICHHOLTZ, Dietrich*: Geschichte der deutschen Kriegswirtschaft 1939-1945. Bd. 3: 1943-1945. Berlin 1996, S. 390 f.

*EISENMENGER, Hugo:* Die Stromtarife der Elektrizitätswerke – Theorie und Praxis. München, Berlin 1929.

*EISER, Ernst:* Energiewirtschaftsrecht, Energiewirtschaftsgesetz. München u. a. 1943.

*EISER, Ernst; Riederer, Johann; SIEDER, Frank*: Energiewirtschaftsrecht. Kommentar. 3. Aufl., München und Berlin 1961.

*ELLERBROCK, Karl*-Peter (Hrsg.): Erster Weltkrieg, Bürgerkrieg und Ruhrbesetzung. Gesellschaft für Westfälische Wirtschaftsgeschichte e.V., Dortmund 2010.

*ENERGIEVERSORGUNG OSTBAYERN AG*: Festschrift: 50 Jahre Energieversorgung in Ostbayern 1908 – 1958 – Eine ausgleichende Aufgabe der Regionalversorgung. Regensburg, 1959.

*EYCK, Erich*: Geschichte der Weimarer Republik. 2. Bd., 2. Aufl., Erlenbach- Zürich und Stuttgart 1959, S. 144-146.

*EYDAM, Erhard*: Die Technik und ihre sprachliche Darstellung, Grundlagen der Elektrotechnik, Hildesheim 1992, S. 422 ff.

*FACIUS, Friedrich*: Wirtschaft und Staat. Die Entwicklung der staatlichen Wirtschaftsverwaltung vom 17. Jahrhundert bis 1945. Boppard am Rhein 1959, S. 94-102.

*FELDMAN, Gerald D.*: Hugo Stinnes. Biographie eines Industriellen 1870 – 1924. München 1998.

– Die Nachwirkungen der Inflation auf die deutsche Geschichte 1924-1933. München 1985.

– The Great Disorder. Politics, Economics and Society in the German Inflation 1914-1924. Oxford 1993.

*FELDMAN, G. D.; HOLTFRERICH, C. L.; Ritter, G. A.; Witt, P. C. (Hrsg.)*: Die Anpassung an die Inflation. Berlin 1986.

– Die Erfahrungen der Inflation im internationalen Zusammenhang und Vergleich. Berlin 1984.

– Die deutsche Inflation. Eine Zwischenbilanz. Berlin 1982.

– Konsequenzen der Inflation. Berlin 1989.

*FELDWEG, Stefan*: Strom für Industrie und Landwirtschaft. In: Verband Bayerischer Elektrizitätswerke e.V. (Hrsg.): Elektrizität in Bayern 1919-1969. München 1969, S. 136-143.

– Es war zum Lachen und zum Weinen. In: Verband Bayerischer Elektrizitätswerke e.V. (Hrsg.): Elektrizität in Bayern 1919-1969. München 1969, S. 106-125.

*FISCHER, Edmund*: Das sozialistische Werden – Die Tendenzen der wirtschaftlichen und sozialen Entwicklung. Leipzig 1918, S. 139.

*FISCHER, Richard.*: Elektrizitätswirtschaft. Berlin und Leipzig 1928, S. 27.

*FISCHER, Richard; BEIL, Heinrich*: Die Elektrizitätsversorgung der Landwirtschaft. In: VDEW (Vereinigung Deutscher Elektrizitätswerke): Das Zeitalter der Elektrizität. Anlässlich des 75-jährigen Bestehens der VDEW. Frankfurt a. M. 1967, S. 236.

*FISCHER, Rudolf*: Die Elektrizitätsversorgung, ihre volkswirtschaftliche Bedeutung und ihre Organisation. Leipzig, Deichert 1916.

*FLEIG, Eduard*: Stromtarife für Großabnehmer elektrischer Energie. Breslau 1913.

*FORSTMEIER, Friedrich*; *VOLKMANN, Hans-Erich*: Wirtschaft und Rüstung am Vorabend des Zweiten Weltkrieges. Düsseldorf 1981, S. 80 ff.

*FÖRG, Franz*: Elektrizität und Staat. In: Verband Bayerischer Elektrizitätswerke e.V. (Hrsg.): Elektrizität in Bayern 1919-1969. München 1969, S. 172-177.

*FRAUNHOFER GESELLSCHAFT*: Lebensdauer von Glühbirnen - Berechenbare Wolframdrähte. Internetquelle: http://www.oekonews.de/id/4609/fraunhofer-gesellschaft-lebensdauer-von-gluehbirnen-berechenbare-wolframdraehte/; Abruf am 10. Oktober 2010.

*v. FRICKEN, Udo*: Gebietsschutz und Energiewirtschaftspolitik in der öffentlichen Versorgung der Bundesrepublik Deutschland. Dissertation Köln 1969, S. 59-65 und 146-159.

*FRIEDRICH, A.*: Staat und Energiewirtschaft, Der Weg zum Energiewirtschaftsgesetz. Berlin 1936.

*FÜHRER, Arnold; HEIDEMANN, Klaus; NERRETER, Wolfgang*: Grundgebiete der Elektrotechnik 2 – Zeitabhängige Vorgänge. München, Wien 2006, Aufl. 8, S. 102 ff.

*FÜRST, Artur*: Das elektrische Licht. Von den Anfängen bis zur Gegenwart. Nebst einer Geschichte der Beleuchtung. München 1926.

*FÜSSL, Wilhelm*: Oskar von Miller 1855-1934: Eine Biographie. München 2005, S. 47-69.

*GALBRAITH, J.* Kenneth: Der große Crash 1929: Ursachen, Verlauf, Folgen. 4. Aufl. München 2008.

*GALL, Lothar; POHL, Manfred*: Die Eisenbahn in Deutschland: Von den Anfängen bis zur Gegenwart. München 1999.

*GEHRING, Werner*: Die Höchstspannungsnetze. In: Verband Bayerischer Elektrizitätswerke e.V. (Hrsg.): Elektrizität in Bayern 1919-1969. München 1969, S. 94-113.

*GEYER, Martin H.*: Verkehrte Welt. Revolution, Inflation und Moderne. München 1914-1924. (Kritische Studien zur Geisteswissenschaft), Göttingen 1998.

*GÖMMEL, Rainer*: Deutsche Wirtschaft und Wirtschaftspolitik 1914-1945. Vorlesung an der Univ. Regensburg im WS 2009/2010. Internetlink: http://www-wiwi.uni-regensburg.de/Institute/Angegliedert/Goemmel/Lehre/Deutsche_Wirtschaft_und_Wirtschaftspolitik_1914-1945/index.html.de. Abruf am 15.03.2010.

GÖTSCHMANN, Dirk: Wirtschaftsgeschichte Bayerns. 19. und 20. Jahrhundert. Regensburg 2010, S. 210-218.

GRASMANN, Max: Volkswirtschaftliche Bedeutung der bayerischen Wasserkräfte und bayerische Energiewirtschaftspolitik. In Kuhlo, Alfred (Hrsg.): Geschichte der bayerischen Industrie. München 1926, S. 217-222.

GRASMÜCK, Gisela: Die elektrisierte Gesellschaft: Ausstellung des Badischen Landesmuseums in Zusammenarbeit mit dem Badenwerk aus Anlass des 75-jährigen Jubiläums, 6. Juli bis 13. Oktober 1996, S. 47.

GRÖNER, Helmut: Die Ordnung der deutschen Elektrizitätswirtschaft. Baden-Baden 1975, S. 202-248

GRÜNWALD, Rolf: Die Bedeutung der Technik für die Gemeinwirtschaft. Dargestellt am Beispiel der Elektrizität. Diss. Nürnberg 1939, S. 66-128.

GUTENBERG, Erich: Grundlagen der Betriebswirtschaftslehre. Bd. I, Die Produktion. Berlin, 7. Aufl. 1962, S. 250 ff.

HAENSCHKE, Frank; SCHUSTER, Gerd: Die gigantische Verschwendung. Hintergründe und Ursachen der Energiekrise. München 1982, S. 30 ff.

HALLGARTEN, George; RADKAU, Joachim: Deutsche Industrie und Politik von Bismarck bis heute. Frankfurt, Köln 1974.

HAKENHOLZ, Dirk; SCHAAL, Dirk: Die Elektrizitätswirtschaft im mitteldeutschen Raum Halle von ihrer Entstehung bis 1989. In: Brockmeier, T.; Hertner, P. (Hrsg.): Menschen, Märkte & Maschinen: Die Entwicklung von Industrie und mittelständischer Wirtschaft im Raum Halle (Saale); eine Zeitreise durch zwei Jahrhunderte. Halle (Saale) 2007, S. 173-189.

HARTMANN, Richard: Das Reichs-Elektrizitätsmonopol. Ein Beitrag zur Frage der staatlichen Elektrizitäts-Großwirtschaft unter Benutzung amtlichen Materials. Diss. Erlangen 1917, S. 37-48.

HARTMANN, Peter Claus: Bayerns Weg in die Gegenwart – Vom Stammesherzogtum zum Freistaat heute. 2. Aufl. Regensburg 2004, S. 453-561.

HARTMANN, Walter: 50 Jahre Verband Bayerischer Elektrizitätswerke. In: Verband Bayerischer Elektrizitätswerke e.V. (Hrsg.): Elektrizität in Bayern 1919-1969. München 1969, S. 178-188.

HAUG, Albert: 100 Jahre Strom in Ulm. Zur Geschichte der Ulmer Kraftwerke und Stromversorgung. Ulm 1995.

*HAUSCHILDT, Jürgen*: Die Absatzpolitik der Energieversorgungsunternehmen im Spannungsfeld von Gewinnstreben und öffentlichen Leistungsansprüchen. Tübingen 1964.

*HEISTERHAGEN, Tilmann; HOFFMANN, Rainer*-W.: Lehrmeister Währungskrise – Drei Familien-Generationen zwischen Gold, Mark und EURO. Wiesbaden 2003, S. 139-190.

*HELLBERG, Franz*: Braunkohle und Elektrizitätswirtschaft. In: Das Zeitalter der Elektrizität. Anlässlich des 75-jährigen Bestehens der VDEW. Frankfurt a. M. 1967, S. 29-38.

*HELLIGE, Hans D.*: Entstehungsbedingungen und energietechnische Langzeitwirkungen des Energiewirtschaftsgesetzes von 1935. In: Technikgeschichte 53, 1986, S. 123-155.

*HENKE, Klaus-Dietmar*: Die amerikanische Besetzung Deutschlands. Oldenbourg, 1996, Aufl. 2, S. 393-656.

*HENNING, Friedrich*-W.: Landwirtschaft und ländliche Gesellschaft in Deutschland, Bd. 2: 1750 bis 1976. Paderborn 1978, S. 196 ff.

– Das industrialisierte Deutschland 1914-1992. Paderborn, München u.a. 1997, S. 141-183.

*HERING, Eckardt* (Hrsg.): Taschenbuch für Wirtschaftsingenieure. 2. Aufl., München 2009, S. 166 f.

*HERZIG, Thomas*: Wirtschaftsgeschichtliche Aspekte der deutschen Elektrizitätsversorgung 1880 bis 1990. In: Fischer, Wolfram (Hrsg.): Die Geschichte der Stromversorgung. Frankfurt a. M. 1992, S. 123-162.

– Geschichte der Elektrizitätsversorgung des Saarlandes unter besonderer Berücksichtigung der Vereinigten Saar-Elektrizitäts-AG (Veröffentlichungen der Kommission für saarländische Landesgeschichte und Volksforschung XVII). Saarbrücken 1987.

*HEESEMANN, S.*: Elektrizitätswirtschaftspolitik Gestern – Heute – Morgen. In: Zeitschrift Elektrizitätswirtschaft. Frankfurt a. M. 1964, S. 61-70.

*HERTZ-EICHENRODE, Dieter*: Wirtschaftskrise und Arbeitsbeschaffung. Konjunkturpolitik 1925/26 und die Grundlagen der Krisenpolitik Brünings. Frankfurt a. M. 1982.

*HEYS, I. W. van*: Deutschlands Elektrizitätswirtschaft. Dresden 1931.

*HICK, Wilhelm*: Der Verbund von Kohle und Eisen – Als betriebswirtschaftliches Problem im Spiegel der Neuordnung und Rückverflechtung an der Ruhr. Köln 1960, S. 113.

*HILDEBRAND, Klaus*: Das Dritte Reich. München 2003, Aufl. 6, S. 1-28.

– Das vergangene Reich. Deutsche Außenpolitik von Bismarck bis Hitler. 1871 – 1945. München 2008, S. 536 f.

*HÖMIG, Herbert*: Brüning – Kanzler in der Krise der Republik. Eine Weimarer Biographie. Paderborn, München 2000, S. 405 f.

*HÖSCHLE, Gerd*: Die deutsche Textilindustrie zwischen 1933 und 1939 - Staatsinterventionismus und ökonomische Rationalität. Wiesbaden 2004, S. 17 f.

*HOFFMANN, Bernhard*: Wilhelm von Finck 1848-1924. Lebensbild eines deutschen Bankiers. München 1953.

*HOHMANN, Karl; WÜNSCHE, Horst F.* (Hrsg.): Grundtexte zur sozialen Marktwirtschaft: Das soziale in der sozialen Marktwirtschaft. Bd. 2. Stuttgart 1988, S. 565 ff.

*HOLTFRERICH, Carl L.*: Die deutsche Inflation 1914-1923: Ursachen und Folgen in internationaler Perspektive. Berlin 1980, S. 194.

*HÜRTEN, Heinz* (Hrsg.): Weimarer Republik und Drittes Reich 1918 – 1945 / Deutsche Geschichte in Quellen und Darstellung Bd. 9. Ditzingen 2003, S. 231 ff. und S. 268-275.

*HUTZELMANN, August*: Die Kohlenversorgung Bayerns vom Anfang des Krieges bis zur Gegenwart. Dissertation Erlangen 1922.

*JAMES, Harald*: Deutschland in der Weltwirtschaftskrise 1924-1936. Stuttgart 1988, S. 117-164.

*JANNSEN, Gregor*: Das Ministerium Speer. Deutschlands Rüstung im Krieg. Berlin u.a. 1968, S. 216-219.

*JENDRIAN, Lars:* Nutzungsentgelte elektrischer Energieverteilungsnetze – Ein zahlungsorientiertes Verfahren. Duisburger Betriebswirtschaftliche Schriften Nr. 26. Berlin 2002, S. 16-19.

*JENSEN, Uffa:* Reichsnährstand. In: Benz, Wolfgang (Hrsg.): Enzyklopädie des Nationalsozialismus. 5. Aufl. Stuttgart 2007, S. 750 ff.

*JUNG, August*: Die staatliche Elektrizitäts-Großversorgung Deutschlands. Jena 1918, S. 1-38.

*KALISCHER, Curt*: Strompreise und Tarife. In: VDEW (Vereinigung Deutscher Elektrizitätswerke): Das Zeitalter der Elektrizität. Anlässlich des 75-jährigen Bestehens der VDEW. Frankfurt a. M. 1967, S. 170-182.

*KARLSCH, Rainer; STOKES, Raymond*: Faktor Öl: Die Mineralölwirtschaft in Deutschland 1859-1974. München 2003, S. 15-18.

*KARWEINA, Günter*: Der Stromstaat. Hamburg 1984, S. 174-179.

*KEHRBERG, Jan O. C.*: Die Entwicklung des Elektrizitätsrechts in Deutschland: Der Weg zum Energiewirtschaftsgesetz von 1935. Frankfurt a. M. u.a. 1996. Internetquelle: http://www.udo-leuschner.de/rezensionen/rf9612energierecht.htm; Abruf am 20.08.2010.

*v. KELLER, Theodor*: Die bayerische Elektrizitätswirtschaft. In: Verband Bayerischer Elektrizitätswerke e.V. (Hrsg.): Elektrizität in Bayern 1919-1969. München 1969, S. 10-27.

*KERSTINGJOHÄNNER, Helmut*: Die deutsche Inflation 1919-1923 – Politik und Ökonomie. Frankfurt 2004.

*KINDLEBERGER, Charles P.*: The World in depression 1929-1939. Kalifornien 1986, S. 95-116.

*KIRCHHOFF, Heinrich*. Unternehmensform und Verkaufspolitik der Stromversorgung. Eine kritische Untersuchung des Organisations- und Preisproblems in der deutschen Elektrizitätswirtschaft. Berlin 1933.

*KLEIDER, Werner*: Die Entwicklung der Energieversorgung in Württembergisch-Franken 1862 – 1919. St. Katharinen 1987, S.127-150.

*KLEßMANN, Christoph; STÖVER, Bernd* (Hrsg.): Der Koreakrieg: Wahrnehmung – Wirkung – Erinnerung. Köln u.a. 2008.

*KLINGENBERG, Georg*: Bau großer Elektrizitätswerke. 2. Aufl., Berlin 1926, S. 37.

*KLUGE, Rudolf; KRÜGER, Heinrich*: Verfassung und Verwaltung im Großdeutschen Reich. Reichsbürgerkunde. 2. Aufl. Berlin 1939, S. 110.

*KLUGE, Ulrich*: Die Weimarer Republik. Paderborn (u.a.) 2006.

*KNIPPING, Franz*: Deutschland, Frankreich und das Ende der Locarno-Ära 1928-1931: Studien zur internationalen Politik in der Anfangsphase der Weltwirtschaftskrise. München 1987.

*KÖNIG, Wolfgang*: Massenproduktion und Technikkonsum. Entwicklungslinien und Triebkräfte der Technik zwischen 1880 und 1914. In: König, W. Weber (Hrsg.): Netzwerke Stahl und Strom 1840 bis 1914. Berlin 1997.

*KÖNIG, Wolfgang; WEBER, Wolfhard*: Netzwerke, Stahl und Strom. Berlin 1993, S. 330.

— Die siebziger Jahre als konsumgeschichtliche Wende in der Bundesrepublik. In: Jarausch, Konrad (Hrsg.): Das Ende der Zuversicht? Die siebziger Jahre als Geschichte. Göttingen 2008, S. 86 ff.

*KOEPPEL, Peter*: Typische Verträge der Energiewirtschaft in kartellrechtlicher Betrachtung. Dissertation, Köln 1959, S. 50-65.

*KÖRFER, C.*: Die Behandlung von Tarifänderungen nach dem Energiewirtschaftsgesetz. EW, Bd. 35 (1936), S. 567-571.

*KOHLRAUSCH, Friedrich*: Die Energie oder Arbeit und die Anwendungen des elektrischen Stromes. Leipzig 1900, S. 75.

*KOLB, Eberhard:* Die Weimarer Republik. 6. Aufl. München 2002, S. 1-129.

*KONRAD, Erich*: Die kommunale und genossenschaftliche Elektrizitätsversorgung im rechtsrheinischen Bayern. München und Leipzig 1936.

*KORNDÖRFER, Wolfgang*: Allgemeine Betriebswirtschaftslehre: Aufbau, Ablauf, Führung, Leitung. Wiesbaden 2003, 13. Aufl., S. 377 ff.

*KORSCH, Andreas*: Der Stand der beschäftigungspolitischen Diskussion zur Zeit der Weltwirtschaftskrise in Deutschland. In: Bombach, G. et al.: Der Keynesianismus I – Theorie und Praxis keynesianischer Wirtschaftspolitik. Berlin u. a. 1976, S. 91-113.

*KRATOCHWIL, Robert*: Elektrowärmeverwertung als ein Mittel zur Erhöhung des Stromverbrauchs. München, Berlin 1925.

*KRAUS, Andreas*: Grundzüge der Geschichte Bayerns. Darmstadt 1984, S. 187-240.

*KRECKE, Carl.*: Die Energiewirtschaft im nationalsozialistischen Staat. Berlin 1937a, S. 65-96.

— Energiewirtschaftsfragen. Deutsche Gedanken zur amerikanischen Entwicklung. Berlin 1937b, S 30 ff.

*KRISTL, Wilhelm:* Der weiß-blaue Despot. Oskar von Miller in seiner Zeit. München 1965.

*KRISTL, Wilhelm*: Deutsche Elektrizitäts-Premieren in Bayern. In: Verband Bayerischer Elektrizitätswerke e.V. (Hrsg.): Elektrizität in Bayern 1919-1969. München 1969, S. 46. ff.

*KROHN, Claus*-Dieter: Die große Inflation in Deutschland 1918-1923. Köln 1977.

*KÜHNL, Reinhard*: Der deutsche Faschismus in Quellen und Dokumenten. Köln 1979.

*KRUMREICH, Gerd; Schröder, Joachim (Hrsg.)*: Der Schatten des Weltkriegs: Die Ruhrbesetzung 1923. Düsseldorfer Schriften zur Neueren Landesgeschichte und zur Geschichte Nordrhein-Westfalens, 69. Essen 2004.

*KULLA, Hans*: Die Eisenbahn fährt elektrisch. In: Verband Bayerischer Elektrizitätswerke e.V. (Hrsg.): Elektrizität in Bayern 1919-1969. München 1969, S. 160-167.

*KUNZ, Andreas*: Civil servants and the politics of inflation in Germany, 1914 – 1924. Berlin u.a. 1986.

*KURZMANN, Siegfried*: 30 Jahre Bayernwerk AG: 1921 - 1951. Bayerische Landeselektrizitätsversorgung. München 1951.

*LANDES, David S.*: Der entfesselte Prometheus. Technologischer Wandel und industrielle Entwicklung in Westeuropa von 1750 bis zur Gegenwart. München 1983, S. 370-400.

*LAURSEN, Karsten; PEDERSEN, Jørgen*: The German Inflation 1918-1923. Amsterdam 1964.

*LAWACZECK, Franz*: Elektrowirtschaft. München 1936, S.77-82.

*LBD-BERATUNGSGESELLSCHAFT*: Deutsche Netz-AG unter Beteiligung des Bundes, Vortrag vom 7. Mai 2010. Internetquelle: http://www.lbd.de/cms/pdf-vortraege-praesentation/100507-LBD-Vortrag-DUH-Netz-AG.pdf; Abruf am 14. Juli. 2010.

*LEINER, Gabriele*: Energie – Faktor der Geschichte. Stuttgart 1987, S. 66-89.

*LEINER, Wolfgang*: Werbung und Verkauf bei Elektrizitätswerken und die Elektrogemeinschaften. 2. Aufl., Stuttgart 1984.

– Die Energiekrise nach dem ersten Weltkrieg und ihre Auswirkungen auf Württemberg. Diss. Stuttgart 1977, S. 10-35.

*LEININGER, Heinrich*: Wärmekraftwerke zwischen Alpen und Main. In: Verband Bayerischer Elektrizitätswerke e.V. (Hrsg.): Elektrizität in Bayern 1919-1969. München 1969, S. 64-77.

*LEUSCHNER, Udo*: Kurzschluss: Wie unsere Stromversorgung teurer und schlechter wurde – eine kritische Bilanz nach acht Jahren „Liberalisierung" der deutschen Energiewirtschaft. Münster 2007, S. 278-311.

*LESSENICH, Hermann*: Energiewirtschaft und Reichsaufsicht. Berlin u. a. 1938.

*LILIENFEIN, Heinz*: Betriebswirtschaftliche Fragen der Elektrizitätsversorgung. In: VDEW (Vereinigung Deutscher Elektrizitätswerke): Das Zeitalter der Elektrizität. Anlässlich des 75-jährigen Bestehens der VDEW. Frankfurt a. M. 1967, S. 202-208.

*LINDEMANN, Carmelita*: Staatliche Elektrizitätspolitik im Kaiserreich – gegen die Ungleichzeitigkeit technischer Entwicklung? In: Stadler, G.; Kuisle, A. (Hrsg.): Technik zwischen Akzeptanz und Widerstand: Gesprächskreis Technikgeschichte 1982-1996. Münster 1999, S. 136-144.

*LINDLAR, Ludger*: Das mißverstandene Wirtschaftswunder. Tübingen 1997, S. 227-284.

*LINDNER, Helmut*: Strom. Erzeugung, Verteilung und Anwendung der Elektrizität, Reinbek 1985, S. 47-146.

– Physik für Ingenieure. Aufl. 17, München 2004, S. 547-578.

*LÖWER, Wolfgang*: Rechtshistorische Aspekte der deutschen Elektrizitätsversorgung von 1880 bis 1990. In: Fischer, Wolfram (Hrsg.): Die Geschichte der Stromversorgung. Frankfurt a. M. 1992, S. 169-197.

*LOVIN, Clifford:* Die Erzeugungsschlacht 1933-1936. In: Zeitschrift für Agrargeschichte und Agrarsoziologie 22 (1974), S. 209-220.

*LUDWIG, Karl*-Heinz: Technik und Ingenieure im Dritten Reich. Düsseldorf 1974, S. 176-182.

– Energiepolitische und energietechnische Konzeptionen in Deutschland zwischen den beiden Weltkriegen. In: Energie in Kontext und Kommunikation. Essen 1978, S. 35-49.

*LUDWIG, Wolfgang; CORDT, Adolf; STECH, Jürgen; ODENTHAL, Hans*: Recht der Elektrizitäts-, Gas- und Wasserversorgung. Teil 2: Gesetz zur Förderung der Energiewirtschaft (Energiewirtschaftsgesetz – EWG). Neuwied 1995, S. 1-14.

*LÜDTKE, Alf*: 1870-1918: von der Reichsgründung bis zum Ende des Ersten Weltkriegs. In: Berg, C. (Hrsg.): Handbuch der deutschen Bildungsgeschichte Bd. 4.

*MANDEL, Ernest*: Elektrotechnik – Antriebskraft der technologischen Revolution. In: Lichtjahre. 100 Jahre Strom in Österreich. Wien 1986, S. 105 f.

*MANNES, Astrid L.*: Heinrich Brüning – Leben, Wirken, Schicksal. München, Olzog 1999, S. 175 f.

*MARCON, Helmut*: Arbeitsbeschaffungspolitik der Regierungen Papen Schleicher – Grundsteinlegung für die Beschäftigungspolitik im Dritten Reich. Bern u. a. 1974.

*MEISNER, Robert*: Aufklären, Werben, Beraten. In: Verband Bayerischer Elektrizitätswerke e.V. (Hrsg.): Elektrizität in Bayern 1919-1969. München 1969, S. 144-153.

*MELCHINGER, Eugen*: Ausschnitte aus der Entwicklung des deutschen Elektrizitätsrechts. In: VDEW (Vereinigung Deutscher Elektrizitätswerke): Das Zeitalter der Elektrizität. Anlässlich des 75-jährigen Bestehens der VDEW. Frankfurt a. M. 1967, S. 183-194.

*MELLEROWICZ, Konrad*: Kosten und Kostenrechnung. Bd. I, 9. Aufl., Berlin 1957, S. 318 ff.

*MEYER, Herbert; v. AUBEL, Peter*: Deutsche Energiewirtschaft am Wendepunkt. Parteiprogramm und Energiewirtschaftsgesetz (Oktober 1935). Archiv des Vereins für Kommunalwissenschaften in Berlin, Deutscher Gemeindetag 4-2-2/1, Bd. 1.

*MEYER, K.*: Die deutsche Elektrizitätswirtschaft 1933-1948. In: Elektrizitätswirtschaft Nr. 48, 1949, S. 34 ff.

*MEYER, Konrad; SARDEMANN, Fritz*: Werden und Wirken der Vereinigung Deutscher Elektrizitätswerke. In: VDEW (Vereinigung Deutscher Elektrizitätswerke): Das Zeitalter der Elektrizität. Anlässlich des 75-jährigen Bestehens der VDEW. Frankfurt a. M. 1967, S. 222 f.

*MEYER-ABICH, Klaus Michael; SCHEFOLD, Bertram*: Wie möchten wir in Zukunft leben? Der „harte" und der „sanfte" Weg. Düsseldorf 1982, S. 45.

*v. MILLER, Oskar*: Erinnerungen an die Internationale Elektrizitäts-Ausstellung im Glaspalast zu München im Jahre 1882, Berlin 1932, S. 156.

*v. MILLER, Rudolf*: Oskar von Miller denkt an die Hausfrau – Die elektrische Küche. In: Verband Bayerischer Elektrizitätswerke e.V. (Hrsg.): Elektrizität in Bayern 1919-1969. München 1969, S. 154-159.

*MÖLLER, Horst; WENGST, Udo*: Einführung in die Zeitgeschichte. München 2003, S. 67-99.

*MÖLLER, Horst*: Europa zwischen den Weltkriegen. München 1998.

*MOLLIN, Gerhard*: Der Strukturwandel der Montanindustrie in der NS-Wirtschaft. In: Michalka: Der zweite Weltkrieg, München u. a. 1989, S. 363-381.

*MOOR, Hans*: Physikalische Grundlagen – Bd. 1: Bau und Energie – Leitfaden für Planung und Praxis. Zürcher, Christoph (Hrsg.). Stuttgart 1993, S. 80 f.

*MUELLER*: Elektrizitätswirtschaft und Stromhandel. Annalen der Betriebswirtschaft und Arbeitsforschung 1929, Bd. 3, Heft 3.

*MÜLLER, Leonhard*: Handbuch der Elektrizitätswirtschaft: Technische, wirtschaftliche und rechtliche Grundlagen. 2. Aufl. Berlin 2001, S. 29-34.

*MÜNKEL, Daniela*: Nationalsozialistische Agrarpolitik und Bauernalltag. Frankfurt a. M. 1996, S. 43-55 und 112-120.

*MYRELL, Günter; MANTHEY, Daniel* (Hrsg.): Mission X – Genialen Entdeckern und Erfindern auf der Spur. München 2006.

*NELIBA, Günter*: Wilhelm Frick der Legalist des Unrechtsstaates – eine politische Biographie. Paderborn u. a. 1992.

*NEU, Kurt*: Das Elektrizitätsmonopol. In: Lederer, Emil (Hrsg.): Das Kartellproblem. Beiträge zur Theorie und Praxis, Schriften des Vereins für Socialpolitik 180, München und Leipzig 1932, S. 76 f.

*NEUMARK, Fritz*: Inflationsprobleme – Alt und Neu. Göttingen 1976, S. 5

*NIPPERDEY, Hans Carl*: Kontrahierungszwang und diktierter Vertrag. Jena 1920.

– Stromsperre, Zulassungszwang und Monopolmißbrauch. Mannheim, Berlin 1929.

*NIMSCH, Günther*: Der gegenwärtige Stand des Wettbewerbs zwischen Elektrizität und Gas mit besonderer Berücksichtigung der Verwendung im Haushalt. Würzburg 1935, S. 1-15.

*NONVALEUR SHOP*: Internetquelle: http://www.nonvaleur-shop.de/historische-wertpapiere/bayerische-elektricitaets-lieferungs-gesellschaft-pi-721.html?osCsid=slb8hdlpn8533k4viasck08is7hjp626. Abruf am 15.07.2010.

*OBPACHER, Ernst*: Überblick über die Organisation der Elektrizitätswirtschaft in Bayern nach dem Stande im Mai 1920. In: Zeitschrift des Bayerischen Revisions-Vereins 1920, S. 1-10.

*OEDING, Dietrich; OSWALD, Bernd*: Elektrische Kraftwerke und Netze. Berlin u. a. 2004, 6. Aufl., S. 835-852.

*OTT, Hugo*: Zur Bayerischen Elektrizitätswirtschaft vor dem Ersten Weltkrieg - Bearbeitung einer Elektrokarte von Bayern. In: Kraus, Andreas (Hrsg.): Land und Reich - Stamm und Nation: Probleme und Perspektiven bayerischer Geschichte. Festgabe für Max Spindler zum 90. Geburtstag. Band 3 Vom Vormärz bis zur Gegenwart. München 1984, S. 367-374.

– Statistik der öffentlichen Elektrizitätsversorgung Deutschlands 1890-1913. Quellen und Forschungen zur Historischen Statistik von Deutschland, Bd. 1. St. Katharinen 1986.

*OSTEN, Hermann*: Elektrofutter. Grundlagen der Frischhaltung von Saftfutter durch Elektrizität – Bau, Betrieb und Wirtschaftlichkeit von Elektro-Siloanlagen. Berlin 1923, S. 90-98.

*PASSOW, Richard*: Staatliche Elektrizitätswerke in Deutschland. Jena 1916, S. 14 f.

– Die gemischt privaten und öffentlichen Unternehmungen auf dem Gebiete der Elektrizitäts- und Gasversorgung und des Straßenbahnwesens. Jena 1912.

*v. PESCHKE, Hans-P.*: Elektroindustrie und Staatsverhalten am Beispiel Siemens 1847-1914. Frankfurt, Bern 1981, S. 92.

*PETZINA, Dietmar*: Die deutsche Wirtschaft in der Zwischenkriegszeit. Wiesbaden 1977, S. 1-20 und 90-104.

*PETZINA, Heinz*: Der nationalsozialistische Vierjahresplan von 1936. Entstehung, Verlauf, Wirkungen. Dissertation Wirtschaftshochschule Mannheim 1965.

*PINNER, Felix*: Emil Rathenau und Das Elektrische Zeitalter. Leipzig 1918, S. 85 ff.

*PLEDL, Wolfgang*: Bayern 1918 bis 1921 – Aspekte seiner wirtschaftlichen und sozialen Entwicklung. In: Zeitschrift für Bayerische Landesgeschichte, Bd. 49, München 1986, S. 125-168.

*POHL, Manfred*: Das Bayernwerk – 1921 bis 1996. München 1996.

– Emil Rathenau und die AEG. München 1988, S. 89 ff.

*POLSTER, Bernd*: Tankstellen. Die Benzingeschichte. Berlin 1982, S. 47.

*POTTHOFF, H*einrich; WEBER, Hermann (Bearb.): Die SPD-Fraktion in der Nationalversammlung 1919/1920. Düsseldorf, Droste 1986, S. 51 f.

*PRINZING, Marlis*: Strom für das Neckarland – Die Geschichte der Neckarwerke von 1900 bis 1945. In: Kollmer, G.; Oheimb-Loup; Winke, H. (Hrsg.): Beiträge zur südwestdeutschen Wirtschafts- und Sozialgeschichte, St. Katharinen 2000.

*PYTA, Wolfram*: Die Weimarer Republik. Beiträge zur Politik und Zeitgeschichte. Opladen 2004, S. 73-96.

*RADKAU, Joachim*: Technik in Deutschland. Vom 18. Jahrhundert bis zur Gegenwart. Frankfurt 1988, S. 255-263.

*RAISER, Ludwig*: Kontrahierungszwang im Monopolrecht. In: Kartelle und Monopole im modernen Recht. Bd. II, Karlsruhe 1961, S. 523-535.

*RATHENAU, Walther*: Von kommenden Dingen. Berlin 1917.

*REBSKE, Ernst*: Lampen, Laternen, Leuchten. Eine Historie der Beleuchtung, 1962, S. 166.

*REIER, Otto*: Das Sozialisierungsgesetz vom 23. März 1919 und die gemeinwirtschaftlichen Bestimmungen der Verfassung des Deutschen Reichs vom 11. August 1919 nebst Kohlen-, Kali- und Elektrizitätswirtschafts-Gesetzgebung. Guttentagsche Sammlung Deutscher Reichsgesetze Nr. 141. Berlin, Leipzig 1920, S. 192-204.

*RELEAUX, F.*: Die Maschine in der Arbeiterfrage. Minden 1885, S. 19 ff.

*REICHENBACH, H.*: Beleuchtung. In: Fraenken, C. (Hrsg.): Weyl's Handbuch der Hygiene. 4. Band, 2. Abt. Leipzig 1913, 2. Aufl., S. 161.

*REISSER, Walter*: Elektrische Energieversorgung ländlicher Bezirke – Bedingung und gegenwärtiger Stand der Elektrizitätsversorgung von Landwirtschaft, Landindustrie und ländlichem Kleingewerbe. Berlin 1912, S. 6-54.

*RITSCHL, Albrecht*: Deutschlands Krise und Konjunktur 1924-1934: Binnenkonjunktur, Auslandsverschuldung und Reparationsproblem zwischen Dawes-Plan und Transfersperre. Berlin 2002, S. 107-192.

*RUCK, Michael*: Die Freien Gewerkschaften im Ruhrkampf 1923. Frankfurt a. M. 1986.

*RUZEK, Josef*: Die Elektrizitätswirtschaft im jeweiligen Wettbewerbsrecht. In: VDEW (Vereinigung Deutscher Elektrizitätswerke): Das Zeitalter der Elektrizität. Anlässlich des 75-jährigen Bestehens der VDEW. Frankfurt a. M. 1967, S. 195-201.

*SALM, Hans*: Die Probleme der öffentlichen Elektrizitätsversorgung, insbesondere ihr Einfluß auf die Tarife. Jena 1939.

*SANDGRUBER, Roman*: Ökonomie und Politik. Österreichische Wirtschaftsgeschichte vom Mittelalter bis zur Gegenwart. Wien 1995, S. 505-510.

SCHACHT, Hjalmar: Programmatische Reden über Fragen der Elektrizitätswirtschaft – gehalten auf der Jahrestagung der Wirtschaftsgruppe Elektrizitätsversorgung und des Reichsverbandes der Elektrizitätsversorgung am 27. September 1935 in Saarbrücken. Berlin 1935.

– Grundsätze deutscher Wirtschaftspolitik. Oldenburg 1932, S. 25 ff.

SCHÄFER, Franz: Gas oder Elektrizität? Wiesbaden 1896.

SCHARRER, Hans: Die Strombedarfsgestaltung der städtischen Kleinabnehmer unter besonderer Berücksichtigung der Elektrowärme. München 1933.

– Strompreise und Tarife. In: Verband Bayerischer Elektrizitätswerke e.V. (Hrsg.): Elektrizität in Bayern 1919-1969. München 1969, S. 128-135.

SCHEUNER, U.: Das Energierecht und die Bedeutung der Energiewirtschaft. In: Deutsche Verwaltung 1938, S. 334 ff.

SCHICK, Emil: Die Elektrizitätsversorgung in Bayern nach dem Stande vom 1. Januar 1921. In: Zeitschrift des Bayerischen Statistischen Landesamtes, Bd. 54 (1922), S. 205-239.

SCHIVELBUSCH, Wolfgang: Lichtblicke. Zur Geschichte der künstlichen Helligkeit im 19. Jahrhundert. München, Wien 1983, S. 16.

SCHLEMMER, Thomas; WOLLER, Hans: Bayern im Bund. Bd.1 – Die Erschließung des Landes 1949-1973, S. 1-31.

SCHMELCHER: Wesen und Gestaltungsform der Elektrizitätsverbundwirtschaft. In: Energiewirtschaftliches Institut. Heft 3, Köln, S. 24 – 39.

SCHMIDT, Matthias: Albert Speer. Das Ende eines Mythos. Speers wahre Rolle im Dritten Reich. Bern, München 1982, S. 70 ff.

SCHNEIDER, Erich: Einführung in die Wirtschaftstheorie. Bd. 2, 4. Aufl., Tübingen 1956, S. 150-160.

SCHNUG, Artur; FLEISCHER, Lutz: Bausteine für ein Stromeuropa. Eine Chronik des Elektrischen Verbunds in Deutschland. 50 Jahre Deutsche Verbundgesellschaft. Heidelberg 1999, S. 229 ff.

SCHÖNBERG, Artur; GLUNK, Ernst: Landes-Elektrizitätswerke. München, Berlin 1926, S. 392.

SCHULZ, Gerhard: Deutschland seit dem ersten Weltkrieg: 1918-1945. Deutsche Geschichte Bd. 10. Göttingen 1998, S. 54-91.

*SCHWAB, Adolf*: Elektroenergiesysteme: Erzeugung, Transport, Übertragung und Verteilung elektrischer Energie. Heidelberg 2009, 2. Aufl., S. 405-408.

*SCHWIEßELMANN, C.*; BINDER, R.; FISCHER, M.: Anatomie der Weltwirtschaftskrise 1929: Ursachen-Verlauf-Gegenmaßnahmen. München 2009.

*SHEREMETA, Volodymyr*: Ethik nach Tschernobyl: Versuch einer ethischen Orientierung aus schöpfungstheologischer Sicht. Frankfurt a. M. 2001, S. 128.

*SIEGEL, Gustav*: Die Elektrizitätsgesetzgebung der Kulturländer der Erde. Berlin 1930, S. 172-242.

– Die Elektrizität als Kulturfaktor. Mit besonderer Berücksichtigung der Elektrizität im Haushalt. Vortrag, gehalten bei der Festsitzung des Elektrotechnischen Vereins Berlin am 2. Dezember 1911. Berlin 1911.

– Der Verkauf elektrischer Arbeit. Berlin 1917.

– Die Preisbewegung elektrischer Arbeit. Berlin 1917.

*SIEGERT, Toni*: 75 Jahre Strom für Ostbayern. Regensburg 1983.

*v. Siemens, Georg*: Die Dämonie des Staates. In: Die Geschichte des Hauses Siemens, Bd. 3. München 1952, S. 62.

– Der Weg der Elektrotechnik. Freiburg 1961, S. 223-276.

*v. SIEMENS, Werner*: Über die Umwandlung von Arbeitskraft in elektrischen Strom ohne Anwendung permanenter Magnete. In: Poggendorff, J. C. (Hrsg.): Annalen der Physik und Chemie. Leipzig 1867, S. 332 ff.

*SILZER, Erich*: Die Problematik der westdeutschen Elektrizitätswirtschaft unter besonderer Berücksichtigung der Stromversorgung und Strompreisgestaltung für industrielle Sonderabnehmer. Diss. Nürnberg 1959, S. 70-80.

*SPECKHARDT, Hugo*: Zur Sozialisierung der Elektrizitätswirtschaft. Berlin 1920, S. 67-72.

*SPIEGELONLINE*: Der Börsencrash 1929 – Aktien zu Altpapier. http://einestages.spiegel.de/external/ShowTopicAlbumBackground/a1347/l22/l0/F.html#featuredEntry; Abruf am 25.07.2010.

*STADLER, Gerhard; KUISLE, Anita*: Technik zwischen Akzeptanz und Widerstand: Gesprächskreis Technikgeschichte 1982-1996. Münster 1999, S. 136-144.

*STATISTISCHES BUNDESAMT Wiesbaden* (Hrsg.): Sonderheft 3: Die Industrie der Bundesrepublik Deutschland; Die industrielle Stromerzeugungsanlagen 1948-1951. Stuttgart, Köln 1953.

*STEIGER, Karsten*: Kooperation, Konfrontation, Untergang – Das Weimarer Tarif- und Schlichtungswesen während der Weltwirtschaftskrise und seine Vorbedingungen. Univ. Bern (Diss.) 1997, S. 218-252.

*STEIN, Dietrich*: Der begehbare Leitungsgang. Berlin 2002, S. 389-392.

*STEININGER, Rolf*: Der vergessene Krieg: Korea 1950-1953. München 2006.

*STEITZ, Walter*: Quellen zur deutschen Wirtschafts- und Sozialgeschichte vom Ersten Weltkrieg bis zum Ende der Weimarer Republik. Darmstadt 1985, S. 27 ff.

*STERN, Paul*: Der Aufschwung der Elektrizitätsverwendung in Haus und Kleingewerbe. In: ETZ-Festschrift 1922, S. 53 f.

*STIER, Bernhard*: Staat und Strom – Die politische Steuerung des Elektrizitätssystems in Deutschland 1890-1950. Ubstadt-Weiher 1999.

– Nationalsozialistische Sonderinstanzen in der Energiewirtschaft – Der Generalinspektor für Wasser und Energie 1941-1945. In: Hachtmann, Rüdiger; Süss, Winfried (Hrsg.): Hitlers Kommissare. Führerbeauftragte und sektorale Sondergewalten in der nationalsozialistischen Diktatur: Beiträge zur Geschichte des Nationalsozialismus, Band 22. Göttingen 2006, S. 138-158.

– Zwischen kodifikatorischer Innovation und materieller Kontinuität – Das Energiewirtschaftsgesetz von 1935 und die Lenkung der Elektrizitätswirtschaft im Nationalsozialismus. In: Bähr, Johannes (Hrsg.): Wirtschaftssteuerung durch Recht im Nationalsozialismus: Studien zur Entwicklung des Wirtschaftsrechts im Interventionsstaat des „Dritten Reichs". Frankfurt a. M. 2006b, S. 281-308.

*STREEB, E.*: Die Elektrizitätsversorgung Bayerns – eine kritische Betrachtung. Diessen 1911.

*TIMMERMANN, Heiner* (Hrsg.): Deutschlandvertrag und Pariser Vertrag – Im Dreieck von Kaltem Krieg, deutscher Frage und europäischer Sicherheit. Münster 2003.

*TREUE, Wilhelm*: Hitlers Denkschrift zum Vierjahresplan. In: Vierteljahresheft für Zeitgeschichte, München 1955, S. 184-203.

– Die Elektrizitätswirtschaft als Grundlage der Autarkiewirtschaft und die Frage der Sicherheit der Elektrizitätsversorgung in Westdeutschland. In: Forstmeier, Friedrich; Volkmann, Hans-Erich (Hrsg.): Wirtschaft und Rüstung am Vorabend des Zweiten Weltkrieges. 2. Aufl., Düsseldorf 1981, S. 136-157.

*TUNER, H.*: Elektrizität und Elektrotechnik. In: Leben und Arbeiten im Industriezeitalter. Eine Ausstellung zur Wirtschafts- und Sozialgeschichte Bayerns seit 1850. Stuttgart, Theiss 1985, S. 223-228.

*STÜRMER, Michael*: Die Weimarer Republik. Königstein 1980, S. 250.

*UNIVERSITÄT MÜNCHEN (Physik)*:
http://www.leifiphysik.de/web_ph08_g8/umwelt_technik/08stromversorgung/fer nleit/geschichte.htm, Abruf am 18.07.2009.

*URBANITZKY, Alfred Ritter v.*: Die Elektrizität im Dienste der Menschheit. Eine Darstellung der magnetischen und elektrischen Naturkräfte und ihrer praktischen Anwendungen, Wien 1895, 2. Aufl., S. 827.

*VEIT, Otto:* Die Tragik des technischen Zeitalters. Mensch und Maschine im 19. Jahrhundert. Berlin 1935, S. 75 f.

*VERNEKOHL, Wilhelm:* Heinrich Brüning – Ein deutscher Staatsmann im Urteil der Zeit. Münster 1961, S. 45 ff.

*VDEW* (Vereinigung Deutscher Elektrizitätswerke): Das Zeitalter der Elektrizität. Anlässlich des 75-jährigen Bestehens der VDEW. Frankfurt a. M. 1967.

*VDEW:* Demarkationsverträge in der öffentlichen Versorgung mit Elektrizität. Frankfurt a. M. 1964, S. 22 f.

*VOGT, Hans*: Elektrizitätsversorgung in Bayern, Struktur und strukturelle Wandlungen 1950-1959. München 1961.

– Die Elektrizitätsversorgung in Bayern 1919 und heute – Ein Zeitvergleich in Zahlen. In: Verband Bayerischer Elektrizitätswerke e.V. (Hrsg.): Elektrizität in Bayern 1919-1969. München 1969, S. 28-41.

*VORSTAND DES DEUTSCHEN METALLARBEITER*-VERBANDES (Hrsg.): Die Deutsche Elektrizitätsversorgung. Stuttgart, Verlagsgesellschaft des Deutschen Metallarbeiter-Verbandes 1927.

*WALLICH, Henry*: Mainsprings of the German Revival. Abingdon 1955, S. 4 und 83.

*WEHLER, Hans-U.*: Deutsche Gesellschaftsgeschichte 1914-1949. Gesamtwerk: Vom Beginn des Ersten Weltkriegs bis zur Gründung der beiden deutschen Staaten. Bd. 4, Aufl. 2. München 2003.

*WEIßGERBER, Wilfried*: Elektrotechnik für Ingenieure 2 – Wechselstromtechnik, Ortskurven , Transformator, Mehrphasensysteme. Wiesbaden 2007, 6. Aufl., S. 144-148.

*WILKE, Arthur*: Die Elektrizität, ihre Erzeugung und ihre Anwendung in Industrie und Gewerbe. 3. Aufl. Leipzig 1898, S. 2-21 und S. 630-634.

WILLE, Eberhard: Planung und Information: Eine Untersuchung ihrer Wechselwirkungen unter besonderer Berücksichtigung eines mehr-jährigen Plans für die öffentlichen Finanzen. Berlin 1970, S. 53.

WINDEL, Walther; KROMER, Carl: Aufbau und Entwicklungsmöglichkeiten der euopäischen Elektrizitätswirtschaft. Schwarz, Goldschmidt & Co. (Hrsg.). Berlin 1928, S. 155-168.

WINKLER, Heinrich: Mittelstand, Demokratie und Nationalsozialismus. Die politische Entwicklung von Handwerk und Kleinhandel in der Weimarer Republik. Köln 1972.

WINKLER, Heinrich: Weimar, 1918-1933: die Geschichte der ersten deutschen Demokratie. 3. Aufl. München 1998, S. 143-284.

WIRSCHING, Andreas: Die Weimarer Republik – Politik und Gesellschaft. Enzyklopädie deutscher Geschichte Bd. 58. München 2000, S. 47-108..

WISSEL, Rudolf: Von der Blockzentrale zur Drehstromversorgung. In: VDEW (Vereinigung Deutscher Elektrizitätswerke): Das Zeitalter der Elektrizität. Anlässlich des 75-jährigen Bestehens der VDEW. Frankfurt a. M. 1967, S. 7-14.

WOLFF, A.: Aufgaben und Organisationsformen der öffentlichen Unternehmungen im Gebiete der Elektrizitätswirtschaft. In: Landmann, J. (Hrsg.): Moderne Organisationsformen der öffentlichen Unternehmung. 2. Teil: Deutsches Reich (Schriften des Vereins für Socialpolitik 176). München 1931, S. 75 ff.

WOLTER, Daniel; REUTER, Egon: Preis- und Handelskonzepte in der Stromwirtschaft von den Anfängen der Elektrizitätswirtschaft zur Einrichtung einer Strombörse. Wiesbaden 2005, S. 26-30 und 175-188.

ZÄNGL, Wolfgang: Deutschlands Strom: Die Politik der Elektrifizierung von 1866 bis heute. Frankfurt a. M., New York 1989 (Diss. München 1988).

ZASTROW, Dieter: Elektrotechnik – Ein Grundlagenlehrbuch. Aufl. 17, Wiesbaden 2010, S. 58.

ZWEITES DEUTSCHES FERNSEHEN (ZDF): Mission X: Der Stromkrieg – Pionier Thomas Alva Edison: Das Genie und eines seiner Werke: Die Glühbirne. Internetquelle http://www.hochschule-bochum.de/fileadmin/media/izk/MT-Der%20Stromkrieg.pdf, Abruf am 21.07.2010.

ZEITLER, Peter: Die oberfränkische Wirtschaft im Wiederaufbau – Am Beispiel Kronachs und Kulmbachs (1945 – 1949). Bayreuth 2000.

ZIPP, H.: Alles elektrisch! Ein Wegweiser für Haus und Gewerbe. Berlin 1911, S. 5-45.

## 2. Amtliche Berichte, Untersuchungen und Denkschriften

*AUS DER TÄTIGKEIT DER WIRTSCHAFTSGRUPPE ELEKTRIZITÄTSVERSORGUNG IM JAHRE 1941.* In: Elektrizitätswirtschaft 41 (1942), S. 248-267.

*AUSFÜHRUNGEN DES SACHVERSTÄNDIGEN DR: OSKAR VON MILLER ÜBER DIE DERZEIT WICHTIGSTEN FRAGEN DER ELEKTRIZITÄTSWIRTSCHAFT* – München 28. Oktober 1926. In: Die deutsche Elektrizitätswirtschaft – Verhandlungen und Berichte des Unterausschusses für Gewerbe: Industrie, Handel und Handwerk (III. Unterausschuss). Berlin 1930.

*BERICHT DES LANDESLASTVERTEILERS FÜR BAYERN* über die Stromversorgung im Elektrizitätsbezirk VIII für die Wasserwirtschaftsjahre 1946/47, 1947/48 und 1948/49. München 1950.

*BERICHT ÜBER DEN STAND DER ELEKTRIZITÄTSVERSORGUNG IN BAYERN AM ENDE DES JAHRES 1913.* Bearbeitet im K. Staatsministerium des Innern. München 1914.

*DAS BAYERNWERK UND SEINE KRAFTQUELLEN.* München 1930.

*DER PARTEITAG DER EHRE VOM 8. BIS 14. SEPTEMBER 1936.* Offizieller Bericht über den Verlauf des Reichsparteitages mit sämtlichen Kongressreden. 2. Aufl., München 1936, S. 42.

*DENKSCHRIFT 75 JAHRE ARZBERGWERK.* Bayreuth 1989.

*DENKSCHRIFT HITLERS ZUM VIERJAHRESPLAN 1936.* In: Vierteljahresheft für Zeitgeschichte, München 1955, S. 204-210.

*DENKSCHRIFT 10 JAHRE BELG.* Die Entwicklung der Bayerischen Elektricitäts-Lieferungs-Gesellschaft AG Bayreuth in den ersten zehn Jahren ihres Bestehens 1914-1923. Bayreuth 1923.

*DENKSCHRIFT 20 JAHRE TÄTIGKEIT DER U.C.P.T.E.* – Union für die Koordinierung der Erzeugung und des Transportes Elektrischer Energie 1951-1971.

*DENKSCHRIFT 25 JAHRE BELG.* 25 Jahre Bayerische Elektricitäts-Lieferungsgesellschaft AG Bayreuth. Bayreuth 1939.

*DENKSCHRIFT 25 JAHRE BAYERNWERK AG.* München 1946.

*DENKSCHRIFT 25 JAHRE PREUSSENELEKTRA*: 1927-1952. Hannover 1952.

*DENKSCHRIFT 30 JAHRE BAYERNWERK AG* – Bayerische Landeselektrizitätsversorgung 1921-1951. München 1951.

*DENKSCHRIFT 40 JAHRE FRÄNKISCHE ÜBERLANDWERKE AG, Nürnberg 1953.*

*DENKSCHRIFT 40 JAHRE ÜBERLANDWERK OBERFRANKEN, AKTIENGESELLSCHAFT 1920*-1960. Bamberg 1960.

*DENKSCHRIFT 50 JAHRE ALLGÄUER ÜBERLANDWERK GmbH* 1.1. 1920-31.12.1969. Kempten 1969.

*DENKSCHRIFT 50 JAHRE BELG.* Heidelberg 1964 (= Strom, Sondernummer 1964).

*DENKSCHRIFT 50 JAHRE ENERGIEVERSORGUNG IN OSTBAYERN 1908*-1958. Regensburg 1958.

*DENKSCHRIFT 50 JAHRE ISAR-AMPERWERKE*: Die Isar-Amperwerke – 50 Jahre im Dienste der oberbayerischen Stromversorgung 1908-1958. München 1958.

*DENKSCHRIFT 50 JAHRE VERBAND BAYERISCHER ELEKTRIZITÄTSWERKE* – Elektrizität in Bayern 1919-1969. München 1969.

*DENKSCHRIFT 60 JAHRE ISARWERKE 1894*-1954. München 1954.

*DENKSCHRIFT 75 JAHRE ENERGIE FÜR OBERFRANKEN.* Bayreuth 1989.

*DENKSCHRIFT 75 JAHRE ELECTRICITÄTS*-LIEFERUNGS-GESELLSCHAFT BAYREUTH 1892-1972. Bayreuth 1972.

*DENKSCHRIFT 75 JAHRE ENERGIEVERSORGUNG OSTBAYERN AG* – Geschichten vom Strom. Regensburg 1983.

*DENKSCHRIFT 75 JAHRE WACKER*-CHEMIE: Von der Karbidlampe zum Mikrochip - die Geschichte der Wacker-Chemie in Stichworten. München 1989.

*DIE AUSNÜTZUNG DER WASSERKRÄFTE BAYERNS.* Entwicklung in den Jahren 1908 und 1909. Bearb. im K. Staatsministerium des Innern, Februar 1910. München 1910.

*DIE BAYERISCHE ELEKTRIZITÄTSVERSORGUNG* 1925 bis 1954. Bayerisches Statistisches Landesamt (Hrsg.). Heft 198 der Beiträge zur Statistik Bayerns. München 1955.

*ENQUETE-AUSSCHUSS: DIE DEUTSCHE ELEKTRIZITÄTSWIRTSCHAFT* – Verhandlungen und Berichte des Unterausschusses für Gewerbe: Industrie, Handel und Handwerk (III. Unterausschuss). Berlin 1930.

*JAHRHUNDERSCHRIFT DES POLYTECHNISCHEN VEREINS IN BAYERN*: Hundert Jahre Technische Erfindungen und Schöpfungen in Bayern. 1906, S. 338-345.

*PROGRAMMATISCHE REDEN ÜBER FRAGEN DER ELEKTRIZITÄTSWIRTSCHAFT* – Gehalten auf der Jahrestagung der Wirtschaftsgruppe Elektrizitätsversorgung und des Reichsverbandes der Elektrizitäts-Versorgung am 27. Sept. 1935 in Saarbrücken. Sonderdruck aus der Zeitschrift „Elektrizitätswirtschaft" Nr. 28 vom 5. Okt. 1935.

*REDEN DES FÜHRERS AM PARTEITAG DER ARBEIT (1937)*. München 1938.

*REICHSMINISTERIUM SPEER* (Hrsg.): Ministerialblatt des Generalbevollmächtigten für die Regelung der Bauwirtschaft, des Generalinspektors für das deutsche Straßenwesen und des Generalinspektors für Wasser und Energie. Berlin 1. Sept. 1943, S. 81 f.

*STATISTISCHES JAHRBUCH FÜR BAYERN. Bd. 15 (1921), S. 109-111.*

*TÄTIGKEITSBERICHT DER WIRTSCHAFTSGRUPPE ELEKTRIZITÄTSVERSORGUNG FÜR DAS JAHR 1937*. In: Elektrizitätswirtschaft 37 (1938), S. 207-220.

*WELTKRAFTKONFERENZ*. Berlin 1930.

## 3. Zeitschriftenartikel und Zeitungsberichte

*v. MILLER, Oskar*: Die Verwertung der Walchensee-Wasserkraft für ein Bayernwerk. In: Elektrotechnische Zeitschrift 37 (1916), S. 85-89, 102 ff.

*DIE TAGESZEITUNG (taz)*: Deutsche Netz AG fällt flach. Vattenfall verkauft sein Netz. Internetquelle: http://www.taz.de/1/zukunft/umwelt/artikel/1/deutsche-netz-ag-faellt-flach/; Abruf am 20. Oktober 2010.

*FITG-Journal*: Zeitschrift des Förderkreises Industrie- und Technikgeschichte e.V. Nr. 2/2007. Frankfurt 2007, S. 10-12.

*HEESEMANN, S.*: Elektrizitätswirtschaftspolitik Gestern – Heute – Morgen. In: Zeitschrift Elektrizitätswirtschaft. Frankfurt a. M. 1964, S. 61-70.

*v. SIEMENS, Hermann/v. SIEMENS, Werner*: Über die Umwandlung von Arbeitskraft in elektrischen Strom ohne Anwendung permanenter Magnete. In: Die Naturwissenschaften Jg. 30, Heft. 12, am 20.03.1942.

The manufacturer's authorised representative in the EU is Springer Nature Customer Service Centre GmbH, Europaplatz 3, 69115 Heidelberg, Germany. If you have any concerns regarding our products, please contact ProductSafety@springernature.com

Printed and bound by CPI Group (UK) Ltd, Croydon, CR0 4YY

23/03/2026

02076739-0014